KB265195

데일 카네기(1888~1955) 미국의 작가·강사

미국 미주리주 메리빌 전경

메리빌, 데일 카네기의 생가

World Book 49

Dale Carnegie

HOW TO STOP WORRYING AND START LIVING
HOW TO WIN FRIENDS AND INFLUENCE PEOPLE

세상에서 가장 행복한

카네기 인생철학

데일 카네기 지음/오정환 옮김

동서문화사

데일 카네기 무덤   미주리주 카스카운티 벨턴에 있는 벨턴 묘지

▲센트럴미주리대학교 본관
2012년 '데일 카네기 명예학회'가 센트럴미주리대학교 커뮤니케이션 학부에 설립되었다.

▶데일 카네기-미주리주 출신 인사들을 위한 명예의 전당 헌액 2006년 9월. 미주리주 제퍼슨 시티

세상에서 가장 행복한
카네기 인생철학
차례

4 사람 성격을 바꾸는 9가지 방법

세상에서 가장 행복한
카네기 인생철학이란 무엇인가
오정환

걱정을 떨쳐 내고 살아가는 방법
친구를 사귀고 사람을 움직이는 방법

기적의 책 탄생

데일 카네기 불멸의 저작 〈How to Stop Worrying and Start Living〉〈How to Win Friends and Influence People〉 2대 명저를 완역하여 《세상에서 가장 행복한 카네기 인생철학》 한 권으로 펴낸다. 이 책은 세계적인 초베스트셀러로 오늘에도 미국, 중국, 일본, 영국, 프랑스, 독일, 이탈리아, 포르투갈, 네덜란드, 스웨덴, 덴마크, 스페인, 노르웨이, 핀란드, 그리스, 이스라엘, 아이슬란드, 태국, 미얀마, 베트남, 터키, 남아프리카, 인도네시아, 싱가포르 등 여러 나라에서 읽히고 있다.

이 책들이 이토록 많은 나라에서 끊임없이 사랑받는 이유가 무엇일까? 그것은 인생에서 가장 절실한 문제이면서도 해결하기 어려운 걱정과 인간관계를 쉽고 흥미롭게 풀어냈기 때문이다.

사회란 사람들의 모임이다. 우리는 누군가와 접촉하지 않고는 하루도 살수 없다. 그러므로 사회생활에서 좋은 인간관계, 즉 벗을 사귀고 사람을 움직이는 것보다 중요한 문제는 없다. 걱정이 없는 사람은 한 명도 없다. 우리는 걱정이 정신은 물론 육체까지 갉아먹는 나쁜 것이라는 사실을 안다. 그리고 걱정이 사람의 에너지를 빼앗고 공명심(功名心)을 없애 버린다는 것도 안다. 그러나 그것을 어떻게 처리할지, 구체적인 해결 방안은 모르는 채로 온갖 걱정에 시달리며 하루하루를 살아가는 사람들이 이 세상에 얼마나 많은가.

이 인생 최대의 문제인 걱정과 인간관계라는 2대 주제는 학교에서도 가르쳐 주지 않는다. 데일 카네기는 이 주제를 쉽게 풀어 문제를 해결하는 지혜를 세상에서 가장 쉽고 감동적으로 우리에게 가르쳐 준다.

걱정을 떨쳐 내고 살아가는 방법

카네기는 이제까지 많은 사람이 살아가면서 생각하고 실행하여 성공한 구체적인 사례들로부터 도출한 결론을 자연스럽고 훌륭하게 정리하여 서술해 냈다. 쉽고 분명하며 건강한 청교도 정신은 이 책 전체에 걸쳐 드러난다.

자기가 성장하려면 때로는 걱정도 하고 고통도 겪어보아야 한다. 세월이 지난 뒤, 걱정하고 괴로워했던 일을 돌아보았을 때 가치 있는 좋은 추억이라고 말할 수 있다면 그것은 당신이 행복을 얻기 위해서 필요했던 걱정이며 괴로움이었다고 볼 수도 있다.

그런데 우리는 이따금 쓸데없는 걱정, 즉 '걱정을 위한 걱정'을 한다. 그 결과 우리는 절망감, 시기심, 남에 대한 불신감 등에 사로잡히고 자기 마음속 갈등의 감옥에 틀어박혀 타인과의 접촉을 피하게 된다.

카네기도 젊은 시절에는 툭하면 걱정하고 괴로워하는 성격이었다. 그렇기 때문에 카네기는, '걱정'이야말로 사람의 육체와 정신을 갉아먹고 시간을 낭비하게 만드는 원흉임을 깨달을 수 있었다.

걱정만 하면서 허송세월하던 카네기는 이윽고 이 문제를 해결하기 위해 적극적으로 걱정에 도전하며 온갖 노력을 하기 시작했다.

카네기는 그즈음 사회인을 대상으로 한 '화술 강좌' 강사로 이름을 날리고 있었다. 그는 강좌에서 쓸 만한, 걱정을 주제로 한 책들을 찾아보았다. 그러나 실천적이고 실용적인 책은 한 권도 찾을 수 없었다. 그래서 그는 스스로 책을 쓰기로 결심했다. 이리하여 이 《걱정을 떨쳐 내고 살아가는 방법》이 탄생했다.

이 책에는 쓸데없는 걱정에서 벗어나는 방법이 상황별로 준비되어 있다.

아마도 필자인 카네기 자신이 걱정 많은 성격이라서 이런 책을 완성할 수 있었던 것이리라.

그는 말한다.

"과거와 미래 사이를 철문으로 막아 버려라. 오늘 하루를 열심히 살아라."

"피할 수 없는 운명이라면 자신에게 맞춰 조정하라."

"남을 흉내 내지 마라. 자신을 찾아내서 철저한 자신이 돼라."

"성가신 일을 하나하나 헤아리지 마라. 대신 좋은 일을 손꼽아라."

그리고 걱정을 불러일으키는 원흉인 부당한 비판으로부터 자신을 지키는 방법도 다루었다. 이를 통해 기운을 얻은 사람들도 많을 것이다.

"사실 부당한 비판은 왜곡된 칭찬인 경우가 많다. 죽은 개를 걷어차는 사람은 없다. 이 점을 잊지 마라."

유능하고 무능하고를 떠나서 혼자 할 수 있는 일에는 한계가 있다. 큰일을 해내려면, 그 한계를 잘 파악해서 명료하게 계획을 짠 뒤 능력 있는 사람들의 도움을 받아야만 한다.

또한 이 책에는 실제로 걱정을 극복한 사람의 체험담과 예화가 실려 있어 독자에게 친근감을 준다. 이것도 카네기가 궁리한 방법일 것이다.

인간관계를 관리하는 힘을 길러 주는 이 책은, 반세기가 지난 오늘날에도 지혜롭고 생생한 방법이 가득 차 있다. 지금도 여전히 신선하고 환하게 빛난다. 자기계발서의 최대 고전이 된 것이다.

걱정을 떨쳐 내는 12가지 방법

1. 걱정하고 있는 일을 종이에 자세히 적는다.

2. 문제를 해결하기 위해 내가 할 수 있는 일을 되도록 많이 적어 본다.

3. 그중 가장 좋은 방법을 고른다.

4. 결단한 내용을 즉시 실행한다.

5. 남을 흉내 내지 않는다.

6. 올바르게 일하는 습관을 기른다.

    a. 당면한 문제와 상관없는 서류는 책상에서 전부 치워라.

b. 중요도에 따라 일을 차근차근 처리한다.

c. 문제에 직면했을 때, 결단에 필요한 사실을 전부 파악했다면 그 자리에서 당장 해결한다.

d. 조직화(組織化), 대리화(代理化), 관리화(管理化)하는 방법을 적극적으로 배워라.

7. 편안한 마음으로 일하라.

8. 일에 열정을 쏟아라.

9. 부족한 것을 하나하나 세지 마라. 먼저 좋은 것을 손꼽아라.

10. 부당한 비판은 사실 왜곡된 칭찬인 경우가 많다. 이 점을 잊지 말라.

11. 상대의 마음도 헤아려라.

12. 최선을 다하라.

친구를 사귀고 사람을 움직이는 방법

이 책은 데일 카네기의 작품 중 최고의 베스트셀러다. 그 뒤 등장하는 인생철학서의 방향을 결정해 버렸다고까지 평가되는 이 책은, 처음에는 사회인을 위한 화술 강좌에서 강사로 활약하던 카네기가 교재로 쓰기 위해 집필한 작품이다.

카네기가 독자에게 용기를 주는 이 책을 쓸 수 있었던 이유는, 그가 연설의 달인이었기 때문이다. 그가 즐겨 쓰던 사람을 끌어당기는 화술의 기초가 이 책에 그대로 반영되었다고 보아도 좋다.

그러나 이 책이 폭발적인 인기를 끈 것은 그의 유려한 말재주 때문만은 아니다. 누구나가 알고 싶어 하지만 그동안 어떤 책에서도 가르쳐 주지 않았던 내용, 그런 내용으로 가득 찬 책이라서 온 세계 수많은 사람의 마음을 끈 것이다.

'주위 사람들에게 호의를 얻으면서 사회적으로 큰 성공을 거두는 것.'

이는 누구나가 꿈꾸는 이상적인 삶이 아닐까. 이 책에서는 그렇게 살아가는 방법을 쉽고 구체적으로 소개한다.

주위와 협조하고 친구들에게 호감을 사야지만 진정한 성공을 거둘 수 있다. 이것이 카네기가 젊은 시절 고생하면서 사람들을 꾸준히 관찰한 끝에 내린 결론이다. 주위에 적을 잔뜩 만드는 일만큼 비생산적인 것은 없다.

"남의 결점을 들춰 봤자 얻을 것 하나 없다. 상대는 즉시 방어 태세를 갖추고 자신을 정당화하려 할 것이다. 게다가 자존심에 상처 입은 상대는 반항심을 가지게 되기에 매우 위험하다."

주위의 협력을 얻고 싶다면 다음 비결을 기억하자.

"사람을 움직이는 유일한 방법은, 상대가 좋아하는 것을 손에 넣는 방법을 그에게 가르쳐 주는 것이다."

그러기 위해서는 상대의 관심사가 무엇인지 꿰뚫어 볼 줄 알아야 한다.

"당신이 이 책을 읽고 상대의 입장에 서서 생각할 줄 알게 된다면, 이 책은 당신의 인생에 획기적인 도움을 줬다고 말할 수 있다."

여기서는 당연해 보이지만 실행하기 쉽지 않은 일을 소개한다. 일상생활에서 활용할 수 있는 독특한 방법을 알려 준다.

"논쟁에서 이기는 방법은 세상에 단 하나밖에 없다. 바로 논쟁을 피하는 것이다."

"상대에 관한 일은 상대가 가장 잘 안다. 그러므로 그가 알아서 말하도록 하라."

또한 큰일을 해내려면 리더십을 발휘해서 사람들을 움직여야 한다.

"명령을 질문 형식으로 바꾸면 상대가 기분 좋게 받아들일 것이다. 게다가 상대의 창조성도 끌어낼 수 있다."

"남에게 무언가를 부탁할 때에는, 그 부탁이 상대에게도 이익을 준다고 말하라."

10대, 20대 젊은이들은 아무리 독특한 성격이라도 기본적으로 남에게 협조하려는 경향을 지니고 있다. 그러므로 카네기의 책은 오히려 젊은이들에게 더 받아들여지기 쉽지 않을까. 빌 게이츠, 손정의, 잭 웰치, 이건희 등 기업 최고경영자들이 데일 카네기의 책을 즐겨 읽었다는 사실도 이를 증명해 준다. 그들은 자기 의견을 타인이 수용하게 하려면 주위를 어떻게 움직여야 하는지를 제대로 공부했다.

사람을 움직이는 12가지 방법

1. 비판도 비난도 하지 않는다. 불만도 말하지 않는다.
2. 솔직하고 성실하게 평가한다.
3. 강한 욕구를 불러일으킨다.
4. 헌신적인 관심을 기울인다.
5. 상대가 자기가 중요하다고 느끼도록 성의를 다한다.
6. 상대의 의견을 존중하고 잘못은 지적하지 않는다.
7. 상대가 '네' 하고 대답할 수 있는 질문을 던진다.
8. 상대가 생각을 다시 할 기회를 준다.
9. 간접적으로 주의를 준다.
10. 자기 실수를 먼저 이야기한 뒤 상대에게 주의를 준다.
11. 명령하지 말고 의견을 구한다.
12. 체면을 세워 준다.

카네기 연구소와 하버드 대학의 공동조사에 따르면, 어떤 직업에서건 전문지식과 기술이 승진이나 성공에 미치는 영향은 15%에 불과하다고 한다. 나머지 85%는 좋은 인간관계 만드는 능력에 달려 있다는 것이다.

지식전쟁 시대의 인간관계 혁명

언제나 변화에 마음을 열어 두기를 바란다. 변화를 환영하기를 바란다. 사랑하기를 바란다. 여러분이 진보하여 행복을 얻는 방법은 오직 자신의 의견과 생각을 계속 검증하는 것뿐이다. 21세기 지식전쟁 시대에 들어서면서 세계는 격동과 가능성이라는 유례없는 변화를 경험하고 있다. 최근 수년 사이에 우리는 산업사회 다음 시대의 개막과 정보화 시대의 도래, 컴퓨터화로의 질주, 바이오 테크놀로지, IT산업의 탄생 등 변화를 보았고 사람들 또한 새로운 인간관계의 혁명을 경험했다.

"뉴욕의 한 사무소에서는 한국의 누군가가 사용하는 데이터와 같은 데이터를 쓴다. 그것도 똑같은 시각에." 마이크로소프트의 빌 게이츠는 말한다.

"우리는 하루 24시간 똑같은 데이터 시스템으로 묶여 있다. 세계 모든 사람은 이전에 상상했던 것 이상으로 복잡한 하나의 정보 네트워크로 묶여 있다. 자본시장과 통화시장에서 정부의 통제는 효과가 없다. 시장에 대해 무언가를 아는데 꼭 신문을 볼 필요는 없다."

문명학자 앨빈 토플러는 이렇게 말한다.

"당신이 보고 있는 것은 업무상 개혁이 초래한 혜택이다. 그 때문에 잠재적인 가능성은 막대해졌고 보다 많은 것이 보다 단기간에 가능하게 되었다. 멀리 떨어진 곳에 있는 사람과 함께 일하는 경우가 많아졌다. 1950년까지 발전한 것보다 2천 년에 이르는 50년간의 발전이 더 놀라운 변화를 가져왔다. 새로운 정보를 갖을수록 진보에 필요한 수단 또한 많이 가지게 되었다."

자신의 성을 딴 경제잡지의 편집장인 말콤 S. 포브스 주니어는 다음 같이 말했다.

"컴퓨터가 처음 등장했을 때를 기억하는가? 사람들은 그것을 독재자의 도구라며 두려워했네. 또 TV는 선전의 도구라고 꺼렸지. 그런데 기술이 크게 발달한 덕분에 정반대의 결과가 나왔단 말이야. 컴퓨터는 점점 작아지고 본체 또한 작아졌어. 능력은 천문학적으로 높아져서, 이제는 그 어디에도 얽매일 필요가 없어졌네.

지난 세기에는 기계가 근육의 활동 범위를 넓혀 주었지. 마찬가지로 오늘날에는 두뇌의 활동 영역을 마이크로칩이 확장해 주었네. 소프트웨어는 얇은 금속 한 장으로 변했고. 광섬유와 디지털 스크린은 말하자면 수송용 철도나 고속도로인 셈이야. 그곳에서는 정보가 살아 있는 재료지.

지금은 메시지를 전하거나 컴퓨터를 조작하고 싶을 때, 1kg쯤 나가는 기계를 무릎에 올려놓기만 하면 되네. 선이 인공위성과 연결되어 있기만 하다면 어디에서든 그런 작업을 할 수 있지."

그 결과 어떻게 되었는가? 더욱 많은 사람에 한층 더 많은 정보에, 더욱 많이 접속하게 되었다.

포브스는 다음처럼 이야기의 끝을 맺었다.

"우리는 지구상의 다른 지역에서 무슨 일이 일어났는지 몇 분 안에 볼 수 있지. 이는 민주화에 매우 커다란 영향을 끼쳤다네."

오늘날에는 이 변화를 보여 주는 온갖 영상이 지구촌 곳곳에서 일상적으로 방영되고 있다. 중국 학생들은 카메라를 향해 영국 슬로건이 적힌 현수막을 흔든다. 부시는 CNN을 보고 이라크 전쟁 상황을 파악한다. 이 점은 미국 합동참모본부도 마찬가지다.

그러나 이 속전속결의 시대를 헤쳐나가려면 기술만으로는 부족하다. 의사소통 수단이 정비되었다고 해서, 우리가 의사소통에 대해 더 잘 알게 됐다고는 말할 수 없다. 아니, 오히려 의사소통에 대해 제대로 모르는 사람이 늘어났다. 이는 현대의 모순 가운데 하나다. 의사소통 가능성이 커질수록 실패도 그만큼 커진다. 만약 사람들이 정보를 서로 나눠 가질 줄 모른다면, 정보가 대체 무슨 소용 있겠는가?

최근 하버드 비즈니스 스쿨에서 재학생과 졸업생을 대상으로 실험을 실시했다. 의사소통의 필요성이 더 절박해진 오늘날 실정을 생각하면, 다음 같은 결과가 나온 것도 놀랍지는 않다. 그 결과에 대해 잭 웰치는 이렇게 말했다.

"요즘 학생들의 지적 기술적 능력이 매우 높다는 사실을 알아냈습니다. 매우 만족스럽습니다."

요즘 젊은이들은 머리가 좋다. 그들은 수학을 연구하고 시장을 분석하며, 비즈니스 기획을 세울 줄 안다. 그러나 그들이 인간관계 기술도 알고 있을까? 하버드 비즈니스 스쿨에서도 이 점을 염려했다.

"그런데 개선이 필요한 분야도 있습니다. 말 또는 문자를 통한 의사소통 능력이나 팀워크 등, 인간관계 기술입니다."

잭 웰치의 의견은 이러했다. 역시 인간관계 기술이야말로 젊은 경영자의 성공 여부를 결정하는 가장 중요한 요소다.

확실히 요즘 같은 경쟁 사회에서는 지적 기술적 훈련이 중요하다. 그러나 그것은 새로운 실업계에 들어가기 위한 입장료에 불과하다. 그럼 최종 승자와 패자는 어떻게 갈리는가. 컴퓨터의 차이는 '바이트'나 '램'으로 표시할 수 있지만, 승자와 패자의 차이는 그렇지 않다. 승자란 조직 안팎으로 의사소통하는 방법과 타인의 의욕을 북돋는 기술을 알고 있는, 총명하고 독창적인 지도자를 보유한 조직을 가리킨다.

세계적 경영학자 피터 드러커는 다음과 같이 말했다.

"훌륭한 인간관계를 만드는 방법은 쉽게 익힐 수 없다. 그 방법을 본능적으로 알고 있는 사람은 극히 드물다. 보통 사람은 그 방법을 누군가로부터 배우고 훈련을 통해 익혀야 한다. 예를 들어 자동차회사의 기술자가 되어 뛰어난 피스톤을 설계하려면, 수많은 훈련을 받고 부지런히 학습해야 한다. 인간관계를 만드는 방법도 그런 식으로 배워야 한다.

회사의 목표 달성을 추진하는 중견간부를 육성하는 회사. 그런 회사가 다른 회사를 이긴다. 그런 회사, 그리고 훌륭한 서비스와 좋은 인간관계야말로 성공을 거머쥐는 열쇠다."

1. 자신감 구축하기

사람이 실패하는 이유 가운데 하나는 공포감이다. 혹시 안 되면 어쩌나 하고 두려워하는 것이다. 이를 극복하려면 '이만큼이나 했으면 괜찮겠지.' 이런 생각이 들 정도로 연습을 거듭해야 한다.

사람은 이제까지 못 했던 일을 해낼 때마다 자신감을 얻는다.

남들 앞에서 이야기하는 것은 많은 사람이 어려워하는 일 중 하나다.

카네기는 이처럼 남들 앞에서 이야기하는 공포를 극복하는 것에 초점을 맞췄다. 이 공포를 극복하면 다른 모든 방면에서도 자신감을 가질 수 있기 때문이다. 실제로 카네기 자신도 이 방법을 통해 성장했다고 한다. 이렇게 얻은 자신감은, 그 사람이 풍성하고 충실한 삶으로 첫발을 내디디도록 도와준다.

사람들 앞에서 이야기하는 공포를 극복하고 자신감을 얻는 방법을 카네기는 다음과 같이 설명했다.

첫째, 남들 앞에서 이야기하는 공포의 정체를 잘 파악한다.

둘째, 적절한 준비를 한다.

셋째, 반드시 성공한다고 속으로 되뇐다.

넷째, 자신감을 가지고 행동한다.

사실 이 방법은 어디에나 적용할 수 있다. 살아가면서 어떤 문제가 발생하든, 위 순서대로만 대처하면 해결의 실마리를 쉽게 찾아낼 수 있다.

예를 들어 어떤 문제가 생겼다고 가정해 보자. 이때 위 방법을 적용하면 다음과 같다.

첫째, 그 문제에서 파생된 공포의 정체를 잘 파악한다.

둘째, 적절한 준비를 한다.

셋째, 반드시 해결할 수 있다고 속으로 되뇐다.

넷째, 자신감을 가지고 대응한다.

데일 카네기는 "연설에서 얻은 자신감이 인생에 대한 자신감으로 발전한다"라는 말을 남겼다. 그것도 위와 같은 까닭이다.

2. 사람은 혼자 살아갈 수 없다.

누구도 혼자 살아갈 수는 없다. 그러므로 늘 주위 사람들과 협력하고 협조하며 좋은 관계를 유지해야 한다. 카네기는 주위 사람들과 쉽고 자연스럽게 조화를 이루며 살아가는 방법론을 펼쳐 보였다. 그것이 '원만한 인간관계'를 구축하는 방법이다.

상대가 자기가 중요하다는 것을 느끼도록 해 주자. 상대의 입장에 서서 생각하자. 논쟁을 피하자. 기타 등등……. 카네기는 사람을 움직이는 방법 및 원칙으로 이런 주장을 내세웠다. 그런데 위 방법의 밑바닥에는 '원만한 인간관계 구축'이라는 기본이념이 깔려 있다.

인간관계가 원만하지 못하면 남을 설득할 수도 없고, 누군가의 힘을 빌릴 수도 없다. 따라서 이런 사람은 절대 성공하지 못한다. 아니, 성공 못 하는 정도가 아니다. 원만하지 않은 인간관계 자체가 고민의 씨앗이 되어 끊임없이 그를 괴롭힌다.

그러므로 성공하고 싶다면 항상 원만한 인간관계를 구축하려고 노력해야 한다.

3. 말하기 방법

카네기는 여러 가지 말하기 방법을 우리에게 소개했다. 그 방법을 간단히 압축하면 대략 다음과 같다.

우선 사람들 앞에 서는 일에 익숙해져야 한다. 사람들 앞에서도 자신을 잃어버리지 말고 편안하게 행동할 것. 그것이 말을 잘하는 비법이다.

그러려면 먼저 자기 생각을 잘 정리한 뒤 친구들을 상대로 몇 번이고 연습해야 한다. 그리고 반드시 성공한다고 끊임없이 반복해서 되뇌는 것도 중요하다.

또한 자기다운 면을 잃어버려서는 안 된다. 이 점을 꼭 기억하자. 자신이 체험한 일을 자기 언어로 표현하라. 이를 잘하는 사람은 언제나 사람들의 이목을 끈다.

카네기는 독특하게 말하거나 부드럽게 돌려 말하는 사람은, 누구에게나 존경받을 수 있다고 말했다. 그러므로 우리는 틀에 박힌 밋밋한 이야기에서 벗어나야 한다. 나만이 말할 수 있는 내용을 골라서 독자적인 방식으로 이야기하려고 노력해야 한다.

4. 리더십

리더십이라고 하면 강한 말투로 지시를 내리면서 부하들을 이끄는 모습을 떠올리는 사람이 많다. 하지만 카네기가 말하는 리더십은 그런 것이 아니다. 카네기의 리더십은 그보다 훨씬 부드럽고 명령하는 말투를 전혀 쓰지 않으면서 상대를 자기 뜻대로 움직이는 능력이다.

말을 안 듣는 사람, 제 능력을 발휘하지 못하는 사람, 잘못된 것을 옳다고 우기는 사람 등……. 조직에는 온갖 문제아들이 있게 마련이다.

카네기는 그런 사람들도 부드럽게 대하라고 말한다. 무조건 주의부터 주지 말고, 상대가 중요하다고 느끼게 해 주라고 권한다.

즉 상대를 돕고 확실한 비전을 제시하며 그가 성공할 계기를 마련하는 것이, 사람을 움직이는 위치에 서 있는 지도자가 해야 할 일이라는 것이다.

사람들의 능력이나 가능성을 중시하는 자세. 이것이 카네기가 소개하는 모든 방법 및 원칙의 기본이념이다.

5. 고민과 스트레스 조절

인생에는 고민과 스트레스가 따라붙게 마련이다.

학교에서 괴롭힘을 당하고, 회사가 도산하고, 갑자기 중병에 걸려 희망을 잃고, 목숨 건 사랑에 실패하고, 소중한 사람을 잃고, 큰 빚을 지는 등의 고민은 누구에게나 일어날 수 있다.

또 고민이 심각해지면 사람은 고통에 시달린다. 아무리 생각해도 같은 생각만 떠오르고 머릿속이 정리되지 않는다. 걱정을 오래 지속하면 우울증에 걸리기도 한다. 마음만이 아니라 몸도 상해 간다. 최악의 경우 죽음에까지 이른다.

하지만 카네기는 고민과 스트레스는 조절이 가능하다고 지적한다. 게다가 카네기가 설명하는 고민을 조절하는 방법은 현실적이며 이론적이다. 카네기는 주로 다음과 같은 방법을 주장했다.

첫째, 고민하는 문제를 적어 본다.

고민이 있으면 머리가 혼란스러워 이론적으로 생각할 수 없는 경우가 많다. 그러면 해결은커녕 사태가 더욱 악화하기만 한다.

우선 냉정해지기 위해서라도 현재 고민하는 문제를 적어 보자.

적어 보면 문제의 본질이 더욱 구체적으로 보인다.

이때 중요한 것은 문제를 자신이 아닌 제삼자의 고민으로 가정하는 것이다. 그렇게 함으로써 문제를 냉정하게 바라보고, 한층 더 객관적인 판단을 내릴 수 있다.

카네기는 '성공의 99%는 과거의 실패로부터 만들어진다'라는 말로 유명한 찰스 케터링의 말을 인용했다.

"문제를 잘 이해했다면 절반은 해결한 것이나 마찬가지다."

즉 문제점을 잘 적는 것이 얼마나 문제 해결에 도움을 주는지 설명하고 있다.

둘째, 적어 놓은 문제에 대해 할 수 있는 일을 써넣자.

문제를 적을 때 문제점마다 자신이 할 수 있는 일을 적어 나간다.

머릿속을 정리하기 위해 그림을 이용하는 것도 좋은 방법이다. 자신이 할 수 있는 일을 적고 그것을 실행한 경우에 어떻게 될지를 예상하면서 네모나 화살표를 이용해서 그려간다.

그러면 문장으로만 표현하는 것보다 그 관계를 더 잘 파악하고 스스로 이해하면서 적을 수 있다.

셋째, 결단을 내린다.

스스로 할 수 있는 일을 다 적으면 결단을 내린다. 물론 이것으로 모든 문제를 깨끗하게 해결할 수 있다는 보장은 없다.

하지만 적어도 이 시점에서는, 괴로워하며 고민했던 때보다 머리가 맑아지고 문제를 해결할 수 있다는 용기와 의욕이 솟아오를 것이다.

넷째, 결단을 내렸으면 즉시 실행한다.

결단을 내리면 즉시 실행한다. 망설일 시간은 없다. 망설이거나 지나치게 생각하면 혼란과 불안이 가중될 뿐이다.

이미 문제가 생긴 지 며칠 혹은 몇 달이나 괴로운 상태가 계속되었다. 문제를 방치하면 와인처럼 숙성되어 맛있어지는 것이 아니라 대개는 오히려 한층 더 악화한다.

카네기는 윌리엄 존스의 말을 인용했다.

"일단 결단을 내리면 실행하라. 그 결과에 대한 책임이나 걱정은 모두 버려라."

진중함은 필요하지만, 자꾸 돌이켜 생각하거나 상기하는 것은 금물이다.

고민에서 빨리 해방되기 위해서도 결단을 내리면 바로 실행해야 한다.

데일 카네기 인생수업

그의 고백

"그즈음 나 카네기는 뉴욕에서 가장 불행한 청년이었다. 나는 생활을 위해 트럭을 판매했는데, 트럭이 어떻게 움직이는가를 알지 못했고, 또 알려고도 하지 않았다. 나는 자신이 하는 일과 서부 56번 거리의 바퀴벌레가 우글거리는 싸구려 셋방에서의 생활을 경멸하고 있었다. 지금도 기억하지만, 벽에 몇 가닥인가 넥타이가 걸려 있었는데, 아침에 내가 그것을 집으려고 하면 바퀴벌레가 와르르 흩어지곤 했다. 나는 또 바퀴벌레가 많은 저렴하고 불결한 식당에서 식사해야만 하는 것이 참으로 싫었다.

밤마다 나는 불쾌한 두통—그것은 실망·고뇌·고통·반항에서 비롯된 것인데—에 시달리는 휑한 방으로 돌아와야 했다. 나는 학생 시절에 품었던 꿈이 악마로 변해 버렸기 때문에 반항했다. 이것이 인생인가? 내가 그토록 기대했던 인생의 일대사가 고작 이것이었던가? 싫어하는 일에 종사하며 바퀴벌레와 함께 살고, 지독한 것을 먹고 미래에 아무런 희망도 없는, 이것이 나에게 있어 인생이 의미하는 모든 것이란 말인가……. 나는 책을 읽을 시간, 학생 시절에 꿈꾸던 창작의 시간이 가지고 싶었다.

나는 자기가 경멸하는 일을 그만둠으로써 얻는 것은 있어도 결코 잃는 것은 없다는 사실을 알고 있었다. 나는 돈을 버는 일에는 흥미가 없고 인생을 신중히 맛보는 데에 흥미가 있었다. 나는 대개의 청년이 인생의 출발에 마주치게 되는 결단의 시기에 와 있었다. 거기서 나는 결심했다, 그 결심이 나의 미래를 완전히 바꾸었다. 그 결심으로 그 뒤의 35년의 삶은 행복했으며 꿈은 생각한 것보다 훌륭하게 이루어져 나갔다.

나의 결단이란 이런 것이었다. 나는 싫은 일을 그만뒀다. 그리고 미주리주립 사범학교에서 4년간 배운 지식을 바탕으로 야간 학교에서 성인 반을 맡아 가르치며 생활을 했다. 그렇게 하면 낮에는 책을 읽을 수도 있고, 강의를 준비할 수도 있으며 소설도 쓸 수 있다. 쓰기 위해 생활하고, 생활하기 위해 쓰는 것이다.

성인들에게 무엇을 가르치면 좋을까. 나는 학생 시절 배웠던 것을 떠올려 보며 수많은 사람 앞에서 이야기한다는 경험이 무엇보다도 일하는 데나 처세하는 데나 실제적 가치가 있음을 알았다.

그것이 자신의 결점을 제거해주고 다른 사람을 응대하는 용기와 자신감을 주었기 때문이다. 또 언제나 스스로 일어나고, 자기 의견을 말하는 사람에게로 주도권이 기운다는 것을 느꼈기 때문이다.

콜롬비아 대학과 뉴욕 대학에 야간 강좌로 대중적 화술 강사를 하고 싶다고 신청했지만 두 군데 모두 거절당했다.

실망이 컸지만, 그것은 오히려 잘된 일이었다. 그리스도교 청년회의 야간 학교에서 강의하게 되었기 때문이다. 그곳에서는 단시간에 효과를 올릴 강의가 필요했다. 그곳에 오는 사람들은 모두 학위나 사회적 명성을 구하러 오는 것이 아니었다. 그들은 자신의 문제를 해결하기 위해서 왔다. 그들은 사업을 위해 열린 회합에서 당당하게 자신의 의견을 말할 수 있게 되기를 원했다.

자신감과 침착성을 몸에 익혀 일을 발전시키고 싶었던 것이다. 가족을 위해 수입을 늘리고 싶었던 것이다. 그들은 수업료를 여러 번에 나누어 지불하기로 되어 있기에 강의에서 효과를 얻지 못하면 납입을 그만두어 버렸다. 그리고 나는 월급이 아니라 이익의 몇 할을 받기로 한 계약이었으므로 생활하는 데는 실용적으로 되지 않을 수도 있었다.

나는 학생들을 자극해야만 했다. 그들이 자기 문제를 해결하도록 도와야만 했다. 항상 강의를 흥미롭게 꾸미고 계속해서 출석하도록 만들어야만 했다.

그것은 가슴이 뛰는 일이었다. 나는 그 일을 사랑했다. 나는 이 실업가들이 참으로 빨리 자신감을 몸에 익혀 승진하고 월급이 오르는 데에 정말 놀랐다. 클래스는 나의 예상 이상으로 발전했다. 월급으로 하룻밤에 5달러도 지불하려 들지 않던 그리스도교 청년회가 하룻밤에 30달러의 배당금을 지불해 주었다. 처음에는 대중적인 화술을 가르쳤는데, 그러다가 이들에게는 친구를 만들고 사람들에게 영향을 주는 능력이 필요하다는 것을 알았다. 나는 인간관계에 관한 적당한 책을 찾지 못해 직접 쓰기도 했다. 아니 썼다기보다 클래스에서 얻은 경험에서 생겨난 책이었다. 나는 그 책을《친구를 사귀고 사람을 움직이는 방법》이라고 이름 지었다.

이 책은 내가 가르치는 성인 클래스를 위한 교과서로 사용하려고 쓴 책으로, 그 책이 그토록 잘 팔리리라곤 꿈에도 생각지 못했다. 아마도 나는 살아 있는 저자 가운데서 가장 놀라운 사람일 것이다.

해가 지나면서 이러한 사람들의 가장 큰 문제는 고민이라는 것을 깨달았다. 나의 학생은 대부분 실업가—지배인·세일즈맨·기사·회계사 등이며 많은 사람이 문제를 안고 있었다. 클래스에는 직장여성이나 가정주부도 있었는데 그들도 문제를 안고 있었다. 그들에게는 고민을 해결하기 위한 교과서가 필요했으므로 나는 교과서로 쓸 책을 찾았다. 뉴욕의 큰 도서관에 가보았지만 놀랍게도 거기에는 고민이라는 표제로 등록된 책이 고작 22권밖에 없었다. 한편 벌레라는 표제로 등록된 책은 189권이나 되었다. 고민을 다룬 책의 아홉 배나 되는 벌레를 주제로 한 책! 정말 놀라운 일이다. 고민은 인간이 마주한 가장 큰 문제이니 전국의 학교나 전문학교에서 〈고민 해결법〉을 주제로 강의를 하리라 생각하는 것이 마땅하지 않은가. 그런데 어딘가의 어느 학교에서 고민 해결을 주제로 강의를 한다는 말은 한 번도 들어본 적이 없다. 그 결과는 어떻게 되었는가? 우리나라 병원 침대의 절반 이상을 신경적·감정적 환자가 점거했다.

나는 뉴욕 도서관에 있는, 고민을 주제로 한 22권의 책을 닥치는 대로 훑어보았다. 그러나 클래스 학생들에게 교과서로 쓸 만한 것을 발견하지 못했다. 그래서 내가 직접 쓰기로 했다. 나는 이 책을 7년 전부터 쓰려고 준비했다. 어떻게 준비했느냐고? 모든 시대의 철학자들이 고민에 대해 한 말을 읽었다. 또 공자, 톨스토이, 제임스 알렌에서 처칠, 간디에 이르는 사람들의 전기를 모조리 읽었다. 그리고 모든 방면의 훌륭한 인물을 만나 보았다. 잭 뎀프시, 오마 브래들리 장군, 마크 클라크 장군, 헨리 포드, 일리노어 루스벨트, 도로시 딕스 등, 그러나 그것은 극히 시작에 불과하다.

나는 회견이나 독서 따위보다 더 중요한 일을 했다. 성인 클래스라는 연구실에서 5년 동안 고민을 해결하는 방법을 연구했다. 내가 아는 한 온 세계에서 이런 주제를 다루는 연구소는 최초였고 또한 오직 하나인 연구소다. 나는 학생들에게 고민을 해결하는 방법으로 몇 가지 원칙을 주고 그것을 자기 생활에 적용해 본 뒤, 그 결과를 클래스에서 이야기하게 해 보았다. 자기들이 과거에 사용한 기법에 대해 보고하는 사람도 있었다.

이러한 경험의 결과로 나는 이제까지의 누구보다 많이 '어떻게 하여 고민을 극복했는가' 하는 이야기에 귀를 기울여 왔다. 또 고민 극복에 관한 편지도 수천 통이나 읽었다. 미국과 캐나다의 219개 도시에서 열린 클래스에서 입상한 실험 담이다. 그러므로 이 책은 대학이라는 상아탑에서 생겨난 것이 아니다. 또 고민은 어떻게 극복해야 하는 것인가 하는 학구적인 설교도 아니다. 나는 수천 명이 넘는 사람들이 고민을 어떻게 해결했는지, 즉 간결하고도 기록적인 원고를 쓰도록 노력했다. 이 책은 실제적이고 실천적이다. 그 점에서는 만인이 숙독해도 좋다고 확신한다.

이 책에 등장하는 인간은 결코 가공적 인물이 아니다. 두서너 개의 예외를 제외하면 전부가 실제로 존재한 사람으로 그의 주소도 사실이라고 단언한다. 우리는 완전한 생활을 보내기 위해 필요한 것은 이미 다 알고 있다. 우리는 산상의 설교를 비롯하여 많은 황금률도 읽었다. 우리의 고민은 무지가 아니다. 무위(無爲)이다. 이 책의 목적은 예부터 전해져 내려온 기본적인 진리를 다시 설명하고 유선형화하며 공기를 조절함으로써 당신을 분발하여 행동으로 옮기게 하는 것이다.

20세기가 시작된 이래 35년 동안 미국 출판업계는 1천만 권이 넘는 책을 찍어냈다. 그러나 출판한 책의 대부분이 지나치게 지루했고 많은 출판사는 재정적인 어려움을 겪어야 했다. 세계에서 상당히 규모가 큰 축에 속하는 한 출판사의 사장은 나에게 이런 고백을 했다. 75년 된 그의 회사가 출간하는 8권의 책 중 7권은 적자를 면치 못한다고 말이다.

그렇다면 나는 왜 또 한 권의 책을 쓰는 무모한 짓을 했는가? 그리고 당신은 왜 애써 이 책을 읽는가? 두 가지 모두 정당한 질문이다. 그리고 나는 그 물음에 답하려고 노력했다.

1912년부터 나는 뉴욕에서 사업가나 전문직 종사자들을 대상으로 하는 화술 강좌를 열었다. 처음에는 성인을 대상으로 한 강좌만 열었다. 수업은 면접시험이나 대중 앞에서 더욱더 효과적이고 분명하게 자기 생각을 표현하고 사고할 수 있도록 실전 위주로 진행하였다.

그런데 시간이 흐를수록, 수강생들에게는 효과적인 화술 훈련이 필요하긴 했지만, 일상 업무와 사회적인 교제를 하는 데 있어 사람들과 원만하게 어울릴 수 있는 처세술이 더욱더 절실하다는 사실을 깨달았다.

또한, 나 자신에게도 그런 훈련이 필요하다는 것을 여실하게 깨달았다. 지난 세월을 돌아보면서 내가 보기에도 조율 능력이나 이해심이 너무 부족했다는 점을 깨닫고 간담이 서늘해졌다. 이런 책이 20년 전에 나왔다면 얼마나 좋았을까? 사람을 다루는 일은 아마도 당신이 직면한 가장 큰 문제일 것이다. 당신이 사업을 하고 있다면 더욱더 그러하다. 당신이 가정주부이거나 건축가, 혹은 기술자일지라도 마찬가지다.

몇 년 전에 카네기 교육진흥재단이 주최한 연구 조사에서 중대한 사실 하나가 밝혀졌다.

공학 같은 기술적인 분야에서조차도 재정적인 성공의 약 15%는 본인의 기술지식, 약 55%는 사람을 다루는 기술, 즉 성격과 사람을 움직이는 능력에서 기인한다는 점이다. 이러한 사실은 나중에 카네기 기술연구소에서 실행한 추가 연구로 더욱 확실해졌다.

나는 수년간 필라델피아의 엔지니어 클럽과 미국 전자 기술자협회 뉴욕 지부에서 해마다 강좌를 열었다. 아마도 1천500명 이상의 기술자들이 내 강의를 들었을 것이다. 그들은 현장에서 관찰과 경험을 한 끝에, 공학 기술 분야에서 가장 높은 임금을 받는 사람이 공학에 대해 많이 알고 있는 사람은 결코 아니라는 것을 깨달았기 때문에 내 강의를 찾아왔다.

예를 들어 보자. 사람들은 공학이나 회계, 건축 또는 그 외의 분야에서 적당한 임금을 주고 기술 능력을 갖춘 인물을 고용할 수 있다. 하지만 기술 지식과 더불어 자기 생각을 명확히 표현할 줄 알고, 다른 사람들에게 열정을 불어넣어 줄 수 있는 지도력을 가진 사람은 더 높은 임금을 받을 만한 가치가 있다.

전성기를 구가하던 존 록펠러는 이런 말을 했다.

사람을 다루는 능력은 설탕이나 커피처럼 돈으로 살 수 있는 생필품과 마찬가지다. 그리고 나는 이 세상의 어떤 것보다도 그 능력에 더 많은 돈을 지불하겠다.

지구상의 모든 대학이 세상에서 가장 비싼 능력을 개발하기 위한 강의를 열고 있다고 생각하지 않는가? 하지만 이 세상에서 성인을 위해 이런 실용적이고 상식적인 강의를 하는 대학이 단 한 곳이라도 있었더라면, 나는 지금 쓰고 있는 이 책에 대한 책임을 면했을 것이다.

시카고 대학과 YMCA 연합학교는 성인들에게 가장 배우고 싶은 것이 무엇인지 묻는 조사했다. 이 조사에는 2만 5천 달러의 비용이 들었으며 2년이라는 세월이 소요되었다. 마지막 단계는 전형적인 미국 도시로 선정된, 코네티컷의 메리덴에서 실시하였다.

메리덴에 거주하는 모든 성인에게 156가지 질문을 했다. 질문의 내용은 '당신의 사업이나 직업은 무엇입니까? 교육 수준은? 여가는 어떻게 보내십니까? 수입은 어느 정도입니까? 취미는? 포부는? 고민은? 가장 관심이 있는 분야는 무엇입니까?' 등등이었다.

이 조사를 통해 성인들의 주된 관심사는 건강과 사람이라는 사실이 드러났다. 구체적으로 사람들을 어떻게 이해하고 사귀는가, 어떻게 자신을 좋아하게 만드는가, 어떻게 본인이 생각하는 대로 상대를 설득하는가, 등이 그들의 관심거리였다. 조사를 실시한 위원회는 메리덴에 거주하는 성인을 위해 그들의 관심사와 관련된 강좌를 열기로 했다. 위원회는 그 강좌에 사용할 실용적인 교본을 부지런히 찾아 헤맸다.

하지만 단 한 권도 찾지 못했다.

결국 그들은 성인 교육 분야에서 세계적으로 널리 알려진 권위자에게 연락하여 강좌에 사용할 적당한 교재가 없는지 자문했다. 그러자 그 권위자는 이렇게 대답했다.

'성인들이 원하는 것이 무엇인지는 알고 있습니다. 하지만 그들에게 필요한 책이 쓰인 적은 없어요.'

나는 경험을 통해 이 말이 사실임을 알았다. 나 자신도 인간관계를 다룬 실제적이고 쓸모 있는 안내서를 찾기 위해 여러 해 동안 노력했다. 그러나 결국 '제임스 알렌 생각의 연금술' 단 한 권 말고는 그런 책을 찾지 못했기 때문에 나는 내 강좌에 활용할 목적으로 글을 쓰기 시작했다. 그리고 이 책을 여러분 앞에 내놓게 되었다.

책을 준비하면서 사람을 다루는 주제에 관한 내용이라면 모두 읽어 보았다. 신문 기사, 잡지 기사, 가정법원의 기록, 옛 철학자와 요즘 심리학자의 글 등 모든 것을 말이다.

이에 더해 숙련된 연구자를 고용하여 1년 반 동안 여러 도서관에서 내가 놓친 자료를 읽도록 했으며, 심리학 관련 서적을 낱낱이 읽었고 수백 편의 잡지 기사를 꼼꼼히 읽었다.

또한, 수많은 전기를 읽으면서 모든 시대의 위대한 지도자가 어떻게 사람들을 다루었는지 알아내려고 노력했다. 우리는 그들의 자서전을 모두 섭렵했다. 줄리어스 시저부터 토머스 에디슨에 이르기까지 위대한 리더의 생애를 다룬 글을 자세히 살펴보았다. 시어도어 루스벨트 한 사람을 주제로 한 전기만 해도 족히 100권은 넘게 읽었다.

우리는 누군가가 사람들을 자기편으로 만들고 움직이기 위해 사용했던 실용적인 아이디어를 찾아내는데 시간과 돈을 아끼지 않았다. 세계적인 명성을 얻은 성공한 사람들과 면담도 했다.

마르코니나 에디슨과 같은 발명가부터 프랭클린 D. 루스벨트나 제임스 파레이 같은 정치지도자. 오웬 D. 영 같은 사업가, 클라크 게이블과 메리 픽포드 같은 영화배우, 마틴 존슨 같은 탐험가에 이르기까지 많은 사람을 만나보았다. 그리고 그들이 인간관계에서 사용했던 기술을 알아내려고 노력했다.

이 모든 자료를 모은 뒤, 나는 짧은 강의를 준비했다. 강의 제목은 '사람들을 내 편으로 만들고 움직이는 법'이었다.

처음에는 강의 시간이 짧았지만, 곧 1시간 30분 정도로 늘어났다. 그리고 수년 동안 뉴욕 카네기협회 주최로 해마다 성인에게 이 강의를 했다.

나는 강의를 마치고 나서 참석자들에게, 배운 내용을 사업이나 사회적인 만남에 적용해 보라고 촉구했다. 그리고 강의실로 돌아와 자신의 경험이나 성취한 결과를 말해 달라고 했다.

얼마나 재미있는 숙제인가! 자아계발에 굶주렸던 사람들은 새로운 실험을 한다는 생각에 흥분했다. 성인을 대상으로 하는 최초이자 유일한 실험이었기 때문이다.

몇 년 전에 우리는 엽서 한 장 크기도 되지 않는 카드에 인쇄된 몇 가지 규칙만 가지고 강의를 시작했다. 다음 강의를 할 때는 조금 더 큰 카드를 인쇄했고, 그다음엔 많은 인쇄물, 그다음에는 일련의 소책자를 만들었다. 매번 강의 범위가 넓어지고 자료집이 두꺼워졌다.

그리고 15년이라는 세월의 경험과 조사를 거친 후에야 이 책이 나오게 되었다. 이 책에 담긴 규칙들은 단순한 이론이나 짐작이 아니다. 이것은 마법처럼 우리 인생에 짧게 작용한다. 그렇지만, 나는 이러한 쉽고 짧은 원칙을 적용한 사람들의 생활에서 일어나는 엄청난 혁신을 보아왔다.

한 예를 들어보겠다. 직원 314명을 거느린 한 남자가 이 강좌에 참석했다. 수년 동안 그는 신중치 못했으며 거침없이 직원들을 비판하고 비난했다. 친절함과 칭찬, 격려라는 말은 그와 어울리지 않았다. 그러나 이 책에서 논의한 원칙들을 공부하고 나자 이 경영인은 놀랍게도 만나는 사람마다 친구로 만들 수 있었다. 그의 삶이 완전히 바뀐 것이다. 이제 그의 조직은 성실함과 일에 대한 열정, 협력 정신으로 생기를 띠었다. 314명의 적이 314명의 친구로 변한 것이다. 그는 자랑스럽게 말했다.

'예전에는 회사에 들어가면 먼저 나에게 반갑게 인사하는 사람이 없었습니다. 시선을 딴 데로 돌리다가 내가 다가가면 마지못해 건성으로 인사를 하곤 했지요. 지금은 모두 나의 친구가 되었고 경비원까지도 제 이름을 부를 정도가 되었습니다.'

이 경영자는 수익도 늘었고, 여가도 많이 얻었다. 가장 중요한 사실은, 그가 사업에서나 가정에서 훨씬 많은 행복을 찾았다는 점이다.

수많은 세일즈맨들이 이 원칙을 사용해서 놀랄 만큼 실적을 올려 왔다. 많은 사람이 예전에는 번번이 실패했던 곳에서 새로운 거래처를 개발했다. 임원들의 권위가 높아졌고, 임금도 올랐다. 어떤 임원은 이런 원칙을 적용하여 연봉이 대폭 인상되었다고 전해 왔다.

또 다른 예를 들어보자. 필라델피아 가스 회사의 어느 임원은 예순다섯 살 때 적대적인 성향과 직원들을 원만히 다루는 능력이 부족하여 감등되었다. 하지만 이 훈련 과정을 통해 그는 임금 인상은 물론이고 승진까지 하게 되었다.

강좌가 끝나고 나서 열리는 연회에 참석한 배우자들은, 남편이나 아내가 이 훈련 과정을 시작한 뒤 가정이 훨씬 행복해졌다고 말했다.

사람들은 때때로 그들이 달성한 새로운 결과에 놀라기도 한다. 이 모든 일은 마치 마법처럼 여겨진다.

어떤 경우에는 너무나 흥분한 나머지, 자신이 성취한 결과를 발표할 강의 시간을 기다릴 수가 없어서 일요일에 내 집으로 전화를 걸어오기도 한다.

한 남자는 이러한 원칙에 너무 고무되어서 강좌의 다른 수강생들과 늦은 밤까지 토론을 벌이기도 했다. 새벽 3시가 되었을 때 다른 수강생들은 집으로 돌아갔다. 하지만 그는 자신의 과오를 깨닫게 된 것이 너무나 기쁘고, 자기 앞에 펼쳐진 새롭고 풍요로워진 세상에 자극을 받아서 잠을 이룰 수가 없었다. 그는 그날 밤은 물론 그다음 날 밤, 또 그다음 날 밤에도 잠들지 못했다.

그는 누구였을까? 이제 막 나온 새로운 이론이라면 무조건 달려드는 순진하고 미숙한 사람이었을까? 아니다. 예술품을 거래하는 일을 하는 그는, 유럽의 두 명문대학을 졸업했으며 3개 국어를 구사할 줄 아는 그 도시의 교양 있는 유명인사였다.

이 글을 쓰는 동안 독일 어느 귀족 출신의 남자로부터 편지 한 통을 받았다. 대서양을 횡단하는 기선에서 쓴 그의 편지는 이러한 원칙을 적용한 경험에 이야기했다. 편지는 거의 종교적인 수준이라고 할 수 있는 열기로 가득 차 있었다.

또 다른 한 남자에 대해 말해 보겠다. 그는 뉴욕 토박이로 하버드 대학을 졸업했으며 규모가 큰 카펫 공장을 소유한 부유층이었다. 그는 사람들을 움직이는 처세술에 대해 대학 4년 동안 배운 것보다 지난 14주간 배운 것이 더 많다고 단언했다. 말도 안 된다고? 웃기는 얘기라고? 근거도 없는 얘기라고? 물론 여러분은 내가 어떤 미사여구를 갖다 붙이든 이를 무시할 권리가 있다.

1933년 2월 23일 저녁, 뉴욕의 예일 클럽에서 보수적이고 사회적으로 명망이 있는, 한 하버드 대학 졸업생이 600명 가까운 사람들 앞에서 공식 연설을 했다. 나는 어떠한 평도 하지 않고 단순히 이 연설을 전달하려 한다.

하버드 대학의 석좌 교수인 윌리엄 제임스가 말을 시작했다.

'본디 타고난 능력과 비교해 보면, 현재 우리가 발휘하고 있는 능력은 그 능력의 절반만 깨어 있는 것이나 마찬가지입니다. 우리는 신체적·정신적 자원의 극히 일부분만 쓰고 있습니다. 사물을 널리 표현함으로써 인간 개개인은 저마다의 한계 내에서 한층 더 넓게 살 수 있습니다. 인간은 습관적으로 쓰지 못하는, 다양하고 힘차게 활동할 힘을 지녔습니다.'

당신이 '습관적으로 쓰지 못하는' 힘이라니! 이 책의 유일한 목적은, 활동 정지 상태에 놓여 있는 당신의 능력을 발견하고 개발하도록 도와주는 데 있다. 프린스턴 대학의 전 총장인 존 히븐 박사는 이런 말을 했다.

교육이란 인생에서 부딪치는 온갖 상황에 대처하는 능력이다.

만일 당신이 이 책의 처음 세 장을 읽고 난 다음에도 앞으로 닥칠 인생의 상황에 대처할 준비가 덜 되어 있다면, 이 책은 당신에게 완전한 실패작일 것이다. 왜냐하면 허버트 스펜서가 말했듯이 '교육의 가장 큰 목적은 지식이 아니라 행동'이기 때문이다.

이 책 《카네기 인생철학》은 바로 행동하는 책이다."

당신이 원하는 대로 당신 인생은 이루어진다

당신 원하는 대로 당신 인생이 바뀐다

데일 카네기의 기적의 책《카네기 인생철학》의 온 세계 출판 부수가 1억 부를 넘어섰다. 이 책은 세계출판역사에 길이 남을 생활철학서 고전이 되었다.

카네기는 인간관계에 관한 자신의 인생 신조를 널리 퍼뜨리기 위해 '데일 카네기 협회'를 만들었다. 그를 열렬히 신봉하는 사람들도 세계 곳곳에 나타났다. 카네기는 라디오나 TV에도 정기적으로 출연했다. 또 자기 강의에서 가르치는 내용을 다른 사람들에게 알려 주었으며, 인간관계에 관한 불후의 명저 2권을 집필했다. 그것이 바로《걱정을 떨쳐 내고 살아가는 방법》과《친구를 사귀고 사람을 움직이는 방법》이며 둘 다 초베스트셀러가 되었다. 1955년 카네기가 세상을 떠난 뒤에도 그의 휴머니즘 사상은 계속해서 널리 퍼졌다.

오늘날 데일 카네기 코스는 미국을 비롯한 세계 70여 개국, 1천 곳 이상의 도시에서 제공한다. 신규 수강자는 매주 3천 명 이상이다. 또 데일 카네기 협회는 현재, 〈포춘〉지가 게재한 '매출 규모 상위 500개 회사' 가운데 400군데가 넘는 회사로부터 훈련 프로그램을 짜 달라고 부탁받아, 그것을 제공하고 있다.

새로운 밀레니엄 지식전쟁 시대를 맞아 카네기의 메시지는 자체적으로 변했다. 변화하는 세계의 새로운 요구에 부응해 자신을 다시 정의했다. 카네기의 메시지가 보여 주는 이러한 재생력은 매우 희귀한 예다.

다른 사람들과 효과적인 의사소통을 하는 것. 사람들의 의욕을 불러일으키고 그들이 성공하게 만드는 것. 저마다의 내부에 숨어 있는 리더십을 발견하는 것. 이것이 데일 카네기가 주장하는 주된 과제다. 카네기의 인간관계에 대한 원칙은 우리가 직면한 이 시대의 독특한 도전에도 얼마든지 적용된다. 이 원칙들은 기본적이며 이해하기도 쉽다. 이를 익히는 데에 특별한 교육이나 기술 능력은 필요치 않다. 필요한 것은 그저 실천과 배우려는 진지한 의지뿐이다.

당신은 어떤가. 카네기 인생철학에 도전할 마음이 있는가? 좀 더 쉽게 성공하기 위해 좋은 인간관계를 유지할 생각이 있는가? 당신이 소유한 가장 값비싼 재산, 즉 당신이 아는 사람들의 가치를 더욱 높일 마음이 있는가? 당신 내부에 숨어 있는 지도력을 찾아내고 싶은가? 그것이 활약하기를 절실히 바라는가?

그렇다면 카네기 인생철학을 읽어라. 당신이 원하는 대로 당신 인생은 바뀔 것이다.

세상에서 가장 행복한 인생철학 하루하루 실천 30일 체크

1. 비난이나 비판, 불평하지 마라.
2. 솔직하고 진지하게 칭찬과 감사를 하라.
3. 다른 사람에게 열렬한 욕구를 불러일으켜라.
4. 다른 사람에게 순수한 관심을 기울여라.
5. 미소를 지어라.
6. 당사자들에게는 자신의 이름이 그 어떤 것보다도 기분 좋고 중요한 말임을 명심하라.
7. 경청하라. 자신에 대해 말하도록 다른 사람들을 고무시켜라.
8. 상대의 관심사를 이야기하라.
9. 상대가 중요하다는 느낌이 들게 하라 —단, 성실한 태도로 해야 한다.
10. 논쟁에서 최선의 결과를 얻을 수 있는 유일한 방법은 그것을 피하는 것이다.
11. 상대의 견해를 존중하라. 결코 '당신이 틀렸다'고 말하지 마라.
12. 잘못했다면 즉시 분명한 태도로 그것을 인정하라.
13. 우호적인 태도로 말을 시작하라.
14. 상대가 당신의 말에 즉시 '네, 네'라고 대답하게 하라.
15. 상대가 많은 이야기를 하게 하라.

16. 상대가 그 아이디어를 바로 자기 것으로 느끼게 하라.
17. 상대의 관점에서 사물을 볼 수 있도록 성실히 노력하라.
18. 상대의 생각이나 욕구에 공감하라.
19. 한층 더 고매한 동기에 호소하라.
20. 당신의 생각을 극적으로 표현하라.
21. 도전 의욕을 불러일으켜라.
22. 칭찬과 감사의 말로 시작하라.
23. 잘못을 간접적으로 알게 하라.
24. 상대를 비판하기 전에 자신의 잘못을 인정하라.
25. 직접적으로 명령하지 말고 요청하라.
26. 상대의 체면을 세워 주어라.
27. 아주 작은 발전에도 칭찬을 아끼지 마라. 또한 발전이 있을 때마다 칭
    찬하라. '동의는 진심으로, 칭찬은 아낌없이' 하라.
28. 상대가 훌륭한 명성을 갖도록 해 주어라.
29. 격려해 주어라. 잘못은 쉽게 고칠 수 있다는 것을 느끼게 하라.
30. 당신이 제안하는 것을 상대가 기꺼이 하도록 만들어라.

데일 카네기의 4대 저작

《걱정을 떨쳐 내고 살아가는 방법》

카네기가 연설에서 교재로 쓰려고 만들던 〈불안에 어떻게 대처할까〉라
는 소책자를 정리해서 만든 서적. 그가 평생을 바쳐 탐구했던 주제인 '걱정'
의 실태와 극복 방법을 깊이 연구한 내용이다. 또 '나는 어떻게 걱정을 극복
했는가?'라는 실화 31편을 수록했다.

《친구를 사귀고 사람을 움직이는 방법》

사람을 움직이는 3원칙, 다른 사람의 호감을 사는 6원칙, 사람을 설득하
는 12원칙, 사람을 바꾸는 9원칙, 부록인 행복한 가정을 만드는 7원칙으로
구성했다.

《카네기가 자신을 갈고닦은 책》

그의 저서인 《5분간 인물전》, 《전기 집성》, 《유명인의 비화》라는 3권에서 골라 만든 책이다. 카네기가 성공한 인물 31명에 대해, 어떻게 그들이 꿈을 현실로 이루었는가를 독자적 시점에서 이야기했다. 성공한 사람들이 저마다의 삶에서, 굴러들어 온 기회를 잘 잡아가는 과정을 이 책을 통해 볼 수 있다.

《성공대화론》

훌륭한 연설가였던 링컨과 시어도어 루스벨트 등의 예를 풍부하게 인용하면서, 사람들 앞에서 연설하는 방법의 본질적인 몇몇 포인트를 해설한 책이다. 자신감을 얻는 방법, 준비, 연설을 시작하는 방법과 마무리하는 방법, 연설할 때의 메모 등, 연설 방법에 대한 여러 가지 사항을 폭넓고도 자세하게 기록했다.

제임스 알렌 생각의 연금술 철학

데일 카네기가 청년 시절 가장 불우할 때 그를 정신적으로 구원해 준 제임스 알렌(James Allen)은 1864년 영국 레스터에서 태어나 기업관리 운영담당 CEO를 거친 뒤 37살 이르러 세속을 떠나 인생 연구에 전념, 톨스토이, 원시기독교, 불교, 노자, 공자, 탈무드를 읽고 소박한 생활을 실천하면서 깨달은 명상집 《인생 연금술》을 발표했다. 이 책은 성서에 버금가는 세계인의 사랑을 받는 초밀리언셀러 고전이 되었다. 카네기는 아래의 제임스 알렌 사상을 요약 메모하여 늘 가슴에 지니고 다녔다 한다.

생각이 나를 만든다

인간은 자기 속에 들어 있는
생각의 주인이고
스스로 인격을 만들어 내며
환경과 운명을 설계한다.
우리 인생은 인과법칙으로 이루어져 있다.

'인간의 생각은 겉으로 드러나게 마련이다'라고 한 명언은 우리의 인격뿐 아니라 인생 모두에도 해당하는 말이다. 즉, 스스로 생각하는 삶을 살 게 된다. 특히 인격은 우리 머릿속 생각들을 완벽하게 모아놓은 것이라고 할 수 있다.

식물은 하나의 씨앗에서 비롯된다. 씨앗이 없으면 식물은 존재할 수 없다. 우리의 행동도 마음속에 품은 생각이라는 씨앗에서 싹을 틔운다. 따라서 생각이 없으면 행동으로 표현될 수가 없다. 의식적으로 하든 무의식적으로 하든 모든 행위에 예외는 없다.

행동은 생각이 피워 낸 꽃이고 슬픔과 기쁨은 거기서 맺은 열매이다. 그리고 우리는 스스로 키운 달콤한 또는 쓰디쓴 열매를 거두어들인다.

생각이 나를 만든다.
나는 내가 한때 품었던 생각의 창조물.
내 마음에 사악한 생각으로 가득 차 있다면
언제나 고통이 뒤따르리라
황소를 괴롭히는 무거운 짐수레처럼.
만약 고결한 생각만 한다면
언제나 기쁨이 나를 감싸리
잠시도 곁을 떠나지 않는 그림자처럼.

우리의 인생은 명확한 법칙으로 만들어진다. 그리고 아무리 발버둥 쳐도 그 원칙을 바꾸지는 못한다. 눈에 보이는 물질의 세계건 보이지 않는 마음의 세계건 '인과 법칙'은 언제나 절대적이며 절대 흔들리지 않는다.

우리가 늘 마음속으로 추구하는 고결 하고 신성한 인격은 결코 신으로부터 선물 받거나 우연히 얻게 된 것이 아니다. 고결하고 올바른 생각이 겹겹이 쌓이면서 빚어낸 자연스러운 결과일 따름이다. 마찬가지로 비천한 짐승 같은 인격 역시 천하고 잘못된 생각이 낳은 당연한 결과이다.

생각 하나로 자신을 훌륭한 인간으로 만들 수도 있고 파멸을 불러올 수도 있다. 우리는 마음이라는 공장에서 기쁨과 온화함으로 가득한 아름다운 인격을 창조할 뛰어난 도구를 만들 수 있다.

올바른 생각을 거듭함으로써 우리는 고결하고 숭고한 인간으로 올라갈 수 있다. 또는 잘못된 생각을 되풀이하여 짐승으로 전락할 수도 있다. 그리고 그 양극단 사이에는 온갖 레벨의 인격이 존재하고 그 모든 것을 만드는 주체 역시 인간이다.

인간의 영혼을 울리는 아름다운 진실 가운데 우리를 더없이 기쁘게 하는 것이 있다. 인간에 대한 신의, 신뢰와 약속도 당연히 여기 포함된다.

'인간은 자기 속에 들어 있는 생각의 주인이고, 스스로 인격을 만들어내며, 환경과 운명을 설계한다.'

사람은 힘과 지혜와 사랑을 갖춘 살아 있는 존재일 뿐 아니라 스스로 생각할 줄 알며 그 생각들의 주인이다.

우리는 살면서 어떤 상황에 부닥치더라도 현명하게 대처할 수 있는 능력을 갖추고 있다. 그리고 자기를 자기가 되고 싶은 인간으로 만들어나갈 수 있도록 변화하고 다시 살릴 수 있는 장치를 그 안에 갖추고 있다.

가장 약하고 꼼짝없이 짓눌려 있다 해도 인간은 늘 자기 자신을 다스리는 주인이다. 물론 그것을 잘못 다스리고 있을지도 모르는 어리석은 주인이기는 하지만 말이다.

자기 삶을 깊이 성찰하여 그 법칙을 스스로 찾아내게 되면 우리는 비로소 현명한 주인이 될 수 있다. 그래서 자기를 지혜롭게 관리하면서 풍부한 열매로 이어지는 생각을 하게 된다. 이때부터는 스스로 의식적으로 관리하는 주인이 된다.

하지만 그렇게 되려면 무엇보다 자기 안에서 활동하는 '인과 법칙'을 제대로 알아야 한다. 그리고 그 법칙은 스스로 노력하고 경험하고, 분석해야만 얻을 수 있다.

황금이나 다이아몬드는 끈질기게 조사하고, 시험적으로 한번 파 보아야 찾을 수 있다. 우리 또한 마음의 광산을 충분히 깊이 파 내려간 뒤에야 비로소 자기에 관한 진실을 발견할 수 있다.

만약 당신이 자기 생각을 낱낱이 관찰하고 관리하여 변화하면서 그것이 자기에게, 또는 다른 사람에게, 나아가서는 자기 삶을 둘러싼 환경에 어떠한 영향을 미치는지 주의해서 분석해 본다면—끈질긴 실험과 분석으로 일상적이고 사사로운 일을 포함한 모든 경험의 인과 관계를 이해한다면—인간이야말로 자기 인격을 제작하고 환경과 운명을 설계하는 존재라는 진실에 반드시 이르게 된다.

이러한 진실을 몸으로 직접 체험하여 아는 것이 바로 깨달음이고, 지혜와 힘을 얻는 길이다.

'구하라, 그러면 얻을지니' 혹은 '죄를 구하는 자에게는 지옥의 문이 열릴지니' 하는 절대 법칙은 오직 이런 방법을 통해서만 얻을 수 있다. 지혜의 문은 인내와 탐구 없이는 절대 열리지 않는다.

생각 하나로
삶을 파괴할 수도,
멋지게 바꿀 수도 있다.

하루하루 생각을 쌓아 올려
마음속에 하나의 세계를 짓다 보면

바깥세상도 같은 삶이 만들어진다.

당신이 마음속 어떤 곳에 무엇을 숨기든
그곳에 있는 모든 것은 어떤 형태로든
머지않아 반드시 삶에서 그 모습을 드러낸다.

불순하고 오만한 마음은
불운과 불행을 끌어당기고
순수하고 다정한 마음은
행운과 행복을 끌어낸다.

모든 마음은 언제나 같은 것만 끌어당긴다.
자기와 다른 것은 절대 불러들이지 않는다.
이 사실을 깨달아야 비로소
우주를 다스리는 '인과 법칙'을
알게 된다.

당신이 싫든 좋든
당신의 삶은 모두
이 법칙에 따라 움직인다.

　데일 카네기 《세상에서 가장 행복한 카네기 인생철학》을 신념과 희망을 품고 꾸준히 실천해 나가다 보면 여러분은 머지않아 성공으로 가는 사람들 대열에 서서 한층 더 높은 이상을 향해 가고 있는 자신을 발견하게 될 것이다.

데일 카네기의 생애

온 세계 수많은 사람 인생에 영향을 끼쳤을 뿐만 아니라, 교육에 대한 사상을 펼쳐 성인교육 방법에 혁명을 일으킨 카네기. 이 사람은 대체 누구일까. 카네기는 소박한 사람이었다. 농부의 아들인 그는 성공과 명성을 거머쥐어 유명해진 뒤에도 초심을 잃지 않았다.

어린 시절 카네기는, 미국 중서부 가정에서 나고 자란 평범한 아이들과 조금도 다를 바 없는 소년이었다. 집안일을 돕고 소젖을 짜며 어린 시절을 보냈던 그는, 자기네 집이 가난하다는 사실에 별로 신경 쓰지 않았다. 아니, 실은 집이 가난하다는 자각조차 없었다. 게다가 그때는 농업 기계화가 아직 진행되지 않았던 시기이므로, 그는 아버지와 함께 땀 흘려 농사일을 했다. 1년 내내 고생해서 일군 논밭이 단 한 번의 홍수로 엉망진창이 되기도 하고, 가뭄과 불볕더위로 농작물이 말라 죽기도 했으며, 메뚜기 떼가 습격해 농사를 망치기도 했다. 그런데도 끊임없이 일하느라 고생하는 그의 아버지를 보며, 카네기는 날씨나 작황에 휘둘리는 삶은 절대 살지 않겠다고 결심했다.

그런데 미주리주 농촌의 평범한 아이들과 카네기 사이에는 차이점도 있었다. 그중 가장 큰 차이점은 바로 어머니이다. 카네기는 어머니에게 많은 감화를 받았다. 그의 어머니는 신앙심이 깊은 여성이었고 제임스 카네기와 결혼하기 전에는 학교 선생님으로 일했다. 그녀는 카네기가 제대로 된 교육을 받길 원했으며 훗날 목사나 학교 선생님이 되었으면 좋겠다고 생각했다.

데일은 고등학교를 졸업한 뒤 미주리주 주립 사범학교에 입학했다. 그는 전액 장학금을 받으며 학교에 다니면서, 아르바이트해서 용돈을 벌었다. 그는 학위를 따서 미주리주 학교에서 교편을 잡을 요량으로 공부했다.

그러나 처음 생각과는 달리, 데일은 공립학교 선생님이 되지 않았다. 그는 고학년 때 프랭크 셀프라는 친구와 사귀게 되었는데 프랭크는 여름방학을 이용해 '국제통신 교육학교'의 통신교육 강좌를 판매하는 일을 하고 있었다. 프랭크는 자기가 일주일에 20달러를 벌며 교통비까지 받는다는 이야기를 카네기에게 해 주었다. 그것은 카네기의 아버지가 농장에서 중노동을 하여 버는 돈보다 4배나 많은 액수였다. 그 이야기를 들은 데일은 자기도 판매업에 뛰어들기로 했다.

데일은 사범학교를 졸업한 뒤 덴버로 향했다. 그는 그곳에서 '국제통신교육학교'의 영업사원에 지원했고 합격했다. 영업사원이 된 그는 집세 및 식비로 일주일에 2달러를 지급받게 되었을 뿐 아니라, 계약을 하나 따낼 때마다 일정한 돈을 더 받게 되었다.

데일이 담당하게 된 구역은 네브래스카 서쪽 지역이었는데, 당시 그 부근은 아직 개발이 덜 된 상태라 몇몇 마을이 띄엄띄엄 존재할 뿐이었다.

뒷날 유례가 없을 정도로 수많은 영업사원을 성공으로 이끈 데일 카네기는 과연 이 일을 제대로 해냈을까? 아니, 실은 그러지 못했다. 그는 통신 교육 강좌를 판매하는 영원사원으로서 성공을 거둘 수는 없었다. 그가 아무리 노력해 봤자 소용없었다. 네브래스카 농부들이나 마을 사람들은 데일이 판매하는 상품에 애초부터 관심이 없었기 때문이다.

그런데 이 무렵, 데일의 인생을 바꿀 새로운 기회가 다시 한번 찾아왔다. 통신교육 강좌 판매 실적이 통 올라가지 않아서 골머리를 썩이던 데일은 내셔널 비스킷 회사의 한 영업사원에게 고민을 털어놓았다.

경험 많은 영업사원은 데일의 고민을 듣고는 이렇게 조언했다.

"어차피 뭔가를 팔 거라면, 수요가 끊이지 않는 상품을 파는 게 좋지 않겠나? 나는 크래커나 쿠키를 파는 게 일일세. 그런데 난, 내 담당 구역 상인들과 이미 친구나 마찬가지란 말이지. 그들에게 상품을 억지로 팔아먹으려 한 적이 단 한 번도 없다네. 나는 그들의 가게에 들르면 일단 가게 안을 쓱 둘러 보고 나서, 다음에 올 때는 어떤 상품을 준비하면 좋을지 간단히 메모한다네. 그것으로 끝이지. 그것만으로도 그들은 나를 환영하며, 한 달에 한 번 내가 방문하는 날을 손꼽아 기다려 주거든."

카네기는 그의 말을 듣고 곰곰이 생각해 보았다. '수요가 끊이지 않는 상품' 가운데 자신이 익숙하게 다룰 만한 것은 무엇일까? 곧 하나의 상품이 떠올랐다. 바로 고기 및 육류상품이었다. 데일은 어릴 때 아버지를 도와 소나 돼지를 길러 본 적이 있었다. 그리고 육류시장에 대해서도 어느 정도 알고 있었다. 그런데 그런 일자리를 구하려면 오마하까지 나가야 했다. 문제는 그에게는 기차표를 살 돈조차 없었다는 것이다. 그래서 그는 머리를 썼다. 농장에서 자란 데일은, 농장에서는 화물열차나 트럭으로 가축을 수송할 때면 꼭 동행인을 한두 명쯤 고용한다는 사실을 알고 있었다. 그는 근처 가축 사육장에 가서 한 목축업자를 만났다. 마침 그는 말을 싣고 오마하에 가려던 참이었다. 그에게 고용된 카네기는 말에게 여물과 물을 주면서 오마하까지 500마일 정도 되는 거리를 이동할 수 있었다.

오마하시에 도착한 카네기는 아머 상회의 영업사원으로 채용되었다. 그리고 한 달 동안 연수를 마친 뒤, 사우스다코타를 담당하게 되었다. 그의 봉급은 일주일에 17달러 31센트였으며 기타 경비도 회사에서 지원해 주었다.

카네기는 부모님께 편지를 써서 이 기쁜 소식을 전했다. 자신이 좋은 직장에 취직했다고 알린 것이다. 그러자 평생을 농부로 살아오면서 입에 풀칠하기 바빴던 아버지는 이런 답장을 보냈다.

"일주일에 17달러 31센트라고?! 그 화가가 너한테 그렇게나 많은 돈을 주다니. 도저히 계속 줄 것 같지는 않구나."

카네기가 쓴 《친구를 사귀고 사람을 움직이는 방법》의 서문을 보자. 여기서 로웰 토머스는 데일의 아머 상회 영업 사원 시절에 대해 다음처럼 말했다.

"카네기가 담당하게 된 구역은 배드랜드 지방과 소와 인디언의 땅인 사우스다코타 서부 지역이었다. 카네기는 화물열차나 역마차, 말 등을 타고 담당 지역을 순회해야 했다. 그리고 늘어뜨린 천 조각 하나를 옆방과 내 방을 나누는 벽이라고 불러야 하는 개척자 전용 여관에서 잠을 자야만 했다. 이 시기에 카네기는 책을 읽으면서 판매 방식을 공부하고, 야생마 타기 시합에도 참여 했으며 포커도 했다. 그리고 돈 모으는 요령도 익혔다. 한번은 오지에 있는 어느 가게에서 이런 일이 있었다. 카네기는 그 가게에 햄과 베이컨을 팔았는데, 공교롭게도 그날 가게 주인에게는 현금이 없었다. 카네기는 이 문제를 침착하게 해결했다. 현금 대신 그 가게에서 파는 구두를 열 개쯤 받아왔다. 그리고 그것을 철도 종업원들에게 팔아 현금을 마련해서 아머 상회에 보냈다. 카네기는 화물열차를 타고 하루에 100마일 넘게 여행하곤 했는데, 짐을 부리느라 열차가 멈출 때마다 기차에서 재빨리 내렸다. 그리고는 가까운 마을로 뛰어가서 상인 서너 명에게 말을 걸어 주문을 따냈다. 화물열차가 기적 소리를 울리며 출발하면, 달음질쳐 마을을 빠져나와 달리는 기차에 뛰어들다시피 올라탔다. 카네기는 그런 놀라운 곡예를 자주 펼쳐 보였다."

카네기는 이렇게 일해서 훌륭한 판매 실적을 올렸다. 그가 담당한 구역의 판매 성적은 35위에서 1위로 뛰어올랐다. 카네기의 성공을 눈여겨본 아머 회사는 그에게 간부 자리를 제의했다. 그러나 카네기는 그 제안을 거절했다. 그는 이제까지 열심히 모은 돈을 가지고 보스턴으로 가서 배우 공부를 시작할 계획이었다.

그런데 여기서 다시 한번 사건이 발생했다. 카네기의 계획을 바꿔 놓을 만만한 일이 생긴 것이다. 사우스다코타에서 기차를 탄 그는 러셀이란 목사와 우연히 동석했다. 목사는 자신이 뉴욕에서 연극 연출 방법을 배웠으며, 실제로 무대에 몇 번 오른 적 있다고 말했다. 그 말을 들은 카네기는 자기도 보스턴에 가서 연기 공부를 할 예정이라고 이야기했다. 그러자 목사는 카네기에게 조언해 주었다.

"진심으로 연극 공부를 할 생각이라면, 보스턴이 아닌 뉴욕에 가서 기초 훈련을 쌓으시게. 뉴욕이야말로 연극계의 중심이니까. 뉴욕에 미국 연극 학교가 있으니 배우가 되고 싶다면 한번 가 보게나. 배우 양성소로는 국내 최고일세."

카네기는 목사의 조언에 따라 목적지를 바꾸기로 했다. 아니, 실은 목적지만이 아니다. 따지고 보면 카네기는 이때 자신의 운명 자체를 바꾸는 결심을 한 것이다.

뉴욕에 도착한 그는 목사가 추천한 학교로 가서 오디션을 봤다. 이때 그가 만난 교장이 프랭클린 H. 사전트였다. 뒷날 카네기는 이 오디션에 대해 이렇게 회상했다.

사전트는 오디션을 받으러 온 카네기를 가만히 바라보더니 갑자기 지시를 내렸다.

"의자 흉내를 내 보게."

그 말에 따라 카네기는 무릎을 구부렸다. 그리고 팔을 앞으로 불쑥 내밀어 팔걸이 흉내를 내는 등, 의자를 표현하려고 애썼다. 이 오디션을 마친 후 그는 수업료 400달러를 지불하고 그 학교에 입학할 수 있었다.

배우로서의 데일 카네기가 얻은 배역은 단 하나였다. 바로 유랑 극단이 상연한 '서커스의 폴리'라는 연극에 등장하는 한 인물이었다. 그는 이 연극에 출연하면서 1년 동안 순회공연을 한 뒤, 배우의 꿈을 깨끗이 접었다.

뉴욕으로 돌아온 카네기는 패커드 자동차 회사에 취직해서 승용차 및 트럭 판매를 담당하게 되었다. 하지만 그는 이 일에 재미를 느끼지 못했다. 엔진이나 기계에 대해서는 쥐뿔도 몰랐으니까. 게다가 공부할 의욕도 안 생겼다. 결국 카네기는 좌절에 빠졌다. 과연 자신이 앞으로 가치 있는 일을 할 수 있을지 걱정이었다.

몇 년 뒤 카네기는 그때의 자기 심정을 뉴욕 시민 2천 명 앞에서 다음과 같이 술회했다.

"1912년 가을이었습니다. 당시 23살이었던 저는 스스로 이렇게 말했습니다. '카네기, 인생이란 이런 거냐? 이게 학창 시절에 네가 꿈꾸었던 네 인생이야? 그때 네가 어른이 되면 반드시 해내겠다고 다짐했던 그 웅대한 계획들을 아직 기억하고는 있니? 수많은 책을 읽고 자기 책을 내겠다고 결심하지 않았던가? 그런데 지금의 넌 대체 뭐 하는 사람이냐. 매일 밤 지끈거리는 머리를 부여잡고 집에 돌아가는 생활이라니. 그것도 다 네가 자기 일을 경멸하기 때문 아닌가. 그래, 지금이 바로 인생의 전환점이다. 돈은 아무래도 좋지 않은가. 나는 참된 의미로 살아가고 싶은 거니까. 돈벌이 같은 것보다는 참된 삶이 훨씬 중요해.' 저는 자신을 이렇게 질책했습니다." 카네기는 이렇게 결심했다. 이제부터는 매일 글쓰기에 힘쓰겠다고. 그리고 자신이 쓴 글로 먹고살 수 있을 때까지, 야간학교 강사 일을 하면서 생계를 꾸리기로 마음먹었다. 그런데 무슨 과목을 가르칠지가 문제였다. 그는 이렇게 말했다.

"나는 과거를 돌이켜보며 학교에서 받았던 수업 내용을 평가해 보았다. 그리고 한 가지 사실을 깨달았다. 대학에서 공부했던 것을 전부 합쳐도, 내가 지금까지 쌓은 연설(public speaking) 경험이나 그 분야에 관한 훈련에는 못 미친다는 점이었다. 전자보다는 후자가 사업에서 훨씬 더 큰 실제적 가치를 지닌다. 대체 이유가 뭘까? 답은 간단하다. 그 경험과 훈련이 나에게 겁 많은 자신을 극복하고, 사람을 사귈 용기와 자신감을 주었기 때문이다. 게다가 연설을 통하여, 사람들을 이끌어 나가는 지도력은 두려움을 떨치고 일어나 모든 사람 앞에서 자기 생각을 당당히 말할 수 있을 때 비로소 얻게 된다는 것을 깨달았다."

몇몇 대학으로부터 채용을 거절당한 카네기는 YMCA에서 연설을 가르칠 방법은 없는지 찾아보기로 했다. 카네기는 일부러 자기 마을에서 가장 작은 YMCA인 125번가 지국을 선택했다. 이렇게 작은 곳이라면 자기를 맞아 주리라 생각했기 때문이다. 하지만 이 지국장은 카네기가 제안한 직장인을 위한 연설 강좌 코스에는 별 관심을 보이지 않았다. 실은 이전에 한 번 그런 종류의 강좌를 한 적이 있었지만, 성공하지 못했기 때문이다. 그래도 지국장은 카네기에게 기회를 줬다. 카네기에게 자기 지국에서 운영하는 '사교의 밤'에 초빙받아 참가자들 앞에서 말을 하거나 모두를 즐겁게 해 주면 어떻겠냐고 권했다.

그 시절 가장 일반적이었던 오락은 시나 연극의 대사를 암송하는 것이었다. 카네기는 유명한 시 두 편을 골라 암송했다. 그는 대학 시절과 미국 연극 학교에 다닐 때 익힌 기술을 충분히 사용하여 만반의 준비를 하고 그 장소에 임했다. 역시나 암송은 사람들을 열광시켰다. 무척 감동한 지국장도 연설 강좌 개최 코스를 다시 생각해 주었다. 하지만 1회 2달러라는 강사료도 카네기에게는 지불하기 어려운 눈치였다. 카네기는 그중 8할만 받는 조건으로 수업을 개설하고 강사료는 매회 참가자들에게서 받기로 했다. 그때를 회상하며 데일은 이렇게 말했다.

"어쨌든 이 강좌가 효과 있다는 것을 구체적이면서도 빠르게 보여 줘야 했다. 그래서 고생이 많았다. 그 사람들이 내 수업에 오는 것은 대학 학점을 따기 위해서도, 사회적인 명성을 위해서도 아니다. 그들의 목적은 오직 하나. 자기 문제를 해결하는 것이었다. 자기 힘으로 버티고 서서 침착하게, 회사 모임에서 단 한 두 마디라도 당당하게 말할 수 있기를 바라는 일념. 단지 그것뿐이었다.

예를 들어 영업사원을 보자. 깐깐한 고객을 방문해야 하는데 좀처럼 그 사람을 만나러 갈 용기가 나지 않는다. 그래서 그 주위를 서너 번 배회하다가 겨우 결심을 한다. 그렇게 망설이는 일이 없었으면 좋겠다고 그 사람들은 생각한다. 그들은 침착함과 자신감을 원한다. 어떻게든 사업에서 성공하고 싶고 가족을 위해 수입도 늘기를 바란다. 그런 소망을 품고 참여한 이 영업사원들은 모두 월부로 나에게 수업료를 지불한다. 효과가 없으면 아마도 바로 그만둘 것이다. 나도 급료가 정해지지 않았다. 이익 중에서 얼마간의 비율을 급료를 받는다. 내가 살아가기 위해서라도 실제적인 효과를 거둬야 한다."

카네기는 일찍이 자기가 배운 것과 같은 방법으로 이 연설 강연에서도 먼저 웅변술의 역사와 말의 기초이론을 가르치기로 했다. 하지만 이 일을 시작하고 얼마 안 있어 그는 두 가지를 깨달았다. 하나는 웅변술에 관해 더 할 말이 없어져 버렸다는 것, 나머지 하나는 학생들이 집중을 못 하고 수업에 질려 하는 모습을 보이기 시작했다는 것이었다. 당장 뭔가 대책이 필요했다.

카네기는 강의를 중단하고 교실 뒤쪽에 앉아 있던 남성을 조용히 지명하면서 생각나는 대로 아무 이야기나 짧게 말해 달라고 부탁했다.

"말해달라고 해도 무슨 말을 해야 할지 모르겠는데요."

"당신 자신에 대해 말씀해 주세요. 경력이라든가 자기 생활에 대해서."

이 남성이 말을 끝내자 카네기 선생은 또 다른 학생에게 부탁했다. 자신에 대해 말해 달라고. 이렇게 차례대로 모두가 자기에 대한 짧은 이야기를 사람들 앞에서 했다. "이렇게 하면서 자기도 모르는 사이에 두려움을 극복하는 가장 좋은 방법을 찾아냈다." 카네기는 나중에 이처럼 술회했다.

이렇게 행동과 참여를 통해 가르침을 주는 카네기식 접근 방법은, 그 뒤 수강생의 관심을 얻어 사람들이 출석하도록 유도하는 가장 효과적인 방법이 되었다.

그리고 점차 이 카네기식 연설 교수법은 세간의 주목을 받기 시작했다. 2, 3개월 후에는 미국 동부 전역의 YMCA에서 카네기 강좌가 개설되었으며 카네기는 매일같이 30~40달러의 수업료를 손에 넣게 되었다. 또한 그는 자주 카네기홀을 빌려 강연하기도 했다.

1916년, 카네기는 프린스턴에서 그 무렵 교사로 재직하던 로웰 토머스를 처음으로 만났다. 그리고 그들은 평생의 친구가 된다. 이 우정 때문에 짧은 기간이긴 하지만 카네기는 잠시 교사 일에서 멀어진다. 제1차 세계대전이 막 끝났을 무렵 토머스는 아라비아의 로렌스와 팔레스타인의 알렌비와 함께 했던 종군 특파원 체험에 관해 일련의 강연을 하게 되는데, 그는 이 일의 매니저로 카네기를 선택했다. 둘이서 진행 순서를 짜고 로웰 토머스의 해설과 이야기를 섞어 가면서 여러 가지 슬라이드 사진을 보여 주는 계획을 세웠는데, 이것이 대박을 터뜨려 런던에서는 몇 개월 치 입장권이 매진되며 성황을 이루었다. 카네기와 로웰은 저마다 회사를 설립하여 이 기획을 분담하고 각각 회사의 사장으로서 미국, 영국, 캐나다 세 나라를 2년에 걸쳐 순회하면서 강연을 했다.

그러나 카네기가 정말 하고 싶었던 일은 역시 사람을 가르치는 것이었다. 그래서 그는 1922년에 다시 카네기 강좌로 돌아갔다. 이번에는 YMCA를 통하지 않고, 독자적으로 일을 시작했다. 데일 카네기 조직이 본격적으로 시작되었다.

그로부터 20년간, 카네기 조직은 세계적인 네트워크로 성장했다. 먼저 실업학교마다 카네기 강좌를 운영하는 라이선스가 주어졌고, 그 뒤 각 강좌를 위해 특별 후원 제도를 설립했다. 이러한 초기 단계를 거치면서 카네기의 원리는 미합중국 전체, 아니 세계 곳곳으로까지 퍼져 나가게 되었다.

이 기간에 카네기는 잡지나 신문에 수많은 기사를 게재하였다. 또한 스스로 라디오 프로그램을 만들어 많은 유명 인사를 취재하며 알게 된 숨겨진 일화를 소개하기도 했다. 또 그는 많은 책도 썼다. 그 책은 대부분 지금도 여러 나라의 언어로 번역되어 널리 읽히고 있다.

카네기의 저서 가운데 맨 처음 히트한 것은(초기 저작은 모두 실패했지만, 그래도 그는 절대 포기하지 않았다) 〈Lincoln the Unknown〉, 즉 〈알려지지 않은 링컨〉이었다. 미국의 위대한 대통령에 대한 이야기로 에이브러햄 링컨의 진실한 모습을 소개한 저술로 독자에게 깊은 감명을 주었다. 그 외에 카네기 저작으로는 〈Public Speaking ; A Practical Course for Business Men〉(1926년)이 있고, 이것은 1931년 개정되어 〈성공대화론(Public Speaking and Influencing Men in Business)〉이라는 새로운 이름으로 출판되었다. 다음으로 라디오 시리즈에서 소개했던 유명인들의 일화가 〈Little Known Facts About Well–Known People〉, 즉 〈유명인의 비화〉로 1943년에 간행되었다. 그의 가장 유명한 저작《친구를 사귀고 사람을 움직이는 방법》은 1936년에,《걱정을 떨쳐 내고 살아가는 방법》은 1948년에 출판되었다.

이 《친구를 사귀고 사람을 움직이는 방법》으로 데일 카네기는 국제적인 명성을 얻는다. 이 책은 이미 36개 국어로 번역되었고 18개국에서 출판했다. 그리고 해마다 카네기 강좌에 참여한 사람들에게 배포하는 9만~10만 부 외에도 1천만 부 이상이 이미 팔렸다. 초판이 나온 지 50년이 지난 지금도 해마다 20만 부 정도가 팔리고 있으며, 그 영향은 실로 전 세계에 이른다. 심지어 공산권 나라인 소련에서는 인간관계 개선 계획을 입안할 때 카네기가 출판한 자료를 중요 참고 문헌으로 사용했다고 한다.

카네기는《친구를 사귀고 사람을 움직이는 방법》이 대중적인 책이 되기 바라면서 쓴 것은 아니다. 이는 카네기 강좌 교재로 쓰려고 쓴 책이 발전한 것이다. 그 발단에 관하여 카네기는 이 책이 출판된 1936년에 했던 강연에서 다음과 같이 설명했다.

"사람들이 기대하는 것을 확실하게 제공하지 못하면 그들은 내 수업을 들으러 오지 않는다. 다시 말해 내가 그들에게 수입이 늘고 사업상 또는 사적으로 지금보다 더 영향력 있는 사람이 될 수 있는 눈에 보이는 효과를 제공해 주지 못하면 그들은 내 강의에 오지 않는다. 그래서 나는 효과를 올리는 방법을 생각해야만 했다.

도서관에 가서 참고될 만한 책을 찾아보았지만, 놀랍게도 교재로 쓸 만한 책은 한 권도 없었다. 그래서 나는 잡지 기사를 두루두루 수없이 많이 읽었다. 나중에는 전문 조사원을 한 사람 채용해서, 그에게 매일 8시간씩 한 달 동안 잡지 몇천 권을 샅샅이 읽으라 했다. 그리고 어떻게 하면 친구를 얻으며 남에게 좋은 영향을 줄 수 있는지, 다시 말해 사람을 움직이려면 어떻게 해야 좋을지에 대해 아주 조금이라도 관련 있는 기사는 빼놓지 말고 조사하라고 했다.

'자네가 앞으로 해 주어야 할 일은 이런 것일세. 모든 시대, 모든 위인의 전기를 읽어 주게. 모든 시대의 위인들이 어떻게 친구를 얻고 사람에게 영향을 주었는지, 다시 말해 사람을 움직이기 위해 대체 어떤 일을 했는지를 알기 위해서라면 시간과 노력은 물론 비용도 절대 아끼지 않을 작정이라네.'

나는 이렇게 말했고, 그 결과 그는 시어도어 루스벨트 대통령에 대해서만 20권이 넘는 전기를 읽었다.

나는 강좌에 들어가, 줄지어 앉아 있는 직장인들과 여성들을 향해 이렇게 말했다.

'시어도어 루스벨트는 이런 것을 했습니다. 벤자민 프랭클린은 이런 일을, 링컨은 이런 말을 했습니다. 소크라테스는, 플라톤은……' 또 이렇게도 말했다.

여러분도 사회활동이나 사교모임에서 이렇게 해 보는 것이 어떨까요? 여러분의 단골 가게나 직장 상사, 가족에게 활용해 보십시오. 그리고 오늘 밤부터 딱 1주일 뒤 이 자리에 돌아와, 어떤 반응이 있었는지 이야기해 주지 않겠습니까?

1주일 뒤 강좌가 얼마나 열기에 휩싸였는지 여러분에게도 보여 주고 싶다. 한 사람도 빠짐없이 넘칠 만큼의 체험을 들과 와서는, 모두에게 빨리 이야기해 주고 싶어서 못 견디는 눈치였다. 그러더니 차례차례로 일어나, 자신이 연설 강좌에 와 있다는 사실을 깨끗이 잊은 채 정신없이 이야기하는 것이었다.

발표가 모두 끝나자, 이번에는 각자가 이야기한 일에 대해 의견을 나누기 시작했다. 그 뒤로 나는 인간 실험실, 즉 인간관계 실험실에 25년간 거의 매일 밤 들락거렸다. 그리고 신기하게도, 내가 아는 한 그곳은 세상에 하나뿐인 인간관계 실험실이었다. 이런 일이 가능했던 이유는 내 머리가 특별히 좋았기 때문은 아니다. 그저 그 방법이 지극히 자연스럽게 느껴졌기 때문에, 사람들과 함께 그런 분위기를 만들었을 뿐이다. 사실 우리는 자신들이 무엇을 하고 있는지도 생각하지 않았다."

　이렇게 카네기 강좌의 중심점은 연설(public speaking)에서 인간관계(human relations)로 옮겨 갔으며, 카네기는 전자를 후자의 수단으로 활용하는 방법을 채용했다. 그리고 자신이 조사하고 연구한 결과 만들어 낸 교재에, 학생들이 발표한 여러 이야기를 통해 밝혀진 원칙을 덧붙여 구성해 갔다. 그렇게 완성한 것을 카네기는 강의 교재로 사용할 책으로 만들겠다고 결정했다.
　이 무렵 등장한 것이, 뉴욕주 라치몬트 강좌 학생었던 레온 쉼킨인데, 이 사람은 당시 아직 창립한 지 얼마 되지 않은 출판사였던 〈뉴욕 사이먼 앤 슈스터〉의 중역이었다(그는 나중에 이 회사의 대표이사 회장이 되었다). 쉼킨은 카네기 강좌와 거기서 쓰던 교재에 홀딱 반해서 《친구를 사귀고 사람을 움직이는 방법》을 꼭 자기 회사에서 출판하게 해달라고 제의했다.
　《친구를 사귀고 사람을 움직이는 방법》이 출판되어 얼마 지나지 않았을 즈음, 시카고대학과 전미국인 교육협회 그리고 YMCA 학교연맹, 이 세 곳에서 공동으로 2년에 걸쳐 행한 조사 결과가 발표되었는데, 그중 몇 가지 사실이 카네기가 이제까지 가져온 신념을 뒷받침했다. 바로, 평범한 세상 사람들은 자기 건강에 제일 관심이 많고, 그다음으로는 현명한 처세술과 남에게 영향을 주는 사람이 되는 방법에 관심이 많다는 것이었다.
　카네기는 자신이 쓴 이 책이 그렇게 많이 팔리리라고는 상상도 못 했다. 그래서 처음에는 5천 부만 팔려도 감지덕지라고 생각했다. 초판은 1936년 10월에 5천 부를 찍었으며 가격은 1달러 98센트였다. 처음 얼마 동안은 비평가나 대중들이 거들떠보지도 않았다. 그저, 출판사를 비롯한 실업계 중역들을 주요 대상으로 보낸 다이렉트 메일 광고가 놀라운 반향을 불러일으켰을 뿐이다.

이윽고 날마다 5천 부씩 팔리기 시작했으며, 그 상태가 약 2주간 계속되었다. 카네기 강좌 수료생들은 이 책을 자기 것 말고도 친구나 친척들에게 나눠 주기 위해 몇 권씩 사들였다. 수백 권을 한꺼번에 사서 종업원들에게 나누어 준 회사도 많았다. 이렇게 해서 이 책은 기록적인 판매고를 보이고, 1년도 지나지 않아 무려 50만 부나 팔렸다. 이것은 그때까지의 논픽션 서적으로서는 신기록이었다.

카네기 책이 폭발적인 판매고를 보이기 시작했을 무렵, 그는 휴가차 유럽에 가 있었다. 흥분을 감추지 못하며 꿈을 꾸는 기분에 휩싸여 급히 미국으로 돌아왔다. 불과 반년 만에, 그는 강연과 라디오에 출연하고 수많은 잡지에 기고 요청을 받는 등 여기저기에서 인기를 끌었다. 카네기가 맨 처음에 〈사이먼 앤 슈스터〉에서 받은 저작권료는 9만 달러였는데, 그 무렵 비서였던 아비게일 콘넬 부인 말로는, 그는 받은 수표를 어떻게 해야 할지 몰라서 며칠이고 책상 서랍에 넣어 두기만 했다고 한다.

《친구를 사귀고 사람을 움직이는 방법》의 판매고는 몇 년 동안 떨어지지 않았다. 지금도 양장본과 문고본 모두 잘 팔리고 있으며, 부모는 자식에게, 회사에서는 부장이 부하 세일즈맨에게, 그리고 정치가들도 자기 선거구 유권자들을 위해 저마다 증정용으로 사는 실정이다. 국회의원 가운데에는 자기 선거구 젊은이들이 한층 더 행복하며 결실을 보는 인생을 보내는 가이드북으로 쓰이도록, 고등학교 졸업을 기념해 이 책을 선물하는 사람도 있다. 그리고 지금도 '자기계발과 성공을 위한 동기부여에 도움이 되는 참고서' 하면 반드시 이 카네기 책이 추천 도서 목록에 오른다. 강연하는 사람이나 목사, 그리고 기업 중역들은 지금도 항상 이야기할 때마다 이 책을 인용한다.

《친구를 사귀고 사람을 움직이는 방법》에 나오는 실례와 설명 그리고 원칙은 온 세계 지도자들을 비롯하여 기업관계자, 대중에 이르기까지 많은 사람이 이야기할 때 늘 인용한다. 그중에는 출처가 이《친구를 사귀고 사람을 움직이는 방법》임을 본인도 깨닫지 못한 채 인용하는 경우가 많다. 만약 카네기가 살아 있다면, 자기 글이 그런 식으로 인용되어서 분명 기뻐했을 것이다. 왜냐하면 카네기의 저서 자체는 독창적 작품이 아니며, 말하자면 여러 시대에 살았던 위대한 철학자들의 인생 사상을 합친 것이라고 스스로 믿었기 때문이다.

이 책 덕분에 카네기와 그의 사고방식은 세계적으로 유명해졌다. 로마 교황 요한 바오로 1세는, 그 짧은 재위 기간에 실시한 첫 번째 공개 알현 때에 카네기가 쓴 '한 가정주부가 남편과 아이들이 그녀의 요리와 집안일에 감사하다고 말한 적이 한 번도 없다는 이야기'를 인용했다. 이는 결국에 지긋지긋해진 주부가 남편과 아이들의 접시에 맛있는 음식 대신 볏짚을 담아서, 자신이 평소에 얼마나 힘들게 일하는지 알려 주었다는 이야기였는데, 교황은 이 이야기 뒤에 이렇게 덧붙였다.

"반드시 큰 은혜를 베풀어야 중요한 것이 아니라 오히려 작은 은혜, 즉 약간의 배려가 담긴 말이 더 중요하다."

1944년에 카네기는 도로시 프라이스 맨더풀과 재혼했는데, 그녀는 결혼 후 얼마 지나지 않아 이때까지 전혀 깨닫지 못했던 자기 재능을 발견했다. 카네기는 자주 여행을 했는데 도로시도 남편을 따라서 온 미국을 돌아다녔다. 그 사이 그녀는 경영관리에 탁월한 재능을 보이며 여러 강좌를 개발했다. 그리고 1953년에는 그녀의 첫 작품 《남편을 성공하게 만드는 법》 "How to Help your Husband Get Ahead in His Social and Business Life"를 썼는데, 이 책도 20개국 언어로 번역되어 온 세계에 널리 읽혔다. 1958년에 도로시는 《여성의 매력》 "Don't Grow Old–Grow Up!"이라는 책을 썼는데, 이것도 많이 팔렸다.

카네기의 하나뿐인 자녀, 도나 데일은 1911년에 태어났다. 카네기는 물론 크게 기뻐했고 이 아이를 극진히 사랑했다.

데일 카네기의 강좌를 들으러 오는 사람 중에는, 카네기가 틀림없이 정력적이고 사람을 압도하는 달변가이리라 생각한 사람도 있었다. 이런 사람들은 처음 그 이야기를 들었을 때 그가 너무나도 겸손한 사람이라서 실망하기도 했다. 카네기는 늘 한 사람에게 이야기하듯 여러 사람 앞에서 말했다.

하지만 한번 연단에 서면 힘이 넘치는 사람이었다. 여기다 싶은 대목에서는 손을 꽉 움켜쥐거나 주먹으로 테이블을 치기도 했다. 그런 손짓이나 몸짓은 딱히 공부를 통해 익힌 것이 아니라, 말을 배우듯이 자연스럽게 몸에 익힌 것이었다. 카네기는 언제나 즉흥적으로 이야기를 했다. 메모를 준비할 때도 있었고, 전혀 준비하지 않을 때도 있었다. 그가 즐겨 쓰던 기술은 중요한 말을 큰 글씨로 끊어 적거나 자료로 준비했던 종이 뒤에 적는 식이었다. 그가 이런 방법을 쓴 것은 주로 이야기가 옆길로 새지 않도록 막으며, 자기 주제에 따라 이야기를 진행하기 위해서였다. 그는 자기 저서에서도 같은 방법을 썼으며, 자신이 말하고 싶은 내용을 한층 알차게 하려고 구체적인 그림과 도면을 썼다. 그의 말은 미끄러지듯 하나의 문제에서 다음 문제로 술술 넘어가고, 말 한마디의 의미를 설명한다 싶으면 어느새 또 다른 말의 의미 설명으로 넘어가면서 자연스럽게 결론에 이르렀다.

개인으로서의 카네기는 꾸밈이 없고 매우 현실적인 사람이었다. 그는 일반 농촌 사람이 가진 소박한 느낌을 항상 지니고 있었다. 〈끝이 없는 성공〉이라는 잡지에서 수년간 카네기를 도왔던 빌은 이렇게 말했다.

"실제 카네기는 부끄럼을 잘 타고, 자의식이 강하며, 자신을 실제보다 낮게 평가하는 사람이었다. 정에 약하고, 연극 기질이 있으며, 사람에게 쉽게 설득당하고, 변덕스럽고 다정하며, 무슨 일이든 자신에게 도움이 된다고 믿는 타입이었다. 그 성격을 이해하는 사람들은 그를 따뜻하고, 붙임성이 있으며, 매우 충실한 친구라고 평가했다. 고결한 인격체로 확고한 신념을 가지고 정력적으로 주위 사람들을 끌어들일 정도로 열의에 넘쳤고 겸손했다."

노먼 빈센트 필은 목사로서, 저술가로서, 또 강연자로서 카네기와 1, 2위를 다투는 사람이었지만 데일 카네기는 이 사람을 깊이 존경하고 그 우정을 소중히 여겼다. 필 목사의 주선으로 카네기는 마블 대학 교회에서 일반인으로는 처음으로 설교할 기회를 얻었다. 그때 카네기는 어린 시절을 뒤돌아보면, 먹을 것이 없었던 날도 어머니는 항상 이렇게 말씀하셨다고 했다.

"걱정하지 않아도 돼. 신께서 우리에게 먹을 것을 주실 거야. 우리는 신을 사랑하고 신께서도 우리를 사랑하고 계셔. 신께서는 어떤 일이 있어도 우리를 굵게 하지 않으실 거야."

이 구절에서 카네기는 갑자기 말을 멈추었다. 아무 소리도 들리지 않는 고요함. 그때 필 목사는 카네기 바로 근처에 앉아 있었는데, 카네기의 가슴이 꽉 차오르는 것을 느꼈다고 한다. 그는 자기감정에 압도되었다. 카네기는 그 후 약 1, 2분간 말을 못 이었다. 카네기의 설교는 이렇듯 자기 신앙에 대한 일종의 개인적인 표현이라고도 말할 수 있다. 이루 말할 수 없는 정말 아름다운 광경이었다고 필 목사는 말한다.

데일 카네기의 가르침은 모든 사람, 그리고 수많은 나라 사람들에게 영향을 미쳤다. 현재 캘리포니아 이공계 대학 생물학 교수인 프랫 팬스 박사는 14살 때 인도에서 《친구를 사귀고 사람을 움직이는 방법》을 처음으로 읽고 카네기에게 인생의 지침이 되는 규칙 같은 것이 있다면 가르쳐 달라고 편지를 썼다. 카네기는 바로 편지를 보내 이런 충고를 해 주었다. '가시를 하나 발견했을 때, 그것을 뽑는 대신 꽃을 하나 심어라'라는 말이었다. 팬스 박사는 지금도 카네기에게 받은 편지를 소중히 보관하고 있다.

빌에 의하면 카네기도 다른 재능 있는 사람들처럼 변덕스러웠다고 한다.

"그는 화를 잘 내기는 했다. 하지만 화내도 금방 기분을 바꾸고 스스로 정한 규칙을 어겼다고 느끼면 바로 고치려고 했다."

만약 실수하면 바로 고치고 게다가 확실히 인정하는 것이 카네기가 정한 규칙이었다. 이렇듯 그는 스스로 만든 쓴 약을 먹었다. 예전에 카네기는 빌에게 이런 말을 했다.

"빌. 나는 항상 실패하지 않으려 조심하지만, 가끔 하나의 실수가 나에게 큰 도움이 돼. 나는 그 실책을 책상 위의 '너무나 터무니없는 실수'라는 특별 파일에 넣어 둬. 그리고 스스로 우쭐거린다고 생각될 때 이 파일을 열어 어리석었던 실패 기록을 소리 내어 읽고 자신을 지상 위로 되돌려 놔."

빌에 의하면 카네기의 가장 뛰어난 특징, 그리고 그의 성공의 진짜 비결은 주위 사람들에게조차 전염될 정도의 대단한 열의였다. 빌은 '무언가 하나의 생각이 머리에 떠오르면 카네기는 바로 집중하고, 안에서부터 넘쳐 나오는 열기에 주위 사람들 모두를 끌어들일 만한 사람이었다'라고 말한다.

데일 카네기는 1955년 11월 1일, 67세의 생일을 2~3주 앞두고 세상을 떠났다. 장례식은 포레스트 힐에서 열렸지만, 미주리에 있는 부모님의 묘 가까이에 이장되었다.

1955년 11월 3일 워싱턴의 한 신문에 다음과 같은 사망 기사가 실렸다.

비꼬길 좋아하는 사람들은 '모두가 데일 카네기의 모든 가르침을 몸에 익혀 실천했다면 세상은 어떻게 되었을까' 등의 짓궂은 말을 했다. 하지만 지난 화요일 사망한 데일 카네기는, 아는 체하며 빈정거리는 사람들에게 애를 먹은 적은 한 번도 없었다. 카네기는 자신이 한 일에 자신감을 느끼고 있었고 또 그것을 실제로 훌륭히 해냈다. 저서 중에서도 그는 세상의 보통 사람들을 상대로 도대체 어떻게 하면 자신감을 되찾게 할까, 즉 어떻게 하면 사람들 앞에서 정확히 말할 수 있을까를 열심히 가르쳤다. 그의 가장 유명한 저서 제목대로 어떻게 하면 사람을 움직이는 것이 가능한가를 설명했다.

문자 그대로 몇백만의 사람들이 그의 상식 철학—그것은 인류문명과 같이 오래되고 모세의 십계명과 같이 단순했지만—의 영향을 강하게 받았다. 그의 가르침은 그렇듯 오래되고 단순했지만, 그가 살던 파란만장한 시대에 행복과 성공으로 향하는 귀중한 힘을 세상 사람들에게 전달했다.

데일 카네기가 이 우주의 심오한 신비를 해결한 것은 아니다. 하지만 그는 그 누구보다도, 사람들이 사이좋게 살아가려면 어떻게 하면 좋을지 그 행복한 방법을 발견해냈다.

데일 카네기 연보

1888년	미국 미주리주에서 태어나다
1904년	워렌스버그 주립사범대학에 입학
	암송 콘테스트에서 2연승
1908년	대학을 그만두고 세일즈맨이 되다
1910년	일을 그만두고 미국연극 아카데미에 입학
1912년	연극을 그만두고 다시 세일즈맨으로 YMCA 화술 강사가 되다
1913년	콜롬비아대학 신문학부 기사편집과 재학
1917년	제1차 세계대전에 소집됨
1918년	전쟁 종결
1921년	로리타와 결혼하여 유럽에서 생활
1929년	주식 대폭락, 세계 대공황 시작
1931년	이혼, 교육사업 다시 시작
1936년	《친구를 사귀고 사람을 움직이는 방법》을 출판하다
1939년	사업실적이 악화하여 사무소를 닫고 자택에서 일함
1944년	비서 도로시와 재혼
1948년	《걱정을 떨쳐 내고 살아가는 방법》을 출판하다
1951년	장녀 도나 데일 카네기 출생
1955년	세상을 떠난다

1

걱정을 극복하는 기본 원칙

오늘 하루를 충실히 살아라
나는 나의 운명의 지도자 나는 나의 영혼의 지휘자

푸르른 봄날, 어느 젊은이가 책을 읽다가 몹시 마음에 끌리는 한 구절을 만난다. 이때 마음에 새겨 놓은 이 구절로 그의 인생은 엄청난 변화를 맞이하게 된다.

그즈음 몬트릴 종합병원의 의학도였던 그는, 졸업시험을 앞두고 몹시 걱정하고 있었다. 전문의 자격시험에 과연 합격할 수 있을지, 합격하면 어느 길로 나가야 좋을지 만일 개업을 하면 생활은 어떻게 꾸려나가야 할지, 이런저런 깊은 고민에 빠져 있었다.

하지만 이 젊은 의학도는 1871년 봄날에 읽었던 책의 구절 덕분에 그 무렵 가장 저명한 의사가 되었다. 그는 세계적으로 명성이 높은 존스 홉킨스 의과대학을 창립하였고, 명예의 상징인 옥스퍼드대학교 명예교수가 되었다. 영국에서 작위를 받았으며, 그가 세상을 떠나자, 그의 생애를 기리기 위한 1,466쪽에 달하는 전기 두 권이 간행되었다.

그가 바로 윌리엄 오슬러 경이다. 오슬러가 1871년 그 봄날에 읽고 마음에 새긴 구절은, 바로 토머스 칼라일의 이 말 한마디였다.

"우리에게 중요한 것은, 멀리서 희미하게 반짝이는 일에 눈길을 주는 것이 아니라, 가까이에서 선명하게 존재하는 일부터 실행하는 것이다." 이 말은 그에게 고민에서 벗어날 길을 제시해 주었다. 그로부터 42년 뒤, 튤립이 만발한 어느 따뜻한 봄날 저녁, 윌리엄 오슬러 경은 예일대학교에서 연설하게 되었다. 그는 그 자리에서 자신이 네 군데 대학교에서 교수를 역임하고 호평을 받는 책을 저술한 사람이라고 해서 여러분들이 자기를 특별한 두뇌를 가진 사람이라고 생각할지 모르지만, 친구들은 자기를 가장 평범한 두뇌를 가진 사람이라 말한다고 했다.

그렇다면 오슬러 경이 성공할 수 있었던 열쇠는 무엇이었을까? 그것은 바로 오늘 하루를 충실히 산 것이었다. 이 말의 의미는 무엇일까? 예일대학교에서 연설하기 2, 3개월 전에 윌리엄 오슬러는 호화 여객선을 타고 대서양을 건넜다. 선장이 버튼을 누르면 배의 각 부분이 차례로 닫혀 방수 구역을 이루도록 건조된 배였다. 오슬러 박사는 그 배를 생각하며 예일대학교 학생들에게 이렇게 말했다.

"여러분! 여러분은 이 호화 여객선보다 훨씬 잘 만들어진 유기체입니다. 앞으로 멀고 긴 인생이라는 항해를 하게 될 것입니다. 제가 여러분에게 말씀드리고 싶은 것은, 그 항해를 한층 더 안전하고 확실하게 하기 위해 오늘 하루를 성실하게 살면서, 자기 자신을 조절하는 법을 배우라는 것입니다.

선교(船橋)에 서서, 방수벽이 작동하는 모습을 한번 지켜보세요. 그리고 버튼을 눌러 보세요. 여러분의 생활의 모든 부분에서 철문이 여러분의 지나간 어제를 걸어 잠그는 소리를 듣게 될 것입니다. 버튼을 다시 한번 눌러 보십시오. 철문이 움직이며 미래, 바로 눈앞에 펼쳐질 내일들을 닫게 될 것입니다. 그렇게 해야만 여러분의 '오늘'이 안전해집니다.

과거와 결별해야 합니다. 이미 숨이 끊어진 과거는, 사자의 손에 맡깁시다. 어제의 짐과 내일의 짐까지 모두 오늘 지고 가려 하면 아무리 강한 사람이라도 쓰러지고 맙니다. 과거와 마찬가지로 미래도 닫아 버리십시오. 미래란 바로 오늘을 의미합니다. 내일이라는 것은 존재하지 않습니다. 정력을 낭비하는 정신적 고뇌, 그리고 번민은 보조를 맞추며 미래를 걱정하는 사람들을 따라다닙니다.

앞뒤 방수벽을 단단히 잠그고 '오늘을 충실히 살아가는' 습관을 지니도록 하십시오."

그렇다고 오슬러 박사가 내일을 준비할 필요가 없다고 한 것일까? 아니다. 절대 그렇지 않다. 그는 내일을 가장 잘 준비하는 방법은, 오늘 일을 오늘 끝마치려고 모든 지성과 열정을 쏟는 것이라고 말했다. 그것이야말로 내일을 준비하는 방법이다.

또 오슬러 박사는 예수의 기도문 중, '오늘날 우리에게 일용할 양식을 주옵소서.'라는 기도로 아침을 시작하라고 권했다.

이 기도는 단지 오늘 먹을 양식만 구한다. 어제 먹었던 딱딱한 빵을 불평하는 기도가 아니다. 다음과 같은 의미도 아니다.

"오, 하나님이시여! 지금 밀밭이 바짝바짝 말라가고 있습니다. 가뭄이 닥칠지도 모릅니다. 내년 가을에 빵을 어떻게 만들라는 것입니까? 제가 일자리를 잃고 실업자가 되면, 주여! 저는 어디 가서 빵을 얻어야 합니까?"

이 기도는 우리에게 오늘 먹을 양식만 구하라고 가르친다. 오늘 먹을 빵이야말로 우리가 먹을 수 있는 유일한 빵이다.

옛날에 한 가난한 철인(哲人)이 돌투성이의 황무지를 거닐었다. 그곳 사람들은 몹시 괴롭고 고달픈 생활을 하고 있었다. 어느 날 군중이 그의 강론을 듣고자 언덕 위에 모여들었다. 거기서 그는 동서고금을 막론하고 아마도 가장 많이 인용되었을 다음 교훈을 군중에게 들려주었다.

"내일을 걱정하지 마라. 내일 일은 내일 생각하라. 하루의 노고는 오늘 하루로 족하니라."

많은 사람은 예수의 이 말을 실행 불가능한 한낱 이상론에 지나지 않는 근거 없는 말이라고 거부하며 따르지 않았다. 그들은 말한다.

"내일을 어떻게 걱정하지 않을 수 있습니까. 가족을 보호하려면 보험에 들어야 하고, 노후를 대비해서 저축도 해야 하고, 성공하기 위해 미리미리 계획을 세우고 준비하지 않으면 안 됩니다."

물론 맞는 말이다. 300년도 전에 제임스 왕이 통치하던 시기에 해석한 예수의 이 말이 오늘날에도 여전히 통할 리가 없다. 지금으로부터 300여 년 전에는 '생각'이란 단어를 자주 '근심'이라는 의미로 사용했다. 근대 개정 성서에는 '내일 일을 근심하지 마라'라는 더욱 정확한 표현을 사용했다.

분명 내일을 주의 깊게 생각하고 준비하며 계획해야 한다. 하지만 불안해하면 안 된다.

제2차 세계대전 중에 미군 지휘관들은 내일 일을 계획했으나 걱정할 수 있는 여유는 없었다. 당시 미국 해군을 지휘하던 어니스트 J. 킹 제독은 이렇게 말했다.

"나는 최대한의 인원과 최대한의 장비를 준비했습니다. 그리고 가장 현명하다고 여기는 작전 임무를 시행하는 데 사용하였습니다. 그것이 내가 할 수 있는 전부였지요. 배는 한번 격침당하면 다시는 끌어 올릴 수 없습니다. 가라앉는 배를 멈추게 할 수 없습니다. 어제 있었던 일로 노심초사할 여유는 없습니다. 내일 일을 조금이라도 더 잘 처리하려면 더욱더 효율적으로 시간을 활용해야 합니다. 지나간 일에 얽매이면 몸이 남아나지 않습니다."

언제 어느 때이든 좋은 생각과 나쁜 생각에는 장단점이 있다. 즉 좋은 생각은 원인과 결과를 규명하여 논리적이며 건설적인 계획에 이르게 하고, 나쁜 생각은 때때로 긴장과 신경쇠약에 이르게 한다.

나는 세계적으로 유명한 신문인 〈뉴욕 타임스〉의 경영자 아서 헤이즈 슐츠버거와 단독회견을 한 적이 있다. 제2차 세계대전 불길이 온 유럽을 휩쓸 때, 그는 충격을 받고 미래에 대한 초조와 불안으로 불면증에 걸린 적이 있었다고 한다. 그래서 자주 한밤중에 잠을 깨 캔버스와 물감을 꺼내 들고 거울 앞에 앉아 자화상을 그렸다고 한다. 붓을 잡아 본 적도 없었지만 불안한 마음을 진정시키기 위해 그림을 그렸다는 것이다. 슐츠버거씨가 불안을 겨우 해소하고 마음의 안정을 되찾게 된 것은, 그가 좌우명으로 삼은 다음의 찬송가를 부르게 되고 난 뒤부터라고 한다.

오래도록 흠모한 빛이여……
먼 앞날을 생각지 않으리니
주여! 내 가냘픈 발걸음을 지켜 보살펴 주시고
한 걸음 한 걸음 나아가는 길을 밝혀 주소서.

그 무렵 유럽 전선에 종군하던 한 청년도 이와 같은 교훈을 얻었다. 그는 메릴랜드 볼티모어 출신인 테드 벤거미노였다. 그 또한 전투로 극도의 신경쇠약에 시달렸다. 그는 다음과 같이 기록했다.

"1945년 4월, 나는 극심한 불안으로 '경련성 횡행결장'이라는 심한 통증에 시달리는 병에 걸리고 말았다. 만일 그때 전쟁이 끝나지 않았더라면, 나는 완전히 폐인이 되었을 것이다.

나는 지칠 대로 지쳤다. 94보병 사단에 소속된 전사병 기록계 부사관으로서, 전사자와 행방불명자, 병원 수송자 명단을 기록하는 것이 나의 임무였다. 또 적군이건 아군이건 간에 전투 중에 숨졌다는 이유로 서둘러 대강 묻었던 병사들의 시체를 파내는 일도 내 임무 중 하나였다. 죽은 병사들의 물품을 간추려서 살아 돌아오기만 애타게 기다리는 부모나 친척에게 보내주는 일도 내 임무였다. 그런 일을 하면서 나는 돌이킬 수 없는 큰 실수를 하지는 않을까 항상 걱정했다. '임무를 제대로 해낼 수 있을까' 하는 걱정으로 언제나 괴로웠다. 살아 돌아가서 아직 보지도 못한 생후 16개월 된 내 아이를 안아 볼 수나 있을지 걱정했다.

걱정과 체력소모로 체중이 약 15kg이나 빠지면서 급기야 반쯤 광란 상태가 되었다. 내 손을 멍하니 쳐다봤다. 손은 뼈만 앙상했다. 쇠약해진 몸을 이끌고 집으로 가야 한다고 생각하니 온몸에 소름이 돋았다. 나는 견디지 못하고 어린애처럼 흐느껴 울었다. 마음이 약해질 대로 약해진 나는 혼자 있을 때면 눈물을 쏟아내곤 했다. 도저히 다시는 정상적인 생활을 할 수 없을 것만 같았다.

나는 결국 육군 진료소에 보내졌다. 한 군의관의 조언으로 나는 내 인생의 새로운 전기를 맞이했다. 군의관은 나를 자세히 진찰하더니 정신적인 데서 온 병이라고 단정하면서 이렇게 말했다.

'테드, 자네의 일생을 모래시계라고 생각해 보게. 모래시계 위쪽에는 무수한 모래가 있지 않나? 그것은 일정한 속도로 천천히 중앙의 잘록한 홈을 타고 통과하지. 그러나 여러 알을 한꺼번에 통과시키려 한다면 모래시계는 망가지고 만다네. 우리는 모래시계와 같은 존재지. 아침에 일을 시작할 때면 그날 해야 할 일이 산더미처럼 쌓였다고 생각하게 되지. 그러나 우리는 한 번에 한 가지 일만 할 수 있고, 모래시계 속 모래가 잘록한 부분을 통과하듯 천천히 일정한 속도로 일을 해낼 수밖에 없네. 그렇지 않으면 육체나 정

신의 활동이 망가지고 말걸세.'

잊을 수 없는 그 날 이후, 나는 그 군의관의 철학을 줄곧 실천해왔다.

'한 번에 한 알의 모래, 한 번에 한 가지 일.'

이 충고로 말미암아 전쟁 중에 정신적으로나 육체적으로 구원을 받았고, 인쇄공장에서 홍보부장으로 일하는 지금도 많은 도움이 되고 있다. 나는 일찍이 전쟁에서 경험한 문제가 직장에서도 생길 수 있다는 것을 알게 되었다. 다시 말해 동시에 많은 문제를 해결해야 하는데 그것을 해결할 만한 시간이 없다는 것이다. 재고는 동나지 않게 그때그때 채워야 하고, 새로운 제품을 정리해야 하며, 물품을 구입하고, 거래자 명단을 끊임없이 수정해야 했으며, 지점을 개점하거나 폐쇄하는 등 분주하기 이를 데 없었다. 그렇지만 나는 절대로 초조해하지 않는다. 그 군의관이 '한 번에 한 알의 모래, 한 번에 한 가지 일'이라고 말한 것을 잊지 않았기 때문이다. 나 자신에게 이 말을 몇 번이고 되풀이하면서 일을 가능한 효율적으로 해결해 나가도록 노력했다. 한때 전쟁터에서 나를 파멸의 구렁텅이로 몰아넣었던 혼란과 근심 없이 효과적으로 일을 해나가고 있다."

오늘날 현대인의 생활에서 가장 놀라운 사실 중 하나는, 누적된 과거의 짐과 불안으로 가득 찬 미래에 짓눌려 신경쇠약이나 정신적인 갈등으로 고민하는 환자들로 가득 채워졌다는 사실이다. 이들 모두가 예수의 '내일 일을 걱정하지 마라'는 말이나, 오슬러 박사의 '오늘을 살아라'는 말에 귀를 기울인다면, 틀림없이 행복하고 풍요로운 생활을 할 수 있을 것이다.

우리는 지금 사라지지 않는 두 영원이 서로 만나는 순간에 서 있다. 즉 영원을 지속해 온 방대한 과거와, 이미 기록된 시간의 마지막까지 돌진하는 미래의 경계에 있는 것이다. 우리는 이러한 영원의 어느 쪽에서도 살 수 없다. 한순간도 살 수 없다. 그렇게 했다가는 육체와 정신이 모두 파괴되고 만다. 그러니 우리가 살 수 있는 시간만으로 만족해야 하지 않겠는가. 지금부터 잠이 들 때까지 말이다. 영국의 유명한 소설가 로버트 루이스 스티븐슨은 이런 말을 했다.

"아무리 무거운 짐이라도 밤까지 운반할 수 있다. 아무리 힘든 일이라도,

하루 안이면 어떻게든 해낼 수 있다. 해가 질 때까지라면 누구든지 즐겁게, 끈기 있게 그리고 친절하게 생활할 수 있다. 이것이야말로 인생의 비결이다.”

그렇다 이것이야말로 인생이 우리에게 요구하는 전부다.

미시간주 새기노에 사는 E.K. 쉴즈 부인은 자살 직전 절망적인 상황에서 이것을 깨달았다.

“1937년, 저는 남편을 잃고 절망에 빠졌습니다. 그런 데다 무일푼이었지요. 하는 수 없이 전에 다니던 캔자스시 로치 파울러 회사의 네온 로치 사장에게 부탁했습니다. 그리고 복직할 수 있었습니다.

그전에는 각종 책을 사서 시골이나 도심지 학교를 상대로 책 파는 일을 했습니다. 2년 전 남편이 병상에 눕게 되었을 때 차를 팔아 버렸기 때문에, 빚을 얻어 중고차를 사서 다시 책 장사를 시작하게 됐지요. 이렇게 바깥으로 나가게 되면 조금은 기분이 진정이되리라 생각했는데, 혼자서 차를 몰고 식사를 해야 하는 일은 견딜 수 없이 외로웠습니다. 그 무렵에는 장사도 잘 안 되었고, 자동차 할부금을 내기에도 빠듯했습니다.

1938년 봄, 저는 미주리주 베르사이유 근처에서 책을 팔았습니다. 학교 재정이 빈약해서 장사도 안되고, 길도 형편없었습니다. 낙심한 나머지 스스로 목숨을 끊으려고 생각한 적이 한두 번이 아니었지요, 성공할 가망은 없었고 삶의 의미마저 잃어버렸습니다. 아침에 일어나 일상과 맞닥뜨리는 것이 무척 두려워졌습니다. 자동차 할부금을 낼 수 없게 되지 않을까, 집세를 내지 못하게 되지 않을까, 식사할 돈마저 떨어져 버리면 어떡할까……, 건강을 잃을까 걱정했지만, 의사에게 진찰을 받지는 못했습니다. 돈이 없었으니까요.

그런 제가 막상 자살하지 못한 이유는 저 때문에 슬퍼할 동생이 있었고, 장례비용도 없었기 때문이었지요. 그런데 어느 날, 우연히 본 한 구절로 저는 실의에서 벗어날 수 있었습니다. 살아갈 용기를 얻었습니다. 언제나 그 구절에 감사하고 있어요. 그것은 ‘현명한 사람에게는, 하루하루가 새로운 인생이다’였습니다. 저는 이 구절을 타이핑해서 언제든지 볼 수 있게 제 차 창문에 붙여 놓았습니다. 어쨌든 하루만 열심히 살면 되니까 그렇게 고된 일이 아니라는 것을 깨달았습니다.

저는 지나가 버린 어제 일은 잊어버리고, 내일 일은 생각하지 않는 것을 배웠습니다. 아침마다 '오늘은 새로운 인생이다'라며 혼자 중얼거리곤 했지요. 고독에 대한 불안과 빈곤에서 비롯한 공포를 극복하는 데 성공했습니다. 지금 저는 행복하고 생활도 어느 정도 안정되었습니다. 인생에 대해서도 열정과 애정을 느끼게 되었습니다. 어떤 인생을 걷게 되던 두 번 다시 두려워하지 않을 겁니다. 이제는 미래를 두려워할 필요가 없다는 것을 압니다. 저는 한 번에 하루만 삽니다.

정말 '현명한 사람에게는 하루하루가 새로운 인생'이라는 사실을 알게 된 거죠."

다음과 같은 시를 쓴 사람은 누구일까?

행복해지는 것은
오늘을 내 것이라 말할 수 있는 사람뿐.
그 사람은 편안한 마음으로 외치리라.
내일이여 세상의 모든 악을 이룰지라도.
나는 이미 오늘을 살았노라.

현대 시처럼 보이는 이 시는, 기원전 30년 로마의 시인 호레이스가 썼다.

인간의 성품 가운데 가장 비극적인 것은 인생에서 도피하려는 것이다. 누구나 지평선 너머에 펼쳐진 마법의 장미정원을 꿈꾼다. 그러면서도 정작 자기 집 창밖에 피어 있는 장미꽃은 거들떠보려 하지 않는다.

우리는 왜 이렇게 어리석은가? 스티븐 리코크는 그의 저서에서 이렇게 말했다.

"우리 인생은 참으로 기묘하다. 어린아이들은 이렇게 말한다. '내가 청년이 되면……' 또 청년들은 이렇게 말한다. '어른이 되면……' 마침내 어른이 되면 이렇게 말한다. '결혼하면……' 그러나 결혼한다고 해서 뭐 그리 달라지겠는가? 생각이 바꾸어서 다음에는 '은퇴하게 되면……' 이렇게 회한에 찬 말을 꺼내기 시작한다. 그러다가 결국 은퇴하게 되면, 이미 지나가 버린 자기 모습을 되돌아본다. 찬바람이 휘몰아치면서 과거라는 경치를 제대로 보지 못한다. 벌써 모든 것이 스쳐 지나가 보이지 않는다. 인생이란 그 순간순간을 살아가는 것의 연속임을 깨닫게 되었을 때는 이미 늦었다."

디트로이트의 에드워드 S. 에반스는 밀려오는 걱정 때문에 죽을 지경이었는데, 위에서 말한 것처럼 인생이란 바로 오늘 이 시간의 연속을 살아가는 것임을 깨닫고 구원을 받았다고 한다.

가난한 집안에서 태어난 그는 신문팔이, 잡화상 점원, 도서관 조수 일을 하면서 일곱 식구를 돌봐야만 했다. 급료는 형편없었지만, 일을 그만둘 수는 없었다. 8년 뒤 독립한 그는 달랑 55달러의 자본금으로 시작해 연 수입 2만 달러를 올리는 사업으로 키워냈다. 그때 불황이 닥쳐왔다. 친구를 위해 거액의 수표에 보증을 섰다가 그 친구가 파산하면서 고스란히 빚을 떠안게 되었다. 불행은 또 다른 불행을 불렀다. 전 재산을 예금해 두었던 은행이 파산한 것이다. 가지고 있던 현금을 모두 잃어버리게 되었을 뿐만 아니라, 1만 6천 달러나 되는 빚을 짊어지게 되었다.

그는 기진맥진하여 쓰러졌다.

"잠을 이룰 수 없는 날이 계속되었습니다. 식욕도 없어졌습니다. 저도 모르는 사이에 병에 걸렸습니다. 끝없이 근심하고 걱정한 결과였지요. 그러던 어느 날 거리에서 정신을 잃고 쓰러졌습니다. 열이 펄펄 끓고 온몸이 두들겨 맞은 것처럼 아파서 견딜 수 없었지요. 몸은 나날이 쇠약해져 갔습니다. 마침내 의사가 이대로는 2주일을 넘기지 못한다고 말하더군요. 눈앞이 캄캄했습니다. 유언장을 준비하고 병상에 누워 죽을 날만 기다렸지요. 이제는 아무리 발버둥 쳐도 소용없다며 체념하고, 모든 것을 포기하고 마음을 진정시키면서 잠을 청했습니다. 몇 주일 동안 겨우 2시간도 연속으로 자본 적이 없었지만, 이 지상에서의 고생도 마지막이라고 생각하니 갓난아이처럼 모든 걸 잊고 잠을 푹 잘 수 있었습니다. 그런데 뜻밖에도 푹 자고 난 뒤부터는 그토록 견디기 힘들었던 피로도 사라지고 식욕도 왕성해져 체중도 늘더군요. 2, 3주가 지나면서 지팡이에 의지해서 걸을 수 있게 되었고, 6주 뒤에는 다시 일을 할 수 있게 되었습니다. 예전에는 1년에 2만 달러를 벌었지만, 이제는 주급으로 30달러를 주는 직장이라도 기뻤습니다. 자동차를 선적할 때, 차량의 미끄럼 방지대를 파는 일이었습니다. 저는 나름의 인생의 큰 교훈을 얻었습니다. 이제 고민은 사라졌습니다. 과거 일도 후회하지 않습니다. 미래를 두려워하지도 않습니다. 내가 가진 시간과 에너지와 열정을 지금 하는 일에 쏟고 있습니다."

그로부터 에반스는 눈부시게 발전했다. 몇 년 뒤 그는 에반스 프로덕션이라는 회사를 차렸다. 이 회사의 주식은 오랫동안 뉴욕 증권거래소에서 일등을 차지했고, 지금 그린란드에는 그의 이름을 딴 비행장도 있다. 그가 성공한 열쇠는 '오늘을 산다'는 이념이다. 화이트 퀸이 한 말을 당신도 기억할 것이다. '내일이 되면 재미가 있다거나 어제는 재미있었다고 말해도 그것은 절대 오늘의 재미가 아니다.' 우리 대부분은 그렇다. 오늘의 재미를 지금의 빵에 두껍게 바르는 대신에 어제의 재미를 생각하거나 내일의 재미를 고민한다.

프랑스의 대철학자 몽테뉴도 자기 과오를 털어놓은 적이 있다.

"나의 삶은 무서운 재난으로 가득한 것 같았다. 하지만 그런 불행은 절대 일어나지 않았다."

우리 삶도 이와 다르지 않다. 단테는 말한다.

"오늘이라는 날은 두 번 다시 오지 않는다."

인생은 믿을 수 없을 만큼 빨리 지나가 버린다. 우리는 초속 19마일의 속도로 달린다. 오늘이야말로 우리에게 둘도 없이 소중한 소유물이자, 우리가 가진 유일하고 확실한 소유물이다.

이것은 로웰 토머스의 철학 이론이기도 하다. 얼마 전 나는 그의 농장에서 주말을 보낸 적이 있는데, 방송실 벽에 다음과 같은 시편 한 구절이 걸려 있었다.

이날은 주님께서 창조하신 것,

내 즐거워하고 기뻐하리라

작가 존 러스킨의 책상 위에는 '오늘'이라고 새겨진 돌이 놓여 있다. 나는 윌리엄 오슬러 박사가 언제나 책상 위에 놓아둔 인도 희곡작가 칼리다사의 시를 매일 아침 면도할 때 볼 수 있도록 거울에 붙여 놓았다.

새벽을 맞는 인사

오늘에 눈을 돌리라!
이것이 바로 생명, 생명 안의 생명이다.
그 짧은 여정 속에
너라는 존재의 모든 진리와
현실이 들어 있다.
태어나 자라는 기쁨
행동하는 영광
화려한 아름다움
어제는 꿈에 지나지 않으며
내일은 예감일 뿐
그러나 충실하게 지낸 오늘은
모든 어제를 행복한 추억으로 바꾸고
모든 내일을 희망에 찬 지도로 만든다.
그러니 눈을 뜨자. 내일을 향하여!
이것이 새벽을 맞는 인사다.

그러므로 고민할 때 알아야 할 첫 번째 사항은 다음과 같다.
당신의 삶에서 걱정을 몰아내고 싶으면, 오슬러 박사의 방법을 실천하라.

과거와 미래의 창문을 닫아버리고 오늘을 충실히 살아라.

다음 다섯 가지 질문을 자기에게 물어보자.

1. 나는 미래를 걱정하거나 지평선 저 너머에 있는 마법의 장미정원을 동경하며 현실을 피하려 들지는 않는가?
2. 나는 과거 일을 후회하면서 현재를 망가트리고 있지 않은가?
3. 매일 아침 눈을 떴을 때, 오늘을 위해 최선을 다하자고, 오늘이라는 24시간을 최대한 활용하겠다고 다짐하는가?
4. 오늘을 산다는 것에 인생의 더 많은 보람을 획득할 수 있는가?
5. 이 모든 것을 언제부터 시작해야 하는가? 다음 주? 내일? 오늘?

걱정을 떨쳐 내는 마법의 공식
당신에게는 어떠한 문제라도 해결할 능력이 있음을 믿으라

당신은 이 책을 더 읽기에 앞서 걱정을 빨리 해결하는 확실한 처방이 궁금할 것이다. 그렇다면 에어컨 분야를 개척한 엔지니어이며, 현재 뉴욕에 있는 캐리어 회사의 사장 윌리스 H. 캐리어가 실천했던 방법을 소개하겠다. 이는 그에게서 직접 들은 이야기로 지금까지 내가 들었던 고민 해결 방법 중 으뜸이라고 생각한다.

"버펄로의 주물회사에 다닐 때였습니다. 한번은 크리스털시에 있는 판유리 공장으로 가스 정화 장치를 설치하러 갔지요. 몇백만 달러짜리 공사였습니다. 가스 정화 장치란 가스에 생긴 불순물을 제거하여 엔진이 소모되지 않도록 하는 장치를 말합니다. 그때만 해도 가스 정화 기술은 굉장히 새로운 기술로 시운전을 한 번밖에 해 보지 않은 상태였습니다. 그런데 작업을 하면서 뜻밖의 문제가 발생했어요. 장치는 어느 정도 가동됐지만, 우리가 주장했던 것과는 차이가 있었습니다.

저의 기술자의 자존심은 여지없이 구겨지고 말았지요. 누군가에게 머리를 한 대 얻어맞은 것 같았습니다. 좌절감으로 위와 장이 꼬이고 걱정으로 잠들지 못하는 밤이 한참 동안 계속되었습니다. 하지만 이렇게 우물쭈물 고민하고 있어봤자 아무런 소용이 없다는 생각이 들었어요. 마침내 불안한 마음을 떨쳐 내고, 눈앞의 사태에 대처할 구체적인 방법을 생각해냈습니다. 다행히 들어맞더군요. 그 뒤 30년 넘게 이 방법을 써 오고 있습니다. 이건 누구나 할 수 있을 만큼 간단해요. 이것은 다음의 3단계로 이루어져 있습니다.

첫째, 상황을 냉정하게 분석하여 실패로 인해 일어날 수 있는 최악의 경우를 예측해 보는 겁니다.

그것 때문에 투옥되거나 사살되리라 생각해 본 적 없습니다. 그 점만은 확실합니다. 하지만 솔직히 말해 직장에서 해고당할 수도 있겠지요. 사장은 그 장치를 회수할 수밖에 없을 것이고, 지금까지 투자했던 2만 달러라는 비용을 손해 보게 될지도 모릅니다.

둘째, 일어날 수 있는 최악의 상황을 예측해 보고, 어쩔 수 없는 경우에는 기꺼이 그것을 감수하기로 마음먹는 겁니다.

저는 저 자신에게 말했습니다.

'이번 실패는 내 이력에 오점을 남길지도 모르고 결과가 나쁘면 직장에서 해고당할지도 몰라. 하지만 해고당하더라도, 새 일자리를 구하면 되지 않겠어? 물론 고용조건이 조금 나쁠지도 모르지만. 경영자도 이 기술이 개발 중인 신기술이라는 것을 알고 있어. 2만 달러를 연구비로 썼다고 생각한다면 그렇게 큰 부담은 아니지.'

최악의 경우를 예측하고 그것을 감수하기로 한순간, 정말 큰 변화가 일어나더군요. 한결 마음이 가벼워지면서 지금까지 느껴보지 못한 안도감을 맛볼 수 있었습니다.

셋째, 그때부터 저는 그것을 전기로 삼아 최악의 사태를 조금이나마 개선하려고 차분한 마음으로 시간과 노력을 아끼지 않았습니다.

2만 달러의 손실을 조금이라도 줄일 방법이 없을까 알아보기 시작했습니다. 여러 가지 시험 끝에, 다시 5천 달러를 들여 부속 장치를 단다면 문제가 해결되리라는 판단이 섰죠. 그래서 그대로 실행해 보았습니다. 그 결과 2만 달러를 손해 보기는커녕 오히려 1만 5천 달러를 더 벌어들이게 되었습니다.

그때 만약 제가 고민에만 푹 빠져 있었더라면 문제는 해결되지 않았을 겁니다. 고민에만 계속 빠져 있다 보면 일에 집중할 수가 없기 때문이죠."

계속 고민하다 보면 끊임없이 마음이 흔들려 결단력을 잃게 된다. 하지만 최악의 사태에 눈을 돌려 그것을 받아들이기로 마음먹으면 온갖 망상이 사라지면서 그 문제에 정신을 집중할 수 있다.

벌써 오래전 이야기이지만, 결과적으로 큰 도움이 되었기에 나는 지금도 모든 일에 이 방법을 적용하고 있다. 그 결과 나의 삶은 고민에서 완전히 해방되었다.

캐리어의 마법 같은 공식이 왜 그렇게 중요하고 실제적인 가치가 있는 걸까? 우리가 고민으로 눈이 어두워져서 주위를 손으로 더듬어 나갈 수밖에 없을 때, 한 치 앞도 내다볼 수 없는 먹구름 속에서 헤매다가 느닷없이 떨어져 단단한 땅 위에 설 수 있게 해 주기 때문이다. 우리는 자기 입장을 잘 알고 있다. 만일 발밑에서 지면이 단단히 받쳐 주지 않으면 어떻게 생각을 정리할 수 있겠는가?

응용심리학의 창시자 대처 윌리엄 제임스 교수가 아직도 살아 있어서 이 최악의 사태에 대처하는 공식을 듣는다면 진심 어린 찬사를 보낼 것이다. 그는 생전에 제자들에게 이런 말을 했다.

"사태를 마음 편히 있는 그대로 받아들여라. 일단 일어난 일을 받아들인다는 것은 온갖 불행을 극복하는 첫걸음이다."

중국의 석학 임어당(林語堂)도 그의 저서 《생활의 발견》에서 이와 같은 의견을 말했다.

"진정한 마음의 평화는 최악의 사태를 받아들이는 데서 얻어지며, 이 또한 심리학적으로 에너지가 해방되는 것을 의미한다."

확실히 그렇다! 심리학적으로 보면 그것은 에너지의 새로운 해방을 의미한다. 일단 최악의 사태를 받아들이고 나면, 그 이상의 사태는 일어나지 않는다. 모든 것이 그전보다 나아진다.

캐리어도 말한다. "최악의 상황을 내다보고 그것을 감수하기로 마음먹고 나자, 한결 마음이 가벼워지고 오랫동안 맛보지 못했던 안도감을 느끼게 되면서 그 뒤로는 제대로 생각할 수 있게 되었다."

그러나 많은 이들이 분노의 소용돌이 속에서 자기 삶을 학대한다. 최악의 사태를 받아들이고 그것을 조금이라도 개선하려는 노력을 거부한다. 운명을 재건하려 하지 않고, 경험과 치열한 싸움에 몰두한 나머지 멜랑콜리라는 우울증의 희생자가 되어 버리는 것이다.

　이번에는 캐리어의 공식을 적용한 뉴욕의 한 석유상의 실례를 들어 보자. 그는 내 강좌에 참석했던 사람인데, 자기 경험을 다음과 같이 말했다.

　"저는 무서운 공갈과 협박을 받고 있었습니다. 협박이라면 영화에서나 나오는 걸로 알았는데, 제가 정말로 협박을 받은 것입니다. 사건 전말은 이렇습니다. 제가 경영하는 석유회사에는 배달 트럭 여러 대와 운전기사들이 있습니다. 당시 물가 관리국 조례가 워낙 엄중했고, 석유는 할당제였으므로 거래처에 주는 배급량이 제한되어 있었죠. 그런데 일부 운전기사가 저 몰래 거래처에 줄 배급량을 속이고 그것을 몰래 내다 팔았던 겁니다.

　제가 처음으로 그 부정 거래를 알게 된 것은, 어느 날 정부 사찰관이라는 자가 찾아와 입막음용 뇌물을 요구했을 때입니다.

　제게는 아무런 잘못도 없었지만, 법률상 피고용인의 행위에 대해 회사가 책임을 지는 것이 당연했습니다. 더구나 이 사건이 불거져 신문에라도 실리면 회사의 신용은 곤두박질칠 게 뻔했습니다. 한마디로 24년 전 아버지께서 창립했던 이 자랑스러운 회사가 도산할 위기에 처하게 된 것입니다.

　저는 매우 고민했습니다. 사흘 밤낮으로 침식을 잊고 넋 빠진 사람처럼 방안을 서성거리며 안절부절못했죠. 이 사실을 폭로하겠다고 협박하는 자에게 5천 달러를 줄 것인가 그렇지 않으면 마음대로 하라고 버티어 볼 것인가? 두 갈림길에서 어느 쪽을 택해야 할지 고민에 고민을 거듭했습니다. 악몽 같은 시간이 흘렀습니다.

　그러던 어느 일요일 밤이었습니다. 카네기 씨의 강좌에서 받은 《고민을 극복하는 법》이라는 책을 우연히 들춰 보게 되었고, 거기에서 캐리어 씨의 '최악에 직면하라'는 말을 읽게 되었습니다. 저는 '만약 내가 돈을 주지 않아 그자가 고발한다면, 최악의 경우는 어떻게 될까? 그들은 지방 검사에게 서류를 보낼까?' 저 자신에게 물었습니다.

　그 대답은 다음과 같았습니다.

　'회사의 도산. 그것이 최악의 상황이다. 감옥에 갇힐 리는 없다. 업계에서 신용을 잃고 회사가 문을 닫게 될 뿐이다. 별수 없지…….

　회사는 망한다. 그건 그렇다 치고, 그다음은 어떻게 될까? 회사가 문을 닫게 되면, 아무튼 일자리를 찾아야 한다. 하지만 그것도 그렇게 어려운 일은 아니다. 나는 석유에 관한 일이라면 무엇이든지 자신이 있다. 취직을 부탁하면 나를 써 줄 회사가 몇 군데 있을 것 같은데…….'

그러자 기분이 좋아지기 시작했습니다. 놀랍게도 그때부터 앞일을 생각할 수 있게 되었습니다.

이제 3단계인 '최악의 상황을 호전시켜라'까지 생각이 미칠 정도로 머리가 또렷해졌습니다. 그 과정에서 새로운 생각이 떠올랐습니다. 변호사를 찾아가서 모든 사실을 털어놓는다면 제가 모르는 해결책을 일러줄지도 모른다는 것이었습니다.

지금껏 생각이 여기까지 미치지 못했다는 것이 이상할 정도였습니다. 사실 저는 생각하고 있던 것이 아니라, 그저 멍하니 고민만 하고 있었던 것입니다. 내일 아침에는 모든 일을 제쳐두고 변호사한테 가보리라. 이렇게 결심하고 나서야 깊은 잠자리에 들 수 있었습니다.

결과는 어떻게 되었을까요? 다음 날 아침, 변호사는 제게 검사를 찾아가서 사실대로 말하라고 했습니다. 저는 곧바로 실행했습니다. 검사는 제 이야기를 다 듣더니, 이런 공갈 사건은 전에도 자주 있었고, 이 계통의 감독관이라고 사칭한 사나이가 수배 중인 사기꾼이라는 사실을 알려 주었습니다. 저는 그 말을 듣고 깜짝 놀랐습니다. 그런 나쁜 놈에게 5천 달러를 내주려고 사흘을 줄곧 고민했다니 말입니다!

이 경험으로 저는 잊을 수 없는 교훈을 얻었습니다. 그 뒤 저는 자신을 괴롭힐 것 같은 긴급사태가 생기면 언제나 윌리스 H. 캐리어 씨의 공식을 적용합니다."

하지만 캐리어 씨 이상으로 고민한 사람도 있다. 이번에는 매사추세츠주 원체스터시에 사는 얼 P. 하네 씨의 사례를 소개하겠다.

"오래전부터 무슨 일이든 고민부터 하고 보는 저는 20대에 위궤양 증세가 나타났습니다. 어느 날 밤, 저는 피를 많이 토해 시카고의 노스웨스튼 대학교 부속병원에 실려 가게 되었습니다. 체중이 약 80kg에서 41kg 정도로 줄었습니다. 병세가 굉장히 심각해서 의사는 손가락도 꼼짝 못하게 했습니다.

세 명의 의사가 더는 손을 쓸 수 없다고 했습니다. 한 시간마다 먹는 음식이라야 알칼리성 분말과 밀크 크림 반 스푼이 다였습니다. 간호사는 아침저녁으로 위에 고무 튜브를 꽂아 위 안의 것을 모두 빨아냈습니다.

이렇게 몇 달이 지나갔습니다. 그러자 이런 생각이 들었습니다.

'그래. 만일 내가 죽음밖에 기대할 게 없다면, 이제부터라도 얼마 남지 않은 시간을 최대한 이용해 보는 게 어떨까. 나는 생전에 세계 일주를 하고 싶었으니 지금이야말로 그것을 실행할 기회다.'

제가 의사들에게 세계 일주를 하겠다고 말하자, 그들은 깜짝 놀라며 한결같이 입을 모아 말했습니다.

'어림없는 소리! 그건 미친 짓이오. 지금 이 몸으로 세계 일주를 나섰다가는 바다에서 매장되고 말 거요.'

그러나 저는 조금도 주저하지 않았습니다.

'아니요. 괜찮습니다! 저는 이미 네브래스카주 브로큰 보우에 있는 선산에 묻어달라고 친척들에게 부탁해 놓았습니다. 그러니 관을 지고서라도 가겠습니다.'

저는 관을 준비해서 배에 싣고, 제가 죽게 되면 시체를 냉동 보관했다가 본국으로 보내 주기로 기선회사와 계약했습니다. 그러고는 마치 그리스 시인 호머와 같은 심정으로 출발했습니다.

아, 남겨진 시간을 마음껏 이용하라.
우리가 죽어서 먼지가 되기 전에
먼지는 먼지 안에, 또 먼지 아래에 누우리라.
술도 없고, 노래도 없고, 시인도 없다.
거기에 종말도 없으니.

로스앤젤레스에 정박 중이던 프레지던트 아담스 호에 올라 동쪽으로 향하게 되자, 마음이 한결 가벼워졌습니다. 이때부터 저는 서서히 알칼리성 분말을 복용한다든가 위장을 씻어내는 일을 그만두기 시작했습니다. 그리고 갖가지 음식—제 몸에 아주 해롭다는 이국의 낯선 음식을 거리낌 없이 먹기 시작했습니다. 몇 주일 뒤에는 독한 담배까지 피웠고 술도 마셨습니다. 오랜만에 맛보는 정말로 즐거운 나날이었습니다. 배를 타고 수억만 리 길을 여행하는 동안 심한 풍랑과 태풍도 만났지만, 죽으면 관에 들어가겠지 하는 야릇한 모험심에 스릴까지 느껴져 즐겁기까지 했습니다.

배 안에서 여러 가지의 게임도 즐기고 노래도 불렀습니다. 새로 알게 된 친구들과 어울려 밤을 지새운 적도 있었습니다. 중국과 인도에 도착했을 때, 저는 본국에서 사업으로 겪었던 고통은 그곳의 빈곤과 기아에 비하면 천국이라는 사실을 알게 되었습니다. 그때부터 저는 부질없는 걱정을 마음속에서 떨쳐 내 버릴 수 있게 되었습니다. 고국으로 다시 돌아왔을 때는 체중이 정상으로 돌아와 있었고, 위궤양은 거짓말처럼 깨끗이 나아있었습니다. 정말 오래간만에 밝고 환한 기분을 맛볼 수 있었고, 예전처럼 사업에 전념할 수도 있었습니다. 그 뒤로 지금까지 저는 한 번도 병을 앓은 적이 없습니다."

하네 씨는 나에게, 자기는 캐리어의 '고민을 극복하는 공식'을 은연중에 실천했다고 말했다.

첫째, 스스로 이렇게 물었다. '일어날 수 있는 최악의 사태란 무엇인가?' 그 대답은 죽음이었다.

둘째, 스스로 죽음을 각오하라는 마음의 준비를 시작했다. 그것 말고는 달리 도리가 없었다. 의사는 너무 늦어 병을 고칠 수 없다고 단언했다.

셋째, 주어진 짧은 시간을 될 수 있는 한 즐겁게 보내서 사태를 더 나은 방향으로 이끌어 보려고 했다. 배를 타고서도 계속 고민했더라면 관 속에 누워 시체로 돌아왔을 것이 뻔했다. 그러나 초조해하지 않았고 온갖 번민을 잊었다. 이와 같은 정신 안정이 새로운 힘을 불러일으켜 목숨을 건져주었다.

고민거리가 있으면, 다음의 세 가지 사항을 실행해 보라. 캐리어의 마법 공식을 적용해 보라.

1. 자기에게 이렇게 물어보자. '일어날 수 있는 최악의 상황은 무엇인가?'
2. 피할 수 없는 일이라면 최악의 상황을 받아들일 각오를 해라.
3. 그런 뒤에는 침착하게 최악의 상태를 개선하기 위해 노력하라.

걱정이 인간에게 미치는 영향
걱정과 싸울 줄 모르는 사람은 단명한다

언젠가 이웃 사람이 찾아와서 우리 가족들도 모두 천연두 예방 접종을 해야 한다고 충고한 적이 있다. 이러한 사람들 때문에 뉴욕 시내에는 가는 곳마다 예방 접종을 하겠다는 사람들로 붐볐다. 예방 접종은 병원뿐만 아니라 소방서, 경찰서, 공장에서도 실시했다. 2천 명이 넘는 의료진을 밤낮없이 동원했다. 도대체 이러한 소동은 왜 일어난 것일까?

이 무렵, 뉴욕 시내에서는 8명이 천연두에 걸렸고 그중 2명이 사망했다. 약 800만 인구 중 불과 두 사람의 희생으로 이런 소동이 일어났다.

나는 오랫동안 뉴욕에서 살았지만, 옛날이나 지금이나 누구도 '걱정'이라는 정신적인 질병—천연두의 수천 배, 수만 배에 달하는 해를 끼치는—에 대해 경고해준 이는 하나도 없었다. 미국 국민 중 10%가 걱정이나 감정적 갈등으로 신경쇠약에 걸린다는 사실을 아무도 내게 말해 주지 않았다. 그래서 이 장에서는 그것을 경고하려고 한다.

노벨 의학상 수상자인 알렉시스 카렐 박사는 이렇게 말했다. "걱정과 싸울 줄 모르는 사람은 단명한다." 이 말은 사업가뿐만 아니라 가정주부, 의사, 노동자에게도 적용된다.

몇 년 전, 나는 산타페 철도회사 의무실에 근무하는 O.F. 고버 박사와 함께 텍사스에서 뉴멕시코까지 여행했다. 그때 우리는 '걱정이 미치는 영향'을 주제로 의견을 주고받았는데, 그는 이런 말을 했다.

"병원을 찾아오는 환자의 70%는 고민이나 불안에서 벗어나기만 하면 완쾌될 수 있습니다. 그렇다고 그들의 병이 거짓이라는 말은 아닙니다. 그들의 병은 진짜이며, 욱신거리는 심한 치통이나 그보다 훨씬 심한 통증을 동반하

죠. 신경성 소화불량, 위궤양, 심장병, 불면증, 두통, 마비증세 같은 병도 이
와 같은 병입니다. 이러한 병은 현실에서도 고통을 줍니다. 저도 12년이나
위궤양을 앓았기 때문에 잘 알고 있습니다. 불안이 커지면 고민이 됩니다.
불안해하기 때문에 위 신경이 자극을 받고 위액이 비정상적으로 분비되며
그것이 심해지면 위궤양까지 진행됩니다.”

조셉 F. 몬터규 박사도 그의 저서 《신경성 위장장애》에서 이와 같은 말을
했다.

“위궤양의 원인은 음식물이 아니다. 인간의 마음을 좀먹는 그것이 원인
이다.”

또한 W.C. 알바레츠 박사는 말했다.

“궤양은 때때로 정신이 긴장하면 증상이 심각해지기도 하고, 낫기도 한다.”

그의 보고는 마요 진료소에서 위궤양으로 진찰받은 환자 1만 5천 명을
대상으로 연구한 결과다. 평균 다섯 명 중에 네 명은 뚜렷한 위궤양 증상
이 있었음에도 아무런 육체적인 원인을 발견할 수가 없었다. 말하자면 심리
적인 공포, 불안, 증오, 극단적인 이기주의, 그리고 현실 사회에 적응하지 못
한 무력감이 위장병의 원인이었다. 〈라이프〉지에 따르면, 해마다 위궤양으
로 사망하는 사람 수가 전체 사망자 순위에서 10위를 차지한다고 한다. 누
구나 위궤양으로 사망할 가능성이 있다.

미국 의사 연차 연합회에서, 마요 진료소의 해럴드 C. 해버인 박사는 다
음과 같이 보고했다. 평균 연령 44.3세의 중역급 176명을 진찰한 결과 그중
3분의 1 이상이 이른바 지나친 긴장에서 오는 특유한 질환, 말하자면 심장
병, 위궤양, 고혈압에 걸렸다는 것이다. 회사 중역들의 3분의 1이 45세가 되
기도 전에 심장병, 위궤양, 고혈압으로 육체가 망가져 있다. 이를 볼 때, 성
공이란 얼마나 값비싼 대가를 요구하는가! 그들은 아직 성공하지도 못했다.
위장병이나 심장병을 대가로 사업을 성장시켰다고 해서 성공했다 할 수 있
는가? 온 세계를 내 것으로 만든다 해도 건강하지 않으면 무슨 소용인가?
온 천하를 수중에 넣었다 한들 몸을 눕힐 침대 하나면 충분하고 식사는 하
루에 세 번으로 족하다. 신입사원들도 그렇게 한다. 오히려 그들은 높은 자

리에 있는 사람들보다 깊이 잠들 수 있고, 분명 입맛도 좋을 것이다. 솔직히 말해서 나라면 철도회사나 담배공장을 경영하다가 45세에 건강을 망치기보다는 직위가 없어도 근심 걱정 없이 지내고 싶다.

얼마 전 세계에서 가장 유명한 담배회사 사장이 캐나다 숲속을 산책하다가 별안간 심장마비로 사망한 일이 있었다. 그는 막대한 부를 지녔지만 61세의 나이에 급사하고 말았다. 어쩌면 그는 사업 성공을 위해 목숨으로 대가를 치른 셈이다.

백만장자인 담배회사 사장보다 무일푼으로 89세에 돌아가신 미주리주 농부인 내 아버지의 삶이 훨씬 보람 있었다고 나는 생각한다.

유명한 마요 형제는 미국에 있는 병원 침대의 과반수가 신경성 환자로 차 있다고 발표했다. 그런데 이러한 사람들의 신경을 해부해 고성능 현미경으로 조사해 보니, 대체로 건강한 사람의 신경과 별다른 차이가 없었다고 한다. 그들의 신경 이상은 물리적인 퇴화에서 비롯된 것이 아니라 무력감, 실패 고뇌, 공포, 패배, 절망 같은 감정에서 비롯된 것이었다. 플라톤이 말했다.

"의사가 저지르는 가장 큰 잘못은 우선 마음을 치료하려 하지 않고 육체를 고치려 하는 데 있다. 사람의 마음과 육체는 하나다. 따로 취급해서는 안 된다."

어쨌든 의학이 이 위대한 진리를 인식하기까지 2천300년이나 걸렸으며, 요즘에 와서야 정신신체의학이라 불리는 새로운 의학이 발달하게 되었다. 이것은 정신과 육체를 하나로 취급하는 의학이다. 종래의 의학은 물질적인 병균에서 비롯된 질병, 즉 천연두, 콜레라, 그밖에 수많은 사람을 빠르게 죽음으로 몰아넣은 질병을 대부분 전멸시켰다. 하지만 병균이 아닌 걱정, 공포, 증오, 절망 같은 감정으로 일어나는 정신적, 육체적 파탄은 치료할 수 없었다. 더구나 이러한 감정 질환으로 사망할 확률은 놀라운 속도로 높아졌다. 의사들의 추측으로는 현재 미국인의 20명 중 1명은 일생에 한 번은 정신병원을 찾는다고 한다. 제2차 세계대전 중에 징집된 청년 6명 중 1명이 정신질환자로 징병에서 제외되었다는 공식 통계도 있다.

정신 건강을 잃게 되는 원인은 무엇일까? 이에 대한 뚜렷한 해답은 아무도 모른다. 그렇지만 대부분 공포와 걱정이 원인으로 추측된다. 냉정한 현실 세계에 대처하지 못하고 불안에 휩싸여 고민하는 사람들은, 그런 환경과 인연을 끊고 자기가 만든 자기만의 세계로 도망친다. 그리고 그것으로 자기 걱정이 해결되었다고 믿는다.

지금 내 책상에는 에드워드 포돌스키 박사의 《고민을 멈추고 건강해져라》라는 책이 놓여 있다. 이 책은 다음과 같은 소제목으로 이루어져 있다.

걱정이 심장에 끼치는 영향
고혈압은 걱정으로 심해진다
류머티즘은 걱정에 의해 생길 수 있다
위장을 위해 걱정을 줄여라
걱정과 감기의 인과관계
걱정과 갑상샘
걱정을 쌓아가는 당뇨병 환자

'마요 형제'로 유명한 칼 메닝거 박사의 저서 《자기를 배반하는 인간》에는 고민에서 벗어나는 방법을 기술하진 않았지만, 불안, 실의, 증오, 원한, 반항, 공포가 어떻게 인간의 육체를 파괴하는가에 대해서는 놀랄만한 사실을 자세히 보여주었다.

걱정은 아무리 건강한 사람에게도 병을 유발하는데, 그랜트 장군은 남북전쟁이 끝날 무렵에 이 사실을 깨달았다고 한다. 그랜트 장군은 9개월에 걸쳐 리치먼드를 포위하고 공격했다. 리 장군의 군대는 굶주림에 지쳐 패배했고, 전군은 도망칠 곳을 찾아 혼비백산했다. 남은 병사들은 텐트 안에서 기도회를 열고 울부짖으며 광란 상태에 빠졌다. 최후의 순간이 목전에 다가왔다. 리 장군의 부하들은 리치먼드의 면화와 담배창고에 불을 지르고 병기고를 불태우면서 밤하늘로 치솟는 불길을 뒤로하고 도망쳤다. 그랜트 장군의 군대는 적의 퇴로를 차단하고 철로를 파괴하여 군수물자를 실은 열차를 포획했다.

그랜트 장군은 심한 두통을 이기지 못해 하는 수 없이 대열에서 벗어나, 한 농가에서 휴식을 취했는데, 그의 《회고록》에는 다음과 같이 쓰여 있다.

"나는 밤새도록 겨자 탕에 발을 담그고 손목과 목 뒤에 겨자 습포를 붙인 채, 아침이면 낫겠지 하고 생각했다."

다음 날 아침, 그는 말끔히 완쾌되었다. 그러나 겨자 고약의 약효 덕분이 아니었다. 그것은 리 장군의 항복 문서 때문이었다. 그랜트 장군은 그때의 일을 이렇게 기록했다.

"전령이 도착했을 때, 그동안 극심한 두통에 시달렸던 나는 그 문서를 보자마자 곧바로 두통이 사라졌다."

말할 것도 없이 걱정과 긴장이 그랜트 장군을 병들게 했다. 그리고 그의 감정이 자신감, 성공, 승리의 빛으로 바뀌기 시작하자 바로 완쾌되었다. 이로부터 70년 뒤. 프랭클린 루스벨트 내각 재무장관 헨리 모겐소 2세는 걱정이 사람의 기분을 나쁘게 만들며 현기증의 원인이 된다는 것을 알았다. 그의 일기에는 대통령이 밀값을 인상하기 위해 하루에 밀 440만 부대를 사들일 때, 몹시 근심했다고 적혀 있다.

"문자 그대로 현기증이 나기 시작했다. 집에 돌아와 점심을 서둘러 먹고 두 시간 정도 자리에 누워 있어야 했다."

걱정이 사람에게 미치는 영향을 알고 싶을 때, 나는 굳이 도서관이나 의사를 찾지 않는다. 왜냐하면 이 책을 쓰는 내 집 유리창을 통해서 그것을 볼 수 있기 때문이다. 지금 내가 사는 거리의 이웃에는 걱정 때문에 심한 신경쇠약증에 걸린 사람이 있는가 하면, 너무 고뇌한 나머지 당뇨병을 앓게 된 사람도 있다. 당뇨병을 앓는 사람은 주가가 폭락하자 혈액 속 혈당과 요당 수치가 급상승했기 때문이다.

위대한 프랑스 철학자 몽테뉴가 그의 고향 보르도에서 시장으로 뽑혔을 때, 그는 시민들에게 이런 말을 했다.

"여러분들이 어려움에 부닥치면 기꺼이 손을 빌려 드릴 생각입니다만, 간장이나 폐에 이상이 생기면 도움을 드릴 수 없습니다.”

내 이웃 중 한 사람은 주식 문제로 굉장히 속을 썩다가 죽을 뻔했다. 고민이 사람에게 어떤 부작용을 불러일으키는지 알고 싶으면 이웃을 둘러볼 필요도 없이, 지금 내가 글을 쓰고 있는 이 방을 보기만 하면 된다. 이 집의 처음 주인은 걱정이 너무 지나쳐 아직 한창 일할 나이에 무덤길을 재촉했다.

또 사람들은 걱정 때문에 류머티즘나 관절염에 걸려 거동을 못 하게 되기도 한다. 코넬 의과대학의 러셀 L. 세실 박사는 관절염 분야에서 세계적인 권위자인데, 그는 관절염의 가장 큰 원인으로 다음 네 가지를 손꼽았다.

—결혼 실패
—경제적 재난과 비관
—고독과 걱정
—오랫동안 품어 온 원한

물론 위의 네 가지 감정이 관절염의 유일한 원인이라는 말은 아니다. 관절염의 종류는 다양하며, 그 원인도 천차만별이다. 그렇지만 관절염을 일으키는 가장 보편적인 원인은 세실 박사가 열거한 위의 네 가지이다. 이를테면, 내 친구는 불경기로 심한 타격을 받았다. 가스회사는 가스를 끊었고, 은행은 집을 차압했다. 그러자 그의 부인이 갑자기 심한 관절염에 걸렸다. 온갖 약을 다 써 보아도 아무런 효과가 없었다. 그 병은 남편의 재정 상태가 회복될 때까지 계속되었다.

또 고민은 충치의 원인이 되기도 한다. 윌리엄 I. L. 맥고니글 박사가 미국 치과학회에 보고한 바에 따르면, “고민, 공포, 잔소리 등에서 오는 불쾌한 감정이 신체의 칼슘 균형을 잃게 하여 충치의 원인이 되는 경우도 있다”고 한다. 박사를 찾아온 어떤 환자는, 그의 부인이 병에 걸리기 전까지는 충치가 하나도 없는 건강한 치아였는데, 부인이 한 달 입원한 사이에 9개의 충치가 생겼다고 했다.

갑상샘에 이상이 생긴 사람을 본 일이 있는가? 내가 경험한 바로는, 그들은 부들부들 떨면서 금세 죽을 것 같은 모습이다. 신체를 조절하는 갑상샘의 균형이 깨졌기 때문이다. 심한 발작으로 온몸이 마치 통풍 조절 장치를 떼어 버린 난로처럼 이글이글 탄다. 수술이나 치료로 이것을 막지 못한다면 까맣게 타버릴 것이다.

얼마 전에 나는 이런 병에 걸린 친구와 필라델피아에 갔다. 우리는 이런 타입의 병을 38년간이나 치료해 온, 이 방면의 명의로 알려진 이스라엘 브람 박사에게 진찰받기로 했다. 병원 대기실에 걸린 커다란 나무 액자에 다음과 같은 충고가 쓰여 있었다. 기다리는 동안 이 글귀를 적었다.

휴양과 오락

사람의 마음을 편안케 하고 기운을 솟아나게 하는 힘은
경건한 종교, 수면, 음악, 웃음.
하나님에 온전히 의지하고,
깊은 잠을 자도록 하라.
좋은 음악을 즐겨라.
그리고 인생의 즐거움에도 눈을 돌려라.
그리하여 건강과 행복을 얻으리.

박사가 내 친구에게 물어본 첫 번째 질문은, "어떤 고민이 있었기에 이런 증상이 생긴 겁니까?" 하는 것이었다. 만일 이대로 고민을 계속한다면 심장병, 위궤양, 당뇨까지 발병할지도 모른다고 그는 경고했다. 이러한 병들은 서로 친척이라는 것이다.

영화배우 말 오베론은 내게 이런 말을 했다.

"저는 절대로 걱정하지 않기로 했어요. 걱정하면 영화배우로서 가장 큰 재산인 아름다운 얼굴을 잃게 될 테니까요.

처음 영화계를 지망했을 때, 저는 걱정하느라 어쩔 줄 몰랐죠. 인도에서 온 풋내기였던 저는 런던에 아는 사람이 하나도 없었어요. 제작자 두서너

명을 찾아갔지만, 아무도 저를 받아 주지 않는 데다 수중에 있던 돈도 점점 떨어져 갔어요. 2주일 동안 과자와 물로만 지냈죠. 불안해서 견딜 수 없었을 뿐 아니라 배가 고파 견딜 수 없었습니다.

저는 저 자신에게 말했습니다. '너 아직도 정신을 못 차렸구나. 가당치도 않게 영화계에 뛰어들려 하다니…….. 경험도 없고 연기라고는 해 본 적도 없잖아. 겨우 얼굴 하나 반반할 뿐이지.' 거울 앞에 서 보았습니다. 거울을 들여다보니 걱정이 제 얼굴을 엉망으로 만들어 놓았다는 것을 알았죠. 지금까지 없었던 주름살과 겁에 질린 표정이 역력했습니다. 큰일 났다 싶었죠. 그래서 저 자신을 이렇게 타일렀습니다. '인제 그만하자! 넌 고민할 시간이 없어. 고민으로 유일한 밑천인 얼굴마저 망치게 할 수는 없지!' 이렇게 말이에요."

우리가 알기에 걱정만큼 여자를 빨리 늙고 추하게 만드는 것은 없다. 걱정은 표정을 어둡게 하고 턱의 곡선을 억세게 만들며, 얼굴에는 잔주름을 만든다. 그뿐만 아니라 흰머리를 생기게 하고 탈모의 원인이 되기도 한다. 얼굴에 윤기를 없애고 온갖 종류의 종기와 여드름 발진을 만들기도 한다.

오늘날 심장병은 미국에서 사망원인 1위를 차지하는 질병이다. 제2차 세계대전 중에 전사한 미군 숫자는 약 30만 명이지만, 같은 시기에 심장병으로 사망한 사람들의 수는 200만 명이나 된다. 그중에서 100만 명은 고민과 긴장된 생활이 불러온 심장병이었다. 알렉시스 카렐 박사가 "걱정과 싸우는 방법을 모르는 사람은 단명한다"고 말한 이유 중 하나로 심장병을 꼽을 수 있다.

"하나님은 우리의 죄는 용서해 주실지 모르나, 신경 조직은 용서해 주지 않는다."

윌리엄 제임스가 한 말이다. 그런가 하면, 아직도 믿을 수 없는 놀라운 사실이 있다. 해마다 자살로 사망하는 미국인의 수가 전염병으로 사망하는 이들의 수보다 훨씬 더 많다. 그들은 왜 죽는 것일까? 대개, '걱정' 때문이다. 중국의 어떤 잔인한 장군은 포로를 이렇게 고문했다. 우선 포로의 손발을 묶고 밤낮으로 끊임없이 물방울이 똑똑 떨어지는 물주머니 밑에 앉혀 둔다. 똑, 똑, 똑…….. 밤낮을 가리지 않고 한시도 그치지 않고 머리 위에서 떨어지는 물방울은 이윽고 해머로 치는 소리처럼 들려오며, 포로는 얼마 안 가서 미쳐버린다. 이러한 고문법은 스페인 종교재판과 히틀러 치하의 독일 강제 수용소에서도 쓰였다.

걱정이란 끊임없이 떨어지는 물방울과 같다. 한 번도 쉬지 않고 똑똑 떨어지는 물방울은 사람을 미치게 하고 자살이라는 구렁텅이로 몰아넣는 경우가 많다.

내가 미주리주 시골에 살던 어린 시절, 빌리 선데이의 지옥 불 이야기를 듣고 몸서리친 적이 있었다. 그런데 내게 그 얘기를 해 준 이는 이승에서의 고민 탓에 많은 사람이 겪는 육체적 고통의 업화(業火)에 대해서는 한마디도 내색하지 않았다. 근심 걱정이 습관이 된 사람이라면, 협심증이라는 고통에 사로잡힐지도 모른다.

인생을 진정으로 사랑하는가? 아주 건강하게 장수하기를 바라는가? 아무도 싫다고 대답하지 않을 것이다. 이에 대한 좋은 방법을 보자. 다시 카렐 박사의 말을 인용하겠다.

"혼란스러운 현대 도시의 삶 속에서도 평온한 정신 상태를 유지할 수 있는 사람은 정신질환에 걸릴 염려가 없다."

그렇다면 당신은 어떠한가? 당신이 정상인이라면 대답은 예스일 것이다. 아니, 단연 예스이다. 우리의 대부분은 자신이 생각하는 것보다 강하다. 우리는, 아직 한 번도 써보지 않은 정신적인 자원을 가지고 있다. 헨리 데이비드 소로의 불멸의 명저 《월든》에는 이러한 구절이 있다.

"인간에게는 의식하고 노력하면 자기 인생을 향상할 수 있는 놀라운 능력이 있다. 나는 이 사실에서 이루 말할 수 없는 큰 용기를 얻는다. 확신을 하고 자기가 뜻하는 방향으로 나아가 바라던 삶을 누리기 위해 노력한다면, 평소에는 기대할 수 없었던 성공에 이르게 된다."

이 책의 독자 대부분은 올가 K. 자베이 씨 못지않은 의지력과 정신적인 자원을 가졌으리라 생각한다. 그녀는 아이다호의 커르 달렌에 살았다. 그녀는 어떤 비극적인 환경에 처하더라도, 결국 걱정은 극복된다는 것을 깨달았다. 내가 이 책에서 거듭 설명하는 진리를 적용하면 누구나 극복할 수 있다.

올가 씨는 자기 경험을 이렇게 얘기했다.

"8년 전에 암 선고를 받았어요. 마요 형제 같은 최고 권위자도 같은 진단을 내렸습니다. 앞이 캄캄하고 죽음이 마치 악어처럼 입을 벌리고 저를 기다리는 것만 같았습니다. 아직 젊었기에 정말 죽고 싶지 않더군요. 주치의에게 전화해서 미친 듯이 절망감을 호소했습니다. 그러자 그는 다소 냉정하게 저를 꾸짖더군요.

'왜 그러세요, 올가 씨. 싸울 기력도 없습니까? 울고만 계시면 정말 큰일 납니다. 지금 병세는 확실하게 악화하고 있어요. 그러니 마음을 단단히 먹고 현실과 맞서야 합니다. 그렇게 속만 태우면 몸에 해로워요. 어쨌든 최선을 다해야 하지 않겠어요?'

그 말에 저는 마음속으로 다짐했습니다.

'더는 걱정하지 않겠어. 절대로 울지 않을 거야. 나에게는 그 어떤 것에도 지지 않을 정신력이 있잖아! 그것과 싸워 이겨 낼 거야! 살아낼 거야!'

손톱이 살을 파고들고 등줄기가 서늘해지는 것을 느꼈습니다.

그 뒤 투병하는 과정이 정말 심하게 괴로웠지만, 저는 눈물 한 방울 흘리지 않았습니다. 오히려 쾌활했어요. 억지로라도 미소를 지었죠. 하기야 아무리 미소 지어도 암을 이겨 낼 수는 없겠지만, 밝은 마음가짐이야말로 몸이 병을 감당해 내는 데 큰 보탬이 되리라 믿었습니다. 그러다 보니 기적적으로 암을 치유할 수 있게 되었습니다. 최근 몇 년 사이에는 훨씬 건강이 나아졌는데, 그것은 모두 '현실을 직시하라! 걱정을 걷어치워라! 그리고 어쨌든 노력해 보라!'는 격려 덕분이었죠."

나는 "걱정과 싸울 줄 모르는 사람은 단명한다"는 카렐 박사의 충고를 강조하면서 이 장을 마치고자 한다.

예언자 마호메트의 신자들은 가슴에 《코란》의 성구를 새겨 넣는다. 나는 이 책의 독자 모두의 가슴에 이 장의 타이틀을 새겨 주고 싶다.

"걱정과 싸울 줄 모르는 사람은 단명한다."

카렐 박사는 누구를 향해 이 말을 했을까? 그것은 바로 당신이다.

2

걱정을 분석하고 해결하는 방법

걱정하지 말고 살아라

나는 충실한 부하 여섯을 거느리고 있다
(내가 알고 있는 것은 모두 그들이 가르쳐 준 것)
그들의 이름은 '누가, 언제, 어디서, 무엇을, 어떻게, 왜'이다

1부 2장에서 말한 윌리스 H. 캐리어의 마법 공식이 과연 모든 고민을 다 해결해 줄 수 있을까? 물론 아니다.

그렇다면 고민을 해결해줄 다음 공식은 무엇일까? 온갖 고민을 모두 처리하려면 먼저 문제를 분석하기 위한 세 가지 기본단계를 깨우쳐야 한다.

1. 사실을 파악하라.
2. 사실을 분석하라.
3. 결단하라. 그리고 실행하라.

누구나 다 알고 있는 말이다. 물론 아리스토텔레스도 그렇게 가르쳤고, 실천했다. 우리를 괴롭히고 날마다 지옥으로 몰아넣는 문제를 해결하기 위해 이 방법을 꼭 실천해야 한다.

먼저 1단계, 사실을 파악하라. 사실을 파악하는 것이 왜 그렇게 중요할까? 사실을 파악하지 못하면 문제를 잘 해결할 수 없기 때문이다. 사실을 모르면 혼란 속에서 방황만 하게 된다. 이것은 내 의견이 아니라, 컬럼비아 대학교 학장이었던 허버트 E. 헉스의 의견이다. 그는 일찍이 고민에 빠진 20여만 학생의 문제 해결법 교육에 앞장섰다. 그는 나에게 '걱정의 주요 원인은 혼란이다'라면서 다음과 같이 말했다.

"이 세상 걱정은 대부분, 결단을 내리는 데 근거가 되는 지식을 충분히 갖추지 않은 채 서둘러 결단을 내리려 하는 바람에 일어납니다. 예를 들어 다음 주 화요일 오후 3시에 어떤 문제에 대처해야 한다는 사실을 알고 있다 합시다. 저 같으면 다음 주 화요일이 되기까지 그 문제를 그냥 내버려 둡니다. 끙끙 앓거나 잠을 못 이루는 일은 없습니다. 대신에 먼저 그동안 이 문제와 관련된 온갖 사실을 파악하는 데 전념합니다. 화요일까지 모든 사실을 파악해 두면 문제는 자연스럽게 해결됩니다."

나는 헉스 학장에게 물었다. "그러면 그렇게 해서 당신의 고민은 모두 해결되었습니까?" 그의 대답은 "그렇습니다"였다.

"완전히 고민이 해결되었다고 단언합니다. 누구든지 공평하고 객관적인 입장에서 사실을 파악하려고 시간을 쓴다면, 온갖 걱정은 지식이라는 빛을 받아 증발해 버립니다. 즉 걱정은 모두 사라지게 되죠."

그러나 우리는 어떠한가? 토머스 에디슨은 이렇게 말했다.

"생각하지 않고 문제를 해결하는 편리한 방법은 없다."

우리는 우리의 생각과 일치하는 사실만 찾고 다른 것은 모두 무시한다. 자기 행동을 정당화하고 희망적인 생각과 일치하는 긍정적 사실만 추구함으로써 일찍부터 가져왔던 편견을 정당화하려 한다.

이에 대해 앙드레 모로와는 다음과 같이 말했다.

"우리는 개인적인 욕망과 일치하면 모두 진실로 생각하고, 그렇지 못하면 분노한다." 이렇게 보면 문제 해답을 쉽게 찾지 못하는 것이 너무나도 당연하다. 2 더하기 2가 5라는 가정에 이르면, 이것이 단순한 계산일지라도 다분히 까다로워질 수밖에 없다. 그런데 세상에는 2 더하기 2는 5, 때로는 500이라고 고집하는 바람에 자신은 물론 상대의 삶마저 지옥으로 만드는 사람이 적지 않다.

이를 어찌해야 할까? 감정과 사고를 구분하면 된다. 그리고 헉스 학장이 말한 대로 공평하고 객관적인 방법으로 사실을 파악해야 한다. 물론 걱정하면서 그렇게 한다는 것이 쉬운 일은 아니다. 걱정은 감정을 예민하게 만들기 때문이다. 여기 문제에서 벗어나 사실을 객관적으로 관찰하는 데 도움이 되는 두 가지 아이디어가 있다.

1. 사실을 파악하는 정보 수집은 자신을 위해서가 아니라 다른 사람을 위해 하는 것처럼 하라. 그러면 사실을 냉정하고 공평하게 관찰하고 감정을 배제할 수 있다.

2. 자신을 괴롭히는 어떤 문제에 대해 사실을 수집할 때는, 반대 측 변론을 준비하는 변호사의 입장에서 수집하라. 즉, 나에게 불리한 사실이나 내가 부딪치고 싶지 않은 사실을 밝히도록 노력하라.

그러고 나서 자기 쪽 사실과 상대의 사실을 기록해 본다. 대개, 사실이란 이 두 가지가 상반하는 극단의 어디쯤 존재한다고 깨닫게 된다.

중요한 점은, 당신이나 나, 아인슈타인, 그리고 미국의 최고 재판소일지라도 사실을 먼저 파악하지 않고서는 어떤 문제에도 현명한 판단을 내릴 수 없다는 것이다. 에디슨은 그것을 잘 알았다. 그는 노트 2천500권에 자기가 부딪쳤던 문제에 대한 사실을 빼곡하게 적었다.

그러므로 문제 해결의 첫 단계는 '사실을 파악'하는 것이다. 헉스 학장이 실행한 것을 실천해야 한다. 먼저 객관적인 태도로 사실을 수집한 뒤, 문제 해결에 들어가야 한다.

하지만 사실을 수집만 하고 분석하고 해석하지 않는다면 아무 소용이 없다.

나는 소중한 경험을 통해 사실을 기록하고 나서 분석해야 훨씬 쉽다는 것을 깨달았다. 실제로 찰스 캐터럼은 이렇게 말했다. "문제를 정확하게 표현할 수 있으면 그 문제는 이미 절반은 해결했다."

그렇다면 이것이 실제로 어떻게 도움이 되는지 설명해 보기로 하자. 일찍이 중국인들이 "한 폭의 그림은 일만 문자에 필적한다"고 했듯이, 나는 여기서 한 인간이 지금 우리가 말하는 것을 어떻게 실천에 옮겼는지 그림으로 보여 주기로 하겠다.

이것은 동양에서 가장 성공한 미국인 갈렌 리치필드의 경험담이다. 1942년 그가 중국에 거주할 때, 일본군이 상하이를 침범했다. 다음은 그가 우리 집에 왔을 때 들려준 이야기이다.

"일본군은 진주만을 공격한 뒤 곧바로 상하이로 밀어닥쳤습니다. 그 무렵, 저는 상하이의 아시아 생명보험 회사의 경영자로 있었죠. 일본군이 한 해군 장관을 청산인(淸算人)으로 파견하면서 저에게 그 사람과 협력해서 회사 자산을 청산하라는 명령을 내렸습니다. 선택의 여지가 없었죠. 협력 아니면 총살이었습니다.

저는 그들이 명령하는 대로 행동했습니다. 달리 뾰족한 수가 없었기 때문이죠. 그러나 75만 달러에 달하는 일부 증권만은 일본군에게 제출하는 자산 표에서 제외해 두었습니다.

이 증권은 홍콩 지점 증권으로, 본사의 자산이 아니라고 판단했기 때문이었죠. 그러면서도 저는 만일 이 일이 발각되면 어쩌나 몹시 불안했는데, 결국 들키고 말았습니다.

발각 당시, 마침 저는 없었고 사무실에는 경리과장만 있었습니다. 나중에 들으니 일본군 제독은 노발대발하며 야단이었던 모양입니다. 저를 두고 ‘도둑놈! 반역자!’ 하면서 온갖 욕설을 퍼붓더라는 것입니다. 어쩌면 브릿지 하우스로 끌려갈지도 모릅니다.

브릿지 하우스! 그곳은 일본식 게슈타포 고문실이었습니다! 제 친구 중 하나는 그곳으로 연행되기 전에 자살했습니다. 심지어 그곳에 10일이나 갇혀 있다가 죽은 친구도 많았습니다. 그런 곳으로 제가 끌려갈 판이라니!

제가 어떻게 했을까요? 저는 사건 자초지종을 일요일 오후에야 들을 수 있었습니다. 문제를 해결할 명확한 방법을 모르고 있었더라면, 아마도 엄청난 두려움에 떨었을지도 모릅니다. 그러나 저는 오래전부터 무슨 고민이 생기기만 하면 타자기 앞에 앉아, 다음과 같은 두 가지 질문을 던지고 그 대답을 기록해 왔습니다.

1. 나는 무엇을 걱정하는가?
2. 그것에 대해 나는 무엇을 할 수 있는가?

저는 몇 해 전까지만 해도 문제를 기록하지 않고 그 답을 찾고자 했지요.

하지만 얼마 전부터 그렇게 하지 않습니다. 문제와 해답을 함께 기록하면 사고를 훨씬 명확해진다는 것을 깨달았기 때문이죠. 그래서 그날 오후 저는 곧장 상하이 기독교 청년회에 있는 제 방으로 가서 다음과 같이 기록했습니다.

1. 나는 무엇을 걱정하고 있는가?
   나는 내일 아침 브릿지 하우스에 갇히게 될까 봐 두려워하고 있다.
   그러고 나서 두 번째 질문을 쓰기 시작했습니다.
2. 이것에 대해 나는 무엇을 할 수 있는가?

저는 몇 시간을 두고 생각하고 생각한 끝에, 실행 가능한 네 가지 방법을 적어 보았습니다.

—일본군 제독에게 자초지종을 설명하면 된다. 그러나 그는 영어를 모른다. 만일 통역을 불러서 설명한다면 다시 한번 그를 화나게 할 우려가 있다. 그것은 죽음을 의미한다. 그는 잔인한 사람이니까 귀찮은 변명 따위를 듣느니 나를 브릿지 하우스에 집어넣어 버릴 것이다.

—도망칠 수도 있다. 그러나 그것은 불가능하다. 그들은 언제나 나의 일거수일투족을 감시한다. 만일 도망가다가 붙잡히면 총살당할 것이다.

—이 방에 있으면서 사무실에 나가지 않고 지낼 수도 있다. 만일 그렇게 한다면, 일본군 제독은 의심하게 된다. 그는 나에게 변명할 기회도 주지 않고, 병사들을 시켜 나를 브릿지 하우스에 집어넣을 것이다.

—월요일 아침에 여느 때처럼 사무실에 출근하는 방법도 있다. 일본군 제독은 너무 바빠서 내가 한 일을 잊어버렸을지도 모른다. 만일 생각났다 할지라도, 그때는 그가 이성을 되찾고 어쩌면 나를 괴롭히지 않을지도 모른다. 일이 그렇게만 된다면 다행이지만, 설령 그가 나를 괴롭히게 되어도, 그때는 자초지종을 설명할 기회가 있을 것이다. 그러니 월요일 아침에 보통 때와 마찬가지로 출근해서 아무 일도 없었던 것처럼 행동해야 한다. 그렇게

하면 브릿지 하우스 행을 모면할 두 번의 기회를 얻는 셈이 된다.

저는 이렇게 마음을 먹고 네 번째 계획을 실행하기로 했습니다. 기분이 한결 홀가분해지더군요. 다음 날 아침, 제가 사무실로 들어섰을 때, 일본군 제독은 담배를 입에 물고 의자에 앉아 있었습니다. 그는 여느 때와 마찬가지로 저를 힐끗 노려보았지만 아무 말도 하지 않더군요. 6주 뒤에 그는 도쿄로 돌아갔고, 제 걱정도 거기서 끝났지요. 앞에서 얘기한 대로, 그날 일요일 오후 책상 앞에 앉아 제가 할 수 있는 갖가지 수단과 그 결과를 기록하였고, 결과를 예측하면서 냉정하게 결단을 내렸기 때문에 저는 죽음에서 벗어날 수 있었습니다. 만일 그렇게 하지 않았더라면 허둥지둥 당황하다가 실수를 저질렀을지도 모르죠. 심사숙고한 끝에 결단을 내리지 않았더라면 일요일 오후를 번민 속에서 보냈을 겁니다. 어쩌면 그날 밤을 뜬눈으로 지새웠을지도 모릅니다. 그리고 월요일 아침에는 초췌한 얼굴로 사무실에 나갔을 테지요. 그랬더라면 일본군 제독이 의혹을 품고 무슨 조처를 했을지도 모릅니다. 여러 차례 경험으로 저는 결단에 이르는 것이 얼마나 중요한가를 알게 되었습니다. 일정한 목적에 이르지 못하고 어쩔 줄 몰라 하면서 예상된 파국을 맞게 되리라는 공포에 사로잡히게 되면 신경쇠약증에 걸리고 생지옥의 늪에 빠지게 되지요. 저는 고민의 50%가 일단 명확한 결단을 내림과 동시에 소멸하고, 나머지 40%는 그 결단을 실행에 옮김으로써 사라져 버린다는 것을 발견했습니다.

그러므로 저는 다음 4단계로 고민의 90%는 물리칠 수 있다고 생각합니다.

1. 걱정하고 있는 문제를 상세히 기록한다.
2. 그것에 대해 내가 할 수 있는 방법을 기록한다.
3. 무엇을 할 것인가를 결정한다.
4. 그 결단을 바로 실행에 옮긴다.”

갈렌 리치필드는 현재 스타 파크 앤드 프리맨—뉴욕의 보험투자업계에서 손꼽히는 회사—의 동양지역 담당 이사로, 자신이 성공한 원인은 대부분 앞에서 말한 고민 분석법을 활용했기 때문이라고 내게 고백했다.

그의 방법이 왜 그렇게 훌륭한가? 방법 자체가 효과적이고 구체적이며 문제의 핵심을 찌르기 때문이다. 더구나 제3의 필수 법칙, 즉 '행동으로 옮긴다'는 데 중점을 두었기 때문이다. 우리가 행동으로 옮기지 않는다면 진상 규명과 분석은 공염불이 되고, 정력만 낭비하게 된다. 윌리엄 제임스는 이런 말을 했다.

"일단 결단을 내리고 실행만 남았을 때는 그 일의 결과에 대한 '책임'과 '걱정'을 완전히 잊어버려라(이 경우, 윌리엄 제임스는 '걱정'과 '불안'을 동의어로 쓴 것 같다)."

그는 '한번 사실에 근거하여 결단을 내렸으면 실천으로 옮겨라. 재고할 여지가 없다. 망설이지 마라. 의심하지 마라, 뒤돌아보지 마라. 자신을 의심하기 시작하면, 또 다른 의심이 생긴다. 어깨 너머로라도 절대 뒤돌아봐서는 안 된다'고 설명했다.

나는 언젠가 오클라호마에서 손꼽히는 석유업자 웨이트 필립스 씨에게, 결단을 내리고 나서 어떻게 실행에 옮기느냐고 물어본 적이 있다.

그는 이렇게 대답했다.

"저는 어떤 문제든 어느 한도 이상으로 계속 생각하게 되면 혼란과 걱정거리만 생긴다는 것을 알게 되었습니다. 때로는 과도한 궁리나 생각이 오히려 해로울 수 있으니, 결단하여 행동에 옮기고 나면 절대 뒤돌아보아서는 안 됩니다." 이제 갈렌 리치필드의 방법을 당신의 걱정에 적용해 보면 어떨까?

질문 1. 내가 걱정하는 것은 무엇인가? (아래에 적어 본다)

질문 2. 내가 할 수 있는 일은 무엇인가? (아래에 적어 본다)

질문 3. 나는 무엇을 할 것인가? (아래에 적어 본다)

질문 4. 언제 실행할 것인가? (아래에 적어 본다)

업무에서 오는 고민을 줄여나가는 센스
일을 시키려면 먼저 그가 원하는 것을 주라

만약 당신이 사업가라면 이런 말을 할지도 모른다.

"업무에서 오는 고민을 줄이는 방법이라고? 웃기는 얘기로군. 19년이나 이 일을 해 온 나를 뭐로 보고. 나도 남들이 생각하는 것쯤은 진작부터 다 알고 있었어! 사업에서 나온 고민을 줄이는 법을 가르쳐 준다고? 이런 맹랑한 소리가 어디 있냐고."

이렇게 말하는 나도 4, 5년 전에 이 제목을 마주했다면 당신과 똑같은 말을 했을 것이다. 말만 참 그럴싸한 이야기라고 생각했을 것이다.

솔직히 말해서, 내가 당신의 사업 고민을 줄여줄 수 없을지도 모른다. 당신의 고민을 없앨 수 있는 이는 아무도 없다. 오로지 당신 자신만 할 수 있다. 다만 여기서 내가 할 수 있는 일은 세상 사람들이 어떻게 그런 고민을 줄여 왔는지 전해 주는 것이다. 나머지는 당신에게 달려 있다.

먼저 앞서 인용한, 알렉시스 카렐 박사의 '걱정과 싸울 줄 모르는 사람은 단명한다'는 말을 떠올려 주기 바란다.

이처럼 걱정이 중대한 일이라면, 당신이 가진 걱정의 10%만이라도 줄여도 만족스럽지 않을까? 그렇다면 어느 회사의 중역 한 사람이 영업 문제를 해결하고 회의에 할애했던 시간의 50%가 아닌 75%를 절약할 수 있었던 이야기를 들려주겠다.

이것은 존스 씨라든가 아무개 씨, 혹은 오하이오주의 내 친구, 아니면 막연한 어떤 인물을 가지고 꾸민 이야기가 아니다. 정말 실제로 있었던 일이다. 주인공은 레온 쉼킨 씨로 미국에서 유명한 출판사인 사이먼 앤드 슈스터의 공동경영자 중 한 사람이며 대표이사를 지낸 사람이다.

다음은 레온 쉼킨의 체험담이다.

"15년 동안 나는 매일같이 거의 반나절을 회의와 협의로 보냈다. 이걸 할까 저걸 할까, 아니면 그만둘까? 자못 긴장하여 의자에 앉아도 가만히 있지 못하고 몸을 비틀거나 온 방 안을 서성이기도 했다. 회의는 결론을 내리지 못하고 똑같은 토론만 반복했다. 그리고 밤이 되면 완전히 녹초가 되고 말았다.

'죽을 때까지 이런 상태가 계속되지 않을까?' 이런 끔찍한 생각마저 들었다. 무려 15년이나 이런 일을 반복하면서도 달리 좋은 방법이 떠오르지 않았기 때문이다.

이때 누군가가 나에게, 쓸데없이 회의에 소비하는 시간의 4분의 3과 긴장의 4분의 3을 제거하는 방법이 있다고 말했다면, 나는 그에게 주제넘게 아는 체하는 녀석이라고 욕했을 것이다. 그런데 나는 어느 사이엔가 이를 제거할 계획을 세우고 있었다. 지금은 벌써 8년이나 이 방법을 실행해왔다. 그 방법은 놀라울 정도로 일의 능률을 향상시켰고 건강과 행복을 가져다주었다. 이렇게 말하면 마법 같은 이야기로 들릴지 모르지만, 여느 마법처럼 이것도 방법만 알면 아주 간단하다. 비결은 이렇다.

첫째, 15년 동안 써 왔던 갖가지 회의 절차를 모두 폐지하고, 동료 임원들이 어떤 실패를 했는지 상세히 보고를 받고 '뭔가 좋은 대책은 없습니까?'라는 마무리 멘트로 회의를 끝낸다. 둘째, 새로운 규칙을 정해서, 내게 상담하려는 사람은 먼저 다음 네 가지 물음에 대한 답을 적어 미리 제출하게 한다.

1. 문제가 무엇인가?

우리는 지금까지 문제의 본질을 구체적으로 파악하지도 못한 채 한 시간이던 두 시간이던 무모한 의논을 계속했다. 문제의 핵심을 분명하게 꿰뚫지 못하고 문제에 대해서만 갑론을박 논쟁했다.

2. 문제의 원인은 무엇인가?

지금까지 회의 진행 과정을 돌이켜보면, 나는 문제의 근원이 되는 사항을 명확히 규명하지 않고 회의로 쓸데없는 시간만을 허비해 왔다. 그 일을 생각하면 놀라울 뿐이었다.

3. 문제를 풀 해결책에는 어떤 것들이 있는가?

지금까지는 누군가가 해결책을 하나 제시하면, 다른 누군가가 반론을 제기했다. 그러다 보니 모두가 흥분하게 되면서 논의는 주제에서 벗어나곤 했다. 회의가 끝나고 나면 문제를 해결하는데 필요한 사항 중 기록으로 남길 만한 것이 하나도 없는 형편이었다.

4. 당신이 제안하는 해결책은 무엇인가?

지금까지 나는 어떤 문제에 대해서 실속 없이 사태를 걱정하기만 했을 뿐 실행 가능한 해결 방안을 비교 검토하지도 않고, '내가 제안하는 해결법은 이렇다'고 기록해서 제출한 적도 없는 사람들과 회의를 해 왔다.

이제는 부하 직원들이 문제를 가지고 나를 찾아오는 일은 거의 없다. 그들이 이러한 네 가지 질문에 답하려면 모든 사실을 파악하고, 그 문제를 충분히 검토해야 하기 때문이다. 또 그것을 다 마치고 나면, 대개 나에게 찾아와 달리 의논할 필요가 없어진다. 왜냐하면 가장 타당한 해결법이 마치 토스터에서 빵이 튀어나오듯 이미 나왔기 때문이다. 상담이 필요한 경우에도 토론은 예전의 3분의 1로 충분했다. 순서에 따라 논리적인 방법을 거쳐 타당한 결론에 도달하기 때문이다.

이제 우리 회사에서는 뭔가 잘못되었다고 생각되는 일에 고민하거나 상담하지 않는다. 모든 일을 개선하기 위해서 토론보다도 실천에 중점을 두기 때문이다.

보험업계에서 손꼽히는 나의 친구 프랭크 베트거도 이 같은 방법으로 사업에서 나온 고민을 해소하여 수입을 두 배가량 늘렸다고 말한다.

오래전 처음 보험을 시작했을 때, 나는 이 일에 무한한 열정과 애착을 가지고 있었다. 그런데 뜻하지 않은 일로 크게 실망한 후로는 일에 대한 의욕이 생기지 않아 그만두려고 했다. 어느 일요일 아침, 고민의 근원이 무엇인지 규명해 봐야겠다는 생각이 떠오르지 않았다면 아마 나는 일을 그만두었을 것이다.

1. 먼저 나 자신에게 물었다. '도대체 무엇이 문제인가?'
문제는 내가 발이 닳도록 뛰어다니는데도 실적이 오르지 않는다는 것이었다. 면담할 때는 잘 나가다가도 막상 계약할라치면, '글쎄, 좀 더 생각해 봐야겠습니다. 다음에 다시 와 주십시오.' 이렇게 되는 것이다. 이렇게 몇 번이나 헛걸음치는 것이 점점 싫어졌다.

2. 스스로 물었다. '가능한 해결책은 무엇인가?'
이 대답을 얻기 위해서는 더욱 구체적인 사실을 알아야 할 필요가 있었다. 나는 최근 1년간의 장부를 꺼내 놓고 연구해 보았다.
그런데 여기서 놀랄 만한 사실을 발견했다. 성립된 계약의 70%는 처음 만난 손님과 이루어졌다는 사실이었다! 두 번째 만나서 계약이 성립된 경우는 23%였다. 세 번, 네 번, 다섯 번씩 시간과 정성을 들여가면서 성사시킨 사례는 겨우 7%에 불과했다. 다시 말하면 근무시간의 대부분을 매출의 7% 때문에 낭비했던 셈이다.

3. '해답은 무엇인가?
해답은 명백했다. 나는 한 곳에 두 번 이상 방문하지 않기로 마음먹고, 남은 시간을 새로운 고객을 찾는 일에 쏟았다. 결과는 실로 놀라웠다. 얼마 지나지 않아 1회 방문의 환산 가치를 2달러 80센트에서 4달러 20센트로 높일 수 있었다."

앞서 말한 바와 같이, 프랭크 베트거는 미국 생명보험업계에서 아주 유명한 세일즈맨 중 한 사람이 되었다. 한때는 보험업에서 손을 떼려고 했지만,

실패를 인정하고 문제점을 분석함으로써 성공의 길로 접어들었다.

사업에서 발생한 문제에 위 사항을 적용할 생각은 없는가? 단언컨대 당신 고민의 50%는 반드시 해소될 것이다. 다시 말하자면 다음과 같다.

1. 문제는 무엇인가?

2. 문제의 원인은 무엇인가?

3. 문제를 해결할 방법에는 어떤 것들이 있는가?

4. 나는 어떤 해결책을 선택할 것인가?

3

고민이 습관 되기 전에 떨쳐 내는 방법

걱정을 쫓아내려면 바쁘게 움직여라
꿀벌은 슬퍼할 틈이 없다

나는 내 강좌의 수강생이었던 마리온 J. 더글러스 씨와 함께 지낸 어느 날 밤을 절대 잊지 못한다. 그가 내 강좌를 수강할 때 직접 들려준 이야기이다. 그의 가정에는 연달아 두 번이나 커다란 불행이 찾아왔다. 처음에는 다섯 살 난 귀여운 딸을 잃었다. 이들 부부에게는 견딜 수 없는 일이었지만, 10개월 뒤에 다시 딸 하나가 태어났다. 그런데 그 어린 딸마저 태어난 지 닷새 만에 세상을 떠났다.

계속되는 불행으로 이들 부부는 견딜 수 없는 고통을 겪었다. 그때의 심정을 그는 이렇게 말했다.

"받아들일 수가 없었습니다. 일이 전혀 손에 잡히지 않더군요. 잠을 잘 수도 없었고, 음식도 먹을 수 없었으며, 마음의 안정도 찾을 수 없었지요. 저는 완전히 기력을 잃었고 모든 일에 자신을 잃었습니다."

그는 결국 의사를 찾아갔다. 어떤 의사는 수면제를 주었고, 어떤 이는 여행하라고 권했다. 두 가지 다 해보았지만 별 효과가 없었다. 그는 또 이렇게 말했다.

"제 몸이 커다란 집게에 단단히 물려 있는데, 집게가 점점 죄어오며 살을 파고드는 것만 같았어요. 비탄과 슬픔으로 망연자실해 본 경험이 있는 사람은 저의 이런 심정을 이해할 수 있을 겁니다.

그런데 감사하게도, 제게는 아직 네 살 난 아들이 하나 남아 있었습니다. 이 녀석이 제 문제를 해결해 주었어요. 어느 날 오후 제가 넋을 잃고 앉아 있는데, 아들 녀석이 곁에 와서는 '아빠, 보트 만들어 줘요' 하면서 졸라 댔습니다. 제게 보트 따위는 문제가 아니었습니다. 세상만사가 다 귀찮았죠.

그러나 아들놈은 막무가내였어요. 결국 제가 지고 말았습니다.

장난감 보트를 만드느라고 세 시간 동안이나 애를 먹었습니다. 그런데 만드는 동안 새로운 사실을 하나 깨닫게 되었죠. 장난감을 만드는 데 들인 세 시간이 최근 몇 개월 동안 처음으로 맛본 정신적인 휴식이자 평화였다는 것을요! 그렇게 되니까, 그때까지의 허탈감에서 벗어나 다른 일을 생각할 수 있게 되었습니다. 뭔가 몰두해야 하는 일에 전념하는 동안에는 고민하고 싶어도 할 수 없다는 것을 알게 되었던 거죠. 제 경우에는 보트를 만드는 일이 고민을 몰아내 주었습니다. 언제나 바빠야 하겠다는 생각이 들더군요.

다음 날 저녁, 저는 온 집 안을 돌아보면서 해야 할 일을 찾아 목록을 만들었습니다. 책장, 계단, 창문, 들창, 차양, 손잡이, 자물쇠, 구멍 난 홈…… 수선해야 할 곳이 한두 군데가 아니더군요. 이 주일 걸려 작성한 목록을 보니 손봐야 할 일감이 놀랍게도 242건이나 되었습니다.

어쨌든 저는 지난 2년 동안 이 일을 거의 다 해냈습니다. 매일 바쁜 일과를 보냈어요. 지금도 1주일에 두 번씩 선생님의 뉴욕 성인 강좌에 출석하고 있지 않습니까. 제가 사는 지역 시민 활동에도 참여하고, 교육위원회 의장직도 맡고 있죠. 이 밖에도 여러 회합에 참석하고, 적십자사를 비롯해 여러 공공사업을 위한 모금도 돕고 있습니다. 이렇게 바쁘게 살다 보니 고민할 틈이 사라졌죠."

고민할 시간이 없다! 이 말은 윈스턴 처칠 경이 제2차 세계대전이 절정에 달했을 무렵, 하루 18시간 일을 계속하던 때에 한 말과 비슷하다.

"나는 너무도 바빠서 고민할 시간이 없다."

이 명언은 무거운 책임 때문에 고민한 적이 없느냐는 질문에 처칠이 대답한 말이다.

찰스 케터링도 자동차 시동기 발명에 착수했을 때 같은 처지에 있었다. 그는 은퇴할 때까지 제너럴 모터스 부사장으로 제너럴 모터스 연구소를 지휘했던 인물이다. 한때 그는 몹시 가난하여 창고 한쪽을 실험실로 쓰기도 했다. 식료품을 사기 위해 부인이 피아노 레슨으로 모은 1천500달러까지 써야 할 지경이었다. 생명보험 불입금에서 500달러를 차용한 적도 있었다.

"그럴 때 고민되지 않았습니까?" 내가 묻자, 그의 부인은 이렇게 대답했다.

"네, 저는 이루 말할 수 없이 걱정되어 잠도 제대로 이룰 수가 없었지요. 하지만 남편은 달랐어요. 그이는 일에 열중해서 고민할 여유가 없었습니다."

과학자 파스퇴르는 도서관과 실험실에서 얻은 평화에 대해서 말했다. 그곳에서 어떻게 평화를 구할 수 있었을까? 도서관과 실험실에 있는 사람은 연구에 몰두하기 때문에 고민할 틈이 없다. 연구에 전념하는 사람 가운데 신경쇠약에 걸리는 이는 거의 없다. 그런 사치스러운 병에 걸릴 시간 여유가 없기 때문이다.

바쁜 일상이 불안을 없애는 데 왜 도움이 될까? 이것은 심리학의 가장 기본 법칙이다. 아무리 뛰어난 사람이라도 한 번에 한 가지 이상 생각하는 것은 불가능하다. 믿기지 않으면 실험해 보기로 하자. 지금 바로 의자에 깊숙이 기대앉아 눈을 감아라. 그리고 자유의 여신상과 내일 아침 하려고 마음먹은 일을 동시에 생각해 보라. 어떤가? 두 가지를 번갈아 생각할 수는 있지만, 한 번에 그렇게 할 수는 없다는 것을 알았을 것이다. 이는 감정 영역에서도 마찬가지다. 마음 한구석에서 즐겁게 뭔가에 열중하면서, 동시에 다른 구석에서 고민으로 의기소침해할 수 없다. 하나의 감정은 다른 감정을 몰아낸다. 이 단순한 발견으로, 전쟁 상황에서 정신과 군의관들은 기적을 이루었다. 전장에서 충격을 받고 부담감에 짓눌려 후송된 장병들에게는 대체로 '신경쇠약증'이란 진단을 내리는데, 군의관들은 그들을 '분주하게 만드는 것'이 가장 좋은 치료법이라고 생각했다. 정신이상을 일으킨 사람들에게 잠자는 시간을 빼고 계속 활동하게 만드는 것이 처방이었다. 치료는 낚시, 사냥, 야구, 골프, 사진 찍기, 정원 가꾸기, 댄스 등 주로 바깥 활동으로 이루어졌다. 지난날의 괴로웠던 기억을 곰곰이 되새길 여유를 주지 않기 위해서였다.

'작업요법'은 노동을 약처럼 처방할 때 정신병학 분야에서 쓰이는 학술용어이다. 이 치료법은 조금도 새롭지 않다. 고대 그리스 의사들은 기원전 500년경에 벌써 이 치료법을 주장했다!

퀘이커교 신도는 벤자민 프랭클린 시대에 필라델피아에서 이 요법을 썼다. 1774년, 퀘이커교도 요양소를 방문한 한 사람은 정신병 환자들이 분주하게 아마(亞麻)로 길쌈하는 모습을 보고 놀랐다고 한다. 그는 환자들이 얼마쯤 일을 하는 것이 병 치료에 좋다는 말을 듣기 전까지, 불쌍한 환자들을 취하는 줄 알았다. 일에 열중하다 보면 신경이 진정되는 현상을 활용한 치료법이다.

이에 대해 정신과 전문의는 환자들에게 일을 시키는 것, 그것도 바삐 움직이게 하는 것이 신경병에 가장 좋은 대증요법이라고 말한다. 헨리 W. 롱펠로우도 젊은 아내를 잃었을 때 이 사실을 알게 되었다. 어느 날, 그의 부인은 촛불로 봉랍(封蠟)을 녹이다가 불이 옷에 옮겨붙었다. 롱펠로우가 비명을 듣고 달려갔으나 때는 이미 늦었다. 결국 그녀는 화상으로 세상을 떠나고 말았다. 그 뒤 얼마 동안 롱펠로우는 그때의 무서운 경험이 생각나 몹시 괴로워하다가 반미치광이가 되었다. 그러나 불행 중 다행이었던 것은, 그에게 보살펴야 할 어린 자식이 세 명이나 있었다는 사실이었다. 슬픔을 딛고 자식들에게 어머니 노릇까지 해야 했다. 그는 아이들의 손을 잡고 함께 공원을 거닐었고, 이야기를 들려주거나 같이 놀아 주기도 했다. 그들 부자간의 정은 그의 시 '아이들의 시간'과 함께 영원히 남아 있다. 롱펠로우는 또 아이들을 위해 단테의 《신곡》을 번역했다. 이처럼 여러 가지 일로 분주했으므로 그는 비탄에 사로잡히지 않고 마음의 평화를 찾을 수 있었다.

테니슨은 친구인 아더 할람을 잃었을 때 이렇게 말했다.

"일에 몰두해서 나 자신을 잊어야 한다. 그렇지 않으면 절망 때문에 위축되고 만다. 사람들은 대부분 매일 쉴 새 없이 일하기 때문에 일에 몰두하는 것이 어렵지 않지만, 정작 위험한 것은 일이 끝난 뒤의 시간이다. 자유롭게 시간을 즐기고 행복해야 할 때, 고민이라는 이름의 마귀가 공격해 온다." 시간이 나면, 갖가지 생각이 뇌리를 스치기 시작한다. 우리 생활이 조금씩 나아지고 있는 걸까? 제대로 궤도에 올라 있는 것일까? 회사에서 부장이 오늘 묘한 말을 했는데, 대체 무슨 뜻일까? 생각이 꼬리를 물면서 고민거리를 만들어 내기 시작한다.

본디 사람의 마음이란 한가로울 때 진공(眞空)상태에 빠지기 쉽다. 물리를 배운 사람이라면 누구나 '자연은 진공을 싫어한다'는 사실을 알고 있다. 주변에서 자주 볼 수 있는 사물 중에서 백열전구 내부가 진공에 가장 가깝다. 전구를 깨뜨려 보라. 자연에서는 진공에 공기가 채워지듯 공허한 마음도 무언가로 채운다.

자연은 무시무시한 기세로 마음을 채우려 한다. 그렇다면 무엇으로 채울까? 대개는 감정으로 채운다. 왜냐하면, 고민, 공포, 증오, 질투, 선망 같은 감정은 원시 시대의 역동적인 에너지로 움직이기 때문이다. 이러한 감정들은 우리 마음속의 평화롭고 행복한 온갖 사상과 감정을 맹렬하게 몰아내려는 경향이 있다.

컬럼비아 대학교 교육학 교수인 제임스 L. 머셀이 이 사실을 잘 설명했다. "고민은 행동할 때는 자취를 감추었다가, 일과가 끝날 무렵에 가장 강력하게 공격해 온다. 이때 우리의 상상력은 제멋대로 움직이며, 온갖 그릇된 가능성을 불러들여 실수를 저지르게 만든다. 이와 동시에 마음은 짐을 싣지 않고 달리는 마차처럼 질주하다가 축바퀴에 불을 붙이든가 산산조각 내버리기도 한다. 그러므로 고민을 치료하는 가장 좋은 방법은 건설적인 일에 몰두하는 것이다."

그러나 이 진리를 깨닫고 실행에 옮기는데 굳이 대학교수여야 할 필요는 없다. 세계대전 중에 나는 시카고에서 온 한 주부를 만난 적이 있는데, 그녀는 '고민을 치료하는 좋은 방법은 무엇이든 건설적인 일에 몰두하는 것'이라는 사실을 깨달았다고 한다. 뉴욕에서 미주리주의 한 농장으로 기차를 타고 가다가 식당 칸에서 만난 부부에게 들은 얘기다.

그들에겐 아들이 있었는데, 진주만 공격이 있던 바로 다음 날 입대 했다. 부인은 외아들을 너무 걱정하다가 그만 반(半)병자가 되었다. '지금 어디에 있을까, 무사하게 잘 있을까, 지금쯤 포탄이 터지고 총알이 난무하는 전쟁터에 있지는 않을까, 혹시 어디 다치지는 않았을까, 전사하지는 않았을까?' 하는 생각이 꼬리에 꼬리를 물었다.

가만히 있으면 걱정 때문에 미칠 것 같아서 그녀는 한시도 쉬지 않고 일했다. 먼저 하녀를 내보내고 가사에 몰두하면서 몸을 가만두지 않았다. 그러나 크게 도움 되지 않았다.

"집안일이라야 워낙 익숙하다 보니 기계적으로 자연스럽게 할 수 있어서 몸이 아무리 바빠도 머리는 여전히 아들 걱정으로 꽉 차 있었죠. 온종일 정신적으로나 육체적으로 바쁠 수 있는 새로운 일이 필요하다는 생각이 들었습니다. 그래서 결심한 것이 바로 백화점 점원이 되는 것이었지요. 생각했던 대로 몹시 바쁘더군요. 생활의 소용돌이 한가운데로 뛰어든 겁니다. 값이라든가 치수, 색깔을 묻는 수많은 손님들에게 시달리다 보니, 눈앞에 있는 것 말고는 생각할 틈이 단 1초도 없었죠. 밤이 되면 피곤한 다리를 빨리 쉬게 해줘야겠다는 생각밖에 들지 않았습니다. 어쨌든 저녁 식사만 하고 나면 바로 침대에 쓰러져 코를 골게 되었어요. 고민할 여유나 기력이 없었지요."

그녀는 존 쿠퍼 포이스가 《불안을 망각하는 기술》에서 쓴 내용을 체득했다.

"온갖 즐거운 행복감이나 깊은 마음의 평화, 행복한 무감각 상태는 정해진 일에 몰두할 때 찾아온다. 몰두할 때, 신경이 진정되기 때문이다."

정말 다행스러운 일이다. 예전에 나는 세상에서 가장 유명한 탐험가 오사 존슨으로부터 고민과 슬픔에서 벗어난 경험을 직접 들은 적이 있다. 그녀가 쓴 책 《나는 모험과 결혼했다》는 너무도 유명한데, 책 제목대로 그녀는 모험과 결혼한 사람이었다. 그녀는 열여섯 살 때 마틴 존슨과 결혼했다. 이 부부는 캔자스에서 비행기로 출발하여 보르네오 밀림에 착륙한 뒤, 25년 동안 세계를 두루 탐험했다. 그리고 아시아와 아프리카에서 사라져 가는 야생동물 생태를 영화로 만들었다. 이들은 9년 전 미국으로 돌아와 영화를 상영하며 강연을 다녔다. 그런데 덴버에서 태평양 연안으로 가던 길에 그들이 탄 비행기가 산과 충돌하여 마틴 존슨이 즉사했다. 의사는 오사 존슨도 재기불능이라는 진단을 내렸다. 그러나 그는 오사 존슨이라는 사람을 몰랐다. 3개월 뒤에 그녀는 휠체어에 앉아 수많은 청중 앞에서 강연했다. 사실 그녀는 이미 이 무렵에 100회 이상의 강연을 했다.

그녀는 이렇게 말했다.

"슬퍼하거나 고민할 틈을 없애려고 강연을 했습니다."

오사 존슨은 100년 전에 테니슨이 읊은 진리를 알고 있었다.

"나는 활동에 몰두하지 않으면 안 된다. 그렇지 않으면 위축되고 말 것이다."

또한 버드 제독은 남극을 뒤덮고 미국과 유럽을 합친 것보다도 더 큰 미지의 대륙을 덮고 있는 대빙하의 만년설 속에 묻힌 오두막에서 고독한 생활을 보내며 이 진리를 터득했다. 그는 다섯 달 동안을 그 오두막에서 고독하게 보냈다. 주위 100마일 안에 살아서 움직이는 생명체라고는 찾아볼 수가 없었다.

혹한이 얼마나 심했던지, 바람이 불면 입김이 얼어붙는 소리를 들을 수 있을 정도였다.

그의 저서 《혼자서》에는 사람을 당황하게 하고 정신을 약화하는 암흑을 묘사한 장면이 등장한다. 낮도 밤과 마찬가지로 어두웠다. 그는 정신을 잃지 않기 위해 언제나 바빠야만 했다.

"밤에 등불을 끄기 전에, 다음 날 할 일을 계획하는 습관을 길렀다. 이를테면 대피용 터널을 만드는 데 한 시간, 눈 치우는 데 30분, 연료 드럼통을 정비하는 데 한 시간, 식료품 터널 벽에 책꽂이를 만드는 데 한 시간, 썰매의 브릿지를 갈아 끼우는 데 두 시간…….

이처럼 시간을 할당하여 계획을 짜는 것은 참으로 훌륭한 생각이었다. 이로써 나는 자제심을 유지할 수 있었다. 이런 일이 없었더라면, 하루하루를 보내는 목적이 없어졌을 것이고, 목적이 없는 나날이 계속되었다면 생활 자체가 무너졌을 것이다."

여기서 '목적이 없는 나날이 계속되었다면'이란 구절을 반드시 기억하라. 우리 마음속에 걱정거리가 생겼다면 전해 내려오는 풍습대로 일을 약으로 써야 한다. 하버드 대학교 임상학 교수였던 리처드 C. 캐보트 박사는 《인간은 무엇으로 사는가》라는 저서에서 이렇게 말했다.

"의혹이나 주저, 동요, 공포에서 오는 영혼의 마비 상태 때문에 사람들은 고민한다. 그들이 일에 몰두함으로써 얻는 용기는, 일찍이 에머슨이 영원히 빛난다고 노래한 자신감과 같다고 생각한다."

우리가 바쁘게 활동하지 않고 그저 멍하니 앉아 생각에만 잠긴다면, 찰스 다윈이 '웝버 기버스'라고 불렀던 꼬마 악마들이 많이 부활하게 될 것이다. 이 꼬마 악마에 붙들리면 우리의 행동력이나 의지력이 꺾인다. 웝버 기버스를 극복한 뉴욕의 트램퍼 롱맨이라는 사람이 내 강좌에 나와 한 얘기를 들어보자.

그가 고민을 이겨낼 수 있었던 경험이 아주 인상적이고 흥미로워서, 나는 그를 만찬에 초대했다. 그리고 밤늦게까지 경험담을 들었다.

"18년 전, 저는 극심한 번민으로 불면증에 시달렸습니다. 너무 긴장해서 안절부절못한 나머지 신경과민이 되었지요. 그야말로 신경쇠약 증세가 시작되는 것 같았습니다. 제게는 그럴 만한 까닭이 있었습니다. 뉴욕에 있는 한 과일 통조림 회사 경리직원으로 일할 때였는데, 회사는 이미 딸기 통조림에 50만 달러를 투자한 상태였지요. 그런데 20년 동안이나 아이스크림 제조업자에게 팔아오던 통조림 거래가 갑자기 끊어졌습니다. 대규모 아이스크림 제조업자들이 돈과 시간을 절약하기 위해 다량의 딸기를 사들여 대량 생산에 들어갔기 때문이었죠.

이렇게 되니까 50만 달러에 이르는 딸기가 재고로 남게 되었습니다. 앞으로 1년간 100만 달러 상당의 딸기를 매입한다는 계약도 되어 있었는데 말이죠. 회사는 그때까지 은행에서 빌려 쓴 35만 달러를 갚기도 어려운 상황이었고 지급기한을 연기하기도 곤란한 것 같았습니다. 사태가 이쯤 되자 제가 고민하게 된 것도 무리가 아니었습니다.

저는 공장 소재지인 캘리포니아로 달려가 사장에게 사정이 돌변했다는 것과 회사가 파산에 직면했다는 것을 보고하려 했지요. 그런데 그는 제 말을 믿지 않고 뉴욕사무소에서 마케팅을 제대로 하지 못했기 때문이라고 말했습니다. 여러 날을 두고 설득한 끝에 더는 딸기 통조림을 만들지 않기로 하고, 나머지는 샌프란시스코 과일 시장에 팔기로 했습니다. 그렇게 해서 문제가 거의 해결되어 제 고민도 해소된 것 같았지만, 실상은 그렇지 않았습니다. 고민은 습관이 되는 병입니다. 저는 어느새 고민하는 습관을 갖게 되었습니다.

뉴욕으로 돌아온 저는 이탈리아에서 사들이는 버찌, 하와이에서 사들이는 파인애플 등 온갖 일에 과도하게 신경을 쓰게 되었습니다. 너무 긴장한 나머지 잠도 제대로 이룰 수가 없었지요. 앞에도 말했지만 신경쇠약증 증세가 나타나기 시작했습니다.

그러나 결국 절망이라는 벼랑 끝에서 새 생활을 찾았습니다. 불면증도 고칠 수 있었고 고민에서도 빠져나올 수 있었지요. 저의 모든 능력을 요구하는 문제에 몰두했습니다. 우물쭈물할 여유가 없었어요. 지금까지는 하루 7시간 일해 왔지만, 이후부터는 하루에 15내지 16시간이나 일해야 했습니다. 매일 아침 8시에 출근해서 밤늦게까지 사무실에 있었죠. 저는 새로운 직무와 책임을 맡았습니다. 그러다가 밤늦게 집으로 돌아와서는 피로에 지쳐 자리에 눕자마자 곯아떨어졌지요.

이러한 생활을 무려 3개월이나 계속했습니다. 그랬더니 고민하는 습관에서 완전히 벗어날 수 있었고, 그 뒤부터는 정상적으로 7, 8시간을 일할 수 있게 되었지요. 벌써 18년도 지난 일이지만, 지금까지 불면증이나 고민으로 걱정해 본 적이 없습니다."

조지 버나드쇼의 말은 옳다. 그는 단 몇 마디로 이 이치를 설파했다.

"괴로워지는 까닭은 자신이 행복한가, 불행한가를 따져 보는 여유를 가졌기 때문이다."

그러므로 우리는 쓸데없는 생각에 몰두하지 말아야 하고, 몸을 쉬게 하면 안 된다. 그렇게 하면 혈액순환이 활발해지고, 머리가 활동을 시작해 생명의 힘찬 물줄기가 고민을 내뿜게 된다.

몸을 가만히 두지 말고 언제나 바쁘게 살아라. 이 처방이야말로 세상에 존재하는 모든 약 중에서 가장 값싼 치료약이다. 고민이 습관이 되는 것을 막기 위한 첫 번째 법칙은 다음과 같다.

언제나 바쁘게 생활하라. 고민을 떨쳐 내며 일에 몰두하라.
그렇지 않으면 절망하게 될 것이다.

딱정벌레에게 지지 말라

패배는 일시적인 현상, 포기는 영원히 그만두는 것이다

나에게는 평생 잊을 수 없는 극적인 이야기가 있다. 그것은 뉴저지의 로버트 무어 씨에게 직접 들은 이야기다.

"1945년 3월, 저는 인생에서 가장 값진 교훈을 배웠습니다. 인도차이나 해안의 수심이 276피트나 되는 해저에서 있었던 일입니다. 저는 잠수함 바이야호의 탑승원 88명 중 한 사람이었습니다.

우리는 레이더로 일본군 호위 선단이 일부가 이쪽으로 접근하는 것을 발견했습니다. 먼동이 트기 무섭게 우리는 공격을 위해 잠항(潛沆)을 시작했습니다. 잠망경으로 보니 일본군의 구축함, 유조선, 기뢰 부설함이 가까이 다가오고 있었습니다. 우리는 구축함을 겨냥해 어뢰 세 발을 발사했습니다. 하지만 맞추지는 못했습니다. 어뢰 발사 장치가 고장 났기 때문입니다. 그런데 적의 구축함은 공격받은 것도 알아차리지 못하고 항진을 계속했습니다. 이때 갑자기 기뢰 부설함이 방향을 바꾸어 일직선으로 우리가 있는 쪽으로 다가왔습니다(일본군 비행기가 바닷속 60피트에 있던 우리를 발견하고, 무선으로 위치를 알려 주었기 때문입니다). 우리는 적에게 발견되지 않기 위해 150피트까지 잠항했습니다. 그러고 나서 적의 수중 폭뢰에 대비하기 위한 준비에 들어갔습니다. 승강구에 여분의 볼트를 장치하고 배에서 소리가 나지 않게 하기 위해 선풍기, 냉방장치, 그 밖의 온갖 전기장치를 정지했습니다.

3분 뒤에 지옥 같은 일이 벌어졌습니다. 주위에서 폭뢰 6개가 폭발했고, 우리는 폭뢰를 피해 해저 276피트로 내려가 바닥에 닿았습니다. 탑승원들은 모두 죽음의 공포로 덜덜 떨었습니다. 잠수함은 1천 피트 이내에서 공격당하면 위험하고, 500피트 이내라면 치명적입니다. 그런데 우리는 수심 500

피트의 절반 남짓한 곳에서 공격을 받은 것입니다. 안전도로 말하면, 거의 없다고 해도 좋을 정도의 깊이에서 당했습니다.

이때부터 15시간 동안, 일본의 기뢰 부설함은 끊임없이 폭뢰를 투하했습니다. 폭뢰가 잠수함의 반경 15피트 이내에서 터지면 그 진동으로 배에 구멍이 생깁니다. 그런데 폭뢰는 대부분 50피트도 떨어지지 않은 거리에서 폭발했습니다.

우리는 침대에서 움직이지 말라는 명령을 받았습니다. 저는 공포에 질려 제대로 숨을 쉴 수가 없었습니다. '이것이 마지막이다! 이제는 죽는구나!' 탄식만 되풀이했습니다. 선풍기라든가 냉방장치가 모두 끊어졌기 때문에, 잠수함 안의 기온은 40도를 넘어섰습니다. 그런데도 저는 공포에 질려 스웨터 위에 모피 재킷까지 껴입고 온몸을 부들부들 떨었습니다. 이를 악물어도 턱이 흔들리고 식은땀이 줄줄 흘러내렸습니다. 적의 공격은 열다섯 시간이나 계속되었습니다. 그러다 어느 순간 갑자기 조용해졌습니다. 일본군 기뢰 부설함은 폭뢰를 모조리 쏟아붓고 가버린 것 같았습니다. 우리가 공격을 받은 열다섯 시간은 그야말로 1천500만 년처럼 느껴졌습니다. 갑자기 제 과거 기억들이 눈앞에 펼쳐졌습니다. 제가 저지른 크고 작은 잘못을 비롯해서 공연히 아등바등했던 어리석은 일까지 모두 생각났습니다.

저는 해군에 입대하기 전 은행원이었는데, 근무 시간은 길고 박봉인 데다 진급할 가망도 전혀 없었기 때문에 고민하고 있었습니다. 그도 그럴 것이 집 하나 마련하지 못하고 새 차도 살 수 없었고, 아내에게 변변한 옷 한 벌 사줄 수도 없는 형편이었거든요. 또 언제나 잔소리만 해대는 늙은 상사를 대하기도 진저리가 났습니다. 그러다가 밤늦게 기분이 언짢아져 집에 돌아오면 별일도 아닌 것을 가지고 아내와 다투곤 하던 기억이 났습니다. 더구나 그 무렵 자동차 사고로 생긴 얼굴 상처도 고민거리였습니다.

몇 해 전까지만 해도 이러한 것들이 얼마나 큰 걱정거리였는지 모릅니다. 그러나 폭뢰가 저를 산산조각으로 날려 보내지나 않을까 조바심을 내며 떨고 있을 때 이런 일들이 참으로 어리석게만 생각되었습니다. 그때 그 자리에서 저는 맹세했습니다. 만일 살아서 다시 태양을 보게 된다면 절대로 고민 같은 것은 하지 않겠다고 말입니다. 저는 잠수함 안에서 공포에 떨던 열다섯 시간 동안, 인간이 사는 법에 대해 대학에서 4년간 배운 것보다 훨씬 많은 것을 배웠습니다."

우리는 살아가면서 커다란 재난에는 용감하게 맞서면서, 대단치 않은 작은 일에는 부딪쳐 넘어지곤 한다. 이를테면, 새뮤얼 피프스는 일기 속에 해리 반 경이 참수당하는 것을 직접 구경했다는 기록을 남겼다. 해리 경은 처형대에 올라갔을 때 목숨을 살려 달라고 애원하지는 않았지만, 턱의 부스럼을 건드리는 말아 달라고 부탁했다는 것이다.

버드 제독이 극지의 암흑과 혹한 속에서 발견한 것도 이와 같았다. 부하 대원들은 중대한 문제로 반항하는 게 아니라 정말 사소한 일로 야단법석을 떨었다. 그들은 모든 위험과 곤란, 때로는 영하 80도에 달하는 극한도 태연하게 참아냈다. 그러나 버드 제독은 이렇게 말했다.

"베개를 나란히 하고 이야기를 주고받던 두 사람이 갑자기 입을 다물었다. 서로 상대가 자기 이부자리 속으로 침입했다고 의심했기 때문이었다. 또 어떤 사람은 음식을 스물여덟 번이나 씹어 삼키기로 한 완전 저작주의자(咀嚼主義者)가 보는 앞에서는 음식이 목구멍으로 넘어가지 않는다고 말했다."

극지의 캠프에서는 이같이 잘 훈련받은 사람일지라도 아주 사소한 일 때문에 미치기 일보 직전까지 가게 된다.

결혼생활도 마찬가지다. 사소한 일로 많은 사람이 미치기 직전까지 서로를 몰아간다. 바로 그 사소한 일이 이 세상 고민의 절반을 차지한다는 통계도 있다. 어쨌든 이에 대해서는 여러 권위자가 의견을 같이한다.

예를 들어, 4만 건 이상의 불행한 결혼을 조정, 처리한 사람으로 유명한 시카고의 조셉 새버스 판사는 이렇게 말했다.

"결혼생활이 불행해지는 까닭은 대개 사소한 일 때문이다."

또 뉴욕의 지방 검사 프랭크 S. 호건은 다음과 같이 말했다.

"형사재판의 과반수는 사소한 일이 원인이다. 술집에서의 주정, 가정에서의 말다툼, 모욕적인 언사, 욕설, 무례한 행동 같은 사소한 일이 폭행이나 살인을 불러일으킨다. 부당하게 억울한 꼴을 당해 형사 재판을 하는 일은 그리 많지 않다는 말이다. 자존심이 조금 타격을 입거나 모욕을 당하거나 허영심에 상처를 입었다든가, 하는 사소한 일들이 이 세상 고민의 절반 이상을 차지한다."

엘리너 루스벨트는 결혼하고부터 번민하기 시작했다. 음식이 입에 맞지 않았기 때문이다. 그런데 그녀는 이렇게 말했다.

"지금이라면 어깨 한번 으쓱하고 끝낼 일이죠."

이것이 바로 성인에게 어울리는 몸짓이다. 한때 포악하기로 이름났던 캐서린 대제도 조리사가 요리를 망쳤을 때는 그저 껄껄 웃고 말았다고 한다.

우리 부부가 시카고에 사는 친구 집 만찬에 초대받아 갔을 때의 일이다. 친구가 고기를 자르다가 뭔가 실수를 한 것 같았다. 나는 눈치채지 못했는데, 설령 알았다 한들 그냥 모르는 척했을 것이다. 그런데 그의 부인이 대뜸 쏘아붙였다.

"여보, 그게 뭐예요? 대체 몇 번 얘기해야 알아들어요!"

그러더니 우리에게 이렇게 말했다.

"저이는 언제나 저렇게 실수를 해요. 할 의욕이 없으니까요."

의욕이 없을지도 모른다. 하지만, 그 부인과 20년 이상을 함께 살아 온 그 친구에게 나는 경의를 표하지 않을 수 없었다. 솔직히 말해서 나는 잔소리를 늘어놓는 여자와 북경 오리고기나, 상어 지느러미 같은 고급요리를 먹는 것보다는 편안한 분위기에서 핫도그를 먹는 것이 훨씬 유쾌하다고 생각한다.

이 일이 있고 나서, 우리는 친구 몇 명을 저녁 식사에 초대했다. 그런데 아내는 손님이 도착할 시간이 다 되어서야 준비된 냅킨 가운데 석 장이 식탁보와 맞지 않는다는 것을 알아차렸다. 아내는 나중에 나에게 이렇게 말했다.

"서둘러 요리사에게 가서 물어보니까, 그 석 장을 세탁소에 보냈다는 거예요. 손님들이 벌써 다 도착하셨으니 바꿔 깔 시간도 없었어요. '이런 작은 실수로 하룻저녁을 불쾌하게 보내야 하겠어?' 이렇게 생각해 버렸어요. 될 대로 되라고요. 그러고 나서 즐겁게 시간을 보내기로 마음먹고 식탁 앞에 앉았어요. 그랬더니 놀랍게도 마음먹은 대로 되더군요. 저는 신경질적이고 얄미운 여자라는 인상을 주기보다는 주책없는 주부로 보이는 편이 훨씬 낫다고 생각했죠. 그런데 아무도 냅킨에 관심을 두지 않는 것 같았어요."

'법률은 사소한 일에 관여하지 않는다'는 유명한 금언이 있듯이, 고민에서 벗어나 마음의 평화를 바라는 사람은 사소한 일에 마음 쓰지 말아야 한다.

누구든지 사소한 일에 얽매이지 않으려면, 마음속에 새롭고 유쾌한 인생관을 만들어야 한다. 저술가인 나의 친구 호머 크로이는 이를 성취한 경위를 들려주었다. 뉴욕의 아파트에서 저술에 힘쓸 때, 그는 난방장치에서 나는 소리 때문에 골머리를 앓았다. 수증기에서 '부웅, 치익' 하는 소리가 날 때마다 정신이 어질어질했다고 한다. 그는 다음과 같이 말했다.

"그 무렵에 친구들이랑 캠핑을 하러 갔네. 그런데 모닥불을 쬐다 보니 문득 나뭇가지가 타는 소리가 난방장치의 스팀 소리와 흡사하다는 생각이 들더군. 그렇다면 왜 한쪽은 유쾌한데 다른 한쪽은 불쾌한 걸까? 집에 돌아왔을 때 나는 나 자신에게 이렇게 말했지.

'모닥불 타는 소리는 듣기에 즐겁다. 난방장치에서 나는 소리도 이와 흡사하지 않은가. 자, 눈을 감자, 더 저런 소리에 신경 쓰지 말자.'

나는 생각을 그대로 실행했네. 2, 3일 동안은 난방장치에 마음이 쏠렸지만, 그 뒤로는 완전히 잊어버리게 되었지."

사소한 고민은 대부분 이와 마찬가지다. 우리가 그것을 싫어하고 짜증스러워하는 이유는 모든 일을 과도하게 받아들이기 때문이다.

디즈레일리는 '인생은 사소한 일에 마음을 쓰며 살기에는 너무도 짧다'고 했다. 또 앙드레 말로는 〈디스위크〉지에서 이런 말을 했다.

"이 말은 내가 쓰라린 경험을 했을 때 큰 도움이 되었다. 우리는 가끔 하찮은 일로 당황한다. 우리가 이 지상에 머무는 시간은 겨우 수십 년에 불과하다. 우리는 1년 뒤면 모든 사람의 기억에서 사라져 버릴 불평불만으로 고민하면서 귀중한 시간을 허비한다. 그러므로 우리는 인생을 가치 있는 행동과 감정, 위대한 사상과 진실한 애정, 그리고 오랫동안 변하지 않는 일에 바쳐야만 한다. 인생은 사소한 일에 마음을 쓰며 살기에는 너무도 짧다."

영국 최초 노벨문학상 수상 작가이자 《정글북》의 저자인 러디어드 키플링 같은 유명한 시인도 때로 '인생은 사소한 일에 마음을 쓰며 살기에는 너무도 짧다'는 사실을 잊어버렸다. 결과는 어떠했을까? 그와 그의 처남은 버몬트 역사상 가장 유명한 소송으로 다투었다. 이 이야기는 《러디어드 키플링의 버몬트 불화》라는 책에 등장할 만큼 잘 알려졌다.

그 사건 자초지종은 이러하다. 키플링은 버몬트의 소녀 캐럴린 발레스티어와 결혼하여 버몬트의 브래틀버로에 훌륭한 저택을 짓고 여생을 보낼 작정이었다. 출판사를 운영하는 그의 처남 비티 발레스티어는 키플링의 친구가 되어 함께 일 하면서 지냈다. 그 무렵 키플링은 철마다 목초를 베도 좋다는 조건으로 발레스티어에게서 토지를 샀다. 그런데 어느 날, 발레스티어는 키플링이 목초지에 화원을 만드는 것을 보았다. 이것을 본 발레스티어는 화원 때문에 목초를 벨 수 없게 되자 화가 머리끝까지 치밀어 키플링에게 계약 위반이라고 항의했다. 그러나 키플링도 양보하려 들지 않았다. 사태가 이쯤 되자, 버몬트 그린마운틴의 분위기는 험악해졌다.

며칠 지난 뒤 키플링이 자전거를 타고 집을 나서자, 그의 처남이 난데없이 마차와 말 떼를 몰고 나타나 키플링 앞을 가로막았다. 그 바람에 그는 자전거와 함께 도랑으로 처박히고 말았다. "주위 사람들이 모두 자제심을 잃고 당신에게 비난을 퍼부을지라도, 당신은 최대한 자제하고 대응하지 말라"고까지 했던 키플링이었지만, 자제심을 잃고 발레스티어에게 체포영장을 청구했다. 그러자 이 사건은 일대에 물의를 빚은 소송이 되어 버렸다. 대도시에서 보도진이 밀어닥쳤고 뉴스는 순식간에 온 세상으로 퍼져 나갔다. 하지만 사건은 해결되지 않았다. 그리고 이 싸움으로 키플링 부부는 여생을 미국에서 보낼 수 없게 되었다. 지금에 와서 돌이켜 보면, 이러한 온갖 노고와 비통함이 아주 사소한 일, 바로 목초 한 다발에서 시작된 것이었다.

그리스의 현인 페리클레스는 24세기 전에 이런 말을 했다.

"우리는 사소한 일에 시간을 너무 많이 빼앗긴다."

이것이 현실이다! 여기에 해리 에머슨 포스틱 박사가 재미있는 이야기를 들려준다. 숲속 거인의 승리와 패배 이야기다.

"콜로라도주 롱스피크 경사지에는 거목 잔해가 있다. 박물학자는 이 나무의 수명이 400년은 넘었을 것이라고 한다. 일찍이 콜럼버스가 엘살바도르에 상륙했을 때 묘목이었던 이 나무는 120여 년이 지나 영국의 청교도가 메이플라워호를 타고 플리머스에 이주했을 무렵이 되자 웬만큼 자라 있었다. 이 나무는 긴 생애 동안 열네 번이나 벼락을 맞았다. 4세기에 걸쳐 눈사태와 폭풍이 수없이 내습했지만, 나무는 모진 고난을 이겨내며 거목으로 성장했다.

그런데 딱정벌레 떼가 몰려와, 400여 년 동안 온갖 풍상을 견디어 온 이 나무를 순식간에 쓰러뜨리고 말았다. 벌레는 나무껍질 속으로 파고들어 가 조금씩, 그리고 끊임없는 공격으로 나무 속 생명력을 파괴했다.

숲속의 거인, 세월 앞에 늙지 않고 뇌화(雷火)에도 불타지 않고 폭풍에도 굴하지 않던 거목은, 사람이 손톱으로 짓눌러 버릴 작은 벌레 때문에 끝내 넘어지고 말았다."

그러고 보면 우리 인간도 이 숲속의 거인과 비슷하지 않을까? 우리는 그런대로 사나운 폭풍이나 눈사태 같은 인생의 뇌화를 견디며 살아나가지만, 고민이라는 작은 벌레, 즉 손톱으로 짓눌러 버릴 만큼 작은 벌레 때문에 마음이 좀먹고 있지는 않은가?

몇 해 전, 나는 와이오밍주에 사는 친구 찰스 세이프레드와 함께 티톤 국립공원을 여행한 적이 있다. 그때 우리는 공원 안에 있는 존 D. 록펠러 기념관을 방문하기로 했다. 그런데 내가 탄 차가 길을 잘못 들어 다른 차보다 한 시간이나 늦게 그곳에 도착했다. 문 열쇠를 맡아 가지고 있던 세이프레드는 우리가 도착할 때까지 한 시간이나 모기가 극성을 부리는 숲속에서 기다려 주었다. 이곳의 모기는 성자(聖者)라도 미칠 정도로 극심했다. 그러나 극성스러운 모기떼도 세이프레드만을 굴복시키지 못했다. 그는 우리가 도착하기를 기다리는 동안 버들가지로 피리를 만들어 불었다. 우리가 당도했을 때 모기 따위는 아랑곳하지 않고 유유히 피리를 불었다.

나는 사소한 일에 마음을 빼앗기지 않는 훌륭한 사람의 기념품으로 그 피리를 지금껏 고이 간직하고 있다.

고민하는 습관이 우리를 망쳐버리기 전에 그것을 부숴버리는 두 번째 법칙은 다음과 같다.

우리가 무시해 버리고 잊어야 할
사소한 일에 마음을 쓰지 마라.
기억하라. 기억하라. 기억하라.
"인생은 사소한 일에 마음을 쓰며 살기에는 너무나 짧다."

평균율 법칙을 따르라
작은 몸짓이 커다란 감동을 만들어 낸다

나는 어린 시절 미주리주의 한 농장에서 살았다. 어느 날, 버찌를 따는 어머니를 도와 드리다가 갑자기 울음을 터뜨렸다.

"데일, 왜 우는 거니?"

"생매장당할까 봐 그래요."

그즈음 나는 어처구니없는 걱정이 끊이지 않았다. 비 오는 날 번개가 치면 벼락에 맞아 죽지나 않을까 걱정했고, 집안 형편이 좀 어려워지면 금세 굶게 될까 봐 두려웠다. 또 죽으면 지옥에 가게 되지 않을까 걱정했다.

심지어 나보다 나이가 많은 샘 화이트가 내 귀를 잘라 버리지 않을까 무섭기까지 했다. 그도 그럴 것이, 샘 화이트는 언제나 그런 말로 나를 놀리곤 했기 때문이다.

이런저런 걱정이 어찌나 많았던지, 모자를 벗고 인사하면 여자들이 보고 웃지나 않을까 걱정했다. 또 나와 결혼해 줄, 여자는 한 사람도 없지 않을까 고민했고, 결혼하고 나면 아내와 어떤 대화를 해야 하나 걱정했다.

'나는 아마 시골 한구석에 있는 교회에서 결혼식을 올리게 되겠지. 예식이 끝나면 예쁘게 단장한 사륜마차를 타고 농장으로 돌아올 텐데……. 그때 마차 안에서는 무슨 말을 건네지? 어쩌지?……'

나는 밭일을 하면서도, 이런 중요한 문제를 해결할 방법을 찾으려고 골머리를 앓았다.

하지만 나이가 들면서 나는 내가 걱정해 온 일 중 90%가 결국 일어나지 않는 일이라는 사실을 깨닫게 되었다. 예를 들어 국립 안전협회에 따르면, 벼락 맞아 죽는 사람은 35만 명 중 한 사람 정도에 불과하다고 한다.

더구나 산 채로 매장될지도 모른다는 두려움은 입에 올리기도 부끄러운 바보 같은 소리였다. 시체에 방부제 처리를 하지 않던 시대에도 생매장당하는 사람은 1천만 명 중 하나가 될까 말까 했다. 나는 아무것도 모르고 겁에 질려 울어댔다.

사실 지금까지 어렸을 때와 청년기의 고민만 말했지만, 어른들의 고민도 따지고 보면 뜻밖에도 우스운 내용이 많다. 지금이라도 '평균율 법칙'으로 우리의 고민이 정당한지 충분히 평가하고 모든 일에 자신감을 가진다면, 우리가 하는 고민의 90%는 반드시 해소된다.

세계적으로 유명한 런던의 로이드 해상 보험회사는 사람들이 흔히 일어나지도 않을 일을 미리 걱정하는 경향을 이용하여 엄청난 돈을 벌었다. 로이드는 우리가 걱정하는 재난은 절대 발생하지 않는다는 소신으로 내기를 걸었다. 그들은 이를 도박이라 부르지 않고 보험이라 부른다. 그러나 사실 이것은 평균율 법칙을 기초로 하는 도박의 일종이다. 이 거대 보험회사는 창립한 지 200년이 훨씬 넘었지만, 인간의 본성이 변화하지 않는 한 앞으로도 50세기는 더 지속할 것이다. 그리고 세상 사람들의 생각만큼 자주 일어나지 않는 재난에 평균율 법칙을 적용함으로써, 온갖 재난에 대비해 보험을 들어야 한다고 공포심을 조장하면서 부추길 것이 틀림없다.

지금이라도 평균율 법칙을 조사해 보라. 이제껏 생각지도 못한 사실에 놀랄 것이다. 예를 들어, 앞으로 5년 동안 게티즈버그 전투 같은 격전을 치러야 한다는 사실을 알게 되면, 분명 공포에 사로잡힌 나머지 당장 있는 돈을 모두 털어 보험에 들고, 유언장을 작성하여 재산을 정리하게 된다. 이렇게 말하면서 말이다. "전쟁터에서 절대 살아 돌아오지 못할 테니 남은 몇 해 동안이라도 마음껏 즐기자." 그렇지만 평균율 법칙에 따르면, 게티즈버그 전투의 위험률은 평화로운 세상에서 50세부터 55세까지 살아가는 동안 겪게 되는 위험률과 같다. 평화로운 세상에서 50세부터 55세 사이의 사망률은 게티즈버그 전투에 참여했던 16만 3천 명의 장병 사망률과 거의 같았기 때문이다.

나는 이 책의 몇 장을 보우 호반에 있는 친구 제임스의 별장에서 집필했다. 한여름을 별장에서 보내면서 샌프란시스코에 사는 허버트 H. 샐린저 부부를 만났다. 샐린저 부인은 몸매가 단정하고 성격이 한없이 침착한 여성으로, 고민 같은 것은 해보지 않고 살아 온 듯한 온화한 인상을 주는 사람이었다. 어느 날 밤, 난롯가에 앉아 이야기를 나누다가, 그녀에게 지금까지 고민으로 걱정해 본 적이 있느냐고 물어보았다. 그러자 그녀는 놀랍게도 이렇게 대답했다.

"고민이라고요? 고민이 제 인생을 망쳐놓았답니다. 무려 11년 동안이나 제가 만든 지옥 속에서 헤매다가 겨우 벗어났어요.

저는 몹시 성질이 급하고 신경질적이어서 언제나 안절부절못했지요. 주마다 샌머테이오에서 샌프란시스코까지 버스를 타고 다녔는데, 흥정하다가도 집안일이 걱정되어 어쩔 줄을 몰랐어요. 전기다리미를 꽂아 놓은 채 나오지는 않았나, 혹시 집에 불이라도 난 건 아닐까, 하녀가 아이들만 남겨 놓고 도망가지 않았을까, 아이들이 밖에서 자전거를 타고 놀다 차에 치이지 않았을까 하고 근심이 태산 같았지요. 그러다 보니 물건을 사다가도 조바심이 나서 집을 다시 둘러보고 올 때도 있었죠. 돌이켜 생각하면 저의 첫 번째 결혼이 불행하게 끝난 것도 무리가 아니었어요. 지금의 남편은 변호사인데, 이 사람은 매사에 고민하지 않고, 침착하고 비판적인 성격이었습니다. 가끔 제가 걱정 때문에 초조해져서 안절부절못하면 이렇게 말한답니다.

'좀 침착해져 봐요. 그래야 뭐가 그렇게 걱정이 되는지 곰곰이 따져 볼 수 있잖소. 평균율 법칙을 적용해서, 과연 그 일이 현실적으로 일어날 가능성이 있는지 생각해 보는 것이 어떻소.'

한번은 이런 일도 있었어요. 우리가 뉴멕시코주의 알부퀴크에서 칼스바드 동굴로 가는 험한 길을 자동차로 가고 있을 때 일어난 일인데, 도중에 폭풍우를 만났지 뭐예요. 차체가 흔들리고 미끄러지는데 걷잡을 수 없었지요. 금방이라도 차가 계곡으로 처박힐 것만 같아 어쩔 줄 몰라 하며 두려움에 떨고 있었답니다. 그런데 남편은 이렇게 말했어요.

'천천히 운전하고 있으니까 괜찮아. 설령 차가 도랑에 처박힌다 해도 우리

가 다칠 가능성은 아주 적어.'

또 어느 해 여름날이었습니다. 우리는 캐나다 로키산맥의 토퀸 계곡으로 캠핑을 하러 갔는데, 해발 6천 피트 지점에서 야영하다가 폭풍을 만났어요. 텐트가 금방이라도 날아갈 것 같았지요. 텐트는 밧줄로 튼튼하게 나무에 묶여 있었지만, 바깥쪽은 바람에 펄럭거리며 비명을 지르고 있었죠. 저는 금방이라도 텐트가 찢겨 공중으로 날아가 버릴 것만 같아서 안절부절못했어요. 무서워서 부들부들 떨고 있는데, 남편은 여전히 태연했어요.

'여보, 우리는 지금 브루스터의 가이드와 함께 여행하고 있는 거야. 브루스터들은 이런 때 어떻게 하면 좋을지 아주 잘 알고 있어요. 60년 동안이나 이 산속에 텐트를 치고 살아왔다지 않소. 이 텐트도 오래전부터 이곳에 쳐 두었 지만, 지금까지 한 번도 바람에 날아가지 않았어요. 평균율 법칙을 적용하더라도 오늘 밤에 사고는 일어나지 않을 거요. 혹시 날아간대도 다른 텐트로 옮기면 되잖소. 그러니 걱정하지 말아요.'

남편 말을 듣고서야 저는 마음을 가라앉히고 그 밤을 편히 보낼 수 있었지요. 또 몇 해 전에는 소아마비가 우리 고장인 캘리포니아에 유행했었지요. 아마 그전 같았으면 저는 히스테리 증세를 일으켰을 거예요. 하지만 남편이 진정하라고 타이르더군요. 우리는 세심한 주의를 기울였습니다. 아이들을 사람이 많은 곳에 내보내지 않았고, 학교도 쉬게 하고, 극장에도 가지 못하게 했어요.

그런데 나중에 위생국 보고 내용을 보니까, 여태까지 캘리포니아에서 소아마비가 가장 심하게 유행하던 때에도 소아마비에 걸린 아이들은 주 전체를 통틀어 1천800명이었고, 보통 때는 200명 내지 300명 정도더라고요. 물론 이것도 평균율 법칙을 적용하면 아이들이 소아마비에 걸릴 확률은 아주 낮다는 걸 알 수 있죠.

어쨌든 '평균율 법칙에 따르면, 그런 일은 일어나지 않는다'라는 말이 제 고민의 90%를 없애 주었어요. 그리고 과거 20년 동안 제 삶을 아름답고 평화롭게 만들어 주었죠."

온갖 두려움과 불행은 대부분 상상에서 비롯되지 현실에 존재하는 것은 아니다. 과거 수년간을 돌이켜 보면, 내 고민도 대부분 그런 것이었다.

제임스 그랜트도 이 사실에 동의했다. 그는 뉴욕의 제임스 A. 그랜트 유통회사 사장으로, 플로리다 산 오렌지와 그레이프프루트를 한 번에 화물차 10대 내지 15대 분씩 주문했는데, 그때마다 다음과 같은 고민을 했다.

'혹시 열차가 전복되지는 않을까? 과일이 선로에 쏟아지지는 않을까? 화물차가 철교를 지나다 사고가 나면 어쩌지?'

물론 화물차에는 보험을 들어 두었지만, 제때 과일을 배달하지 못하면 거래처를 잃게 될 염려가 있었다. 그는 걱정한 나머지 위궤양에 걸린 것 같아서 의사를 찾아갔다. 진찰을 받은 결과 신경성이었다. 그는 의사의 말을 듣고 겨우 마음을 놓았다고 했다.

그는 스스로 물었다.

'여보게, 짐 그랜트! 지금까지 자네는 몇 번 열차 사고를 당했지? 글쎄, 다섯 번 정도 아닐까? 2만 5천 대 중에서 불과 5대라고? 그러면 5천 대 1의 비율이 아닌가. 평균율 법칙을 적용해도 화물차 한 대가 전복 될 위험률은 무려 5천분의 1에 해당하지 않는가. 그 정도로 무슨 걱정이 그렇게 많은가? 철교가 무너질지도 모르지. 그렇지만 잠깐만 기다리게. 지금까지 철교가 무너져서 화물차가 손해 입은 적이 몇 번이나 있었지? 한 번도 없었어.'

그는 또 자기에게 말했다.

'자넨 정말 바보로군. 한 번도 일어난 적이 없는 철교 붕괴와 5천분의 1의 확률밖에 안 되는 열차 전복 사고를 걱정하다가 위궤양에 걸렸단 말인가!'

이런 생각을 한 뒤에, 그는 다음과 같이 말했다.

"제가 그런 식으로 고민했던 것이 굉장히 어리석었다는 것을 깨달았습니다. 그때부터 고민에는 평균율 법칙을 적용하기로 했지요. 그렇게 마음먹은 뒤부터는 위궤양에 걸려 고생한 일은 없습니다."

알 스미스가 뉴욕 주지사로 있을 때, 나는 그가 정적(政敵)이 공격해 올 때마다 항상 '기록을 살펴봅시다. 기록부터 조사해 봐야죠' 말하던 것을 기억한다. 그러고 나서 그는 사실을 검토해 나갔다. 일어날지 안 일어날지도 모르는 일 때문에 고민하는 경우라면, 먼저 현명한 알 스미스의 충언에 따라 기록을 조사하고, 우리를 괴롭히는 불안이 어느 정도 근거가 있는지 검토해야 한다.

프레드릭 J. 말스테드는 자신이 무덤에 누워 있는 것 같은 불안감에 휩싸였을 때 그 공포를 물리쳤다. 그가 성인 강좌에서 들려준 이야기는 다음과 같다.

"1944년 6월 초순, 저는 오마하 비치에서 가까운 좁은 참호 속에 숨어 있었습니다. 제999 통신 중대 멤버로 노르망디에서 복무하고 있었죠. 좁고 긴 참호를 둘러보면서, 저는 그곳에 내 무덤이 될지도 모른다고 중얼거리지 않을 수 없었어요. 밤 열한 시경에 독일군의 포격이 시작되자, 저는 공포로 온 몸이 부들부들 떨렸습니다. 처음 며칠 밤은 전혀 잠을 이룰 수가 없었죠.

그곳에 온 지 4, 5일 만에 저는 신경쇠약에 걸리고 말았습니다. 무슨 방도를 쓰지 않으면 정말 미칠 것만 같았죠. 그런데 문득, 오늘로 5일째인데 아직도 살아 있지 않으냐는 생각이 들더군요. 저뿐만 아니라 다른 동료들도 무사했어요. 단지 부상자가 두 사람 있었는데, 그것도 독일군 포탄 때문이 아니라 아군 고사포의 작렬 탄 파편에 맞은 것이었습니다.

저는 무엇이든 건설적인 일을 해서 고민에서 벗어나 보려고 했죠. 그래서 참호 위에 파편을 막기 위한 방패막이로 두꺼운 나무 지붕을 만들었습니다. 저는 우리 부대가 산개해 있는 넓은 지역을 생각해 보았습니다. 이 깊고도 좁은 참호 속에서 제가 죽게 될 유일한 경우는 직격탄을 맞는 것뿐이었어요. 그런데 직격탄을 맞을 확률은 만분의 일이나 될까 말까 했지요. 이렇게 생각하니 마음이 점점 가벼워지고 2, 3일 뒤에는 심한 포격 속에서도 태연히 잠을 잘 수 있게 되었습니다."

미 해군은 장병들 사기를 올리기 위해 평균율 법칙에 기초한 통계를 이용했다. 예전에 해군으로 근무했던 사람이 이런 얘기를 해 주었다. 해군에 있을 때, 그와 그의 친구는 고옥탄 휘발유를 나르는 유조선 근무를 명령받고 걱정이 태산 같았다고 한다. 고옥탄 가솔린을 적재한 유조선이 어뢰를 맞으면 배는 폭발하고 모든 승무원이 죽는 줄로만 알고 있었다.

미 해군은 사실이 그렇지 않다는 것을 정확한 숫자를 들어가며 설명했다. 어뢰가 명중한 100척의 유조선 중에서 60척은 침몰하지 않았고, 침몰한 40척 가운데 10분 이내에 가라앉은 배는 겨우 5척에 불과했다. 따라서 배에서 대피할 수 있는 시간적 여유가 있고 사상자는 아주 소수에 지나지 않는다는 것이었다. 모든 승무원은 용기를 되찾았다. 기회가 남아 있었다.

이런 설명이 사기를 올리는 데 도움이 되었을까? "평균율 법칙에서 나온 지식 덕분에 공포심을 털어낼 수 있었지요." 이 얘기를 들려준 미네소타 세인트 폴 출신의 클라이드 W. 마스는 이렇게 덧붙였다. "모든 승무원의 기분이 훨씬 나아졌습니다. 최악의 상황에도 목숨을 건질 기회가 있다는 걸 알게 되었기 때문이죠. 바로 이 평균율 법칙 덕분에 살아남을 수 있었던 게 아닌가 싶습니다."

고민하는 습관이 우리를 망쳐 버리기 전에 그것을 부숴버리는 세 번째 법칙은 다음과 같다.

"기록을 조사해 본다."
"그런 다음 자기에게 물어본다."
"지금 일어날지 모른다고 걱정하는 그 일이 실제로 일어날까? 평균율 법칙으로 볼 때, 일어날 확률은 어느 정도인가?"

피할 수 없는 운명은 나에게 맞춰 조절해라
위기를 새로운 기회로 삼는다

어린 시절, 미주리주에 있는 오래된 집 다락방에서 친구들과 어울려 놀고 있었다. 다락방에서 내려오려고 뛰어내리다 그만 왼손 검지에 끼었던 반지가 못에 걸려 손가락이 잘려 나가고 말았다.

나는 무서워 비명을 질렀다. 문득 죽을지도 모른다는 생각이 스쳤다. 그러나 상처가 아문 뒤에는 한 번도 그 일을 다시 고민해 본 적이 없다. 고민한다고 해서 무슨 도움이 되겠는가? 나는 불가피한 일을 받아들였다.

지금 나의 왼손에는 엄지와 세 손가락밖에 없지만, 한 달에 한 번 있을까 말까 할 정도로 그것을 생각할 뿐이다.

몇 년 전, 뉴욕의 변두리에 있는 어느 빌딩에서 화물 엘리베이터를 운전하는 사람을 만난 적이 있다. 그런데 그의 왼손은 손목 아래로 절단되어 있었다. 나는 그에게 손 하나가 없다는 것이 괴롭지 않으냐고 물었다. 그랬더니 그는 이렇게 대답하는 것이었다.

"뭐, 별로 생각해 본 적도 없습니다. 저는 독신입니다만, 손 하나가 없다는 사실을 느낄 때는 바늘에다 실을 꿸 때뿐이죠."

인간은 어쩔 수 없는 상황에 부닥치면 놀랄 만큼 빨리 그것을 받아들이게 된다. 그러고 나서 스스로 그것에 순응해 잊어버린다.

네덜란드의 암스테르담에 있는, 15세기 때 지은 사원의 폐허에서 봤던 비명(碑銘)이 쉽게 잊히지 않는다. 거기엔 플랑드르 어로 이렇게 새겨져 있었다. '본디 그런 것이다. 달리 방법이 있으니까.'

우리는 인생이라는 긴 항해에서 어쩔 수 없이 갖가지 예기치 않는 상황에 부닥치게 되는데, 그것은 피할 수 없다. 다만 우리에게는 선택할 자유가 있다. 즉 불가피한 일로 받아들이고 그것에 순응하든지, 아니면 그것에 반항하고 집착해서 신경쇠약에 걸려 일생을 끝마치는 수밖에 없다.

여기에 내가 존경하는 철학자 윌리엄 제임스의 현명한 충고가 있다.

"있는 그대로 받아들여라. 일단 일어난 일을 받아들인다는 것은 불행한 결과를 극복하는 첫걸음이다."

오리건주 포틀랜드에 사는 엘리자베스 콘리는 갖은 고생 끝에 이 사실을 깨닫게 되었다. 얼마 전 그녀가 나에게 보낸 편지를 인용해 본다.

"1943년 5월 미국이 북아프리카 전투에서 승리를 거두어 자축하던 그 날, 전쟁성으로부터 제가 가장 사랑하는 조카가 행방불명되었다는 전보를 받았습니다. 그리고 얼마 뒤 전사했다는 전보가 다시 날아왔습니다. 저는 비탄에 빠졌습니다.

그전까지 제 인생은 행복했지요. 저는 만족스러운 직업을 갖고 있었고, 조카를 키우는 데 온갖 노력을 기울여 왔습니다. 조카는 한없이 착하고 아름다우며 이상적인 청년이었습니다. 마치 수면에 던진 빵이 모두 케이크가 되어 돌아오는 것 같이 만족스러운 느낌이었어요!

그런데 이런 전보가 날아든 것입니다. 세상이 무너지는 듯했어요. 갑자기 삶의 목적을 잃은 것 같았지요. 일도 손에 잡히지 않았고 친구들도 멀리했어요. 모든 일이 될 대로 되라는 식으로 내버려 두었습니다. 비통해하며 세상을 원망했지요. 왜 둘도 없이 소중한 조카가 죽었을까? 어째서 그토록 전도유망한 훌륭한 청년이 비운의 죽임을 당하지 않으면 안 되었을까? 이 비극적인 사실을 저는 도저히 받아들일 수 없었습니다. 비탄에 빠져 일도 걷어치우고, 눈물과 슬픔으로 저를 감추려고 했지요.

그런데 일을 아예 청산하려고 책상 서랍을 정리하다가 편지 한 통을 발견했습니다. 4년 전 제 어머님이 돌아가셨을 때, 조카가 보낸 편지였습니다. 그 편지에는 이런 말이 적혀 있었어요.

'물론 저희도 모두 할머님이 돌아가셔서 슬픔에 잠겼지만, 고모님은 더욱 그러시리라 생각됩니다. 그러나 저는 고모님께서 슬픔을 이겨내실 줄로 믿

습니다. 고모님의 인생관이 반드시 그렇게 되게 할 테니까요. 저는 고모님께
서 가르쳐 주신 아름다운 진리를 잊지 않았습니다. 어디서든 아무리 멀리
떨어져 있어도 언제나 미소를 잃지 마라. 무슨 일을 당하더라도 남자답게
그것을 받아들여라. 고모님의 교훈을 언제나 기억하고 있답니다.'

몇 번이고 그 편지를 반복해서 읽었습니다. 그러자 그 애가 저에게 다가
와 이렇게 말하는 것만 같았어요.

'고모님은 왜 제게 하신 말을 실행하지 않습니까? 무슨 일이 일어나든 이
겨내 보십시오. 고모님의 슬픔을 미소 뒤에 감추고 당당해 보십시오.'

그래서 저는 다시 일하기 시작했습니다. 그리고 원망하거나 저항하려던
태도를 버렸죠. 마음속으로 이렇게 끊임없이 말했어요. '이미 엎질러진 물,
나로서는 어쩔 도리가 없다. 하지만 그 애가 기대하는 것처럼 나는 이겨내
야 해.' 그리고 일에 몰두했습니다. 또 조카와 같은 군인들에게 위문 편지를
보냈습니다. 저녁에는 강좌에 나가서 새로운 지식을 배우고, 새 친구를 사
귀었죠. 그러는 사이 저에게 일어난 뚜렷한 변화를 느낄 수 있게 되었습니
다. 이제는 영원히 돌아오지 않을 과거를 떠올리며 더는 슬퍼하지 않게 되
었어요. 저는 지금 기쁨으로 가득한 나날을 보내고 있습니다. 조카가 저에
게 기대했던 것처럼 말이죠. 인생을 즐기면서 저의 운명을 받아들였습니다.
이전보다 더욱더 풍성하고 완전한 삶을 살고 있어요."

엘리자베스 콘리는 우리가 앞으로 배울 것을 미리 배웠다. 결국 우리는
불가피한 일을 받아들이고, 그것에 협력해야 한다. 방법은 달리 없다. 이 진
리를 깨닫는 것은 매우 어렵다. 그러나 왕좌에 앉은 군주도 이를 마음에 새
겨 두어야 한다.

조지 5세는 버킹엄 궁 도서관 벽에 다음과 같은 말을 걸어 두었다.

"달을 보고 울지 말며, 엎질러진 우유를 보고 후회하지 않도록 가르쳐 주
십시오."

이것은 쇼펜하우어의 사상에서도 볼 수 있다.

"깨끗하게 체념할 수 있는 태도야말로 인생길을 준비하는 데 가장 중요하
다."

주변의 조건만이 우리를 행복하게 하거나 불행하게 만드는 것은 아니다. 우리의 감정을 결정짓는 것은 주변의 조건에 대해 어떻게 반응하느냐에 달려있다. 예수는 천국이 우리 안에 있지만, 지옥도 우리 안에 있다고 말했다.

우리는 재난과 비극을 이겨내고 승리를 얻을 수 있다. 꼭 그렇게 해야만 할 때는 말이다. 할 수 없다고 생각할지 모르지만, 놀랍게도 우리는 언제든지 활용 가능한 강인한 잠재능력을 갖추고 있다. 우리는 우리가 생각하는 것보다 훨씬 강하다.

부스 타킹턴은 늘 이렇게 말했다.

"인생이 나에게 강요하는 것은 무엇이든지 참을 수 있다. 그런데 단 한 가지 예외가 있다. 바로 맹인이 되는 것인데, 이것만은 참을 수가 없다."

그런데 어느 날, 그가 예순을 넘었을 때의 일이다. 타킹턴이 무심코 마루 위에 깔아 놓은 융단을 보다가 색깔이 뿌옇게 보이는 것을 알게 되었다. 무늬를 분간할 수가 없었다. 전문의를 찾아간 그는 비참한 사실을 맞이하게 되었다. 시력을 잃어가고 있었고 게다가 한쪽 눈은 거의 보이지 않을 정도로 악화하였다. 가장 두려워하던 불행이 닥쳐왔다.

타킹턴은 이 '최악의 불행'에 어떻게 반응했던가. 드디어 올 게 왔다고 느꼈을까? 자기 인생도 이것으로 마지막이라고 생각했을까? 아니다. 놀랍게도 그는 무척 쾌활했다. 그의 입에서는 농담이 흘러나왔다. 작은 반점이 시야를 좁게 만들었고 이것들이 눈앞에 아른거리면서 시력을 감퇴시켰다. 그런데도 반점 중에 가장 큰 게 눈앞에 나타나면 그는 이렇게 말했다.

"야! 영감님 또 오셨군요! 오늘은 날씨가 좋은데, 어디 가시나 보죠?"

운명이 이렇게 강한 정신을 이겨낼 수 있을까? 아니다. 절대 그럴 수는 없다. 결국 두 눈이 전혀 보이지 않게 되었을 때, 타킹턴은 이렇게 말했다.

"나는 시력을 잃는 일도 다른 온갖 것과 마찬가지로 받아들일 수 있다는 것을 알게 되었다. 오감을 모두 잃는다고 해도 나는 내 마음 안에서 살아갈 수 있다. 왜냐하면, 우리가 알든 모르든 상관없이, 우리는 마음으로 보고 마음으로 살아가기 때문이다."

그는 시력을 회복하기 위해 1년에 열두 번 넘게 부분 마취만 하고 수술을 받았다. 그렇지만 아무런 불평도 하지 않았다. 주어진 상황이 어쩔 수 없다는 것을 알았기에, 고통을 줄이는 유일한 방법으로 그것을 달게 받아들였다. 그는 병원에서 제공하는 특별실을 거절하고, 다른 환자와 함께 지내려고 일반 병실에 들어가 그들을 격려하려고 애썼다. 여러 차례에 걸쳐 수술을 받으면서 그 고통이 어떤지를 잘 알면서도 오히려 다행이라고 생각했다. 그는 이렇게 말했다.

"현대 과학은 참으로 놀랍군요. 사람의 눈처럼 지극히 섬세한 부분까지 수술하는 기술을 가졌다니!"

열두 번이나 수술을 받고서도 시력이 회복되지 않으면, 보통 사람이라면 신경쇠약에 걸릴 것이다. 그러나 타킹턴은 오히려 이렇게 말했다. "나는 이같이 쓰라린 경험을 행복한 경험과 바꾸고 싶지는 않다." 그는 인종(忍從)을 배웠고, 도저히 견디기 어려운 어떤 불행도 참을 수 있다는 것을 알게 되었다. "장님이 되었다고 해서 비참한 것은 아니다. 다만 눈먼 사실을 참을 수 없다는 것이 비참하다." 일찍이 존 밀턴이 깨달은 것처럼, 말의 의미를 터득했다.

뉴잉글랜드의 유명한 여권주의자인 마거릿 풀러는 이렇게 말했다. "나는 삼라만상을 받아들인다." 이 말은 그녀의 신조였다. 까다롭기로 이름난 토머스 칼라일은 영국에서 이 말을 듣고는, 고개를 끄덕이며 말했다. "그녀에게도 배울 점이 있네!" 이처럼 우리도 불가피한 일은 받아들여야 한다.

반항한다거나 발버둥 친다고 해서 불가피한 일을 바꿀 수는 없다. 그러나 우리는 우리 자신을 바꿀 수는 있다. 나는 이 사실을 몸소 경험한 바 있다. 언젠가 내가 직면한 피할 수 없는 사태를 받아들이지 않으려고 애쓴 적이 있었다. 반항하려 했다. 그러자 매일 밤 불면이란 지옥을 헤매게 되었고, 온갖 짜증 나는 일이 끊이지 않았다. 결국 1년 동안이나 괴로워한 끝에, 처음부터 바꾸기 어렵다고 생각했던 사실을 그대로 받아들이기로 했다.

일찌감치 월트 휘트먼의 시에 귀를 기울였어야 했다.

오, 당당히 맞서라
밤과 폭풍과 굶주림에
조소와 재난과 좌절까지도
나무와 동물이 그러하듯이.

나는 12년 동안이나 가축을 길러 왔지만, 한발이나 진눈깨비, 추위 때문에 목초가 타버렸다고, 수소가 지나치게 다른 암소와 사이좋게 지낸다고 젖소가 짜증 내는 것을 아직 한 번도 본 적이 없다. 동물들은 밤이나 폭풍, 굶주림 앞에서도 가만히 순응한다. 그러므로 동물은 절대 신경쇠약이나 위궤양에 걸리는 법이 없고, 미치지도 않는다.

그렇다고 해서 앞길을 가로막는 온갖 불행에 무조건 머리를 숙이라는 주장은 아니다. 그런 주장은 단순한 운명론에 불과하다. 조금이나마 나아질 여지가 있다면 싸워야 한다. 그러나 상식적으로 생각해 볼 때 사람의 힘으로는 어쩔 수 없다고 판단되면 그르친 일을 고민할 필요는 없다는 말이다.

컬럼비아 대학교 헉스 학장은 〈머더구스의 노래〉 가운데 1절을 좌우명으로 삼았다고 말한 적이 있다.

세상의 모든 병에는
치료법이 있거나 없다.
있다면, 그것을 찾기 위해 노력하라.
없다면, 차라리 잊어버려라.

이 책을 집필하는 동안 뛰어난 재계 경영인들과 회견했는데, 그들이 불가피한 일을 받아들임으로써 고민 없이 생활하는 것을 보고 깊은 인상을 받았다. 그렇게 하지 않았더라면, 그들은 사업상의 고민과 팽팽한 긴장으로 절대 건강을 지키지 못했을 것이다. 이에 대해 두세 가지 실례를 들어보기로 한다.

페니 스토어 창설자인 J.C. 페니는 이렇게 말했다.

"모든 재산을 잃는다고 해도 고민하지 않을 것이다. 걱정한다고 해서 해결
될 일은 아닐 테니까. 최선을 다한 뒤에, 결과는 하나님께 맡길 뿐이다."
　헨리 포드도 이와 비슷한 이야기를 했다.
"손쓸 수 없는 일이라면, 나는 그것을 받아들인다."
　크라이슬러의 K.T. 켈러 사장에게 고민을 처리하는 법을 질문했더니, 그
는 이렇게 말했다.
"저는 난처한 상황에 부닥치면, 먼저 할 수 있는 데까지 최선을 다합니다.
그리고 안 될 일이라면 잊어버리지요. 어쨌든 미래를 걱정하지는 않습니다.
앞날에 무슨 일이 생길지 예측할 수 없다는 것을 알고 있기 때문입니다. 물
론 미래에 영향을 끼칠 힘은 참으로 많습니다. 그렇지만 무엇이 그러한 힘
을 움직이는지는 아무도 모르고, 예언할 수도 없습니다. 그러니 고민한다
한들 무슨 소용이 있겠습니까?"
　이런 말을 한다고 해서, 켈러에게 "당신은 정말 훌륭한 철학자요" 한다면,
그는 당황할 것이다. 내가 알기에, 그는 단지 훌륭한 사업가일 뿐이기 때문
이다.
　에픽테토스는 일찍이 로마인들에게 이런 말을 했다.
"행복으로 가는 길은 오직 하나뿐이다. 우리의 의지력으로는 어쩔 수 없
는 길에 대해 고민하기를 멈추는 것이다."

　'성스러운 사라'라고 불리는 사라 베른하르트는 불가피한 일을 받아들이
는 방법을 알았던 훌륭한 실례다. 지난 반세기 동안 그녀는 세계적으로 연
극계에 군림하던 여왕이었다. 그러던 그녀가 71세 때에 재산을 모두 잃고
파산해 버렸다. 게다가 주치의는 그녀의 발을 절단해야 한다고 진단했다.
대서양을 횡단하다가 폭풍을 만나 갑판에서 넘어져 다리를 몹시 다친 뒤에
정맥염이 악화하여 다리가 오그라들었기 때문이다. 의사는 성격이 거칠고
화를 잘 내는 사라에게 이 사실을 알리기를 주저했다.
　그녀가 이 엄청난 말을 듣고 놀라 기절해 버리면 어쩌나 싶었다. 그러나
그것은 오산이었다. 사라는 한동안 그를 물끄러미 바라보더니, 조용히 말했

다. "해야 한다면 해야죠."

피할 수 없는 숙명이었다. 그녀는 수술실로 실려 가는 자신을 울면서 바라보는 아들에게 힘차게 손을 흔들면서 쾌활하게 소리쳤다. "아무 데도 가지 마라. 곧 돌아올 테니." 그녀는 수술실로 가는 도중, 자신이 연출했던 연극의 한 장면을 설명했다. 자신을 격려하기 위해서 그렇게 했냐는 질문에 그녀는 이렇게 대답했다.

"아니요. 의사와 간호사를 격려하기 위해서였습니다. 이제부턴 그분들이 수고할 거니까요."

수술을 받고 회복한 뒤, 그녀는 다시 7년에 걸쳐 세계 각국을 순회하면서 관객을 끌어당겼다.

엘시 맥코믹은 〈리더스 다이제스트〉지에서 이렇게 말했다. "불가피한 일과 싸우기를 멈출 때 어떤 에너지가 나오는데, 이 에너지가 우리에게 더 풍부한 인생을 창조하게 한다."

인간이란, 불가피한 일과 싸우면서 동시에 새로운 생활을 창조할 수 있는 감정과 활력까지 갖지는 못한다. 그러므로 어느 쪽이든 하나를 선택할 수밖에 없다.

나는 미주리주의 농장에서 이 사실을 경험했다. 그 무렵 나는 농장에 많은 나무를 심었다. 처음에는 나무들이 눈부신 성장을 보였는데, 진눈깨비를 동반한 폭풍이 불어 닥치자, 나뭇가지가 모두 눈에 파묻히고 말았다. 나무는 눈의 무게에 순순히 머리를 숙이지 않고 고집스럽게 저항하더니, 결국 눈의 무게를 견디지 못해 부러지고 말았다. 말하자면 이 나무들은 북부 삼림의 지혜를 몰랐다. 나는 캐나다의 상록수 숲을 수백 마일이나 여행한 일이 있지만, 아직껏 한 번도 침엽수나 소나무가 얼음이나 진눈깨비로 쓰러진 것을 보지 못했다. 왜냐하면 이 상록수들은 몸을 굽히는 방법과 가지를 늘어뜨려 불가피한 일에 동조하는 법을 알기 때문이다.

유도 사범들은 이렇게 가르친다. '버드나무처럼 휘어져라. 참나무같이 저항하지 마라.'

자동차 타이어는 장시간 도로에서 받은 충격을 어떻게 견디어 낼까? 타이어 제조업자들은 처음에 도로에서 받은 충격에 저항하는 타이어를 만들었다. 그랬더니 이내 헝겊처럼 해어지고 말았다. 그래서 그들은 도로의 충격을 흡수하는 타이어를 만들었다. 충격을 최소화하자는 것이었다. 이와 마찬가지로, 우리도 험한 인생행로에서 심한 충격을 흡수하는 법을 배운다면 행복한 여행을 즐길 수 있을 것이다.

인생의 충격을 흡수하지 않고 저항하면 어떤 일이 생길까? 버드나무처럼 휘기를 거부하고 참나무처럼 저항한다면 어떻게 될까? 답은 간단하다. 수많은 내적 갈등이 끊이지 않게 된다. 끊임없이 고민하고 긴장한 나머지 신경쇠약에 걸리고 만다. 준엄한 현실 세계를 거부하고 자기가 만든 꿈속 세계로 숨어버린다면, 아마 미쳐버리고 말 것이다.

세계대전 중 수백만의 병사들은 공포 속에서 불가피한 일을 받아들이든지 아니면 긴장으로 쓰러지든지 둘 중 하나를 택해야 했다. 뉴욕의 윌리엄 H. 카셀리우스의 예를 들어 보기로 하자. 이것은 나의 강좌에서 입상한 실제 이야기다.

연안 경비대에 입대한 지 얼마 되지 않아서 나는 대서양 연안에서도 가장 힘든 곳에 배속되었다. 그리고 폭발물 감시병으로 임명되었다. 상상해 보라! 크래커를 팔던 내가 폭발물 감시병이 되다니! 수천 톤에 달하는 강력 폭탄 위에 서 있다는 것은 생각만 해도 과자 장수의 간담을 서늘하게 했다. 겨우 이틀간 훈련을 받았을 뿐이지만, 오히려 조금이라도 아는 것이 생기자 더욱 공포를 자아내었다. 처음 보초를 섰던 일은 평생 잊지 못할 것이다. 어둠 속으로 축축하게 안개가 내리던 싸늘한 날, 뉴저지 베이욘느의 케이븐 포인트 부두에서 첫 명령을 받았다.

나는 제5번 선창에 배속되었다. 그곳에서 부두 노동자 5명과 함께 일해야만 했다. 그들은 모두 체격이 건장했지만, 폭탄에 대해서는 아는 것이 하나도 없었다. 단 한 발이면 이 낡은 배를 날려 버릴 수 있는 대형 고성능 폭탄—TNT 1t에 해당—을 등짐으로 져 나르는데, 이 대형 폭탄은 겨우 철사로

두 줄에 묶어 내리고 있었다.

"만일 저 줄 하나가 끊어진다면……. 오, 맙소사!"

나는 이 말을 되풀이했다. 죽을 것만 같았다. 입속은 말라 들어갔고, 다리는 와들와들 떨렸다. 가슴도 쉼 없이 두근거렸다. 그렇다고 도망칠 수도 없는 형편이었다. 이 자리를 피해 버리면 탈영병으로 몰린다. 그렇게 되면 내 체면은 형편없이 구겨질 것이고 부모님도 면목을 잃게 될 것이 아닌가. 그뿐만이 아니었다. 탈주 죄로 총살당할지도 모를 일이다. 나는 도망칠 수도 없었다. 끝까지 이곳에 머물면서 부두 노동자가 폭탄을 거칠게 다루는 모습을 지켜봐야만 했다. 당장이라도 배가 폭발할 것만 같았다. 이같이 전전긍긍하면서 한 시간가량을 보낸 뒤에 겨우 평상심을 되찾을 수 있었다. 몇 시간 동안 자신에게 이런 말을 했다.

"부디 정신 차려! 한순간에 목숨이 날아갈지도 몰라! 하지만 어쩔 수 없는 일이지. 큰 차이는 없을 테니까. 오히려 이게 편안히 죽는 방법일지도 모르지. 고생하다가 죽는 것보다는 훨씬 나을지도 몰라. 어리석은 수작은 말자. 인간이면 누구나 죽게 마련이야! 이 일을 해내든지, 아니면 총살을 당하든지. 그렇다면 일하는 편이 낫지 않겠어?"

그러자 차츰 마음이 가라앉았고, 결국에는 불가피한 일이라 생각하고 받아들임으로써 모든 고민과 공포를 이겨낼 수 있었다.

나는 이 교훈을 잊지 못한다. 나 스스로 어찌할 수 없는 일을 고민하게 될 때는, 언제나 어깨를 으쓱하고 '에라, 잊어버리자' 말한다. 그게 효과가 있었다. 박수! 이 과자 장수에게 박수를 보내 주지 않겠는가.

그리스도가 십자가 위에서 죽은 것을 빼고 역사상 가장 유명한 임종 광경은 소크라테스의 죽음이다. 100만 년이 지나도 인간은 플라톤이 남긴 불멸의 기록을 온갖 문학 속에서 읽게 될 것이고 그때마다 감동하게 될 것이다. 맨발의 노옹(老翁) 소크라테스를 시기하고 질투하던 아테네의 일부 사람들은, 그에게 무고죄를 씌워 사형 판결을 받도록 했다.

그에게 호의를 가지고 있던 옥사쟁이는 소크라테스에게 독배를 권하면서 이렇게 말했다.

"불가피한 일을 조용히 감내하십시오." 소크라테스는 그 말에 순종했다. 그는 신에 가까운 평정심과 인종으로 죽음을 맞이했다.

'불가피한 일을 조용히 감내하십시오.'

이 말은 그리스도 탄생하기 399년 전에 했던 말이지만, 걱정으로 가득 찬 오늘날에 더 필요한 말이다.

수년간 나는 고민을 해결하는 방법을 설명한 책이나 잡지라면 거의 독파해 왔다. 이 같은 노력의 결과로 내가 얻은, 고민을 해결하기 위한 가장 좋은 충고를 여러분은 알고 싶어 할 것이다. 여기에 몇 자 적어 보기로 한다. 매일 아침 세수할 때마다 마음속 온갖 고민도 함께 씻어내기 위해, 이 말을 욕실 거울 위에 붙여 놓으면 좋을 것 같다. 참으로 귀중한 이 기도문은, 뉴욕 유니언 신학교의 라인홀드 니버 박사가 썼다.

> 오, 주여 평온한 마음을 내려 주소서
> 바꿀 수 없는 일은 그냥 받아들이게 하시고
> 바꿀 수 있는 일은 바꿀 수 있는 용기를 주소서
> 그리고 이 둘을 구별해 낼 수 있는
> 지혜를 주소서

고민하는 습관이 자신을 망쳐버리기 전에 그것을 부숴버리는 네 번째 법칙은 다음과 같다.

불가피한 일은 받아들여라.

걱정에 브레이크를 걸어라
바람과 파도는 언제나 유능한 뱃사람 편이다

월가에서 돈 버는 방법을 알고 싶은가? 그것을 알고 싶어 하는 사람은 수없이 많다. 만일 내가 그 방법을 알았더라면, 이 책은 한 권에 1만 달러씩 팔릴 것이다. 성공한 중개인들이 실행하는 좋은 아이디어가 하나 있다. 바로 뉴욕에 사무소를 둔 투자 상담가 찰스 로버트의 이야기다.

"나는 처음, 주식에 투자할 돈 2만 달러를 친구들에게 빌려서 텍사스를 떠나 뉴욕으로 왔다. 내 딴에는 주식 투자 요령을 알고 있다고 생각했지만, 얼마 지나지 않아 가진 돈을 몽땅 잃고 말았다. 실제로 몇몇 거래에서는 큰 돈을 벌기도 했지만, 결국에는 모두 잃고 손을 들 수밖에 없었다.

내 돈을 날린 것은 그리 개의치 않았지만, 친구들 돈마저 잃은 것은 정말 괴로운 일이었다. 그 돈이 없어졌다고 곤란해할 사람들은 아니었지만, 그들에게 큰 손해를 끼쳤기에 얼굴을 마주보기가 몹시 부끄러웠다. 그런데 그들은 놀랍게도 여전히 농담을 즐길 뿐만 아니라 지극히 낙천적이었다.

나는 내가 요행을 바라면서 다른 사람들 의견에 따라 너무나 단순하게 투자했다는 것을 깨달았다. 귀동냥으로 주식 투자를 했다.

자기 잘못을 돌아보면서, 다시 주식시장에 들어서기 전에 그 실체를 깊이 해명해 보기로 마음먹었다. 그래서 나는 주식투자로 엄청난 돈을 번 버튼 S. 캐슬스를 찾아가 자문했다. 그는 몇 년에 걸쳐 투자에 성공한 사람으로 알려져 있었는데, 그러한 성공은 단순한 행운으로 얻은 결과가 아니리라는 생각이 들었고 그에게서 많은 것을 배울 수 있을 것으로 생각했다.

그는 지금까지 내가 어떤 방법으로 투자했는지 두세 가지 질문을 했다. 그러더니 주식 거래에서 가장 중요한 원칙이라 생각하는 것을 말해 주었다.

'나는 어떤 거래든 손실정지 명령(stop-loss order)을 해 둡니다. 이를테면 한 주당 50달러에 산 주식이 45달러가 되면 바로 팔도록 주문해 둡니다. 그러니까 시세가 떨어져서, 사놓은 주식값이 5포인트 내려가게 되면 자동으로 팔리게 됩니다. 그 덕분에 손실은 5포인트로 끝나는 셈이죠.

만일 일이 잘 성사되면, 이익은 평균 10 내지 25 혹은 50포인트에 이릅니다. 따라서 손실을 5포인트로 제한해 두면, 거래에서 절반 넘게 실패하더라도 많은 돈을 벌 수 있게 됩니다.'

나는 그 말을 듣고 재빨리 이 원칙을 도입했다. 그런 뒤로는 고객에게도 이윤을 주게 되었고 나 자신도 재미를 보았다.

그 뒤 이 '손실정지 법칙'을 주식시장뿐만 아니라 다른 일에도 적용하기 시작했다. 그것은 갖가지 귀찮거나 불쾌한 사건에 마법 같은 효력을 발휘했다.

예를 들어, 나는 한 친구와 가끔 점심을 함께 하곤 했는데, 그는 언제나 약속 시각에 늦었다. 예전에 나는 항상 그가 올 때까지 지루하게 기다렸다. 그러나 마침내 나는 그에게 '손실정지 명령'을 설명하며 이렇게 말했다.

'빌, 나는 자네를 기다리는 것에 대한 손실정지 명령을 10분으로 해 두겠네. 만일 자네가 10분 이상 늦는다면, 우리의 점심 약속은 없었던 일로 하세. 난 그냥 돌아가겠네.'"

그렇다! 만일 내가, 성급하거나 화를 잘 내는 성질, 자기를 정당화하려는 욕구, 회한 그리고 모든 정신적, 감정적 긴장에 손실정지 명령을 발휘하는 센스를 일찍부터 갖고 있었더라면 얼마나 좋았을까! 마음의 평화를 어지럽히는 온갖 사태를 똑바로 판단하여, '이봐! 데일 카네기, 이번 일에는 이 정도만 머리 써도 충분하네.' 이렇게 스스로 타이를 수 있는 지혜를 가질 수 있었을 텐데! 참으로 유감천만 한 일이 아닐 수 없었다.

하지만 딱 한 번 센스를 발휘한 적이 있었다. 이것만은 뽐내고 자랑해도 괜찮겠지. 그것은 중대한 일이었다—내 인생의 위기였지만—미래에 대한 꿈과 계획, 여러 해 동안 추진해 왔던 일이 물거품처럼 사라지려 했던 사건이었다.

나는 30대 초에 소설가가 되겠다고 결심한 적이 있다. 말하자면 제2의 프랭크 노리스나 잭 런던, 토머스 하디가 되려고 했다. 나는 열정을 불태우며 유럽에서 2년이나 머물렀다. 이 무렵은 제1차 세계대전 뒤의 대 인플레 시기여서, 달러만 있으면 참으로 편안한 생활을 누릴 수 있었다. 그 2년 동안 나는 엄청난 걸작을 저술했는데 제목은 《눈보라》였다. 제목만큼은 정말 자연스러웠다. 하지만 이 저작을 본 출판업자들의 태도는 다코다 평원에 휘몰아치는 눈보라만큼이나 싸늘했다. 출판 대리인이 작품에 가치가 없고 소설을 쓰는 재능이 없어 보인다는 말에 심장이 멎는 것 같았다. 어안이 벙벙해져서 그의 사무실을 나왔다. 몽둥이로 머리를 얻어맞은 것보다도 더한 충격이었다. 나는 망연자실했다. 그리고 지금 내가 인생의 갈림길에 서 있고, 실로 중대한 각오를 해야 한다는 것을 깨달았다.

어떻게 해야 할까? 어느 쪽 길로 틀어야 좋을까? 이런 망연한 상태가 여러 주일 계속되었다. 그즈음 나는 '고민에 손실정지 명령을 내려라'라는 말을 들어보지 못했다. 그러나 지금 와서 그때를 돌아보면, 나도 모르게 그 말을 실행했다는 것을 알 수 있다. 소설을 쓰느라 고심했던 2년은 귀중한 경험이 되었고, 거기에서 다시 새롭게 출발할 수 있었다. 성인 강좌를 만들어 교육 사업으로 되돌아갔고, 남는 시간에는 지금 여러분들이 보시는 것처럼 《링컨의 생애》 같은 전기라든가 《인간관계론》 같은 비소설류 책을 저술했다.

'그런 결심을 한 것이 다행이라고 여겨지는가?' 이 물음에 대한 답은 '물론'이다. 그 일이 떠오를 때마다 즐거워서 길 가다가도 춤을 출 정도다. 나는 절대 제2의 토머스 하디가 되지 못한 것을 슬퍼하지 않는다.

지금부터 1세기 전 어느 날 밤, 부엉이 한 마리가 월든 호반 숲속에서 울때, 헨리 소로는 수제 잉크에 거위 깃털로 만든 펜을 적셔 가며 일기장에 이런 말을 썼다고 한다.

"어떤 사물의 가치란 즉시 혹은 장기간에 걸쳐 교환해야 하는 양(量)이다."

이것은 우리의 근본적인 존재 양식에서 산출하는 어떤 사물에 대해 지나치게 지불해서는 안 된다는 말이다.

하지만 길버트와 설리번은 어리석은 일을 저질렀다. 그들은 유쾌한 노랫말과 즐거운 음악을 만들 줄은 알았지만, 자기 생활을 즐겁게 할 줄을 몰랐다.

그들은 〈미카도〉, 〈피나포어〉, 〈페이션스〉 등 실로 아름다운 오페라를 창조함으로써 온 세상을 들뜨게 했으나, 자기감정을 조절할 줄은 몰랐다. 말하자면 그들은 겨우 카펫 한 장값도 안 되는 것을 위해 몇 년씩이나 불쾌한 나날을 보냈다. 설리번은 그들이 사들인 극장을 치장하기 위해 새 카펫을 주문했다. 그런데 길버트가 청구서를 보고 호통을 치면서, 싸움이 법정으로까지 번졌다. 두 사람은 죽을 때까지 화해하지 않았다. 설리번은 신작을 작곡하면 그것을 길버트에게 보냈고, 길버트는 노래에 가사를 붙여 설리번에게 다시 보냈다. 한번은 무대인사로 함께 무대에 나서야 할 때가 있었다. 그들은 제각기 무대 양 끝에 서서 다른 방향으로 머리를 숙임으로써, 끝내 얼굴을 마주하지 않았다.

그들은 일찍이 링컨이 했던 것처럼, 서로의 원한에 손실정지 명령을 내릴 만한 분별력을 갖추지 못했다.

남북전쟁 중 링컨의 친구 몇몇이 그의 원수를 비난하자, 링컨은 이런 말을 했다.

"자네들은 나보다도 개인적인 원한이 더 깊은 것 같군. 나는 아주 사소한 일 같은데 말이네. 여하튼 이롭지는 않을 거로 생각하네. 인생의 절반을 논쟁으로 허비할 겨를이 없으니 말일세. 누구든지 나를 공격하지 않는다면 그의 과거사는 잊어버리기로 했네."

나는 숙모인 에디스가 링컨 같은 관용정신을 가져주었으면 한다. 숙모와 프랭크 숙부는 바싹 말라 물 구하기도 어렵고 잡초가 많은 데다가 저당까지 잡혀 있는 농지에 살았다. 두 분의 형편은 말이 아니었고, 동전 한 푼이라도 아껴야 할 형편이었다. 그런데도 숙모는 커튼이다 뭐다 하며 자질구레한 것들을 사들여 누추한 집을 꾸미곤 했다. 더구나 숙모는 그것들을 외상

으로 가지고 왔다. 빚을 겁내는 천생 농부인 숙부는 걱정이 되어 아내에게
외상을 주지 말라고 몰래 상점 주인에게 부탁했다. 이 사실을 알게 된 숙모
는 노발대발했고, 이 일로 생긴 숙모의 노여움은 무려 50년 동안이나 이어
졌다. 나는 수도 없이 그 이야기를 들어 왔지만, 마지막으로 들은 것은 숙모
가 일흔이 훨씬 넘었을 때였다.

나는 숙모에게 이런 말을 했다.

"숙모님, 숙부님께서 숙모님의 자존심을 훼손한 것은 분명 잘못이었습니
다. 그렇지만 50년이 지난 예전 일로 아직 서운해하신 숙모님이 더 나쁘다고
생각되지는 않나요?"(사실 이 말은 마이동풍이었다)

숙모님은 지나치게 오랜 시간 동안 지녀온 노여움과 괴로운 추억 때문에
값비싼 대가를 지불했다. 이른바 마음의 평화를 잃는 대가였다.

벤자민 프랭클린은 일곱 살 때 저지른 잘못을 70년 넘게 잊지 못했다. 그
는 일곱 살 때 호루라기를 아주 좋아해서, 갖고 싶어 안달이 났다. 그래서
장난감 가게 카운터 위에 갖고 있던 동전을 몽땅 내놓으며 값도 물어보지
않고 호루라기를 달라고 했다. 그는 70년이 지난 뒤에 그때의 일을 친구에
게 다음과 같이 써 보냈다.

"호루라기를 가지고 집으로 돌아와서는 좋아서 어쩔 줄 몰라 하며 온 집
안을 불며 뛰어다녔지."

하지만 호루라기를 비싸게 산 것을 알고 형들이 꾸짖었다. 그는 제값에 사
지 못한 것이 억울해서 울음을 터뜨렸다.

훗날 프랭클린은 피뢰침을 발명하여 유명해지고 프랑스 대사가 되어 세
계적인 인물이 되었다. 그때까지도 그는 호루라기를 비싸게 샀던 일을 기억
하면서 말했다. "호루라기로 얻은 기쁨보다도 분한 마음이 더했다." 그러나
프랭클린이 얻은 교훈을 생각한다면 하찮은 대가였다.

"어른이 되어 세상에 나와 세상 사람들의 행동을 관찰하다 보니, 대부분
의 사람이 호루라기값을 너무 비싸게 치르고 있었다. 인류의 불행은 사물
의 가치를 잘못 평가한 것과 자신들의 호루라기에 너무 많은 값을 지불하

는 것에 있다는 걸 알게 되었다."

말하자면 길버트와 설리번도 그들의 호루라기 값을 지나치게 지불했던 것이다. 에디스 숙모도 마찬가지다. 나 역시 많은 상황에서 그러했다.

세계 최고의 걸작 《전쟁과 평화》, 《안나 카레니나》를 쓴 작가인 불멸의 문호 레프 톨스토이도 이 범주에서 벗어나지 못했다. 대영 백과사전에 따르면 레프 톨스토이는 그의 생애 가운데 마지막 20년은 세계에서 '가장 존경받는 사람'이었다. 그 20년 동안—1890년부터 1910년까지—무수한 숭배자들이 그의 얼굴을 한 번이라도 보고 음성을 들으며 옷자락이라도 만져보려고 그의 집을 찾았다. 그의 말 한마디 한마디가 마치 '신의 계시'라도 되는 것처럼 따랐다. 그러나 사생활을 보면, 톨스토이는 프랭클린이 일곱 살 때 가졌던 분별력을 일흔 살이 넘어서도 지니지 못했다. 그는 완전히 상식을 벗어나 있었다.

톨스토이는 그가 몹시 사랑했던 소녀와 결혼했다. 그들은 참으로 행복했고 천국 같은 환희에 찬 생활이 언제까지나 지속하기를 하나님께 기도했다. 그런데 그녀는 질투심이 매우 강했다. 누추한 시골 여자 차림을 하고 산속까지 따라가 남편의 행동을 하나하나 감시했다. 그들은 가끔 심하게 언쟁을 벌였는데, 그녀의 질투는 결국 자식들에게까지 미쳐 홧김에 딸의 사진에 총을 쏘아 구멍을 낸 적도 있었다. 아편이 담긴 병을 입에 물고 침대 위를 뒹굴면서 자살하겠다고 으름장을 놓은 적도 있었다. 자식들은 방구석에 웅크리고 앉아 두려움에 덜덜 떨며 흐느꼈다.

그때 톨스토이는 어떻게 했을까? 그가 흥분하여 가구를 모두 부쉈다고 해도 나는 그를 비난하고 싶지 않다. 그럴 만한 이유가 있었으니까. 그러나 그는 이보다도 훨씬 심한 짓을 했다. 즉 그는 비밀 일기에 무슨 일이든 아내가 전적으로 나쁘다고 썼다. 말하자면 이것이 바로 그의 '호루라기'였고, 다음 세대가 자기를 동정하여 아내를 비난하도록 만들었다. 그런데 여기에 그의 아내는 어떻게 대처했을까? 그녀는 남편의 일기를 빼앗아 불태워 버렸다. 그리고 자기도 일기를 써서 남편을 악독한 사람으로 기록했고, 《누구의 죄》라는 소설에서 남편을 집안의 악마로 만들고 자기는 희생자라고 했다.

그렇다면 대체 무슨 까닭으로 그런 행동을 한 것일까? 어째서 이 두 사람은 자기 가정을 톨스토이 말대로 '정신병동'으로 만들었을까? 여기에는 확실한 이유가 몇 가지 있다. 그 하나를 들자면, 다른 사람들에게 강한 인상을 심어 주고 싶다는 욕망 때문이었다. 사실 그들은 다음 세대가 하는 비판에 깊은 관심을 두었다. 하지만 우리가 저승 세계에서까지 어느 쪽이 규탄받아 마땅한지 비난을 할 수 있을까? 안 될 말이다. 우리는 톨스토이를 생각할 겨를이 없다. 우리의 문제만으로도 벅찰 테니까. 그런데 이 가엾은 두 사람은 얼마나 비싼 값을 치르고 '호루라기'를 얻었는가!

그들이 겪었던 50년간의 지옥 같은 가정생활에서, 두 사람 모두 "그만!"이라고 말할 만한 분별력을 가지지 못했다. 이제부터는 이렇게 말하도록 하자. "이런 일에는 지금 바로 손실정지 명령을 달아 두자. 우리는 삶을 낭비하고 있다. 이만하면 됐어."

확언컨대, 참다운 마음의 평화를 얻는 비결은 가치를 정당한 판단하는 데 달려 있다고 믿는다. 인생에서 어느 정도 가치가 있는가를 판단하는 각자의 금본위제도(金本位制度)를 제정할 수만 있다면, 우리의 고민 50%는 해소되리라고 믿는다.

고민하는 습관이 우리를 망쳐버리기 전에 그것을 부숴버리는 다섯 번째 법칙은 다음과 같다.

살아가면서 손해를 회복하려다 오히려 더 큰 손해를 보게 될 때, 잠시 멈추고 다음 세 가지 질문을 생각하라.

1. 지금 고민하는 일이 실제로 어느 정도 중대한 일인가?
2. 그 고민에 '손실정지'를 내리고, 잊어버릴 수 있을까?
3. 이 '호루라기'에 얼마를 지불하면 되는가? 이미 충분히 지불하지는 않았는가?

톱밥을 켜지 말라
불행을 치료하는 약은 오직 희망뿐이다

이 장을 쓰면서 창밖 정원에 놓아둔 공룡 발자국을 바라본다. 혈암(頁巖)이나 돌에 묻혀 있던 것으로, 예일 대학교 피바디 박물관에서 사 왔다. 박물관장은 이 발자국이 1억 8천만 년 전의 것이라고 했다. 아무리 바보라도, 이 발자국을 위조하려고 1억 8천만 년이나 옛날로 돌아가려고 하지는 않을 것이다. 그러나 우리가 고민하는 것에 비한다면 그쪽이 훨씬 더 지혜롭다.

180초 전으로 거슬러 올라가거나 바꾸는 것은 불가능하다는 것을 알고 있다. 그런데도 많은 사람은 그 일을 하려고 한다. 180초 전에 일어났던 일의 결과는 수정할 수 있을지도 모른다. 그러나 이미 일어나 버린 일을 변경할 수는 없다.

과거를 건설적으로 만드는 유일한 방법은, 과거의 잘못을 차분히 분석하여 그것을 뭔가에 보탬이 되도록 하는 것이다. 그리고 잘못을 잊어버려야 한다. 나는 그렇게 해야 한다는 것을 알고 있다. 그렇지만 그것을 실행할 만한 용기와 분별력을 가지고 있을까? 이 물음에 대답하기 위해, 수년 전 내가 겪었던 기이한 사건 하나를 말해 보겠다.

나는 30만 달러가 넘는 돈을 한 푼의 이익도 챙기지 못하고 잃어버렸다. 한때, 나는 대규모 성인교육 사업을 시작하여 도시마다 분교를 신설하고, 광고라든가 잡무에 아낌없이 돈을 썼다. 당시 학생들을 가르치기에 바빴기 때문에 재정에 신경을 기울일 틈이 없었다. 너무나 고지식해서 비용을 감독할 수 있는 경영 관리인이 필요하다는 것을 인식하지 못했다.

결국 1년이 지나고 나서야 뜻밖의 일이 벌어진 것을 알아차리고는 깜짝 놀랐다. 그간 막대한 돈을 벌어들였는데도 어찌 된 일인지 이익이 한 푼도 없었다. 이 사실을 알았을 때, 내가 취할 수 있는 길은 두 가지였는데, 하나는 땅콩 박사인 흑인 과학자 조지 워싱턴 카버가 평생 모은 적금 4만 달러를 은행 파산으로 잃었을 때 보였던 태도와 같은 것이었다. 그는 은행이 파산한 것을 아느냐는 질문을 받았을 때, "아, 그 얘기는 들었습니다" 대답하고는 아무 일도 없었던 것처럼 수업을 계속했다. 그는 잃은 돈을 마음속에서 완전히 지우고 두 번 다시 그 말을 입에 올리지 않았다.

또 다른 방법은 잘못을 철저히 분석하여 불변의 교훈을 얻는 것이었다.

하지만 솔직히 나는 그 어느 쪽도 시도해 보지 않았다. 단지 고민의 소용돌이 속에 휩쓸려 수개월 동안 망연자실했다. 불면증에 시달렸고 체중도 줄었다. 이 크나큰 과오로부터 하나의 교훈을 얻었어야 했는데, 여전히 그 상태에 머물다가 똑같은 과오를 또 저지르고 말았다.

이처럼 어리석은 행위를 그대로 고백하는 것은 정말 부끄러운 일이다.

하지만 나는 오래전부터 '유익한 지혜를 20명에게 가르치기는 쉽다. 하지만 20명 중 누구 한 사람이라도 가르침을 따르게 하는 것은 어렵다.'

뉴욕의 알렌 사운더스가 존경했던 조지 워싱턴 고등학교 선생님 폴 브랜드와인 박사님의 강의를 듣지 못한 것을, 나는 실로 유감스럽게 생각한다.

사운더스 씨는 나에게, 위생학 수업 선생이었던 폴 브랜드와인 박사님이 귀중한 교훈을 주셨다고 말했다.

"그 무렵 아직 20세가 되지 않았던 저는 걱정이 늘 태산 같은 아이였죠. 작은 실수에도 걸핏하면 어쩔 줄을 몰라 안절부절못했어요. 시험 답안을 제출하고 나면, 혹시 낙제하지 않을까 걱정이 되어 잠을 제대로 잘 수가 없었죠. 또 지난 일들을 생각하며 줄곧 그렇게 하지 않았으면 좋았을 것을 하며 후회했고, 일단 해 버린 말을 가지고도 왜 그 말을 했을까 하고 자신을 탓했습니다.

그런데 어느 날 아침, 수업을 받으러 과학 실험실로 막 들어가려 할 때였죠. 폴 브랜드와인 박사님은 누구에게나 잘 보이는 책상머리에 우유병을 놓아두고 앉아 계셨어요. 그 우유병을 바라보면서, 위생학과 우유가 대체

어떤 관련이 있는지 의아하게 여기면서 자리에 앉았습니다. 그때 폴 브랜드
와인 박사님이 갑자기 일어서시더니, 우유병을 개수대에 던져 넣으시면서
이렇게 소리치셨죠. '엎질러진 우유를 후회해도 소용이 없다.'

그러시더니 우리를 개수대 쪽으로 불러 모으시더니 깨진 병을 가리키시
며 말씀하셨습니다.

'잘 봐라. 나는 여러분이 평생 이 교훈을 꼭 기억하길 바란다. 우유는 이
미 엎질러져 하수도로 흘러가 버렸다. 인제 와서 아무리 떠들고 후회한대도,
한 방울도 되돌릴 수 없다. 조금만 조심했더라면 우유는 엎질러지지 않았을
지도 모른다. 그러나 이미 때는 늦었다. 이제 우리가 할 수 있는 것은 이 일
을 모두 잊어버리고 다음 일로 옮겨가는 것뿐이다.'

이 간단한 실습은 입체 기하학이나 라틴어를 잊어버린 뒤에도 계속 제 머
릿속에서 사라지지 않더군요. 사실 4년 동안의 고교생활에서 저는 이보다
더 훌륭하고 실용적인 생활 법칙을 배우지 못했죠. 박사님은 제게 우유를
엎지르지 않도록 조심할 것, 그리고 이미 엎질러져 버렸다면 그 실수를 완
전히 잊어버리라고 가르쳐 주셨습니다."

어떤 독자들은 '엎질러진 우유는 후회해도 소용없다'라는 이 진부한 금언
이 소중하다는 말에 코웃음 칠지도 모른다. 그러나 이 낡아빠진 금언에는
모든 시대 지혜의 정수가 들어있다. 이 금언은 인류의 위대한 경험에서 우
러나와 수많은 세대를 거쳐 내려왔다. 우리가 모든 시대의 위대한 학자들이
쓴 고민을 주제로 한 모든 기록을 독파한다 해도, '다리에 도착하기 전에는
다리를 건너지 마라.'든가, '엎질러진 우유는 후회해도 소용없다' 같은 진부
한 금언보다 더 기본적이면서도 의미심장한 말을 찾아볼 수 없을 것이다.

그리고 또 우리가 금언을 코웃음 치지 않고 그대로 적용한다면, 이 책은
전혀 필요 없을지도 모른다. 사실 우리가 격언의 대부분을 생활 속에 적용
한다면, 거의 완벽에 가까운 삶을 영위할 수 있을 것이다. 그러나 무릇 지식
이라는 것은 실천하고 나서야 비로소 힘이 된다. 그러므로 이 책의 목적은
새로운 것을 가르치려는 것이 아니다. 다만 이미 알고 있는 사실을 일깨워
서, 그것을 적용하도록 고무하고 격려하려는 것이다.

나는 프레드 풀러 쉐드를 존경한다. 그는 오래된 진리를 새롭고 생생한 형식으로 설명할 줄 아는 재능을 가졌기 때문이다. 그는 〈필라델피아 불리틴〉의 편집자였는데, 어느 대학 졸업반에서 이런 연설을 했다.

"제군들 중에 나무를 톱질해 본 사람은 손들어 보세요."

대다수 학생이 손을 들었다. 이어, "톱밥을 켜 본 사람은 있습니까?" 묻자, 아무도 손을 들지 않았다.

"물론 톱밥을 톱으로 켠다는 것은 불가능하지요. 이는 과거에 일에 일어난 일에도 적용할 수 있습니다. 이미 지나가 버린 일로 괴로워하는 것은 톱밥을 톱으로 켜려는 것과 다름없는 짓이죠."

나는 81세의 야구계의 대 원로 커니 마크에게 시합에 져서 고민한 적이 있느냐고 물어보았다. 그러자 그는 이렇게 대답했다.

"물론 가끔 의기소침해진 적은 있었지만, 그건 벌써 까마득한 옛날이야기네. 정말 어리석은 짓이지. 고민해도 아무런 소용이 없다는 것을 아니까. 이미 강으로 흘러가 버린 물로 씨앗을 싹트게 할 수는 없지 않겠나."

확실히 흘러가 버린 물로 씨앗을 싹트게 할 수도 없고, 톱으로 톱밥을 켤 수도 없다. 그러나 얼굴의 주름살이라든가 위궤양을 켤 수는 있다.

지난해 추수 감사절에 잭 뎀프시와 함께 저녁을 먹었는데, 그는 크랜베리 소스를 뿌린 칠면조 요리를 먹으면서, 터니에게 패배하여 중량급 타이틀을 빼앗겼던 시합을 이야기했다. 그것은 분명히 엄청난 충격이었다.

"한창 시합 중에 갑자기 제가 늙었다는 생각이 들었습니다. …… 10라운드가 끝났을 때까지도 저는 서 있었지만, 그냥 건성으로 서 있을 뿐이었습니다. 얼굴은 찢겨 상처투성이였고, 눈은 거의 뜰 수 없을 지경이었습니다……. 저는 심판이 승리의 표시로 터니의 손을 들어 올리는 것을 보았습니다. 저는 더는 세계 챔피언이 아니었습니다. 비를 맞으며 군중을 헤치고 탈의실로 돌아왔습니다. 제가 지나칠 때 어떤 사람들은 제 손을 잡으려 했고 눈물을 글썽이기도 했습니다.

1년 뒤, 저는 터니와 다시 싸웠습니다. 그러나 또다시 실패하고 말았습니다. 저는 영원히 재기불능이 되어버렸습니다. 이런 생각이 들자 무척 고민이 되었지만, 스스로 이렇게 타일렀습니다.

'나는 과거에 살 생각은 없다. 엎질러진 우유를 후회해서 무엇 하랴. 패배를 인정하자. 차라리 미래의 계획에 집중하자.'"

이리하여 그는 브로드웨이에 잭 뎀프시 레스토랑과 그레이트 노던 호텔을 경영하게 되었다. 또 권투 경기의 흥행을 주관하고, 시범 경기에 출전함으로써 성공을 이룩했다. 건설적인 사업에 끊임없이 몰두하여, 과거를 고민할 여지를 없앰으로써 그것을 성취했다.

그는 말한다. "과거 10년간 선수권 타이틀을 보유했을 때보다 더 즐거운 생활을 하고 있다."

뎀프시는 책을 많이 읽은 경험은 없으나, 자신도 모르는 사이에 셰익스피어가 말한 한 가지 충고를 실천해 왔다. 바로 이것이다. '현명한 사람은 장난 삼아서라도 자기 손실을 한탄하지는 않는다. 오히려 그들은 힘차게 그 손실을 배제하는 방법을 탐구한다.'

나는 역사 속 인물의 전기를 읽고 고난에 처한 사람들을 관찰할 때마다, 많은 사람이 자기 고민과 비극을 씻어 없애고, 행복한 생활을 하는 능력에 감동하지 않을 수 없다.

예전에 싱싱 교도소를 방문한 적이 있는데, 그곳 죄수들이 사회의 일반인들과 마찬가지로 매우 행복해하는 데 놀랐다. 이 이야기를 싱싱 교도소루이스 E. 로즈 소장에게 했더니, 그는 이렇게 말해 주었다. 처음에는 죄수들이 싱싱 교도소에 와서 세상을 저주하고 남을 원망하느라 바빴지만, 몇 달이 지나고 나면 다소 분별 있는 죄수들은 화를 물리치고 마음을 가라앉혀 감옥 생활을 받아들이고 되도록 유쾌하게 지내려 한다고 했다. 전직 정원사였던 어느 죄수는 감옥에서 야채와 꽃을 가꾸면서 노래를 불렀다고 한다.

이처럼 꽃을 가꾸면서 노래를 부르는 싱싱 교도소의 죄수는 우리보다도 훨씬 분별이 있다고 말할 수 있을 것이다. 그들은 알고 있었다.

움직이는 손가락은 기록한다. 그러고는
옮겨 가는데, 너의 신앙 또는 지혜도
그 '한 줄'의 반도 지울 수 없고
너의 한 방울 눈물 그 한마디 말
씻어 내리지는 못하여라.
그러므로 눈물을 헛되게 흘려서는 안 되리.

물론 우리는 많은 잘못과 어리석은 짓을 저지른다. 그러니 어떻게 하면 되겠는가? 누구나 똑같다. 천하의 나폴레옹도 중대한 전쟁의 3분의 1은 패배했다. 그렇다면 우리의 타율이 나폴레옹보다 나쁘다고 할 수는 없지 않은가.

어쨌든 한 나라의 모든 병력을 동원한대도 과거를 돌이킬 수는 없다. 그러므로 여섯 번째 법칙을 꼭 기억하자.

톱밥을 켜지 말라.

4

행복한 정신 상태를 만드는 7가지 방법

행복한 정신 상태를 만드는 7가지 방법

즐겁게 생각하고 밝게 행동하라
당신이 나타내는 표정에서 웃음이 가장 중요하다

몇 해 전 나는 라디오 프로그램에서 한 가지 질문을 받았다. "지금까지 당신이 배운 가장 큰 교훈은 무엇입니까?"

대답은 간단했다. 내가 배운 가장 귀중한 교훈은 '생각하는 것의 중요성'이다. 당신이 무엇을 생각하는지 안다면 바로 당신을 아는 것이 된다. 말하자면 우리의 생각이 우리를 만든다. 정신 상태는 운명을 결정하는 요소이기도 하다.

에머슨은 말했다. "그가 온종일 생각하는 것, 그것이 그 사람이다." 사실 그 말 그대로다.

우리가 임해야 할 가장 중요한 오직 한 가지 문제는 올바른 생각을 선택하는 일이라고 나는 확신한다. 올바른 생각을 선택하는 데 성공한다면 모든 문제 해결하는 열쇠를 쥐게 된다. 로마 제국을 통치한 위대한 철학자 마르쿠스 아우렐리우스는 그것을 불과 몇 마디 말—인간의 운명을 결정하는 짧은 말—로 요약했다.

"우리의 인생은 우리의 생각으로 만들어진다."

그렇다. 우리가 즐겁게 생각하면 즐거워지고, 불행하게 생각하면 불행해진다. 또 무서운 생각을 하면 무서워지며, 병적인 생각을 하면 병에 걸릴지도 모른다. 실패를 생각하면 실패하고 만다. 우리가 자기 연민에 빠지면, 사람들은 모두 피하고 멀리한다.

노먼 빈센트 필은 이런 말을 했다.

"인간은 자신이 생각하는 그러한 사람이 아니고 생각 그 자체가 그 사람이다."

모든 문제를 지나치게 낙관적으로 보는 것일까? 아니다. 불행하게도 인생은 그렇게 단순하지 않다. 단지 나는 소극적인 태도에서 벗어나 더 적극적으로 변해야 한다고 주장한다. 바꿔 말해, 어떤 사안을 생각하긴 하지만, 걱정하지 말라는 뜻이다. 그렇다면 생각하는 것과 고민하는 것은 어떻게 다른가?

혼잡한 뉴욕 거리를 횡단할 때면 나는 언제나 조심한다. 그러나 걱정은 하지 않는다. 말하자면 생각한다는 것은 문제의 본질을 파악하여 조용히 문제를 처리하는 것이다. 반면에 고민한다는 것은 소득 없이 불쾌하게 문제 주위를 빙빙 도는 것과 같다.

인간은 자기의 중대한 문제는 무엇이든 마음을 쓴다. 그러면서도 가슴에 카네이션을 달고 아무렇지 않게 거리를 활보할 수 있다. 나는 로웰 토머스에게서 그것을 보았다. 그가 제1차 세계대전 중 알렌비―로렌스 작전의 유명한 필름을 처음 공개했을 때, 그와 친해질 수 있었다. 그와 조수들은 여러 전선에서 많은 전쟁 영화를 제작했는데, T.E. 로렌스와 그의 다채로운 아라비아군의 활약과 알렌비군의 성지 탈환을 다룬 두 영화는 특히 놀라웠다.

'팔레스타인에서는 알렌비와, 아라비아에서는 로렌스와 함께'라는 그의 강연은 런던을 비롯해 온 세계에 센세이션을 불러일으켰다.

그는 로열 오페라 하우스에서 모험으로 가득 찬 이야기를 들려주었다. 그의 강연과 영화 상영을 계속하기 위해 런던의 오페라 시즌이 6주나 연기되었다. 그는 런던뿐 아니라 세계 각국에서 호평을 받았다. 그러고 나서 인도와 아프가니스탄의 생활을 영화화할 준비에 들어갔다. 이때 믿기 어려울 수 많은 불행이 속출했다.

결국 그는 런던에서 파산하고 말았다. 그즈음 나는 그와 함께 있었는데, 우리는 라이온즈의 코너하우스 식당에서 싸구려 식사를 해야만 했다. 이것조차도 토머스 씨가, 유명한 화가인 스코틀랜드인 제임스 맥베이 씨에게서 돈을 빌리지 않았더라면 불가능한 일이었다. 어쨌든 여기에 이야기의 초점이 있다.

로웰 토머스 씨는 어마어마한 빚 때문에 실의에 젖어 있었는데도, 그 일을 생각하기는 했지만, 고민은 하지 않았다. 이 역경을 이기지 못하고 끝내 좌절하고 만다면, 채권자에게나 사회에서 전혀 가치가 없는 인간이 되고 만다는 것을 그는 잘 알고 있었다.

그는 매일 아침 집을 나설 때면 꽃 한 송이를 사서 가슴에 꽂고 발걸음도 가볍게 옥스퍼드 거리를 활보했다. 적극적이고 과감한 생각으로 패배 앞에 무릎 꿇기를 거부했다. 요컨대 그에게, 진다는 것은 게임 일부에 불과했다. 그것은 최고를 차지하기 위해서 필요한 단련에 지나지 않았다.

우리의 마음가짐에 따라 육체는 거의 믿을 수 없을 만큼 영향을 받는다. 영국의 유명한 정신과 의사 J.A. 하드필드는 54쪽에 이르는 그의 저서 《심리의 힘》에서 그 사실을 설명했다.

"악력계(握力計)를 써서 정신 암시가 악력에 어떤 영향을 미치는지를 조사하기 위해 남성 세 명에게 실험해 보았다.

우선 그들에게 힘껏 악력계를 쥐게 했다. 이를 다른 세 가지 조건에서 실시했다. 보통 상태에서 테스트했을 때, 그들의 평균 악력은 101파운드였다.

다음에는 최면을 걸고, '당신은 매우 약하다'는 암시를 준 다음 재어 보았더니, 겨우 악력은 29파운드, 즉 보통 힘의 3분의 1 이하였다(세 사람 중의 한 사람은 우승한 적이 있는 권투선수였는데, 최면을 걸고 '당신은 약하다'는 암시를 주자, '내 팔은 어린아이의 팔처럼 가냘프다'고 말했다).

이번에는 '당신은 강하다'는 암시를 준 뒤에 측정하였다. 평균 악력이 142파운드에 달했다. 그들의 마음이 강하다는 적극적인 생각으로 가득해지자, 신체의 힘이 50%나 증가했다."

이것이 우리 정신이 가진 불가사의한 힘이다.

여기서 생각의 마력을 설명하기 위해 이야기 하나를 소개하기로 한다. 이 이야기로 책 한 권 정도는 넉넉히 쓸 수 있겠지만, 간단히 줄여 소개하기로 하겠다.

남북전쟁이 끝나고 얼마 되지 않아 서리가 많이 내린 10월의 어느 날 밤,

집도 없이 떠도는 한 가난한 여인이 메사추세츠주 암스베리에 사는 퇴역 해군 대령의 부인 마더 웹스터의 집 문을 두드렸다.

웹스터가 문을 열자, 뼈와 가죽뿐인, 가련하고 자그마한 체구의 한 여인이 서 있었다. 이 낯선 여인은 자기 이름을 그로버 부인이라고 말했다. 밤낮으로 자신을 괴롭히는 어떤 문제를 해결하고자 한 가정을 찾고 있다는 것이었다.

"그럼, 우리 집에서 지내세요. 난 이렇게 큰집에서 혼자 살고 있으니."

웹스터 부인이 말했다.

그로버 부인은 별다른 일이 없었더라면 언제까지나 마더 웹스터와 함께 살았을 것이다. 하지만 그들이 함께 지내던 부인의 사위인 빌 에리스가 휴가차 들렀다.

그는 그로버 부인을 보자, "우리 집에 뜨내기를 둘 수는 없잖아요." 그 바람에 이 집 없는 여인은 곧 쫓겨나고 말았다. 그날은 비가 많이 내렸다. 그녀는 갈 곳이 없어 빗속에서 한참을 서성이다가 비를 피할 곳을 찾아 정처 없이 헤매었다.

그런데 여기에 이 이야기의 놀라운 곡절이 있다. 바로 뜨내기라고 소리친 빌 에리스 때문에 문밖으로 쫓겨난 여인, 그로버 부인은 훗날 세계 역사상 실로 커다란 영향을 미칠 운명을 지니고 있었다. 그녀는 '크리스천 사이언스'의 창시자 메리 베이커 에디가 되어 수백만 신도의 숭배를 받는다.

그러나 그때까지만 해도 그녀의 인생에는 질병, 비애 그리고 비극을 제외하면 아무것도 없었다. 첫 남편은 결혼 뒤 얼마 안 되어 죽었고, 두 번째 남편은 그녀를 버리고 유부녀와 바람을 피우더니 빈민가에서 숨을 거두었다. 그 무렵 그녀에게는 아들이 하나 있었지만, 가난과 병과 질투 때문에 아이가 네 살이 되었을 때 버려야만 했다. 그녀는 아들의 소식을 듣지 못하다가, 헤어진 지 31년 만에 겨우 다시 만날 수 있었다.

그녀는 본디 허약했기 때문에 오래전부터 '정신요법 과학'에 관심이 있었다. 그런데 그녀의 생애에서 극적인 전환점이 되는 사건이 메사추세츠주 린에서 일어났다.

어느 추운 겨울날 아침, 시골길을 걷다가, 그녀는 얼어붙은 길에서 미끄러져 의식을 잃고 척추를 심하게 다쳤다. 그 때문에 발작으로 경련까지 일어났다. 의사는 그녀가 소생하기 어렵고, 설령 살아난다 해도 두 번 다시 걷지 못한다고 진단했다.

죽음을 기다리는 침상에 누워서, 메리 베이커 에디는 성서를 펴들고, 거룩한 손길의 인도를 따라 마태복음 한 구절을 읽었다.

"사람들이 중풍 환자 한 사람을 침상에 누인 채 예수께 데려왔습니다. 예수께서 중풍 환자를 향하여 '이 사람아, 안심하라. 네 죄가 사하여졌다.' 말씀하셨습니다……. '일어나 침상을 갖고 네 집으로 가라.' 하시니, 그가 일어나 집으로 돌아갔습니다."

이 그리스도의 말씀은 그녀의 마음속에 위대한 신앙과 급격하게 빠른 속도로 회복하는 힘을 불러일으켰고 그녀는 곧바로 침대에서 일어나 걸을 수 있었다."

에디는 이런 말을 했다.

"그 경험은 나 자신을 건강하게 만드는 방법이었을 뿐 아니라, 다른 사람까지도 건강하게 하는 방법을 발견한 기회가 되었습니다."

메리 베이커 에디는 신흥 종교 창시자가 되었으며, 사제가 되었다. 그녀가 창시한 '크리스천 사이언스'는 여성이 창시한 유일한 신교로서 지금도 온 세계에 널리 퍼져 있다.

여러분 중에는 아마도 이 카네기가 크리스천 사이언스를 선전한다고 말하는 사람이 있을지도 모른다. 절대 그렇지 않다. 나는 크리스천 사이언스의 신도는 아니지만, 해가 지남에 따라 생각하는 힘이 얼마나 강한지를 확신하기 시작했다. 오랫동안 성인강좌를 해 본 결과 나는 여러 사람이 그들의 생각을 바꿈으로써 고민과 공포, 온갖 질병을 몰아내고 생활이 바뀌는 것을 보았다. 나는 알고 있다! 알고 있다! 몇백 번이나 그렇듯 믿기 어려운 변화가 일어난 것을 보아 왔다. 그래서 조금도 이상하지 않다.

여기, 생각하는 힘에서 비롯된 믿기 어려운 변화가 내 강좌 수강생에게도 일어났다. 그는 심한 신경쇠약에 걸려 있었는데, 원인은 고민 때문이었다. 이 사람의 경험담은 다음과 같다.

"나는 모든 일을 고민했다. 너무 말랐다, 머리카락이 빠진다, 결혼 자금을 마련 못 하지는 않을까, 혹은 좋은 아버지가 될 수는 있을까, 아니면 실연당하지나 않을까, 훌륭한 삶을 살아갈 수 있을까 등등 온통 걱정거리뿐이었다. 또 다른 사람들이 나쁘게 생각하지 않을까 고민했고, 어떤 때는 위궤양에 걸리지 않았나 하는 생각에 괴로워하기도 했다. 그러다가 결국 일이 손에 잡히지 않아 직장을 그만두었다.

몸 안이 긴장으로 가득 차, 마치 안전핀 빠진 보일러처럼 되어 버렸다. 그러고는 점점 압력이 커져 금방이라도 터져버릴 것만 같았고, 결국에는 폭발하고 말았다. 신경쇠약증에 걸려 심하게 앓아 본 적이 없는 이는, 절대 이 병에 걸리지 않도록 기도하길 바란다. 제아무리 육체적 고통이 심할지라도, 고민에 휩싸인 마음의 고통에 비한다면 문제가 되지 않기 때문이다.

신경쇠약이 너무도 심해서 가족들과 이야기조차 나누지 못할 정도였다. 말하자면 생각을 조절할 수가 없었다. 공포에 사로잡힌 채, 작은 소리만 나도 공연히 깜짝 놀랐고 사람들을 피했다. 심지어 아무런 이유 없이 울부짖은 적도 있었다.

고민은 나날이 계속되었다. 모두에게, 심지어 하나님까지도 나를 버렸다는 느낌이 들었다. 강물에 뛰어들어 죽고 싶을 뿐이었다.

그러던 중 플로리다로 여행이나 떠나보자는 생각이 들었다. 장소가 바뀌면 마음도 달라질지 모른다고 생각했다. 기차에 올라탔을 때, 아버지께서 편지 한 통을 주시면서, 플로리다에 도착할 때까지 펴보지 말라고 했다.

나는 한창 관광 철인 플로리다에 도착했다. 호텔이 만원이어서 어느 주차장 침실을 빌렸다. 마이애미발, 비정기 항로 화물선에서 일자리를 구했으나 뜻대로 되지 않았다. 해안에서 소일했지만, 고향에 있을 때보다 별로 나을 것이 없었다. 문득 아버지의 편지가 떠올랐다. 편지에는 다음 사연이 적혀 있었다.

'애야, 너는 집에서 1천500마일이나 멀리 떨어져 있지만, 그리 달라진 느낌은 없을 것이다. 고민의 씨앗을 몸에 지니고 갔기 때문이다. 그것이 바로 너 자신이겠지. 내가 보기에 너는 심신에 아무 이상이 없는 듯하구나. 네게 닥친 일이 너를 괴롭히는 게 아니라, 그 일들에 대한 너의 생각이 너를 해치고 있는 거란다.

사람은 자기가 마음속으로 생각한 모습 그대로의 사람이 된다. 이 사실을 깨달았다면 이제 돌아오너라. 병은 곧 나을 것이다.'

나는 아버지의 편지를 읽고 화가 치밀었다. 그때까지 내가 원했던 것은 동정이었지 교훈이 아니었다. 나는 아주 흥분하여 다시는 집으로 돌아가지 않겠다고 결심했다.

그날 밤 마이애미의 어느 골목길을 걷는데, 마침 교회에서 예배를 드리고 있었다. 마땅히 갈 곳도 없었기에 그쪽으로 발길을 옮겼다. 교회에서 '마음을 이긴 사람은 한 도시를 정복한 사람보다 강하니라'라는 성경 구절에 대한 설교를 듣게 되었다. 성스러운 하나님의 집에 앉아, 아버지께서 편지로 했던 말과 똑같은 이야기를 듣고 있자니, 머릿속에 쌓인 먼지가 한꺼번에 쓸려 내려가는 것 같았다. 생전 처음으로 사물을 분명하고 분별 있게 생각할 수 있게 되었고, 내가 어리석었다는 것을 깨달았다. 참다운 광명의 빛을 받은 내 모습 앞에 놀랄 수밖에 없었다. 지금까지 온 세상과 이 땅 위에 사는 온 인류를 바꾸겠다고 생각했지만, 오히려 바꾸어야 했던 것은 오직 나의 마음이었다.

다음 날 아침, 나는 짐을 꾸려 고향으로 돌아갔다. 1주일 뒤에는 예전 직장으로 돌아갔고, 4개월 뒤에는 실연으로 끝나지 않을까 염려하던 여성과 결혼했다. 지금 우리는 5남매를 두었고 행복하게 살고 있다. 물질적으로나 정신적으로나 하나님의 은총을 입었다. 지난날, 신경쇠약을 앓던 무렵에 나는 직원 18명을 거느린 작은 백화점 야간 주임이었지만, 지금은 종업원 450명을 둔 합성지 제조공장 이사가 됐다. 이제 순조로운 생활을 하고 이웃과도 원만하게 교제한다. 나는 지금 인생의 참다운 가치를 만끽한다고 생각한다. 때때로 불안한 생각이 치밀어 오르면(이것은 누구나 피할 수 없는 일이지만), 마음의 카메라 초점을 잘 맞추라고 자신을 다독인다. 그러면 그것으로 모든 일이 잘 해결된다.

지금 돌이켜보면, 신경쇠약에 걸렸던 것이 다행이라고 생각한다. 생각이 마음과 육체에 얼마나 강한 힘을 미치는가를 뚜렷이 알 수 있었다. 이제 나는 내 생각을 상황에 거스르지 않고 도움이 되도록 조절할 수 있다. 일찍이 아버지께서 온갖 고민의 원인은 외부 문제에 있는 것이 아니라 그 문제에 대한 생각에 있다고 한 말씀이 옳다고 생각한다. 이 사실을 깨닫게 된 순간, 비로소 나는 마음이 홀가분해졌다.”

대략 이상의 이야기가 이 수강생의 경험담이다.

삶에서 얻는 마음의 평화와 기쁨은, 우리가 어디에 위치하며 무엇을 얼마나 갖고 있으며 우리가 누구인가에 좌우되는 것이 아니라, 우리의 정신 태도에 달려 있다고 나는 확신한다. 여기서 외부 조건은 거의 관계가 없다.

예컨대, 하퍼스 페리에서 미국의 무기고를 습격하고 노예들에게 반란을 부추겼다는 이유로 교수형을 당한 존 드라운의 사례가 바로 그렇다. 그는 관 위에 실려 처형대로 이송되었는데, 그의 곁을 따라가던 간수는 무서워서 어찌할 바를 몰랐다. 그런데 브라운은 냉정했다. 그는 버지니아 블루리지 산을 바라보면서, 감탄하여 말했다는 것이다. “얼마나 아름다운 나라인가! 일찍이 내가 천천히 구경할 기회가 없었던 것이 유감이구나.”

남극을 최초로 탐험한 영국인 로버트 팰콘 스코트와 그 대원들의 이야기도 마찬가지다. 그들의 귀환 여행은 유사 이래 처음이라고 할 만큼 고통스러웠다. 식량은 떨어지고 연료도 바닥났다. 그들은 한 발자국도 전진할 수 없었다. 사나운 폭풍설이 열하루 동안 밤낮없이 극지 벌판을 휩쓸었고, 빙판 위에는 융기와 균열이 생겼다. 스코트와 대원들은 이제 죽음이 눈앞에 다가왔다는 것을 알았다. 그들은 만일에 대비하여 많은 양의 아편을 가지고 있었는데, 그것을 복용하기만 하면 두 번 다시 눈뜨지 않는 편안한 꿈길로 들어설 수 있었다. 그런데도 그들은 마취제를 쓰지 않았다. 오히려 ‘쾌활한 노래를 소리쳐 부르면서’ 죽어 갔다. 우리는 이 사실을 8개월 뒤 수색대가 그들의 얼어붙은 사체에서 발견한 유서로 알게 되었다.

이 사례만 보더라도, 우리가 용기와 평정심, 창조적 사고력을 지니고만 있
다면 자기 관에 걸터앉아 교수대로 끌려가면서도 경치를 즐길 수 있을 것
이며, 텐트 안에서 굶주림과 혹한으로 죽어가면서도 유쾌하게 노래할 수 있
음을 알 수 있다.

《실낙원》을 쓴 눈먼 작가 밀턴은 이미 300년 전에 이러한 진리를 발견
했다.

> 마음은 자기 텃밭이니
> 그 안에서 지옥을 천국으로
> 천국을 지옥으로 만들 수 있으리.

나폴레옹과 헬렌 켈러도 밀턴의 이 말을 실제로 증명했다. 나폴레옹은
인간이 일반적으로 열망하는 것—명예와 권력과 부귀—을 누릴 수 있었는
데도, 세인트 헬레나에서 이렇게 말했다. "내 일생에서 행복했던 날은 단지
엿새에 불과하였다."

그런가 하면, 시각장애인이면서 청각장애인인 헬렌 켈러는 단언했다. "나
는 인생이 참으로 아름답다고 생각한다."

내가 반세기 동안 살아오면서 무언가 배운 것이 있다면, 그것은 '인간에
게 행복을 주는 것은 그 자신밖에 없다'는 것이다.

이것은 바로 에머슨이 〈자기 신뢰 self-reliance〉라는 논문 결론 부분에서
말한 것을 내가 되풀이했을 뿐이다.

"정치적 승리, 땅값 폭등, 병에서 회복된 환자, 오랫동안 떠나 있던 친구의
귀환, 여러 외부 사건은 인간의 정신을 드높이며 장래의 행복을 예상하게
한다. 그러나 이것을 믿지 마라. 그럴 일은 절대 없다. 인간에게 평화를 가져
다주는 것은 자기 자신밖에 없다."

스토아학파 철학자 에픽테토스는 '몸의 종양이나 병원체'를 제거하기보다
마음속 나쁜 생각을 물리치도록 힘쓰라고 했다.

에픽테토스는 19세기도 더 전에 이런 말을 했지만, 현대 의학도 이에 동의하리라고 본다.

G. 캔비 로빈슨 박사는 존스 홉킨스 병원에 입원한 환자의 다섯 명 중 네 명은 감정의 긴장과 압박감이 병을 일으키는 일부 원인이라고 지적했다. 기질성 질환도 결국 생활과 그 문제를 조절하지 못한 데서 왔다는 말이다.

프랑스의 대철학자 몽테뉴는 다음과 같은 구절을 좌우명으로 삼았다고 한다.

"인간은 벌어진 일 때문에 상처를 받는 것 이상으로 그 일을 생각하다가 상처를 받는다."

하지만 일어날 일을 어떻게 생각하느냐는 모두 우리의 마음에 달려 있다. 그렇다면 이것은 무엇을 의미하는가? 고민에 사로잡혀 신경이 곤두섰을 때 우리의 의지로 정신 자세를 바꿀 수 있다고 주장하는 것일까? 그렇다. 바로 그것이다! 이에 덧붙여서 나는 그 방법을 전수하고자 한다. 그러기 위해서는 노력이 필요하지만, 그 비결은 간단하다. 응용심리학의 최고 권위자인 윌리엄 제임스는 이렇게 설명했다.

"행동이 감정을 따른다고 생각되지만 사실 행동과 감정은 동시에 작용한다. 의지의 직접적인 지배를 받는 행동을 규제함으로써, 우리는 의지가 직접적으로 지배하지 않는 감정을 간접적으로 규제할 수 있다."

바꾸어 말하면, '단지 결심한 것'만으로는 감정을 바로 바꿀 수 없으나 행동을 바꿀 수는 있다는 것이다. 그리고 행동을 바꾸면 자동으로 감정을 바꿀 수도 있게 된다. 그는 또 이렇게 말했다.

"쾌활함을 잃었을 때 스스로 회복하는 최선의 방법은 쾌활한 마음 자세를 갖고 유쾌한 것처럼 말하고 행동해야 한다."

이 단순한 비결이 효과가 있는지 시험해 보자. 얼굴에 미소를 띠고, 어깨를 펴고 활짝 크게 한 번 숨을 들이켜면서 무슨 노래라도 불러 보자. 만일 노래를 못하겠거든 휘파람이라도 보자. 또 휘파람도 못 불겠거든 흉내만이라도 내보자. 그러면 윌리엄 제임스가 한 말을 잘 이해할 수 있다. 겉으로 아주 행복한 몸짓을 하면서 고민한다는 것이 신체적으로 불가능하다는 것을 알게 된다.

이것이 바로 자연의 작은 진리이며, 생활 전반에 걸쳐 기적을 불러들인다. 내가 잘 아는 캘리포니아의 한 부인도 일찍이 이러한 비결을 알았더라면 그녀의 모든 고민을 24시간 이내에 없앨 수 있었을 것이다. 그녀는 나이 든 미망인이었는데, 이는 확실히 고통스러운 일이었다. 그래서인지 그녀는 절대 행복하게 보이려 하지 않았다. 누군가 안부를 물으면 이렇게 대답했다 "뭐, 항상 그렇지요." 그렇지만 그녀의 표정이라든가 울먹이는 말씨는 이렇게 호소하고 있었다. '아아, 저의 슬픔을 어떻게 하면 표현할 수 있을까요!'

세상에는 그녀보다 더 불행한 여자가 얼마든지 있었지만, 그녀 앞에만 서면 불행하다는 것이 오히려 무색할 정도였다. 그녀의 남편은 평생 지낼 만한 보험금을 남겨 주었고, 결혼한 자식들은 언제든지 그녀를 부양할 수 있었다. 그런데도 나는 한 번도 그녀가 웃는 모습을 보지 못했다. 그녀는 쩨쩨하고 지나치게 이기적이라고 사위 셋을 모두 험담했다(사실 그들한테 가서 몇 달씩 신세를 지면서도) 그리고 딸들도 자신을 돌봐주지 않는다며 야속해했다. 그러면서도 노후대비를 한다며 알차게 돈을 모았다. 이런 점에서 볼 때, 그녀는 확실히 자기 자신뿐만 아니라 가정에서도 어두운 그림자였다.

그녀가 꼭 그렇게 행동할 필요가 있을까? 그녀가 단지 마음만 먹으면 가엾고도 불행한 처지에서 가족들의 존경과 사랑을 받는 인간으로 변할 수 있다. 그러려면 먼저 몸가짐이 쾌활해야 하며, 그녀가 지금까지 불행하고 비참한 자신에게 기울여 왔던 애정을 남들에게도 나누어 주어야 한다.

내 친구 중에 인디애나주 텔에 사는 H. J. 잉글러트는 이 비결 덕분에 지금까지 잘 지내고 있다. 그는 10년 전에 성홍열에 걸렸다. 그런데 그게 낫고 난 뒤, 이번에는 신장염에 걸려 의사라는 의사는 모두 찾아다녔다. 하지만 좀처럼 완치되지 않았다. 심지어는 돌팔이 의사에게 걸려들기까지 했다.

게다가 얼마 안 되어 합병증으로 고혈압 증세까지 보였다. 그를 진찰한 의사는 혈압이 214까지 올랐다고 말하면서, 더 악화하기 전에 신변을 정리해 두는 것이 좋다는 충고까지 했다.

그는 그때의 심정을 이렇게 말했다.

"집에 돌아와 보험료를 전부 납입했는지 확인했네. 그리고 명상에 잠겨 하나님께 나의 죄를 참회했지. 가족들은 모두 슬픔에 잠겼네. 아내와 자식들은 실로 처참한 지경이었지. 그런데 나는 일주일쯤 자기 연민에 시달린 다음, 혼자 이렇게 말했다네.

'참 못났구나! 앞으로 1년쯤은 더 살지 모르는데, 어쩌자고 살아 있는 동안 속을 썩는가?'

그래서 나는 어깨를 활짝 펴고, 얼굴에는 미소를 지으며, 모든 일이 순조로운 듯이 보이려 했지. 처음에는 어쩐지 어색했지만, 점차 쾌활하게 행동할 수가 있었네. 이렇게 하다 보니 가족도 구할 수 있었고 나 자신도 구원받을 수 있게 되었지. 점점 처음에 생각했던 것 이상으로 기분이 좋아졌다고 느꼈네. 병세는 하루가 다르게 차도가 보였고, 몇 달 뒤에는 무덤 속에 잠들어야 했을 내가 완전히 건강해지고 혈압도 내려갔다네! 여기서 나는 뚜렷한 사실을 알게 되었지. 내가 고민 끝에 될 대로 되라고 자포자기했다면 의사 말대로 되었을 것이 틀림없네. 그런데 정신적인 태도를 바꿈으로써 나 스스로 기회를 주었던 것일세."

그러면 여기서 한 가지 질문을 던지겠다. 건강과 용기에 관한 긍정적인 생각만으로 한 사람의 생명을 구할 수 있다는 사실을 안다면, 어째서 사소한 우울과 좌절로 괴로워하는가? 또 쾌활하게 행동함으로써 행복을 가져올 수 있는데, 어째서 자신뿐만 아니라 주위 사람들을 불행하게 만드는가?

오래전 나는 작은 책 한 권을 읽고 깊은 감명을 받은 적이 있다. 바로 제임스 알렌의 《생각하는 대로》라는 책이었는데, 그 책에 이런 구절이 나온다.

"사람이 타인과 사물에 대한 자기 생각을 바꾸면, 타인과 사물도 그에 대한 생각을 바꾼 사실을 알게 된다. ……근본적인 생각을 바꾸면 놀랍게도 그에 따르는 생활의 외부 조건도 빠르게 변화한다. 사람들은 자신이 원하는 것을 받아들이지 않고, 있는 그대로의 현상만 받아들인다……. 우리의 목적을 형성하는 신성(神性)은 우리 내부에 존재한다. 바로 자기 자신이다.

따라서 인간이 이룩하는 모든 것은 그들의 생각에서 나온 직접적인 결과이다……. 인간은 그들의 사고를 고양함으로써 존립하며, 정복하고, 성취할 수 있다. 우리가 사고를 고양하길 거부한다면 약하고 비참한 상태를 벗어날 수 없다."

《구약성서》 '창세기'에 따르면, 하나님께서는 인간에게 온 세상의 지배권을 주었는데, 이것은 실로 엄청난 선물이었다. 그러나 나는 그 같은 초자연적인 특권에는 흥미가 없다. 내가 바라는 것은 자신을 지배하는, 즉 자기 사고를 지배하는 능력뿐이다. 놀랍게도 단순히 자기 행동을 조절하기만 하면 자기 내부의 감정적 반응을 조절할 수 있게 된다니, 마음이 내키면 언제든지 이러한 자기 지배력을 장악할 수 있게 된다. 그러므로 윌리엄 제임스가 한 말을 기억하도록 하자. "악은 대부분, 고민하는 사람의 내면 태도를 공포에서 투지로 변화시킴으로써 축복할 만한 선으로 바꿀 수 있다."

이제 행복을 위해 싸우자!

쾌활하고 건설적인 사고 계획에 따라 행복을 위하여 싸우자. 여기에 그 계획이 있다. 바로 '오늘만은'이라는 제목이다.

나는 이 프로그램이 사람들을 고무하는 데에 대단한 도움이 되리라 생각했으므로 수백 장을 복사해서 여러 사람에게 나누어 주었다. 그것은 오래전에 시빌 F. 패트리지가 쓴 글인데, 우리가 이를 실행하면 고민이 대부분 없어지고, 프랑스 사람들이 말하는 '삶의 기쁨'을 누릴 수 있게 된다.

오늘만은

1. 오늘만은 행복하게 지내리. "사람들은 행복해지려고 마음먹은 만큼 행복해진다." 이 말은 진리이다. 사실 행복은 내부에서 오는 것이지, 외부에서 오는 것이 아니다.

2. 오늘만은 모든 일에 순응하자. 모든 일을 자기 뜻에 맞추려 하지 않겠다. 가족, 사업, 행운을 있는 그대로 받아들이고 나는 그것에 순응하겠다.

3. 오늘만은 몸을 돌보자. 운동하고, 몸을 아끼고, 영양을 섭취하자. 내 몸

을 혹사하거나 무시하지 않으리라. 그러면 몸은 내 명령에 따르는 완전한 기계가 된다.

4. 오늘만은 마음을 굳게 가지리라. 무엇이든 유익한 것을 배워 보겠다. 정신적으로 나태해지지 않겠다. 노력, 사고, 집중이 필요한 책을 읽겠다.

5. 오늘만은 세 가지 방법으로 내 영혼을 운동하게 하리라. 다른 사람 몰래 유익한 일을 해 보겠다. 윌리엄 제임스의 말대로, 정신수양을 위해, 하고 싶지 않은 일을 적어도 두 가지쯤 하겠다.

6. 오늘만은 즐겁게 지내리라. 되도록 활발하게 보이고, 되도록 어울리는 차림에, 조용히 말하고 예의 바르게 행동하며, 마음껏 타인을 칭찬해 보겠다. 남을 비난하지 않고 무슨 일이든 꾀를 부리지 않고, 남을 탓하거나 꾸짖지 않겠다.

7. 오늘만은 오늘 하루만을 위해 살아 보리라. 인생의 모든 문제를 단번에 결판낼 수는 없다. 하지만 평생에 걸쳐도 도저히 풀 수 없는 문제라 할지라도 열두 시간 안에 해치워 보리라.

8. 오늘만은 하루 계획을 세워보자. 시간마다 처리해야 할 일을 써 두자. 설령 그대로 되지 않을지라도 어쨌든 해보리라. 그러면 서두르고 머뭇거리는 나쁜 버릇이 없어지겠지.

9. 오늘만은 30분이라도 혼자서 조용히 휴식할 시간을 가지리라. 그리고 하나님을 생각하겠다. 그래야 내 인생을 올바르게 바라볼 수 있는 여유를 얻을 수 있기 때문이다.

10. 오늘만은 두려워하지 않으리라. 특히 행복해지는 것을 두려워하지 않고, 사랑하는 것을 겁내지 않고, 내가 사랑하는 이들이 또한 나를 사랑해 준다고 믿어 보리라.

진정한 평화와 행복을 가져다주는 정신 태도를 기르고 싶다면, 여기에 그 첫 번째 법칙이 있다.

즐겁게 생각하고 밝게 행동하면 즐거워진다.

보복하지 마라 대가가 따라온다
진정 강한 사람이라면 적을 벗으로 바꿀 수 있어야 한다

몇 년 전 어느 날 밤, 옐로 국립공원을 여행했을 때 있었던 일이다. 나는 다른 여행객들과 함께 울창한 산림을 바라볼 수 있는 자리에 앉아 있었다. 얼마 뒤 우리가 궁금해하며 기다리던 숲속의 공포라 불리는 회색곰이 휘황찬란하게 빛나는 등불 앞에 그 모습을 드러냈다. 그러더니 공원 안 호텔 식당에서 버린 음식 찌꺼기를 먹기 시작했다. 말을 타고 지나가던 산림 감독 마틴데일 소령은, 이 광경을 보고 흥분한 여행객들에게 곰에 얽힌 이야기를 들려줬다.

회색곰은 서부의 다른 어떤 동물보다도 강하며, 이와 맞설 수 있는 상대는 들소와 코디악곰뿐이라고 했다. 그런데 그날 밤 나는 회색곰이 숲속에서 나온 어떤 짐승에게 먹이를 나누어 주는 광경을 목격했다. 그 짐승은 스컹크였다. 앞발로 한 번만 차도 스컹크를 해치울 수 있을 텐데, 어째서 곰은 가만히 있었을까? 곰은 지금까지의 경험으로 미루어 그것이 타산이 맞지 않는다는 것을 알고 있었다.

어렸을 때 농장에서, 네 발로 걷는 스컹크를 잡은 적이 있다. 어른이 되어서는 뉴욕 길가에서 가끔 두 발로 걷는 스컹크를 보기도 했다. 어쨌든 나의 경험에 따르면 스컹크를 건드리면 손해만 본다.

적을 미워하면 할수록 적에게 지배당하게 된다. 그것은 바로 수면, 식욕, 혈압, 건강 그리고 행복에도 영향을 미친다.

우리의 적은 그들이 우리를 괴롭힌다는 사실을 알게 되면 분명 기뻐할 것이다. 우리의 증오는 그들에게 조금도 상처를 주지 못하고, 도리어 자신에게 밤낮으로 지옥 같은 고통을 맛보게 한다.

"어떤 이기적인 사람이 당신을 이용하려 들면, 그 사람을 상대하지 않는 것이 좋다. 보복하려 하지 않는 게 좋다. 보복하려 들면, 상대에게 상처를 주기도 전에 자기 자신이 손해를 입게 된다."

몽상적인 이상주의자의 헛소리로 들릴지 모르지만, 이 말은 밀워키의 경찰 본부에서 발간하는 '경찰 홍보'에 기재되어 있다.

그렇다면 보복은 어떻게 우리를 해칠까? 여러 가지 방법이 있는데, 〈라이프〉지에 따르면, 그것은 건강까지 해롭게 만들 수 있다고 한다.

"고혈압으로 고생하는 사람들의 특징은 바로 원한이다. 원한이 만성이 되면 만성 고혈압과 심장병을 일으킨다."

그러므로 그리스도가 '원수를 사랑하라' 한 말은 단순히 올바른 도덕만 가르친 것이 아니라, 현대 의학까지 설명했다고 할 수 있다. 예수는 "일곱 번의 70배까지 용서하라" 말하면서 우리에게 고혈압, 심장병, 위궤양, 그리고 다른 많은 병을 예방하는 법을 강론했다.

얼마 전 내 친구가 심각한 심장병에 걸렸는데, 의사는 그녀에게 침대에 누워 어떤 일이 있더라도 절대 화를 내지 말라고 했다. 의사는 심장이 약한 사람이 화가 나서 발작을 일으키면 죽는 수가 있다는 것을 알고 있었다. 실제로 몇 년 전 워싱턴의 어느 레스토랑 주인이 화를 내다가 발작을 일으켜 죽기도 했다. 그 실증으로 워싱턴 스포캔의 경찰 본부장 제리 스워타웃의 편지가 있다.

"수년 전 이곳에서 카페를 경영하던 68세 윌리엄 퍼케이버라는 사람은, 요리사가 접시로 커피를 마시겠다고 우겨대는 바람에 화가 치밀어 결국 사망했다. 그는 너무 화가 난 나머지 권총을 들고 요리사를 쫓아갔지만, 총을 손에 든 채 심장마비로 쓰러졌다. 검시관은 분노에 의한 발작으로 심장마비사라고 결론 내렸다."

그리스도가 '원수를 사랑하라' 말했을 때, 그분은 어떻게 하면 우리의 마음가짐을 좋게 할 수 있는지도 설파했다. 나는 증오와 원한 때문에 얼굴이 주름살투성이가 된 부인들을 보아 왔다. 아무리 뛰어난 미용술도 관용과 친절 그리고 애정이 담긴 마음이 만드는 용모만큼 아름답게 만들어 주지는 못한다.

증오는 음식을 맛보는 능력까지 파괴한다. 《성서》에는 이렇게 쓰여 있다.

'사랑이 깃든 조촐한 채소 요리가 증오에 가득 찬 기름진 고기 요리보다 낫다.'

우리의 적이, 우리가 그들을 증오하면서 피로해지고 신경쇠약에 걸리고 인상이 험해지고 심장병에 걸려 자기 생명까지 위태롭게 했다는 사실을 알게 되면 얼마나 기뻐할까. 원수를 사랑할 수는 없어도 자기를 사랑할 수는 있지 않은가. 적에게 우리의 행복, 건강, 용모를 지배할 권리를 내주지 않을 정도로 자기 자신을 사랑해야 한다.

셰익스피어는 이렇게 말했다.

"원수 때문에 난롯불을 뜨겁게 지피지 마라.
　그 불이 오히려 너 자신을 태우리라."

그리스도가 원수를 '일곱 번의 70배까지 용서하라' 말했을 때는 사업을 견실하게 운영하는 방법을 설명하는 가르침이기도 했다. 여기에 스웨덴 웁살라에 사는 조지 로나가 보내온 편지가 있다. 그녀는 빈의 변호사였는데, 제2차 세계대전 중에 스웨덴으로 피란 갔다. 무일푼이었기에 일자리를 구해야만 했다. 그녀는 몇 개 국어에 능통했으므로, 무역회사 통신원으로 취직하려 했다. 그러나 무역회사에서는 전쟁 중이어서 일자리가 없으니 이름만 적어 놓고 가라고 했다. 어느 회사나 대답은 마찬가지였다. 그런데 한 회사에서 다음과 같은 회신을 보내왔다.

"무역회사에 취직하고자 하는 당신의 소망은 잘못되었습니다. 우리 회사는 통신원이 필요 없습니다만, 필요하다 해도 당신을 고용할 생각은 조금도 없습니다. 우선 당신은 스웨덴 말이 서투른 데다 지원서도 오자투성이였습니다."

조지 로나는 그 편지를 읽고 무척 화가 났다.

'오자투성이라니 무슨 소리야, 이런 무식한 것들! 너희가 보낸 편지도 오

자투성이잖아!'

조지 로나는 이런 촌놈들을 혼내 주려고 펜을 들었다. 그러다 그녀는 잠시 반성했다.

'어쩌면 이 사람 말이 맞을지도 몰라. 내 딴에는 스웨덴 말을 공부한다고 했지만, 모국어는 아니니까 미처 몰랐던 실수가 있을지도 모르지. 그렇다면 취직하기 위해 스웨덴 말을 좀 더 배워야 하지 않을까. 이 사람은 나에게 좋은 충고를 해 준 거야. 말솜씨는 없지만, 그의 호의는 감사할만해. 그러니 한번 인사 편지라도 보내는 게 어떨까.'

그리하여 조지 로나는 쓰던 편지를 찢어 버리고, 다음과 같은 편지를 썼다.

"통신원이 필요치 않은데도, 애써 회답까지 보내 주셔서 감사합니다. 더구나 귀사의 사정을 몰랐던 것을 죄송하게 생각합니다. 귀사에 지원서를 보낸 이유는 다름이 아니라, 귀사가 무역업계에서도 손꼽히는 존재라는 이야기를 들었기 때문입니다. 저의 편지에 문법상 오류가 있었던 일에는 부끄러움을 금할 수 없습니다. 앞으로 더욱 열심히 스웨덴어를 공부하여 다시는 그런 잘못이 없도록 하겠습니다. 제게 친절을 베풀어 주셔서 깊이 감사드립니다."

며칠 뒤, 조지 로나는 바로 방문 요청을 받고 찾아갔다가 일자리를 구하게 되었다. 그녀는 '다정한 대답이 노여움을 푼다'라는 것을 깨닫게 되었다.

우리는 원수를 사랑할 만큼 성자는 아닐지 모른다. 그러나 적어도 자기 건강과 행복을 위해 이제는 원수를 용서하고 마음속에서 지워버리기로 하자. 그것이 바로 '현명함'이다.

공자는 말했다. "도둑맞거나 모욕을 당해도, 그것을 잊어버린다면 아무것도 아니다."

나는 언젠가 아이젠하워 장군의 아들 존에게, 부친께서 남을 원망하는 모습을 본 적이 있느냐고 물어보았다. 그는 말했다. "천만에요. 저희 아버지께서는 자신이 싫어하는 사람을 생각할 시간이 단 1분도 없으셨답니다."

옛말에도 있다. '성낼 줄 모르는 사람은 바보고, 성내지 않는 사람은 현자

이다.'

전 뉴욕 시장 윌리엄 J. 게이너의 정책이 바로 그랬다. 그는 옐로 페이퍼〔黃色新聞〕에 얻어맞고 미치광이에게 저격당해 목숨이 위독했는데도, 병상에 누워 이런 말을 했다.

"나는 밤마다 세상의 온갖 일과 모든 사람을 용서한다."

너무 이상적인 말이 아닐까? 너무 달콤한 말이 아닐까? 만일 그렇다면 《염세주의 연구》의 저자인 독일 대철학자 쇼펜하우어의 의견을 들어보자. 그는 인생이란 무익하며 끝없이 괴로운 경험이라고 했다. 그가 길을 걸으면, 마치 슬픔이 그의 몸에서 뚝뚝 떨어지는 것 같았다. 그러면서도 그 절망의 심연에서 쇼펜하우어는 외쳤다. "가능하다면 누구한테도 원한을 품지 마라."

나는 윌슨, 하딩, 쿨리지, 후버, 루스벨트, 그리고 트루먼 등 여섯 명의 대통령이 신임하던 고문인 버나드 바루치에게 이제까지 정적이 한 비난 때문에 고민한 일이 있었느냐고 물었다. 그는 이렇게 대답했다.

"아무도 나에게 무안을 주거나 골탕 먹이지 않았습니다. 애당초 그럴 일은 만들지 않으니까요."

처음부터 그런 일을 만들지 않는다면, 다른 사람이 무안을 주거나 그로 인해 난처해질 까닭이 조금도 없다.

몽둥이나 돌멩이가 내 뼈를 부러뜨릴지 모른다.
그러나 말(words)은 절대 나를 다치게 할 수 없다.

예로부터 사람들은 자기 적에게 아무런 악의도 품지 않는 그리스도와 같은 사람들에게 존경을 바쳐 왔다. 나는 가끔 캐나다 재스퍼 국립공원을 찾아가 북미에서도 가장 아름답다는 경치를 바라보는 것을 즐긴다. 이 산은 1915년 10월 12일에 독일 소총부대 앞에서 성녀처럼 죽어 간 영국인 간호사 에디스 카벨의 이름을 따서 마운트 벨이라고 부른다. 대체 그녀는 어떤 죄를 지었을까? 그녀는 벨기에에 살면서 영국과 프랑스 부상병을 간호하고 음식을 제공하면서 그들을 도와 폴란드로 도망가게 했다. 운명의 10월 아침, 브뤼셀 군 교도소 감방 안으로 영국의 종군 목사가 찾아와 그녀에게 죽음을 준비하게 할 때, 에디스 카벨은 이렇게 말했다. 이 말은 동판이나 돌에 새겨져 지금까지 남아 있다.

"애국심만으로는 충분하지 않다고 절실히 느꼈습니다. 나는 아무도 증오하지 않으렵니다."

이로부터 4년 뒤, 그녀의 유해를 영국으로 이송해 웨스트민스터 사원에서 추도식을 거행했다. 얼마 전 런던에서 지낼 때, 국립 초상화 미술관을 바라보며 서 있는 그녀의 동상 앞 화강암에 새겨진 불후의 명언을 읽었다.

"애국심만으로는 충분하지 않다고 절실히 느꼈습니다. 나는 아무도 증오하지 않으렵니다."

원수를 용서하고 원한을 잊으려면, 자기보다 무한히 큰 어떤 대의(大義)에 몰두해야 한다. 그러면 모욕이나 적의는 아무런 문제도 되지 않는다. 대의 이외의 온갖 것을 신경 쓰지 않게 되기 때문이다.

1918년 미시시피 산속에서 금방이라도 터질 듯한 하나의 극적인 폭행 사건이 있었다. 로렌스 존스라는 흑인 목사 겸 교사가 처참하게 죽임을 당하려는 순간이었다. 몇 년 전 나는 이 로렌스 존스가 세운 파이니 우드 컨트리 스쿨을 찾아가 학생들에게 강연한 적도 있다. 이 학교는 오늘날 전국적으로 알려졌지만, 내가 말하고자 하는 사건은 훨씬 전에 일어난 일이다. 그것은 모든 이의 신경이 곤두서 있던 제1차 세계대전 중에 일어났다. 그즈음 미시시피 중부 지방에는 독일인이 흑인을 선동하여 반란을 일으키려 한다는 소문이 파다했다. 지금 살해당할 판인 로렌스 존스가 바로 그 장본인이라는 것이었다. 한 무리의 백인이 그의 교회 앞에 서 있었을 때, 그가 군중을 향해서 이렇게 외쳤다.

"인생은 투쟁이다. 그러므로 이것을 무찔러 이기려면, 흑인 한 사람 한 사람이 모두 갑옷으로 무장하고 용감하게 싸워야 한다."

'싸우자!' '갑옷!' 이 말만으로도 충분했다! 흥분한 청년들은 밤의 어둠을 뚫고 달려가 폭도를 동원하여 교회를 포위하고 목사의 목에 밧줄을 걸었다.

그들은 목사를 1마일이나 끌고 가 장작더미 위에 세우고, 불을 피워 그를 태워 죽일 준비를 했다. 그런데 이때 누군가가 소리쳤다. "태워 죽이기 전에 빌어먹을 설교나 들어보자. 그러니 지껄여 봐라! 어서!" 로렌스 존스는 장작더미 위에 서서 목에 밧줄을 감은 채, 그의 생명과 신념에 대해 연설했다.

그는 1907년에 아이오와 대학교를 졸업했고 훌륭한 성품과 뛰어난 학업 성적, 음악적 재능으로 동료들과 학교에 명성이 자자했다. 졸업하고 나자, 어떤 호텔경영자가 그에게 일자리를 제공했지만, 그는 사양했다. 어떤 부호는 음악을 더 공부할 수 있도록 학비를 대주겠다고 했지만, 이것 역시 거절했다. 왜냐하면 그의 가슴속엔 그만의 '꿈'이 빛나고 있었기 때문이다. 그는 부커 T. 워싱턴의 전기를 읽고 감명받아, 자신도 가난에 허덕이는 몽매한 흑인 동포들을 교육하기 위해 일생을 바치겠다고 결심했다. 그래서 남부에서도 가장 벽지인 미시시피주 잭슨에서 남쪽으로 25마일 떨어진 오지로 갔다. 그는 회중시계를 1달러 65센트에 저당 잡고는 산속 빈터에서 나무판자로 책상을 대신하며 수업을 시작했다.

죽음을 눈앞에 두고 로렌스 존스는 자기를 죽이려고 기다리는 격분한 군중에게, 그가 무지한 자녀들을 가르쳐 선량한 농부로, 요리사로, 혹은 가정부로 만들려고 얼마나 분투했는지 이야기했다. 또 파이니 우드 컨트리 스쿨을 세우겠다고 애쓰던 자신을 도와준 백인들을 비롯하여 그의 교육사업을 도우려고 토지, 목재, 가축, 현금 등을 기부한 수많은 백인의 공헌에 대해서도 찬사를 아끼지 않았다.

훗날 자신을 길거리에서 이리저리 끌고 다녔을 뿐만 아니라 장작더미 위에 매달아 태워 죽이려 했던 사람들을 증오하지 않으냐는 질문을 받았을 때, 그는 대의와 신념으로 머리가 가득 차 있고 자기 자신보다 큰일에 몰두해 있었으므로 남을 미워할 여유 따위는 없었다고 했다.

"남과 다툴 여유가 없습니다. 후회할 틈도 없습니다. 그 어떤 누구도 나에게 굴욕감을 주거나 증오심을 심어 줄 수는 없습니다."

폭도들은 로렌스 존스가 자신을 위해서가 아니라, 대의를 위해 그런 일을 했다는 감동적인 열변을 듣고 점차 누그러지기 시작했다. 그러자 군중 속에서, 예전에 남군 병사였던 사람이 이렇게 말했다.

"저 사람 말이 옳아. 저이가 말한 백인들은 모두 내가 아는 이들이야. 우리가 오해한 걸세. 정말 훌륭한 일을 하는 걸세. 저 사람은 매달아 죽이지 말고 도와주어야 마땅하지 않겠는가."

노병은 모자를 벗어 군중에게 돌려서, 파이니 우드 컨트리 스쿨의 창립자를 불태워 죽이겠다고 모인 사람들로부터 기부금 52달러를 거두었다. "남과 다툴 여유가 없습니다. 후회할 틈도 없습니다. 그 어떤 누구도 나에게 굴욕감을 주거나 증오심을 심어 줄 수는 없습니다." 이렇게 말했던 사람을 위하여.

에픽테토스는 19세기 전에 이미 이렇게 지적했다.

"결국, 인간은 누구나 자기가 저지른 과오에 보상을 받게 되어 있다. 이 사실을 아는 사람은 누구에게도 화내지 않고 누구도 원망하지 않으며 누구도 꾸짖지 않고 누구도 탓하지 않으며, 아무도 미워하지 않는다."

아마도 미국 역사상 링컨만큼 비난받고 미움을 사고 배반당한 사람은 없을 것이다. 그러나 헌든은 그의 유명한 전기에서 링컨에 대해 다음 같이 말했다.

"어떤 누구도 자기 기호에 맞추어 판단하지 않았다. 어떤 일을 꼭 해야 하는 경우, 그것을 제대로 해낼 수 있는 사람이 있으면, 그가 자기에게 악의를 품고 못마땅하게 구는 사람일지라도, 링컨은 친구와 다름없이 그를 바로 기용했다…… 정적이기 때문에 혹은 그에게 반감이 있다고 해서, 그가 인사이동을 한 적은 한 번도 없었다."

링컨은 맥레런, 시워드, 스탠턴, 체이스 등 그가 임명했던 많은 사람에게 비난받고 모욕당했다. 그러면서도 헌든의 전기에 따르면 링컨은 이렇게 말했다.

"이미 자신이 한 일은 칭찬받을 것은 못 된다. 그렇다고 남이 한 일을 비난할 필요도 없다. 우리 인간은 조건, 환경, 교육, 습관 등으로 인성을 형성하는 유전자가 만들어 낸 부산물에 지나지 않기 때문이다."

링컨의 이 말은 옳다. 예컨대 우리가 적과 동일한 육체적, 정신적, 감정적 특질을 가지고 태어났다면, 우리의 인생이 적의 인생과 마찬가지라면, 우리 역시 그들과 똑같이 행동했을 것이다. 아니 그럴 수밖에 없다. 수우족 인디언의 기도를 들어 보라. '오오, 위대한 신이시여! 제가 보름 동안 그의 가죽신을 신어 보기기 전까지 그를 판단하거나 비평하지 않도록 나를 지키소서.' 이 말에 동조할 만한 관대함을 지녀야 한다. 그러므로 우리는 원수를 미워하기 전에 우리가 그들이 아닌 것을 하나님께 언제나 감사해야 한다. 원수에게 비난을 퍼붓고 원한을 품는 대신 이해하고 동정하며 도움과 관용, 기도를 베풀어야 한다.

나는 매일 밤 가족들이 모두 무릎을 꿇고 《성서》의 한 구절을 읽거나 성구 일부를 되풀이하는 '가정 예배'를 드리는 집안에서 자랐다.

그런데 지금도 아버지께서 이따금 한적하고 평화로운 미주리주 농장에서 다음과 같은 그리스도의 말씀을 되풀이한 일이 기억난다. "너희의 원수를 사랑하며, 너희를 미워하는 자들에게 은혜를 베풀며, 너희에게 악담하는 자들에게 복을 빌어 주며, 너희를 증오하는 이들을 위하여 기도하라."

아버지는 이러한 그리스도의 말씀을 몸소 실천하려고 노력했는데, 그 덕분에 마음의 평화를 얻을 수 있었다.

인간에게 진정한 평화와 행복을 가져다주는 정신 태도를 보이기 위해 필요한 두 번째 법칙은 다음과 같다.

적에게 보복하려 들지 말라.
그에게 상처를 주기에 앞서 자신에게 상처를 주게 되기 때문이다.
"싫어하는 사람 생각으로 단 1분도 허비하지 말라" 이 아이젠하워의 말에서 처세를 배워라.

감사할 줄 모르더라도 마음 쓰지 말라
장미꽃을 건네는 사람 손에는 장미 향이 남는다

얼마 전 텍사스에 갔을 때, 나는 배신감으로 분개하는 한 사업가를 만났다. 그를 만나면 채 15분이 지나기 전에 그런 말이 나오리라 생각했는데, 역시 그랬다. 사건이 일어난 지 벌써 11개월이 지났는데도 아직도 화가 가시지 않았는지, 나를 만나서도 그 말뿐이었다. 직원 35명에게 평균 300달러씩이나 크리스마스 보너스를 주었지만, 누구 하나 고맙다는 인사가 없었다고 했다.

"한 푼도 주지 말 걸 그랬어!"

그는 몹시 분노했다. '성난 사람으로 독은 가득하다'고 공자도 말했지만, 그의 온몸에서 뿜어져 나오는 독이 느껴져 오히려 그가 불쌍해 보였다. 그는 60세쯤 되었는데, 생명보험 회사 통계에 따르면, 사람들은 평균 80세에서 현재 연령을 뺀 수의 3분의 2보다 조금 많을 정도의 수명을 누린다고 한다. 그렇다면 이 사람도 기껏 앞으로 14년 내지 15년 남짓 살 것이다. 그런데도 그는 이미 지나간 일을 갖고 한탄하고 괴로워하면서 남은 수명의 근 1년을 허비했다.

그는 분노와 자기 연민에 차서 허덕이는 대신, 직원들이 왜 자기에게 감사할 줄 모르는지 자기에게 물어보았어야 했다. 직원들을 낮은 급여로 혹사해왔는지도 모른다. 또는 직원들이 크리스마스 보너스를 선물이라고 생각하지 않고, 급여의 일부로 간주했을지도 모른다. 그렇지 않으면 너무 잔소리해대는 사장에게 가까이 가기가 거북해서 고맙다는 인사를 생략했는지, 또는 잊었는지도 알 수 없다. 아니면, 세금으로 내야 할 돈을 생색용으로 내놓은 것이라고 여겼을지도 모른다.

직원들이 이기적이거나 버릇이 없었다고도 볼 수 있다. 어쨌든 속사정은 확실히 모르겠지만, 나는 새뮤얼 존슨 박사가 이렇게 말한 것을 기억한다. "감사하는 마음은 교양의 열매이며 비천한 사람에게서는 찾아볼 수 없다."

내가 하고 싶은 말이 바로 이것이다. 앞서 말한 사람은 감사 인사를 받고 싶어 하는 사람에게서 흔히 있는 과오를 범했다. 즉, 그는 인간을 잘 몰랐다.

우리가 어떤 사람의 목숨을 구했다고 하자. 당신은 그에게서 감사받아 마땅하다고 생각하는가? 아마 그럴 것이다. 그런데 판사가 되기 전 유명한 변호사였던 새뮤얼 라이보위츠가 78명의 사람을 전기의자에서 구해 내면서, 그중 몇 사람에게서 감사 인사를 받고 몇 사람에게서 크리스마스 카드를 받았다고 생각하는가? 그렇다. 단 한 사람도 없었다.

예수는 어느 날 오후, 나병 환자 열 명을 고쳤다. 그런데 그중 몇 사람에게서 감사 인사를 받았다고 생각하는가? 누가복음을 보면 오직 한 사람뿐이었다. 예수가 제자들에게 물었다. "다른 아홉 사람은 어디 있는가?" 모두 이미 달아나 버리고 없었다. 한마디 인사도 없이 가버렸다. 텍사스의 사업가이든 누구든, 우리가 베푼 작은 친절의 보답으로 일찍이 예수가 받은 그 이상의 감사를 기대할 수 있을까?

특히 돈에 얽힌 문제일 때는 더욱 기대하기 어렵다. 언젠가 찰스 슈바프에게서 들은 이야기이다. 그는 은행에서 빌린 돈으로 주식 투자를 한 지배인을 구해 준 적이 있었다고 한다. 자기 돈을 써 가면서까지 그가 교도소에 가는 것을 막아 주었다. 물론 그 당시에는 지배인도 그에게 감사했지만, 나중에는 그에게 반감을 갖더니 감옥에 갈 자신을 구해 준 은인을 도리어 원망했다.

우리가 친척에게 100만 달러를 주었다고 하자, 그에게 감사 인사를 받으리라 기대하는가? 철강왕 앤드루 카네기는 바로 그렇게 했다. 그러나 카네기가 다시 살아 돌아온다면, 그는 이 친척이 자기를 헐뜯는 모습을 보고 이맛살을 찌푸렸을 것이다. 그 친척은, 카네기가 자선 사업에는 3억 달러나 기부하면서 자신에게는 고작 100만 달러밖에 주지 않았다고 말했다.

아무튼, 세상만사가 모두 이런 법이다. 인간의 천성은 타고나는 것이며 우리가 살아가는 동안에는 변하지 않는다. 그러니 이를 받아들일 수밖에 없지 않겠는가.

우리는 왜 로마 제국을 통치한 위대한 현인 마르쿠스 아우렐리우스처럼 현실적일 수밖에 없는가. 그는 일기에 다음과 같이 썼다.

"나는 오늘 지나치게 말이 많은 사람, 이기적이고 자기중심적이며 은혜라곤 모르는 사람을 만나기로 되어 있다. 그러나 별로 의아해할 것도 없고 불안할 것도 없다. 본디 이런 사람이 없는 세상은 상상할 수 없으니까."

맞는 말이다. 우리는 배은망덕한 사람을 비난하곤 하는데, 대체 그것은 누구의 죄인가? 인간성 자체가 유죄인가, 아니면 인간의 천성에 무지한 탓인가? 어쨌든 감사를 기대하지 마라. 그러면 간혹 조금이나마 감사 인사를 받게 될 때 놀라운 기쁨을 맛보게 될 것이고, 설령 감사 인사를 받지 못했다고 해도 딱히 실망하지 않는다.

여기에 이 장에서 강조하는 가장 중요한 포인트가 있다. 즉 인간이란 천성적으로 감사를 잘 잊어버리는 동물이다. 그러므로 굳이 상대에게 감사를 기대해서 자기 마음에 고통을 부를 필요는 없다.

나는 뉴욕에 사는 한 부인을 아는데, 그녀는 언제나 외로워서 불만이었다. 친척 중 누구 하나 이 여자와 가까이하려 들지 않았다. 당연한 일이었다. 그녀는 누가 찾아오기만 하면 몇 시간이고 앉혀 놓고 어린 조카딸을 키우던 이야기를 주저리주저리 늘어놓는다. 홍역이며 볼거리, 백일해에 걸렸을 때, 자기가 얼마나 알뜰히 간호해 주었는지부터 시작해서 여러 해 동안 그들을 양육한 일이며, 그중 한 명을 실업학교에 넣었다는 것, 또 한 아이는 결혼할 때까지 갖은 뒤치다꺼리를 해 주었다는 둥 한없이 넋두리를 늘어놓는다.

그렇다면 조카들은 그녀를 자주 찾아올까? 물론 가끔 마지못해 방문하긴 하지만, 실상은 꺼린다. 긴 시간 동안 지루한 넋두리에 자기 연민이 섞인

하소연을 듣자니 진력이 나기 때문이다. 더구나 그녀는 들들 볶고 호통치고 타일러도 그들이 오지 않으면, 심장 발작을 일으키기도 했다.

이 심장 발작은 사실이었을까? 물론 그렇다. 의사가 말하기를, 그녀의 심장은 신경질로 맥박이 불규칙해지는 병에 걸렸다고 한다. 그녀의 발작은 순전히 감정에서 오는 것이어서 달리 이렇다 할 치료 방법도 없다고 한다.

그녀가 진정으로 바라는 것은 애정과 친절이다. 하지만 그녀는 그것을 '보은'이라 부른다. 그녀가 이것을 요구하는 한, 절대로 감사와 애정은 받지 못한다. 그녀는 그것이 당연하다고 생각하기 때문이다.

세상에는 이렇듯 배은망덕과 외로움, 소외감으로 고민하는 사람이 허다하다. 그들은 한결같이 애정을 구하지만, 진정한 사랑을 받으려면 그런 기대를 하지 말아야 한다. 보답을 기대하지 말고 자기 애정을 쏟는 데 전념해야 한다.

정말 비현실적이고 허무한 이상주의라고 생각할지 모르지만, 절대 그렇지 않다. 오히려 평범한 상식이자 행복을 찾는 좋은 방법이다. 나는 가정에서 그것이 성공한 모습을 보았다. 우리 부모님은 남을 돕는 일을 기쁨으로 삼고 계셨다. 가난한 살림에도 불구하고, 두 분은 해마다 아이오와주 카운실 블러프스 보육원에 돈을 기부하셨다. 부모님께서는 그 보육원에 가 본 적도 없었고 편지 말고는 아무에게도 인사를 받은 적이 없었지만, 두 분은 충분한 보답을 받았다. 어떠한 보상도 기대하지 않고 어린아이들을 돕는다는 기쁨이 그 보답이었다.

집을 떠나온 뒤부터 나는 해마다 크리스마스 때 부모님께 약간의 돈을 보내드렸는데, 두 분이 무엇이든 즐거운 일에 쓰시라고 했다. 그런데 부모님은 절대 그러시지 않았다. 성탄절을 며칠 앞두고 집에 와 보니 아버지께서는 그 돈으로, 여러 자식을 거느린 채 식량과 연료 때문에 고생하는 마을의 과부들에게 석탄과 식료품을 사주었다고 말씀하셨다. 아무튼 두 분은 이 선물을 보내고는 크게 기뻐하셨다. 어떠한 보상도 바라지 않고 남에게 은혜를 베푼 기쁨이었다.

나는 아버지가 아리스토텔레스가 말한 이상인(理想人)이 될 자격을 갖추었다고 본다. 즉, 행복할 가치가 있는 인간이다. 아리스토텔레스는 이렇게 말했다.

"이상인은 남에게 친절을 베푸는 데서 기쁨을 느낀다. 그렇지만 남한테 친절을 받는 것은 부끄러움으로 여긴다. 친절을 베푼다는 것은 우월하다는 상징이며, 그것을 받는 것은 열등하다는 표시이기 때문이다."

이 장에서 말하려는 두 번째 포인트가 여기에 있다. 행복을 찾고자 한다면, 감사 인사를 받든 받지 못하든 상관없이, 베푸는 마음 그 자체로 만족해야 한다.

수천 년 전부터 부모들은 효도하지 않는 자식에게 끊임없이 분개해 왔다. 셰익스피어의 리어왕마저도 이렇게 외쳤다. "은혜를 모르는 자식을 두는 것은 독사에 물리는 것보다 더 고통스럽다."

그러면 어째서 자식들은 부모에게 감사해야만 하는가? 부모가 그렇게 시키는 것인가? 오히려 감사하지 않는 것은 잡초같이 자연스러운 일이다. 반면 감사할 줄 아는 마음은 장미꽃처럼 비료를 주고 물을 뿌리고, 배양하고 아끼고 보호해야 한다.

자식들이 감사를 모른다고 하자. 그렇다면 이는 대체 누구의 탓일까? 바로 우리의 탓이다. 우리가 남에게 감사해야 한다고 가르쳐 주지 않았다면, 자식들이 우리에게 감사하리라 기대하지 말아야 한다.

내가 잘 아는 시카고의 어떤 사람은 의붓자식이 배은망덕하다고 불평을 터뜨릴 만했다. 그는 상자 제조공장에서 일하면서 주급 40달러를 벌었다. 그러던 중에 한 과부와 결혼했는데, 그녀는 남편을 설득해 빚을 내어 데려온 두 자식을 대학에 입학시켰다. 그는 주급 40달러로 식비, 집세, 연료비, 의복값에다 빚진 돈의 이자까지 치러야만 했다. 그 뒤 4년 동안이나 소처럼 일했지만, 불평 한마디 하지 않았다.

그렇다고 그가 고맙다는 인사를 받았을까? 그렇지 않았다. 아내나 의붓 자식들은 그것을 당연한 일이라고 여겼다. 그들은 계부에게 감사하기는커 녕 부담을 지운다고 꿈에도 생각지 않았다.

그렇다면 대체 누가 나쁜 것일까? 물론 의붓자식도 잘못이겠지만, 그보다는 어머니가 훨씬 더 비난받아야 한다. 그녀는 자식들의 장래에 '채무감'을 지우는 것을 수치라고 생각했으며, 그들에게 '빚진 출발'을 시키고 싶어 하지 않았다. 그녀는 자식들에게 한 번도 이렇게 말한 적이 없다. "너희를 대학에 보내다니, 아버진 참 대단한 분이야." 오히려 이렇게 말했다. '그런 일은 아무것도 아니란다.'

자기 딴엔 자식들을 사랑하는 마음에서 한 행동이었지만, '세상은 그들의 생활을 보장할 의무가 있다'는 위험천만한 생각을 가지고 험준한 인생 항로로 나가게 했다. 이것은 참으로 위험한 생각이었다. 두 자식 중 하나는 고용주에게 '빚'을 얻으려다가 결국 수감생활을 하게 되었다.

자식들의 장래가 가정교육에 달려 있다는 사실을 반드시 기억해야 한다. 예컨대, 미니애폴리스에 사는 바이올라 알렉산더 이모는 자식이 배은망덕할까 봐 조금도 걱정할 까닭이 없는 분이시다. 내가 어렸을 때 이모는 친정어머니를 봉양하려고 자기 집으로 모셔 왔다. 게다가 시어머니까지 한집에 같이 살게 되었다. 지금도 이 두 사돈 마님이 이모님 집 난롯가에 앉아 있던 정경이 눈에 선하다.

이 두 분이 이모에게는 '귀찮은 존재'였을까? 때로는 그랬을지도 모른다. 그렇지만 이모는 조금도 내색하지 않았으며, 그분들을 정성껏 모셨다. 그래서 두 노인께서도 여생을 편안하게 보낼 수가 있었다. 더구나 이모에게는 아이가 여섯이나 있었지만, 자기가 특별하게 어떤 훌륭한 일을 한다는 생각은 눈곱만큼도 없었다. 이모로서는 자기가 두 노인을 모시는 것은 당연한 일이고 올바른 처사이며, 하고 싶은 일이기에 했을 뿐이었다.

그러면 지금 이모는 어떻게 지내고 있을까? 그분은 이미 20년 넘게 과부 생활을 해 왔지만, 슬하에서 성장한 다섯 자식들은 저마다 독립하여 서로 어머니를 모시겠다고 야단이다. 그들은 어머니를 너무도 사랑하는 나머지 너나 할 것 없이 자기가 모시겠다고 나섰다. 그렇다면 이것은 감사하는 마음에서 나온 생각일까? 천만의 말씀이다. 그것은 사랑이며 순수한 애정이다. 즉 자식들은 어린 시절부터 아름다운 온정과 우아한 인간애가 느껴지는 분위기에서 자라났다. 그러므로 입장이 뒤바뀐 지금 그들은 그 애정에 보답하는 것이다.

감사하는 마음을 가질 줄 아는 자식으로 기르려면 우리가 먼저 감사하는 마음을 깊이 가져야 한다는 것을 꼭 기억해라. 옛말에도 있다. '어린아이는 귀가 밝다.' 말머리를 꺼낼 때는 각별히 조심해야 한다. 다시 말하자면, 아이들 앞에서 다른 사람이 베푼 친절을 불평하는 말은 해서는 절대 안 된다.

"사촌 수가 크리스마스에 보낸 이 손수건 좀 봐요. 그 애가 손수 짠 거라서 돈은 한 푼도 안 들었겠는걸."

이런 말은 절대 해서는 안 된다. 우리에게는 대수롭지 않은 말이었을지도 모르지만 아이들은 이상하게 알아듣는다. 그러므로 이렇게 말해야 한다.

"사촌 수가 이것을 짜느라고 정말 애썼어요. 감사 편지라도 보내야겠어요."

이렇게 말한다면, 아이들은 자기도 모르는 사이에 칭찬과 감사하는 습관을 익히게 된다.

은혜를 모른다고 원망하는 감정을 배제하기 위한 세 번째 법칙은 다음과 같다.

1. 은혜를 모른다고 속상해하지 말라. 차라리 그것을 예상하라. 예수는 하루에 나병 환자 열 명을 고쳐 주었지만, 감사한 이는 단 한 사람뿐이었다는 사실을 기억하라. 예수보다 더 감사 받기를 기대하면 너무 큰 욕심이 아닐까?
2. 행복을 얻는 유일한 방법은, 감사를 바라지 말고 주는 기쁨을 위해 주는 것이다.
3. 감사하는 마음은 후천적으로 길러지는 특성이다. 그러므로 감사하는 마음을 가지게 하려면 먼저 그것을 가르쳐 주어야만 한다.

지금 자신이 가진 것에 감사하라
행복한 사람은 희망과 사랑으로 살고
불행한 사람은 분노와 절망으로 산다

나는 해롤드 애보트와 오래전부터 아는 사이다. 그는 미주리주 웨브시티에 사는데, 한동안 내 강연 사업 매니저를 했다. 그런데 어느 날 우연히 캔자스시티에서 그를 만났다. 그는 나를 미주리주 벨턴에 있는 나의 농장까지 바래다주었는데, 도중에 나는 그가 고민을 어떻게 물리치는지 물어보았다. 그러자 그는 다음과 같이 너무나 감동적인 이야기를 들려주었다.

"나는 곧잘 고민에 빠지곤 했네. 그런데 1934년 어느 봄날, 웨브시티 거리를 지나다 한 광경을 목격했지. 이것으로 온갖 고민을 한꺼번에 몰아낼 수 있게 되었다네. 불과 10초 동안에 일어난 일이었지만, 이 10초 동안에 나는 지금껏 10년을 두고 배운 것보다 더 많이 어떻게 살아갈 것인지를 깨우치게 되었지.

나는 웨브시티에서 2년 넘게 식료품 잡화상을 운영했는데, 장사에 실패해 그동안 모아두었던 돈을 모두 잃었을 뿐만 아니라, 빚까지 져서 갚는 데 7년이나 걸렸다네. 점포는 저번 주 토요일에 폐점해 버렸고, 나는 캔자스시티로 일자리를 구하러 갈 여비를 빌리려고 은행에 가는 중이었지. 모습은 말할 수 없이 초라했고 낙심천만이었네.

그런데 맞은편에서 다리가 없는 사람이 오고 있더군. 그는 롤러스케이트용 바퀴를 단 작은 나무판자 위에 앉아서 두 손에 쥔 나무토막으로 끊임없이 땅을 찍어대며 오고 있었네. 우리가 얼굴을 마주한 것은 그가 마침 거리를 횡단하여 보도 위로 올라오려고 몸을 조금 들어 올렸을 때였네. 판자를 비스듬히 잡아드는 순간 나와 눈이 마주쳤네. 그는 싱긋 웃으면서 쾌활한 목소리로 나에게 인사를 하지 않겠는가.

'안녕하십니까? 날씨 참 좋습니다.'

그의 모습을 물끄러미 바라면서, 나 자신이 얼마나 부자인가를 깨달았다네. 나에게는 두 발이 있고, 걸을 수도 있지 않은가. 그동안 자기 연민에 빠져 허우적거린 게 몹시 부끄럽더군. 다리를 잃고도 이처럼 행복하고 명랑하고 자신을 잃지 않고 살아가는 사람이 있는데, 하물며 팔다리가 멀쩡한 내가 그럴 수 있겠느냐 생각하니 절로 용기가 솟았네. 처음엔 은행에서 100달러를 빌릴 심산이었지만, 200달러를 빌릴 수 있겠다는 자신이 생기더군. 일자리를 구하러 캔자스시티로 간다고 말할 생각이었지만, 직장을 구해 캔자스시티로 간다고 자신 있게 말했지. 그러자 은행에서 돈을 빌려주었고, 덕분에 취직하게 됐네.

나는 다음과 같은 말을 욕실 거울에 붙여두었네. 그리고 매일 아침 면도할 때마다 그것을 읽는다네.

> 나는 신발이 없다고 한탄해 왔지
> 그런데 거리에서 발이 없는 사람을 만났네."

언젠가 에디 리켄베이커에게, 다른 조난자들과 함께 3주나 뗏목을 타고 태평양을 표류했을 때 배운 가장 큰 교훈이 무엇이냐고 물어본 적이 있다. 그는 대답했다. "그때 배운 가장 큰 교훈은, 마실 깨끗한 물과 먹을 식량만 충분하면 더는 아무것도 불평도 없다는 것이었습니다."

〈타임〉지에 과달카날에서 다친 어느 상사의 이야기가 실렸다. 그 상사는 목에 포탄 파편을 맞아 상처를 입고 일곱 번이나 수혈받았다고 한다. 그는 군의관에게 쪽지에 글을 적어 보였다. "내가 살 수 있을까요?" 그러자 군의관이 대답했다. "네." 대답했다. 다시 군의관에게 적어 보였다. "내가 말을 할 수 있을까요?" 이번에도 대답은 똑같았다. "네." 그리고 다음과 같이 말했다. "대체 무엇을 걱정하십니까?"

잠깐 손을 쉬고 자기에게 물어보자. "나는 도대체 무엇을 걱정하는가?"

그러면 모든 걱정이 아무것도 아니었다고 깨닫게 된다.

인생에서 약 90%의 일은 옳고, 나머지 10%는 옳지 않다. 그러므로 우리가 행복하기를 바란다면, 90%의 옳은 일에 마음을 집중하고 10%의 옳지 않은 일은 잊어버리고 무시하면 된다. 고민하다가 위궤양에 걸리고 싶으면, 마음을 10%의 잘못에 집중하여 보람 있는 90%를 무시하면 된다. 영국 크롬웰 종파의 교회에 가면 '생각하고 감사하라'고 새긴 현판이 걸려 있는 걸 쉽게 볼 수 있다. 이 말은 우리의 마음속에도 새겨 둘 만하다.

《걸리버 여행기》의 저자 조나단 스위프트는 영문학 사상 가장 심각한 염세주의자였다. 그는 세상에 태어난 것을 비관하여 생일날 상복을 입고 단식했다. 이렇듯 세상에 절망하면서도 그는 인간에게 건강을 선사하는 쾌활함과 행복이 가진 힘을 찬미했다. 그는 말했다. "세계에서 가장 유능한 의사는 식이요법, 평온, 명랑이다."

우리는 알리바바의 재산 못지않게 우리가 소유한 재물에 언제나 주의를 기울임으로써, 온종일 '명랑의사'의 봉사를 공짜로 받을 수 있다. 10억 달러를 받고 두 눈을 팔 것인가? 두 다리는 무엇과 바꿀 것인가? 손과 귀는? 자식들은? 가족은? 모든 재산을 집계해 보라. 그러면 록펠러, 포드, 모건 등의 재산을 모두를 받는다고 해도 가진 것을 팔 생각이 전혀 없다는 것을 알게 될 것이다.

그런데도 우리는 이러한 것들의 진정한 가치를 알지 못한다. 쇼펜하우어는 말했다. "우리는 이미 가진 것은 좀처럼 생각지 않고, 언제나 없는 것만 생각한다." 이렇듯 가진 것은 좀처럼 생각지 않고 없는 것만 생각하는 경향은 정말 지상 최대의 비극이다. 이것은 아마도 역사상 있었던 온갖 전쟁과 질병 이상으로 인간을 불행하게 만들었다고 할 수 있다.

이런 것들 때문에 되어 존 팔머 씨는 '남들과 같은 어엿한 처지에서도 늙어빠진 불평가'가 되었으며, 사소한 일로 가정까지 망칠 뻔했다. 그는 이렇게 말했다.

"군에서 제대하고 나는 혼자서 장사를 시작했습니다. 처음에는 모든 일이 순조로웠지요. 그런데 뜻밖에도 골치 아픈 일이 생겼습니다. 상품의 부속품과 재료를 입수할 수 없게 되었습니다. 그래서 나는 폐업하게 될지도 모른다는 걱정으로 뜬눈으로 밤을 지새우게 되었고, 젊은 나이에 늙어빠진 불평가가 되어 버렸습니다. 마음이 우울하고 기분이 언짢아서 통 마음을 잡을 수가 없었어요. 자칫하면 가정의 행복까지도 망칠 판이었죠. 그러던 어느 날, 내가 고용한 젊은 상이군인이 이런 말을 했습니다.

'사장님, 부끄럽지 않으십니까? 온통 혼자서만 고생한다고 생각하시는데, 잠시 가게 문을 닫는다고 해서 어쨌다는 겁니까? 경기가 좋아지면 장사를 다시 시작할 수 있지 않습니까? 사장님은 그래도 운이 좋은 편이죠. 그런데도 언제나 불만만 가득하시니, 원!

저는 사장님이 부럽습니다. 저를 좀 보세요. 손은 하나밖에 없죠, 얼굴은 총상으로 반쪽이 되었습니다. 하지만 저는 불평하지 않습니다. 사장님은 불평만 계속 늘어놓다가 장사도 망칠 테고, 건강도 가정도 친구도 모두 잃게 될 겁니다.'

이 말이 몰락으로 질주하던 나의 삶을 멈추게 했고, 내가 아직 얼마나 행복한가를 깨닫게 해 주었습니다. 나는 당장 옛날의 나로 되돌아가기로 맘먹었습니다. 그리고 실행했지요."

내 친구 루실 블레이크는 한때 비극의 절정에서 몸부림쳤지만, 자기가 가지지 못한 것에 대한 고민을 떨쳐 버리고, 그 대신 가진 것에 만족함으로써 행복을 되찾았다.

내가 루실을 알게 된 것은 벌써 오래전 일이다. 그때 우리는 컬럼비아대학교 문학부에서 단편소설 작법을 함께 공부했다. 지금부터 9년 전, 애리조나에 살던 그녀는 정말 심한 충격을 받았는데, 그때의 일을 그녀는 이렇게 말했다.

"저는 눈이 핑핑 돌 정도로 바쁘게 살았습니다. 대학에서는 오르간을 배우고, 마을에서는 스피치 강습회를 지도하고, 데저트 윌로우 목장에서는 음악 감상 강좌도 맡았답니다. 게다가 댄스파티에도 나가고 심지어는 야간 승마도 하러 다녔어요. 그러다가 어느 날 아침, 쓰러지고 말았죠. 문제는 심장이었습니다. 의사가 1년 동안 절대 안정이 필요하다고 말하면서 전처럼 건강을 회복할 수 있다고 장담하지 못했어요.

1년간의 병상 생활! 다시 일어나지 못할지도 몰라! 두려움이 몰려와 몸이 덜덜 떨리더군요. 어쩌다 이 꼴이 되었을까? 내가 벌 받을 짓을 했던가? 나는 비탄에 잠겨 몸부림쳤고 반항적으로 되었죠. 그런데 이웃에 사는 화가 루돌프 씨가 이런 말을 해 주더군요.

'1년씩이나 누워 지내야 한다고 비극이라고 생각할지 모르지만, 절대 그렇지 않습니다. 오히려 차분하게 사색할 시간이 생겼으니 자아를 새롭게 인식할 수 있는 계기가 되지 않겠어요? 앞으로 몇 달이면 지금까지 해온 생활 이상으로 정신적인 성장을 얻게 될 겁니다.'

이때부터 저는 마음의 평정을 찾고 새로운 가치관을 기르기로 했어요. 그래서 영감(靈感)을 다룬 책들을 읽기 시작했습니다.

그러던 어느 날, 라디오 평론가가 '인간은 자기가 의식하는 것만 표현할 수 있다'고 말하는 것을 들었어요. 지금까지 이런 말을 가끔 듣긴 했지만, 그 순간 갑자기 내 가슴을 파고들더군요. 나는 그 말을 실천하기보다는 그런 생각만이라도 가져야겠다고 결심했습니다.

그것은 결국 환희, 행복 그리고 건강의 사상이었어요. 아침에 눈을 뜨면, 먼저 감사해야 할 모든 일을 생각했죠. 고통 없는 하루를 비롯하여 예쁜 여인, 라디오에서 흘러나오는 아름다운 음악, 독서 시간, 맛있는 음식, 다정한 친구들을 생각했어요. 워낙 쾌활하고, 게다가 문병객도 많아서 의사는 정해진 시간에 한 사람씩 차례로 병실에 오도록 했습니다.

이것이 벌써 9년 전 일입니다. 하지만 저는 지금도 충실하게 활발한 생활을 하고 있어요. 그 옛날 1년간의 병상 체험을 감사하게 여깁니다. 그것은 제가 애리조나에서 보낸 가장 귀중하고도 행복한 한 해였어요. 그 무렵 저는 아침마다 행복을 헤아리는 습관을 길렀고, 지금까지도 계속하고 있습니다. 그것은 제게 가장 소중한 보배이기 때문이죠. 어쨌든 죽음에 직면할 때까지 진정한 인생을 산다는 것이 무엇인지 몰랐던 저 자신을 생각하면 부끄러운 생각이 듭니다."

친애하는 루실 블레이크여, 당신은 미처 몰랐는지 몰라도 이미 200년 전 새뮤얼 존슨 박사가 체득했던 교훈을 그대는 이제 비로소 배웠다. 존슨 박사는 이렇게 말했다.

"사물의 가장 좋은 면을 보는 습관은 1년에 소득 1천 파운드를 올리는 것보다 낫다."

이것은 직업적인 낙천주의자가 한 말이 아니다. 20년 동안이나 불안과 누더기, 굶주림에 시달리면서도 당대에 가장 뛰어난 문학가이자 저명한 좌담가로 우뚝 선 새뮤얼 존슨이 한 말이다.

로건 피어설 스미스의 다음 이야기는 짧으면서도 함축적이다.

"인생에는 목표로 삼을 것이 두 가지 있다. 첫째는 욕망하는 것을 소유하는 일, 둘째는 그것을 즐기는 일이다. 그런데 가장 지혜로운 자들만이 두 번째를 성취한다."

부엌에서 접시 닦는 일이라도 감격하며 할 수 있다는 사실을 알고 싶지 않은가? 만일 뜻이 있다면, 불굴의 용기와 감격이 담겨 있는 보르힐드 다알의 《나는 보기를 원한다》는 책을 읽어 보라.

이 책은 50년 동안 거의 장님으로 지냈던 한 부인이 집필했는데, 그녀는 이렇게 썼다.

"나는 눈이 한쪽밖에 없다. 그 한쪽 눈마저도 심한 상처가 나서, 왼쪽 눈가의 작은 틈새를 통해 세상을 볼 수 있을 뿐이다. 책을 볼 때도 얼굴에 갖다 대고 볼 수 있게 왼쪽 눈을 왼쪽으로 돌려야 한다."

그러나 그녀는 남들이 주는 동정을 거부했고, '특별 취급' 하는 것을 싫어했다. 어렸을 때도 다른 아이들과 함께 비석 차기 놀이를 즐겼다. 하지만 그녀는 표적이 잘 보이지 않았으므로 다른 아이들이 놀다 돌아가고 나면 땅바닥에 엎드려 표적을 찾아 헤맸다. 얼마 뒤에는 자신이 놀았던 땅바닥 구석구석까지 모두 외우게 되었다. 그래서 뜀박질을 해도 남한테 지지 않게 되었다.

또한 그녀는 집에서 책을 읽는 법을 배웠는데, 큰 활자로 된 책을 보면서도 글자를 눈썹에 닿을 만큼 가까이 가져다 대어야만 내용을 이해할 수 있었다. 하지만 끊임없이 노력한 끝에 미네소타대학교에서 문학사 학위를, 컬럼비아대학교에서는 문학 석사학위를 받았다.

처음에 그녀는 미네소타주 트윈 벨리의 한 시골 마을에서 교사 생활을 하다가, 얼마 뒤 사우스다코타주의 오거스태너 대학교에서 신문학과 교수가 되었다. 이곳에서 13년 동안 강의를 했으며, 부인 클럽에서는 강연을, 라디오에서는 자기 저서와 삶을 다룬 방송을 했다. 그녀는 말했다.

"언제나 내 마음속에는 아예 실명(失明)해 버리면 어쩌지 하는 공포감이 잠재해 있었다. 그래서 공포를 극복하고자 일부러 쾌활하고 경솔하기까지 한 태도를 취했다."

1943년, 그녀가 52세 되던 해에 기적이 일어났다. 유명한 마요 진료소에서 수술을 받고, 40배가량이나 눈이 잘 보이게 되었다.

새롭고 눈부신 세계가 그녀 앞에 펼쳐졌다. 부엌에서 접시 닦는 일마저 어깨가 으쓱으쓱할 정도로 즐거운 일이 되었다. 그녀는 말했다.

"나는 접시 위에 몽글몽글 하얗게 엉기는 비누 거품을 만지작거리다 손으로 비누 거품을 떠서 햇빛 아래로 비춰 본다. 그러면 그 거품 하나하나 속에서 작은 무지개가 찬란한 색채로 빛나는 모습을 볼 수 있다."

또 그녀는 부엌 창문을 통해 귀여운 참새들이 지저귀며 펑펑 내리는 눈 속을 파닥거리는 날개로 날아가는 것을 보았다고 적었다.

비누 거품과 참새의 날갯짓을 보고서도 이렇듯 환희에 사로잡혔던 그녀는, 자기 저서 마지막 페이지를 다음과 같은 구절로 끝맺었다.

"사랑하는 하나님, 하늘에 계신 우리 아버지시여, 나는 당신께 감사합니다. 당신께 감사합니다."

접시를 닦을 수 있고, 거품 속의 무지개가 보이고, 눈 속을 날아가는 참새를 볼 수 있다는 사실에 감사했다. 우리 자신을 돌이켜 보면 부끄러운 생각이 든다.

우리는 태어나면서부터 이처럼 아름다운 세상 속에서 살면서도 눈이 멀어 그것을 보지 못하고, 즐기지 못한다.

고민을 없애고 새로운 생활을 시작하기 위한 네 번째 법칙은 다음과
같다.

고민만 하지 말고 그동안 축복받은 것을 헤아려라!

너 자신을 사랑하라
세상에는 나와 똑같은 사람이 없다

노스캐롤라이나주 마운트 에어리에 사는 에디스 얼레드 부인에게서 나는 아래의 자전적인 편지를 받았다.

"어릴 적 나는 몹시 신경질적이었으며 수줍음을 많이 타는 편이었다. 언제나 미적거렸고 얼굴에 살이 많아 몹시 뚱뚱해 보였다. 어머니는 옛날 사고방식을 갖고 계신 분으로, 예쁜 옷을 차려입으면 어리석다고 생각했다. 그래서 어머니는 '큰 옷은 입을 수 있어도, 작은 옷은 찢어진다'고 잔소리하시며 언제나 그런 식으로 나에게 옷을 입혔다. 어쨌든 나는 파티에 한 번도 가보지 못했고, 나의 생활에 즐거운 일이란 없었다. 학교에서도, 과외 활동이나 운동을 해본 적이 없었다. 나는 병적일 만큼 내성적이었고, 스스로 남들과 다르다고 생각했으며 언제나 따돌림당한다고 여겼다.

성년이 되어 몇 살 연상인 사람과 결혼했지만, 나의 성격은 조금도 변하지 않았다. 남편의 친척들은 모두 당당하고 자부심이 강한 사람들이어서, 언제나 나의 이상(理想)이었다. 나는 그들처럼 되어 보려고 노력했지만 아무 소용이 없었다. 그들이 나를 가까이하면 할수록 나는 더욱 기가 죽고 말았다. 나는 신경과민이 되었으며 걸핏하면 화를 냈고 사람 만나는 것을 되도록 피했다. 점점 더 증세가 심해지자 현관에서 벨 소리만 울려도 겁이 났다. 확실히 열등감에 빠져 있었다. 더구나 남편이 이 사실을 알게 될까 두려웠다. 그래서 남들 앞에서는 억지로 쾌활한 척했지만, 오히려 어색할 뿐이었다. 억지로 쾌활하게 행동을 한 뒤에는 며칠 동안 비참해졌다. 나는 너무나 고민스러워서, 살기 싫어졌고 자살까지도 결심하기에 이르렀다."

과연 무엇이 이 불행한 여인의 삶을 변화시켰을까? 그것은 우연한 말 한

마디 때문이었다고 얼레드 부인은 편지에서 밝혔다.

"그런데 우연한 말 한마디가 내 인생을 바꾸어 놓았다. 어느 날 시어머니께서 어떻게 자식들을 키우셨는지 말씀해 주셨다. '어떤 경우에서도 아이들에게 자기 자신이 되라고 강조했지. 무엇보다 자기 자신이 되어야 해!' 시어머니의 말씀을 들으며, 나는 이제까지 순응할 수 없는 테두리 속에 나 자신을 집어넣으면서 자신을 불행하게 만들어 왔다는 것을 깨달았다.

나는 그날 밤부터 달라졌으며 나 자신이 되고자 했다. 나의 성격을 세심하게 연구하여 자신을 발견하고자 했고, 내가 가진 장점과 노력도 생각해 보았다. 그런가 하면 요즘 유행하는 색채와 스타일도 연구하여 어울리는 옷을 찾아 입고 친구도 사귀려고 노력했다. 작은 모임에도 가입했는데, 내 이름이 프로그램 발표자 명단에 올랐을 때는 내가 생각하기에도 정말 놀라웠다. 여러 차례 사람들 앞에서 말하는 동안 나에게 자신감이 생겼다.

물론 여기까지 오는 데 시간이 걸렸지만, 전에는 상상도 못 했을 정도로 행복하다. 나는 자식들에게 그동안의 쓰라린 경험을 통하여 배운 '어떤 경우에서도 언제나 자기 자신이 되어라'는 말을 가르친다."

제임스 고던 길키 박사는 말했다. "자기답게 행동해야 한다는 문제는, 역사처럼 오래되었고 인간 생활처럼 보편적이다." 자기 자신이 되기를 거부하면 갖가지 신경증, 정신 이상, 강박관념의 잠재적 원동력이 된다.

안젤로 패트리는 아동 교육에 관한 많은 저서와 논문을 발표했는데, 그는 이렇게 말했다. "자기의 마음과 육체를 팽개쳐 놓고 자기 이외의 다른 인간이 되고자 하는 사람보다 비참한 존재는 없다."

이처럼 자기 자신이 아닌 다른 사람이 되려는 욕망은 특히 할리우드에서 널리 퍼졌다. 유명한 영화감독 샘 우드는 야심만만한 젊은 배우들에게 자기 자신이 되라고 설득하는 일이 가장 골치 아프다고 한다. 그들은 모두 라나 터너의 이류, 클라크 게이블의 삼류가 되고자 한다. 샘 우드는 덧붙여 말한다. "세상 사람들은 그러한 운치는 이미 맛보았으므로 색다른 것을 바란다."

우드는 〈굿바이 미스터 칩스〉, 〈누구를 위하여 종은 울리나〉 등의 영화를 연출하기 전에 오랫동안 부동산 매매업에 종사했기 때문에 판매하는 요령을 잘 안다. 실업계든 영화계든 우드에게 사업 요령은 한 가지뿐이다. 원숭이 흉내는 아무 도움이 되지 않으며, 절대로 앵무새가 되면 안 된다. 그는 말했다. "내 경험에 비추어 보면, 자기가 아닌 다른 것을 흉내 내려고 하는 자들은 되도록 빨리 해고하는 편이 낫다."

얼마 전 나는 소커니 베큐엄 석유회사의 인사 담당 이사인 폴 보인튼에게, 취업 지원자들이 범하는 가장 큰 실수가 무엇이냐고 물어보았다. 지금까지 그가 면접을 본 구직자만 6만 명이 넘고, 《일자리를 얻는 6가지 요령》이라는 책까지 냈으니 잘 알고 있으리라 생각했다. 그런데 그의 대답은 이러했다.

"구직자가 범하는 가장 큰 실수는 자기 자신을 부정하려는 행동이다. 무엇보다도 침착하고 솔직해야 할 구직자가 면접자의 비위를 맞출 생각만 한다."

자신이 아닌 것처럼 행동하는 것은 취직에 아무런 도움이 되지 않는다. 누구도 위선자는 원치 않으며, 아무도 위조지폐를 탐내지 않기 때문이다. 이제 좋은 실례 하나를 들어 보기로 하자.

내가 아는 어떤 여자는 전차 차장의 딸로 가수 지망생이었는데 불행하게도 외모가 시원치 않았다. 지나치게 큰 입에다 뻐드렁니가 단번에 눈에 띄었다. 뉴저지의 나이트클럽에서 처음으로 노래를 부르게 되었을 때, 그녀는 뻐드러져 나온 이를 윗입술로 감추려고 했다. 이빨을 감추고 매혹적인 제스처를 취해 보았지만, 그러한 행동은 오히려 우스꽝스럽게 보였다. 이대로 가다가는 가수의 꿈이 저절로 허물어질 것이 뻔했다.

그런데 나이트클럽에서 노래를 듣던 한 신사가 그녀의 재능을 알아보았다. "여보시오." 그는 퉁명스럽게 말했다.

"가만히 보니 아가씨가 무엇을 감추려 하는지 알겠소. 치아가 마음에 걸리지요?"

그녀는 순간 당황했으나 상대는 계속해서 말했다.

"그것이 어쨌다는 겁니까? 뻐드렁니라고 해서 흠이 되지 않습니다. 조금도 감출 필요가 없어요. 입을 크게 벌리고 노래를 힘주어 불러 보세요. 당신의 자신감 넘치는 모습을 보게 되면 청중은 분명히 찬사를 보낼 겁니다. 지금 당신이 감추려고 하는 것이 훗날엔 행운으로 이어질지도 모르지 않소.”

캐스 달리는 그 신사의 충고에 따라 더는 자기 치아를 신경 쓰지 않았다. 오로지 청중에게만 마음을 쏟았다. 입을 크게 벌리고서 목청껏 노래를 불렀다. 그리하여 그녀는 영화와 라디오 방송의 대스타가 되었고, 그녀를 흉내 내는 희극 배우까지 생겼다.

월리엄 제임스가, 보통 사람은 자기 잠재적 정신 능력을 10%밖에 발휘하지 못한다고 말한 것은 자아를 발견하지 못한 사람을 두고 한 말이다. 그는 이렇게 말했다.

“자기가 가진 가능성에 비해, 우리는 절반만 깨어 있다. 육체적으로나 정신적으로나 아주 작은 부분밖에 이용하지 못한다. 개괄적으로 말한다면, 인간은 자기 한계에서 멀리 떨어진 곳에서 생활한다. 인간이란 존재는 내면에 엄청난 힘을 가지고 있지만, 대체로 그것을 이용하지 못하는 셈이다.”

우리는 무한한 능력을 갖추고 있다. 그러니 남들과 다르다는 고민으로 단 1초도 낭비하지 말라. 우리는 이 세상의 새로운 존재이다. 창세기 이래 똑같은 사람은 하나도 없으며, 또 앞으로도 우리와 동일한 사람은 절대 나타나지 않는다.

오늘날의 새로운 유전과학은 아버지에게서 받은 23개의 염색체와 어머니에게서 받은 23개의 염색체, 그리고 XY 염색체로 ‘나’라는 사람이 생긴다고 알려준다. 이 46개의 염색체가 모든 것을 결정한다.

이에 대해 앰럼 샤인펠트는 이렇게 말했다.

“하나의 염색체에는 수십 내지 수백 개의 유전 인자가 들어 있는데, 그중 한 개가 개인의 온 생애를 바꾸어 놓을 수 있다. 인간이란 이렇듯 놀라울 정도로 불가사의한 존재이다.”

아버지와 어머니가 만나서 결혼한 뒤에도, 나라는 특별한 사람이 태어날 확률은 300조에 1이다. 다시 말해, 나에게 300조 명이나 되는 형제자매가 있었다 해도 모두 나와는 달랐을 것이란 얘기다. 이것은 막연한 추정이 아니다. 과학적으로 확실하게 증명된 사실이다. 만일 이에 관하여 좀 더 알고 싶다면, 앰럼 샤인펠트의 《인간과 유전》이라는 책을 읽어 보면 도움이 될 것이다.

자기 자신이 되어야 한다는 문제에 관해서, 나는 확신할 수 있다. 이 부분에 관해서 관심이 지대할 뿐만 아니라, 한때 쓰라린 경험을 맛보았기 때문이다.

배우 지망생이었던 나는 미주리주의 콘스필드에서 처음 뉴욕으로 상경해서 아메리칸 아카데미 오브 드라마틱 아트에 입학했다. 이보다 간단명료하며 확실한 성공으로 가는 지름길은 없다고 생각했다. 배우가 되려고 꿈꾸는 청년들이 왜 이 방면에 눈을 뜨지 못하는지 이상할 정도였다.

나의 계획은 우선 당대의 명배우 존 드류, 월터 햄튼, 오티스 스키너 등의 예술을 습득하고 연구하는 것이었다. 그러고는 그들의 장점만을 본받아 눈부신 연기를 펼쳐 보이려고 했다. 정말 어리석기 짝이 없는 짓이었다. 미주리주 출신으로 머리가 나빴던 나는 '나는 절대로 남이 될 수 없다'는 사실을 알게 될 때까지 줄곧 남을 모방하면서 엄청난 세월을 허비했다.

이때의 쓰라린 경험이 잊지 못할 교훈을 주었다고 생각하겠지만 사실은 그렇지가 않았다. 나는 너무도 우둔하여서 같은 내용을 두 번이나 배워야만 했다.

나는 실업가를 위한 대중 연설을 주제로 공전의 결정판을 저술하고자 마음먹었다. 수년 동안 이 책을 집필하면서 예술가들의 연기를 공부할 때 저질렀던 것과 똑같은 어리석음을 되풀이했다. 여러 저서에서 좋은 아이디어를 뽑아 대중 연설에 대한 모든 내용을 빠짐없이 수록한 책 한 권을 만들려 했다. 대중 연설에 관한 서적 수십 권을 사다 놓고, 그것을 정리하는 데만도 1년 넘게 걸렸다. 그러나 그러는 동안에 나는 내가 어리석었다는 사실을 깨달았다. 여태껏 내가 만들던 책은 남의 아이디어를 모아다가 마구잡이로 뒤섞었기 때문에 지나치게 종합적이고 재미도 없었다. 도무지 어떤 사업가도 이 책을 사볼 것 같지가 않았다. 결국 나는 1년 동안의 노작을 고스란히 휴지통에 쓸어 넣고 새롭게 시작하면서 스스로 다짐했다.

"너는 데일 카네기가 되어라. 결점이나 한계를 염려하지 마라. 그럴 필요가 없다. 너는 어차피 너 이외의 존재가 될 수 없다."

다른 사람을 종합한 사람이 되기를 포기하고, 새로운 각오로 처음부터 해야 했을 일을 시작했다. 나의 경험, 관찰, 강연자와 연설법 교사로서 살아오면서 느낀 확신을 기초로 대중 연설에 관한 교과서를 새롭게 집필했다.

나는 시인이자 옥스퍼드대학교의 저명한 영문학 교수인 월터 랠리 경이 배웠던 것과 똑같은 교훈을 마음속에 깊이 새겨 두었다.

"셰익스피어처럼 방대한 분량의 책을 쓸 수 없을지라도 나의 책을 쓸 수는 있다."

자기 자신이 되어라. 〈화이트 크리스마스〉의 작곡가이자 가수인 어빙 벌린이 고(故) 조지 거슈윈에게 준 교훈에 따라 행동해 보라.

두 사람이 처음 만났을 때 벌린은 이미 유명인사였지만, 거슈윈은 베를린 촌구석에서 주급 35달러라는 박봉으로 근근이 생활을 꾸려 가는 젊은 작곡가였다. 벌린은 거슈윈의 재능을 인정해 그가 받던 급여의 3배를 줄 테니 자기의 음악 비서가 되지 않겠느냐고 제안했다. 그러면서 벌린은 다음과 같이 충고했다.

"그렇지만 이런 일은 맡지 않는 편이 나을 거야. 자네가 내 일을 맡게 되면, 벌린의 이류가 될지 모르네. 그러나 자네가 끝까지 자기 자신을 지켜 간다면 언젠가는 일류의 거슈윈이 될 수 있겠지."

거슈윈은 그 충고를 마음에 새기고, 차근차근 자신을 당대의 특색 있는 작곡가로 연마해 갔다.

찰리 채플린, 윌 로저스, 메리 마거릿 맥브라이드, 진 오트리, 그 밖의 무수한 사람들은 내가 이 장에서 강조하는 교훈을 배워야만 했다. 그들도 모두 나처럼 쓰라린 경험을 겪으며 지금의 모습이 되었다.

찰리 채플린이 처음으로 영화에 출연할 무렵, 감독은 그에게 당시 최고의 인기를 구가하던 독일 희극 배우를 흉내 내라고 제안했다. 하지만 채플린은 자신만의 독특한 연기를 고집함으로써 비로소 세상에 알려졌다.

밥 호프도 같은 경험을 하였다. 그도 처음에는 노래하며 춤추는 연기를 했으나 결국 헛수고로 끝나고, 만담으로 자기 개성을 발휘하면서 인기를 끌었다.

윌 로저스는 여러 해 동안 보드빌에 나와 앉아서는 한마디 말도 없이 줄만 꼬았다. 그런데 이 일을 하면서 자신이 유머에 뛰어난 재능이 있다는 사실을 발견하게 되었다. 그는 줄을 요리조리 비비며 말하기 시작했고, 이것으로 유명해지게 되었다.

메리 마거릿 맥브라이드는 처음 방송에 나왔을 때, 아일랜드의 희극 배우 흉내를 내다가 실패했다. 하지만 그녀가 있는 그대로의 자기, 즉 미주리 주 출신 시골뜨기 여자가 되었을 때 뉴욕에서 가장 인기 있는 라디오 스타가 되었다. 진 오트리가 텍사스 사투리를 감추고 제법 도시 사람처럼 뽐내면서 '뉴욕 태생'이라고 허튼소리를 했을 때, 세상 사람들은 뒤에서 비웃었다. 그러나 그가 밴조를 가슴에 안고 카우보이 노래를 부르자 인기가 급상승했고 영화와 라디오에서 세계 제일가는 카우보이 가수가 되었다.

나는 이 세상에 오직 하나밖에 없는 사람이다. 그것을 기뻐하라. 자연이 나에게 준 것을 최대한 활용하라. 최종 분석한 결과 모든 예술은 자전적이다. 나는 나만의 것을 노래할 수 있고 그릴 수 있다. 나는 경험, 환경, 유전으로 만들어져야 한다. 좋든 싫든 나만의 작은 정원을 가꾸어야 한다. 원하든 원치 않든 인생이라는 오케스트라에서 나만의 악기를 연주해야만 한다.

에머슨은 《자기 신뢰》라는 수필에서 이렇게 말했다.

"모든 사람의 교육은 다음과 같은 확신에 도달한다. 질투는 무지이며 모방은 자살이다. 그러므로 좋든 싫든 자기 자신을 주어진 운명으로 받아들여야 하며, 좋은 것이 충만한 광대한 우주에서도 자기 곡식은 자기에게 주어진 좁은 토지에서 스스로 노력해서 얻은 것밖에 없다는 사실을 명심해야 한다. 자기 육체 안에 잠재하는 힘은 오로지 자신만이 가진 유일한 것이다. 하지만 누구도 그것을 시험해 보기 전에는 모른다."

시인 더글러스 말록은 이렇게 말했다.

그대가 저 언덕의 소나무가 되지 못한다면.
산골짜기 잡목이 되어라.
여울 가에 가장 아름다운 나무가 되어라.
나무가 아니 거든, 덩굴이 되어라.

그대가 만일 덩굴이 아니면 풀이되어라.
그래서 아름다운 길을 만들어라.

그대가 만일 노루 사향이 되지 못하면 갈대가 되어라
호숫가의 가장 싱싱한 갈대가 되어라!

우리가 모두 선장이 될 수는 없으니 우리 중 누군가는 선원이 되리라.
그러나 모두에게 할 일은 있다.
큰일 있고 작은 일 모두 있다.
너와 나 해야 할 일은 거의 같으리.

그대가 만일 큰 길이 되지 못한다면 오솔길이 되어라.
그대가 찬란한 태양이 되지 못한다면 반짝이는 별이 되어라.
성공과 실패는 크기에 달린 것이 아니다.
무엇이 되든 가장 좋은 것이 되어라.

우리를 고민에서 벗어나 자유와 평화를 누리게 하는 정신적 태도를 기르게 하는 다섯 번째 법칙은 다음과 같다.

남 흉내를 내지 말라.
자기 자신을 발견하고 철저히 자기 자신이 되어라.

레몬이 있으면 레모네이드를 만들어라
승자의 주머니에는 꿈이 있고 패자의 주머니에는 욕심이 있다

이 책을 집필하던 어느 날, 나는 시카고대학교를 방문하여 총장인 로버트 메니너드 허친스에게 인간의 고민을 떨쳐 버릴 좋은 무슨 방법이 없느냐고 물어본 적이 있었다.

그는 이렇게 대답했다.

"나는 시어스 로벅의 사장이었던 줄리어스 로젠월드가 한 말을 언제나 명심하고 있네. '레몬이 있으면 레모네이드를 만들어라.'"

이것이 바로 위대한 교육자의 좌우명이다. 그런데 어리석은 자는 이와 정반대로 행동한다. 예를 들어 인생이 그에게 레몬을 주면 그것을 내팽개쳐 버리고는 이렇게 자포자기 한다. '나는 졌어. 이게 운명이지. 이제 기회는 없어.' 그러고는 세상을 원망하고 자기 연민에 빠져든다. 그러나 현명한 사람은 레몬을 받게 되면, 자기에게 이렇게 묻는다.

'이 불행에서 어떤 교훈을 얻었는가? 어떻게 하면 이 상태를 개선할 수 있을까? 또 어떻게 하면 이 레몬을 레모네이드로 만들 수가 있을까?'

한평생을 바쳐 인간의 잠재 능력을 연구한 위대한 심리학자 알프레드 아들러는 말했다.

"인간의 가장 놀랄 만한 특성은 마이너스를 플러스로 바꾸는 힘을 가졌다는 사실이다."

내가 아는 한 여성은 이것을 훌륭히 해냈다. 그녀의 이름은 델마 톰슨이며 현재 뉴욕에 살고 있다. 그녀가 들려준 재미있는 경험담은 다음과 같다.

"전쟁 중 제 남편은 캘리포니아 모하비 사막 근처의 육군 훈련소에 배속되었습니다. 그래서 남편을 따라 그곳으로 이사를 갔지만, 저는 그곳이 정말 싫었습니다. 평생 그렇게 참담했던 때가 없었어요. 남편은 모하비 사막으로 훈련을 떠났습니다. 선인장 그늘에서도 기온이 50도가 넘는 외딴곳에서 말동무 하나 없이 저만 홀로 오두막에 남겨 두고요. 그런가 하면 언제나 모래 바람이 불어 음식물은 물론이고 숨 쉬는 공기에도 모래가 가득 차 있었습니다.

저는 절로 신세 한탄이 나오고 슬픈 생각이 들어 친정 부모님께 편지를 썼습니다. 더는 이런 곳에서 살 수 없으니 당장 짐을 챙겨 집으로 돌아가겠으며, 이곳에 더 눌러 사느니 차라리 감옥에 가는 편이 낫겠다고 편지에 불평을 늘어놓았습니다.

그런데 아버지의 회답은 단 두 줄 뿐이었습니다. 하지만 저는 그 두 줄을 평생 잊지 못할 것입니다 그것이 제 삶을 바꾸어 놓았으니까요.

두 사나이가 감옥에서 철창 너머로 밖을 내다보았다.
한 사람은 진흙탕을, 다른 한 사람은 별을 보았다.

이 문구를 몇 번이고 되풀이해서 읽고는 저 자신이 부끄러워졌습니다. 그때부터 저는 지금 상태에서 무엇이든 좋은 점을 찾아내려고 했습니다. 별을 찾으려고 했지요. 원주민들과도 사귀었습니다. 그들이 보여 준 반응은 저를 놀라게 했습니다. 제가 그들의 편물이라든가 도자기에 흥미를 보이자, 그들은 여행자에게는 팔지도 않던 소중한 것들을 이것저것 마구 선물해 주었습니다.

저는 선인장, 용설란, 여호수아 나무 등의 기묘한 모양을 연구했습니다. 그리고 프레리독에 대해서도 조사를 해 보고, 사막에서 해가 지는 모습을 바라보기도 하고, 수백만 년 전 사막이 바다의 밑바닥이었을 무렵에 존재했을 법한 조개껍질을 찾아보기도 했습니다.

도대체 무엇이 저를 그렇게 변화하게 했을까요. 모하비 사막은 아닙니다.

그렇다면 무엇일까요. 당연히 제가 변한 것입니다. 저의 마음가짐이 달라진 것입니다. 저는 비참한 경험을 제 인생에서 가장 즐거운 모험으로 바꾸어 버렸습니다. 새롭게 발견한 세계에 자극받아 흥분했습니다. 너무나 감격하여서 그것을 소재로 한《빛나는 성벽》이라는 소설을 썼습니다. …… 저는 자신이 만든 감옥에서 밖을 보며 별을 찾아냈습니다.”

델마 톰슨. 그녀는 그리스도 탄생 500년 전에 그리스인들이 가르쳤던 오랜 진리를 발견하였다. '가장 좋은 일은 가장 힘들다.'

해리 에머슨 포스딕은 20세기에 와서 이것을 재론했다.

“행복은 거의 쾌락이 아니라 승리다.”

확실히 그렇다. 행복은 레몬을 레모네이드로 바꾸는 성취감에서 오는 승리의 기쁨인 것이다.

나는 언젠가 독이 든 레몬마저도 레모네이드로 바꾼 행복한 농부를 찾아서 플로리다를 방문한 일이 있다. 그는 처음에 이 농장을 소유했을 때 좀처럼 일할 맛이 나지 않았다고 했다. 토양이 너무 메말라서 과수를 재배할 수 없을 뿐만 아니라 돼지를 사육하는 것조차 불가능했다. 번성하는 것이라고는 졸참나무와 방울뱀뿐이었다. 그런데 그는 기발한 생각을 해냈다. 그것은 이 빚덩어리를 자산으로 바꾸는 일, 말하자면 방울뱀을 이용한 사업이었다. 기상천외하다고 말할 수 있겠으나 그는 방울뱀 고기로 통조림을 만들기 시작했다.

몇 년 전 그곳을 다시 방문했을 때도 관광객이 많았지만, 이 방울뱀 농장을 구경하러 오는 여행자가 1년에 2만 명이나 된다고 들었다. 그의 사업은 큰 성공을 거두었다. 방울뱀의 이빨에서 뽑은 독은 항독용 독소로 각지의 연구소로 보내졌으며, 방울뱀의 가죽은 구두와 핸드백 재료로 비싼 값에 팔렸다. 그런가 하면 뱀고기 통조림은 전 세계 식도락가의 입맛을 돋우었다. 이곳의 그림엽서를 사서 마을 우체국에서 부칠 기회가 있었는데, 마을 이름이 플로리다주 방울뱀 마을이었다. 마을에서 이 농부를 기리기 위해 바꾼 것이다.

나는 줄곧 미국 곳곳을 여행하면서 '마이너스를 플러스로 바꾸는 힘'을 발휘한 많은 사람을 만났다.

《신들을 배반한 열두 사람》의 저자 윌리엄 보리소는 이런 말을 했다.

"인생에서 가장 중요한 일은 이익을 자본으로 삼지 않는 것이다. 그런 것은 바보라도 할 수 있기 때문이다. 진실로 중요한 일은 손실에서 이익을 올리는 것이다. 그러자면 지혜가 필요한데, 이 점이 분별 있는 사람과 바보의 차이를 만든다."

보리소가 이런 말을 한 것은, 그가 철도 사고로 한쪽 다리를 잃은 뒤였다. 하지만 나는 두 다리를 모두 잃고서도 마이너스를 플러스로 바꾸었던 사람을 알고 있다. 벤 포스돈을 만난 것은 조지아주 애틀랜타에 있는 어느 호텔의 엘리베이터 안이었다. 내가 엘리베이터에 타자, 구석에 두 다리가 없는 사나이가 휠체어에 앉아서 싱글싱글 웃고 있었다. 엘리베이터가 멈추자 그는 환한 목소리로 나에게 옆으로 비켜 달라고 말하면서 인사를 하였다. "정말 감사합니다." 그러고는 진심어린 미소를 지으며 휠체어를 움직여 갔다.

방으로 돌아와서도 이 쾌활한 장애인이 머릿속에서 좀처럼 사라지지 않아 결국 그의 방으로 찾아가 이야기를 들었다.

"1929년의 일이었지요." 그는 여전히 미소를 지으며 말했다. 정원 콩밭에 말뚝을 세워 주려고 호두나무를 베러 갔지요. 자른 나무를 자동차에 싣고 돌아오는 중이었습니다. 갑자기 나무 하나가 차에서 굴러 떨어지는 바람에 급하게 핸들을 돌렸지만 좀 늦었어요. 차는 제방 밑으로 굴러 떨어졌고, 저는 나무에 세게 맞았습니다. 이때 척추를 다쳐 다리를 못 쓰게 되었죠. 그때 제 나이가 스물넷이었는데, 그 뒤로는 한 발자국도 걸을 수가 없었습니다."

스물네 살 한창 나이에 평생을 휠체어에서 보내야만 할 운명이 되다니! 그럼에도 불구하고 어떻게 그토록 쾌활하게 지낼 수 있었는지 물어보았다. 그러자 그는 고개를 저으며 말했다. "원, 천만의 말씀을!"

그도 한때는 이성을 잃고 반항도 했고, 운명을 저주했다는 것이다. 그러나 시간이 흐르면서 그런 반항은 단지 스스로를 괴롭힐 뿐이라는 것을 깨닿게 되었다고 한다.

"세상 사람들이 모두 저를 배려해 주려고 한다는 것을 알았고, 나도 세상 사람들에게 친절을 베풀고자 했습니다."

오랜 세월이 지난 지금, 그때의 사고를 끔찍한 불행이었다고 생각하느냐고 묻자 그는 곧바로 이렇게 대답했다.

"아니요. 이제는 오히려 기쁘게 생각하고 있습니다."

사고의 충격과 슬픔을 극복하고, 그는 새로운 삶을 살기로 했다. 훌륭한 작품을 접하고 문학에 대한 애정이 샘솟아, 14년 동안 1천400권의 책을 독파했다. 그가 읽은 책들은 세상을 보는 시야를 넓혀 주었고, 전에는 꿈꿔 보지도 못했을 만큼 삶을 풍족하게 해 주었다. 그는 음악도 가까이 하게 되어 전에는 지겹기만 하던 교향악에 이제는 감동을 느끼게 되었다고 말했다. 그러나 무엇보다도 큰 변화는 사물에 대해 생각할 시간이 생긴 것이었다. 그는 이렇게 말하고 있다.

"난생 처음으로 저는 이 세상을 바라보며, 사물의 가치를 판단할 수 있게 되었습니다. 옛날에 얻고자 했던 것의 대부분은 무가치하다는 것을 깨달았습니다."

그는 부지런히 독서를 한 결과 정치에도 흥미를 갖게 되었고 사회 문제를 연구해서 휠체어를 타고 유세를 다닌다. 그는 많은 사람을 사귀었다. 그리고 여전히 휠체어 신세를 지고 있지만, 그는 이제 조지아주 국무담당관이다.

나는 지난 35년 동안 뉴욕에서 성인 교육에 종사하며 한 가지 이상한 사실을 발견했다. 많은 사람이 대학에 가지 못한 것을 몹시 유감스러워 한다는 점이다. 그들은 그것을 대단한 악조건으로 여기고 있었다. 하지만 나는 반드시 그렇다고는 생각하지 않는다. 세상에는 고등학교만 나오고도 성공한 사람들이 얼마든지 있기 때문이다. 나는 곧잘 학생들에게 초등학교도 변변히 나오지 못한 한 남자 이야기를 들려준다.

그는 매우 가난한 가정에서 자랐다. 아버지가 돌아가셨을 때는 친구들이 돈을 모아 관을 사줄 정도였다. 아버지가 돌아가신 뒤 어머니는 우산 공장에서 하루 10시간씩 일을 했다. 그러고도 날품거리를 집으로 가지고 돌아와 밤 11시까지 일을 계속했다. 이러한 환경에서 자란 소년은 교회의 아마추어 연극클럽에 들어갔다. 연극에 빠져 버린 그는 웅변을 배우기로 결심했다.

이것을 계기로 그는 정계에 진출해, 30살이 되기도 전에 뉴욕 주의원으로 당선되었다. 그러나 그는 이 직책을 수행하기에는 기초 지식이 너무 없었다. 그는 솔직하게 자기가 무엇을 해야 좋을지 전혀 알 수가 없었다고 나에게 말했다. 그는 찬반투표에 부쳐야 할 길고 복잡한 의안을 읽었는데, 그에게는 그것이 촉토족 인디언 말로 쓰인 것과 마찬가지였다. 그러나 그는 숲에 가 본 적도 없었으나 삼림법 위원이 되었고, 은행과 거래한 적이 없는데도 주립 은행법 위원회의 위원으로 선출되었다. 그는 고민에 빠져 헤어날 수가 없었다. 하지만 그가 의원직을 사직하지 않았던 것은, 자기 어머니에게 쓰라린 패배를 고백하는 것이 부끄러웠기 때문이었다고 한다. 절망 속에서 다시 힘을 낸 그는, 하루에 16시간씩 공부를 해서 '무지(無知)라는 레몬을 지식이라는 레모네이드'로 바꾸기로 결심했다. 그 결과 그는 지방 정치가에서 국민적인 인물이 될 수 있었다. 〈뉴욕 타임스〉는 그를 '뉴욕에서 가장 인기 있는 시민'이라고 불렀다.

이 이야기의 주인공은 바로 알 스미스이다.

알 스미스는 독학으로 정치 연구를 시작하여, 10년 뒤에는 뉴욕주의 정치에 관한 최고 권위자가 되었으며, 네 번이나 뉴욕 주지사로 선출되었다. 이것은 당시로서는 누구도 이룩할 수 없었던 기록이다. 1928년 그는 민주당 대통령 후보에까지 올랐으며, 콜롬비아, 하버드를 비롯한 6개 대학교에서 초등학교밖에 졸업하지 않은 이 남자에게 명예 학위를 수여했다.

알 스미스는 자기 마이너스를 플러스로 바꾸기 위하여 하루에 16시간씩 공부하지 않았다면 오늘의 영광은 없었을 것이라고 했다.

니체가 내린 초인(超人)에 대한 정의에도 이렇게 나와 있다. "궁핍을 참고

견딜 뿐만 아니라, 그것을 사랑하는 자가 진정한 초인이다.” 성공한 사람의
경력을 연구할수록 나는 한 가지 확신을 더하게 된다. 악조건이 있었기 때
문에 성공할 수 있었던 사람들이 놀랄 정도로 많다는 것이다. 그들에게는
그것이 오히려 더욱 노력하여 성공하게 만드는 자극제가 된 것이다.

‘뜻밖에도 우리의 약점이 우리를 돕는다.’ 윌리엄 제임스의 말은 분명히
맞다.

밀턴은 장님이었기 때문에 더 뛰어난 시를 썼으며, 베토벤은 귀머거리였
기 때문에 더 훌륭한 작곡을 했는지 모른다. 귀머거리에 장님이라는 사실
이 헬렌 켈러에게 더 많은 영감과 가능성을 두었는지도 모른다. 만일 차이
코프스키가 비극적인 결혼으로 자살 직전까지 쫓기지 않았다면, 불후의 명
작인 교향곡 〈비창〉은 탄생하지 못했을 것이다. 또 도스토예프스키나 톨스
토이가 고난으로 가득찬 삶을 살지 않았더라면, 그 불멸의 소설들은 이 세
상에서 빛을 보지 못했을 것이다.

“만일 내 몸이 튼튼했다면, 그처럼 많은 일은 이룰 수 없었다.”

이것은 악조건이 오히려 도움이 되었다는 사실을 고백한 찰스 다윈의 말
이다.

다윈이 영국에서 태어난 같은 날, 또 한 명의 갓난아이가 켄터키의 숲 속
에 자리한 통나무집에서 태어났다. 그 또한 자기의 약점에 큰 도움을 받았
다. 그의 이름은 에이브러햄 링컨이다. 만일 그가 상류 가정에서 성장을 해
서 하버드대의 학사 칭호를 받아가며 행복한 결혼생활을 보냈더라면, 게티
즈버그에서의 불후의 연설이 그의 마음 속에 떠오르지 않았을지 모른다.
또한 두 번째 대통령 취임석상에서 이 문구를 입에 담지도 못했을 것이다.

“어느 누구에게도 악의를 품지 말며 만인에게 자애를……” 이 말은 역대
어느 통치자도 하지 못한 아름답고 고귀한 말이다.

해리 에머슨 포스딕은 《사물을 꿰뚫어 보는 힘》이라는 저서에서 이렇게
말했다.

“스칸디나비아에는 ‘폭풍이 바이킹을 만든다’는 속담이 있으나, 이것은 우

리 삶의 경종을 울리는 말이다. 안전하고 쾌적하며, 즐겁고 평온한 삶을 살면 인간은 저절로 행복하고 선량해진다는 건 대체 어디서 나는 생각일까?

자기 연민에 빠진 인간은 푹신한 침대 위에 뉘어 놓아도 여전히 자기가 딱하다고 생각한다. 그러나 역사를 통해서 알 수 있듯이 인간이 자신에게 확실한 책임을 지게 되면, 환경이 어떻든지 간에 명예와 행복이 반드시 찾아온다. 다시 한번 강조하고 싶다. 폭풍이 바이킹을 만든다."

우리가 너무 큰 실망에 레몬을 레모네이드로 바꿀 의욕마저 잃었다고 생각해 보자. 이럴 때일지라도 우리는 두 가지 이유를 갖고 현상황을 타파하기 위해 노력해야 한다. 시도한다면 이득이 있을 뿐, 손해 볼 일은 없다.

첫째, 우리는 성공할지도 모른다.

둘째, 설령 성공하지 못한다 해도, 마이너스를 플러스로 바꾸고자 시도하는 것만으로 뒤를 돌아보지 않고 앞을 내다보게 만든다.

마음먹기에 따라 소극적인 생각이 적극적인 생각으로 바뀐다. 적극적인 생각은 창조적인 에너지를 발산시켜 우리를 분주하게 하며, 지나가 버린 과거에 얽매여 고민할 시간과 마음을 없애 준다.

세계적으로 유명한 바이올리니스트인 올레 불이 파리에서 연주하던 중 갑자기 바이올린 줄이 끊어진 일이 있었다. 불은 당황하지 않고 세 개의 현으로 끝까지 연주를 계속했다.

해리 에머슨 포스딕은 이렇게 말한다.

"A현이 끊어져도 나머지 세 개의 현으로 연주를 끝마치는 것, 그것이 인생이다." 그것은 단순한 인생이 아니라, 인생 그 이상의 것이다. 바로 승리로 가득찬 인생인 것이다.

만일 나에게 그럴만한 힘이 있다면, 윌리엄 보리소의 말을 동판에 새겨 전국 모든 초등학교 교실에 걸어 놓고 싶다.

"인생에서 가장 중요한 일은 이익을 자본으로 삼지 않는 것이다. 그런 것은 바보라도 할 수 있기 때문이다. 진실로 중요한 일은 손실에서 이익을 올리는 것이다. 그러자면 지혜가 필요한데, 이 점이 분별 있는 사람과 바보의 차이를 만든다."

평화와 행복을 가져다줄 정신적 태도를 기르기 위하여 지켜야만 할 여섯 번째 법칙은 다음과 같다.

운명이 레몬을 주었다면 그것으로 레모네이드를 만들자.

14일 만에 우울증을 고친다
근심하는 사람은 문제만 찾아내고
관심갖는 사람은 문제를 해결한다

이 책을 쓰기 시작하면서, 나는 200달러 상금을 내걸고 고민 해결의 경험담을 모집했다. 이 콘테스트의 심사위원은 이스턴 항공의 사장인 에디 리켄베이커, 링컨기념대학교 학장 스튜어트 W. 맥클란드, 라디오뉴스 해설자 H.V. 칼텐본 세 사람이었다. 그런데 응모 작품 중 두 편이 완성도가 뛰어나서 우열을 가리기 어려웠으므로 결국 상금을 나누어서 지급하기로 했다. 여기서 그중 한 편, 미주리주 스프링필드의 C.R. 버튼 씨의 이야기를 소개하겠다.

"내가 아홉 살 때 어머니는 두 여동생을 데리고 집을 나가셨고, 열세 살 때 아버지가 사고로 돌아가셨습니다. 어머니가 집을 나가신 뒤, 나는 어머니와 두 여동생을 만나지 못했습니다. 어머니는 집을 나간 지 7년만에 처음으로 편지를 보내왔습니다. 아버지는 어머니가 집을 나간 지 3년 뒤에 사고로 돌아가셨습니다. 본디 아버지는 거리에서 작은 찻집을 운영하고 있었는데, 사업상의 이유로 여행을 떠나신 틈을 타서 아버지의 동업자가 술집을 팔아 버리고 달아났습니다. 아버지 친구들은 빨리 돌아오라는 전보를 쳤고, 그 소식에 부랴부랴 돌아오던 아버지는 캔자스의 살리나스에서 자동차 사고로 돌아가셨습니다.

나에게는 고모가 두 분 계셨습니다. 두 분 모두 가난하고 건강하지 못할 뿐만 아니라, 연세가 많으셨지요. 하지만 우리 형제들 중 셋을 거두어 주셨습니다. 나와 어린 남동생은 돌봐 주는 이가 없어서, 결국 둘 다 마을 사람들 손에 맡겨졌습니다. 아비 없는 자식으로 불리며, 고아 취급받는 것이 무엇보다도 무서웠는데, 결국 우리가 두려워하고 있던 사태가 현실이 된 것입니다. 나는 잠시 마을의 어느 가난한 가족과 함께 지냈습니다. 하지만 계속되는 불경기에 아저씨가 실직하면서 그 집을 떠날 수밖에 없게 되었고, 이번에는 12마일 떨어진 농장의 로프틴 부부가 저를 맡아 주었습니다.

로프틴 씨는 70세 노인인데, 대상포진(帶狀疱疹)으로 자리에 누워 있었습니다. 그는 나에게 거짓말하지 않고, 도둑질하지 않으며, 말을 잘 듣는다면 한 집에 있어도 좋다고 하셨습니다. 그날부터 이 세 가지 규칙을 나는 철저하게 지켰습니다. 나는 학교에도 가게 되었는데, 첫 주에는 매일 집으로 돌아와 어린애처럼 엉엉 울었습니다. 아이들이 나를 괴롭히며 코가 크다는 것으로 시작하더니 결국 아비 없는 자식이라고 부르는 것이 아닙니까. 분한 마음에 실컷 때려 주려고 마음을 먹었는데, 로프틴 씨는 이렇게 말씀하셨습니다.

'싸우지 않고 그 자리를 피하는 것이 싸우는 것보다 더 큰 용기가 필요하다는 것을 잊지 말거라.'

그러던 어느 날, 한 녀석이 학교 뒤 사육장에서 닭똥을 한줌 주워다가 내 얼굴에 집어던졌습니다. 인내심이 한계에 다다른 저는 그 녀석을 실컷 때려 주었습니다. 이 일을 계기로 두 세 명의 친구를 사귀게 되었는데 이들은 그 녀석이 나빴다고 나를 두둔해 주었습니다.

나는 로프틴 부인이 사준 새 모자를 신이 나서 쓰고 다녔습니다. 어느 날 나보다 나이 많은 여학생이 내 모자를 벗기더니 그 안에 물을 집어넣어 엉망으로 만들어 놓았습니다. 그 여학생은 나를 놀리며 말했습니다. '너 같은 돌머리는 물을 적셔야 돼. 머리가 잘 돌아가도록 말이야.' 나는 학교에서는 눈물을 참았지만 집에 돌아와서 큰소리로 엉엉 울었습니다.

그러나 어느 날 로프틴 부인이 해 준 충고에 모든 고민이 사라지고, 나의 적들은 친구가 되었습니다. 그녀는 나에게 이렇게 말해 주었습니다.

'랄프야! 네가 저 아이들을 유심히 보고 그 아이들이 좋아 할 만한 일을 해주면 분명 너를 괴롭히거나 아비 없는 자식이라고 놀리지 않을 거란다.'

나는 부인의 충고를 따랐습니다. 얼마 뒤 공부를 열심히 한 나는 반에서

1등을 했지만 더 누구도 나를 시기하지 않았습니다. 내가 될 수 있는 대로 아이들을 도와주었기 때문이었습니다.

친구들의 작문숙제를 도와주기도 하고, 연설문의 초고(草稿)를 모두 써 준 적도 있었습니다. 같은 반 아이 하나는, 나한테 도움을 받고 있다는 것을 말하기가 창피해서 자기 어머니에게 주머니쥐를 잡으러 간다고 허락을 맡고는 농장으로 나를 찾아와 개를 헛간에 매어놓고 함께 공부를 했습니다. 한 남자아이를 위해 독후감을 써 주기도 했으며, 어느 여자아이에게는 며칠 밤이나 산수를 가르쳐 주었습니다.

어느 날 우리 마을에 죽음의 신이 찾아왔습니다. 두 명의 늙은 농부가 죽고, 한 여자는 남편에게서 버림받았습니다. 4가구 중 남자라고는 이제 저 혼자 남았습니다. 나는 이 미망인들을 2년 동안 도와주었습니다. 학교에서 돌아오는 길에 농장에 들러 나무를 잘라 주거나 우유를 짜주었고, 가축에게 먹이도 주고 물도 먹였습니다. 그러자 내 험담을 하던 사람들이 나에게 고맙다고 인사를 했고, 어느 집에서나 나를 친구로 대해 주었습니다. 몇 년 뒤 내가 해군을 제대하고 돌아왔을 때는 모두가 진심으로 나를 반겨 주었습니다. 내가 돌아온 첫날에만 20명이 넘는 농부들이 나를 만나러 왔습니다. 그중에는 80마일밖에서 차를 몰고 온 사람도 있었습니다. 그들은 진심으로 나를 생각해 주고 있었습니다. 나는 누군가를 돕는 것이 기쁘고 즐거워서 다른 걱정을 할 틈이 없었습니다. 그리고 13년 동안 한 번도 나는 아비 없는 자식이라는 소리를 들어 본 적이 없습니다."

C.R. 버튼 씨 만세! 그는 친구를 만드는 방법을 알고 있다. 또한 고민을 해결하여 인생을 즐길 줄 아는 '삶의 달인'이다.

워싱턴주 시애틀의 프랭크 루프 박사도 마찬가지 경우였다. 그는 33년 동안이나 관절염으로 병상에 누워 지냈다. 〈시애틀 스타〉지의 스튜어드 화이트하우스가 다음과 같은 편지를 보내왔다.

"나는 종종 루프 박사님을 찾아뵙고 있어. 박사님처럼 너그러운 마음으로 인생을 즐기는 사람을 보지 못했어."

오랫동안 병상에서 누워 지내며 어떻게 인생을 즐길 수 있단 말인가? 두

가지로 추측할 수 있다. 그는 불평과 생트집 잡는 걸 즐긴 것이 아닐까? 아니다. 그럼 혹시 자기 연민에 빠져서, 언제나 모두가 자기에게서 눈을 떼지 않고 자기 맘대로 하게 해달라고 강요했을까? 이것도 아니다. 모두 틀렸다. 그는 영국 황태자처럼 어떤 말을 좌우명으로 삼고 인생을 즐겼다. '나는 봉사한다.' 바로 이 말이다.

그는 병으로 고통 받는 사람들의 주소와 이름을 적어서 그들에게 위문편지를 보냈다. 그것은 자신에게도 큰 힘이 되었으므로 그는 아픈 사람들을 위한 펜팔그룹을 조직해 서로 편지를 주고받게 했으며, 마침내는 그 모임을 '새장 속의 새'라는 이름의 국제적인 조직으로 발전시켰다. 그는 병상에 있으면서 1년에 평균 1천400통이나 되는 편지를 쓰고, 외출할 수 없는 환자들을 위해 라디오나 서적을 전해 주는 등 몇천 명에 달하는 환자에게 기쁨을 주었다.

루프 박사와 사람들의 가장 큰 차이는 무엇일까? 그것은 다음과 같다. 루프 박사에게는 하나의 목적이나 사명을 가진 내면적 열정이 있었다. 자기 자신보다도 훨씬 고귀하고 뜻있는 어떤 신념을 바탕으로 봉사를 했으며, 그것을 기뻐했다. 이것은 버나드 쇼가, '세상이 자기 행복을 위해서는 조금도 힘을 써주지 않는다고 투덜대고, 날마다 불만으로 세월을 보내는 자기중심적인 소인'이라고 혹평한 사람들과는 그 반대의 모습이다.

위대한 정신과 의사인 알프레드 아들러가 발표한 놀라운 보고서의 내용을 살펴보자. 그는 우울증 환자에게 언제나 다음과 같이 말했다.

"이 처방대로 하면 14일 만에 반드시 완쾌됩니다. 그것은 날마다 어떻게 하면 남을 기쁘게 해 줄 수 있을까를 생각해 보는 일이죠."

말만으로는 쉽게 믿지 않을 것 같아 그의 명저인 《인생이 의미하는 것》이라는 책에서 조금 인용해 보겠다.

"우울증이란, 남에 대한 장기적인 분노, 비난과 같은 것이다. 그러나 환자는 보호나 동정, 지지를 얻고 싶어서 죄의식에 깊이 잠겨 있다. 우울증 환자의 첫 번째 기억은 일반적으로 다음과 같다.

'나는 소파에 눕고 싶었는데 형이 거기 있길래 큰소리로 울기 시작했다. 그래서 형은 할 수 없이 의자를 비워주었다.'

또 우울증 환자는 때때로 자살로써 자신에게 복수하려는 경향이 있다. 따라서 의사가 첫째로 주의해야 할 것은 그들에게 자살의 구실을 만들어주지 않는 일이다. 나는 그들의 긴장을 완화시켜 주기 위해 '하고 싶지 않은 것은 절대로 하지 마라' 설득을 한다.

얼핏 생각하면 소극적인 방법 같으나, 실은 모든 장애의 핵심을 찌르는 방법이라고 확신한다. 만일 우울증 환자가 하고 싶은 것을 해서 기분이 좋다면 누구도 원망하지 않을 것이다. 스스로 불만을 품을 이유가 없지 않은가. 그래서 나는 환자에게 이렇게 말한다.

'영화를 보고 싶거나 놀러 가고 싶으면 가세요. 도중에 싫증이 나면 그만두면 됩니다.'

이것은 누구에게나 해당하는 가장 좋은 방법이다. '나는 신과 같은 존재이므로 하고 싶은 일을 내 마음껏 할 수 있다.' 특히 이런 식으로 우월감을 갖고자 하는 사람을 만족시켜준다. 그러나 한편으로는 그의 생활 스타일에 꼭 들어맞지 않을 수도 있다. 그가 남을 지배하고 비난하고 싶은데, 남이 그의 의견에 동의한다면 그들을 지배할 방법이 없다. 이 법칙은 그들의 불평을 제거한다. 그래서 나의 환자 중에는 자살자가 한 사람도 없었다.

대개 이렇게 답한다.

'나는 별로 하고 싶은 일이 없어요.'

나는 여러 번 같은 대답을 들었기 때문에 이미 다음 말이 준비되어 있다.

'하고 싶지 않으면, 하지 마시오.'

때로는 이렇게 대답하는 환자도 있다. '그저 온종일 자고 싶어요.' 내가 그러라고 하면 환자는 잠을 자기 싫어질 것이고, 내가 그러지 말라고 하면 그는 난동을 피우리라는 것을 알고 있다. 그래서 나는 동의를 한다.

이것이 제1법칙이다. 다음에는 더 직접적으로 그들의 생활방식에 공격을 가한다.

'이 처방대로 하면 14일 안에 완쾌됩니다. 그것은 바로 어떻게 하면 남을

기쁘게 할 수 있을까를 날마다 생각하는 일입니다.'

이것은 그들에게 중대한 의미가 있다. 왜냐하면 그들은 '어떻게 하면 남을 괴롭힐 수 있을까'만을 계속 생각하기 때문이다. 이것에 대한 대답은 참 재미있다. 어떤 사람은 '간단하네요. 늘 하던 일인데요. 뭐 일이니까.' 이렇게 대답한다. 그렇지만 그들은 절대로 그렇게 하지 않았다. 그래서 좀더 생각해 보라고 권한다. 그들은 생각해 보려고 하지 않는다. 나는 그들에게 말한다.

'밤에 잠이 오지 않을 때를 이용해서 이렇게 하면 남을 기쁘게 할 수 있을까 생각해 보는 겁니다. 그것이 건강을 회복하는 지름길입니다.'

다음 날, 물어본다.

'어제 제 말대로 하셨습니까?'

'침대에 눕자마자, 잠들어 버렸어요.'

물론 이러한 대화는 평온하게 서로 마음을 터놓을 수 있는 상황에서 이루어져야 하며 조금이라도 태도가 고압적이어서는 안 된다.

어떤 환자는 또 이렇게 대답한다.

'아무리 생각해도 떠오르지 않아요. 나는 다른 고민으로 가득 차 있으니까요.'

이에 대해 나는 이렇게 대답한다.

'고민을 멈출 필요는 없어요. 다만 아주 가끔만 남에 대해 생각해 보세요.'

나는 계속해서 타인에게 관심을 가지라고 권하고 있다. 그런데 어떤 사람은 이렇게 말한다. '왜 남을 기쁘게 해야 되죠? 그들은 조금도 나를 기쁘게 해 주려고 하지 않는데요.' 그러면 나는 '당신의 건강에 도움이 되니까 그렇지요. 다른 사람들은 곧 후회 하게 될 거예요.' 이렇게 대답한다. 하지만 '말씀하신대로 잘 생각해 봤어요.' 이렇게 말하는 환자는 실로 드물다.

나의 모든 노력은 환자들의 사회적 관심을 증대시키는 데 있다. 병의 진짜 원인은 협동정신의 결여에 있다는 것을 알기 때문에, 그들에게 그것을 의식시키려는 것이다. 그들이 주위 사람들과 평등하고 협동적인 태도를 갖게 된다면, 비로소 그들은 완쾌된 것이다. 종교에서 가장 강력하게 주장하는 것이 언제나 '네 이웃을 사랑하라'는 것이다. 주위 사람에게 관심을 갖지 않는 인간은 인생에서 고난을 겪으며 남에게 가장 큰 위해를 끼친다. 모든 인생의 실패는 남에게 관심을 갖지 않은 사람들에게 일어난다. 우리가 누군가에게 받을 수 있고 또한 해 줄 수 이는 최고의 찬사는 당신이야말로 손을 맞잡고 걸어갈 동료이며, 모든 이들의 벗이자 연애와 결혼에 있어서의 참된 반려자라는 것이다."

아들러 박사는 일일일선(一日一善)을 역설하고 있다. 선행이란 무엇인가? 예언자 마호메트는 말했다. "선행이란 남의 얼굴에 미소를 짓게 하는 일이다." 그렇다면 어째서 매일 선행하는 일이 그 행위자에게 그토록 커다란 영향을 주는 것일까?

그것은 남을 기쁘게 함으로써 자기 번뇌나 공포 그리고 우울증의 원인을 잊게 되기 때문이다.

뉴욕에서 비서 양성소를 경영하고 있는 윌리엄 T. 문 부인이 남을 기쁘게 하면 자기 우울함이 날아가더라는 사실을 깨닫는 데 채 2주가 걸리지 않았다. 그녀는 아들러 바가보다 한 걸음 아니 두 세 걸음을 더 앞섰다. 2주가 아니라 단 하루 만에 두 명의 고아를 기쁘게 해 줌으로써 자기 우울증을 날려 버렸다. 이 일에 대한 문 부인의 이야기는 다음과 같다.

"5년 전 12월, 저는 슬픔과 자기 연민의 슬픈 감정에 싸이고 말았어요. 행복한 결혼생활을 보낸 지 몇 년 되지 않아 남편을 잃었죠. 크리스마스가 가까워지면서 슬픔은 더욱 커져만 갔어요. 지금까지 혼자서 크리스마스를 보낸 적이 없었기에 크리스마스가 다가오는 것이 두려웠어요. 친구들은 크리스마스를 같이 보내자고 초대했지만, 저는 전혀 그럴 기분이 나질 않았죠. 제가 가면, 모처럼 좋은 분위기를 망칠 것 같았어요. 그래서 저는 친구의 친절을 정중히 거절했습니다.

크리스마스 전날, 오후 3시에 사무실을 나와 정처 없이 5번가를 걷기 시작했어요. 자기 연민과 우울증을 털어내 보려는 생각이었죠. 거리는 활기차고 행복한 군중으로 가득차 있었어요. 과거의 행복했던 추억이 되살아나면서 홀로 텅 빈 아파트로 돌아간다는 것을 생각만 해도 참을 수 없었어요. 어찌할 바를 몰라 혼란스러웠고 눈물이 그치지 않았어요.

한 시간가량 거리를 헤매다가 문득 내가 버스 종점에 와 있다는 것을 깨달았죠. 과거에 곧잘 남편과 모험하는 기분으로 어디로 가는지도 모르는 버스를 탔던 일이 생각났어요. 그래서 가장 먼저 눈에 띄는 버스에 올라탔습니다. 허드슨강을 건너 한참을 가다 보니 어느새 차장이 말하더군요. '손님, 종점입니다.' 버스에서 내린 내 눈앞에는 이름조차 알 수 없는 마을이 있었어요. 아주 조용하고 평화로운 곳이었죠. 돌아가는 버스를 기다리는 동안 주택 가를 둘러보았어요.

한 교회 앞을 지나려는데 그 안에서 〈고요한 밤 거룩한 밤〉의 아름 다운 선율이 들려왔습니다. 들어가 보니 교회 안에는 오르간을 치는 사람만 있었어요. 저는 조용히 의자에 앉았습니다. 화려하게 장식한 크리스마스 트리의 불빛에 주변의 장식들은 마치 달빛을 따라 춤추는 별들처럼 보였습니다. 길게 꼬리를 그리는 듯 흐르는 선율은, 아침부터 아무것도 먹지 안은 것과 맞물려, 저를 잠으로 이끌었습니다. 몸과 마음이 매우 지쳐 있었으므로, 곧 깊은 잠에 빠져들고 말았죠.

눈을 떴을 때 잠시 동안 자신이 어디에 와 있는지 알 수가 없어서 가슴이 두근거렸습니다. 내 앞에는 크리스마스 트리를 보러 온 것 같은 두 아이가 서 있었어요. 한 여자아이가 나를 가리키며 말했어요. '산타클로스 할아버지가 데려왔나 봐.' 내가 눈을 뜨자 두 아이는 깜짝 놀랐죠. '괜찮아.' 나는 그들을 안심시켰어요. 아이들은 볼품없는 옷을 입고 있더군요. '아빠랑 엄마는 어디 계시니?' 내가 묻자, '우린 아빠도 엄마도 없어요.' 나보다 훨씬 더 불쌍한 두 고아가 제 앞에 있었어요. 아이들을 보자 내가 느꼈던 자기 연민이나 슬픔이 오히려 부끄러워지더군요. 나는 아이들에게 크리스마스 트리를 보여 주고 잡화점으로 데리고 가 사탕과 선물을 사 주었습니다. 외로움은 눈녹듯 사라졌습니다.

두 고아는 나에게 실로 오랜만에 느껴보는 행복과 사심 없는 정을 안겨 주었어요. 아이들과 대화를 나누면서 난 이 아이들에 비해 얼마나 행복했는지를 깨달았습니다. 어린 시절 부모님의 사랑을 받으며 크리스마스를 지냈던 것을 하나님께 감사했어요. 두 고아는 내가 그들에게 해 준 것 이상을 나에게 베풀어 준 것입니다.

이 경험으로 자신이 행복해지기 위해서라도 남을 행복하게 해 줘야 한다는 것을 깨닫게 되었죠. 또 행복은 다른 사람에게 전염된다는 사실도 깨달았어요. 즉 주는 만큼 받는 것이라는 거죠. 나는 남을 돕고 사랑을 나눠 줌으로써 고민과 슬픔, 자기 연민을 극복하고 다시 태어날 수 있었습니다. 이제 새로운 사람이 되었으니 남은 인생도 새롭게 살아보려고요."

자신을 망각함으로써 건강과 행복을 얻은 사람들의 이야기를 나는 책으로 엮어 낼 수 있을 만큼 많이 알고 있다. 예를 들어 미국 해군에게 가장 인기가 있었던 마거릿 테일러 예이츠의 경우를 생각해 보자.

예이츠 부인은 소설가지만, 그녀의 어떤 소설보다도 일본군이 진주만을 공격하던 날 아침에 그녀에게 일어났던 실화가 훨씬 더 재미있다. 예이츠 부인은 심장이 좋지 않아 1년 전부터 자리를 지켰다. 그녀는 하루 중 22시간을 침대에서 보냈다. 일광욕을 하러 뜰로 나오는 일이 그녀에게는 여행이었고, 그때도 가정부의 부축을 받아야만 했다. 당시 그녀는 죽을 때까지 환자로 지낼 수밖에 없으리라고 생각했다. 다음은 그녀의 이야기이다.

"만일, 일본군이 진주만을 공격해서 나의 생활을 흩뜨려 놓지 않았다면, 나는 그대로 자기만족에 빠진 채 새 삶을 얻지 못했을 거예요.

그 사건이 일어났을 때 세상은 온통 혼란에 빠졌고, 질서란 찾아볼 수 없었지요. 폭탄 하나가 집 근처에 터지는 바람에 나는 침대에서 굴러 떨어졌어요. 군용 트럭이 육해군 장병 가족들을 학교로 피신시키기 위해 히캄 비행장, 스코필드 병영, 카네오헤 공군 기지로 급행했습니다. 적십자사는 피난민을 수용할 수 있는 여분의 방을 가진 사람들에게 전화를 걸고 있었어요. 적십자 직원들은 내가 침대 맡에 전화를 두고 있다는 것을 알고는 나에게 정보 교환소 역할을 부탁했습니다. 나는 곧 육해군 병사의 가족들이 어디에 수용되어 있는지 조사했습니다.

군인들은 적십자사의 지시에 따라, 저에게 전화를 걸어 가족의 소식을 물었습니다. 나는 남편인 로버트 롤리 예이츠 사령관이 무사하다는 것을 알았습니다. 나는 병사의 안부를 걱정하는 가족들을 격려하는 한편, 많은 전사자들의 미망인을 위로하기 위해서도 무척 애를 썼습니다. 그때의 전투로 2천117명의 해군 장병이 전사하고, 960명이 행방불명되었습니다.

처음에 나는 침대에 누운 채 전화를 받았었는데, 얼마 지나지 않아 앉아서 받게 되었습니다. 그러던 어느 날 너무 바쁘고 흥분한 나머지 아픈 몸이라는 것도 잊어버리고 일어나 책상 앞에 앉았습니다. 나보다 더 불쌍한 사람을 도와야겠다는 생각에 내 몸에 대해서 까맣게 잊은 것이지요. 그 뒤로는 잠잘 때 외에는 침대에 누워 본 적이 없습니다. 이제 와 생각해보면 만일 일본군이 진주만을 공격하지 않았더라면, 아마도 나는 침대에서 생을 마쳤을지 몰라요. 침대 생활은 쾌적했고 언제나 돌보아 주는 사람들이 있었어요. 하지만 생각해 보면 그것 때문에 나는 스스로 재기하려는 의지를 잃었던 것입니다.

진주만 공격은 미국 사상 최대의 비극 중 하나이지만. 제 개인적으로는 가장 좋은 사건이었습니다. 위기는 내가 갖고 있다고 꿈에도 생각하지 못했던 힘을 부여해 주었습니다. 나 자기 고민을 잊고 타인에게 주의를 집중하게 했습니다. 살아가는데 없어서 안 될 중요하고 커다란 목적을 가르쳐 주었습니다. 이제 저에게는 자신에 대해 생각하거나 걱정할 시간은 전혀 남아 있지 않습니다."

정신과 전문의를 찾는 사람들의 3분의 1은, 마거릿 예이츠만 본받아도 다 낫는다. 즉 남을 돕는 데 흥미를 갖는 일이다. 칼 융이 이와 비슷한 말을 했다.

"내 환자의 3분의 1은 임상적으로는 신경증이 아니다. 다만 삶의 공허함과 허무함에 고뇌하고 있을 뿐이다."

다시 말하면, 그들은 히치하이킹으로 인생을 보내려고 하는데, 차들은 줄줄이 무시하고 지나가 버린다. 그래서 그들은 되는 일 없고, 가치도 없는 유익하지 못한 인생을 끊어내지 못해 서둘러 정신과 전문의를 찾아 오는 것이다. 보트를 놓치고 강기슭을 서성거리면서 그들은 자기 이외의 모든 사람을 욕하고, 마땅히 세상이 자기중심적 욕망을 만족시켜 주어야 한다고 주장하고 있다.

당신은 지금 이런 독백을 하고 있는지도 모른다.

"그런 이야기에는 아무런 관심도 없다. 나라도 크리스마스 이브에 고아를 만났다면 관심을 보였을 것이다. 또 그때 내가 진주만에 있었더라면, 마거릿 예이츠와 같은 일을 했을 것이다. 그러나 내 경우는 다르다. 나는 평범한 생활을 보내고 있다. 하루에 8시간씩 지루한 일에 종사하고 있고, 무엇 하나 극적인 일은 일어나지 않는다. 어떻게 하면 남을 돕는 데 흥미를 갖게 될까? 그리고 왜 그렇게 하지 않으면 안 되는 것일까? 그렇게 한다면 나에게 어떠한 이익이 돌아올까?"

물론 이것은 당연한 질문이다. 그러면 이제 답해 보겠다. 당신의 생활이 아무리 평범하다 할지라도 매일 누군가를 만날 것이다. 그들에게 어떤 태도를 취하고 있는가? 무심코 바라볼 뿐인가? 그렇지 않으면, 그들에게 관심을 갖고 대하고 있는가? 예를 들어, 우편배달부를 보자. 그는 날마다 몇백 마일을 돌아다니며 집집마다 우편물을 전해 주는데 당신은 한 번이라도 그가 어디에 살고 있는지, 피곤하지 않은지, 일이 지루하지는 않은지 물어본 일이 있는가?

식료품 가게 점원이나 신문 배달원, 구두 미화원들에게는 또 어떤가? 이들도 모두 고민거리나 꿈, 그리고 야심을 가진 사람들이다. 기회만 있으면 누군가에게 그것들을 얘기하고 싶어서 입이 근질근질하다. 그런데 당신은 기회를 준 적이 있는가? 그들이나 그들의 생활에 대해 진지한 관심을 보인 적이 있는가?

나는 지금 당신에게 나이팅게일이나 사회 개혁자가 되라는 얘기를 하고 있는 것이 아니다. 당장 먼저 내일 아침 거리에서 마주치는 사람들부터 시작하면 되는 것이다.

그러면 당신에게 어떤 보답이 돌아오는가? 더 큰 행복, 더 큰 만족과 자신감이 생길 것이다! 아리스토텔레스는 이러한 태도를 가리켜 '계발된 이기주의'라고 불렀다. 또 짜라투스트라는 말했다. "남에게 선행을 베푸는 것은 의무가 아니라 기쁨이며, 그것을 실천하는 사람의 건강과 행복을 증진시킨다." 벤자민 프랭클린은 이를 요약하여, 이렇게 말했다. "남에게 선을 베풀 때, 인간은 자기 자신에게 최선을 다하는 것이다." 뉴욕의 심리학서비스 연구소 소장 헨리 C. 링크는 그의 저서에서 다음과 같이 기술했다. "근대 심리학의 발견 중에서, 자아실현과 행복을 위한, 자기희생과 훈련의 필요성을 과학적으로 실증한 것만큼 중요한 발견은 없다." 타인에 대한 배려는 자기 자기 고민에서 스스로를 구출할 뿐만 아니라 많은 친구를 만들어 큰 즐거움을 얻게 한다. 언젠가 예일대학교의 윌리엄 라이언 펠프스 교수에게 구체적인 방법을 물었더니, 그는 이렇게 말했다.

"나는 호텔이나 이발소, 그 외 어떤 가게이든 들어갈 때는 그곳에서 만나는 사람에게 상냥하게 말을 건다. 말하자면, 그들을 어떤 기계의 부속품으로서가 아닌 하나의 인간으로 대하는 것이다. 상점의 아가씨에게는 눈이 아름답다든지, 머릿결이 곱다고 칭찬의 말을 건네고, 이발사에게는 온종일 서 있어야 하니 다리가 무척 아프겠다고 인사를 건네든지 혹은 지금까지 몇 명이나 머리를 깎아 주었는지 물어본다. 그들이 잊고 있던 사실을 떠올리도록 돕는다. 누구든지 자신에게 관심을 보이면 기분 좋은 법이다. 나는 짐을 날라다 준 사람에게 악수를 청한다. 그렇게 하면 그는 온종일 유쾌한 기분으로 일에 열중할 수 있을 것이다.

몹시 무더운 어느 날, 뉴헤븐 철도의 식당차 점심을 먹으려고 했다. 그 칸은 만원이었고 찌는 듯 더웠으며 서비스도 무척 느렸다. 웨이터가 한참 만에 메뉴를 가지고 왔을 때, 슬쩍 말을 건넸다. '뜨거운 주방에서 음식을 만드는 요리사는 정말 힘들겠네.' 그러자 웨이터도 갑자기 큰 소리로 말했다. 나는 처음에 그가 화를 내는 줄 알았다. 그는 이렇게 말했다. '정말입니다. 손님들은 들어와서 음식이 맛이 없네, 서비스가 나쁘네, 덥네, 값이 비싸네 하면서 온통 불평뿐이지요. 지금껏 19년 동안 그런 잔소리만 들어왔는데,

가마 속같은 주방에서 일하는 요리사를 걱정해 주신 분은 선생님뿐입니다. 손님 같으신 분이 많아지면 정말 좋겠어요.'

그는 내가 흑인 요리사를 철도회사라는 조직 안의 한 개의 톱니바퀴로만 생각하는 것이 아니라, 한 명의 사람으로 여겼다는 사실에 놀란 것이다. 사람이라면 누구나 아주 조금쯤은 남의 이목을 끌고 싶어한다. 나는 거리에서 귀여운 개를 데리고 나오는 사람을 만나면, 언제나 그 개를 칭찬해 준다. 조금 가다가 뒤돌아보면, 대개 그 주인은 자기 개를 쓰다듬고 있다. 남의 칭찬을 듣고 보니, 그도 새삼 개가 예뻐보인 것이다.

영국에 있을 때의 일이다. 한 양치기가 크고 영리해 보이는 개를 데리고 있는 것을 보고, 나는 진심으로 칭찬했다. 나는 그에게 개의 훈련법을 물어보았다. 헤어지고 나서 슬쩍 돌아보니, 개는 앞발을 들어 자기 주인의 어깨에 올려놓고 있었다. 양치기는 만족스러운 듯 개의 앞발을 쓰다듬고 있었다. 내가 양치기와 그의 개에 대해 관심을 보인 사소한 일이 그를 행복하게 만들어 준 것이다. 개도 기뻐보였지만, 나도 기뻤다."

짐꾼과 악수를 한다거나 찜통 같은 주방에서 일을 하는 요리사에게 동정을 표하고, 개를 칭찬할 수 있는 사람이 찌푸린 얼굴로 괴로워 하며 정신과 전문의를 찾을 일이 있을까? 그런 일은 절대 없다.

증국 속담에 이런 말이 있다.

"장미를 선물한 사람의 손에는 향기가 남아 있다."

남성 독자라면 아마 다음의 이야기가 별로 재미없을 수도 있다. 이것은 고생만 했던 불행한 소녀가 어떻게 해서 수많은 남성에게서 청혼을 받게 되었는지에 대한 이야기다. 지금은 이 소녀도 할머니가 되었지만 말이다. 몇년 전, 나는 이 노부부 집에 하룻밤 머물렀던 적이 있다. 그 마을에서 강연이 있었는데, 다음 날 아침, 그녀는 마을에서 50마일이나 떨어진 역까지 나를 태워 주었다.

우리는 어떻게 하면 친구를 사귈 수 있는지에 관해 대화를 나누었다. 그녀는 이야기를 시작했다.

"카네기 씨, 남편한테도 털어놓지 않았던 이야기를 해드릴게요. 저는 필라델피아의 사교계 인명록에까지 올라 있는 가정에서 태어났지만, 소녀시절부터 성년에 이르기까지 가장 슬펐던 것은 집이 가난하다는 현실이었습니다. 우리 집은 다른 친구들집처럼 즐거울 수가 없었습니다. 제 옷차림은 늘 초라했고 그것도 너무 작아서 몸에 맞지 않을 뿐만 아니라, 유행에 뒤쳐진 것뿐이었습니다. 저는 부끄러운 일을 겪기도 해서 밤에 잠자리에 들어서도 곧잘 울곤 했습니다.

그렇게 절망하고 있던 제게 떠오른 생각이 만찬회에서 파트너에게 그의 경험이나 의견, 그리고 장래에 대한 계획 등을 질문하는 것이었습니다. 그렇다고 제가 그들의 이야기에 별다른 흥미를 가졌던 것은 아니었습니다. 단지 상대가 저의 보잘 것 없는 차림새를 보지 못하게 하려는 것이 목적이었습니다. 그런데 이상한 일이 일어났습니다. 그 사람들과 대화를 하면서 몰랐던 것들을 알게 되자, 그들에게 관심을 갖게 되었고 저의 옷차림 같은 것은 잊게 되었습니다. 그리고 더 놀랄 만한 일이 일어났습니다. 제가 흥미 있게 들어주니 상대도 즐거워 했고, 얼마 안 있어 저는 사교계에서 가장 인기 있는 사람이 되었습니다. 그리고 세 사람으로부터 청혼을 받았지요."

이 장을 읽는 어떤 독자는 이렇게 말할지도 모른다.

"남에게 관심을 가지라는 건 난센스다. 나는 질색이다. 돈을 벌어야 한다. 지금 얻을 수 있는 것이 있다면 바로 손에 넣어야 한다. 그런 잠꼬대 같은 소리 개나 주라지!"

그것이 당신의 본심이라면 그것도 좋다. 그러나 당신의 주장이 옳다면, 역사상의 위대한 철학자나 현인들, 즉 그리스도나, 공자, 석가모니, 플라톤, 아리스토텔레스, 소크라테스 그리고 성 프란시스 등은 모두 잘못 생각한 것이 된다. 아마 당신은 종교 지도자의 말이라면 코웃음을 칠 테니 무신론자의 이야기를 예로 들겠다.

우선 케임브리지대학교의 A.E. 하우스먼 교수라면 당대의 석학 중 한 사람이다. 그는 1936년 '시(詩)의 명칭과 자연성'이라는 강연에서 다음과 같이 말했다.

"동서고금을 통해서 가장 심원한 도덕적 발견은 그리스도의 다음과 같은 말이다. 즉 생명을 얻고자 하는 자는 그것을 잃을 것이요, 나를 위해 생명을 잃는 자는 그것을 얻으리로다."

우리는 태어나서 지금까지 설교자의 입을 통해 이 말을 계속 들어 왔다. 그러나 하우스먼은 무신론자에 염세주의자로, 자살까지 하려고 했던 사람이다. 그런 그도 자기밖에 생각하지 못하는 사람은 인생에서 많은 것을 얻지 못한다는 사실을 알고 있었다. 그런 사람은 반드시 비참해진다. 그러나 남을 위해 봉사함으로써 자기 자신을 잊어버리는 사람은, 인생에서 즐거움을 찾아낼 것이 분명하다.

당신이 하우스먼의 말에도 별 감흥이 없다면, 20세기 가장 저명한 미국의 무신론자 시어도어 드라이저의 충고에 귀기울여 보라. 그는 모든 종교를 전설 속 이야기라고 냉소하며 인생을 "어리석은 자의 이야기이다. 잡음과 격정만 있을 뿐 전혀 의미가 없다" 단정했다.

그럼에도 불구하고 그는 그리스도께서 말씀하신 '타인에게 봉사'라는 위대한 교훈을 지지하는 것이다. 그는 말한다.

"인간이 짧은 인생에서 기쁨을 찾으려거든 자기보다도 타인에게 기쁨을 주는 일을 생각하고 또 계획해야 할 것이다. 왜냐하면 자기 기쁨이란 자신이 남들에게 준 기쁨과 남들이 자신에게 준 기쁨의 상호작요에 의해 완성되기 때문이다."

만일 우리가 드라이저의 주장과 같이 '남을 기쁘게 하기 위해서' 노력할 생각이라면, 지금 즉시 시작해야 한다. 시간은 빨리 지나간다.

"나는 두 번 다시 이 길을 걸을 수 없다. 그러니 내가 할 수 있는 선행, 내가 보여줄 수 있는 친절은 그 즉시 실천하자. 주저하거나 게을러지지 않기로 하자. 나는 이 인생을 다시 살 수 없을 테니까."

고민을 털어 버리고 평화와 행복을 손에 넣기 위한 일곱 번째 법칙은 다음과 같다.

남에게 관심을 가짐으로써 자신을 잊도록 애쓰자.
날마다 누군가가 얼굴에 미소를 짓도록 선행에 힘쓰자.

5

걱정을 완벽하게 극복하는 법

부모님들은 어떻게 걱정을 극복했는가
그들이 걱정에 쏟는 만큼 그들이 하는 일에 쏟는다면
그들의 성공은 틀림없이 보장될 것이다

이미 얘기한 바와 같이, 나는 미주리주의 농장에서 나고 자랐다. 당시 다른 농부들과 마찬가지로 나의 부모님도 가난한 살림을 하고 있있다. 어머니는 시골학교 교사였고, 아버지는 한 달에 12달러를 받고 남의 밭일을 했다. 어머니는 내 옷에서 부터 가족들의 옷을 세탁할 빨랫비누까지도 손수 만들었다.

집에 현금이라고는 1년에 한 번 돼지를 팔 때 외에는 없었다. 식품점에 버터나 달걀을 가져가 밀가루와 설탕 그리고 커피로 바꾸었다. 내가 12살 때 1년동안 받은 용돈은 50센트도 채 못 되었다. 독립기념일에 아버지가 큰맘 먹고 10센트의 용돈을 주셨을 때는 내가 세계에서 제일가는 부자가 된 듯했다.

나는 매일 1마일씩 걸어 교실이 하나뿐인 학교에 다녔다. 눈이 많이 내려 수은주가 영하 28도를 가리킬 때도 걸어서 다녔다. 14살까지 고무신이나 장화를 신어보지 못했으며 길고 추운 겨울 동안 나의 발은 언제나 젖어 있었고 차가웠다. 어린 마음에 누구나 겨울에는 다 그런 줄 알았다. 마르고 따뜻한 발을 가진 사람이라니 상상할 수도 없었다.

부모님은 하루 16시간씩 부지런히 일을 했지만, 그래도 빚더미에서 헤어나지 못했다. 아주 어릴 때, 큰 홍수로 옥수수밭과 목초밭이 쓸려 내려가 엉망이 되었던 적이 있었고, 7년 중에 6년은 수해로 농사를 망쳤다. 또 매년 돼지가 콜레라로 죽어갔고, 그것을 태워 버리는 냄새 때문에 구역질이 나던 때를 지금도 기억하고 있다.

수해가 없었던 것이 딱 한 해 있었다. 농사도 풍작이었다. 송아지나 돼지 새끼를 사서 옥수수로 그 놈들을 살찌게 했다. 그러나 결과는 마찬가지였다. 시카고의 가축 시세가 폭락해 사료비를 제외하니 1년 동안 겨우 30달러를 벌었을 뿐이었다.

무엇을 해도 손해만 보았다. 아버지가 새끼 노새를 사 3년간 기른 뒤 사람까지 고용해서 잘 길들인 다음, 테네시의 멤피스로 보냈다. 하지만 노새는 본전도 못 받고 팔아야만 했다.

10년간을 몸을 아끼지 않고 일을 했지만 돈은 생기지 않고 빚만 늘어났다. 밭은 저당 잡히고, 이자는 밀리기 일쑤였다. 은행에서는 아버지를 욕하며 밭을 빼앗겠다고 협박했다. 아버지의 나이는 47세였으나, 30년 동안 열심히 노동한 결과는 빚과 굴욕감뿐이었다. 그것은 너무 가혹한 보답이었다. 아버지는 괴로워하다 건강을 해쳤다. 매일 밭에서 힘겨운 일을 하면서도 식욕이 없었다. 식용증진제의 힘을 빌려 보았지만, 아버지는 나날이 야위어만 갔다. 의사는 어머니에게 이러다가는 아버지가 반년도 못가 돌아가실 거로 말했다.

아버지는 살기가 싫어졌다고 말씀했다. 어머니는 말에게 여물을 주거나 소젖을 짜기 위해 헛간에 간 아버지가 조금이라도 늦어지면 혹시 목을 매 죽지나 않았는지 걱정이 되어 허둥지둥 헛간으로 달려가곤 했다.

어느 날 우리땅을 압류하겠다고 협박하는 은행에 갔다가 돌아오는 길에, 아버지는 다리 위에 마차를 세우고 내려서 오랫동안 강을 내려다보았다. 차라리 강에 뛰어들어 삶을 끝내 버리는 게 나을지 모른다고 생각하면서 말이다. 후일 아버지는 왜 그때 강에 뛰어들지 않았는지 이야기해 주었다. 그것은 우리 가족이 하나님을 사랑하고 계명을 지키면 언젠가는 모든 일이 잘될 것이라는 어머니의 헌신적인 믿음 때문이었다는 것이다. 어머니는 옳았다. 끝내는 모든 일이 잘 되었다. 아버지는 그 뒤 42년 동안이나 행복하게 살다가 1941년 89세의 나이로 세상을 떠났다. 힘들고 가슴아팠던 세월 동안 어머니는 절대로 괴로워하지 않으셨다. 어머니는 마음의 고통과 번민을 하나님께 호소했다. 매일 밤, 우리가 잠자리에 들기 전에 어머니는 《성서》를 읽어주셨다. 마음의 평화를 위해 다음과 같은 예수의 말씀을 읽어주실 때도 있었다.

"네 아버지 집에는 많은 저택이 있느니라.…… 내가 그곳에 가서 너희들을 위해 거처를 마련하리라.…… 내가 있는 곳에 너희도 함께 있을 것이다."

그러고 나서 우리는 모두 무릎을 꿇고 하나님의 사랑과 가호를 빌었다.

윌리엄 제임스가 하버드대학교의 교수였을 때, 그는 말한 적이 있다. "고민에 제일 잘 듣는 약은 종교적 신앙이다." 우리는 그것을 발견하기 위해서 하버드대학교에 다닐 필요는 없다. 나의 어머니는 미주리 농장에서 그것을 찾았다. 홍수, 빚 그리고 재해도 내 어머니의 빛나고 용감한 영혼을 굴복시킬 수는 없었다. 나는 어머니가 일을 하며 부르던 찬송가를 지금도 기억한다.

> 평화, 평화, 신비로운 평화여
> 하나님께서 내려주신 신비로운 평화여
> 내 영혼을 영원토록 지켜주시옵소서.
> 나는 기도합니다.
> 끝없는 사랑의 바다 안에서.

어머니는 내가 평생을 종교적인 사업에 헌신하기를 바라셨다. 나는 선교사가 되려고 진지하게 생각했다. 그래서 대학에 들어갔지만 나이를 먹으면서 생각이 달라졌다. 생물학, 과학, 철학 그리고 비교종교학 등을 배우고, 어떻게 《성서》가 쓰여지게 되었는지에 관한 여러 책을 읽었다. 나는 당시 시골 목사들의 설교에 나타난 편협한 교리에 의문을 느끼며 망설이고 방황했다. 월트 휘트먼처럼 '내 안에 문득 기묘한 의문이 고개를 쳐드는 것을 느꼈다.' 무엇을 믿어야 할지 몰랐다. 인생의 목적을 찾을 수가 없었다. 나는 기도를 그만두었다. 불가지론자(不可知論者)가 되었다. 인생은, 계획될 수 없으며 목표도 없는 것이라 믿었다.

2억 년 전에 땅 위를 기어다니던 공룡과 마찬가지일 뿐, 인간이라고 해서 더욱 신성한 목적을 갖고 있다고는 생각할 수 없었다. 언젠가는 틀림없이 인간도 공룡처럼 멸망해 버릴 것이다. 과학은 태양이 조금씩 식어 간다는 것, 그 온도가 10% 내려가면, 지상에는 어떠한 생물도 살 수 없다는 것을 가르쳐 주었다. 나는 사랑이 많으신 하나님이 자기 형상대로 인간을 창조했다는 관념까지 비웃었다. 검고 차갑고 생명 없는 우주 공간을 맴도는 무수한 태양은 정체를 알 수 없는 힘에 의해 만들어진 것이라고 믿었다. 아니, 창조된 것이 아니라 시간과 공간이 영원히 존재하는 것 같이 최초부터 존재한 것인지도 모른다.

이와 같은 의문들의 답을 이제는 아냐고 묻는다면, 나는 '아니요' 대답할 것이다. 우주의 신비, 생명의 신비를 설명할 수 있는 인간은 없다. 우리 주위에도 신비한 것들은 너무나 많다. 신체의 작용, 집안의 전기, 금이 간 벽에 핀 꽃 그리고 창 밖의 잔디, 모든 것이 신비롭다. 제너럴 모터스 연구소의 천재 지도자 찰스 F. 케터링은 풀은 왜 녹색인지를 연구하도록 연간 3만 달러씩을 안티옥대학교에 기부하고 있다. 그는 풀이 햇빛, 물, 일산화탄소를 어떻게 당분으로 변하게 하는지만 알면 문명에 일대 혁신을 가져올 것이라고 단언한다. 자동차 엔진의 작용도 커다란 신비이다. 제너럴 모터스 연구소에서는 오랜 시간동안 거액의 돈을 투자하여 어떻게 실린더 속의 작은 불꽃이 차를 움직이게 하는 연소 작용을 일으키는지 연구했다.

우리가 자기 신체나 전기, 또는 가솔린 엔진의 신비를 이해하지 못한다고 해서 그것을 사용하지 못하는 것은 아니다. 기도나 신앙의 신비를 이해하지 못한다 해서 종교가 가져다주는 보다 풍요롭고 행복한 생활을 즐기지 못한다는 법은 없다.

나는 가까스로 '사람은 인생을 이해하기 위해 태어난 것이 아니라, 인생을 살기 위해 태어난 것이다'라는 산타야나의 지혜를 깨달았다.

나는 다시 종교로 회귀했다. 아니, 정확히 말하자면 종교를 새로운 방식으로 이해하게 되었다. 교회를 분립시키고 있는 신조나 교리의 차이에는 이제 관심을 갖지 않는다. 나의 흥미는 오로지 종교가 나에게 무엇을 해 주는가이다. 그것은 마치 전기나 좋은 음식, 또는 물이 나에게 해 주는 일에 관심을 갖는 것과 마찬가지다. 그런 것들은 내가 더 풍요롭고, 더 충실하며 행복한 생활을 하도록 도와준다. 하지만 종교는 그보다 훨씬 많은 도움을 준다. 그것은 나에게 정신적인 가치를 부여해 준다. 그것은 윌리엄 제임스의 말처럼 나에게 '인생에 대한 새로운 열의,…… 더 많은 생기, 더 크고 더 풍요롭고 더 만족스러운 인생'을 가져다준다. 그것은 신념, 희망 그리고 용기를 갖게 해 긴장, 불안, 공포, 걱정을 해소시킨다. 나의 인생에 목적과 방향을 제시해 준다. 행복을 증대시키고 건강을 증진시키며 '모래 폭풍이 불어닥치는 인생 속에 평화롭고 아늑한 오아시스'를 창조해 준다.

프랜시스 베이컨은 350여 년 전에 이렇게 말했다. "천박한 철학은 사람의 마음을 무신론으로 기울게 하고, 심원한 철학은 사람의 마음을 종교로 인도한다."

전에는 사람들이 종교와 과학의 충돌에 대한 논쟁을 곧잘 벌이곤 했지만, 지금은 그렇지 않다. 최신 과학인 정신의학은 예수의 가르침과 같은 사실을 가르치고 있다. 정신과 의사들이 기도와 강한 신앙심이 질병의 최대 원인인 고민과 불안, 긴장, 공포를 추방한다는 것을 알기 때문이다. 이 분야의 지도자인 A.A. 브릴 박사가 다음과 같이 말한 것을 그들은 알고 있다. "진실로 종교심이 깊은 인간은 신경증에 걸리지 않는다."

만일 종교가 진실이 아니라면 인생은 무의미하다. 인생은 비극적인 연극의 한 토막일 뿐이다.

헨리 포드가 죽기 몇 년 전에 인터뷰를 했다. 그를 만나기 전에 나는 세계 최대의 사업체를 창립하고 경영한 그의 얼굴에는 오랜 세월의 고뇌의 흔적이 뚜렷이 나타나 있으리라 예상했다. 그러나 78세의 고령에도 불구하고 너무나 차분하고 건강하며 온화한 그의 모습에 놀라지 않을 수가 없었다. 지금까지 고민한 적이 없었는지 묻자 그는 다음과 같이 대답했다.

"없었습니다. 무슨 일이든지 하나님이 주관하고 계시니까요. 하나님 앞에 제 의견이 무슨 소용이겠습니까? 하나님이 모든 책임을 지시고 있는 한, 만사가 결국은 잘 될 것이라도 믿고 있습니다. 고민할 것이 무엇이겠습니까?"

오늘날에는 정신과 의사들까지도 모두 새로운 복음의 전도사가 되었다.

그들은 우리에게 내세의 지옥에서 고초를 면하기 위해 종교적 생활을 하라는 것이 아니라 현세에 있는 지옥—위궤양, 협심증, 신경쇠약 그리고 광기—을 모면하기 위해 종교적인 생활을 하도록 권하고 있다. 심리학자나 정신과 의사의 대표적 견해를 알고 싶은 사람은 헨리 C. 링크 박사의 《종교로의 회귀》를 읽어 보도록 권한다.

확실히 그리스도교는 영감을 주고 건강을 회복시키는 종교이다. 예수는 말했다. "나는 너희들에게 생명을 주려고 왔도다. 너희들의 생명을 풍요롭게 만들기 위해 왔느니라." 예수는 당시 종교로서 버젓이 통하던 인간미 없는 형식이나 무의미한 의식을 비난하고 공격했다. 그는 반역자였다. 세계를 뒤엎을 위험을 내포한 새로운 종교를 퍼뜨렸고, 결국은 십자가에서 처형되었다. 예수는 종교가 인간을 위해 존재하는 것이지 인간이 종교 때문에 존재하는 것은 아니라고 강조했다. 또한 안식일은 인간을 위해 만들어진 것이지, 안식일을 위해 인간이 창조되지 않았다는 것을 설파했다. 그는 죄보다 공포에 대해 더 많이 이야기했다. 그릇된 공포는 건강을 해치고, 예수가 역설한 풍요롭고 행복하며 용기 있는 인생에 위반되는 죄이다. 에머슨이 스스로를 '환희의 과학 교사'라고 칭했다면 예수가 바로 '환희의 과학 교사'인 것이다. 그는 사도들에게 "기뻐하라, 기뻐하고 즐거워하라" 명했다.

예수는 또 종교에 있어 두 가지 중요한 것은 성심으로 하나님을 사랑하는 것과 이웃을 내몸과 같이 사랑하는 것이라고 말했다. 자기 자신이 알고 있든 모르고 있든, 이 두 가지를 실천하는 사람은 종교인이다.

예를 들어, 오클라호마에 사는 나의 장인 헨리 프라이스가 바로 그런 사람이다. 그는 '황금률'을 생활신조로 삼고 있어서 비열한 짓, 이기적인 짓, 정직하지 않은 짓을 절대 하지 않는다. 그러면서 교회에는 나가지 않고, 스스로를 불가지론자라고 부른다. 이게 웬 난센스인가? 그러면 그리스도인이란 무엇인가? 에든버러대학교의 종교학 교수이자 석학이었던 존 베일리에게 그 해답을 물어보자.

"사람을 그리스도인답게 만드는 것은, 어떤 관념을 지적으로 받아들이는 것도, 어떤 규율을 신봉하는 것도 아니다. 그것은 어떠한 '정신'을 보유하는 일이고, 어떠한 종류의 삶에 참여하는 일이다."

만일 그것이 그리스도인의 자격이라면, 헨리 프라이스는 훌륭한 그리스도인의 한 사람이다. 근대 심리학의 아버지 윌리엄 제임스는 그의 친구 토머스 데이비슨에게 다음과 같이 써 보냈다.

"나이가 들면 들수록 하나님 없이는 하루하루를 보내기가 힘들어지는 것을 깨달았네."

앞에서 성인 강좌에서 모집한 실화 두 편을 심사위원이 우열을 가릴 수 없었다고 언급했다. 그중 한편은 이미 소개했으므로 나머지 한 편을 여기서 소개하겠다. 하나님 없이는 살지 못한다는 것을 고생 끝에 깨달은 한 여성의 잊을 수 없는 체험담이다.

이 부인을 메리 커쉬먼이라고 부르겠다. 혹 그녀의 자녀들이나 손자들에게 피해가 갈 지 몰라서 가명을 쓰겠다. 그러나 이 부인이 실제 인물인 것만은 확실하다.

대공황기에 남편의 주급은 평균 18달러였는데, 그나마 몸이 허약해서 결근도 잦았다. 그런 때는 물론 보수가 없었다. 정말 남편은 병이 잦았다. 성홍열에다 이하선염, 거기다 곧잘 감기에 걸리곤 했다. 사정이 이렇다 보니, 손수 지은 집마저 남의 손에 넘겨야 했고, 식료품 상점에는 50달러의 빚까지 졌다. 그런데다 우리는 다섯 명이나 되는 아이를 먹여 살려야 했다. 나는 마을사람들의 집에서 세탁일이나 다림질을 해 주곤 했으며 구세군 상점에서 낡은 옷을 사다 고쳐서 애들에게 입혔다. 나는 고민이 극에 달해 건강을 해칠 지경에 이르렀다.

그러던 어느 날 식료품 상점 주인이 내 아들이 연필 두 자루를 훔쳤다고 죄를 덮어 씌웠다. 열한 살 난 아들은 정직하고 감수성이 예민한 아이였는데, 여러 사람 앞에서 창피를 당한 것이다. 나도 이것만큼은 참을 수가 없었다. 지금까지 꾹 참고 견뎌 왔던 갖가지 고생들을 생각하니 장래에 대한 아무런 희망도 보이지 않았다. 아마 나는 그때 깊은 고민에 빠져 잠시 정신에 이상이 생겼던 모양이다. 나는 하던 빨래를 멈추고, 다섯 살 난 딸아이를 침실로 데려가 침대에 눕혔다. 방 안 창문을 닫고 틈새를 헌 종이나 헝겊으로 틀어막았다. 아이는 나를 쳐다보며 물었다. "엄마 뭐 해?" "틈새로 찬바람이 들어오지 못하게 하려고." 나는 이렇게 대답하고는 침실 가스히터의 꼭지를 틀고 불은 붙이지 않았다. 아이를 안고 침대에 눕자, 아이가 말했다. "엄마, 나 방금 전에 일어났잖아?" "괜찮아, 잠깐 낮잠 자자." 나는 눈을 감고, 히터에서 새어 나오는 가스 소리를 듣고 있었다. 그때 맡았던 가스 냄새는 평생 잊지 못할 것이다.

그때 어디선가 갑자기 음악 소리가 들려왔다. 부엌 라디오의 전원을 끄는 것을 깜빡 잊은 것이다. 그러나 이제 그런건 상관 없었다. 음악은 계속 흘러나왔다. 누군가가 오래된 찬송가를 부르고 있었다.

'자비로우신 나의 친구 예수는 죄와 걱정을 말끔히 씻어 주시고, 마음의 슬픔을 거두시어 기구하고 무거운 짐을 내려놓으매, 자비로우신 벗 예수는, 우리의 약함 아시고 걱정과 슬픔에 잠겨 있을 때도, 우리의 기도에 응답하시사 우리를 위로해 주시리!'

찬송가를 들으면서 나는 비참하기 그지없는 잘못을 저지르고 있다는 사실을 깨달았다. 나 혼자서 모든 무서운 고난을 감당하려고 했다. 나의 슬픔과 고난을 하나님께 맡기려고 하지 않았다.

……나는 벌떡 일어나 가스히터를 잠그고, 창문과 방문을 열었다.

그날 온종일 눈물을 흘리면서 기도했다. 하나님께 도움만 구하는 것이 아니라 아버지께서 베풀어 주신 축복에 진심으로 감사의 기도를 올렸다. 몸과 마음이 모두 건강한 아이를 다섯이나 주신 것 말이다. 두 번 다시는 그런 배은망덕한 행동을 하지 않겠다고 하나님께 맹세했다. 그리고 지금까지 지켜왔다.

우리는 집을 잃고 월세 5달러의 외진 시골학교 교사로 옮겨야 했지만, 나는 그때도 하나님께 감사 기도를 올렸다. 비와 추위를 막아 줄 장소가 마련되었기 때문이었다. 상황이 더 악화하지 않는 것에 감사했다. 나는 하나님께서 내 기도를 들어주셨다고 믿는다. 왜냐하면 금방 이루어진 것은 아니지만, 경제 상황이 점점 호전되고 경기가 좋아지면서 약간은 돈에 여유가 생겼기 때문이다.

나는 큰 컨트리클럽의 모자(帽子) 보관소에서 일하게 되었고, 부업으로 양말을 팔았다. 아들녀석 하나는 제 힘으로 돈을 벌며 다닐 각오로 대학에 입학해 농장을 찾아서는 아침저녁으로 13마리나 되는 젖소의 젖을 짰다. 지금 아이들은 모두 성장해서 결혼을 했다. 귀여운 손자도 셋이나 있다.

가스히터를 틀어 놓았던 그 끔찍한 날이 떠오를 때마다, 그 위험한 갈림길에서 정신이 들게 해 주신 하나님께 감사할 뿐이다. 만약 그대로 계속했다면, 오늘과 같은 기쁨을 맛보지 못하고, 행복으로 가득 찬 많은 날들도 영원히 잃고 말았을 것이다. 나는 죽고 싶다고 무심코 말을 하는 사람들을 볼 때마다 '죽어서는 안 돼요. 절대 죽어서는 안 돼요!' 외치고 싶다. 이를 악물고 견뎌야 하는 어둠의 시간은 정말 한순간이다. 금세 밝은 미래가 떠오른다…….

미국에서는 평균 35분에 한 사람꼴로 자살을 하고, 2분마다 한 사람씩 정신병에 걸리고 있다. 자살과 정신 이상의 대부분은 그 사람들이 종교와 기도에서 평화와 위안을 얻는 법만 알았어도 막을 수 있었다.

현대의 가장 훌륭한 정신 분석학자 중 한 사람인 칼 융 박사는 그의 논문 〈영혼을 탐구하는 근대인〉에서 다음과 같은 말을 했다.

"지난 30년 동안 나는 세계의 문명된 나라 사람들로부터 진찰 의뢰를 받고, 수백 명의 환자를 진료했다. 내가 만난 인생의 제2기, 즉 35세 이상 사람들은 한 명도 빠짐없이 종교적 인생관에서 마지막 구원을 받아야 할 처지에 놓여 있었다. 그들 모두 시대마다 존재했던 종교들이 그 신도들에게 주었던 것을 상실했기 때문에 질병에 걸렸다 해도 과언이 아니다. 그러므로 그들이 종교적 인생관을 되찾지 못하는 한 진정한 의미로 치유되었다고는 할 수 없다."

이 의견은 매우 중요한 것이므로, 다시 한번 눈에 잘 띄는 굵은 활자로 게재하겠다.

칼 융 박사는 말한다.

"지난 30년 동안 나는 세계의 문명된 나라 사람들에게서 진찰 의뢰를 받고, 수백 명의 환자를 진료했다. 내가 만난 인생의 제2기, 즉 35세 이상 사람들은 한명도 빠짐없이 종교적 인생관에서 마지막 구원을 받아야 할 처지에 놓여 있었다. 그들 모두 시대마다 존재했던 종교들이 그 신도들에게 주었던 것을 상실했기 때문에 질병에 걸렸다 해도 과언이 아니다. 그러므로 그들이 종교적 인생관을 되찾지 못하는 한 진정한 의미로 치유되었다고는 할 수 없다."

윌리엄 제임스도 같은 말을 했다.

"신앙은 인간이 살아갈 수 있게 하는 힘의 하나다. 그것이 하나도 남지 않았다는 것은 파멸을 의미한다."

석가 이래 인도 최대의 지도자라고 할 수 있는 마하트마 간디는 기도라는 보이지 않는 힘에 고무되지 않았다면 파멸하고 말았을 것이다. 무엇보다 그 자신이 말했다. "기도가 없었다면 나는 벌써 미치고 말았을 것이다."

이에 대해서는 몇천 명이 똑같은 증언을 할 수가 있을 것이다. 나의 아버지도 만일 어머니의 기도와 신앙이 없었더라면 투신자살했을 것이 분명하다. 아마 지금 정신 병원에서 고함을 지르고 있는 괴로움에 지친 많은 영혼들도, 자력만으로 인생의 거친 파도를 헤쳐 나가려 하지 말고, 더 큰 힘의 도움을 구한다면 틀림없이 구원받을 것이다.

우리는 모진 고난을 겪다 자기 힘이 한계에 다다르면 절망 속에서 하나님께 매달린다. '야전용 참호 속에 무신론자는 없다.'

그런데 왜 진정 참을 수 없는 지경에 이르러서야 하나님을 의지하려는가? 왜 매일 새로운 힘을 얻으려 하지 않는가? 왜 일요일까지 기다리는가? 나는 오래전부터 평일 오후에 아무도 없는 교회에 들리고는 한다. 쓸데없이 조바심이 나서 단 몇 분 동안도 경건한 마음으로 생각을 할 수 없을 때, 나 자신을 이렇게 타이른다.

"잠깐! 멈추게 카네기, 잠시 기다리게나. 왜 그렇게 서두르는가. 잠깐 멈춰서 앞 일을 헤아려 볼 필요가 있지 않은가."

이럴 때 나는 가까이에 있는 교회로 달려간다. 나는 개신교도이지만 곧

잘 5번가에 있는 성 패트릭 성당에 간다. 그러고는 30년만 있으면 죽을 목숨이지만, 교회에서 가르치는 위대한 정신적 진리는 영구불멸이라는 생각을 하며 눈을 감고 기도를 올린다. 그러면 마음이 차분해지고, 몸도 훨씬 편안해지며, 판단력도 명확해져 사물의 가치를 재검토해 볼 능력이 생긴다. 당신도 그렇게 해 보지 않겠는가?

이 책을 써 온 지난 6년간 어떻게 기도를 통해 두려움이나 고민을 극복했는지에 대한 실례나 경험담을 몇백 가지 수집했다. 그 전형적인 예로, 텍사스주 휴스턴에 사는 실의에 빠진 서적 세일즈맨 존 R. 안토니의 이야기를 해 보자. 다음은 그의 이야기다.

"22년 전이다. 미국 법률서적회사의 주(州)대표가 되기 위해서 나는 법률사무소 문을 닫았다. 내가 처음 맡은 일은 세트로 된 법률서적을 변호사들에게 파는 일이었다. 나는 그 일에 대해 충분한 훈련을 받았다. 팔 때의 대응 방법이라든가 여러 가지 반대에 부딪혔을 때 고객을 설득할 수 있는 대답을 준비했다. 나는 고객이 될 사람을 만나기 전에, 변호사로서의 위치라든가 취급하는 소송의 종류, 그의 정치적 견해나 취미 등을 미리 조사해 두었다. 그리고 면담 중에, 예비지식을 잘 활용하였다. 그러나 어떤 잘못이 있었는지, 도무지 주문이 들어오지 않았다. 나는 점점 기운을 잃었다.

날이 갈수록 전보다 두배 세배 더 노력했지만 지출을 메울 만한 주문을 받을 수 없었다. 공포와 불안이 싹트기 시작했다. 나는 고객을 방문하는 것이 점점 두려워졌다. 고객이 될 만한 사람들의 사무실에 들어가기 전에 공포에 사로잡혀, 문 밖 복도를 몇번이나 왔다 갔다 하거나 건물 밖으로 나가 주변을 서성거릴 때도 한두 번이 아니었다. 이렇게 귀중한 시간을 허비하다 겨우 용기를 내서 떨리는 손으로 살그머니 문의 손잡이를 돌리곤 했다. 만나려던 사람이 자리에 없기를 바라면서 말이다.

판매 지배인은 성적을 더 올리지 않으면, 전도금(前渡金)을 지불하지 않겠다고 경고했다. 집에서는 아내가 네 식구의 식료품을 살 돈이 없다고 불평했다. 고민에 사로잡혔다. 하루하루 절망이 더해 갔다. 어떻게 하면 좋을지 몰랐다. 이미 말한 대로 법률 사무소는 문을 닫았고 소송 의뢰인도 끊겨 버렸다.

결국 파산해서 호텔 숙박비도 제때 치르지 못할 상황이 되었다. 고향에 돌아갈 기찻삯도 없었고, 또 표를 살 수 있다 해도 패잔병 같은 신세가 된 터라 집으로 돌아갈 용기가 없었다. 결국 어느 운 나쁜 날, 마지막 실패를 맛본 뒤 나는 터벅터벅 호텔로 돌아왔다. 완전히 졌다는 느낌이었다. 힘이 다 빠져 버려서 어떤 길을 택해야 할지 알 수가 없었다. 살든지 죽든지 아무래도 좋았다. 나는 처음으로 태어난 것을 후회했다. 그날 저녁은 우유 한 잔 뿐이었다. 그것마저 간신히 구할 수 있었다. 그 날 밤에 비로소 절망한 사람이 호텔에서 뛰어내리는 심정을 이해할 것 같았다. 용기만 있었다면 나도 그랬을 것인가. 도대체 내 인생의 목적이 무엇일까 생각해 보았지만 알 수가 없었다.

나는 나에게 닥친 문제를 해결할 도리가 없었다. 더 의지할 것이 없었기에, 하나님께 의지했다. 나는 기도했다. 나를 가둔 끝없는 절망의 어둠에서 빛과 지혜를 허락하시어 나를 인도해 주시기를 간절히 빌었다. 하나님께 책 주문을 많이 받도록, 그리고 처자를 먹여 살릴 수 있는 돈을 벌게 해달라고도 애원했다. 기도를 마치고 눈을 뜨자 적막한 호텔 방 화장대 위에 성서기증협회의 《성서》가 놓여 있는 것이 보였다. 나는 그것을 펼쳐서 수 세기 동안 고민 때문에 괴로워했던 수한 사람들에게 위안과 격려를 베푸신 예수의 아름다운 불후의 말씀, 그가 그의 제자들에게 가르쳤던 고민을 없애는 방법을 읽었다.

'생명을 위해 무엇을 먹을까 무엇을 마실까, 무엇을 입을까 하지 말라. 공중에 나는 새를 보라. 심지도 않고, 거두지도 않고, 창고에 모아들이지도 아니하되, 너희 하나님께서 기르시나니 너희들은 이것들보다 귀하지 아니하냐.…… 그러므로 너희들은 먼저 그의 나라와 그의 의를 구하라. 그리하면 이러한 것들을 모두 너희에게 더하시리라.'

기도하고 성경 구절을 읽고 있을 때, 기적이 일어났다. 불안, 공포 그리고 고민은 마음이 따뜻해지는 용기와 희망 그리고 빛나는 신념으로 바뀌었다.

비록 호텔 숙박비를 치를 돈은 없었지만 마음만은 행복했다. 침대에 누워서 실로 몇 년 만에 단잠을 이룰 수 있었다.

고민에서 완전히 해방된 이튿날 아침, 곧 나의 고객이 될 사람의 사무실 문이 열리기를 기다렸다. 그 아름답고도 차가운 비가 내리던 날, 자신감이 넘치는 걸음으로 첫 사무실 문 앞에 다가섰고 힘차게 손잡이를 돌렸다. 그리고 활기차고 적당히 위엄 있는 목소리로 다가가 활짝 웃으며 인사했다. '안녕하십니까, 스미스 씨. 저는 전미 법률서적회사의 존 안토니입니다.'

'어서오세요.' 상대는 의자에서 일어나며, 웃음 띤 얼굴로 손을 내밀며 말하는 것이었다. '잘 오셨습니다. 앉으세요.'

이렇게 해서 그날 하루에 지난 몇 주일 동안 받았던 주문보다 훨씬 많은 주문을 받았다. 저녁 때 나는 개선장군처럼 의기양양하게 호텔로 돌아왔다. 새로 태어난 것 같았다. 새로운 승리를 쟁취한 기분에 젖어 있었기 때문이다. 그날 저녁은 우유 한 잔이 아니었다. 제대로 된 비프 스테이크였다. 그날 이후, 나의 판매고는 정상을 향해 치솟았다.

22년 전, 텍사스주 아마릴로의 보잘것없는 호텔에서 절망에 빠졌던 밤에 나는 다시 태어났다. 그다음날도 나의 외적인 모습은 그전과 마찬가지였지만, 내부에서는 놀랄 만한 변화가 일어나고 있었다. 갑자기 하나님과의 관계를 깨달았다. 자신만을 의지하는 사람은 쉽게 패배하지만, 마음 속을 하나님의 힘으로 가득 채운 사람은 절대 지지 않는다. 내 삶에도 그 힘이 작용을 했다. '구하라, 그리하면 얻을 것이요. 찾으라, 그리하면 찾을 것이요. 두드려라, 그리하면 열릴 것이다.'"

일리노이주 하일랜드의 L.G. 베어드 부인은 끔찍한 비극에 처했을 때 무릎을 꿇고, 이렇게 기도함으로써 평화와 침착함을 되찾을 수 있었다. "오 하나님! 당신 뜻대로 하옵소서."

"어느 날 밤, 전화벨이 울렸습니다." 그녀의 편지에는 이렇게 쓰여 있었다.

"열네 번이나 울린 다음에야 저는 간신히 용기를 내 수화기를 들었습니다. 틀림없이 병원에서 걸려온 것 같아 두려웠습니다. 제 어린 아들이 죽어간다는 소식일까봐 무서웠거든요. 그 아이는 뇌막염으로 페니실린 주사를 맞고 있었는데, 그 때문에 체온이 불안정했어요. 의사는 병이 뇌쪽으로 옮겨가서 뇌종양으로 번질 위험이 있다면서 그렇게 되면, 살기 힘들 것이라고 했습니다. 전화는 제가 두려워하던 대로 병원에서 걸려온 것이었어요. 서둘러 오라는 전갈이었죠. 대합실에서 기다리고 있던 우리 부부가 어떤 기분이었을지 짐작하겠지요.

다른 사람들은 아기를 품에 안고 있는데, 우리만 아니었어요. 다시 우리 아기를 안을 수 있을지 걱정이 되어 정말 미칠 것만 같았습니다. 얼마 뒤 우리는 진료실로 불려갔고, 의사의 표정을 보고는 가슴이 철렁 내려앉았습니다. 의사의 말은 예상했던 것보다 훨씬 심각했습니다. 그가 말하기를, 아기가 살아날 확률은 25%라는 것이었습니다. 다른 의사에게 보일 뜻이 있다면 불러도 좋다고 했습니다.

집으로 돌아오는 길에 흥분한 남편은 주먹으로 핸들을 치면서 고함을 질렀습니다. '베츠, 나는 절대로 우리 아기를 포기하지 않을 거야.' 당신은 남자가 우는 것을 보신 적이 있나요? 그것은 절대 유쾌한 경험은 아니더군요. 우리는 갓길에 차를 세우고 상의한 끝에, 교회에 가서 만일 우리의 아기를 데려가는 것이 하나님의 뜻이라면, 뜻대로 하시라고 기도하기로 했습니다. 저는 바닥에 꿇어 앉아 눈물을 흘리며 기도했습니다. '아버지 뜻대로 하옵소서.'

이렇게 기도를 올리자 기분이 좀 나아졌습니다. 오랫동안 느껴보지 못한 평화가 저를 감쌌습니다. 돌아오는 길에도 저는 계속 '뜻대로 하옵소서'를 반복했습니다. 그날 밤은 오랜만에 깊이 잠들 수 있었습니다. 2,3일 뒤 의사에게서 아기가 위험한 고비를 넘겼다는 전화가 왔습니다.

저는 지금도 네 살된 건강한 아들과 함께 할 수 있는 것을 언제나 하나님께 감사드리며 살고 있습니다."

세상에는 종교를 결혼한 여자들이나 어린이, 목회자들을 위한 것으로만 생각하는 사람들이 있다. 그들은 자신이 스스로의 힘으로 고난과 싸워 이길 수 있는 사나이다운 사나이라고 자만한다.

하지만 그들이 세계적으로 유명한 '사나이다운 사나이'들도 날마다 기도를 올린다는 사실을 알게 된다면, 깜짝 놀라 뒤로 자빠질 것이다.

잭 뎀프시가 그 예다. 그는 매일 잠자리에 들기 전에 기도를 드리며, 하나님께 감사기도를 드리기 전에는 식사를 시작하지 않는다. 시합을 앞둔 트레이닝 중에도 매일 기도를 하고, 또 시합 중에도 매회를 시작하는 종이 울리기 전에 기도한다. 그는 말했다. "기도는 나에게 용기와 자신감을 갖고 싸울 수 있는 힘을 준다."

'사나이다운 사나이' 코니 맥은 매일 밤 기도를 드리지 않고는 잘 수 없다고 했다. '사나이다운 사나이' 에디 릭켄 베이커는 자기 인생은 기도로 구원받았다며 기도를 일과로 삼았다.

'사나이다운 사나이' 에드워드 R. 스테티니어스(전 제너럴 모터스의 최고 간부이자 전 국무장관)는 매일 아침저녁으로 지혜와 인도를 허락해 주십사 하나님께 기도 드린다고 했다.

'사나이다운 사나이' J. 피어폰트 모건(한 시대를 풍미한 자산가)은 토요일 오후에 때때로 혼자 월스트리트 모퉁이의 트리니티 교회로 가서 기도를 올리곤 했다.

'사나이다운 사나이' 아이젠하워는 영미 연합군 최고사령관으로 부임하여 영국에 갈 때 오로지 책 한 권만을 들고 갔다. 그것은 《성서》였다.

'사나이다운 사나이' 마크 클라크 장군도 전쟁 중에 매일 《성서》를 읽고 기도했다고 나에게 이야기했다. 장개석 총통도 몽고메리 원수도 기도했으며, 넬슨 제독도 트라팔가 해전 때 기도했다. 조지 워싱턴, 로버트 E. 리, 스톤월 잭슨 등 여러 장군을 비롯해서 다수의 군 지휘관들도 마찬가지이다.

여기 이 '사나이다운 사나이'들은 윌리엄 제임스가 말한 다음과 같은 진리를 깨달았던 것이다. "인간과 하나님 사이에는 상호관계가 있다. 때문에 자신을 하나님께 맡기면 우리의 가장 심원한 운명이 성취된다."

많은 '사나이다운 사나이'들이 이 진리에 눈을 뜨려 한다. 미국에서 교회에 참석하는 교인 수는 7천200만 명에 달하고 있다. 이것은 지금껏 사상 유례없는 기록이다. 앞서 말한 바와 같이, 과학자들까지도 종교로 귀의하고 있다. 일례로 《인간, 미지의 존재》의 저자이자 노벨상 수상자 알렉시스 카렐 박사는 〈리더스 다이제스트〉지에 투고한 글에서 다음과 같이 말했다.

"기도는 인간이 일으킬 수 있는 가장 강력한 에너지다. 그것은 지구의 인력과 같은 현실적인 힘이다. 나는 의사로서 많은 사람이 각종 치료법에 실패한 뒤, 기도라는 엄숙한 노력에 의해 질병이나 우울증에서 구원되는 예를 보아 왔다. 기도는 라듐과 같이 빛나는 자기발생 에너지원이다. 인간은 기도에 의해 무한한 원천으로부터 갖가지 에너지를 불러들임으로써 자기 유한한 에너지를 증대시킨다. 기도할 때 우리는 우주를 회전시켜 무한 원동력과 결합한다. 이 힘의 일부가 필요한 만큼 자신에게 배분되기를 기도하면, 우리의 인간적 결함은 충족되고, 강화되며, 치유되어 다시 일어서게 되는 것이다. 열렬히 하나님과의 대화를 시도하면 언제라도 심신의 병을 치료할 수 있다. 아주 짧은 기도일지라도 반드시 좋은 결과를 얻을 수 있다."

버드 제독은 '우주를 회전시키는 무한 원동력과 결합한다'는 것이 무엇을 의미하는지 잘 이해했다. 때문에 그는 생애에서 가장 곤란했던 시련을 이겨낼 수 있었다. 이러한 사실을 그는 저서인 《혼자서》에서 술회하고 있다.

1934년, 그는 남극의 오지인 로스 배리어의 만년설에 파묻힌 오두막집에서 5개월 동안 살았다. 그는 남위 78도선 이남에 있는 유일한 생물체였다. 세찬 눈보라가 오두막집 위에서 울부짖었다. 기온은 영하 28도까지 떨어졌다.

그는 끝없는 암흑에 완전히 갇혀 버렸다. 그리고 그는 난로에서 새어나오는 일산화탄소에 서서히 중독되어 가고 있다는 사실을 깨달았다. 어떻게 해야 할 것인가? 가장 가까운 구조대도 123마일이나 떨어져 있었다. 도착할 때까지 못해도 몇 개월은 걸려야 했다. 그는 난로의 환기 장치를 수리해 보았지만, 가스가 새는 것을 막을 길은 없었다. 자주 가스 중독 때문에 의식을 잃고 방바닥에 쓰러지곤 했다. 먹을 수도 잘 수도 없었다. 침대에서 일어날 기력마저 없을 정도로 쇠약해 있었다. 이튿날 아침까지 살아 있을 수 있을까 두려웠던 적이 한두 번이 아니었다. 그는 틀림없이 이 오두막집에서 죽을 것이며 자기 시체는 내리는 눈 속에 묻혀 버릴 거로 생각했다.

무엇이 그의 생명을 구했을까? 어느 날, 그는 일기장을 꺼내 그의 인생관을 써서 남기려고 했다. '인류는 우주에서 고독하지 않다.' 이렇게 쓰고는 머리 위의 별에 대해, 성좌(星座)나 행성(行星)의 규칙적인 운행에 대해 생각했다. 또 영원한 태양이 주기에 맞춰 황량한 남극지방 구석구석까지 비추기 위해 돌아오는 것에 대해 생각했다. 그리고 그는 일기장에 다시 이렇게 썼다. '나는 고독하지 않다.'

지구 끝에 있는 남극의 얼음 구덩이 속에 갇혀 있으면서도 자신은 고독하지 않다는 깨달음이 리처드 버드를 구한 것이다. 그는 말한다. "이것이 나를 참고 견디게 해 주었다." 또 이렇게 말했다. "평생 자기 체내에 비축된 자원을 다 쓰기 직전의 상황까지 몰리는 사람은 아주 적다. 인간은 힘을 비축한 깊은 우물을 가지고 있지만, 그것을 쓰게 되는 일은 절대 없다."

리처드 버드는 이 우물을 퍼내는 방법을 배웠고, 그 자원을 이용하는 법을 하나님께 의지함으로써 배웠던 것이다.

글렌 A. 아놀드는 일리노이주 옥수수밭 한가운데서, 버드 제독이 극지의 빙설에서 깨달은 것과 같은 것을 배웠다. 일리노이주 칠리코스의 보험 브로커 아놀드 씨는 고민을 극복하는 법에 대해 다음과 같이 말했다.

"8년 전, 나는 이것이 마지막이라고 생각하며 현관문에 자물쇠를 채우고 차를 몰아 강으로 갔다. 나는 실패자였다. 한 달 전에 온 세계가 나의 머리 위로 무너져 내렸다. 경영하던 전기기구 사업은 망해 가는 데다 집에는 병든 노모가 자리에 누워 있었고, 만삭인 아내는 둘째 아이를 낳으려고 하고 있었다. 의사에게 내야 할 돈은 늘어만 갔다. 사업을 시작하기 위해 차나 가구를 모두 담보로 잡혔다. 보험 증권으로 돈까지 차용했다. 그것이 모두 사라진 것이다. 더 손 쓸 방법이 없었다. 그래서 차를 몰고 강으로 달려갔다. 분하고 안타까운 마음을 다 털어내고 싶었다.

나는 마을에서 수마일 떨어진 지점에 차를 세우고 내려, 땅바닥에 앉아 아이처럼 엉엉 울었다. 그러고는 진지하게 생각해 보았다. 두려움에 사로잡혀, 아무 진전도 없는 고민만 되풀이하지 말고 건설적으로 생각해 보려고 했다. 도대체 사태는 어느 정도 악화하었는가? 이 이상 악화될 우려가 있는가? 희망은 전혀 없는가? 사태를 조금이라도 호전시키려면 어떻게 하면 좋은가?

나는 그때 모든 문제를 하나님께 호소하고, 하나님의 뜻에 맡기기로 결심했다. 그리고 열심히 기도했다. 나의 삶이 오로지 기도에 달려있는 것 마냥 기도했다. 그러자 이상한 일이 일어났다. 모든 문제를 위대한 힘에 맡기자마자 지금껏 느껴보지 못했던 마음의 평화가 생긴 것이다. 30분가량 그곳에서 눈물을 흘리며 기도를 했던 것 같다. 집으로 돌아와선 어린애처럼 깊은 잠에 빠졌다.

이튿날 아침, 눈을 떴을 때 전과 다른 자신감이 생겼다. 두려울 것이 아무것도 없었다. 하나님의 인도에 모든 것을 맡겼기 때문이다. 나는 아주 침착하게 백화점으로 가서 자신있는 말투로 전기기구의 세일즈맨을 시켜 달라고 했다. 예상한 대로 일자리를 구했다. 전기기구 관계사업이 전쟁 때문에 붕괴될 때까지 상당한 성과를 거두었다. 그 뒤 나는 생명보험 판매를 시작했다. 겨우 5년 전의 일이다. 지금 나는 어떤 청구서가 날아오건 또박또박 지불하고 있다. 차도 새로 샀으며, 2만 5천 달러짜리 생명보험도 들었다. 똑똑한 세 아이와 내 집에서 행복하게 잘 살고 있다.

그날의 일을 돌이켜 보면, 모든 것을 잃고 낙심 끝에 차를 몰고 강으로 달려가기를 잘했다고 생각한다. 왜냐하면 그때의 비극이 나로 하여금 하나님께 의지하는 법을 가르쳐 주었기 때문이다. 지금 나는 과거에 상상조차 하지 못한 행복과 자신감을 갖고 있다.”

왜 종교적 신념은 우리에게 그와 같은 평화와, 안정 그리고 불굴의 정신을 가져다주는 것일까? 윌리엄 제임스는 이렇게 대답했다.

"몰아치는 거친 파도도 대양의 맨 밑바닥은 어지럽히지 못한다. 광대하고 영구적인 시야로 현실을 바라보는 사람에게 개인적인 흥망성쇠는 아무 의미가 없는 듯이 보인다. 따라서 진정으로 종교적인 사람은 동요하지 않고 평정을 유지하며, 앞으로 닥칠지 모르는 어떠한 의무에 대해서든 조용한 마음가짐으로 대비할 수 있다."

만약 고민이나 불안을 느낀다면, 하나님을 의지하라. 임마누엘 칸트는 말했다. "믿음이 필요하다면, 하나님을 믿으라." 부디 '우주를 회전시키는 무한한 원동력'과 결합하라.

만일 당신이 태어날 때부터 또는 교육의 결과로 종교적인 인간이 아닌, 철저한 회의론자가 되었다 할지라도, 기도는 당신의 기대 이상으로 당신을 돕는다. 그것이 실용적이기 때문이다. 실용적이란 말은 어떤 의미인가? 그것은 하나님을 믿건 믿지 않건 간에 모든 사람이 공유하는 매우 근본적인 세 가지 심리적 욕구를 성취시켜 준다는 것이다.

1. 기도는 우리의 고민을 정확하게 말로 표현하도록 돕는다. 앞에서도 말한 바와 같이, 문제의 실체가 애매 모호하면 대처할 수가 없다. 기도는 어떤 의미로는 눈앞에 당면한 문제를 종이에 쓰는 것과 같다. 만일 누군가 문제 해결을 도와주기 바란다면, 상대가 하나님이라 할지라도 그것을 말로 표현해야 한다.

2. 기도는 우리에게 누군가 나의 무거운 짐을 나누어 들어 주고 있다는 느낌을 준다. 인간은 무거운 짐이나 견딜 수 없는 고뇌를 혼자서 견딜 만큼 강인하지 못하다. 때로는 너무나 사적인 고민이라 가족이나 친구에게도 털어놓을 수 없을 때가 있다. 그럴 때는 기도밖에 없다. 정신과 의사들은 모두 우리가 압박과 긴장, 정신적 고민에 시달릴 때, 그것을 남에게 털어놓는 것이 치료에도 도움이 된다고 한다. 어느 누구에게도 말할 수 없을 때, 우리는 언제나 하나님께 호소할 수 있다.

3. 기도는 행위라는 적극적 원리를 요구한다. 이것은 행동으로 이어지는

첫걸음이다. 매일 어떤 일을 성취하기를 기원하는 것은 반드시 어떤 은혜를 입고 있거나, 적어도 성취하려고 노력하는 것이다. 알렉시스 카렐 박사는 말한다. "기도는 인간이 발생시킬 수 있는 가장 강력한 형태의 에너지이다." 왜 그것을 좀더 이용하지 않는가. 자연의 신비로운 힘이 우리를 지배하고 있는 한, 그것을 하나님이라 부르건, 알라라고 부르건, 또는 정령이라 부르건 그 정의(定義)에 구애될 필요는 없다.

이제 이 책을 덮고, 방으로 들어가 문을 잠근 다음 무릎을 꿇고 무거운 짐을 내려놓으면 어떨까? 만일 당신이 믿음을 잃었다면, 전지전능하신 하나님께 다시 한번 은혜를 베풀어 주십사 기도하라. 그리고 700년 전, 아시시(Assisi)의 성 프란시스에 의해 씌어진 다음과 같은 아름다운 기도문을 암송해 보라.

"주여! 저를 당신의 평화의 도구로 삼아 주옵소서. 미움이 있는 곳에 사랑을, 분쟁이 있는 곳에 화해를, 의심이 있는 곳에 믿음을, 절망이 있는 곳에 희망을, 어둠이 있는 곳에 빛을, 슬픔이 있는 곳에 환희의 씨앗을 뿌리게 하옵소서. 오, 거룩하신 하나님! 위로받기보다는 위로하고, 이해받기보다 이해하고, 사랑받기보다 사랑하는 것을 원하는 사람이 되게 하여 주옵소서. 주는 것으로 말미암아 받고, 용서함으로써 용서받고, 죽음으로써 영생을 얻는다는 것을 믿습니다."

6

사람들 비판에 신경쓰지 말라

죽은 개를 걷어차는 사람은 없다
모욕을 무조건 잊어라 그러나 친절을 절대 잊지 말아라

미국 교육계에 센세이션을 불러일으킨 한 사건이 일어났다. 전국의 학자들이 그 사건의 진상을 알기 위해 시카고로 몰려들었다.

그보다 몇 해 전, 로버트 허친스라는 한 청년이 웨이터, 벌목꾼, 가정교사, 빨래건조대 판매원 일을 하면서 돈을 벌어 예일대학교를 졸업했다. 그로부터 불과 8년 뒤, 그는 미국에서 4번째 가는 시카고대학교 학장으로 취임했다. 그의 나이 겨우 30세 때 일이었다. 나이 많은 교육자들은 고개를 내저었다. 너무 어리다, 경험이 부족하다, 교육관이 편협하다는 등 떠들썩한 비난이 그에게 쏟아졌다. 신문마저 공격에 가세했다.

취임식이 거행되던 날, 친구 하나가 그의 아버지에게 말했다.

"오늘 아침 신문에서 아드님을 공격하는 사설을 보고, 너무 화가 났습니다."

"분명히 심하긴 하더군. 그렇지만 아무도 죽은 개는 걷어차지 않으니까 말일세." 이렇게 허친스의 아버지는 대답했다. 그렇다. 그리고 개가 크면 클수록 사람들은 그것을 걷어참으로써 더 큰 만족을 느끼는 것이다.

뒷날에 에드워드 8세가 된 영국의 황태자 윈저공은 아슬아슬한 경험을 통해 이것을 깨달았다. 그즈음 그는 데본셔의 다트머스 대학교—미국 아나폴리스의 해군사관학교에 해당한다—의 생도로 열네 살이었다. 어느 날, 황태자가 울고 있는 것을 교장이 보고 어찌된 일이냐고 물었다. 처음에는 대답하기를 꺼리다가 재차 물으니 마침내 입을 열었다. 그는 선배들한테 걷어차였다고 했다. 교장은 사관생도들을 집합시켜 놓고는 말했다. "황태자는 불만을 말하는 것이 아니라, 다만 왜 자기 혼자만 이렇게 봉변을 당해야 하는지 그 이유를 알고자 합니다.”

한바탕 웅성대며 헛기침을 하고 쿵쾅거리는 소리가 나더니 생도들은 마침내 입을 열었다. 자신들이 후에 영국 해군의 사령관이나 함장이 되었을 때, 자신은 사관시절 국왕을 걷어찬 일이 있다고 자랑하고 싶었다는 것이다.

누군가 당신을 해코지하거나 흉을 볼 때는 그것을 통해 우월감을 느끼고 싶은 것이다. 다시 말해, 당신이 남의 주목을 끌 만큼 큰 성과를 거두고 있다는 뜻이다. 세상에는 자기보다 높은 교육을 받은 사람이나 성공한 사람을 욕하는데서 천박한 만족을 느끼는 사람이 많다.

예를 하나 들어보자. 이 장을 한창 집필하는 도중, 나는 한 부인으로부터 구세군의 창시자인 윌리엄 부스를 비난하는 편지를 받았다. 나는 방송에서 부스 대장을 칭찬한 적이 있는데, 이 부인은 부스 대장이 가난한 사람들을 구제하기 위해 모은 돈 800만 달러를 횡령했다고 썼다. 이 고발은 터무니없는 것으로 판명났지만, 이 부인은 진실을 캐려는 것이 아니었다. 자기보다도 훨씬 높은 지위의 누군가를 비난함으로써 얻어지는 만족감을 원했던 것이다.

나는 이 악의에 찬 편지를 휴지통에 던져 버리고, 내가 그녀의 남편이 아닌 것을 하나님께 감사했다. 그녀의 편지는 부스 대장에 관한 나의 생각에는 전혀 영향을 주지 못했지만, 그녀 자신에 관해서는 많은 것을 알려 주었다. 쇼펜하우어는 일찍이 말했다. “저속한 사람들은 위인의 결점이나 어리석은 행동을 보면 대단한 기쁨을 느낀다.”

예일대학교의 학장을 저속하다고 생각하는 사람은 없을 것이다. 그러나 전 학장 티모시 드와이트는 미합중국의 대통령으로 입후보한 사람을 비난하는 데서 커다란 기쁨을 느끼고 있었다. 그는 이렇게 경고했다.

“만일 이 자가 대통령에 당선되면, 우리의 아내나 딸들은 공인된 매춘제도의 희생자로 전락하여, 우아함과 도덕성을 잃고 하나님과 사회로부터 미움받고 배척당할 것이다.”

이것이 히틀러에 대한 탄핵이냐고? 아니다. 이것은 토머스 제퍼슨에 대한 탄핵이었다. 어느 토머스 제퍼슨? 설마 독립선언문의 기초자이자 민주주의

의 수호성인인 그 사람은 아니겠지? 맞다. 바로 그 토머스 제퍼슨이다.

미국인으로서 '위선자'니, '사기꾼'이니, '살인범보다 아주 조금 나은 놈'이라고 비난당한 사람이 누구라고 생각하는가? 신문의 풍자만화에는 단두대에서 참수되는 그의 모습이 실렸다. 또한 군중이 그를 길거리로 끌고 다니면서 욕설과 조롱을 퍼붓기도 했다. 그는 누구일까? 바로 조지 워싱턴이었다.

혹시 이러한 일은 과거의 일이고, 오늘날에는 사람들의 의식도 높아졌다고 생각한다면, 여기에 피어리 제독의 예를 살펴 보자.

피어리는 1909년 4월 6일, 개썰매를 타고 북극에 도달해 온 세상을 놀라게 만든 탐험가이다. 몇 세기에 걸쳐 용기 있는 사람들이 인간의 한계를 극복하며 북극에 도달하려 했지만, 대부분 굶주림으로 생명을 잃었던 곳이다. 피어리도 추위와 굶주림으로 빈사지경이었다. 게다가 극심한 동상에 걸려 발가락 여덟 개를 절단해야 했다. 계속되는 육체적 고통에 정신적 고통까지 견뎌내야 했다. 그럼에도 불구하고 워싱턴에 있는 그의 상관들은 피어리가 대중의 인기를 독점하고 있다며 분개했다. 그래서 그들은, 피어리가 학술 탐험을 위해 모금을 해 놓고도, 북극에서 빈둥거리고 있다며 그를 모함했다.

그들은 실상 그렇게 믿었는지도 모른다. 믿고 싶다고 생각하면 믿지 않는 것은 거의 불가능한 일이니까. 피어리를 모욕하고, 그의 도전을 제지하려는 그들의 결의가 너무나 맹렬했기 때문에, 피어리는 맥킨리 대통령의 직접적인 지시에 의해서 간신히 북극탐험을 계속할 수 있었다.

만일 피어리가 워싱턴의 해군부에서 행정 사무를 보고 있었다 해도 그렇게 비난을 받았을까? 아니다. 그들의 질투를 살 만큼 그는 중요하지 않았을 테니까.

그랜트 장군은 피어리 제독보다도 더 지독한 경험을 맛보았다. 1862년 그랜트 장군은 북군을 환희로 들끓게 한 최초의 대승리를 거두었다. 겨우 반나절 안에 거둔 승리가 그랜트를 하룻밤 사이에 국민적인 우상으로 만들었고 멀리 유럽까지 그 이름을 떨치며 엄청난 반향을 일으켰다. 그것은 대서양 연안부터 미시시피강에 걸친 전역의 교회 종을 울리게 하고 축하의 폭

죽을 터뜨리게 한 승리였다.

하지만 북군의 영웅 그랜트는 대승리를 거둔 지 6주일도 되기 전에 체포되어 지휘권을 박탈당했다. 그는 굴욕과 절망에 오열했다. 왜 그랜트 장군은 승리의 절정일 때 체포되었을까? 바로 오만한 상관들의 질투와 시기 때문이었다.

부당한 비난에 괴로울 때를 위한 제1법칙은 다음과 같다.

**옳지 못한 비난은 거의가 위장된 찬사라는 사실을 잊지 말라.
어느 누구도 죽은 개를 걷어차지 않는다는 사실을 기억하라.**

비난 때문에 상처입지 않기 위해서
위기를 기회로 삼아라

나는 '송곳 같은 눈' '지옥의 악마'라는 별명을 가진 스메들리 버틀러 소장과 이야기를 나눈 적이 있다. 그는 매서운 눈 때문에 그런 별명을 얻은 것이다. 그는 미합중국 해군을 통틀어 가장 이채롭고 활기찬 사령관이었다.

버틀러는 젊었을 때 인기를 얻고 싶어 애썼으며, 누구에게나 좋은 인상을 남기고 싶어 했다. 그랬기에 아주 사소한 비판에도 신경을 곤두세우며 괴로워 했다. 하지만 30년간의 해군생활이 그를 무뎌지게 만들었다. 그는 다음과 같이 말했다.

"나는 자주 욕을 먹고 모욕을 당했다네. 겁쟁이니 독사니 스컹크니 하는 악담을 들었지. 말로 다할 수 없는 온갖 욕설이 모두 나에게 퍼부어졌다네. 분통이 터졌느냐고? 요즘엔 누가 욕을 해도 쳐다도 보지 않는다네."

아마도 '송곳눈'은 비난을 졸업해 버린 모양이다. 그러나 우리 대부분은 자신을 향한 조소나 욕설에 지나치게 신경을 곤두세우고 있다. 몇 년 전 나의 강연에 찾아 온 뉴욕 〈선〉지의 기자가 나와 내 일에 관해 풍자 기사를 쓴 적이 있다. 화가 났느냐고? 물론이다. 나는 그것이 개인적인 모욕이라고 생각해서 뉴욕 〈선〉지의 회장 길 하지스에게 전화를 걸었다. 그러고는 조롱이 아니라 사실을 신문에 게재해 달라고 요구했다. 기사를 쓴 사람에게 끝까지 책임을 지게 할 생각이었다.

하지만 지금은 그 때에 취했던 나의 행동을 부끄럽게 생각하고 있다. 구독자의 반은 그 기사를 읽지 않았을 테고, 읽은 사람의 절반은 단순한 우스갯소리로밖에는 여기지 않았을 것이다. 그리고 그 풍자기사를 읽고 속이 시원했을 사람의 절반은 몇 주도 가지 않아 기사 내용을 깨끗하게 잊어버렸을 것이 틀림없었기 때문이다.

나는 평범한 사람들은 남의 일이나 비판에 대해서는 무관심하다는 것을 깨달았다. 그들은 아침이나 낮, 늦은 밤에 끊임없이 자기 일만을 생각하고 있다. 누가 죽었다는 뉴스보다 자기 가벼운 두통에 천배는 더 신경 쓴다.

사기, 비웃음, 배반을 당하거나 혹은 칼에 등을 찔리거나, 가장 친한 친구의 손에 노예로 팔리더라도 그 때문에 자기 연민에 빠져든다는 것은 너무나 어리석은 짓이다. 우리는 그리스도가 겪은 일을 생각해야 한다. 그에게 큰 신임을 받고 있던 열두 제자의 한 사람은 오늘날의 돈으로 따지면 기껏해야 19달러 정도의 뇌물을 받고 그를 배반했다. 또 다른 제자는 그리스도가 곤경에 빠지자, 버리고 달아나서 세 번이나 그를 부정하기까지 했다. 그리스도가 이러했는데, 우리가 그 이상을 기대한다는 것은 무리가 아닐까?

나는 오래전에 깨달았다. 남에게서 부당한 비판을 받지 않는 것은 도저히 불가능하지만, 그러한 비판에 상처입지 않는 것은 내가 하기 나름이라는 사실을 말이다. 자신에게 쏟아지는 온갖 비판을 다 무시하라는 이야기는 아니다. 부당한 것만 무시하라는 말이다.

일찍이 엘리노어 루스벨트에게 부당하게 비판을 받을 때의 마음가짐을 물어본 적이 있다. 백악관에 머물렀던 여성 가운데 그녀만큼 열렬한 벗과 맹렬한 적을 동시에 가진 사람은 없었다.

소녀 시절, 그녀는 병적이라고 할 정도로 내성적이고 남의 말을 두려워했다. 어느 날 그녀는 시누이와 의논했다.

"난 내가 하고 싶은 일을 하고 싶어요. 하지만 남들이 뭐라고 할까봐 겁이나요."

시어도어 루스벨트의 누이동생은 그녀의 눈을 바라보더니 말했다.

"그것이 진정으로 옳다고 믿는다면 남이 하는 말 따위 신경쓰지 말아요."

엘리노어 루스벨트는 나에게 말했다. 그녀가 훗날 백악관의 여주인이 되었을 때 이 조언이 큰 힘이 되었노라고. 또, 온갖 비난을 모면하는 유일한 방법은 드레스덴 도자기 인형처럼 선반 위에 정좌하는 것이라고 말했다.

"자기 마음속에서 옳다고 믿는 일을 하면 된다. 해도 욕을 먹고 하지 않아도 욕을 먹는다. 어차피 비판을 피할 수는 없다." 이것이 그녀의 충고이다.

나는 아메리칸 인터내셔널 코퍼레이션의 사장인 매튜 C. 브러시에게 남들의 비난에 신경이 쓰이느냐고 물어보았다. 그는 다음과 같이 말했다.

"젊은 날엔 몹시도 마음에 걸렸지요. 나는 완벽한 인물로 모든 종업원에게 인정받기를 원했어요. 그렇지 못할 때는 굉장히 고민했습니다. 나에게 가장 심하게 반감을 있는 사나이를 포섭하려고 했는데, 그것이 도리어 다른 사람을 노하게 하는 결과가 되었어요. 그래서 이번엔 그 사람과 타협을 하려고 하자, 또 다른 사람들이 화를 내더군요. 마침내 나는 깨달았습니다. 개인적인 비난을 모면하기 위해 반감을 무마하고 수습하려고 노력하면 할수록 적이 늘어 간다는 사실을. 그래서 스스로 타일렀습니다. '남의 윗사람 노릇을 하는 한 비난을 피할 수는 없어. 마음 쓰지 않도록 할 수밖에 없지.' 이 생각은 놀랍도록 효과가 컸지요. 그때부터 나는 최선을 다하자는 원칙을 세웠어요. 그 뒤에는 낡은 우산을 쓰고 비난이라는 이름의 비로 목덜미를 적시지 않도록 하고 있지요."

딤스 테일러는 한걸음 더 나아가, 비난의 비가 목덜미에 흘러 내려도 군중 앞에서 유쾌하게 웃어 보였다. 뉴욕 필하모닉 심포니 오케스트라의 일요일 오후 라디오 콘서트 진행을 맡고 있을 때였다. 그는 자신을 가리켜 '거짓말쟁이, 배신자, 독사, 얼간이'라고 부른 어느 부인의 편지를 받았다. 그는 저서인 《인간과 음악에 대하여》에서 이렇게 말하고 있다.

"아마도 내 이야기가 마음에 안 드셨던 게지."

그다음 주 방송에서 그는 수백만 청취자에게 이 편지를 읽어 주었다. 그러자 며칠 뒤에 바로 그 부인에게서 다시 편지가 날아왔다. 그녀의 의견은 조금도 변함없이, 그가 '거짓말쟁이, 배신자, 독사, 얼간이'라는 것이었다. 비난을 받고 이 같은 태도를 취할 수 있는 사람을 보고 탄복하지 않을 수 없다. 나는 그의 평정심과 자신감 있는 태도 그리고 유머에 경의를 표한다.

찰스 슈왑은 프린스턴대학교에서의 연설 도중 고백하기를, 그가 지금까지 배운 가장 중요한 교훈 중 하나는 자기 제철공장에서 일하는 나이든 독일인에게서 배운 것이라고 했다.

이 독일인은 전쟁에 대해 격렬하게 논쟁을 벌이던 중, 흥분한 노동자들의 손에 의해 강물에 내던져졌다. 슈왑은 이렇게 말했다.

"그가 물에 빠진 생쥐꼴로 사무실에 나타났을 때, 당신을 강물에 던져 넣은 패들에게 뭐라고 말해 주었느냐고 물었더니, '그저 웃었죠.' 이렇게 말하더군요."

슈왑은 그런 일이 있은 뒤로, '그저 웃어라'를 좌우명으로 삼고 있다고 했다.

이 신조는 우리가 부당한 비난으로 피해를 입었을 때 특히 도움이 된다. 덤벼드는 상대에게는 대꾸할 수가 있지만, '그저 웃는' 상대에게는 어찌할 도리가 없지 않은가?

링컨이 남북전쟁 당시 만약 그에게 빗발치는 신랄한 비난에 하나하나 대꾸하는 것이 어리석은 짓이라는 것을 깨닫지 못했다면, 아마도 신경과로 때문에 쓰러졌을 것이다. 그가 어떻게 비난에 대처했는지를 전해 주는 글은, 그야말로 고전이라 부르기에 합당한 주옥같은 문학작품이다.

맥아더 장군은 전쟁 중에 이 사본을 사령부의 책상에 붙여 놓았고, 윈스턴 처칠은 이것을 액자에 넣어 차르웰의 고향집 서재 벽에 걸어 놓았다.

"나에게 가해지는 모든 비평과 공격적인 글들을 읽고 거기에 하나하나 답까지 할 바에는, 지금의 일을 그만두고 다른 직업을 찾아보는 것이 낫다.

나는 내가 가진 지식을 총동원하여 최선을 다하고 있다.

나는 마지막 순간까지 그렇게 할 것이다.

그 결과가 좋다면 내가 받은 비난 따위는 문제가 되지 않는다.

그러나 결과가 좋지 않다면 열 명의 천사가 나를 변호해 준다 한들 무슨 소용이 있으랴."

부당한 비난을 받았을 때 기억해야 할 제2법칙은 다음과 같다.

최선을, 최선을, 최선을 다하라.
그러고는 그대의 낡은 우산으로 비난이라는 이름의 비가
등줄기를 따라 흘러내리는 것을 막아라.

내가 저지른 어리석은 행위

기회를 놓치지 말라, 인생은 모두가 기회이다

나는 책상 서류함에 '내가 저지른 어리석은 짓' 이름의 문서를 보관하고 있다. 거기에는 나의 어리석었던 행동들이 고스란히 기록되어 있다. 가끔 비서를 시켜 메모들을 깨끗이 다시 적게 하지만, 남에게 알려지는 것이 부끄러운 사적인 일들은 내가 직접 정리한다.

15년 전의 나에 대한 비판을 지금도 기억한다. 만일 내가 스스로 철저하게 정직했다면, 메모가 얼마나 더 많아졌을지는 모를 일이다. 3천 년 전에 사울 왕이 한 이 말은 그대로 나에게 들어맞는다. "나는 어리석었느니라. 나는 참으로 많은 잘못을 저질렀도다." 하지만 나의 어리석은 짓을 기록한 메모를 꺼내 들고 나 자신에 대한 비판을 다시 읽는 것은 앞으로 닥칠 문제를 처리하는 데 도움이 된다.

나는 곤경에 처하면 곧잘 남 탓을 했었는데, 나이가 들어가며 결국 온갖 불행은 내 책임이라는 것을 깨달았다. 많은 사람도 연륜이 쌓여가면서 그것을 깨닫게 된다.

"나의 실각은 누구의 탓도 아니다. 나 자기 탓이다. 내가 나의 가장 큰 적이었고, 비참한 운명의 원천이었다."

나폴레옹도 세인트 헬레나 섬에서 이렇게 말했다.

내가 아는 사람 중, 자기 평가와 자기 관리에 있어서 예술가의 경지에 오른 사람이 있다. 그는 바로 H. P. 하웰이라는 사람이다. 그가 1944년 7월 31일, 뉴욕의 앰버서더 호텔 매점에서 급사했다는 뉴스가 전국에 보도되었을 때, 월 가는 경악했다. 그도 그럴 것이 그는 미국 재계의 지도자였으니 말이다. 그는 커머셜 내셔널 뱅크 앤드 트러스트 컴퍼니의 회장을 비롯해 몇몇 대기업의 이사였다. 그는 정식 교육을 거의 받지 못했다. 시골 가게 점원으로 출발하여 유에스 스틸의 도매상 지배인이 되었고, 그로부터 차츰 지위와 세력을 키워 갔다.

"나는 다년간 그날 그날의 일람표를 작성했습니다."

내가 성공의 이유를 물었을 때 그가 한 말이었다.

"우리 가족은 토요일 밤의 스케줄에서 나를 빼곤 했습니다. 그것은 내가 토요일 밤을 자기검토와 그 주에 한 일의 평가와 반성에 오롯이 할애한다는 것을 잘 알고 있었기 때문입니다. 저녁 식사를 마친 뒤, 나는 홀로 다이어리를 펼쳐 봅니다. 월요일 이후의 온갖 면담과 논의와 회합에 대해서 재검토 해 보고 스스로 묻습니다. '그때 어떤 잘못을 저질렀는가?', '어떻게 옳게 처리했나?, 어떻게 하면 내가 한 일을 개선할 수 있을까?', '그때의 경험으로 어떤 교훈을 얻었는가?'

그 주에 대한 반성이 때로는 나를 불쾌하게 만들기도 합니다. 또한 얼빠진 실수에 대해서 기가 막힐 때도 있었습니다. 그러나 해를 거듭할 때마다 실패는 점점 줄어 갔습니다. 이런 자기 분석법은 해마다 계속해 왔고, 지금까지 시도한 방법 가운데 이것 이상으로 저에게 도움이 된 것은 없었습니다."

H.P. 하웰은 아마도 이 생각을 벤자민 프랭클린에게서 빌려온 것 같다. 프랭클린은 다만 토요일 밤까지 기다리지 않았을 뿐이다. 그는 매일 밤마다 자기반성을 했다. 그것을 통해 그는 열세 가지의 중대한 과실을 발견했다. 그 가운데 셋은 시간 낭비, 사소한 일에 너무 마음을 쓰는 것, 남을 비난하거나 반박하는 것이다. 현명한 프랭클린은 그것을 깨닫고 이 결점들을 제거하지 않는 한 크게 나아질 수 없다는 것을 알아차렸다. 그래서 우선 첫 번째 결점을 1주일 동안 극복하려고 노력했다. 그러고는 매일 벌어지는 격렬한 싸움에서 어느 쪽이 승리하는가를 기록했다. 둘째 주에는 두 번째의 결점을, 셋째 주에는 세 번째의 결점을 개선하기 위해 노력했다. 그는 이러한 싸움을 2년 동안이나 계속하였다.

그의 노력을 생각한다면, 그가 미국이 낳은 가장 사랑받고 모범이 되는 인물이 된 것도 하나도 이상할 것이 없다.

앨버트 하버드는 다음과 같이 말했다.

"누구나 하루에 적어도 5분간은 어처구니없는 바보가 된다. 지혜란 그 한계를 넘지 않는 것을 말한다."

어리석은 사람은 사소한 비평에도 흥분하고 성내지만, 지혜로운 사람은 자기를 비난하고 공격하고 논쟁한 사람에게서도 배우려 한다.

월트 휘트먼은 그것에 대해 이렇게 말한다.

"너는 너를 칭찬하며, 상냥히 대하고, 네 편을 들어 준 사람한테서만 교훈을 얻었는가? 너를 배척하고, 반대하고, 논쟁한 사람에게서는 귀중한 교훈을 배우지 못했는가?"

우리는 적이 비평하기를 기다리지 말고, 그들을 앞질러 스스로에 대해 냉혹한 비평가가 되어야 한다. 우리의 적이 비평할 기회를 잡기 전에 먼저 자기 약점을 발견해 바로 잡자. 이것이 바로 찰스 다윈이 한 일이었다.

실제로, 다윈은 15년간을 비평에 소비했다. 다윈은 불후의 명작 《종의 기원》을 탈고했을 때, 생명체의 기원에 관한 그의 혁명적 개념이 사상계와 종교계를 뒤흔들 것을 알고 있었다. 그래서 그는 스스로 비평가가 되어 15년간을 사실의 재조사와 추론의 재검토, 결론의 비판에 계속해서 매진했다.

만약 누군가 당신에게 '얼간이'라고 욕을 한다면, 당신은 어떻게 하겠는가? 화를 낼 것인가? 부디 링컨의 대처법을 보고 배우라.

링컨을 보좌하던 국방부 장관 에드워드 M. 스탠튼은 일찍이 링컨을 '얼간이'라고 매도했다. 링컨이 자기 업무에 간섭하는 것이 못마땅했던 것이다. 실은, 어느 이기적인 정치가의 입맛에 맞춰 링컨은 몇몇 연대의 이동 명령에 서명을 했다. 그런데 스탠튼은 링컨의 명령을 수행하는 것을 거부했을 뿐만 아니라 그런 명령에 서명한 링컨을 '얼간이'라고 욕한 것이다. 그래서 어떻게 되었겠는가? 스탠튼의 비난이 링컨의 귀에 들어갔을 때, 링컨은 평온한 태도로 다음과 같이 대답했다.

"스탠든이 나를 얼간이라고 했다면 그 말이 맞지. 그 친구가 말하는 것은 대부분 틀림없으니. 어디, 내가 직접 가서 확인 좀 해 볼까?"

링컨은 스탠튼을 찾아갔다. 스탠튼은 명령이 잘못되었다며 그를 설득했고, 링컨은 그 명령을 취소했다. 링컨은 호의적인 동기와 지식에 발판을 둔 성실한 비판이라면 기꺼이 그것을 받아들였다.

우리도 그러한 진실한 비평은 환영해야 한다. 시어도어 루스벨트도 인정했듯이 우리가 옳은 행동을 하는 것은 4번 중에 3번에 지나지 않는다. 현대의 가장 심원한 과학자인 아인슈타인도 그의 결론의 99%는 잘못되었다고 고백했다.

라 로쉬푸코도 말했다. "나 자신에 대해서는, 적의 의견이 나의 의견보다 훨씬 더 진실에 가깝다." 대개 이 말은 진실이라고 생각한다. 그럼에도 불구하고 누군가가 나를 비평하기 시작하면, 나는 상대가 무엇을 말하려는지 잘 알지도 못하면서 반사적으로 방어 태세를 취해 버린다. 이것은 나로서도 정 떨어지는 일이다. 우리는 비난이나 칭찬이 옳건 그르건 간에 상관없이, 비난에 대해서 분개하고 칭찬에 대해서는 기뻐하는 경향이 있다. 우리는 논리적이지 못하고 감정적이다. 우리의 논리는 감정이라는 폭풍우 치는 어두운 바다에 떠도는 자작나무로 만든 카누이다.

이제 누군가 우리를 비난할 때는 스스로를 변호하지 않기로 하자. 어리석은 사람일수록 자기변호에 급급해 한다. 우리는 보다 독창적이고 겸허하며 훌륭하게 행동하자!

그리고 이렇게 말함으로써 비평꾼으로 하여금 어리둥절하게 하고 다른 이들의 칭찬을 쟁취하자. "만약 비평꾼이 나의 온갖 결점을 다 알고 있었다면, 더 통렬하고 혹독하게 나를 해치울 수 있었을텐데."

앞 장에서 부당한 비난을 받았을 때에 대하여 말했는데, 여기에 또 하나의 방법이 있다. 부당하게 비난받았다고 느껴 노여움이 솟구쳤을 때, 그 노여움을 자제하고 이렇게 말해 보라.

"자, 조용히 생각해 보자. 사실 나도 완전무결한 사람은 아니거든. 아인슈타인도 자신이 99%나 잘못되었다고 고백했을 정도이니, 아마 나도 적어도 80%는 잘못되었을지 모르겠군. 어쩌면 이 비난은 정당한 것인지도 모르겠어. 그렇다면 오히려 감사해야겠군. 그리고 그것을 잘 활용할 수 있도록 노력해야겠어.”

펩소던트 컴퍼니의 사장인 찰스 럭먼은 미국의 유명한 코미디언인 밥 호프를 방송에 출연시키기 위해 한 해에 100만 달러나 쓰고 있다. 그는 방송을 칭찬하는 편지는 읽지 않고, 비판적인 편지만 골라서 읽었다. 그것이 도움이 된다는 것을 알았기 때문이다.

포드사는 종업원 중 몇 명을 회사를 비판하는 자리에 초대했다. 관리와 작업에 어떤 결함이 있는지를 알고 싶어서였던 것이다.

나에게 자신을 비판해 달라고 한 비누 판매원이 있었다. 그는 처음 콜게이트 비누를 팔기 시작했을 때, 판매실적이 시원치 않아 혹시 직업을 잃지나 않을까 걱정했다. 비누의 품질이나 가격에는 별다른 이상이 없다는 것을 알고 있었기에, 문제는 자신에게 있다고 생각했다.

그래서 그는 판매에 실패했을 때, 도대체 무엇이 잘못이었는지를 생각하면서 거래처 주변을 서성거리곤 했다. 요령이 부족한 것이었을까? 열정이 부족했을까? 그는 때로 상인들에게 가서 이렇게 말했다.

“저는 비누를 팔고자 다시 온 것이 아닙니다. 사장님의 비판과 의견을 듣고 싶어서 온 것입니다. 제가 방금 전에 비누를 팔려고 했을 때 어떤 실수를 했는지 가르쳐 주시면 고맙겠습니다. 사장님은 저보다도 훨씬 경험이 풍부하고 성공하신 분이니 가차 없이 비평을 해 주실 것이라고 믿습니다.”

이런 태도로 그는 많은 친구를 만들었고, 대단히 귀중한 충고를 얻었다.

이 사나이는 그 뒤 어떻게 되었을까? 그는 현재 세계 최대의 비누제조회사인 콜게이트 파몰리브 피트 사의 사장이 되었다. 그의 이름은 E.H. 리틀이다.

비난에 마음을 쓰지 않기 위한 제3법칙은 다음과 같다.

우리가 저지른 어리석은 짓을 기록해 두고
자기 자신을 비판해 보자.
우리가 절대 완벽할 수는 없으니, E.H. 리틀을 본받자.
편견 없고 유익하며 건설적인 비판을 자진해서 요청하라.

HOW TO STOP WORRYING AND START LIVING

7

피로와 걱정을 예방하고 충실하게 사는 방법

하루 한 시간 더 활동 시간을 늘리려면
시간이 가장 기본이다
이것을 관리하지 않으면 다른 아무것도 관리할 수 없다

고민에 대한 책에서 어째서 건강과 피로 예방에 대해 글을 덧붙이는가? 그것은 피로가 때때로 고민의 원인이 되며, 고민에 감염되기 쉬운 환경을 만들기 때문이다. 피로는 감기를 비롯 온갖 질병에 대해 육체적 저항력을 약화시킨다. 정신과 의사들은 피로가 공포나 걱정 근심과 같은 감정면에서도 저항력을 약화시킨다고도 한다. 그렇기 때문에 피로를 예방하는 것이 곧, 고민을 예방하는 것이기도 하다.

지금 말한 것은 매우 조심성 있고 겸손한 표현이다. 에드먼드 제콥슨 박사는 좀 더 과감하다. 그는 휴식에 대해서 《적극적 휴식》과 《휴식의 필요》란 저서를 냈다. 그는 시카고대학교의 임상생리학 연구소 소장으로서 다년간 휴식의 치료 효과를 연구해 왔다. 그는 말한다. "어떠한 흥분이나 감정의 항진도 완전한 휴식 상태 중에는 존재할 수 없다." 바꿔 말하면 "우리가 휴식 상태에 들어가면 고민을 계속할 수 없다는 것이다."

그러므로 피로와 고민을 예방하는 제1법칙은 수시로 쉬는 것이다. 즉, 피로를 느끼기 전에 먼저 휴식을 취하라는 것이다.

왜 이렇게 휴식이 중요할까? 왜냐하면 피로란 놀랄 만한 속도로 축적되기 때문이다. 미 육군은 여러 차례의 시험 결과 오랫동안 훈련에 의해 단련된 병사도 한 시간에 10분 정도 배낭을 내려놓고 휴식을 취하는 편이 행군의 능률을 높이고 인내력도 향상시킨다는 사실을 알게 되었다. 그래서 미 육군에서는 병사들에게 휴식을 명령한다.

인간의 심장은 매일 탱크차 한 대와 맞먹는 양의 혈액을 온몸에 순환시키기 위해 활동하고 있다. 그것은 24시간에 2만 kg의 석탄을 3피트의 높이에 올려놓는 데 필요한 에너지를 소비하는 것과 맞먹는 양이다. 이렇게 도저히 믿을 수 없을 정도의 중노동을 50년, 70년, 경우에 따라서는 90년 동안 계속하는 것이다. 어떻게 그것을 견뎌낼 수 있단 말인가? 하버드대학교 의학부의 월터 B. 캐넌 박사의 설명을 들어보자.

"사람들은 심장은 언제나 움직이고 있다고 생각하는데, 실제로는 수축할 때마다 일정하게 휴식을 취한다. 분마다 70이라는 적당한 속도로 고동친다고 할 때, 심장은 실제적으로는 24시간 중 겨우 9시간밖에는 일을 하지 않는다. 즉, 하루에 15시간이나 쉬는 셈이다."

원스턴 처칠은 제2차 세계대전 때, 60대 후반에서 70대 초반의 나이였는데도 하루 16시간씩 일하며 영국군의 활동을 지휘할 수 있었다. 이 경이로운 활동력의 비결은 무엇이었을까? 그는 매일 아침 11시까지 침대에 누운 채 보고서를 읽고, 명령서를 구술(口述)하고, 전화를 걸고, 중요한 회의를 했다. 점심 식사 뒤에는 두 시간 정도 낮잠을 잤다. 또 저녁이 되면 6시부터 8시까지 수면을 취했다. 그는 피로를 회복한 것이 아니고, 회복할 필요도 없었다. 그는 피로를 예방했다. 하루에 몇 번이나 휴식을 취함으로써 그는 한밤중까지 활기차게 일할 수 있었다.

존 록펠러 1세는 두 가지 엄청난 기록을 세웠다. 그는 일찍이 누구도 이루지 못한 거대한 부를 쌓았고 98세까지 살았다. 그렇게 할 수 있었던 비결이 무엇일까? 타고난 장수체질이기도 했지만 그보다 중요한 이유는 매일 오후, 사무실에서 30분씩 낮잠을 자는 습관이었다. 그는 매일같이 사무실의 소파에서 낮잠을 청했다. 낮잠을 즐기며 코를 골고 있는 동안에는 대통령이라 할지라도 그와 통화할 수가 없었다.

다니엘 W. 조슬린의 유명한 책 《왜 피곤해지는가》에는 이렇게 적혀 있다. "휴식이란 아무것도 하지 않는 것이 아니다. 휴식은 치유다." 짧은 시간의 휴식도 매우 큰 치유력을 발휘한다. 5분간의 낮잠도 피로를 예방하는데 적잖은 도움이 된다. 야구계의 원로 커니 맥은 시합 전에 낮잠을 자지 않으면 5

회부터는 녹초가 되지만 5분이라도 미리 자두면 연장 경기도 거뜬히 해낼 수 있다고 했다.

앨리노어 루스벨트 여사에게 12년 동안이나 백악관의 피곤한 스케줄을 수행할 수 있었던 비결에 대해 묻자, 그녀는 여러 사람들과의 회견이나 연설 전에는 반드시 소파에 누워 눈을 감고 20분 동안 휴식을 취한다고 했다.

나는 얼마 전 간이침대가 놓여 있는 메디슨 스퀘어 가든 대기실에서 진 오트리와 이야기를 나누었다. 그는 말했다. "나는 매일 휴식 시간에 이 침대에 누워 한 시간씩 자곤 합니다. 할리우드에서 영화를 만들고 있을 때는 곧잘 커다랗고 푹신한 안락의자에서 2, 30분씩 휴식을 취했지요. 그렇게 하면 절로 기운이 나거든요." 에디슨은 자기 놀랄 만한 에너지와 지구력은, 자고 싶을 때 자는 습관 덕택이라고 했다.

나는 80세 생일을 맞이하기 직전의 헨리 포드를 만났는데, 그가 너무나 활기차고 건강한 것에 놀라지 않을 수 없었다. 그에게 그 비결을 물었다. 그는 말했다. "앉을 수 있을 때에는 절대로 서지 않는다. 누울 수 있을 때에는 절대 앉아 있지 않는다."

'근대 교육의 아버지' 호러스 맨도 안티옥대학교의 총장시절, 언제나 소파에 비스듬히 누운 채 학생과 면담했다.

나는 할리우드의 영화감독인 잭 처토크에게도 이 방법을 권했다. 얼마 뒤 그는 기적이 일어났다며 흥분을 감추지 못했다. 몇 년 전 나를 찾아왔을 때 그는 메트로 골드윈 메이어 영화사의 단편부 부장이었는데 몹시 지쳐 보였다. 강장제, 비타민제를 비롯해 갖가지 약을 복용했지만 아무런 효과도 없었다. 나는 그에게 매일 적당한 휴식시간을 갖고, 사무실에서 원작자들과 회의를 할 때에도 소파에 비스듬히 누워서 해 보라고 권했다.

2년 뒤 다시 만났을 때는 그는 무척 건강해 보였고, 조금 들떠서 말했다. "주치의가 기적이 일어났다고 말합니다. 전에는 단순한 구상을 의논할 때도 딱딱한 의자에 앉아서 했는데 지금은 비스듬히 누워서 해요. 이제까지 20년 가까이 이렇게 기분 좋았던 적은 없었어요! 어제는 전보다 두 시간이나 더 일을 했는데도 피곤하지 않아요."

어떻게 하면 당신도 이 방법을 쓸 수 있을까? 당신이 만일 속기사라면 에디슨처럼 사무실에서 낮잠을 잘 수는 없을 것이다. 또 회계사라면 비스듬히 누운 자세로 부장에게 회계 보고를 할 수는 없을 것이다. 그러나 당신이 작은 도시에 살고 점심을 먹기 위해 집에 갔다 올 수 있다면 식사 뒤 10분 정도는 낮잠을 잘 수 있을 것이다.

조지 C. 마셜 장군도 그 방법을 썼다. 그는 전쟁 중 군부 지휘에 바빴기 때문에 정오에는 반드시 휴식을 취했다.

만일 당신이 이미 50세가 넘어서 그 방법을 쓰기에는 늦었다고 생각한다면, 들 수 있는 생명보험은 다 들어 놓아라. 요사이는 장례비용도 적지 않고 갑자기 죽을지도 모르니까 말이다. 당신의 아내는 당신의 보험금을 타서 젊은 남자와 재혼할 생각을 하고 있을지도 모른다. 50세면 한창이다. 휴식을 취해 오래오래 살도록 힘써야 하지 않겠는가?

점심 식사 뒤 낮잠을 잘 틈이 생기지 않는다면, 저녁 먹기 전 한 시간쯤 자는 것도 좋다. 그것은 칵테일 한 잔보다 싸고 장기적으로 보면 5천467배나 더 효과적이다. 5시, 6시 또는 7시에 한 시간 정도 잘 수 있다면, 깨어 있는 시간에 한 시간을 더 보탠 셈이 된다. 왜냐하면 저녁 식사 전 한 시간의 잠과 야간 수면 6시간을 합한 7시간은 연속으로 자는 8시간의 수면보다 훨씬 유익하기 때문이다. 육체노동자가 휴식시간을 늘릴 수 있다면 보다 더 많은 일을 할 수 있다.

프레데릭 테일러는 베들레헴 철강 회사에서 과학적 경영에 대한 공동 연구를 진행하면서 이런 사실을 증명해 보였다. 그는 노동자 한 사람 당 하루 1만 2천500kg의 강철을 화물차에 적재하는 작업을 시키면 정오에는 지쳐버린다는 사실을 알았다. 그는 모든 피로의 요소를 과학적으로 연구한 결과 노동자에게는 하루에 1만 2천500kg의이 아니라 4만 7천 kg의 강철을 쌓는 작업을 시켜야 한다고 단언했다. 지금까지의 4배에 가까운 작업을 시켜도 지치지 않는다는 것이다. 그러나 그것을 어떻게 증명할 수 있을까?

테일러는 슈미트라는 사나이를 불러서 스톱워치에 따라 일을 하도록 지시했다. 슈미트는 스톱워치를 든 사나이의 명령대로 일을 했다. "자, 강철을 들고 걸어라. 앉아 쉬어라. 걸어라." 이런 식이었다.

과연 어떤 일이 일어났을까? 다른 노동자 한 사람이 1만 2천 kg밖에 나르지 못할 때, 슈미트는 매일 4만 7천 kg의 강철을 나를 수 있었다. 그는 테일러가 베들레헴에 있는 3년 동안 이 속도로 일을 계속했다. 슈미트가 그렇게 할 수 있었던 것은, 피곤해지기 전에 휴식을 취했기 때문이다. 그는 한 시간에 26분을 일하고, 34분을 쉬었다. 일하는 시간보다 휴식 시간이 많았지만 다른 노동자보다 4배의 일을 더 해낼 수 있었다.

이것이 단순한 뜬소문이라고 의심이 들면 프레드릭 윈슬로 테일러의 《과학적 경영법》을 읽어 보기 바란다.

다시 한번 더 반복한다.

군대에서 하는 것처럼 휴식을 취하라. 당신의 심장처럼 일하라. 피로해지기 전에 쉬어라. 그리하면, 깨어 있는 인생에 하루 한 시간을 더 보탤 수 있다.

무엇이 사람을 피로하게 만드는가
피로는 노동 때문이 아니라
걱정과 후회감에 휩싸였을 때 찾아온다

여기에 놀랍고도 중요한 사실이 있다. 인간은 정신적인 노동만으로는 지치지 않는다는 것이다. 어처구니없는 소리로 들릴지 모르지만 수년 전 과학자들은 인간의 두뇌가 피로를 느끼지 않고 얼마만큼이나 긴시간 동안 일을 할 수 있는가 시험해 보았다. 놀랍게도 뇌를 지나가는 혈액이 활동 중에는 전혀 피로를 보이지 않는다는 것을 알았다. 일하고 있는 노동자의 혈관에서 뽑아낸 혈액에는 피로 독소나, 피로 생성물이 가득차 있었지만, 알버트 아인슈타인의 뇌에서 채취한 혈액에서는 하루가 끝날 때까지도 피로 독소가 발견되지 않는다는 것이다.

사람의 뇌는 8시간 혹은 12시간을 활동한 뒤에도 변함없이 활발하게 일할 수 있다. 인간의 두뇌는 전혀 피로를 모른다. 그렇다면 무엇이 인간을 피로하게 만드는가?

정신과 의사는 피로의 대부분은 정신적, 정서적 태도에서 기인한다고 말한다. 영국의 유명한 정신의학자 J. A. 하드필드는 그의 저서 《힘의 심리》에서 다음과 같이 설명하고 있다.

"우리를 괴롭히는 피로는 대부분 정신적인 것에서 온다. 단순히 육체적인 원인에서 오는 피로는 매우 드물다."

미국에서 가장 저명한 정신의학자의 한 사람인 A. A. 브릴 박사는 이보다 한걸음 더 나아가 말했다. "건강한 정신노동자의 피로는 100% 심리적 요소, 즉 정서적 요소에 기인한다" 말했다.

그러면 어떤 종류의 정서적 요소가 정신노동자들을 피로하게 만드는가?

절대 기쁨이나 만족에서 오는 것은 아닐 것이다. 권태, 원망, 정당하게 평가되고 있지 않다는 기분, 무력감, 초조, 불안, 고민 등이 그것이다. 이러한 정서적 요소가 정신노동자들을 지치게 만들고, 감기의 원인이 되게 하며, 생산성을 저하시키고, 신경성 두통을 일으킨다. 결국 긴장 때문에 피로해지는 것이다.

메트로폴리탄 생명보험회사는 피로에 관한 팸플릿에서 이 사실을 지적한다.

"과도한 업무 자체에서 오는 피로는 대개, 충분한 수면과 휴식으로 회복된다. 고민, 긴장, 감정의 혼란이야말로 피로의 3대 원인이다. 육체적 또는 정신적인 노동에서 기인하는 것처럼 생각되는 피로도 사실은 이 3요소가 그 원인이 되는 경우가 많다. 근육이 긴장을 하면 일을 하고 있기 때문이라는 것을 잊지 마라. 마음을 편하게 가져라! 그리고 중대한 일을 위해 에너지를 축적하라."

책 읽기를 잠시 멈춘다. 그리고 자기 자신을 한번 돌아보라. 이 글을 읽으면서도 당신은 인상을 찌푸리고 있지 않은가? 또 양미간에 긴장을 느끼고 있지는 않는가? 편안한 자세로 의자에 앉아 있는가? 어깨를 치켜세우고 있지는 않는가? 얼굴이 굳어 있지는 않은가? 만일 당신의 온몸이 낡은 헝겊인형처럼 부드럽지 않다면, 당신은 이 순간에 신경성 긴장과 근육성 긴장을 일으키고 있는 것이다. 당신은 피로와 긴장을 일으키고 있는 것이다.

왜 정신노동을 함으로써 이렇듯 불필요한 긴장이 발생하는 것일까?

다니엘 W. 조슬린은 말했다.

"가장 큰 문제는 일을 열심히 하려면 끝없이 노력해야 하고, 그것 없이는 일을 잘 할 수 없다고 생각하는 데 있다."

그래서 우리는 정신을 집중하려고 하면 얼굴을 찡그려지게 되고 어깨에 힘을 주고 근육에 힘을 준다. 하지만 이런 것들은 두뇌 활동에는 아무런 도움이 되지 않는다.

여기에 놀랄만큼 안타까운 진리가 있다. 그것은 돈을 낭비하는 것은 꿈에서조차 생각지 않는 많은 사람이, 주정뱅이 선원처럼 그들의 에너지를 마구 낭비하고 있다는 사실이다.

그렇다면 이러한 신경 피로에 대한 그 대책은 무엇인가?

쉬는 것, 바로 휴식이다! 일을 하면서 쉬는 법을 배워야 한다.

이것이 쉬운 일일까? 물론 아니다. 아마도 평생동안의 생활 습관을 바꿔야 할 것이다. 그러나 노력할 가치가 있는 일임에는 틀림없다. 당신의 삶에 일대 혁신이 일어날 것이 분명하기 때문이다. 윌리엄 제임스는 《휴양의 복음》이라는 수필에서 이렇게 말하고 있다.

"미국인들의 과도한 긴장, 변덕, 중도 포기, 강렬함, 괴로운 표정 등……. 이것들은 확실히 나쁜 습관일 뿐이다. 긴장은 습관이며 휴식도 습관이다. 그러므로 나쁜 습관은 없애고, 좋은 습관을 길러야 한다."

당신은 어떤 방법으로 휴식을 취하는가? 마음으로부터 하는가, 아니면 신경으로부터 시작하는가? 이 둘 중 어느 것도 정답이 아니다. 휴식은 언제나 근육의 긴장을 풀어주는 일로부터 시작해야 한다.

한번 시험해 보자. 먼저 눈부터 시작한다. 이 구절을 다 읽고 나면 눈을 감는다. 그리고 조용히 눈을 향해 이렇게 말한다.

"쉬어라, 쉬어, 긴장을 풀어라. 인상쓰지 마라. 쉬어라, 쉬어."

1분 동안 조용히 이 말을 몇 번이고 되풀이한다.

2, 3초 뒤 눈의 근육이 그 말에 따르기 시작했다고 느껴지지 않는가? 누군가의 손이 긴장을 걷어 주는 것 같이 느끼지 않았는가? 믿기지 않을지 모르나, 당신은 이 1분 동안 휴식에 대한 모든 비결을 터득한 셈이다. 턱과 얼굴의 근육, 목, 어깨, 전신에 대해서도 이와 똑같이 할 수 있다. 그래도 가장 중요한 기관은 역시 눈이다. 시카고대학교의 에드먼드 제이콥슨 박사는 만일 사람들이 눈의 긴장을 완전히 풀 수만 있다면 모든 고민을 잊을 수 있을 것이라고까지 말하고 있다. 어째서 눈의 긴장을 푸는 일이 그렇게 중요할까? 눈은 몸 전체가 소비하고 있는 모든 신경 에너지의 4분의 1을 소비하고 있기 때문이다. 시력이 좋은 사람들이 눈의 피로 때문에 시달리는 이유도 여기에 있다. 그들은 눈을 긴장시키고 있다.

인기 소설가 비키 바움은 어렸을 때 어떤 노인에게서 귀중한 교훈을 얻었다. 그녀가 넘어져 무릎과 손목을 다쳤는데, 젊은 시절 서커스단에서 어릿광대를 했던 그 노인은 그녀를 일으켜 옷에 묻은 흙을 털어 주며 이렇게 말했다고 한다.

"네가 다친 것은 몸을 편하게 다룰 줄 몰랐기 때문이란다. 낡은 양말짝처럼 몸을 유연하게 하지 않으면 안 돼요. 이리온, 내가 방법을 알려 주마."

그 노인은 그녀와 다른 아이들에게 넘어지는 법, 재주넘는 법, 물구나무서기하는 법 등을 알려 주었다. 그리고 이렇게 말했다. "자기 자신을 다 해진 낡은 양말짝이라고 생각하는 거야. 그러면 몸의 긴장이 풀어진단다."

언제 어디에서라도 몸을 편하게 할 수 있다. 다만 의식적으로 쉬려 하지 마라. 휴식이란 모든 긴장과 노력이 사라진 상태이다. 마음을 편히 갖고 온몸의 긴장을 풀자. 먼저 눈과 얼굴의 근육을 쉬게 하는 것부터 시작하여 몇 번이고 되풀이해서 말하라. "쉬어라, 쉬어라, 편히 쉬어라." 그러고 나면 에너지가 얼굴의 근육에서부터 신체의 중심부로 퍼져 나가는 것을 느끼게 될 것이다. 갓난아이처럼 긴장에서 자유로워진 상태를 떠올려라.

유명한 소프라노 가수 갈리 크루치도 이 방법을 썼다. 헬렌 젭슨은 공연하기 전에 곧잘 갈리 그루치를 만났는데, 그녀는 의자에 축 늘어져, 입을 벌리고 있었다고 한다. 이것이 무대에 오르기 전 긴장을 푸는 그녀의 멋진 습관이었다. 여기에 몸을 편하게 하는 방법을 배우는 데 도움이 될 네 가지 제안이 있다.

1. 언제나 긴장을 풀어라. 낡은 양말짝처럼 나긋나긋해지자. 나는 다 해진 양말 한 짝을 책상 위에 놓아두고 있다. 양말이 없다면 고양이라도 좋다. 햇살아래에서 졸고 있는 고양이를 부드럽게 안아올려 본 적이 있는가. 고양이는 물에 젖은 신문지처럼 사지가 축 늘어진다. 이제까지 나는 피로한 고양이, 신경쇠약이나 불면증에 걸린 고양이를 본 적이 없다. 당신도 고양이처럼 긴장을 푸는 방법을 안다면, 반드시 이러한 재난들을 면할 수 있을 것이다.

2. 될 수 있는 한 편안한 자세로 일하라. 몸의 긴장은 어깨를 결리게 하고

신경 피로를 일으킨다는 것을 잊지 마라.

3. 하루에 네댓 번 자신을 검토해 보라. "나는 필요 이상으로 쓸데없는 일을 하고 있지 않은가? 이 일과 상관없는 근육을 사용하고 있지는 않은가?" 스스로 물어보라. 이것은 반드시 몸을 편하게 하는 습관에 도움이 될 것이다.

4. 하루 일과가 끝났을 때 다시 한번 자신에게 물어보라. "나는 얼마만큼 지쳐 있는가? 만일 지쳐 있다면, 그것은 내 정신 노동의 양이 아니라 방법 때문이다." 다니엘 W. 조슬린은 말한다. "나는 하루의 일과가 끝나면 피곤한 정도에 따라 일의 성과를 측정하지 않고, 얼마나 피로하지 않은가를 기준으로 한다. 하루의 일과가 끝날 무렵 몹시 피곤함을 느끼는 날이나 초조해서 신경이 지쳤다고 느끼는 날은 일의 양과 질에 있어서 효율이 좋지 않았던 날이었다는 사실을 알게 된다."

미국의 모든 사업가들이 이같은 교훈을 터득한다면 고혈압에 의한 사망률은 하루 아침에 뚝 떨어질 것이고, 피로와 고민에 시달리는 사람들도 요양소나 정신병원이 만원이 되는 일도 없어질 것이다.

피로에서 벗어나 젊음을 유지하는 지혜
무기력을 극복할 수 있는 유일한 방법은 열정이다

지난 가을 어느 날, 동료 하나가 세상에서 가장 별난 의학 강좌에 참석하려 보스턴에 갔다. 보스턴 의료원에서 1주일에 한 번씩 열리는 이 강좌에 출석하는 환자는 미리부터 정기적이고 철저한 건강 진단을 받아야 한다. 이 강좌에서는 심리요법을 실시하고 있다. 정식으로 응용심리학 강좌라 한다. 그 본디 목적은 마음의 병에 걸린 사람들을 치료하는 것이다. 그리고 환자의 대부분은 정서적 장애를 가진 주부들이었다.

무엇 때문에 이런 강좌가 개설되었을까? 그 연유는 이러하다. 1930년 윌리엄 오슬러 경의 제자였던 조제프 H. 프랫 박사는 보스턴 의료원을 찾아오는 대부분의 환자들이 신체적으로 아무 이상이 없는데도 온갖 질병의 증상을 나타내고 있다는 것을 알게 되었다. 관절염을 앓는 어떤 부인은 손가락이 몹시 뒤틀려 전혀 움직이지 못했다. 또 다른 부인은 위암의 징후가 보여 괴로워하고 있었다. 그밖에는 등골이 쑤시고, 두통, 만성 피로, 또는 막연한 통증을 느끼고 있었다. 실제로 그들은 육체적인 고통을 호소했다. 하지만 철저히 검진을 해보아도 아무 이상도 찾아 볼 수 없었다. 과거의 의사들 같았으면 기분 탓이거나 상상에 지나지 않는다고 치부했을 것이 분명하다.

그러나 프랫 박사는 이러한 환자들에게 잊어버리는 것이 최선이라고 말하는 것이 아무 소용없다는 것을 알고 있었다. 이들 대부분은 아프고 싶어서 아픈 것이 아니다. 간단하게 병을 잊을 수 있다면, 그들 자신이 벌써 그렇게 했을 것이다. 어떻게 하면 좋을까?

프랫 박사는 일부 의사와 관계자들의 반대를 무릅쓰고 이 강좌를 개설했다. 이 강좌는 놀라운 성과를 올렸다. 개설 이래 18년간 수천 명의 환자들이 이 강좌에 출석하며 완치되었다. 환자들 중에는 교회에 나가듯 경건한 마음으로 매년 빠짐없이 참석하는 이도 있다. 조교가 9년 동안 한 번도 빠지지 않고 출석했던 어느 부인과 이야기를 나누었는데, 그녀는 처음으로 진료소를 찾았을 때 신장과 심장에 병이 있다고 믿고 있었다. 그녀는 걱정을 많이 하고 긴장한 나머지 가끔 눈앞이 침침해지고 아무것도 보이지 않을 때도 있었다. 그런데 지금은 자신이 넘치고, 쾌활한데다 건강하다. 그녀는 마흔 살이 조금 넘어 보였으나 손자를 품에 안고 이런 말을 했다.

"복잡한 가정 일 때문에 너무나 괴로운 나머지 죽고만 싶었어요. 그런데 강좌를 듣고나서 고민하는 것이 얼마나 무익한 것인지 알았습니다. 난 고민하지 않는 법을 배웠어요. 그래서 지금은 참 평온합니다."

이 강좌의 의학 고문인 로스 힐퍼딩 박사는 고민을 이기는 가장 좋은 방법은 믿을 만한 사람에게 고민을 털어놓는 것이라고 했다. 우리는 이것을 카타르시스라고 부른다. 환자들은 이곳에 왔을 때 자기 고민을 모두 털어놓음으로써 그 고민을 마음속에서 떨쳐 버린다. 혼자서 가슴 속에 품고 괴로워하는 한, 신경의 긴장만 더해갈 뿐이다. 그러므로 우리는 자기 고민을 누군가와 나누지 않으면 안 된다. 이 세상에 자기의 고민을 들어주고 이해해 주는 사람이 있다고 생각해야 한다.

내 조교는 가정 문제로 고민하던 한 여성이 자기 고민을 털어놓은 뒤에 상쾌한 기분을 갖게 된 것을 직접 보았다. 처음 그녀는 말을 꺼낼 때 몹시 흥분했으나, 이야기를 하는 동안에 평정을 되찾았다. 그리고 면담이 끝날 무렵에는 미소까지 지어 보였다.

그러면 모든 문제는 여기서 해결된 것일까? 아니다. 그렇게 간단히 끝나지는 않는다. 말하자면, 그녀의 기분이 전환된 것은 누군가에게 고백한 뒤, 약간의 충고와 동정을 받았기 때문이다. 사실 그녀의 심경에 변화를 가져온 것은 '말'이 가진 치료의 힘이었다. 오늘날의 정신 분석은 어느 정도 이러한 언어의 치유력을 토대로 하고 있다.

프로이트 이래 정신분석학자들은 환자가 그들 문제에 대해서 털어놓기만 한다면 마음속 불안으로부터 해방되어 안정을 찾을 수 있다는 것을 알았다. 고민을 털어놓음으로써 스스로 어느 정도 정확하게 포착할 수 있으며 사물의 경중을 판단할 수 있기 때문이다.

그렇지만 이에 대한 확실한 대답은 아무도 알지 못한다. 그러나 우리는 다른 사람에게 '털어놓는 것', '가슴속에 맺힌 것을 토해 내는 것'에 의해 곧바로 해방감을 맛볼 수 있다는 사실을 알고 있다.

걱정거리가 생기면, 우리는 털어놓을 수 있는 상대를 찾아야 한다. 그렇다고 아무나 붙들고 징징거리거나, 못난 꼴을 드러내 여러 사람의 비웃음을 사라는 말은 아니다. 신뢰할 수 있는 사람을 골라 상담자로 삼아야 할 것이다. 친척, 의사, 변호사, 성직자 등이 적절하겠다.

"저는 선생님께 조언을 듣고 싶습니다. 걱정거리가 생겼는데 제 말을 좀 들어주시고 조언해 주셨으면 합니다. 제가 미처 깨닫지 못한 것에 대해 선생님께서는 좋은 방도가 있으실지 모르겠습니다. 설령 그렇지 않다고 해도 제 말을 끝까지 들어 주시기만 해도 감사하겠습니다."

고민을 터놓고 이야기하는 것, 이것이 보스턴 의료원 강좌에서 주로 사용하는 방법이다. 그밖에도 몇 가지 방법이 더 있다. 다음은 누구나 가정에서 실행할 수 있는 방법이다.

1. 노트나 스크랩북을 준비하라. 여기에 당신을 감동시키고 즐겁게 하는 시, 짧은 기도문, 인용문을 모아 두어라. 그리고 비 내리는 우울한 오후라든가 마음이 울적할 때, 노트에서 기분을 밝게 해 줄 시나 기도문을 찾아보라. 보스턴 의료원의 환자 중에는 여러 해 동안 이런 노트를 작성해 온 사람들이 많은데, 그들은 이것을 '정신적인 정맥주사'라고 부른다.

2. 남의 결점에 대해 지나치게 마음 쓰지 말라. 확실히 당신의 남편도 결점을 지녔다. 그가 성인군자였다면 당신과 결혼하지 않았을 것이다. 한 여성은 점점 잔소리가 심하고 잘 투덜대는 까칠한 얼굴을 한 남편을 두었는데, 이 질문에 퍼뜩 정신을 차렸다. "당신 남편께서 돌아가시면 어떻게 하시겠습니까?" 그녀는 깜짝 놀라 남편의 장점을 종이 위에 써 보았더니 생각 밖으

로 장점이 많았다.

당신이 폭군과 결혼했다는 생각이 들어 후회를 한다면, 당신도 한번 이대로 해 보면 어떨까? 그의 장점을 모두 써 본다면 지금 자기 남편이야말로 이상적인 남성이라는 것을 깨달을 것이다.

3. 이웃에게 관심을 가져라. 당신 생활과 관련된 사람들에 대해 우호적이고 건전한 흥미를 가져 보라. 자신이 몹시 배타적이라서 친구가 한 명도 없다고 생각해 오던 어떤 부인이 앞으로 만나게 될 사람에게 말할 수 있는 적당한 이야기를 만들어 보라는 지시를 받았다. 그래서 그녀는 버스 안에서 만났던 사람들의 환경과 주위의 생활을 곰곰이 생각해 보았고 가는 곳마다 처음 보는 사람들에게 말을 걸어 보았다. 그 결과 이제는 고민이 사라지고 행복하며 쾌활하여 어디서나 환영받는 사람이 되었다.

4. 오늘 밤 잠자리에 들기 전 내일의 스케줄을 짜라. 강좌에 참여하는 많은 주부들은 손이 많이 가는 일이 끊임없이 닥쳐와서 힘들다고 느끼고 있었다. 말하자면 한 번도 일을 완전히 끝냈다고 느낀 적이 없다는 것이다. 그들은 항상 시간에 쫓겼다. 이렇듯 쫓기고 있다는 생각과 고민을 물리치기 위한 방법으로 그들은 매일 밤 다음 날의 스케줄을 짜도록 지시받았다. 그 결과 어떻게 되었을까? 많은 일들이 깔끔하게 정리되고 피로는 줄어들었다. 게다가 긍지와 성취감이 생기고 휴식 시간을 즐기는 여유도 갖게 되었다.

5. 긴장과 피로를 피하고 휴식을 취하라. 긴장과 피로만큼 당신을 빨리 늙게 하는 것은 없다. 이것처럼 당신의 싱싱한 아름다움을 해치는 것은 없다. 나의 조교는 보스턴의 정신 제어 강좌에서 폴 E. 존슨 교수의 몸의 긴장을 푸는 원칙에 대한 강의를 들었는데, 몸풀기 체조를 10분 동안 계속하던 중 의자에 앉은 채로 잠들 뻔했다고 한다. 고민을 몰아내기 위해서는 무엇보다도 편안한 휴식 자세를 취하는 것이 중요하다.

휴식을 취하고 편안한 마음을 갖자. 그런데 이상하게도 딱딱한 마룻바닥이 스프링이 달린 침대보다 편히 쉬기에 적당하다. 저항력이 강한 편이 척추에는 좋기 때문이다.

그러면, 이제 당신이 직접 할 수 있는 몇 가지 운동법을 말해 보겠다. 이것을 1주일 동안 실행한 뒤에, 표정과 기분이 어떻게 변하였는지 보라.

a. 피곤하다고 느껴지면 바닥에 누워 몸을 쭉 뻗는다. 뒹굴어도 좋다. 이렇게 하루에 두 번씩 한다.

b. 눈을 감고 이렇게 말해 본다.

"태양이 머리 위에서 빛나고 있다. 하늘은 맑게 개고 자연은 세상을 온화하게 지배하고 있지 않은가. 나는 자연의 자녀로서 우주와 조화를 이루고 있다."

아니면 하나님께 기도를 드리는 것도 괜찮은 방법이다.

c. 만일 누울 만한 상황이 아니라면 의자에 앉아서도 비슷한 효과를 볼 수 있다. 편히 쉬기에는 딱딱한 의자가 좋다. 이집트의 좌상처럼 똑바로 앉아 손바닥을 허벅지 위에 올려놓는다.

d. 이제 천천히 손끝을 긴장시켰다 느슨하게 푼다. 다리의 근육도 힘을 주었다 풀어 준다. 다음엔 온몸 근육도 아래서부터 위로 같은 방법으로 운동시킨다. 그리고 머리를 축구공처럼 힘있게 돌린다. 그러는 동안 근육을 향해 이 말을 되풀이한다. "쉬어라. 쉬어라."

e. 이제 차분하게 안정된 호흡으로 신경을 진정시키며 심호흡을 한다. 인도의 요가 수행자들은 현명했다. 규칙적인 호흡은 신경을 진정시키는 데 무엇보다도 좋은 방법이다.

f. 인상을 쓰지 마라. 이마의 팔자주름이라든가 입가의 주름을 펴라. 하루에 두 번씩 한다면 에스테틱에 가서 마사지를 받을 필요가 없다. 주름은 싹 없어질 것이다.

피로와 고민을 예방하는 4가지 습관
시도를 멈추지 않는 한 실패는 존재하지 않는다

좋은 작업 습관 하나.
당면한 문제와 관계없는 서류는 정리해 버려라.

시카고 노스웨스턴 철도회사 사장 롤랜드 L. 윌리엄스는 이렇게 말했다.

"여러 서류를 책상 위에 복잡하게 쌓아 놓고 일하는 사람이 당장 필요하지 않은 물건들을 정리하고 일한다면 보다 정확하고 쉽게 작업을 할 수 있다. 이것이야말로 작업의 효율성을 높일 수 있는 첫걸음이다."

워싱턴 D. C.의 국회도서관 천장에는 시인 포프의 시구가 새겨 있다.

"질서는 하늘의 제1법칙이다."

질서는 업무에 있어서도 제1법칙이라고 할 수 있다. 그러나 대다수 회사원들의 책상 위에는 몇 주일씩 들추어 보지도 않은 서류들이 흩어져 있다. 뉴올리언스의 어느 신문사 발행인이 비서를 시켜 책상 서랍을 정리했더니 2년 전에 잃어 버린 타자기가 나왔다는 이야기까지 있을 정도다.

답장을 보내지 않은 편지나 보고서, 메모가 흩어져 있는 책상은 대충 보기에도 혼란과 긴장, 짜증을 불러일으키기에 충분하다. 그러나 더 안 좋은 것은 '해야 할 잡다한 일은 많고, 그것을 할 시간은 없다'는 것이다. 이것은 우리를 끊임없는 긴장과 피로 속으로 몰아넣을 뿐만 아니라 고혈압, 심장병, 위궤양 등을 일으키기도 한다.

펜실베이니아대학교 의학부 존 H. 스토크 박사는 미국의학협회에서 '장기 질환과 함께 일어나는 기능적 노이로제'라는 논문을 발표했다. 그중 〈환자의 정신 상태에 대한 고찰〉에 대해 11개의 원인을 들고 있다. 제1항목은 이렇다.

　해야만 한다는 강박관념 또는 의무적으로 처리해야 할 일이 언제까지고 눈앞에 쌓여 있다는 긴장감.

　그러나 책상을 정돈하고 결단을 내리는 등 단순한 방법만으로 고혈압, 의무감, 끝없는 긴장감 등을 방지할 수 있을까? 유명한 정신의학자 윌리엄 L. 새들러 박사는 이 간단한 방법으로 신경쇠약을 방지할 수 있었던 한 환자의 이야기를 들려주었다. 그는 시카고의 어느 큰 회사 중역이었는데, 새들러 박사를 찾아왔을 때 긴장한 나머지 신경이 흥분해서 고민하고 있었다. 그는 스스로 생각하기에도 자신이 쓰러지기 일보직전이라는 것을 알았다. 그런 상황에서도 일을 그만둘 수 없는 형편이었기에 도움을 청하러 온 것이다.

　새들러 박사의 얘기는 이러했다.

　"그와 이야기를 나누고 있을 때 전화벨이 울렸습니다. 병원에서 온 전화였지요. 저는 그 일을 곧바로 처리했습니다. 그게 제 방침이거든요. 그런데 통화가 끝나자마자 또 전화가 걸려 왔습니다. 급한 전화였기 때문에 이번에는 좀 오래 이야기를 나누었지요. 그러고 나자 중태에 빠진 환자에 대해 의논하기 위해 동료가 찾아왔습니다. 모든 볼일이 끝나고 저는 환자에게 오래 기다리게 해 미안하다고 말했습니다. 그러나 오히려 그는 밝은 표정을 지으며 이렇게 말하는 것이었습니다. '괜찮습니다. 선생님! 선생님을 기다리는 10분 동안 제 잘못을 깨달았습니다. 사무실로 돌아가면 일하는 습관을 바꾸겠습니다. 그런데 선생님, 실례지만 책상 서랍을 좀 보여 주실 수 있을까요?'

　저는 책상 서랍을 열어 보였습니다. 사무용품을 제외하면 안은 텅 비어 있었지요.

　'처리되지 않은 서류는 모두 어디다 두십니까?'

　'모두 처리합니다.'

　'답장을 보내지 않은 편지는요?'

'한 통도 없습니다. 편지를 받으면 곧장 답장을 보내니까요.'

그로부터 6주일 뒤, 그가 저를 자기 사무실로 초대했습니다. 그는 전과 같지 않았습니다. 책상 위도 달라져 있었습니다. 책상 서랍을 열어 보이면서, 그 안에 처리되지 않은 일은 하나도 없다고 하면서 이렇게 말했습니다.

'6주 전만 해도, 저는 두 곳의 사무실에서 세 개의 책상을 쓰고 있었습니다. 책상은 온통 처리되지 않은 서류들로 지저분했지요. 일은 끝이 없었습니다. 그런데 선생님 말씀을 듣고 나서, 보고서나 오래된 서류들을 모두 치워 버렸습니다. 이제 저는 책상 하나만 두고 일을 하고, 서류가 오면 곧바로 처리하기 때문에 밀린 업무로 인해 짜증을 내거나 긴장하거나 고민하는 일이 전혀 없습니다. 하지만 가장 놀라운 것은 병이 완전히 치료되었다는 겁니다. 이젠 제 몸에서 병의 그림자도 찾아볼 수 없습니다.'"

미국 대법원장이었던 찰스 에반스 휴즈는 말했다.

'인간은 과로 때문에 죽지는 않는다. 쓸데없는 에너지 소모와 고민이야말로 죽음의 원인이다.'

인간의 죽음은 에너지 낭비와 일이 생각대로 진행되지 않아서 생기는 고민이 원인이다.

좋은 작업 습관 둘.
중요도에 따라서 일을 처리해 나가라.

시티즈 서비스 회사의 창립자인 헨리 L. 도허티는 돈으로는 살 수 없는 두 가지 능력에 대해 말했다.

"첫 번째 귀중한 능력은 바로 생각하는 능력이고, 두 번째는 중요도에 따라 일을 처리하는 능력을 말한다."

무일푼으로 시작하여 11년 뒤에 펩소던트 회사의 사장이 된 찰스 럭맨은 헨리 L. 도허티가 말했던 그 두 가지 능력을 발전시킨 덕택에 성공하게 되었다고 말했다.

"나는 새벽 다섯 시면 일어납니다. 오래된 습관이지요. 왜냐하면 이른 아침엔 다른 어느 때보다도 생각하기에 좋기 때문입니다. 일을 중요도에 따라 처리하기 위한 하루의 계획을 세우는 데는 이른 아침이 가장 좋거든요.”

미국에서 가장 성공한 보험 판매원인 프랭클린 베트거는 하루의 계획을 세우는 데 아침까지 기다리지 않았다. 그는 이미 전날 밤에 계획을 세워 이튿날 판매할 보험의 목표액을 결정한다. 만약 달성하지 못하면 다음 날의 목표액에 추가한다.

오랜 경험은 누구나 반드시 중요도에 따라 자기 일을 처리할 수 없다는 것을 알려 준다. 그러나 가장 중요한 일을 가장 먼저 한다는 계획이, 무작정 일을 하는 것보다 훨씬 훌륭한 결과를 가져온다는 것을 알고 있다.

조지 버나드 쇼가 가장 중요한 일을 맨 먼저 처리한다는 엄격한 생활 규칙을 지키지 않았다면, 작가로서 실패했을 것이고 평생을 은행 출납원으로 남아 있었을지 모른다.

그의 계획은 날마다 다섯 쪽의 글을 쓰는 것이었다. 그 계획에 따라 다섯 쪽의 글을 매일 썼다.

그가 무명작가로 9년 동안 벌어들인 소득은 전부 합쳐 30달러로 하루에 1센트에 지나지 않았다. 그러나 이렇게 매일 다섯 쪽의 글을 쓰는 생활 규칙이 영감을 주게 된 것이다. 심지어 무인도에 표류한 로빈슨 크루소도 날마다 한 시간 단위로 계획을 세웠다.

좋은 작업 습관 셋.
문제에 직면하면 곧바로 해결하라.

결단해야 할 일이 있다면 미루지 마라.

H.P. 하웰은 이런 이야기를 한 적이 있다. 그가 유에스 스틸의 이사였을 때, 이사회는 언제나 긴 시간에 걸쳐 많은 의안을 심의했으나 결의되는 것은 겨우 몇 건이었다. 그 결과 이사들은 수많은 보고서를 집으로 들고 가야만 했다.

마침내 하웰은 한 번에 한 의안만을 상정시켜 결의하도록 하자는 안건을 이사진에게 제시했다. 지연하거나 연기하는 일이 없도록 하자는 생각이었다. 보충설명이 필요하거나, 어떤 방식으로든 손을 쓰던 쓰지 않던 결정을 내리지 않고는 다음 안을 다루지 않도록 한 것이다.

결과는 실로 놀라운 것이었다. 예정표는 어긋나는 법이 없고 일정표도 깨끗해졌다. 수많은 보고서를 집으로 가져갈 필요도 없게 되었다. 더 해결되지 않은 문제로 인하여 고민하는 일도 없어졌다.

이러한 방법은 유에스 스틸의 이사회뿐만 아니라 우리에게도 좋은 법칙이다.

좋은 작업 습관 넷.
권한 위임, 지휘 감독, 조직화하는 방법을 배워라.

사업가 중에는 책무를 다른 사람에게 위임할 줄 모르고 혼자의 힘으로만 처리하려 함으로써 그리 많지도 않은 나이에 자신을 죽음으로 몰아넣고 있는 사람이 많다. 잡무와 혼란에 억눌리고 고민, 불안, 긴장, 초조에 시달린 결과인 것이다. 물론 책임을 위임하는 것을 배우는 일이 어렵다는 것을 알고 있다. 나의 경험으로도 자격을 지니지 못한 사람에게 실권을 맡김으로써 야기되는 재난이 얼마나 두려운 것인지 잘 알고 있다. 분명 권한을 위임하는 것은 어렵지만 고민, 긴장, 피로를 피하기 위해서는 이를 실행해야 한다.

대기업을 일으킨 사람으로 조직화, 권한 위임, 지휘 감독의 방법을 배우지 않아 50세나 60세 초에 이르러 긴장과 고민으로 인한 심장병으로 갑자기 사망하는 경우는 흔히 보는 일이다. 실례가 궁금하다면 매일 신문의 부고란을 눈여겨보기 바란다.

피로와 고민의 원인인 권태를 물리치기
창조적인 휴식을 가져라

피로의 주된 원인 중 하나는 권태이다. 앨리스라는 직장여성을 예로 들어 보겠다.

어느 날 저녁, 앨리스는 몹시 피곤한 몸으로 집에 돌아왔다. 그녀는 너무나 지쳐 있었고 두통에다 등까지 결렸다. 저녁 식사도 하지 않고 바로 잠을 자려 했으나, 어머니의 간청에 간신히 식탁 앞에 앉았다. 그때 전화벨이 울렸다. 남자친구가 파티에 초대한 것이다. 그녀의 눈동자는 금새 별처럼 반짝였고 갑자기 기운이 솟아났다. 2층까지 단숨에 뛰어 올라가 옷을 갈아입고 파티에 가서 새벽 3시까지 춤을 추었지만 집에 돌아온 뒤에도 전혀 피곤하지 않았다. 오히려 너무나 들떠 잠도 오지 않을 정도였다.

여덟 시간 전 앨리스는 정말로 피곤했던 것일까? 그때는 분명히 지쳐 있었다. 그녀는 자기 일이 지긋지긋했다. 아마도 인생 자체에 싫증을 느꼈을 것이다. 세상에는 앨리스와 같은 사람이 부지기수다. 당신도 그중 한사람일지 모른다.

인간의 심리 상태가 육체적인 고단함보다도 보다 더 피로를 일으키는데 관련이 있음은 이미 아는 사실이다. 몇 년 전, 철학박사 조셉 E. 버맥 씨는 권태가 피로의 원인임을 입증한 저서인 〈심리학 기록〉을 발표했다.

버맥 박사는 한 무리의 학생들을 대상으로 전혀 흥미롭지 않은 테스트를 했다. 그 결과 학생들은 금세 피로해져 졸기 시작했고 두통과 눈의 피로 등을 호소하기도 했다. 그중에는 위장에 이상이 생긴 사람도 있었다. 이것은 모두 꾀병일까? 그렇지 않다. 학생들에게 신진대사 테스트를 해 본 결과 사람이 권태를 느끼면 혈압과 산소 소비량이 실제로 감소하며, 일에 흥미와 즐거움을 느끼기 시작하면 바로 신진대사의 속도가 증가하는 것을 알게 되었다.

인간은 무엇인가에 흥미를 느끼거나 흥분하고 있을 때는 좀처럼 지치지 않는다. 나는 얼마 전 루이스 호반에 있는 캐나디언 록 산맥에서 휴가를 보냈다. 며칠 동안 코럴 크리크를 따라 키보다 큰 덤불을 헤쳐가며 나무뿌리에 넘어지고 때로는 베어놓은 나무둥치 밑으로 기어가기도 하면서 여덟 시간이나 낚시질을 계속했지만 녹초가 되지 않았다. 왜 그랬을까? 흥분했고 마음이 들떠 있었기 때문이며, 무엇에도 비길 수 없는 성취감에 도취되어 있었기 때문이다. 송어를 큰 놈으로 여섯 마리나 낚았으니 말이다. 그러나 내가 낚시에 싫증을 느꼈다면 어땠을까? 해발 7천 피트나 되는 고지에서의 고된 활동에 완전히 지쳤을 것이다.

심지어는 등산과 같은 격한 활동에 있어서도 몸을 혹사하는 것 보다 지루함 쪽이 인간을 더 피로하게 만든다. 미네아폴리스의 은행가 S. H. 킹맨은 이 사실을 완벽하게 증명하는 이야기를 들려주었다.

1943년 7월, 캐나다 정부는 산악회에게 영국 항해자 삼림경비부대의 등산 훈련에 필요한 가이드를 보내 달라고 요청했다. 킹맨 씨도 가이드의 한 사람으로 선발되었다. 이리하여 42세부터 49세까지의 가이드들은 젊은 군인들을 인솔하여 빙하를 건너고, 설원을 횡단하며 로프에만 의지해 40피트나 되는 절벽을 기어 올라갔다. 그들은 미카엘 봉과 소요호 계곡에 있는 몇몇 이름 모를 봉우리도 등반했다. 이리하여 열다섯 시간에 걸친 등산을 마치고 나자 이 원기 왕성하던 젊은이들도 완전히 탈진하고 말았다.

그들의 피로는 사전에 충분히 근육을 강화해 두지 않았기 때문일까? 혹독한 특별 훈련을 받아 온 그들은 이러한 어리석은 질문을 비웃을 것이다. 그들은 등산이 지루했기 때문에 피로해진 것이다. 그들 중에는 극도로 피로하여 식사도 하지 못하고 자버리는 사람이 적지 않았다. 그런데 대원들보다 두 세 배나 연장자인 가이드들은 어떠했을까? 그들도 지치기는 했지만, 심하지는 않았다. 가이드들은 저녁 식사를 마치고는 몇 시간 동안 그날의 등산에 대해 이야기꽃을 피웠다. 그들이 녹초가 되지 않았던 이유는 등산에 흥미를 가지고 있었기 때문이다.

컬럼비아대학교의 에드워드 손다이크 박사는 피로에 관한 실험에서, 몇 사람의 청년에게 끊임없이 흥미를 갖도록 하면서 약 1주일 동안을 재우지 않았다. 그런 뒤에 박사는 그 결과를 다음과 같이 보고했다.

"일의 능률을 떨어뜨리는 유일한 원인은 권태이다."

만일 당신이 정신 노동자라면, 일의 양이 너무 많아서 인해 피로해지는 일은 거의 없을 것이다. 오히려, 자신이 미처 다 처리할 수 없었던 일의 양에 지칠지 모른다. 이를테면, 온종일 당신의 일이 방해받던 날을 떠올려 보라. 여러 곳에서 온 편지에 답장도 쓰지 않았고 약속도 어기는 등 여러 문제가 있었다. 그 날은 아무 일도 뜻대로 되지 않았고 완벽하게 처리된 일이 없었다. 깨질 듯한 머리를 안고 푹 지쳐서 집으로 돌아왔다.

다음 날은 모든 일이 순조롭게 진행되었다. 전날의 40배쯤이나 되는 일을 해치웠다. 그래도 끄떡없이 흰 눈송이와 같은 산뜻한 기분으로 집에 돌아갈 수 있었다. 이런 경험이 있을 것이다. 그런 일은 물론 나에게도 있었다.

그렇다면 여기서 우리가 배울 교훈은 무엇인가? 우리의 피로는 대부분, 일 때문에 생기는 것이 아니라 고민, 좌절감, 분노 때문에 생긴다는 사실이다.

이 장을 집필하던 중 제롬 컨의 뮤지컬 코미디 〈쇼보트〉를 보러 갔다. '코튼 블로섬'의 앤디 선장은 철학적인 막간극에서 이런 말을 했다.

"좋아하는 일을 할 수 있는 사람은 행복한 사람이다."

그들이 행복한 이유는 열정과 즐거움이 끊임없이 솟아나고 그 만큼 고민이나 피로는 줄어들기 때문이다. 좋아하는 일을 할 때는 열정이 넘친다. 예를 들면 불평만 늘어놓는 아내 혹은 남편과 1마일을 걷는 것은 사랑스러운 연인과 함께 10마일을 걷는 것보다 더 피곤하다.

그렇다면, 어떻게 해야 할까? 어떤 속기사의 실례를 소개해 보겠다. 이야기의 주인공은 오클라호마의 한 석유 회사에 근무하고 있는 속기사다. 그녀는 매월 한 주일 동안은 임대차 계약서에 숫자와 통계를 기입하는 아주 단조로운 일을 해야만 했다. 권태로움에서 자신을 지키기 위해 그녀는 일을 재미있게 만들자고 결심했다. 어떻게 했을까? 날마다 자기 자신과 경쟁하는 것이다. 매일 오전 중에 자기가 작성한 계약서를 세어 보았다. 그런 뒤 오후에는 그 이상을 작성해 보려고 했다. 그리하여 하루의 합계를 계산하고, 그 이튿날은 그 이상을 만들려고 했다.

그 결과는 어떠했을까? 그녀는 자기가 소속된 부서의 속기사들 중에서 누구보다도 많은 계약서를 작성할 수 있었다. 그래서 그녀는 무엇을 얻었을까? 칭찬, 감사, 승진? 아니면 봉급 인상? 아니다. 그런 것이 아니다. 하지만, 권태로부터 오는 피로를 막을 수 있었다. 그것은 그녀를 정신적으로 자극했다. 그리고 권태로운 일을 즐겁게 하려고 노력한 덕분에 보다 넘치는 에너지와 열의를 갖게 되어 지금까지보다 더 많은 여가를 즐길 수 있게 됐다.

나는 이 이야기가 사실이란 것을 안다. 이 속기사가 바로 내 아내이기 때문이다.

할던 A. 하워드는 새로운 삶을 살기로 결심했다. 그 단조롭기 그지없는 자기 일을 재미있게 만들기로 했다. 정말 그의 일이란 지루하기 짝이 없는 것이었다. 다른 소년들이 야구를 하거나, 여자 아이들에게 장난을 치고 있을 때, 그는 학교 식당에서 접시를 닦거나 아이스크림을 나누어 주는 일을 하고 있었다. 그는 자기 일을 경멸했다. 그러나 일을 계속해야만 했기 때문에 아이스크림에 대한 연구를 해 보기로 했다. 어떤 제조과정을 거치는가, 어떤 재료를 쓰고 있는가, 왜 맛이 좋은 것과 나쁜 것이 생기는가? 아이스크림의 화학식 구조를 연구하기도 했다. 그리하여 마침내 고등학교 화학 과정의 우등생이 되었다. 또 영양학에도 흥미를 갖게 되어 메사추세츠주립대학교에 입학해 식품학을 전공했다. 그리고 뉴욕의 코코아 거래소가 주최한 '코코아와 초콜릿의 이용에 관한 현상 논문' 공모에서 입상해 100달러의 상금까지 받게 되었다.

마땅한 일자리를 구하기가 어려웠기 때문에, 메사추세츠주 애머스트에 있는 자기 집 지하실에 연구소를 차렸다. 얼마 지나지 않아 우유 속의 박테리아 함유량을 표시해야 한다는 새로운 법률이 시행되었다. 하워드는 애머스트에 있는 14개 우유 회사의 박테리아 함유량을 분석하는 일을 맡게 되었다. 현재 조수를 두 사람이나 두고 있다.

앞으로 25년 뒤, 그는 어떻게 되어 있을까? 현재 영양학에 종사하고 있는 사람들은 그때쯤이면 은퇴를 하든가 세상을 떠난 것이다. 그리고 지금 창의력과 열정에 불타는 젊은이들에게 일이 넘겨질 것이다. 지금부터 25년이 지나면, 할런 하워드는 그가 종사하고 있는 분야에서 지도자 그룹의 한 사람이 되어 있을 것임에 틀림없다. 그에게 카운터 너머로 아이스크림을 사던 그의 동기생들 대다수는 직업을 잃고 낙심 속에 정부를 비난하며 자신들은 운이 없었다고 불평하고 있을 것이다. 하워드 역시 권태로운 일을 즐겁게 하려고 하지 않았더라면 기회는 없었을 것이다.

아주 오래전, 온종일 볼트를 만드는 단조로운 일에 넌덜머리를 내던 젊은이 샘이 있었다. 샘은 직장을 그만두고 싶었으나 다른 직장이 쉽사리 구해질 것 같지 않았다. 그래서 샘은 지루한 일을 해야 한다면 어떻게든 재미있게 해 보려고 했다. 그래서 동료들과 경쟁을 하기로 했다. 한 사람은 거친 표면을 고르게 깎는 일이었고, 다른 한 사람은 볼트를 적당한 직경으로 자르는 것이었다.

그들은 신호와 함께 기계에 스위치를 넣고 누가 가장 많이 만들어 낼 지 경쟁했다. 그 결과 현장 주임은 샘이 빠르고 정확하게 일을 처리하는 것에 흡족해 하며 곧 그에게 일을 맡겼다. 그것이 승진의 계기가 되어 30년 뒤 샘 즉, 새뮤얼 보클레인은 볼드윈 기관차 제조 공장의 사장이 되었다. 만일 그가 권태로운 일을 즐기려고 마음 먹지 않았다면 평생을 기계공으로 보냈을 지 모른다.

유명한 라디오 뉴스 해설자 H. V. 칼텐본은 어떻게 지루한 일을 흥미 있게 만들었는지에 대해 이야기해 주었다.

그는 스물두 살, 가축 수송선에서 소에게 사료를 주는 일을 하며 대서양을 건넜다. 영국에서 자전거 여행을 마친 뒤 파리에 도착했을 때는 몹시 배가 고팠으나 지갑은 텅 비어 있었다. 카메라를 5달러에 전당포에 맡기고, 그 돈으로 뉴욕 헤럴드 지 파리판에 구직 광고를 내 입체 환등기의 세일즈맨으로 취직했다. 40세 전후의 사람이라면 눈앞에 들고 보는 구식의 입체 쌍안경을 기억할 것이다. 놀랍게도 입체 쌍안경 속의 두 개의 렌즈는 입체적인 효과로 두 개의 영상에서 하나의 씬을 만들어 낸다. 그리하여 물체의 원근이 뚜렷하게 실물처럼 눈에 비친다.

칼텐본은 바로 이 기계를 집집마다 방문하며 팔았다. 그는 프랑스어를 못했지만 처음 1년 동안 수수료 5천 달러를 벌어들여 프랑스에서 가장 많은 돈을 번 세일즈맨이 되었다. 그는 그때의 경험이 성공을 위한 습관을 익힌다는 의미에서 하버드대학교에서의 1년보다 더 유익한 것이라고 했다. 자신이 있었냐고? 그 기세였다면 프랑스 주부들에게 '국회 의사록' 이라도 팔 수 있었을 것이라고 했다.

이 경험으로 그는 프랑스인에 대한 이해가 깊어졌으며, 그것은 훗날 그가 유럽의 시사적인 사건을 해설하는 데 큰 도움이 되었다.

프랑스어도 못하는 그가 어떻게 일류 세일즈맨이 될 수 있었을까? 우선 고용주에게 판매에 필요한 말들을 프랑스어로 써 달라고 부탁해 그것을 외웠다. 현관의 벨을 누르고 주부가 나오면 칼텐본은 이상한 악센트로 암기한 말들을 되풀이한다. 그리고 사진을 꺼내 보인다. 그러다 상대편에서 질문을 하면, 어깨를 움츠리며 이렇게 말한다. "미국사람…… 미국사람." 그리고 모자를 벗고, 그 안쪽에 붙여 둔 선전용 프랑스어 문구를 내보인다. 그러면 대개 주부는 웃음을 터뜨리고, 그도 따라 웃는다. 그리고 다시 다른 사진들을 보이는 그런 순서였다. 칼텐본은 일을 즐겁게 만들겠다는 일념만이 그를 지탱해 준 유일한 원동력이었다고 했다. 매일 아침 집에서 출발하기 전에 거울을 보며 이렇게 다짐했다는 것이다.

"칼텐본, 너는 이 일을 해내지 못하면 밥을 굶게 될거야. 어차피 해야 할 일이라면 어디 한 번 즐겁게 해 보자. 현관에서 벨을 누를 때, 너는 조명을 받고 서 있는 배우라고 생각하고, 온 관객이 너를 지켜보고 있다고 상상해 봐라. 결국 네가 하고 있는 일은 무대 위에서의 연극과 마찬가지로 재미있는 것이다. 왜 더 많은 열정과 관심을 쏟아 넣지 않는가?"

그는 이렇게 날마다 자신을 격려함으로써, 싫어하던 일에도 애착을 갖게 되었고 그로 인해 높은 수입도 얻게 되었다.

성공을 갈망하고 있는 미국 젊은이들을 위한 충고의 말을 부탁하자, 그는 이렇게 말했다.

"먼저 아침마다 따끔하게 자신을 채찍질 하십시오. 우리는 아침마다 스스로를 일깨우기 위한 육체적 운동의 필요성을 운운하나. 그것보다도 매일 자기 자기 두뇌를 움직여 행동하게끔 하는 정신적 운동이 훨씬 중요하다고 생각합니다. 날마다 자신을 한껏 고무하십시오."

아침마다 자기 자신을 격려하고 일깨우는 것이 어리석고 유치한 짓일까? 아니다. 그것이야말로 건전한 심리학의 진수다.

'우리의 인생은 생각하는대로 흘러간다.'

이 말은 지금부터 18세기 전, 마르쿠스 아우렐리우스가 《명상록》에 썼을 때와 마찬가지로 오늘날에도 진리다. 나는 온종일 나 자신과 대화를 나눔으로써 용기와 행복에 대해, 또 권력과 평화에 대해 생각한다. 감사해야 할 일들에 대해 나 자신과 대화를 나누다 보면, 가슴을 두근거리게 하는 생각들로 벅차올라서 절로 노래가 흘러나올 것이다.

올바른 사고방식만 가진다면 어떠한 일도 즐겁게 할 수 있다. 고용주는 당신이 일에 흥미를 가져 주길 바라고 있으니 수입도 늘어날 것이다. 또한 일에 관심을 갖는 것은 당신에게도 득이 된다는 것만 생각하라. 인생에서 얻는 행복을 두 배로 늘릴 수 있을지도 모른다.

왜냐하면 우리는 깨어 있는 시간의 반을 일하면서 보내는데, 만일 일에서 행복을 찾지 못한다면 어디에서도 행복을 찾지 못할 것이기 때문이다. 일에 흥미를 갖게 된다면 고민에서도 해방될 것이며, 긴 안목에서 볼 때, 직장에서 승진과 아울러 보다 많은 급여를 받게 될 것이다. 만일 그런 효과가 없더라도 피로를 최소한으로 줄여 여가를 더욱 알차게 즐길 수 있을 것이다.

불면증에서 벗어난다

쉬어라, 쉬어라. 긴장을 풀고 쉬어라

당신도 깊은 잠을 이루지 못해 불안한가? 그렇다면 세계적으로 유명한 법률학자 새뮤얼 운터마이어는 평생 숙면을 취해 본 적이 없었다는 이야기에 흥미를 느낄 것이다.

운터마이어는 대학에 다닐 때, 천식과 불면증이라는 2가지 고민에 시달렸다. 어느 쪽도 나을 것 같지 않자, 잠이 오지 않는 시간을 이용한다는 차선책을 실천하기로 했다. 날이 새도록 뒤척거리며 괴로워하는 대신 침대에서 일어나 공부를 했다. 그 결과는 어떠했을까? 온갖 우등상을 독차지하여 뉴욕시립대학교의 천재라는 명성까지 얻게 되었다. 변호사를 개업한 뒤에도 불면증은 계속되었으나, 운터마이어는 고민하지 않았다. 오히려 다음과 같은 말을 입버릇처럼 했다.

"자연이 나를 지켜준다."

사실 그랬다. 수면 시간은 얼마되지 않았지만, 그는 건강했다. 뉴욕 법조계의 어느 젊은 변호사보다도 정력적으로 활동했다. 또 누구보다도 많은 일을 했다. 어찌됐든 모두가 잠든 동안에도 일을 했으니 말이다.

운터마이어는 스물한 살이라는 젊은 나이에 연 수입이 7만 5천 달러나 되었다. 젊은 변호사들은 비결을 배우고자 그가 변론하는 법정으로 몰려들었다. 1931년에는 어떤 사건의 변호료로 당시 사상 최고 금액인 100만 달러를 받은 일도 있었다.

그러나 불면증은 사라지지 않았다. 한밤의 절반을 독서로 보내고 아침에는 5시에 일어나 편지를 썼다. 그래서 다른 사람들이 일을 막 시작하려 할때, 그는 반 이상의 일을 이미 끝냈다. 평생 단잠의 맛을 몰랐으나 81세까지 살았다. 그러나 그가 만일 불면증 때문에 고뇌했다면 아마 건강을 해쳤을 것이다.

인간은 인생의 3분의 1을 자는 데 쓰면서도 참다운 수면이 무엇인지 모르고 있다. 우리는 수면이 습관이자 휴식이며, 자연의 오묘한 배려 중 하나라는 것은 알고 있다. 그러나 각자에게 몇 시간의 수면이 필요하며, 그것이 절대성을 갖는지 여부는 모르고 있다.

제1차 세계대전 중에 폴 케른이라는 헝가리 병사는 대뇌 전두엽에 관통상을 입었다. 부상은 완치되었으나 이상하게도 불면증에 걸렸다. 의사는 갖가지 진정제와 수면제를 투여하고 최면술까지 시도해 보았으나 아무 효과가 없었다. 그는 잠들기는커녕 졸음조차 느끼지 못했다.

의사들은 한결같이 입을 모아 그가 오래 살지 못할 것이라고 했다. 그러나 그는 의사들의 판단을 비웃듯이 취직까지 했고 여러 해 동안 건강하게 살았다. 그는 누운 채 눈을 감고 휴식했으나 잠들지는 않았다. 이 사례는 수면에 대한 우리의 관념을 뒤엎는 의학상의 수수께끼이다.

어떤 사람들은 다른 사람들보다 더 많은 수면을 필요로 한다. 토스카니니는 하루 5시간의 수면이면 충분했으나, 칼빈 쿨리지 대통령은 그것의 배 이상을 필요로 했다. 그는 하루에 11시간 이상을 잤다. 그러니까 토스카니니는 일생의 5분의 1을, 쿨리지는 약 절반을 잠자는 데 쓴 셈이다.

불면증으로 고민하는 것은 불면증 그 자체보다 건강에 더 해롭다. 내 강좌를 듣는 학생이었던 뉴저지주 리치필드 파크에 사는 아이라 샌드너는 만성 불면증으로 인해 자살 직전에까지 내몰렸다. 그는 나에게 이렇게 말했다.

"정말 미칠 것만 같았습니다. 문제는 제가 너무 깊이 잠드는 것이었습니다. 아침에 알람시계가 요란하게 울려도 잠을 깨지 못해, 출근 시간에 늦기 일쑤였습니다. 그것 때문에 몹시 힘들었습니다. 사실 지각하지 말라는 상사의 주의를 받은 일도 한두번이 아닙니다. 이런 상태가 계속되면 해고될지도 모른다는 생각이 들었습니다.

그래서 친구들에게 이 같은 사정 얘기를 했더니, 어느 친구 하나가 잠들기 전에 알람시계에 주의력을 집중해 보라고 가르쳐 주었습니다. 그런데 그 것이 불면증의 원인이 되었죠. 그 지긋지긋한 알람시계의 째깍거리는 소리 가 머릿속에서 떠나지를 않는 것입니다. 밤새 뜬 눈으로 뒤척였습니다. 먼동 이 틀 무렵이면, 피로와 불안감으로 거의 병자가 되었습니다. 이러한 상태가 무려 8주간이나 계속되었지요. 그 당시의 고통은 도저히 말로 표현할 수 없 을 정도입니다. 당장에라도 미치는 줄 알았습니다. 때때로 몇 시간이고 방 안을 서성거리다가 아예 창에서 뛰어내려 생을 마감해야겠다는 생각까지 했습니다.

그러다가 오래전부터 잘 알고 지내던 의사를 찾아갔습니다. 그러자 의사 는 이런 말을 했습니다.

'아이라, 나로서도 어찌할 도리가 없네. 누구든 마찬가지야. 사실 이 일은 자네의 책임이니까. 밤에 잠이 오지 않으면 아예 그것을 잊어 버리게. 그러 고는 스스로 말하는 걸세. 잠들지 않아도 상관없어, 아침까지 깨어 있어도 괜찮단 말이야, 하고 눈을 감은 채 말하게. 가만히 누워만 있어도 고민하지 만 않는다면, 어쨌든 휴식하는 것이라고 말일세.'

나는 이 말대로 했습니다. 그랬더니 두 주일이 지나지 않아 잠을 자게 됐 고, 한 달 이내에 하루 여덟 시간의 수면을 취하게 되었습니다. 이제는 정신 도 안정을 되찾았습니다."

아이라를 자살 직전까지 몰고 갔던 것은 불면증이 아니라 불면증에 대한 고민이었다.

수면 연구에 있어서 세계적 권위자인 시카고대학교 나다니엘 클라이트만 박사는 불면증이 원인이 되어 사망한 예는 아직 없다고 했다. 확실히 인간 은 불면증에 대해 고민함으로써 점점 생명력을 잃고, 결국은 병균의 감염 으로 목숨을 잃는 것이다. 그러나 그것은 어디까지나 고민이 원인이지 불면 증 자체가 원인은 아니다.

클라이트만 박사는 불면증으로 고생하는 사람들은 흔히 그들 자신이 생 각하는 것보다 훨씬 더 많은 수면을 취하고 있다고 했다. "어젯밤에는 한숨 도 자지 못했다." 이렇게 말하는 사람도 사실은 자기도 모르게 몇 시간쯤

잤는지도 모른다. 예를 들어, 19세기 가장 탁월한 사상가의 한 사람이었던 허버트 스펜서는 늙은 독신자로 하숙 생활을 하고 있었는데 언제나 불면증에 대한 이야기로 숙소의 사람들을 지루하게 만들었다. 그는 시끄러운 것을 싫어했으며, 신경을 진정시키기 위해서 귀마개를 했다. 또 때로는 잠을 청하고자 아편도 먹었다. 그러던 어느 날 밤, 그는 옥스퍼드대학교의 세이스 교수와 함께 한 호텔방에 묵게 된 일이 있었다. 이튿날 아침, 스펜서는 밤새도록 한잠도 자지 못했다고 호소했으나 실제로 잠을 자지 못한 사람은 세이스 교수였다. 그는 스펜서의 코고는 소리에 밤새도록 잠을 자지 못했던 것이다.

숙면을 취하기 위한 첫 번째 조건은 마음의 안정입니다. 그러기 위해서는 어떤 위대한 힘이 아침까지 자기를 지켜 주고 있다고 느낄 필요가 있다. 토마스 히슬로프 박사는 영국의학협회에서 다음과 같이 강연했다.

"나의 오랜 경험에 의하면, 단잠을 자게 해주는 가장 강한 힘은 기도이다. 성직자가 아닌 의사로서 말하는 것이다. 기도는 이를 습관적으로 행하는 사람들에게 있어서는 정신과 신경에 대한 진정제로서 가장 적절하며 정상적인 것이다."

자네트 맥도널드는 잠이 오지 않을 때는 언제나 다음의 〈시편 23편〉을 반복하여 암송함으로써 마음의 안정을 얻었다고 한다. '여호와는 나의 목자이시니 나에게 부족함이 없으리로다. 그가 나를 푸른 초장에 누이시며 쉴 만한 물가로 인도하시는도다…….' 바로 이 구절이다.

그러나 만일 종교인이 아니라서 이 방법에 의존할 수 없다면 물리적인 방법으로라도 쉬는 법을 배워야만 한다. 《신경성 긴장으로부터의 해방》이라는 책을 저술한 데이비드 해롤드 핑크 박사는 가장 좋은 방법은 자기 몸과 대화를 나누는 것이라 말하고 있다.

핑크 박사는 말은 온갖 종류의 최면상태의 실마리라고 했다. 아무리 애를 써도 잠들 수 없는 것은 당신이 자기자신과 대화를 나누고 있기 때문이다. 이것을 고치기 위해서는 자기 최면으로부터 깨어나야만 한다. 그러고는 몸의 근육을 행해 이런 말을 들려주어라.

"쉬어라, 쉬어라. 긴장을 풀고 푹 쉬어라."

우리는 이미 근육이 긴장된 상태에서는 마음과 신경도 쉴 수 없다는 것을 알고 있다. 그러므로 잠을 자려면 먼저 근육에서부터 잠을 청해야 한다. 핑크 박사는 다음과 같이 권하고 있다. 다리의 긴장을 풀기 위해 무릎과 팔 밑에 작은 베개를 놓아 턱, 눈, 팔, 다리의 순서로 이완시키면 어느 새 잠들고 만다. 이에 대해서는 나도 경험이 있기에 알고 있다.

불면증을 고치는 가장 좋은 방법의 하나는 정원 가꾸기, 수영, 테니스, 골프, 스키 등의 육체적 활동으로 신체를 피곤하게 만드는 것이다. 시어도어 드라이저도 그렇게 했다. 그가 아직 무명 작가였을 때, 불면증에 몹시 시달렸다. 그래서 뉴욕 중앙철도의 보선 작업꾼으로 일을 했다. 온종일 못질을 하고 모래를 파다 집에 돌아오면 너무 지쳐서 식사도 제대로 못하고 잠들어 버렸다.

몹시 피로해지면 길을 걷다가 잠드는 수가 있는데 그 실례를 들어 보겠다.

내가 열세 살 때, 아버지는 살찐 돼지들을 화물차에 싣고 미주리주 세인트 조로 갔다. 아버지는 철도 무료승차권이 두 장이나 있었기 때문에 나를 데리고 가셨다. 그때까지 나는 4천 명 이상의 인구를 가진 도시에 가 본 일이 없었다. 세인트 조에 도착했을 때(그곳은 인구 6만의 도시이다), 나는 몹시 흥분되었다. 높이가 6층이나 되는 빌딩을 보았으며 태어나 처음으로 전차도 보았다. 지금도 눈을 감으면 그때의 전차가 눈앞에 선하고, 소리마저 들리는 것만 같다. 나는 평생 가장 자극적이고 즐거운 하루를 보낸 뒤, 아버지와 미주리주의 레이븐우드로 돌아오는 기차에 올랐다. 기차는 새벽 2시에 도착했으나 농장까지 4마일이나 걸어야 했다. 이제부터가 진짜 이야기의 시작이다. 나는 너무나 지쳐 길을 걸으면서 깜빡 잠이 들었고 꿈까지 꾸었다. 나는 말을 달리면서도 잠든 적이 있다. 그러고서도 아직껏 살아 그때의 이야기를 하고 있는 것이다.

인간이 완전히 지쳐 버리면 전쟁의 위험, 공포, 포화 속에서도 잠을 잔다. 유명한 신경의학자 포스터 케네디 박사는 1918년에 영국 제5군단이 후퇴할 때, 병사들이 지친 나머지 땅위에 쓰러져 깊이 잠든 것을 목격했다. 손가락으로 그들의 눈꺼풀을 들어올려 보았으나 깨지 않았다. 그들의 동공은 모두 위쪽으로 올라가 있었다. 케네디 박사는 말했다.

"그 뒤 나는 잠이 오지 않을 때는 안구를 위로 회전시키는 운동을 했다. 그러면 곧 하품이 나고 졸음이 온다. 이것은 무조건반사로서 자신도 제어할 수가 없다."

어쨌든 잠을 이루지 못해 자살한 경우는 없으며 아마 앞으로도 없을 것이다. 자연은 인간의 의지력을 무력하게 만들어 인간에게 잠자기를 강제한다. 우리는 오랫동안 먹거나 마시지 않고 견딜 수 있으나 잠을 자지 않고는 그리 오래 버틸 수 없다.

나는 헨리 C. 링크 박사가 그의 저서 《인간의 재발견》에서 한 말을 기억한다. 그는 '공포와 고민의 극복에 대하여'라는 장에서 자살을 시도한 불면증 환자에 대해 말했다. 링크 박사는 논쟁은 쓸데없이 일을 악화시킬 뿐이라는 것을 잘 알고 있었다. 그래서 그는 환자에게 말했다.

"만일 기어코 자살하고 싶다면 적어도 남자다운 용감한 방법으로 해 보시오. 이를테면 시가지 한 구역을 계속 맴돌아 뛰다가 마지막에 쓰러져 죽는다는 것은 어떻겠소?"

그 환자는 그 말대로 해 보았다. 한 번, 두 번, 세 번을 계속 해 보았다. 그때마다 몸이야 어떻든 마음은 상쾌해지는 것이었다.

사흘째 밤이 되자 '육체적으로 지칠대로 지쳐서 긴장이 풀린' 그는 바로 잠들어 버렸다. 링크 박사는 처음부터 이러한 결과를 노리고 있었던 것이다. 그 뒤 그 환자는 운동 클럽에 가입하여 경기에도 출전했고, 기력을 완전히 되찾아 영원토록 살고 싶다고 생각하게 되었다.

불면증으로 고민하지 않기 위해서는 다음의 다섯 가지 법칙을 지켜야 한다.

1. 잠이 오지 않을 때는 새뮤얼 운터마이어를 따라 하라. 잠이 올 때까지 일어나서 일을 하든지 독서를 하라.

2. 수면 부족으로 죽은 사람은 없다는 사실을 잊지 마라. 불면증에 대한 고민이 수면부족 이상으로 해롭다.

3. 기도를 하든가, 자네트 맥도널드처럼 '시편 23편'을 반복해 읽어라.

4. 근육의 긴장을 풀어라.

5. 활동하라. 일어나 있을 수 없을 만큼 몸을 지치게 만들어라.

1

사람을 움직이는 3가지 원칙

꿀을 얻으려면 벌통을 걷어차지 말라
비판 비난 불평을 드러내지 않는다

뉴욕시 웨스트엔드 거리에서 전대미문의 흉악범 검거작전이 절정에 달하고 있었다. 악랄한 살인범으로 명사수이며 술과 담배를 멀리하는 '쌍권총이라 불리는 크로울리'가 수주간에 걸친 경찰 추적에 몰려 애인의 아파트에 몸을 숨겼다가 포위당했다. 1931년 5월 7일이었다. 아파트 옥상은 경찰과 형사 150명이 장악하고 있었다. 그들은 지붕에 구멍을 뚫고 최루가스를 쏟아 넣어 '경찰 살인범'인 그를 아파트 밖으로 끌어내려 안간힘을 쓰고 있었다. 주위 빌딩 사이사이에 배치한 기관총 총구들은 일제히 크로울리를 겨누고 있었다. 뉴욕 고급 주택가인 웨스트엔드 거리는 총성과 고함, 사이렌 소리로 한 시간 넘게 들끓었다. 크로울리는 두터운 대형 안락의자 뒤에 숨어서 경찰관들을 향해 쉴 새 없이 권총을 발사해 댔다. 무려 1만 명이 넘는 시민들은 흥분하여 뉴욕에서 처음 보는 이 대활극을 지켜보고 있었다.

크로울리가 체포된 뒤 경찰국장 멀루니는, 이 쌍권총 사나이는 뉴욕시 역사상 가장 흉악무도한 범인 중 하나로, '아주 하찮은 이유'로도 거리낌없이 사람을 죽였다고 말했다.

그러나 '쌍권총' 크로울리는 스스로를 과연 어떻게 생각하고 있었을까? 우리는 그 답을 알고 있다. 왜냐하면 경찰이 그가 숨어 있는 아파트를 향해 사격을 하는 동안 그는 '관계자 여러분에게' 보내는 편지를 썼기 때문이다. 그의 상처에서 흐르는 피는 편지에 붉은 핏자국을 남겼다. 그는 편지에 이렇게 썼다.

"피로에 지치기는 했지만, 내 가슴은 온화하고 다정한 마음으로 가득 차 있다. 이것은 어느 누구에게도 해를 주지 않는 부드러움이다."

체포되기 바로 전 크로울리는 롱아일랜드 한적한 시골 길에 차를 세워 놓고 여자 친구와 열정적으로 애무를 하고 있었다. 그때 갑자기 경찰관이 차에 다가와서 말했다.

"운전면허증을 보여 주십시오."

그러자 크로울리는 느닷없이 권총을 뽑아 경찰관을 쏘았다. 경찰관이 쓰러지자 그는 차에서 뛰어나가 경찰관의 권총을 뺏어들고 다시 한 방 쏘았다.

그런 지독스러운 살인범이 "피로에 지쳐 있기는 하지만, 나의 가슴속에는 온화한 마음이 있다. 그것은 누구에게도 해를 주지 않는 부드러운 마음이다" 이렇게 말했던 것이다.

크로울리는 사형선고를 받았다. 싱싱 교도소의 전기의자에 앉았을 때 "이것은 내가 사람들을 죽였기 때문에 받는 형벌이니 자업자득이다" 이렇게 그가 말했을까? 천만의 말씀이다.

그는 아래와 같이 말했다.

"나는 나 자신을 지키려 했을 뿐인데 이 꼴이 되었다."

이 이야기의 요점은, 쌍권총 크로울리가 절대 자기 자기 행동이 잘못된 것임을 인정하지 않았다는 사실이다.

이러한 그의 태도가 범죄자들 사이에서는 특이한 경우일까? 만일 그렇게 생각한다면 다음 이야기를 들어 보라.

"나는 내 인생의 황금기를 전부 바쳐 사회발전에 힘썼다. 그런데 내가 얻은 것은 차가운 세상의 시선과 비난, 그리고 범죄자라는 낙인뿐이었다."

이것은 다름 아닌 알 카포네가 한 말이다. 그렇다. 미국에서 가장 악명 높은 '민중의 적'이자 시카고 암흑가를 지배한 잔인한 갱단 두목이었던 그도 자기 자신을 악당이라 생각하지 않았다. 그는 자신을 인정받지 못한 독지가, 오해받는 자선가로 생각했다.

뉴어크시에서 가장 악명 높은 더치 슐츠도 마찬가지다. 그는 어느 신문과의 인터뷰에서 스스로를 자선가라고 말했다. 그는 실제로 그렇게 굳게 믿고 있었다.

나는 이 문제에 대해서 뉴욕 싱싱 교도소 소장으로 있던 루이스 로즈와 여러 차례 흥미있는 서신을 교환해 왔다. 그는 아래와 같이 단언했다.

"싱싱 교도소에 수감되어 있는 죄수들 중에 자신을 악인이나 죄인이라고 생각하는 사람은 거의 없다. 그들은 자기 자신을 남들과 다를 바 없는 선량한 일반 시민이라고 생각하며 합리화하고 있다. 그들은 왜 금고를 털 수밖에 없었는지, 왜 총을 쏴야 했는지 그럴듯하게 설명한다. 그들 대부분은 그럴듯한 구실을 마련하거나 억지 논리를 내세워 자신들의 반사회적 활동을 정당화하려고 시도하며 자기들이 억울하게 교도소에 수감되어 있다고 단호하게 주장한다."

만약 알 카포네, 쌍권총 크로울리, 더치 슐츠, 그리고 교도소에 있는 절망적인 죄수들 모두가 자신이 옳다고 믿는 우리가 알고 있는 일반 사람들은 어떠하겠는가?

자기 이름으로 최초 백화점을 설립한 존 워너메이커는 언젠가 이렇게 고백한 적이 있다.

"나는 타인을 비난하는 행위는 어리석은 짓이라는 것을 이미 30년 전에 배웠다. 나조차도 내 뜻대로 안 되는데 하물며 남이야 어떻겠는가. 하나님이 평등하게 지능의 선물을 나누어 주지 않았다는 사실에 한탄할 틈도 없이 오직 열심히 사느라 바빴다."

워너메이커는 젊어서 이러한 교훈을 깨달았지만, 나는 사람들이 어떤 잘못을 저지르든 100명 중 99명은 자신을 비난하지 않는다는 사실을 40세가 다 되어서야 어렴풋이 알게 되었다.

비판이란 쓸데없는 짓이다. 왜냐하면 비판은 대개 그 사람으로 하여금 스스로를 방어하게 하고 자신을 정당화하도록 안간힘을 쓰게 만들기 때문이다. 게다가 비판은 위험하기까지 하다. 왜냐하면 그것은 한 인간의 소중한 자존심에 상처를 입히고 원한을 불러일으키기 때문이다.

세계적으로 유명한 심리학자인 B. F. 스키너는 동물 실험을 통하여, 선행에 대해 칭찬을 받은 동물은 나쁜 행동에 대해 벌을 받은 동물보다 훨씬 더 빠르고 효과적으로 지식을 습득한다는 것을 증명했다. 그 뒤의 연구들은 인간에게서도 같은 결과가 나온다는 것을 보여주고 있다. 비판에 의해서 우리는 지속적인 변화를 만들어 내기는커녕 오히려 원한을 사게 될 뿐이다.

또 다른 위대한 심리학자인 한스 젤리에는 이렇게 말했다.

"우리는 칭찬을 간절히 원하는 것만큼 비난을 두려워합니다."

비판이 불러일으키는 원한은 직원들과 가족, 친구들을 떨어뜨릴 뿐 비판한 상황을 개선하지는 못한다.

오클라호마주 에니드의 조지 B. 존스톤은 한 기술회사 안전 담당관이었다. 그는 근로자들이 현장에서 일을 할 때 헬멧을 잘 착용하는지 감독하는 일을 했다. 헬멧을 착용하지 않은 종업원을 만날 때마다 그는 권위적인 태도로 규칙에 대해 설명하고 그 규칙에 따를 것을 강요했다. 그 결과 사람들은 존스톤에게 반감을 드러냈고, 그가 그 자리를 떠나면 종업원들은 곧 헬멧을 벗어버리곤 했다. 그는 다른 방법을 써 보기로 했다. 헬멧을 쓰지 않은 종업원을 발견했을 때 그는 헬멧이 불편하지는 않은지 또는 머리에 제대로 맞는지 물어보았다. 그러고 나서 그는 쾌활한 목소리로 종업원에게 헬멧은 작업중의 부상을 막기 위해 만들어졌음을 상기시키고, 작업할 때는 항상 착용해야 한다는 것을 설명했다. 그 결과 불쾌감이나 나쁜 감정 없이 규칙을 준수하는 종업원이 늘어났음은 두말할 것도 없다.

역사는 비판의 무익함에 대한 무수히 많은 예들을 보여준다. 시어도어 루스벨트와 태프트 대통령 사이의 한 예로 유명한 반목을 들 수 있다. 이 일로 공화당은 분열되고 민주당의 우드로 윌슨이 대통령이 되어 제1차 세계대전에 미국이 참전함으로써 세계 역사의 흐름이 바뀌었다.

그 사건을 간단히 돌이켜 보자. 루스벨트는 1908년에 대통령직에서 물러나면서 같은 공화당의 태프트를 지지하였고, 태프트는 그 결과 대통령에 당선되었다. 그리고 나서 루스벨트는 사자 사냥을 하러 아프리카로 떠났다. 얼마 뒤 아프리카에서 돌아온 그는 매우 화를 냈다. 태프트 대통령의 하는 일이 너무도 보수적 경향을 띠고 있었기 때문이다. 루스벨트는 그를 비난했고, 차기 대통령 후보 지명을 획득하고자 진보당을 조직하기에 이르렀다. 그 결과 공화당은 붕괴 직전에 놓이고 말았다.

다음 대통령 선거에서 윌리엄 하워드 태프트와 공화당은 버몬트와 유타

주에서만 승리를 거두었을 뿐, 나머지 주에서는 참패를 당했다. 이는 공화당이 생긴 이래 최대의 정치적 참패였다. 당연히 루스벨트는 태프트를 비난했지만, 과연 태프트 대통령은 자기 잘못을 인정했을까? 물론 아니다. 눈물을 흘리며 태프트는 이렇게 말했다.

"그 당시 나로서는 그 방법 말고는 어찌할 도리가 없었네!"

누가 비난을 받아야 할까? 루스벨트인가 아니면 태프트인가? 아니면 다른 누구인가?

솔직히 난 알지 못하고 또 알고 싶지도 않다. 내가 말하고자 하는 점은, 루스벨트의 모든 비난이 태프트로 하여금 그의 잘못을 시인하게 하는 데 실패했다는 것이다. 비난은 태프트에게 자신을 정당화하게 만들었고, 눈물을 흘리며 "나로서는 그럴 수밖에 없었다"는 말을 되풀이하게 만들었을 뿐이다.

또 다른 예로 티포트 돔 유전 스캔들을 들 수 있다. 그 사건은 1920년 초기에 미국 전체를 발칵 뒤집었고 세상을 떠들썩하게 만들었다. 세인들의 기억 속에서 그 같은 사건은 일찍이 미국사회에서 일어난 적이 없었다. 이 사건에 대한 국민들의 분노는 그 뒤 몇 년 동안이나 가라앉지 않았다.

여기에 그 스캔들의 자세한 전말을 적어 보겠다.

하딩 행정부의 내무장관이었던 앨버트 B. 펄은 엘크 힐과 티포트 돔에 있는 정부 소유의 유전 지대 임대에 대한 권한을 위임받았다. 그 유전 지대는 장차 해군에서 사용할 목적으로 특별히 따로 관리하고 있었다. 그런데 펄 장관은 경쟁 입찰을 허용했을까? 천만의 말씀이다. 그는 입찰 형식도 거치지 않고 즉시 자기 친구인 에드워드 L. 도헤니에게 아주 유리한 조건으로 계약을 넘겨주었다.

그 대가로 도헤니는 무엇을 했는가? 그는 펄 장관에게 대여금이란 명목으로 10만 달러를 주었다. 그러자 펄 장관은 해병대를 보내어, 고압적인 자세로 엘크 힐 유전 지대 근처에서 석유를 채굴하고 있는 군소업자들을 몰아 냈다. 군소업자들 때문에 엘크 힐의 석유 매장량이 줄어들까 봐 그런 것이다. 결국은 총검의 위협에 의해 그 지역에서 쫓겨난 군소 석유업자들이 사건을 법정으로 들고 갔고, 티포트 돔 스캔들은 세상에 폭로되었다.

이 사건은 비리의 규모가 너무 커서 끝내는 하딩 행정부를 망쳐 놓았고, 전 국민을 분노하게 했으며 공화당의 존립을 위협했다. 이 사건으로 앨버트 B. 펄은 투옥되고 말았다.

펄은 공직에 있는 관리로서는 전례가 없을 만큼 중한 죄목에 처해졌다. 그가 죄를 뉘우쳤을까? 천만의 말씀이다! 몇 년 뒤에 허버트 후버 대통령은 한 연설에서 하딩 대통령의 죽음은 친구에게 배신당한 정신적 고뇌 때문이었다고 말한 바 있다. 펄 부인이 그 이야기를 들었을 때 그녀는 의자에서 갑자기 일어나 눈물을 흘리며 주먹을 휘두르면서 악을 썼다.

"뭐라고! 하딩이 펄에게 배신을 당했다고? 천만에! 내 남편은 누구도 배신하지 않았어요. 이 집 안에 황금을 가득 쌓아 놓아도 내 남편에게 나쁜 짓을 시킬 수는 없었을 거예요. 남편은 오히려 그들에게 배신을 당한 사람입니다. 배신당하고 죽임을 당한 피해자라고요!"

인간이란 그런 것이다. 실제로 인간은 아무리 나쁜 짓을 하더라도 자기 일은 제쳐 두고 다른 사람들을 비난하는 경향이 있다. 우리 모두도 마찬가지다. 따라서 누군가를 비난할 마음이 생겼을 때는 알 카포네나 '쌍권총' 크로울리나 앨버트 펄을 생각해 보길 바란다. 비난이란 누워서 침 뱉기다. 뱉은 침은 자신에게 돌아오는 법이다. 우리가 바로잡아 주려고 하거나 비난하려고 하는 사람은 아마도 그들 자신을 정당화하고 오히려 우리를 비난하려 할 것이라는 사실을 깨닫도록 하자. 그렇지 않으면 상대는 태프트처럼 이렇게 말할 것이다.

"그때 나로서는 그렇게 할 수밖에 없었네."

1865년 4월 15일 아침, 에이브러햄 링컨은 포드 극장에서 존 윌크스 부스로부터 저격당했다. 링컨은 극장 바로 길 건너편에 있는 싸구려 하숙집의 한 침실에서 죽음을 기다리고 있었다. 링컨의 길다란 몸은 침대가 짧아서 대각선으로 뉘어져 있었다. 로자 보뇌르의 유명한 그림 '말 시장'의 싸구려 복제판이 침대 위에 걸려 있었고, 어둠침침한 가스등의 불은 누렇게 흔들리고 있었다.

이 마음 아픈 광경을 지켜보고 있던 스탠튼 국방부장관은 이렇게 말했다. "여기에 세상에서 가장 완전하게 인간을 다스렸던 사람이 누워 있다."

링컨이 사람의 마음을 잘 다룰 수 있었던 비결은 무엇인가? 나는 10년 동안 에이브러햄 링컨의 생애를 연구했으며 3년 여에 걸쳐 《세상에 알려져 있지 않는 링컨》이라는 제목의 책을 썼다. 나는 링컨의 인간성과 가정생활에 대해 어느 누구 못지않게 자세하고 철저하게 연구했다고 믿고 있다. 특히 링컨의 사람 다루는 방법에 대해서는 정성 들여 연구했다.

링컨도 남을 비판하기를 좋아했을까? 그렇다. 링컨은 젊은 시절 인디애나주의 피존 크리크 밸리에서 지내면서, 즐겨 남을 비평했을 뿐만 아니라 남을 조롱하는 편지나 시를 써서 사람들 눈에 잘 보이는 길거리에 뿌리고 다녔다. 그러한 편지 받은 어떤 사람은 평생을 두고 그를 증오하기도 했다.

링컨은 일리노이주의 스프링필드에서 변호사 활동을 시작한 후에도 그의 반대파 인사들에 대한 비판을 신문에 기고하곤 했는데, 그것이 지나쳐 한 번은 큰 말썽이 생겼다.

1842년 가을, 링컨은 허영심이 많고 다혈질인 제임스 쉴즈라는 정치가를 비방의 대상으로 삼았다. 링컨은 스프링필드 저널에 익명의 편지를 보내 그를 인신공격했다. 이 글이 신문에 게재되자 사람들이 온통 쉴즈를 비웃었다. 예민하고 자존심이 강한 제임스 쉴즈는 화가 머리끝까지 났다. 그는 투서한 자가 링컨으로 밝혀지자마자 말을 타고 그에게 달려가 결투를 신청했다. 링컨은 결투를 하고 싶지 않았고 결투에 반대하고 있었으나, 그것을 피할 수 없었다. 자기 명예가 걸려 있는 문제였기 때문이었다.

링컨은 무기를 선택해야 했다. 링컨은 남보다 팔이 길었으므로 기병대의 장검을 선택하고 육군사관학교 졸업생에게 개인 교습까지 받았다. 그리고 약속한 날, 그와 쉴즈가 미시시피강의 강변 모래사장에서 만나 목숨을 건 결투를 막 시작할 순간, 입회인들의 중재로 결투는 중지되었다.

그것은 링컨의 생애에 있어 개인적으로 가장 몸서리쳐지는 끔찍한 사건이었다. 그 사건으로 그는 사람을 다루는 방법에 있어 귀중한 교훈을 배우게 되었다. 그 뒤로 링컨은 두 번 다시 남을 모욕하는 편지를 쓰지 않았고, 남을 비웃지도 않았다. 그리고 그 후부터는 어떠한 일이 있어도 남을 비난하는 일은 하지 않게 되었다.

그로부터 훨씬 뒤인 남북전쟁 당시 링컨은 포토맥강 지구의 육군 사령관 직에 새로운 장군을 몇 번씩이나 임명하지 않으면 안 되었다. 이는 맥클레란 포프, 번사이드, 후커, 미드 같은 장군들이 번번이 실패를 거듭하여 링컨을 크게 실망시켰기 때문이다. 대부분의 국민들은 무능한 장군들을 통렬하게 비난했다. 그러나 링컨은 '어느 누구에게도 악의를 품지 말고 모두를 사랑하자'는 마음으로 침묵을 지켰다. 그가 가장 좋아한 인용구 중 하나는 '남을 심판하지 말라. 너희가 남에게 심판받고 싶지 않다면'이라는 것이었다.

링컨은 자기 부인과 다른 사람들이 남부 사람들에 대해서 나쁘게 이야기할 때면 이렇게 말했다.

"그들을 탓할 수만은 없네. 우리도 그와 같은 상황이었다면 그들과 같은 행동을 취했을지도 모르니까."

그런데 남을 비판해도 되는 사람이 세상에 존재한다면 그것은 바로 링컨이었다. 그 한 가지 예를 들어보기로 하자.

1863년 7월 1일부터 3일간에 걸쳐 게티스버그 전투가 벌어졌다. 7월 4일 밤 리 장군이 이끄는 남군은 그 지방에 폭풍우가 몰려오자 후퇴하기 시작했다. 리 장군이 패배한 군대와 함께 포토맥강에 도착했을 때 앞에는 배가 없으면 도저히 건널 수 없는 강물이 넘치고 있었고, 바로 뒤에는 승승장구한 북군이 바짝 추격해 오고 있었다. 남군은 탈출할 곳 없이 궁지에 몰려 있었다.

링컨은 이것을 남군을 처부숴 즉각 남북전쟁을 끝낼 하늘이 내린 절호의 기회로 생각했다. 희망에 부푼 링컨은 미드 장군에게 작전 회의를 열지 말고 즉각 남군을 공격하라고 명령했다. 링컨은 자기 명령을 전보로 보내고 곧바로 즉각적인 공격을 요구하는 특사를 미드 장군에게 파견했다.

그런데 미드 장군은 어떻게 했던가? 그는 명령대로 하지 않고 그것과는 정반대의 행동을 취했다. 즉 그는 링컨의 명령을 정면으로 위반하여 바로 작전 회의를 소집했다. 미드 장군은 망설이며 시간을 끌었으며, 각종 구실을 내세워 공격을 거부했다. 결국 강물은 줄어들었고 리 장군은 남군을 이끌고 포토맥강을 건너 무사히 퇴각할수 있었다.

링컨은 격노하여 "대관절 이게 어찌된 일이냐?" 하고 아들 로버트에게 소리쳤다.

"빌어먹을! 이게 도대체 어찌된 일이지? 적은 독 안에 든 쥐였는데…… 손만 뻗쳐 움켜잡았으면 만사 끝낼 수 있었어. 그런 상황에서는 어떤 장군이라도 리의 군대를 격파시킬 수 있었겠다. 내가 그곳에 있었다면 나라도 그를 쳐부술 수 있었을 게다. 그런데도 내가 한 말이나 행동 어느 것도 군대를 움직이게 할 수 없었어."

매우 낙담한 링컨은 책상 앞에 앉아 미드에게 다음과 같은 편지를 썼다. 이때 링컨이 조심스러운 말씨를 사용했음을 참고로 말해 둔다. 그러나 1863년에 쓰인 이 편지는 어지간히 화가 나서 쓴 것임에 틀림없다.

친애하는 장군께

나는 리 장군의 탈출이 가져온 불행한 사태가 얼마나 중요한지를 귀하가 바르게 인식하고 있다고는 생각하지 않습니다. 리 장군은 우리 군의 손아귀에 들어와 있었으며, 그를 추격만 했더라면 우리의 최근 승전들과 관련시켜 볼 때 전쟁은 종결됐을 것이 틀림없습니다.

그럼에도 이 좋은 기회를 놓친 현재에는 전쟁을 끝낼 전망은 전혀 보이지 않게 되었습니다. 귀하로서는 지난 월요일 적장 리 장군을 공격하는 것이 가장 현명했던 것입니다. 그렇게 하지 못했으므로 그가 강을 건너 도망간 지금 그를 공격한다는 것은 절대로 불가능할 것입니다.

지금은 그날 병력의 3분의 2밖에는 쓸 수 없기 때문입니다. 앞으로 귀하의 활약을 기대한다는 것은 무리한 것으로 여겨지며 나 또한 그것을 기대하지 않습니다. 귀하는 천재일우의 좋은 기회를 놓치고 만 것입니다. 그 때문에 나는 더할 수 없는 실망을 느끼고 있습니다.

미드 장군이 그 편지를 읽고 어떻게 했으리라고 생각하는가? 미드 장군은 그 편지를 받지 못했다. 링컨은 그 편지를 보내지 않았기 때문이다. 그 편지는 링컨이 죽은 뒤 그의 서류함 속에서 발견되었다.

이것은 나의 추측에 불과하지만, 아마 링컨은 이 편지를 다 쓰고 나서 창 밖을 내다보며 이렇게 중얼거렸을 것이다.

"잠시 참자. 너무 서두르지 않는 편이 나을 것 같다. 조용한 이곳 백악관의 방에 앉아 미드 장군에게 공격을 하라고 명령을 내리는 것은 참으로 쉬운 일이지. 그러나 게티스버그에 실제로 가서 미드 장군이 지난 주에 본 것과 같은 전장의 참상을 직접 보고, 죽어가는 병사들의 비명과 신음 소리를 귀따갑게 들었다면 나도 선뜻 공격할 마음이 생기지 않았을지도 모르지. 만일 내가 미드 장군과 같은 소심한 성격의 소유자라면 아마 나도 그와 같은 행동을 취했을지도 모른다.

어쨌든 이제 그 일은 지나간 일이야, 내가 이 편지를 보낸다면 물론 내 마음은 어느 정도 누그러지겠지만 이 편지는 미드 장군으로 하여금 자신을 정당화하려고 노력하게 만들 것이고 그는 도리어 나를 비난하게 될 거야. 그는 나에게 반항하는 마음 때문에 사령관으로서의 소임을 다하지 않을지도 몰라. 그리고 끝내는 군을 떠나겠지."

그리하여 이미 앞에서 말한 것과 같이 링컨은 편지를 보내지 않았던 것이다. 왜냐하면 링컨은 쓰라린 경험을 통해서 신랄한 비난과 힐책은 대체로 아무 소용이 없음을 깨달았기 때문이다.

시어도어 루스벨트는 재임 중 어려운 난관에 부딪히면 언제나 거실 벽에 걸려 있는 링컨의 커다란 초상화를 쳐다보며 다음과 같이 자신에게 물어 보곤 했다고 한다.

"링컨 같으면 이런 경우에 어떻게 했을까? 그는 이런 문제를 어떻게 해결했을까?"

만일 누군가에게 충고하고 싶어지면 링컨을 생각해 보라.

"만일 링컨이 이런 문제에 부딪혔다면 어떻게 해결했을까?"

마크 트웨인은 종종 울화통을 터뜨렸고, 그때마다 욕설로 가득 찬 편지를 썼다. 한 예로 그는 언젠가 자신을 화나게 만든 사람에게 다음과 같은 편지를 썼다.

"당신 같은 사람에게 필요한 것은 사망 진단서요. 말만 하면 내가 그것을 얻도록 주선해 주겠소."

또 어떤 때는 그의 철자와 구두점을 고쳐 보려고 시도한 교정 직원에 대해 담당 편집자에게 편지를 써서 "지금부터는 내 원고를 고칠 생각 따위 하지 말 것이며, 그런 건방진 생각은 그 썩은 머릿속에 처박아두시오"라고 명령했다.

마크 트웨인이 이처럼 신랄한 편지를 쓰면서 스트레스를 해소했다. 그 편지들은 그의 울화를 풀어 주었지만 아무에게도 해를 입히지 않았다. 왜냐하면 그의 아내가 남편 몰래 편지를 빼놓았기 때문이다. 그 편지들은 보내지지 않았다.

혹시 남의 결점을 바로잡아 주고 고쳐 주고 싶은 생각을 갖고 있지 않은가? 그것은 참으로 좋은 일이다. 나도 그런 마음에 동의한다. 그러나 왜 자기 자신에게는 그렇게 하지 않는가? 남을 개선하기보다는 자신을 고치는 것이 얻는 것이 많고 훨씬 위험이 적다.

"사람의 잘못은 그 자기 인간관계에서 비롯된다. 남의 잘못을 보면 돌이켜 자신을 반성하라"고 동양의 현인 공자는 말했다.

젊은 시절 나는 사람들에게 강한 인상을 주는 데 많은 노력을 기울였다. 당시 미국 문단의 인기 작가였던 리처드 하딩 데이비스에게 어리석은 편지까지 보냈을 정도다. 그때 나는 작가들에 관한 잡지 기사를 쓰던 중이었는데 데이비스에게 그의 창작 방법을 이야기해 달라고 편지를 썼던 것이다.

그런데 그보다 몇 주일 전 나는 끝에 다음과 같은 문구가 붙은 편지를 어떤 사람한테서 받은 일이 있었다.

'구술은 했으나 읽어 보지는 않았음.'

그 말은 내 가슴에 크게 와 닿았다. 나는 그 글을 쓴 사람이 대단한 거물이며 몹시 바쁘고 중요한 사람일 것이라고 생각했다. 그때 나는 조금도 바쁘지 않았으나 리처드 하딩 데이비스에게 강렬한 인상을 남기고 싶었으므로, 나의 짧은 편지의 말미에 '구술은 했으나 읽어 보지는 않았음'이라는 말을 붙였다.

데이비스는 그 편지에 답장을 보내는 수고는 절대 하지 않았다. 다만 편지 하단 여백에 몇 자 적어 그것을 나에게 되돌려 보냈다.

"무례한 짓은 적당히 하게."

물론 내가 무례한 짓을 한 것은 사실이다. 또한 그런 비난을 받을 만도 했다. 그러나 한 인간으로서 나는 그것이 서운했다. 어찌나 원망스러웠던지 10년 뒤에 리처드 하딩 데이비스가 사망했다는 기사를 읽었을 때, 내 마음속에 떠오른 것은—시인하기는 부끄러운 일이지만—과거에 그가 나에게 입혔던 상처였다.

죽을 때까지 남에게 원망을 받고 싶은 사람은 남을 신랄하게 비판하라. 그 비판이 옳으면 옳을수록 효과는 더 커진다.

대개 사람들을 다루는 경우 상대를 논리의 동물이라고 생각하면 안 된다. 상대는 감정의 동물이고 심지어 편견에 가득 차 있으며 자존심과 허영심에 의해 행동한다는 것을 명심하지 않으면 안 된다.

영문학을 빛낸 토마스 하디가 죽을 때까지 펜을 놓아버린 것은 시시한 비평 때문이었으며, 영국의 천재 시인 토마스 채터턴을 자살로 몰아넣은 것도 비평이었다.

젊은 시절 분별없기로 유명했던 벤자민 프랭클린은 그의 외교적 수완과 능숙하게 사람을 다루는 기술로 뒷날 프랑스 주재 미국대사가 되었다. 그의 성공 비결은 무엇일까?

"나는 어떤 사람에 대해서도 나쁜 점을 이야기하지 않는다. 사람들의 좋은 점에 대해서만 이야기한다."

그는 이렇게 말했다.

바보들만이 다른 사람에 대해 비판하고 비난하며 불평한다. 남을 이해하고 용서하기 위해서는 훌륭한 인격과 극기심이 필요하다.

"위인은 소인을 다루는 태도에서 그의 위대함을 나타낸다"고 칼라일은 말했다.

유명한 시험 비행사이자 여러 차례 공중 곡예를 한 밥 후버는 어느 날 샌디에이고에서의 에어쇼를 끝내고 F–51 비행기로 로스앤젤레스의 집으로 돌아가다가 사고를 당했다. 그는 〈비행 기술〉이라는 잡지에, 300피트 상공에서 일어난 그때 일에 대해 글을 썼다. 갑자기 양쪽 엔진이 멈춘 상황에서 부상자 없이 기체를 착륙시킨 일을 두고 한 말이었다.

비상착륙을 한 뒤, 후버는 곧다로 비행기의 연료를 체크했다. 예상했던 대로 그가 조종하고 있던 2차 대전 당시의 비행기에는 휘발유가 아니라 제트연료가 들어가 있었다.

비행장으로 돌아온 그는 비행기를 정비한 정비사를 만나자고 했다. 그 젊은 정비사는 자기 실수 때문에 몹시 걱정하고 있었으며 후버가 갔을 때 그의 얼굴은 눈물로 얼룩져 있었다. 그는 자기 실수로 엄청나게 비싼 비행기를 망가뜨린 데다 하마터면 세 사람의 목숨을 잃게 할 뻔했던 것이다. 후버가 얼마나 화가 났을지 상상하고도 남음이 있었다. 모두들 정비사의 실수에 대해 후버가 심한 질책을 할 것이라고 예상하고 있었다. 그러나 그는 정비사에게 욕을 퍼붓지도 않고 책망조차 하지 않았다. 그 대신 그는 정비사의 어깨에 손을 얹고 이렇게 말했다.

"자네가 다시는 이런 실수를 저지르지 않으리라고 나는 확신하고 있네. 그러니 F–51은 자네가 맡아서 매일 정비해 주게."

흔히 부모들은 자녀의 문제점을 비난하고 싶어한다. 당신은 내가 "비난하지 말라"고 말할 거라 예상하고 있겠지만 나는 그렇게 말하지 않을 것이다. 다만 이렇게 말할 것이다.

"자녀들을 비판하기 전에 미국 저널리즘의 고전 중 하나인 〈아버지는 잊어버린다〉를 읽어 보십시오."

이 기사는 원래 〈피플즈 홈 저널〉에 사설로 게재되었던 것이다. 우리는 저자의 동의를 얻어 〈리더스 다이제스트〉 요약본을 여기에 옮겨 싣는다.

〈아버지는 잊어버린다〉는 진지한 느낌을 단숨에 써 내려간 짧은 글로, 많은 독자의 심금을 울려 해마다 계속 나오는 인기 있는 글이다.

〈아버지는 잊어버린다〉가 작가 W. 리빙스턴 라니드에 의해 발표된 이래

전국의 잡지, 가정지, 일간신문에 수백 번 게재되었다.

이 글은 거의 모든 외국어로 번역, 출판되었다. 이 기사는 학교, 교회 그리고 강단에서 수많은 사람에게 읽혔으며 많은 프로그램에서 방송되기도 하였다.

기사는 다음과 같다.

아버지는 잊어버린다

W. 리빙스턴 라니드

아들아, 내 말을 듣거라. 나는 네가 잠들어 있는 동안 이야기하고 있단다. 뺨 밑에 네 조그만 손을 깔고 있고 금발의 곱슬머리는 촉촉하게 젖어 있는 이마에 붙어 있구나. 나는 네 방에 혼자 몰래 들어왔단다.

몇 분 전에 서재에서 서류를 읽고 있는데 문득 후회의 거센 물결이 나를 덮쳐 오더구나. 나는 죄책감을 느끼며 네 잠자리를 찾아왔단다.

내가 생각해 오던 몇 가지 일이 있다. 아들아, 나는 너한데 너무 까다롭게 대해 왔다. 네가 아침에 일어나 얼굴에 물만 찍어 바른다고 해서 학교에 가려고 옷을 입고 있는 너를 꾸짖곤 했지. 신발을 깨끗이 닦지 않는다고 너를 야단쳤고, 물건을 함부로 마룻바닥에 던져 놓는다고 화를 내기도 했었지. 아침식사 때도 나는 또 네 결점을 들춰냈다. 음식을 흘린다거나 잘 씹지도 않고 그냥 삼켜버린다거나, 또 식탁에 팔꿈치를 올리고 버터를 빵에 많이 바른다는 등. 그러나 너는 헤어질 때 출근하는 나를 뒤돌아 보며 손을 흔들며 말했지.

"잘 다녀오세요, 아빠!"

그때도 나는 얼굴을 찌푸리며 대답했지.

"어깨를 똑바로 펴고 걸어라!"

비슷한 일이 저녁에도 있었구나. 내가 퇴근했을 때 넌 마당에서 비비탄으로 놀고 있었지. 긴 양말이 온통 흙투성이라, 나는 널 집안에 들여보내지 않고 친구들 앞에서 창피를 줘 버렸단다.

"너 양말이 얼마나 비싼지 알아? 네 돈 주고 샀으면 그렇게 더럽히겠어?!" 아버지로서 이런 말을 하다니. 정말 면목 없구나.

얘야, 기억하고 있니? 나중에 내가 서재에서 서류를 보고 있을 때 너는 눈치를 보며 겁먹은 얼굴로 들어왔었잖니? 일을 방해당한 것에 짜증을 내면서 서류에서 눈을 뗀 나는, 문 옆에서 망설이고 서 있는 너를 바라보며 "무슨 일이냐?" 하고 퉁명스럽게 말했지. 너는 아무 말도 하지 않고 갑작스레 나에게로 달려와 두 팔로 내 목을 안고 키스를 했지. 너의 조그만 팔은 하나님이 네 마음 속에 꽃피운 애정을 담아 나를 꼭 껴안았다. 그것은 어떤 냉담함에도 시들 수 없는 애정으로 가득 차 있었다. 그리고서 너는 문밖으로 나가 계단을 쿵쾅거리며 네 방으로 뛰어올라갔다.

나도 모르게 손이 떨려 서류를 마룻바닥에 떨어뜨리고, 말할 수 없는 공포가 나를 사로잡은 것은 바로 그 직후의 일이었단다. 내가 왜 이런 나쁜 버릇을 갖게 되었을까? 아직 어리디 어린 너를 상대로 잘못만을 찾아내 꾸짖는 버릇을. 그것은 너를 착한 아이로 만들려다 생긴 버릇이란다. 너를 사랑하지 않아 그런 것이 아니라 어린 너한데 너무나 많은 것을 기대한 데서 생긴 잘못이란다. 나는 너를 마치 어른 대하듯 했던 거란다.

너는 착하고, 따뜻하고, 진솔한 성격을 갖고 있다. 너의 조그만 마음은 언덕 너머로 서서히 펼쳐지는 새벽빛처럼 한없이 넓단다. 그것은 갑작스레 떠오른 생각으로 나에게 달려와 굿나잇 키스를 하던 네 행동에 잘 나타나 있다. 오늘밤엔 다른 것이 필요없다. 얘야, 나는 어두운 네 침실에 들어와 무릎을 꿇고 나 자신을 부끄러워하고 있단다.

이것은 작은 속죄에 불과하다. 네가 깨어 있을 때 이야기를 해도 너는 잘 이해하지 못하겠지. 나는 잘 알고 있다. 하지만 내일 나는 참다운 아버지가 되겠다. 나는 너와 사이좋게 지내고, 네가 고통을당할 때 같이 괴로워하고, 네가 웃을 때 나도 웃겠다. 너를 꾸짖는 말이 튀어나오려고 하면 혀를 깨물겠다. 그리고 계속해서 의식적으로 되뇌어야지.

"우리 애는 작은 어린아이에 불과하다"고.

너를 어른처럼 대해 온 것을 부끄럽게 생각한단다. 지금 네가 침대에 쭈그리고 자는 것을 보니 아직 너는 갓난애에 지나지 않다는 것을 알겠구나. 어제만해도 너는 어머니의 어깨에 머리를 기대고 품에 안겨 있었지. 내가 너무나 많은 것을 너한테 요구해 왔구나. 너무나도 많은 것을.

누군가를 비난하기 전에 그들을 이해하려고 노력하자. 그들이 왜 그렇게 행동했을지 머릿속으로 생각해 보자. 그것은 비판보다 훨씬 유익하고 흥미있는 일이다. 또한 그것은 동정과 관용과 우애를 길러 준다.

모든 것을 안다는 것은 모든 것을 용서하는 것이다.

존슨 박사는 "하나님께서도 인간이 죽을 때까지는 그를 심판하지 않는다"고 했다. 그런데 우리는 왜 심판하려고 하는가?

칭찬은 강철도 녹인다
정직하고 진지하게 칭찬하라

이 세상에서 누군가에게 어떤 일을 하게 하기 위한 방법은 단 한 가지이다. 그것이 무엇인가를 생각해 본 일이 있는가? 그렇다. 단 한 가지이다. 그것은 상대가 스스로 그 일을 하도록 하는 것이다.

이것 이외에는 달리 방법이 없다는 것을 명심하라. 물론 상대방의 가슴에 권총을 들이대고 시계를 벗도록 만들 수는 있다. 해고하겠다고 위협하거나 윗자리에 앉아 감시의 눈을 부릅뜬다면 직원들로 하여금 적어도 일에 협력하도록 할 수는 있다. 매질이나 협박으로 원하는 일을 아이들에게 억지로 시킬 수도 있을 것이다. 그러나 이러한 강제적인 방법은 바람직하지 못한 날카로운 반발만을 가져오게 된다.

사람의 마음을 움직이려면 상대가 원하는 것을 주는 것이 유일한 방법이다.

그렇다면 사람이 원하는 것은 무엇인가? 지그문트 프로이트에 의하면 사람이 하는 모든 일은 두 가지 동기에서 나온다고 했다. 즉 성적인 욕구와 위대해지고 싶은 욕망이다.

미국의 가장 위대한 철학자 중 한 사람인 존 듀이는 이것을 약간 다르게 표현했다. 듀이 박사는 인간의 내부에 존재하는 가장 강렬한 갈망은 '중요한 사람이 되려는 욕망'이라고 말했다. '중요한 사람이 되려는 욕망'이라는 문구를 명심해 두도록 하라. 이것은 정말 의미심장한 말이다. 이 책에서 그것에 대해 깊이 생각해 보고자 한다.

사람은 무엇을 원할까? 설령 욕심이 없는 사람이라도 부정할 수 없는 강렬한 욕구 때문에 맹목적으로 추구하는 것이 몇 가지는 있을 것이다.

여기서는 보통 사람들이 원하는 몇 가지 욕구를 들어 보기로 하자.

1. 건강과 장수
2. 음식
3. 수면
4. 돈 및 돈으로 살 수 있는 것
5. 내세의 생명
6. 성적인 만족
7. 자녀들의 행복
8. 중요한 사람이 되려는 욕망

이 욕구들은 모두 충족될 수 있으나 예외가 한 가지 있다.

그것은 음식이나 수면에 대한 욕구만큼은 심각하고 절실하면서도 좀처럼 만족될 수 없다.

프로이트가 말한 '위대해지고 싶은 욕망'이며, 듀이 박사가 '중요한 사람이 되려는 욕망'이라고 부르는 것이다.

언젠가 링컨은 편지 첫머리에 '모든 사람은 칭찬 듣기를 좋아한다'라고 쓴 적이 있다. 윌리엄 제임스는 "인간성에 있어서 가장 심오한 원칙은 다른 사람으로부터 인정받고자 하는 갈망이다"라고 말한 바 있다. 여기서 그가 인정을 받으려고 하는 '소망'이라든가 '욕망' 또는 '동경'이라는 말을 쓰지 않고, 사람의 인정을 받으려는 '갈망'이라 말한 것을 주의하기 바란다.

이것이야말로 인간의 마음을 뒤흔들어 놓는 타는 듯한 갈증이다. 이러한 타인의 갈증을 제대로 충족시켜 줄 수 있는 사람은 극히 드물지만, 이를 할 수 있는 사람이야말로 다른 사람을 마음대로 움직일 수 있으며 '장의사조차도 그가 죽었을 때 진심으로 슬퍼할 것'이다.

자신이 중요한 존재가 되기를 바라는 욕구는 인간과 동물을 구별하는 가장 큰 차이 중의 하나다. 어렸을 때 나는 미주리주의 농가에서 자랐는데, 아버지는 두록저지종의 우량종 돼지와 흰머리를 가진 순혈통 소를 기르고 있었다. 우리 돼지와 흰머리 소는 중서부 지방 각지의 품평회와 가축 쇼에 참여하여 여러 번 1등상을 탔다. 아버지는 하얀 모슬린 천 위에 명예로운 블루리본을 핀으로 잔뜩 고정해 놓고는 친구들이나 손님이 찾아오면 꺼내 보였다. 아버지가 1등상을 자랑하는 동안 나는 아버지를 도와 천의 한쪽 끝을 잡고 있었다.

돼지들은 자기들이 탄 상에 관해서는 전혀 관심이 없었으나, 아버지는 그렇지 않았다. 이 상들은 아버지에게 자기 중요감을 심어 주었던 것이다.

만약 우리 선조들이 자기 중요감에 대한 불타는 욕구를 갖고 있지 않았다면 문명이란 존재하지 않았을 것이다.

교육을 받지 못하고 가난에 찌든 한 야채 가게의 점원이 법률 공부에 빠져든 것도 그러한 자기 중요감에 대한 욕구였다. 당신은 아마 이 야채 가게 점원의 이야기를 들었을 것이다. 그의 이름은 링컨이었다. 영국의 소설가 찰스 디킨스로 하여금 불멸의 소설을 쓰도록 만든 것도, 18세기 영국의 명 건축가 크리스토퍼 렌 경에게 위대한 건축물을 설계하도록 영감을 준 것도, 록펠러로 하여금 평생 동안 써도 다 쓰지 못할 만큼의 위대한 부를 축적하도록 한 것도 모두가 자기 중요감에 대한 욕구이다.

이와 같은 욕구는 도회지의 부자들이 필요 이상으로 커다란 저택을 짓게 만들었다. 또한 사람들로 하여금 최신 유행 옷을 입고, 최신형 자동차를 타고 똑똑한 자녀에 대해 자랑하도록 만들고 있는 것이다.

많은 소년 소녀들이 갱단에 가입하여 범죄 활동을 하는 것도 따지고 보면 이러한 욕구에 끌렸기 때문이다. 뉴욕 시경국장을 지낸 멀루니에 의하면 요즘 젊은 범죄자들은 마치 자아의 덩어리 같아서, 체포된 다음 그들이 처음으로 요구하는 것은 마치 영웅처럼 자기 사진이 크게 실린 신문을 보여달라는 것이라 한다. 그들은 스포츠계의 영웅이나 배우나 정치가들의 사진과 함께 실려 있는 자기 사진을 보고 흡족해 하며 전기의자의 공포 따위는 먼 세상의 일처럼 생각하는 것이다.

자기 중요감을 만족시키는 방법은 사람마다 다르다. 당신이 어떻게 자기 중요감을 충족시키는지 나에게 말해 준다면 나는 당신이 어떤 사람인가를 말해 줄 수 있다. 그것이 당신의 성격을 결정하기 때문이다. 존 D. 록펠러는 중국 북경에 최신식 병원을 건립하여, 그가 지금까지 본 적도 없고 또 앞으로도 볼 일이 없는 수백만 명의 사람들을 치료하는 데 돈을 기부함으로써 자기 중요감을 획득했다. 한편 딜린저라는 사나이는 도둑, 은행강도, 살인자가 됨으로써 자기 중요감을 손에 넣었다. FBI 수사관들이 그를 추격하고 있을 때 그는 미네소타주의 한 농가로 뛰어들어 가 이렇게 소리쳤다.

"나는 딜린저다!"

그는 자신이 민중의 적 1호라는 사실에 긍지를 느끼고 있었던 것이다. "당신들을 해치지는 않겠다. 하지만 나는 딜린저다!"라고 그는 자랑스럽게 말했다.

그렇다. 딜린저와 록펠러를 구분 짓는 중요한 차이점은 그들이 자기 중요감을 충족하기 위해 택한 방법이다.

유명인들이 자기 중요감을 충족시키기 위해서 애쓴 흥미 있는 예는 역사 속에 많이 남아 있다. 조지 워싱턴도 '미합중국 대통령 각하'라고 불리기 원했으며, 콜럼버스는 '해군 제독 및 인도 총독'이라는 칭호에 탐을 냈다. 러시아의 캐더린 여왕도 '여왕 폐하'라는 칭호를 쓰지 않은 편지는 뜯어보기를 거절했다. 백악관 시절의 링컨 부인은 그랜트 장군의 부인을 사납게 노려보며 "내가 앉으라는 말도 하기 전에 감히 내 앞에서 의자에 앉다니, 괘씸하군!" 하고 매섭게 소리쳤다.

미국의 백만장자들은 1928년 버드 제독이 이끄는 남극 탐험대에, 빙산에 자기 이름을 붙여준다는 조건으로 자금을 지원했다. 또한 빅토르 위고는 파리의 이름을 자기 이름으로 바꾸려는 엄청난 야심을 가졌다. 위대한 셰익스피어도 가족을 위한 문장(紋章)을 획득함으로써 자기 이름에 영광을 더하려고 노력했다.

타인의 동정과 주의를 끌어 자기 중요감을 채우기 위해 병을 앓는 사람도 더러 있다. 예를 들어 매킨리 부인은 자기 중요감을 만족시키기 위해 미국 대통령인 남편으로 하여금 중요한 국사를 미뤄 두고라도 자신이 잠들 때까지 몇 시간이고 침대 옆에 앉아 간호하게 했다. 그리고 그녀는 치과 의사한테 치료 받는 동안에도 남편에게 옆에 있도록 강요함으로써 주목 받고 싶은 강한 욕망을 만족시켰는데, 어느 날 남편이 다른 중요한 약속 때문에 그녀를 치과 의사에게 맡겨 두고 자리를 떠났을 때에는 한바탕 소동이 벌어지기도 했다.

작가인 메리 로버츠 라인하트는 언젠가 젊고 활기에 넘친 한 여성이 중요감을 얻기 위해 병을 앓게 된 이야기를 나에게 들려주었다.

"어느 날 그 여성은 무엇인가 정체를 알 수 없는 문제에 부딪혔는데 아마 그녀의 나이 문제였겠죠. 혼기를 놓치고 희망 없는 고독한 세월만 계속되면서 그녀에게 기대할 것이라고는 거의 아무것도 남아 있지 않았어요. 그녀는 결국 몸져 눕고 말았지요. 그래서 10년 동안 그녀의 노모는 상을 들고 3층까지 오르내리며 그녀를 간호하지 않을 수 없었어요. 그러던 어느 날 병간호에 지친 늙은 어머니는 쓰러져 죽고 말았어요. 그녀는 비탄에 젖어 몇 주일 동안 괴로워했는데, 얼마 후 병상에서 일어나더니 전과 다름없이 건강히 생활하더군요."

전문가에 의하면, 사람들은 각박한 현실 세상에서 거부 당해 자기 중요감을 상실했을 때 환상의 세계에서 만족을 얻으려고 실제로 미쳐 버리는 경우가 있다고 한다. 미국에는 다른 모든 질병을 합친 것보다 정신질환으로 고통 받고 있는 환자들이 훨씬 더 많다고 한다.

정신이상의 원인은 무엇일까? 아무도 이러한 막연한 질문에 대답할 수는 없지만, 우리는 매독 같은 종류의 병이 뇌세포를 파괴하여 정신이상을 일으킨다는 것을 알고 있다. 사실 정신 질환의 절반 가량은 뇌 조직 장애, 알콜, 독극물 외상 같은 신체적인 원인에 의해서 발생한다. 그러나 그 나머지 절반의 경우에는—매우 놀랍게도—명백히 뇌세포에는 아무런 조직적 결함이 없다고 한다. 시체를 해부해서 초정밀 현미경으로 그들의 뇌세포를 연구해 보아도 보통 사람의 세포와 아무런 차이가 없다는 것이다.

그 사람들은 왜 정신이상을 일으켰을까? 나는 일류 정신병원 원장에게 물어보았다. 그 분야의 최고 권위자로 이름 높은 그 의사는, 환자들이 왜 정신이상을 일으키게 되었는지는 솔직히 자기도 모른다고 했다. 결국 확실히 알고 있는 사람은 아무도 없었다. 그러나 많은 사람이 현실 세계에서 충족되지 않는 자기 중요감을 얻기 위해 정신병 환자가 되는 것은 분명하다면서, 그는 나에게 이런 이야기를 들려주었다.

"지금 내 병원에 결혼에 실패한 환자가 한 사람 있습니다. 그녀는 사랑과 성적인 만족과 자녀와 사회적인 지위를 원했지만, 현실은 그녀의 모든 희망을 짓밟아 버렸습니다. 그녀의 남편은 그녀를 사랑하지 않았고, 식사조차 아내와 함께 하지 않고 2층에 있는 자기 방으로 식사를 가져오도록 그녀에게 지시했답니다. 그녀는 아이도 없었고 아무런 사회적 지위도 없었습니다. 결국 그녀는 정신분열증을 일으켜서 상상 속에서 남편과 이혼하고, 아직도 처녀 시절의 이름을 쓰고 있다고 믿기 시작했습니다. 이제 그녀는 자신이 영국 귀족과 결혼을 했다고 믿으며, 자신을 스미스 후작부인이라고 불러 달라고 하고 있습니다.

그리고 그녀는 매일 밤 새 아기를 낳고 있다고 상상하고 있는지, 내가 진찰할 때마다 '의사 선생님, 저는 어젯밤에 아기를 낳았어요'라고 말합니다."

그녀의 꿈을 가득 실은 배는 현실이라는 암초에 부딪쳐 산산조각 나 부서져 버렸지만, 지금 그녀의 꿈을 실은 배는 광기라는 휘황한 공상의 세계에서 순풍에 돛을 달고 차례차례로 다음 항구에 안착하고 있는 것이다.

그 의사는 이렇게 말했다.

"설령 나에게 그녀를 제정신으로 회복시킬 수 있는 능력이 있다 하더라도 나는 그렇게 하지 않을 것입니다. 그녀는 지금 있는 그대로가 훨씬 더 행복하니까요."

만일 어떤 사람이 실제로 미쳐 버릴 정도로 자기 중요감을 갈구하고 있다면, 현실 세계에서 그들을 정당하게 평가해 줌으로써 어떤 기적이 일어날 수 있는지 상상해 보라.

찰스 슈왑은 미국 실업계에서 최초로 연봉 100만 달러 이상을 받은 사람 가운데 하나다. 그 당시에는 소득세가 없었고, 주급 50달러가 높은 봉급으로 생각되던 때이다. 슈왑은 불과 38세 때인 1921년에 앤드류 카네기에 의해 채용되어 새로 설립된 '미국 강철 회사'의 사장이 되었다.

앤드류 카네기는 찰스 슈왑에게 연봉 100만 달러, 즉 하루에 3천 달러 이상의 급여를 무엇 때문에 지불했을까? 슈왑이 천재였기 때문에? 아니다. 가장 뛰어난 제철기술자였기 때문일까? 그것도 아니다. 슈왑은 자기보다 강철 제조에 뛰어난 사람은 수없이 많다고 늘 말했다.

그는 사람들을 움직이는 자기 능력 때문에 그와 같이 많은 봉급을 받았다고 말했다. 나는 그에게 어떻게 사람들을 다루느냐고 물었다. 여기에 그가 말한 비결이 있다. 이 말이야말로 동판에 새겨 미국의 모든 가정과 학교, 점포와 사무실에 걸어 놓아야 할 것이며, 학생들은 라틴어 문법이나 브라질의 연평균 강우량을 기억하는데 시간을 낭비하는 대신 이 말을 기억해야 할 것이다. 이 말을 제대로 활용하기만 한다면 우리 인생이 크게 바뀔 것이다.

"나에게는 사람들로부터 열정을 불러일으키는 능력이 있는 것 같습니다. 그것은 내가 가진 것 중 가장 중요한 재산입니다. 격려와 칭찬은 사람들의 가능성을 최고로 개발해 주는 방법입니다.

상사의 꾸지람만큼 인간의 향상심을 해치는 것은 없습니다. 나는 절대 누구도 비판하지 않습니다. 대신 사람들에게 일을 하도록 동기를 부여해야 한다고 믿고 있어서, 될 수 있으면 칭찬하려고 노력하고 결점을 들추어 내는 것을 피합니다. 그 사람이 한 일이 마음에 들면 진심으로 찬사를 보내고 아낌없이 칭찬합니다."

이것이 바로 슈왑이 한 일이다. 그런데 보통 사람들은 어떻게 하는가? 정확하게 그 반대로 한다. 어떤 일이 마음에 들지 않으면 부하들을 인정사정없이 몰아세우지만 일이 마음에 들면 아무 반응도 하지 않는다.

슈왑은 이렇게 단언했다.

"사업 관계로 나는 세계 각국의 많은 훌륭한 사람들과 만났는데, 아무리 훌륭하고 지위가 높은 사람일지라도 잔소리를 들을 때보다는 칭찬을 들을 때 더 일을 잘할 수 있고, 보다 많은 노력을 기울인다는 것을 발견했습니다. 그렇지 않은 예는 본 적이 없습니다."

이것이야말로 앤드류 카네기가 공전의 대성공을 거둔 가장 중요한 이유

중 하나인데, 카네기는 자기 직원들에 대해 공석에서 뿐만 아니라 개인적으로도 칭찬을 아끼지 않았다.

카네기는 죽은 뒤 자기 묘비에서도 직원들을 칭찬했다. 그가 직접 쓴 묘비명은 다음과 같다.

"자기보다도 현명한 사람들을 주변에 모이게 하는 법을 터득한 자, 이곳에 잠들다."

록펠러도 사람을 다룰 때 진심에서 우러나온 감사를 아끼지 않는 것을 성공의 비결 중 하나로 꼽았다. 공동 출자자 중의 한 사람인 에드워드 베드포드가 남미에서 물건을 잘못 구입하여 회사에 100만 달러의 손해를 입혔다. 이때 보통 사람이라면 그를 비난했을 것이다. 그러나 록펠러는 베드포드가 최선을 다했다는 것을 알고 있었고, 사건은 이미 끝나 있었다. 그래서 그는 거꾸로 상대의 칭찬할 구석을 찾았다. 그는 베드포드가 투자한 돈 가운데 60%를 회수하게 된 것을 칭찬했다.

"훌륭하네, 자네 수완 덕에 그만큼이나 회수할 수 있었어."

플로렌즈 지그펠드는 브로드웨이를 현혹시킨 위대한 흥행사인데 미국 여성의 아름다움을 끄집어내는 뛰어난 재능으로 명성을 얻었다. 그는 매우 평범하고도 초라한 소녀를 찾아냈는데, 그 소녀는 무대에 서기만 하면 신비스러운 매력을 지닌 여인으로 돌변하는 것이었다. 칭찬과 신뢰의 가치를 알고 있던 지그펠드는 정중한 태도와 깊은 호의를 나타냄으로써, 여성들 스스로 아름답다는 자신감을 갖게 해주었다. 그는 입으로만 그런 것이 아니라 실제로도 코러스 걸의 주급을 30달러에서 최고 175달러까지 올려 주었다. 또한 지그펠드는 기사도 정신의 소유자이기도 해서, 공연 첫날에는 출연 배우들에게 전보를 보내고 모든 코러스 걸들에게 값비싼 장미 꽃다발과 축전을 보냈다.

언젠가 나는 호기심으로 단식을 시작해서 아무것도 먹지 않고 6일간을 견뎌낸 적이 있었다. 그것은 그다지 어려운 일이 아니었다. 단식 이틀째 되는 날보다 6일째 되는 날이 배가 덜 고팠다.

그런데 만일 누군가가 자기 가족이나 직원들에게 6일 동안 음식을 주지 않고 굶긴다면 우리는 그것을 범죄와 마찬가지라고 생각할 것이다. 그런데 우리는 음식물 못지않게 누구나 갈망하고 있는 것, 즉 진심 어린 찬사를 그들에게 주지 않고 6일간 혹은 6주간 심지어는 60년간씩이나 지나쳐 버리는 것이다.

한 시절을 풍미했던 유명한 배우인 알프레드 런트가 〈비엔나에서의 재회〉에서 주인공 역을 맡았을 때 "나에게 가장 필요한 영양물은 나의 자부심을 키워 주는 말이다"라고 했다.

우리는 자기 자녀, 친구 그리고 직원들의 신체에 영양분을 주고 있지만 그들의 자부심에 영양분을 주는 데는 매우 인색하다. 우리는 그들에게 고기와 감자를 주어 에너지를 축적하게 만들지만, 샛별의 합창처럼 몇 년을 두고 그들의 기억에 남아 노래하게 될 친절한 감사의 말을 하는 일은 쉽게 잊어버린다.

폴 하비는 라디오 프로 〈남은 이야기〉에서 진지한 칭찬이 한 사람의 인생을 어떻게 바꿀 수 있는지에 대해 말했다. 몇 년 전에 디트로이트의 한 교사가, 스티비 모리스에게 교실 어딘가에 숨어버린 쥐를 잡는 일을 도와달라고 부탁했다. 교사는 다른 어떤 학생도 갖고 있지 못한, 신이 스티비에게만 내려준 재능을 알고 있었던 것이다.

조물주는 스티비의 눈을 멀게 한 대가로 그에게 뛰어난 청각을 내려 주었다. 그러나 그가 이 재능에 대해 칭찬받은 일은 그때가 처음이었다.

10여 년의 세월이 흐른 지금, 스티비는 그 칭찬이 새로운 인생의 시작이 되었다고 회상한다. 그때부터 그는 청각 재능을 발전시켜 마침내 '스티비 원더'라는 이름의, 1970년대 가장 훌륭한 팝송 가수이자 작곡가가 되었다.

어떤 독자들은 위의 예를 읽고 이렇게 투덜댈지도 모른다.

"말도 안 돼! 아첨을 하라고? 날더러 비위를 맞추라고? 나도 그런 수법은 이미 다 써 보았어. 전혀 효과가 없더라고. 특히 머릿속에 글줄이나 든 사람들에게는!"

물론 아첨은 분별력 있는 사람들에게는 천박하고 이기적이며 무성의한 것에 불과하다. 아첨을 해도 대개 바라던 것을 얻지 못한다. 물론 세상에는 칭찬에 너무나 굶주리고 목이 마른 나머지, 배고픈 사람이 풀잎이나 벌레를 닥치는 대로 먹듯이 아무거나 먹어 치우는 사람이 있는 것도 사실이지만.

빅토리아 여왕도 아첨을 좋아하는 경향이 있었다. 당시의 수상인 벤자민 디즈레일리는 여왕을 알현할 때에는 아첨을 했다고 고백했다.

그의 말을 정확하게 인용하면 '벽을 바르듯이' 아첨했다고 한다. 그는 대영제국을 다스렸던 재상들 가운데 가장 세련되고 재능 있고, 빈틈 없는 사람이었다. 디즈레일리는 사교의 천재였다.

그러나 그에게 유효했던 방법이 우리에게도 효과가 있으리란 보장은 없다. 멀리 내다보면 결국 아첨은 이익보다 해를 더 많이 가져다줄 것이다.

아첨은 잘 포장한 거짓이며 위조지폐와도 같아서, 그것을 다른 사람에게 넘겨 주면 반드시 곤경에 처하게 된다.

칭찬과 아첨의 차이는 무엇일까? 그것은 간단하다. 한쪽은 진실이고, 다른 한쪽은 거짓이다. 한쪽은 마음에서 우러 나오는 것이고, 다른 한쪽은 혀끝에서 나오는 것이다. 한쪽은 이기적이지 않고 다른 한쪽은 이기적이며, 한쪽은 환영받고 다른 한쪽은 누구에게나 비난을 받게 된다.

최근에 나는 멕시코시티의 차폴테펙 궁전에 있는 멕시코의 영웅 알바로 오브레곤 장군의 동상을 보았다. 동상의 아랫부분에는 장군의 신조가 새겨져 있었다.

"적을 두려워할 것이 아니라, 감언으로 아첨하는 벗을 두려워하라."

나는 감언으로 아첨하라고 당신에게 권하는 것이 절대로 아니다. 그것과는 거리가 멀다. 내가 권하는 것은 '새로운 생활법'이다.

영국 국왕 조지 5세는 버킹엄 궁에 있는 그의 서재 벽에 여섯 가지 금언을 걸어 놓고 있었다. 그 금언 중 하나는 이런 것이었다.

"싸구려 칭찬은 하지도 말고, 받지도 말라."

싸구려 칭찬이 바로 아첨이다. 또한 나는 아첨에 대한 이런 정의를 읽은 적이 있다.

"아첨이란 상대의 자기평가에 딱 들어맞는 것을 말해 주는 것이다."

미국의 사상가 에머슨은 "자기가 하고 싶은 말을 하라. 인간은 어떠한 말을 해도 본심을 속일 수 없다"라고 말했다.

만약 아첨으로 모든 일이 해결된다면 누구나 아첨을 하게 될 것이고, 우리는 모두 인간관계 전문가가 될 것이다.

인간은 어떤 특별한 문제에 관해서 생각하지 않을 때에는 대부분 자신에 대해 생각하면서 보낸다. 만약 우리가 자신에 관한 생각을 잠시 중단하고 다른 사람의 장점에 대해서 생각하기 시작한다면, 천박하고 허위에 찬 아첨 따위는 하지 않게 될 것이다.

일상생활에서 가장 무시되기 쉬운 미덕 중의 하나가 칭찬이다. 왜 그런지 우리는 자녀가 학교에서 좋은 성적을 받아 왔을 때 칭찬하기를 게을리하며, 아이가 과자를 굽거나 처음으로 새집을 만드는데 성공했을 때도 격려해 주기에 인색하다. 아이들에게 있어서 부모의 관심이나 칭찬보다 더 기쁜 것은 없는데도 말이다.

다음에 당신이 식당에서 맛있는 음식을 먹었을 때는 맛있었다고 주방장에게 전해 주기 바란다. 그리고 피로에 지친 판매원이 친절을 베푼다면 그 점에 대해 고맙다는 인사를 하라.

목사나 강사 등의 연설가들은 자기 자신을 모두 쏟아 부어 연설했는데도 청중의 반응이 없을 때 실망감을 느낀다. 말하는 것이 직업인 사람들도 그런데 하물며 사무실이나 점포 그리고 공장에서 근무하는 사람들이나 우리의 가족, 친구들은 더할 나위가 없을 것이다. 대인관계에 있어서 인간은 누구나 칭찬을 갈망하고 있다는 사실을 잊어서는 안 될 것이다.

진심에서 우러나는 감사의 말을 아낌없이 사용하면서 하루하루를 살아가라. 그것이 사람을 사귀고 내 뜻대로 움직이는 비결이다.

코네티컷주의 뉴 페어필드에 사는 파멜라 던햄은 업무상 일솜씨가 서툰 직공들을 감독하게 되었다. 한 직공이 어찌나 일을 신통치 않게 하는지 다른 종업원들이 그를 놀려대는 것은 물론, 그가 청소한 복도를 일부러 어지럽히거나 그가 만든 물건을 들고 핀잔을 주곤 했다. 그러다 보니 전체적인 생산성마저 떨어졌다. 파멜라는 문제의 직공에게 동기 부여를 하기 위해 여러 가지 방법을 써 보았으나 별 효과가 없었다. 그러던 중 그녀는 가끔씩 그 직공이 일을 잘 해낼 때가 있다는 것을 알았다. 그녀는 그때마다 다른 직공들 앞에서 그를 칭찬했다.

그러자 그의 솜씨는 날마다 좋아져 갔고 곧 그는 모든 일을 훌륭하게 해낼 수 있게 되었다. 이제 그는 남보다 뛰어난 작업 능률을 자랑하게 되었고 다른 직원들도 그에게 칭찬을 하며 능력을 인정해 주고 있다. 이처럼 비판이나 비웃음이 없는 정직한 칭찬은 좋은 결과를 가져다준다.

누군가의 마음에 상처를 주는 것은 그 사람을 변화시키지 못할 뿐만 아니라 오히려 적대감만 불러일으킨다. 결국 백해무익한 것이다. 내가 매일 아침 볼 수 있도록 거울에 붙여 놓은 격언이 있다.

나는 이 길을 단 한 번만 지나갈 수 있을 뿐이다. 그러므로 다른 사람에게 좋은 일을 할 수 있거나 친절을 베풀 수 있다면 지금 바로 행하겠다. 이 길을 다시는 지나가지 못할 것이기에 지체하거나 게을리 하지 않겠다.

에머슨은 이렇게 말했다.

"어떤 사람이든 나보다 뛰어난 점을 하나 이상은 가지고 있다. 나는 누구에게서든 그 뛰어난 점을 배우려 노력한다."

만일 그것이 에머슨에게 있어서 진실이었다면 우리 같은 사람에게는 몇백 배나 더 진실이 아니겠는가? 우리의 장점이나 욕구는 잊어버리고 다른 사람의 장점을 찾아내려고 노력하자. 그러면 아첨할 필요가 전혀 없어진다. 솔직하고 진지한 마음으로 칭찬을 하자.

"진심으로 찬사를 보내고 아낌없이 칭찬하자."

이러한 슈왑의 말처럼 행동하면, 사람들은 당신의 말을 마음속 깊이 소중히 간직하고 아끼며 평생을 두고 되새김할 것이다. 당신이 그것을 잊어버린 뒤에도 상대는 그것을 두고두고 기억할 것이다.

상대 입장이 되어 사물을 보라

그 사람 마음에 열렬한 욕구를 불러일으켜라

해마다 여름이 되면 나는 가끔 메인주에 낚시하러 간다. 나는 딸기크림을 무척 좋아하는데 어떤 이유인지 물고기는 지렁이를 더 좋아한다. 그러므로 나는 낚시하러 갈 때는 내가 좋아하는 것은 생각지 않고 물고기가 좋아하는 것을 생각한다. 나는 물고기 앞에 딸기크림을 드리우는 대신 지렁이나 메뚜기를 드리워 놓고 "자, 맛있게 먹어라" 하고 말한다.

사람을 낚는 요령도 실은 이와 같다.

이 방법이야말로 1차 세계대전 때 영국의 수상을 지낸 로이드 조지가 사용한 방법이다. 누군가 그에게 윌슨, 올란도, 클레망소 등 잊혀진 지 오래된 지도자들과 달리 변함없이 권력의 자리에 앉아 있는 비결에 대해 물었다. 그러자 그는 그 이유를 한마디로 표현하라면 낚시 바늘에 물고기의 구미에 맞는 미끼를 달아두는 법을 배운 덕분이라고 대답했다.

우리는 왜 자신이 원하는 것에만 치중하는가? 그것은 어린아이의 장난처럼 유치하고 우스꽝스러운 짓이다. 물론 인간은 자신이 원하는 것에 관심을 갖게 마련이다. 하지만 다른 사람은 당신이 원하는 것에 관심이 없다. 세상 사람 모두 자기가 원하는 것에만 관심을 갖고 있다. 따라서 다른 사람을 움직일 수 있는 유일한 방법은 그들이 좋아하는 것에 관해 이야기하고, 그것을 어떻게 하면 얻을 수 있는지 보여 주는 것이다. 이것을 잊고서는 사람을 움직일 수 없다.

누군가에게 어떤 일을 시키려고 할 때 이 점을 명심하라. 만일 당신이 자녀에게 담배를 피우지 못하게 하고 싶으면 설교는 금물이다. 당신의 희망에 대해서 일절 이야기해서는 안 된다. 그 대신 담배를 피우면 농구팀에 가입하지 못할 수도 있으며 100미터 달리기에서 질지도 모른다는 것을 아이에게 설명해 주면 된다.

아이들이든 송아지든 침팬지든, 무엇을 다루든지 이것은 꼭 기억해 두어야 할 사항이다. 한 가지 예를 들어 보겠다.

어느 날 에머슨은 아들과 함께 송아지 한 마리를 외양간에 끌어 넣으려고 애를 쓰고 있었다. 그러나 두 사람은 흔한 실수를 범하고 말았다. 에머슨은 밀고, 아들은 잡아끌고만 있었다. 그러나 송아지도 에머슨 부자가 하고 있는 것과 똑같은 행동을 하고 있었다. 송아지도 자기가 원하고 있는 것만을 생각하고 있었기 때문에 네 다리를 버티고 고집스럽게 풀밭을 떠나려 하지 않았다.

아일랜드 출신의 가정부가 그들의 모습을 보았다. 그녀는 에세이나 책을 쓸 줄은 몰랐지만 적어도 이 같은 상황에서는 에머슨보다 더 능숙했다. 그녀는 송아지가 원하고 있는 것이 무엇인지를 깨닫고는 송아지의 입 속에 자기 손을 집어넣어 빨게 하면서 아주 쉽게 송아지를 외양간으로 끌고 들어갔다.

당신이 이 세상에 태어난 날부터 해 온 행동들은 모두 당신이 무엇인가를 원했기 때문에 한 것이다. 당신이 적십자사에 많은 돈을 기부한 것은 어떻게 해석할 수 있는가? 그렇다. 그것도 이 법칙에서 벗어나지 않는다. 당신이 그곳에 돈을 기부한 것은 도움 주기를 원했기 때문이다.

즉, 당신은 아름답고 자기희생적이며 신성한 일을 하고 싶었던 것이다.

"가난한 형제를 돕는 것은 주님에게 봉사하는 것과 같으니라."

아름다운 행위에서 얻어지는 기쁨보다 돈이 더 좋은 사람은 기부를 하지 않을 것이다. 물론 남들의 시선 때문에 마지못해, 또는 나에게 도움을 준 사람이 그렇게 하기를 요구했기 때문에 기부할 수도 있을 것이다.

그러나 한 가지 명백한 사실은 당신이 무엇인가를 원했기 때문에 기부를 했단 점이다.

미국의 심리학자 오버스트리트 교수는 그의 유명한 저서 《인간의 행동을 지배하는 힘》에서 이렇게 말했다.

"인간의 행동은 마음속의 강한 욕구에서 비롯된다. 따라서 사업에서나 가정, 학교, 정계에서 장차 리더가 되려는 사람에게 해 줄 수 있는 최선의 충고는 첫째 다른 사람의 마음에 강한 욕구를 불러일으키라는 것이다. 그것을 할 수 있는 사람은 전 세계를 얻을 수 있고, 못하는 사람은 남을 움직일 수 없다."

스코틀랜드의 가난한 노동자였던 앤드류 카네기는 1시간에 2센트씩 받는 일로 시작하여, 나중에는 크게 성공하여 사회의 각 방면에 무려 3억 6천 500만 달러를 기부하였다. 그는 사람을 움직이는 유일한 방법은 그들이 원하는 것에 대해 이야기하는 것이라는 사실을 일찍 깨달았다. 학교라고는 4년밖에 다니지 않은 그였지만, 사람을 다루는 방법만큼의 대해서만은 누구보다 잘 알고 있었다.

카네기의 형수는 두 아들 때문에 항상 걱정하고 있었다. 두 아들은 예일 대학 학생이었는데, 자신들의 일에만 몰두하여 집에 편지 쓰는 것을 게을리하고, 어머니가 아무리 열심히 편지를 보내도 답장 한 번 하지 않았다.

그러자 카네기는 일부러 답장을 보내라는 요구를 하지 않고도 자신은 답장을 받을 수 있다고 장했다. 누군가가 100달러 내기를 제의하자 카네기는 조카에게 아무 내용이 없는 잡담 비슷한 편지를 보냈다. 다만 추신 부분에 두 사람에게 각각 5달러씩 보낸다는 말을 덧붙였다.

하지만 카네기는 일부러 돈은 보내지 않았다.

답장은 지체 없이 왔다.

"친애하는 숙부님께. 보내주신 편지 감사합니다……."

그다음 문장은 상상에 맡기겠다.

또 다른 예는 우리 강좌의 참여자인 오하이오주 클리블랜드에 사는 스탠 노바크의 이야기다. 어느 날 저녁, 스탠이 집에 돌아와 보니 막내아들 팀이 거실에서 발버둥치며 악을 쓰고 있었다. 아들은 다음날부터 유치원에 가기로 되어 있었는데 그게 싫어 그렇게 떼를 쓰고 있었던 것이다. 평소의 스탠이라면 아마 아이를 자기 방 안에 가두어 두고 유치원에 가겠다고 할 때까지 윽박질렀을 것이다. 그러면 팀은 하는 수 없이 유치원에 갈 터였다.

그러나 그렇게 해 보았자 기분 좋게 아들을 유치원에 보내기는 틀렸다는 생각이 든 스탠은 의자에 앉아 '내가 아들이라면 유치원에 가는 것이 어째서 즐겁겠는가?'에 대해 조용히 생각해 보았다.

스탠은 아내와 함께 앉아 아들이 유치원에서 즐길 수 있는 일, 가령 손가락으로 그림 그리기, 노래 부르기, 새로운 친구 사귀기 등 리스트를 만들어 보았다. 그리고 그것을 행동으로 옮겼다.

"우리 모두—아내 릴과 큰아들 밥, 그리고 나—는 부엌 식탁 위에서 손가락으로 그림을 그리기 시작했습니다. 곧 팀은 곁눈질로 우리를 훔쳐보기 시작하더니 자기도 끼워 달라고 졸랐습니다. '안 돼. 먼저 유치원에 가서 손가락으로 그림 그리는 법을 배워 와야 해.' 그리고 나는 리스트에 적은 재미있는 일들을 팀이 알아들을 수 있도록 쉽고 신나게 설명해 주었습니다. 다음 날 아침, 내가 가장 일찍 일어난 줄 알고 아래층으로 내려가 보니 녀석이 거실의 의자에 앉아 자고 있었습니다. '얘야, 여기서 뭘 하고 있니?' 하고 내가 물었습니다.

'응, 유치원에 가려고 기다리고 있어요. 지각하기 싫으니까요.'

온 가족의 열의가, 설교나 위협으로는 이룰 수 없는 열렬한 의욕을 팀에게 불러일으켰던 것입니다."

내일이면 당신은 어떤 일을 하도록 누군가를 설득해야 하는 상황에 처할지도 모른다. 그때는 말을 하기 전에 잠시 숨을 크게 내쉬고 자기 자신에게 물어보아라.

'어떻게 하면 이 사람이 이 일을 하고 싶어 하도록 만들 수 있을까?'

이런 질문은 우리가 우리의 이기적 욕심 때문에 쓸데없는 이야기를 늘어놓거나 경솔하게 행동하는 것을 방지해 줄 것이다.

나는 어떤 강의를 위해 철마다 20일 동안 밤에만 뉴욕의 한 호텔의 홀을 빌리고 있다.

그런데 어느 계절에 들어설 무렵, 갑자기 사용료를 3배 가까이 인상하겠다는 통지를 받았다. 이미 표 인쇄를 마치고 예약판매까지 받고 있었으며, 일정과 장소를 전부 공표한 상태였다.

당연히 나로서는 인상된 임대료를 지불하고 싶지 않았다. 그러나 호텔 담당자에게 내 생각을 이야기해 보았자 무슨 소용이 있단 말인가? 그들은 자신들의 이익에만 관심이 있었다. 그래서 나는 이틀 정도 지난 다음 지배인을 찾아 갔다.

"당신의 편지를 받고 약간 놀랐습니다. 그러나 당신을 탓하고 싶지는 않습니다. 당신의 입장에 있었다면 아마 저도 역시 당신과 같은 내용의 편지를 했을 겁니다. 당신은 호텔 지배인이니 가능한 한 많은 이익을 올리려는 게 당연하지요. 만일 이익을 올리지 못한다면 당신은 해고를 당해 마땅할 것입니다. 자, 당신이 임대료를 굳이 올리겠다면 종이에 호텔 측의 이익과 손해를 한번 따로 적어 보십시오."

그리고 나는 편지지를 집어들어 세로로 가운데에 길게 줄을 긋고서 한쪽엔 이익, 다른 한쪽엔 손해라고 적었다. 나는 이익란의 첫머리에 '큰 홀 비었음'이라고 적어 넣었다. 그러고는 말을 계속했다.

"호텔 측은 큰 홀이 비었으니 그곳을 무도회나 사교 모임을 위해 빌려줄 수 있게 되었습니다. 그것은 커다란 이익입니다. 왜냐하면 그런 모임에서는 시시한 강좌보다는 많은 사용료를 낼 테니까요. 만일 내가 20일 동안 밤마다 호텔의 홀을 차지한다면 분명히 당신은 이익이 훨씬 많이 나는 사업을 놓치게 될 것입니다.

자, 이번에는 손해가 나는 부분을 생각해 봅시다. 첫째, 저에게서 얻은 수익이 없어지기 때문에 수입이 줄어듭니다. 사실 줄어들기보다는 전혀 수입이 없습니다. 왜냐하면 당신이 요구하는 임대료를 지불할 수 없기 때문입니다. 저는 부득이 다른 장소를 알아볼 수밖에 없습니다. 당신에게는 또 다른 손해가 있습니다. 이 강좌에는 많은 지식인과 문화인들이 참석합니다. 그것은 호텔로서는 좋은 광고가 아니겠습니까? 실제로 당신이 만약 5천 달러를 들여 신문에 광고를 낸다고 해도 저의 강좌가 끌어들이는 만큼의 많은 사람을 호텔로 불러들일 수는 없을 겁니다. 그것만 해도 호텔로서는 커다란 이익이 아닐까요?"

이야기를 하면서 나는 손해란에다 두 가지를 적어놓았다. 그러고는 종이를 지배인에게 건네주며 말했다.

"호텔 측에 발생할 이익과 손해 양쪽 모두를 신중하게 검토해 저에게 최종적인 결정을 알려 주시기 바랍니다."

다음날 나는 지배인으로부터 편지를 받았다. 임대료를 당초의 300% 대신 50%만을 인상하겠다는 내용이었다.

내가 원하는 것에 대해서는 한마디도 하지 않고 내가 바라는 결과를 얻어냈다는 사실에 주목하기 바란다. 나는 시종일관 상대방이 원하는 것과 그것을 어떻게 얻을 수 있는지에 관해서만 이야기했다.

만약 내가 다른 사람들처럼 감정을 앞세워 성급히 행동했다고 생각해 보자. 지배인실로 뛰어들어가 "입장권이 이미 인쇄됐고 발표도 끝난 마당에 임대료를 300%나 올리다니 이게 무슨 짓이오? 말도 안 되는 소리요! 한 푼도 더 낼 수 없소!"라고 목청 높여 소리쳤다고 가정해 보는 것이다.

그러면 어떤 결과가 나타났을까? 당신도 예상하듯 서로 옥신각신 논쟁만 벌일 뿐 그 어떤 바람직한 결과도 나오지 못했을 것이다. 설령 내가 지배인을 설득해서 그가 옳지 못하다는 것을 일깨웠다 하더라도 그는 자존심 때문에 양보하지 않았을 것이다.

여기에 훌륭한 인간관계를 위한 최상의 충고가 있다. 바로 자동차왕 헨리 포드의 말이다.

"성공의 유일한 비결은 다른 사람의 생각을 이해하고, 당신의 입장과 아울러 상대방의 입장에서 사물을 바로 보는 것이다."

참으로 옳은 말이다. 몇 번이고 음미하면서 꼭 기억해 두길 바란다.

이 말은 너무나 간단명료하기 때문에 누구나 이 말이 담고 있는 진실을 금방 알 수 있다. 그런데도 열 명 중 아홉 명이 십중팔구 이 말을 무시해 버린다.

예를 들어 보기로 하자. 내일 아침 사무실 책상 위에 놓인 편지를 읽어 보아라. 편지 대부분이 상식의 법칙에서 벗어나 있음을 알게 될 것이다. 전국에 지사를 둔 어느 광고 회사의 라디오 광고 국장이 보낸 다음 편지를 실례로 들어 보겠다. 이 편지는 전국 지방 라디오 방송국의 국장들에게 보낸 내용이다. (편지 문단마다 내 생각을 괄호 속에 적었다.)

> 친애하는 블랭크 씨
> 저희 회사는 라디오 광고 분야에서 일류 광고대행사의 수준을 견지하고자 합니다

(당신네 회사가 뭘 바라든 내가 무슨 상관이야? 나는 내 문제만 해도 지금 골치가 아픈데. 우리 집 저당권은 은행에 넘어가게 생겼고, 접시꽃은 해충 때문에 죽어 가고, 어제는 주가가 폭락했어. 오늘 아침에는 통근차를 놓쳤고, 지난 밤 존슨네에서 열린 댄스 파티에는 초대도 못 받았어. 게다가 의사는 내가 고혈압이다, 신경통이다 하며 잔소리해대고. 그런데 이게 무슨 일이야? 짜증 내면서 사무실에 왔는데, 어느 주제넘은 사람이 자기네 회사가 원하는 것만 잔뜩 늘어놓은 편지를 보내왔을 줄이야. 흥! 자기가 보낸 편지가 내 기분을 얼마나 망쳐놓았는지 알기라도 한다면, 아마 이 친구 그길로 광고계를 떠나 세제나 만들걸!)

> 우리 회사의 실적은 아주 높아서 언제나 업계 수위를 차지하고 있습니다. 광고 시간을 집계해 보더라도 매년 정상을 지키고 있습니다.

(당신네가 실적이 높고 자본이 많아 업계 정상을 차지하고 있다고? 그래서 어쨌다는 거야? 제너럴모터스사와 제너럴일렉트릭사를 합친 것보다 더 막강하더라도 내가 알 게 뭐냐고? 당신이 미련한 벌새만큼이라도 눈치가 있다면, 내가 관심을 갖고 있는 것은 당신네가 얼마나 잘났나가 아니라 내 회사가 얼마나 잘났는가 하는 것임을 알아야지. 당신네 회사 자랑을 듣고 보니 내가 더 초라하고 보잘것없는 존재로 느껴지잖아.)

> 우리는 최신의 라디오 방송 정보로 고객에게 서비스하기를 바라고 있습니다.

(바란다고! 또 네 소원이냐?! 이 천하의 멍텅구리 같은 사람아! 당신이 뭘 원하는지, 미국 대통령이 뭘 바라든지 내가 알 게 뭐요? 이것 보라고, 나는 오직 내 일에만 관심이 있단 말이오. 그런데 당신이 보낸 그 가당치도 않은 편지에는 이 점에 대해서는 일언반구도 없잖소?)

귀사의 방송 정보를 매주 보고해 주셨으면 합니다. 광고 대리업자에게 필요하다 싶은 사항이라면, 아무리 사소한 것이라도 알려 주시길 바랍니다.

(마음대로 떠들더니만 이제는 마치 상관인 양 보고 올리라고? 부탁하는 입장이면서 간곡한 말 한마디도 없이 뻔뻔스럽기도 하군!)

귀사의 최근 '방송 현황'과 함께 본 서신에 대한 회신을 바로 보내 주시면 서로 도움이 될 것입니다.

(이런 멍청이 같은 사람! 가을철 낙엽만큼이나 흔해 빠진 편지를 보내 놓고 뻔뻔스럽게도 나더러 자기에게 사적인 회신을 보내 달라고? 게다가 '바로'? 나도 당신 못지않게 바쁜 사람이란 것도 몰라? 무엇보다 마음에 안 드는 건, 당신이 대체 뭔데 나한데 이래라저래라 하는 거야. 서로 도움이 될 것이라고? 이제야 당신이 내 입장을 신경 써 주는구먼. 그러나 이 내용만 봐서는 뭐가 어떻게 나에게 도움이 되는지 전혀 모르겠어.)

그럼 이만 줄입니다.

라디오 광고국장
존 도우 배상

추신 : 블랭크빌 저널 사본을 동봉합니다. 귀사의 방송자료로 사용해 주시면 기쁘겠습니다.

(편지 마지막에서야 '서로 도움이 된다'는 게 무슨 뜻인지 겨우 알겠군. 왜 편지를 시작할 때 진작 이 이야기를 하지 않았나? 아니, 처음부터 썼다 해도 어차피 인상은 똑같았겠지만. 당신 같은 이런 실수를 끊임없이 범하는 광고쟁이들은 바보 멍청이인 게 틀림없어. 당신에게 필요한 것은 바보한테 잘 듣는 약이겠지.)

평생 광고계에서 일하며 다른 사람을 설득하여 구매로 이끄는 일에 전문가라고 자처하는 사람들조차 이런 편지를 쓴다면, 장사꾼이나 수리공들에게는 무엇을 기대할 수 있을까?

여기에 어느 운송회사 소장이, 우리 강좌에 참여한 적이 있는 에드워드 버밀렌 씨에게 보낸 편지를 소개한다.

에드워드 버밀렌 귀하

안녕하십니까? 대부분 물량이 오후 늦게 한꺼번에 회사에 도착하고 있어 발송작업이 늦어지고 있습니다. 그 결과 화물 체증 상태, 인부들의 연장근무, 배차의 지연, 화물 운송 적체현상이 일어나고 있습니다. 11월 10일 모두 510개의 귀사 박스를 받았는데, 그때는 이미 오후 4시 20분이었습니다.

화물 접수가 늦어짐에 따라 생기는 바람직하지 못한 결과를 해소하는 데 협조해 주시기 부탁드립니다. 대량 화물을 보내실 때는 일찍 이곳으로 보내 주시든지, 또는 일부라도 오전에 보내 주십시오.

위와 같이 배려하여 주시면 귀사의 트럭 대기 시간도 단축되고 화물도 그날로 발송되겠습니다.

그럼 이만 줄입니다.

J. B. 소장 드림

이 편지를 읽고 버밀렌 씨는 아래의 코멘트를 나에게 보내왔다.

"이 편지는 당초 의도한 바와는 전혀 다른 효과를 가져왔습니다. 우리로서는 사실 상관 없는 자기 운송회사의 애로 사항으로 시작하고 있습니다. 우리 회사의 사정은 고려하지도 않은 채 협조만 구하고 있고, 편지의 마지막에 가서야 저희가 협조를 해 주기만 한다면 보다 더 많은 이익을 주겠다고 쓰고 있습니다. 저희의 관심을 끌 만한 부분을 맨 나중에 언급함으로써 결국 협조를 구하기보다는 반발심만 일으켰습니다."

이 편지를 한번 고쳐 써 보기로 하자. 우리의 문제를 이야기함으로써 시간을 허비하지 말자. 헨리 포드의 말대로 타인의 입장을 이해하고 타인의 처지에서 사물을 보고 판단하자.

여기에 수정된 편지를 소개하기로 하겠다. 최상의 것은 아니더라도 좀 더 나아진 형태의 편지라고 생각한다.

에드워드 버밀렌 귀하

안녕하십니까?

지난 14년 동안 변함없는 귀사의 성원에 깊이 감사를 드립니다. 성원에 보답하고자 언제나 신속하고 효율적인 서비스를 위해 노력하고 있습니다. 그러나 지난 11월 10일처럼 오후 늦게 한꺼번에 대량의 화물을 보내 주시면, 죄송하오나 기대하시는 바에 어긋나는 경우가 있게 됩니다. 왜냐하면 다른 회사들도 오후 늦게야 화물을 보낼 때가 있기 때문입니다. 따라서 작업이 지연될 수밖에 없습니다. 이렇게 되다 보면 어쩔 수 없이 귀사 트럭이 하역 부두에 묶이게 되고, 때로는 화물 선적이 지연됩니다. 이것은 유감스러운 일이지요.

그러나 이 일을 예방할 수 있습니다. 가능한 한 화물을 아침에 보내 주신다면 순조로운 작업이 이루어져 화물 선적은 바로 될 것이고, 인부들도 제때에 퇴근을 해 귀사에서 생산하는 맛있는 스파게티를 저녁으로 먹을 수 있을 겁니다.

한 말씀 더 드리자면, 귀사의 화물이라면 몇 시에 도착하더라도 최대한 빠른 서비스를 해드리겠습니다. 그 점은 걱정하지 마십시오. 바쁘시니 일부러 답장을 주시지 않아도 됩니다.

그럼 이만 줄입니다.

J. B. 소장 드림

뉴욕의 어느 은행에서 일하는 바바라 앤더슨 여사는 자기 아들의 건강 문제로 애리조나주 피닉스로 이사하고 싶었다. 강좌에서 배운 원칙들을 이용하여 그녀는 피닉스에 있는 12개 은행에 다음과 같은 편지를 보냈다.

존경하는 은행장님께

10년 동안 은행 실무를 쌓은 저의 경력이 귀 은행과 같이 급속도로 발전하는 회사에 도움이 될 것입니다.

뉴욕에 있는 뱅커즈 트러스트 회사에서 현 지점장의 직책에 이르기까지 본인은 고객관리, 신용계, 대부계 그리고 관리업무 등과 같은 은행 실무의 제반 사항을 익혀 왔습니다.

저는 피닉스로 5월에 이주할 예정입니다. 그곳에 가서 귀 은행의 성장과 수익에 이바지하고 싶습니다. 4월 셋째 주경 피닉스에 갈 때 제가 귀 은행에 얼마나 도움을 드릴 수 있는가에 대해 말씀드릴 기회를 주시면 대단히 감사하겠습니다.

그럼 안녕히 계십시오.

바바라 L. 앤더슨 올림

앤더슨 여사는 과연 답장을 몇 통이나 받았을까? 12개 은행들 중 11개가 그녀에게 면접 요청을 했고, 여사는 이들 중 어느 은행을 고를지 행복한 고민에 빠졌다. 왜 그랬을까? 그녀는 자신이 원하는 것은 전혀 쓰지 않고 대신 상대를 어떻게 도와줄 수 있는지와 그들의 요구사항에만 초점을 맞춰 편지를 썼기 때문이다.

오늘도 수천의 세일즈맨들이 충분한 수확을 거두지 못하고 실망으로 지친 어깨를 축 늘어뜨린 채 거리를 헤매고 있다. 왜 그럴까? 그들은 항상 자신이 원하는 것만 생각하고 있기 때문이다. 그들은 당신과 내가 아무것도 사고 싶어 하지 않는다는 것을 모르고 있다. 우리는 사고 싶은 것이 있으면 직접 가서 산다. 우리의 관심은 모두 자기 문제를 직접 해결하는 데 쏠려 있다. 만일 외판원들이 그들의 서비스 내용이나 상품이 우리의 문제를 해결하는 데 도움이 된다는 것을 보여 줄 수만 있다면 우리에게 물건을 억지로 권할 필요가 없을 것이다. 우리가 기꺼이 나서서 구입할 것이기 때문이다. 그리고 고객이란 타인의 권유에 의해서보다는 자기 스스로 원해서 사는 것을 좋아하는 법이다.

그러나 많은 세일즈맨들은 구매자의 입장에 서지 않고 파는 데만 열을 올리며 세월을 보낸다. 여기서 좋은 예를 하나 들어 보겠다.

수년간 나는 포레스트 힐즈에서 살았다. 이곳은 뉴욕시의 교외로 개인 주택이 들어서 있는 조그마한 구역이다.

어느 날 아침 지하철역으로 달려가고 있는데, 그때 나는 수년간 롱아일랜드에서 부동산을 중개하는 업자와 우연히 만나게 되었다. 나는 포레스트 힐즈에 대해 잘 알고 있는 그에게 내가 살고 있는 집의 건축 재료가 무엇인지 물었다. 그러자 부동산업자는 잘 모른다고 하면서 포레스트 힐즈 주택 협회로 전화를 하면 알 수 있을 것이라고 말했다.

그런데 다음날 아침 그로부터 편지가 왔다. 내가 알고 싶어 했던 정보를 보내 준 것일까? 아니, 그런 용건이라면 전화 한 통화면 충분하다. 의아한 마음에 봉투를 뜯어 보니 뜻밖의 편지가 나왔다. 그는 내 관심사에 대해선 그 협회로 전화를 걸면 알 수 있다고 다시 말한 뒤, 보험에 가입해 달라고 부탁했던 것이다.

이 부동산업자는 나에게 도움을 주는 일에는 관심이 없고, 자신에게 도움이 되는 일에만 흥미가 있었다.

이 책을 다 읽고 난 뒤 당신이 항상 다른 사람의 입장에서 사물을 보려고 한다면, 이 책이 당신 눈앞에 성공의 길을 열어 주었음을 쉽게 깨닫게 될 것이다.

다른 사람의 입장에 서서 그의 마음속에 어떤 욕구를 불러일으키는 것이, 그 사람을 기만해서 그에게는 해가 되고 나에게는 이익이 되는 일이라고 이해해서는 안 된다. 너와 나 모두 협상을 통해 서로 이익을 얻어야 한다. 버밀렌에게 보낸 편지를 보더라도 서로가 제시한 요구사항을 지키면 모두 이익을 얻을 수 있다. 은행 측과 앤더슨 여사와의 관계에서도 은행으로서는 유능한 고용인을 얻은 셈이고, 앤더슨 여사로서도 알맞은 직업을 갖게 된 것이다. 즉, 그 편지로 인해 서로 이익을 얻게 된 것이다.

다른 사람의 마음에 열렬한 욕구를 불러일으키는 이 원리를 이용하여 모두들 이익을 얻을 수 있었던 또 한 가지 예를 들어 보기로 하겠다.

로드아일랜드의 워릭에 거주하는 마이클 E. 위든은 셸 석유회사의 지역 담당 판매원으로 일하고 있었다. 마이클은 자기 지역에서 첫째 가는 판매원이 되고 싶었으나, 주유소 한 곳이 그의 발목을 잡았다. 이 주유소는 한 노인이 경영했는데, 그에게 아무리 주유소를 깨끗하게 관리하라고 해도 꿈쩍도 안 했다. 판매량은 끝없이 더 떨어질 뿐이었다.

주유소를 개선시켜 달라는 마이클의 애원을 이 노인은 들은 척도 하지 않았다. 고민 끝에 그는 그 지역 내에서 가장 좋은 주유소로 이 노인을 데리고 갔다. 그 주유소 시설에 너무나 감동을 받은 이 노인은 마이클이 그 다음 번에 찾아갔을 때 자기 주유소를 깨끗이 치워 놓고 판매량도 올려 놓았다.

덕분에 마이클은 그 지역 내에서 첫째가는 판매원이 될 수 있었다. 마이클의 설교나 토론 따위는 그 노인에게 아무런 자극을 주지 못했지만 현대적 시설로 설비된 청결한 주유소는 노인의 마음속에 열렬한 욕구를 불러일으켰으며, 마이클은 당초에 자신이 목표한 일을 이루어 낼 수 있었던 것이다. 결국 노인과 마이클은 각자 큰 이익을 얻을 수 있었다.

사람들은 대학에 들어가 라틴어나 미적분법 이론을 배우면서도 막상 그들 자기 마음이 어떻게 움직이는지는 깨닫지 못한다. 예를 들어 보겠다.

나는 언젠가 일류 에어컨 제조회사인 캐리어사에 입사한 새내기들에게

‘효과적인 대화법’이란 주제로 강의를 한 적이 있었다. 참석자 중 한 젊은이는 다른 사람을 설득하여 여가 시간에 함께 농구를 하고 싶어 했다. 그 젊은이는 모두를 향해 이렇게 말했다.

“여러분과 농구를 하고 싶습니다. 농구를 하고 싶어서 몇 번 체육관에 가 보았는데, 사람들이 몇 명 되지 않아 할 수 없었습니다. 며칠 전에는 인원이 두세 사람밖에 되지 않아 그냥 서로 공 던지기를 했는데 그만 공에 맞아 눈가에 시퍼런 멍이 들고 말았습니다. 여러분, 내일 밤에는 꼭 나와 주십시오. 나는 농구를 하고 싶습니다.”

그가 당신이 원하는 것에 대해 이야기했는가? 다른 사람도 가지 않는 농구장에 당신도 가고 싶지는 않을 것이다. 당신은 그가 원하는 것에는 관심이 없고, 눈가에 멍이 들고 싶지도 않을 것이다.

당신이 체육관을 이용함으로써 얻게 될 이점을 그가 이야기했는가? 차라리 왕성한 원기, 강렬한 식욕, 상쾌한 기분, 즐거움 등을 강조했으면 좋았을 것이다.

오버스트리트 교수의 지혜로운 충고를 다시 들어 보자.

“먼저 다른 사람의 마음에 열렬한 욕구를 불러일으켜라. 이것을 할 수 있는 사람은 온 세계를 얻을 수 있고, 그렇지 못한 사람은 누구의 지지도 얻을 수 없다.”

우리 강좌에 참여한 한 사람은 어린 아들 문제로 걱정하고 있었다. 이 아이는 매우 말랐는데도 편식이 심해 음식을 제대로 먹으려 하지 않았다. 아이의 부모는 다른 부모들이 흔히 쓰는 방법을 택했다. 즉, 아이를 야단치면서 “엄마는 네가 이것을 먹었으면 좋겠구나”, “아빠는 네가 커서 튼튼한 사람이 되기를 원한단다” 아이에게 잔소리를 해댔다.

그 소년이 부모의 이런 말에 과연 귀를 기울였을까? 전혀 그렇지 않았다. 귀를 기울인다면 그야말로 놀랄 일이다. 훌륭한 판단력을 가진 사람이라면, 이 세 살 먹은 아이가 서른 살 된 아빠의 생각에 공감하리라고는 기대하지 않을 것이다.

그런데도 아이의 아빠는 그렇게 기대하고 있었던 것이다. 그러다가 마침

내 이 아빠는 자기 어리석음을 깨달았다. 그래서 그는 스스로 '이 아이가 원하는 것은 무엇일까? 어떻게 하면 내가 원하는 것과 이 아이가 원하는 것을 하나로 만들 수 있을까?' 물었다.

아빠가 이런 생각을 하기 시작하자 문제는 쉽게 풀렸다. 아들은 자기 집 앞 도로에서 세발자전거를 즐겨 탔다. 하지만 같은 동네 몇 집 건너에 사는 개구쟁이가 아들을 밀어 넘어뜨리고는 자전거를 빼앗아 타곤 했다.

그럴 때마다 아들은 소리치며 엄마한데 울면서 달려갔다. 엄마는 달려나와 그 말썽꾸러기 녀석에게서 자전거를 빼앗아 자기 아들을 앉혀 주곤 했다. 거의 날마다 이런 일이 되풀이되었다.

이 아이가 원하는 것은 과연 무엇일까? 명탐정 셜록 홈즈가 아니더라도 알 수 있을 만큼 간단한 것이다. 아이의 자존심, 분노, 자기 중요감—이런 내적인 강렬한 감정—에다 불을 붙여 그 개구쟁이 녀석의 코를 납작하게 만들고 싶은 욕구를 불러일으키면 되는 것이었다.

그래서 아빠는 만일 엄마가 바라는 대로 잘 먹기만 하면, 그 못된 녀석보다 덩치가 훨씬 커져서 쉽게 혼내줄 수 있다고 말해 주었다. 그러자 아이는 식사 문제로 더 말썽 부리지 않게 되었다. 아이는 이제 자기에게 그토록 자주 모욕을 주던 그 덩치 큰 녀석을 이기기 위해 무엇이든 가리지 않고 잘 먹게 되었다.

이 문제를 무사히 해결한 뒤 아이의 부모는 또 다른 문제 해결에 착수했다. 아이에게는 이불에 오줌을 싸는 나쁜 버릇이 있었다.

아이는 할머니와 같이 잠을 잤다. 아침에 할머니가 깨어나 "아이구 얘야, 간밤에 또 일을 저질렀구나" 말했다.

그러면 아이는 "아니에요, 내가 그러지 않았어요. 할머니가 했잖아요" 변명을 했다.

부모가 아이를 나무라기도 하고, 엉덩이를 찰싹찰싹 때리기도 하고, 무안을 주면서 다시는 오줌을 싸지 말라고 잔소리를 되풀이해 봐도 아무 소용이 없었다. 부모는 이렇게 스스로 자문을 했다.

'딸아이에게 이불에 오줌을 싸지 않게 할 수 있는 무슨 방법이 없을까?'

이 아이가 원하는 것은 무엇일까? 아이는 할머니가 입고 자는 것과 똑같은 나이트가운 대신에 아빠처럼 파자마를 입고 싶어 했다. 손주가 밤마다 저지르는 일에 진저리를 내던 할머니는, 그 버릇을 고치기만 하면 파자마를 사 주겠노라고 약속했다. 둘째로, 아이는 자기 침대를 갖고 싶어 했다. 할머니는 반대하지 않았다.

엄마는 아이를 데리고 백화점으로 가서 점원에게 눈짓을 보내며 "우리 꼬마 신사가 쇼핑을 하고 싶대요" 하고 말했다. 그러자 점원 아가씨는 "어서 오세요, 꼬마 신사님. 무엇을 사시려고요?" 하면서 아이에게 중요한 사람이라는 느낌이 들도록 해 주었다.

아이는 "제 침대를 사고 싶어요"라고 의기양양하게 대답했다. 엄마는 점원 아가씨에게 다시 눈짓을 보냈다. 점원 아가씨는 그 뜻을 이해하고, 엄마 취향에 맞는 침대를 아이에게 차례로 소개했다. 이 아이는 결국 엄마가 원하는 침대를 사게 되었다.

침대가 집으로 배달된 다음 날 저녁 무렵에 아빠가 퇴근을 하자 "아빠! 아빠! 2층에 가서 제가 산 침대를 좀 보세요!"라며 아이는 기뻐 소리쳤다.

아빠는 침대를 보면서 찰스 슈왑의 권고에 따라, 진심으로 찬사를 보내고 아낌없이 칭찬을 했다.

"이젠 너도 이불에 오줌을 싸지 않겠구나, 그렇지?" 하고 아빠가 물었다.

"그럼요. 이제부터는 안 그럴게요."

이 아이는 자기 자존심이 걸려 있었기 때문에 그 약속을 잘 지켰다. 왜냐하면 자기 침대이고 더욱이 그가 직접 골라 사 온 침대였기 때문이다. 아이는 어른처럼 파자마도 입고 있었다. 그는 어른과 같이 행동하고 싶었던 것이다. 그래서 어른스럽게 굴었다.

역시 나의 강좌를 듣고 있던 전화 기술자인 K.T. 더치만은 아침밥을 먹지 않는 세 살 먹은 딸아이 때문에 애를 먹고 있었다. 아무리 꾸짖고 애원하며 달래 보아도 모두 허사였다. 그래서 부모는 다음과 같이 자문해 보았다.

'어떻게 하면 이 아이가 아침밥을 먹도록 할 수 있을까?'

이 꼬마 아가씨는 자기 엄마 흉내 내기를 좋아했다. 어른이 된 기분을 내고 싶었던 것이다. 그래서 어느 날 아침, 아이에게 아침식사 준비를 하도록 했다. 열심히 요리하던 아이는 아빠가 부엌에 들어왔을 때 절호의 기회를 놓칠세라 죽을 저으면서 "아빠, 오늘 아침에 제가 죽을 만들었어요" 하고 말했다.

그날 아침 아이는 죽을 두 그릇이나 먹었다. 이 일에 큰 흥미를 느꼈기 때문이다. 아이는 죽을 만듦으로써 자기 중요감을 성취했고, 자기 표현 방법을 발견했던 것이다.

윌리엄 윈터는 언젠가 "자기 표현 욕구는 인간의 중요한 욕망 중의 하나이다"라고 말한 적이 있다. 우리는 어째서 이런 심리를 사업상의 거래에 적용하지 못하는가? 멋진 아이디어가 떠올랐다면 남에게 그 아이디어를 제공해서 마음껏 요리하게 하라. 단 그것이 내 아이디어란 사실을 드러내선 안된다. 상대가 그 아이디어를 마치 자기 자기 것처럼 여기게 하라. 그러면 그들은 그것을 좋아하게 되고, 아마 그것을 실행하게 될 것이다.

이 말을 꼭 기억해 두기 바란다.
"먼저 그 사람 마음에 열렬한 욕구를 불러일으켜라. 이것을 할 수 있는 사람은 온 세계를 자기편으로 만들 수 있고, 그렇지 못한 사람은 누구에게도 지지를 받지 못한다."

2

사람들 호감을 사는 6가지 방법

헌신적 관심을 기울여라
그 사람에게 진심 성의를 다한다

당신은 친구를 사귀는 방법을 터득하기 위하여 이 책을 읽고 있는가? 그러면 애써 책을 읽을 것 없이, 그 쪽에 도가 튼 전문가의 방법을 배우면 된다. 그 방면에 능숙하고 노련한 전문가란 과연 누구일까? 사실 우리는 매일 길에서 그와 마주치고 있다. 당신이 다가가면 그는 꼬리를 치며 반가워할 것이다. 걸음을 멈추고 그에게 다정한 눈길이라도 보내면 그는 얼마나 당신을 좋아하는지 보여 주기 위해 펄쩍펄쩍 뛰며 좋아할 것이다. 그의 이런 애정 표현에는 사심이 전혀 없다. 그는 당신에게 부동산을 팔려는 것도 아니고, 결혼을 원하는 것도 아니다.

이 세상에서 아무일도 안 하면서 살아갈 수 있는 유일한 동물이 바로 개다. 닭은 알을 낳아야 하고, 젖소는 우유를 공급해야 하고, 카나리아는 노래를 불러야 한다. 그러나 개는 오직 당신에게 사랑을 바쳐 헌신함으로써 살아가고 있다.

내가 다섯 살 때, 아버지는 노란 털북숭이 강아지 한 마리를 50센트를 주고 사 오셨다. 강아지는 곧 나의 어린 시절 빛이자 기쁨이 되었다. 날마다 오후 4시 반쯤 되면 강아지는 앞뜰에 나와 귀여운 눈으로 하염없이 길 쪽을 바라보다 내 목소리가 들리거나 모습이 보이면 총알처럼 튀어나와 기쁨에 넘쳐 껑충껑충 뛰고 컹컹 짖으며 나를 맞아 주곤 했다.

강아지 '티피'는 5년 동안 변함없는 내 정다운 친구였다. 그런데 어느 날 밤 티피는 내 곁 얼마 떨어지지 않은 곳에서 벼락을 맞아 죽었다. 그날 밤 비극 지금도 잊을 수 없다. 티피의 죽음은 내 소년 시절의 너무나 슬픈 기억이었다.

당연한 이야기지만 강아지 티피는 한번도 심리학 서적을 읽어 본 적이 없다. 처음부터 그럴 필요도 없었다. 티피는 타고난 본능으로, 남의 관심을 받으려고 애쓰는 것보다, 남에게 순수한 관심을 기울이는 것이 친구 사귀기에 훨씬 효과적이란 사실을 잘 알고 있었다. 한 번 더 말하지만, 관심을 끄는 것보다는 기울임으로써 더 많은 친구를 사귈 수 있다.

세상에는 평생을 다른 사람의 관심을 끌기 위해 노력하면서 사는 사람들이 많다. 그런데도 사람들은 당신이나 나에게는 아무런 관심이 없다. 오로지 자기 자신에게만 관심을 가지는 사람들 또한 많이 있다.

뉴욕시 전화회사에서 통화 중에 어떤 말이 가장 많이 쓰이고 있는가를 조사했는데, 아니나 다를까 1인칭 대명사인 '나는' 또는 '내가'라는 말이 제일 많이 쓰였다. 이 단어는 500통화 중에서 무려 3천990번이나 쓰였다.

당신은 자신이 찍힌 단체 사진을 볼 때 가장 먼저 누구를 먼저 찾는가?

혹시 남에게 관심을 주기보다는 받으려고만 하는 편인가? 그렇다면 두 질문에 대답해 보라.

"만약 오늘 당신이 죽는다면 장례식장에 몇 명이나 찾아올 것 같은가?"

"당신이 남에게 관심을 기울이지 않는다면, 남이 당신에게 관심을 가질 이유도 없지 않은가?"

우리가 다른 사람에게 영향을 주어 그들의 관심을 끌려고만 한다면 당신은 진실하고 성실한 친구를 사귈 수 없다.

나폴레옹이 바로 그런 사람이었다. 조세핀을 마지막으로 만난 자리에서 나폴레옹은 "나는 이 세상의 그 누구보다도 운이 좋은 사람이었소. 그러나 이제 이 세상에서 내가 의지할 수 있는 사람은 오직 당신뿐이오" 이렇게 말했다. 그러나 역사가들은 과연 나폴레옹이 조세핀에게조차 의지할 수 있었는지에 대해 의문점을 갖고 있다.

빈 출신의 유명한 심리학자 알프레드 아들러는 〈인생의 의미는 무엇인가?〉라는 책을 썼다. 이 책에서 저자는 다음과 같이 말하고 있다.

"다른 사람들에게 관심이 없는 사람은 인생을 굉장히 어렵게 살아갈 수밖에 없고, 다른 사람에게 해를 끼치게 된다. 인간의 모든 실패는 바로 이런 유형의 인물에서 비롯된다."

심리학 책들을 아무리 읽어봐도 이보다 더 의미심장한 글을 찾기란 그다지 쉽지 않다. 그만큼 아들러의 말은 심오한 뜻을 지니고 있기에 여러 번 되풀이해 음미할 가치가 있다.

나는 뉴욕 대학에서 단편소설 창작에 관한 강좌를 수강한 적이 있는데 그때의 강사는 〈콜리어스〉라는 수준높은 잡지의 편집장이었다. 그는 날마다 책상에 가득 쌓이는 독자 투고 단편들 중 하나를 집어 들고 몇 구절만 읽어보면, 벌써 그가 사람들을 좋아하는지 아닌지를 알 수 있다고 했다.
"작가가 인간을 좋아하지 않으면 세상 사람들 또한 그의 작품을 좋아하지 않는다"고 그는 말한다.
이 편집장은 소설 창작기법에 대해 강연하다가 두 번이나 강의를 중단하고 이렇게 말했다.
"설교하는 것 같아서 미안하지만 꼭 이 말을 명심해 주십시오. 소설가로서 성공하려면 반드시 타인에게 관심을 가져야만 합니다."
소설을 쓰는 데 이것이 필요하다면 사람을 직접 만날 때에는 이것이 3배는 더 필요하다고 생각해야 할 것이다.
나는 하워드 서스톤이라 하는 유명한 마법사가 브로드웨이 쇼에 마지막으로 출연하던 밤에 그의 분장실로 찾아간 적이 있다. 40년 동안 서스턴은 전 세계를 순회하면서 환상적인 공연을 펼쳤고, 청중을 현혹하며 손에 땀을 쥐게 만들었다. 6천만 명 이상의 사람들이 그의 공연을 보았고, 서스턴은 약 200만 달러의 수익을 올렸다.
나는 그에게 성공 비결을 물어보았다. 학교 교육이 그의 성공과 아무런 관계가 없는 것은 명백했다. 그는 어렸을 적에 가출해서 부랑아로 떠돌며 차에 무임승차하거나 건초 더미 위에서 잠을 자기도 했다. 그는 문전걸식하면서 철둑길에 세워져 있는 표지판을 보고 글자를 익혔다고 한다.

그렇다고 그가 남보다 마법실력이 뛰어난 은 절대 아니었다. 그는 속임수에 관한 수많은 책들이 나와 있고 다른 마법사들도 이 정도는 다 알고 있다고 했다. 그러나 그는 다른 사람보다 뛰어난 두 가지 능력이 있었다. 첫 번째는 관객의 마음을 사로잡는 능력이었다. 그는 프로 중의 프로였다. 서스턴은 인간의 본성을 이해했다. 그가 취하는 모든 동작, 목소리, 눈썹의 움직임 하나하나가 모두 사전에 치밀하게 계산된 것들이었다. 그는 연습을 거듭하여 완벽한 타이밍을 익혔다. 다음으로 그는 인간에 대해 진실한 관심과 애정을 가지고 있었다.

서스턴은 많은 마법가들이 무대에 서면 관중석을 내려다보며 스스로 "하하, 얼간이들이 잔뜩 모였군. 저런 멍청이들을 속이는 것은 식은 죽 먹기지"라고 말한다고 했다. 그러나 그는 달랐다. 그는 무대에 오를 때마다 "나를 보러 사람들이 이렇게 많이 와 주다니 얼마나 고마운 일인가! 나로 하여금 하고 싶은 일을 하면서 살게 해 주는 저 사람들을 위해 나도 최선의 연기를 보여 드려야지" 하고 스스로 다짐한다고 했다.

관중 앞에 나서기 전에 그는 몇 번이고 "나는 관중을 아끼고 사랑하고 있어"라는 말을 되풀이한다고 했다. 우스운 행동이라고? 어리석다고? 물론 당신 마음대로 생각해도 좋다. 나는 그저 이 위대한 마법가의 성공 비법을 알려 주고 싶을 뿐이다.

펜실베이니아주 노스 워런에 살고 있는 조지 다이크는 자기가 경영하던 주유소 자리에 새로운 고속도로가 건설되자 30년 동안이나 해 왔던 일을 할 수 없이 그만둬야만 했다. 얼마 지나지 않아 참을 수 없는 지루함이 몰려왔다. 그는 해묵은 바이올린을 꺼내 연주하면서 시간을 보내기로 했다. 그는 마을을 돌아다니면서 음악도 감상하고, 재능이 풍부한 바이올린 연주가들과 담소를 나누게 되었다.

다정하며 겸손한 다이크는, 자신이 사귀게 된 음악가들의 배경과 관심사에 깊은 흥미를 갖고 그들에게 이것저것 물어보았다. 그는 비록 뛰어난 연주가는 아니었지만 친구를 많이 사귈 수 있었고 경연 대회에도 참석하게 되었다. 다이크는 얼마 지나지 않아 동부 지역의 음악 애호가들로부터 '킨주

아의 바이올린 주자 조지 아저씨'라는 별명을 갖게 되었다. 이때 다이크는 72세였다. 그는 유명인으로서 여생을 즐겼다. 다른 사람에게 끊임없는 관심을 가진 덕분에 대부분의 사람들이 인생의 내리막이라 생각하는 70대에, 그는 새로운 인생을 창조해 낼 수 있었던 것이다.

시어도어 루스벨트 대통령이 놀랄 만한 인기를 누린 비결도 바로 여기에 있다. 심지어 하인들까지도 그를 사랑했다.

루스벨트 대통령의 하인인 제임스 아모스가 쓴 《시종의 영웅인 루스벨트 대통령》이라는 책에는 다음과 같은 감동적인 일화가 실려 있다.

언젠가 저의 아내가 대통령께 메추라기에 대해 여쭈어 본 적이 있었습니다. 아내는 한 번도 메추라기를 본 적이 없었으므로 대통령께서는 상세하게 설명해 주셨습니다. 얼마 후 우리 집으로 전화가 걸려 왔더군요(아모스와 그의 아내는 오이스터베이에 있는 대통령 관저 안의 조그만 집에 살고 있었다). 다름 아닌 대통령의 전화였습니다. 아내가 말하길, 우리 집 창문밖에 메추라기가 앉아 있으니 내다보라고 대통령께서 직접 말씀하셨답니다. 그런 일 때문에 일부러 전화까지 해 주신 겁니다. 이와 같은 세밀한 배려를 해주시는 분이 바로 루스벨트 대통령이었습니다. 우리 집 옆을 지나가실 때는 우리가 거기에 없을 때에도 "안녕, 애니" 혹은 "안녕, 제임스" 하고 다정한 인사를 남기고 가십니다.

고용인들이 이런 사람을 어떻게 좋아하지 않을 수 있겠는가? 고용된 사람이 아니더라도 누구나 좋아하지 않고는 못 견딜 것이다.

퇴임한 루스벨트는 어느 날, 태프트 대통령 부처가 출타 중일 때에 백악관을 방문했다. 루스벨트가 자신이 옛날에 데리고 있던 하인들, 심지어는 식모까지도 이름을 부르면서 인사했다는 것을 보면 평범한 사람에게도 솔직한 애정을 품고 있었음을 잘 알 수 있다.

루스벨트는 주방 하녀인 앨리스를 만났을 때 요즘도 그녀가 옥수수빵을 만드는지 물었다. 앨리스는 가끔 하인들에게 주려고 만들기는 하지만 윗분들은 드시지 않는다고 말했다.

그러자 루스벨트는 우렁찬 목소리로 말했다.

"맛을 모르는 사람들이로구먼. 내가 대통령을 만나면 말해 주겠네."

앨리스가 갓 구운 빵을 내밀자 루스벨트는 그 빵을 먹으면서 걸어가다 정원사와 일꾼들에게 인사를 했다.

"예전에 하셨던 그대로 사람들의 이름을 부르셨습니다." 40년 동안 백악관의 수석 집사를 지낸 아이크 후버는 눈물을 글썽이며 말했다. "지난 2년 동안 이렇게 기쁜 날은 없었습니다. 저희들은 천만금을 준다 해도 아무도 이 날과 바꾸지 않을 것입니다."

뉴저지주의 채덤에 살고 있는 에드워드 M. 사익스라는 영업사원의 예를 들어 보자. 그는 겉으로 보기에는 별로 중요한 인상을 주지 않는 사람들에게 진실한 관심을 가짐으로써, 소중한 고객을 잃는 사태를 막을 수 있었다.

"몇 년 전에 저는 존슨 앤 존슨사에서 일하며 매사추세츠 지방의 고객들을 담당하고 있었습니다. 거래선 중에 약국 하나가 힝엄에 있었는데, 저는 이 약국에 들를 때마다 휴게실의 점원들과 먼저 이야기를 하고 나중에 주인과 이야기를 나누곤 했습니다. 그런데 어느 날 약국에 들렀더니, 약국 주인이 더 존슨 앤 존슨 제품에는 관심이 없으니 거래를 끊겠다는 것이었습니다.

그 이유는 존슨사 측에서 주로 식품가게와 할인매장에만 신경을 쓰고 자기네 같은 작은 약국을 무시한다는 것이었습니다. 저는 실망한 나머지 그곳을 나와 몇 시간을 여기저기 돌아다녔습니다. 그러다가 저는 다시 그 가게 주인을 찾아가 제 입장을 설명하기로 했습니다.

다시 들어가서 여느 때와 마찬가지로 점원들에게 인사를 했습니다.

그리고 주인에게 갔는데, 뜻밖에도 주인은 미소를 지으며 환영하더니 평상시의 두 배나 되는 주문을 하는 것이었습니다. 저는 깜짝 놀라 어떻게 된 일이냐고 물었습니다. 주인은 한 젊은 점원이, 자기에게 말하길, 가게에 들어와 점원에게 인사하는 몇 안 되는 세일즈맨 중 하나가 저라고 했다는 것입니다. '우리 약국과 거래를 할 자격이 있는 세일즈맨은 바로 그 사람'이라고 말했다는 것이었습니다. 그 뒤 약국 주인은 단골이 되었습니다. 세일즈맨이 갖추어야 할, 아니 모든 사람이 갖추어야 할 가장 중요한 자질은 다른 사람에게 진실한 마음에서 우러나오는 관심을 가지는 것이라는 사실을 저는 깊이 깨달았습니다."

나는 진실된 마음으로 관심을 가지면, 아무리 바쁜 사람들로부터라도 그들로부터 관심과 협조를 얻을 수 있다는 사실을 경험을 통해서 깨달았다.

한 예로, 몇 년 전에 나는 브루클린의 예술·과학재단에서 소설 창작 기법에 관한 강의를 계획한 적이 있다. 캐슬린 노리스, 패니 허스트, 아이다 타벨, 앨버트 터훈, 그리고 루퍼트 휴즈와 같이 저명한 작가들을 브루클린에 모셔 오기로 했다. 나는 우리가 그들의 작품을 좋아하며 성공의 비결을 궁금히 여긴다는 내용의 편지를 보냈다. 편지마다 150여 명의 학생들이 서명을 했다. 그리고 그들이 너무 바쁜 분이라 강의를 준비할 시간이 없을 것이라고 판단한 우리는, 그들이 자신과 자신만의 소설 창작기법에 대해서 말할 수 있도록 설문지를 동봉했다. 우리의 이런 방식에 그들은 만족했다. 그들이 브루클린까지 와서 우리에게 도움을 주었다.

나는 이런 방법을 이용하여 시어도어 루스벨트 내각의 재무장관 레슬리 M. 쇼, 태프트 내각 법무장관인 조지 W. 위커샴, 프랭클린 D. 루스벨트 등 수많은 저명인사들을 나의 강좌에 강사로서 초대할 수 있었다.

우리 모두는 자신을 칭찬하고 존경해 주는 사람을 좋아하게 마련이다.

독일 황제를 예로 들어 보자. 제1차 대전이 거의 끝나갈 무렵, 황제는 전 세계적으로 가장 심한 경멸을 받고 있었다. 심지어 황제가 목숨을 부지하기 위해 네덜란드로 망명했을 때는 독일 국민들조차 그를 배척했다. 황제에 대한 증오심이 너무나 커 많은 사람이 그를 갈기갈기 찢어서 화형에 처하고 싶어 했다. 이런 격렬한 분노 속에서 한 어린아이가 황제에게 찬미와 존경을 가득 담은 편지를 보냈다. 소년은 남들이 뭐라 하든 자신은 그를 황제로서 사랑하고 존경하고 있다고 썼다. 황제는 이 편지에 크게 감동하여 그 소년과 소년의 어머니를 자기 집으로 초청했다. 그 뒤 황제는 이 소년의 어머니와 결혼했다. 이 소년은 친구를 사귀고 사람을 설득하는 법에 관한 책을 읽을 필요가 없었다. 본능적으로 알고 있었던 것이다.

친구를 사귀고 싶으면 그 사람에게 헌신하라. 이런 일에는 시간 노력, 희생 그리고 사려 깊은 마음이 필요하다.

윈저 공이 영국의 황태자였을 때 남미를 여행할 일이 있었다. 그는 남미로 떠나기 전 몇 달 동안 그 나라 말로 연설하기 위해 스페인어를 배웠다. 그 결과 윈저 공은 남미에서 대단한 인기를 누렸다.

수년 전부터 나는 친구들의 생일을 모두 기억하고 있다. 나는 점성술을 전혀 믿지 않았지만, 친구들에게 생일이 인격이나 기질과 어떤 관계가 있는지 물어보고는 얘기 도중에 그들의 생일을 가르쳐 달라고 했다. 생일이 11월 24일이라면 마음속으로 11월 24일을 계속 되뇌다 친구와 헤어진 후 바로 이름과 생년월일을 노트에 옮겨 적었다. 그 뒤 새해가 되면 눈에 띄게 달력에 표시를 해 놓았다. 그러면 잊어버릴 염려가 없었다. 나는 누군가의 생일이 되면 편지나 전보를 쳤다. 그 결과는 놀랄 만한 것이었다. 그날을 기억해 준 사람이 이 세상에서 나 혼자뿐인 경우도 종종 있었으니 말이다.

친구를 사귀고 싶으면 생기 있고 열정적인 태도로 사람들을 맞이하라. 전화를 받을 때에도 이와 똑같은 마음으로 하라. 전화를 받아서 매우 기쁘다는 투로 "여보세요" 하고 말해 보라.

모든 사람에게 진심으로 관심을 보이면 친구를 사귈 수 있을 뿐만 아니라, 상대가 당신 회사의 고객일 경우 그를 훌륭한 단골 고객으로 만들 수 있다.

뉴욕 노스아메리카 내셔널 뱅크의 사보에 그 은행의 예금주인 마들린 로즈데일 부인이 보낸 편지가 실렸다.

"귀하의 은행 직원들에게 무어라 감사의 말을 드려야 할지 모르겠군요. 모든 분들이 아주 예의 바르고 정중하게 도움을 주십니다. 오랫동안 줄을 서서 기다리다가도 창구에서 반갑게 맞아주면 기분이 다 풀려요. 작년에 저희 어머니께서 다섯 달 동안 병원에 입원한 적이 있었습니다. 출납계원인 마리 페트루첼로 양은 절 볼 때마다 저의 어머니 건강을 걱정해 주면서 차도가 있는지 물어보더군요."

로즈데일 부인이 이 은행과 거래를 끊을 걱정은 거의 없는 셈이다.

다른 예를 들어 보자. 뉴욕의 어느 일류 은행에 근무하는 찰스 월터스는 모 회사에 대한 기밀문서를 작성하는 임무를 맡게 되었다. 그는 이 문서 작성에 꼭 필요한 정보를 갖고 있는 사람을 딱 한 명 알고 있었다. 그건 바로 어느 공업회사의 사장이었다. 월터스가 그의 사무실에 들어설 때 마침 젊은 아가씨가 문 사이로 고개를 내밀며 그날은 우표가 없다고 사장에게 말하고 있었다.

"열두 살 먹은 아들 녀석을 위해 우표를 수집하는 중이라오."

사장이 월터스에게 말했다.

월터스는 용건을 말하고 질문을 시작했지만 사장은 관심 없다는 태도를 취했다. 사장이 지금은 이야기하고 싶지 않은 눈치라 그로서는 달리 어찌할 도리가 없었다. 결국 인터뷰는 몇 분만에 끝났고 얻은 것이라곤 아무것도 없었다.

월터스는 "솔직히 말해서 그땐 어떻게 해야 좋을지 막막했습니다" 하고 당시 심경을 말했다.

"그러자 갑자기 비서가 그에게 한 말이 생각 나더군요. 우표, 12살 난 아들…… 그리고 우리 은행의 외환계가 전 세계에서 날아오는 편지의 우표를 모으고 있다는 사실이 문득 떠올랐지요.

다음날 오후 다시 그 사장을 찾아가 아들에게 줄 우표를 보여주었지요. 사장은 저를 열렬히 환영했습니다. 설사 그가 국회의원에 출마 중이었더라도 그처럼 열렬한 악수는 아마 할 수 없었을 것입니다. 사장은 활짝 웃으며 저에게 호의를 나타냈습니다. '우리 조지 녀석이 무척 좋아하겠군요' 하고 말하면서 우표를 만졌습니다. 그는 '정말 훌륭한 우표입니다. 보물감이오' 하며 무척 기뻐했습니다.

그는 아들 사진을 보여주었습니다. 우리는 우표와 그의 아들 이야기로 30분을 보냈습니다. 그러고 나서 사장은 무려 1시간 넘게 제가 원하는 정보를 자세히 들려주었습니다. 그것도 자발적으로요. 그는 자신이 알고 있던 모든 내용을 다 제게 말해 주더니, 직원을 불러 모르는 것은 더 물어보고 자기 친구에게까지 전화를 걸어 제가 필요로 하는 정보를 전부 제공해 주었습니다. 그야말로 신문기자들이 쓰는 말로 소위 특종기사를 얻어낸 셈이죠."

여기에 또 하나의 예를 들어 보기로 한다.

필라델피아에 사는 C.M. 나훌이라는 사람은 어느 대형 연쇄점에 연료를 팔려고 수년 동안 애를 썼다. 그러나 연쇄점 측에서는 어느 시외업자로부터 연료를 구입했다. 그 회사의 트럭은 보란 듯이 그의 사무실 앞을 지나곤 했다. 어느 날 내 강의에 참석한 나훌은 미국의 연쇄점들은 암적인 존재라고 악담을 퍼부었다.

재미있는 사실은, 나훌이 그토록 악담을 하면서도 연쇄점에 연료를 파는 꿈을 버리지 못했다는 점이다. 그래서 나는 그에게 다른 방법을 시도해 보라고 권유했다.

그래서 다음과 같은 상황이 벌어졌다.

우리는 강좌에 모인 수강생들끼리 이 연쇄점의 확장이 국가에 과연 손해를 끼치는가에 대해 토론하기로 했다.

나는 나훌에게 연쇄점을 옹호하는 입장에 서라고 제안했다. 그는 내 말에 동의했다. 그리고 자기가 경멸하는 연쇄점의 간부를 찾아가 "오늘은 연료를 팔러 온 게 아닙니다. 부탁을 들어 주십사 하고 찾아온 것입니다" 하고 말했다.

그러고는 토론에 대해 이야기해 준 다음 "연쇄점에 대해 자세히 알고 싶습니다. 그런데 제가 알고 있는 사람들 중에서 저한데 필요한 조언을 해 줄 사람은 이사님뿐이라서 이사님께 도움을 청하러 왔습니다. 저는 이 토론에서 이기고 싶습니다. 이사님이 저를 도와주신다면 무척이나 감사하겠습니다"라고 말했다.

나머지 이야기는 나훌의 말을 그대로 옮겨 보도록 하자.

저는 이 중역에게 꼭 1분만 시간을 내달라고 부탁하고 면회했습니다.
제 이야기를 듣고 난 이사는 의자에 앉으라고 권하고는 무려 1시간 47분 동안 저한테 이야기를 하더군요. 이사는 연쇄점에 관한 저서를 쓴 다른 중역 한 명을 불러오고, 전 미국 연쇄점 협회에 조회하여 이 문제에 관한 토론 기록 사본도 구해 주었습니다. 그는 연쇄점이 사람들에게 진실된 봉사를 한다고 믿고 있었습니다. 그는 자기 일을 매우 자랑스럽게 여겼으며, 말할 때마다 그의 눈은 밝게 빛났습니다. 이 신선한 경험은 상상도 해 본 적이 없던 일에 대해 저의 시야를 넓혀 주었습니다. 그는 저의 정신적 태도를 바꿔 주었습니다.

제가 연쇄점을 떠날 때, 그는 문까지 따라나와 어깨에 손을 얹으며 저를 격려하고는 한 번 더 찾아와 결과를 알려 달라고 했습니다. 마지막으로 그 분이 해 준 말은 "봄이 오면 다시 들르시오. 그때 당신한테 연료를 주문하겠습니다"였습니다.

저로서는 마치 기적이 일어난 것 같았습니다. 부탁하지도 않았는데 연료를 주문하다니! 저와 우리 제품에 관심을 가져 달라고 10여 년 동안 애써도 해낼 수 없었던 일이, 단 두 시간 동안 그와 그의 문제에 제가 관심을 보이자 쉽게 이루어진 것입니다.

나훌이 새로운 진리를 터득한 것은 아니다. 예수가 이 세상에 태어나기 100년도 더 전에, 로마의 저명한 시인 푸블리우스 시루스는 다음과 같이 말했다.

"우리는 우리에게 관심을 갖는 사람에게 관심을 갖는다."

인간관계의 다른 여러 가지 원칙과 마찬가지로 관심의 표현도 진지해야 한다. 나뿐만 아니라 상대에게도 도움이 되어야 한다. 즉 일반통행이 아닌, 양자 모두에게 이익이 되어야 한다.

뉴욕주 롱아일랜드에서 나의 강좌에 참여한 적이 있는 마틴 긴즈버그는 한 간호원이 그에게 준 특별한 관심이 그의 인생에 커다란 영향을 끼쳤다고 말했다.

"제가 열 살 되던 해의 추수감사절이었어요. 그때 저는 정형 수술을 받기 위해 시립병원의 복지 병동에 입원해 있었습니다. 앞으로 몇 달 동안 침대에 꼼짝도 못하고 누워 고통을 겪으며 회복을 기다려야만 한다는 사실을 저는 잘 알고 있었습니다.

아버지는 이미 돌아가셨고, 어머니와 저는 조그마한 아파트에 사는 구호 대상자였는데 어머니는 너무 바빠서 수술 하기 하루 전에도 저를 찾아올 수 없었습니다.

시간이 흘러갈수록 고독감과 절망과 두려움이 엄습했습니다. 어머니는 아무도 없는 집에 홀로 앉아 저를 걱정하고 계실 것이 틀림없었습니다. 대화할 사람도, 식사를 같이 할 사람도 없었으니까요. 돈이 없어 추수감사절 만찬은 꿈도 꾸지 못했습으니까요.

자꾸만 눈물이 흘러나오더군요. 머리를 베개에 묻고 이불을 끌어올렸어요. 소리를 죽여 가며 흐느껴 우는 바람에 온몸에 통증이 생겼습니다.

그때 한 젊은 수습 간호사가 제가 우는 소리를 듣고 병실로 와서는 이불을 걷고 눈물을 닦아 주었습니다. 간호사는 자기도 역시 외로우며 그날은 당번이라 가족과 함께 지낼 수 없다고 말하더군요. 그녀는 칠면조 고기, 감자 요리, 크랜베리 소스와 디저트용 아이스크림 등을 두 접시 가득 담아와 함께 저녁을 먹자고 했습니다. 그야말로 추수감사절에 어울리는 식사였죠. 그녀는 저를 달래며 수술에 대한 공포심을 가라앉혀 주었어요. 간호사는 오후 4시에 퇴근할 예정이었지만 제 방에서 함께 게임도 하고 이야기도 하면서 제가 잠들 시간인 11시까지 같이 있어 주었습니다.

그날 이후 추수감사절이 오면 저는 그 특별했던 추수감사절을 떠올리곤 합니다. 좌절감, 두려움 그리고 외로움을 견질 수 있게 해 준 그 간호사의 따뜻한 인정은 아마 내 인생에서 절대 잊지 못할 겁니다.”

다른 사람이 당신을 좋아하기를 바란다면, 또한 자신은 물론 상대에게도 도움을 주고 싶다면 다음의 원칙을 꼭 기억해 두길 바란다.

“남에게 헌신적인 관심을 기울인다.”

언제나 미소 지어라

품위 있는 웃음은 돈들지 않으면서도 많은 것을 이루어낸다

얼마 전 나는 뉴욕에서 개최된 어느 만찬회에 참석했는데, 막대한 유산을 상속받은 한 부인을 만났다. 그녀는 여러 사람에게 좋은 인상을 주려고 애쓰고 있었다. 그녀는 사치스러운 모피와 다이아몬드 그리고 값비싼 진주 등 장신구로 몸을 치장하고 있었다. 그런데 얼굴 표정에는 미처 신경을 못 쓴 모양이었다. 그녀의 얼굴에는 심술과 이기심의 표정이 역력했다. 그녀는 모든 사람이 알고 있는 것, 즉 얼굴의 표정이 입고 있는 옷보다 훨씬 더 중요하다는 사실을 모르고 있었다.

찰스 슈왑은 나에게 자기 미소는 100만 달러짜리라고 말했다. 100만 달러라니, 지나친 겸손이다. 그의 미소에는 더 굉장한 가치가 있었다. 사실 그의 인격과 매력 그리고 사람들의 호감을 사는 능력이 그로 하여금 남들이 이루지 못한 큰 성공을 하도록 만들었는데, 그 특성 중 가장 훌륭한 것은 단연 사람을 사로잡는 미소였다.

말보다는 행동에 더 설득력이 있다. 미소는 "나는 당신을 좋아해요. 당신 덕분에 나는 행복합니다. 뵙게 되어 반갑습니다" 하고 말하는 것과 같다.

강아지가 사람들에게 사랑받는 이유도 바로 그 때문이다. 강아지는 우리를 보면 무척 반가워하면서 껑충껑충 뛴다. 그래서 자연히 우리도 개를 보면 반가운 마음이 들게 된다.

아기가 짓는 미소에도 이와 똑같은 효과가 있다.

병원 대기실에 가 본 적 있는가? 그곳 사람들은 대개 짜증스러운 얼굴로 자기 차례를 초조하게 기다린다. 미주리주의 레이타운에 사는 수의사 스티븐 K. 스프라울은, 그의 병원 대기실이 강아지에게 예방 주사를 맞히기 위해 온 사람들로 붐볐던 어느 봄날에 대해서 이야기해 주었다. 아무도 옆 사람과 이야기를 하지 않았다. 손님들은 기다리는 동안 따분해하며 시간 낭비라고 생각하는 것 같았다. 스티븐 스프라울은 이렇게 말했다.

"대기실에 6, 7명의 손님들이 앉아 있었습니다. 어느 젊은 부인이 9개월 된 아이와 고양이 한 마리를 데리고 들어 왔습니다. 그때 이 부인은 한 신사 옆에 앉았습니다. 그 신사는 진료를 받으려고 오랫동안 기다리고 있었으므로 약간 짜증이 나 있었지요. 그때 부인의 아이가 그 신사를 보더니 아이들 특유의 함박웃음을 지었습니다. 그 신사는 어떻게 했을까요? 물론 그도 활짝 웃었습니다.

신사는 아이에게 미소를 보내며 부인의 아이와 자기 손자들에 대해 부인과 이야기를 나누게 되었고, 잠시 후 대기실에 앉아 있던 사람들도 모두 자연스레 합세하게 되었습니다. 일순 지루하고 긴장된 분위기는 즐겁고 재미나게 바뀌었습니다."

위선적인 미소를 지어서는 안 된다. 아무도 그런 미소에 속지 않는다. 형식적인 미소는 보는 사람을 오히려 불쾌하게 만든다. 내가 말하는 미소는 마음을 녹여 주는 미소 그리고 진심에서 우러나오는 미소, 다시 말해 매우 값진 미소, 바로 진정한 미소다.

미시간 대학의 제임스 V. 맥코넬 심리학 교수는 미소에 대해 이렇게 말하고 있다.

"미소를 지을 줄 아는 사람은 경영은 물론이고 교육이나 세일즈를 보다 효과적으로 할 수 있으며, 아이를 더욱 행복하게 기를 수 있다. 찡그린 얼굴보다 미소 띤 얼굴에 더 많은 정감이 담겨 있다. 따라서 벌을 주는 대신 격려해 주는 것이 훨씬 더 효과적인 교육 방법이다."

미소의 효과는 강력하다. 설령 미소 지은 얼굴이 상대에게 보이지 않는다 해도 그 효과는 변함없다. 미국의 전화 회사가 실시하는 프로그램 중 '전화의 힘'이라는 것이 있다. 이 프로그램은 전화를 이용해서 제품 또는 서비스를 팔려고 하는 사람에게 제공되고 있다. 이 프로그램에서는 전화로 이야기할 때 미소를 지으라고 권하고 있다. '미소'가 목소리를 통해서 전달된다는 것이다.

오하이오주 신시내티의 한 컴퓨터 회사의 전산 부장인 로버트 크라이어는 자기 부서의 빈자리에 걸 맞는 인물을 어떻게 찾아낼 수 있었는지에 대해 다음과 같이 말했다.

"저는 컴퓨터 부문에 박사학위를 가진 사람을 채용하려고 무척 애를 썼습니다. 드디어 저는 퍼듀 대학을 졸업할 예정인 이상적인 자격을 갖춘 한 젊은이를 찾아냈습니다. 그는 어느 것 하나 부족함 없이 무척 이상적인 능력을 가지고 있었지요. 서너 차례 그와 통화를 하면서 저는 그가 우리 회사보다 더 규모가 크고 유명한 회사들로부터 채용 제의를 받고 있음을 알게 되었습니다. 그래서 그가 우리 회사를 선택했을 때 저는 무척 놀랐습니다. 저는 그에게 그 많은 회사들 가운데 어째서 우리 회사를 택했느냐고 물었습니다. 그는 잠시 말없이 있다가 입을 열었습니다.

'다른 회사 부장들은 전화를 하면 냉정하고 사무적인 어조로 이야기하더군요. 마치 그들과 사업상 거래를 하고 있는 것같이 느껴졌습니다. 그런데 부장님의 목소리는 저와 이야기하는 것을 무척 기뻐하는 듯이 들렸어요. 부장님은 제가 이 회사의 일원이 되어 주기를 진심으로 원하시는 것 같았습니다.'

선생님께서도 아시다시피 저는 미소를 지으면서 전화를 받는 습관이 있습니다. 아마 그 미소가 전달된 것이 아닐까요."

미국 유수의 고무회사 사장은 자기 관찰과 경험에 따라 이런 말을 했다. 일을 하는 게 재미있어 못 견딜 정도가 되지 않으면 절대로 성공하지 못한다는 것이다. 이 실업계의 거물은 '근면만이 희망의 문을 여는 유일한 열쇠'라는 속담을 그다지 크게 믿고 있지 않은 모양이었다. 그러면서 그는 다음과 같이 말했다.

"술 마시고 떠들썩하게 노는 것처럼 일하는 것을 즐기면서 성공한 몇 사람을 알고 있는데, 그런 사람이 진지하게 일을 하게 되면 차츰 일에 흥미를 잃고 나중에는 실패하더군요."

사람들이 당신을 만나 좋은 시간을 보내기를 원한다면 당신부터 그 시간을 즐겨야 한다.

나는 사업가들에게 깨어 있는 동안에는 매시간 1번씩 누군가를 향해 미소 지으라고 권했다. 그것을 1주일간 하고 나서 그 결과를 내 강좌에 와서 이야기해 줄 것을 부탁했다. 어떻게 되었을까?

뉴욕에 사는 증권 중개인 윌리엄 스타인하트의 수기를 소개하겠다. 그의 경험은 사실 수백 가지 비슷한 예 중 하나에 불과하다.

"저는 결혼한 지 18년이 되었습니다. 그동안 저는 아침에 일어나서 출근할 때까지 아내에게 웃어 본 적도, 말을 해 본 적도 거의 없었습니다. 저는 브로드웨이로 통근하는 사람들 중에서 가장 무뚝뚝한 사람일 것입니다.

선생님이 저한테 미소에 관한 경험을 이야기해 보자고 말했을 때, 저는 일주일 동안 노력해 봐야겠다고 생각했습니다.

그래서 다음날 아침 머리를 빗으면서 거울 속에 비친 무뚝뚝한 제 얼굴을 보며, '이봐 빌, 오늘부터는 제발 그 뚱한 얼굴을 집어치우게나. 자네는 이제 웃을 거야. 곧 웃게 될 거야' 하며 혼잣말을 했습니다. 그 뒤 저는 식탁에 앉으면서 아내에게 '여보, 잘 잤소?'라고 말하면서 미소를 지었습니다.

선생님께서는 상대가 놀랄 거로 제게 미리 말씀하셨죠. 그런데 아내의 반응은 그 정도가 아니었습니다. 아내는 매우 당황하고 충격을 받은 것 같았습니다. 저는 아내에게 지금부터 매일 이렇게 하겠다고 말했고, 그 뒤 매일 아침 거르지 않고 인사를 건네고 있습니다.

이 방법을 시도한 지 두 달 만에 우리 가정은 전에 비해 무척 행복해졌습니다.

요즘에는 사무실로 출근할 때 아파트의 엘리베이터 안내양에게 미소를 지으면서 아침 인사를 하고, 수위에게도 미소를 보냅니다. 지하철 매표원한테도 잔돈을 받으며 미소를 짓습니다. 거래처에 가서도, 제 웃는 모습을 한 번도 본 적이 없는 사람에게 미소를 지어 보냅니다.

그들도 차츰 미소 지어 주더군요. 저는 불평이나 애로사항을 들고 찾아오는 사람들에게 아주 명랑한 태도로 대합니다. 그들의 말을 미소지으며 들어 주다 보면 문제 해결도 훨씬 쉬워지는 것을 느꼈습니다. 미소 덕분에 수

익도 많이 올랐습니다.

저와 사무실을 같이 쓰는 중개인의 부하 직원 중에 호감가는 젊은이가 하나 있는데, 저는 제가 이룬 성과에 대해서 의기양양해하며 그 젊은이에게 새로운 인간관계 철학에 대해 말해 주었습니다. 그러자 그는 사무실에 처음 나왔을 때 저를 무뚝뚝하고 까다로운 사람으로 생각했는데 최근에는 완전히 다시 보게 되었다고 솔직히 말해 주었습니다. 그는 제가 웃을 때 참으로 인간적으로 보인다고 말하더군요.

또한 이제 저는 어느 누구도 비난하지 않기로 했습니다. 그 대신 칭찬과 감사의 말을 아끼지 않을 것입니다. 제가 무엇을 바라는지 말하지 않겠습니다. 이제 저는 다른 사람의 입장에서 사물을 보려고 애를 씁니다. 그렇게 하니까 저의 생활에는 정말로 혁명적인 변화가 일어났습니다. 이제 저는 전혀 다른 사람이 되었으며, 보다 행복하고 부유하며 우정과 행복에 넘쳐 있습니다. 인간으로서의 이 이상의 행복은 없을 겁니다.”

당신은 미소 짓고 싶은가? 그러려면 어떻게 해야 되는가? 우선 억지로라도 미소를 지어 보아라. 그리고 혼자 있을 때 휘파람 불거나 콧노래를 부르도록 노력하라. 당신이 이미 행복한 것처럼 행동하면 자연스럽게 행복해질 것이다. 하버드 대학의 교수인 윌리엄 제임스는 이렇게 말하고 있다.

“사람이 감정에 따라 행동하는 것 같지만 실제로 행동과 감정은 병행한다. 따라서 우리 의지의 직접적인 통제하에 있는 행동을 조정함으로써 우리는 의지의 힘으로 직접 조정할 수 없는 감정을 간접적으로 조정할 수 있다. 유쾌한 상태가 아니더라도 기분을 유쾌하게 만드는 최상의 방법은 유쾌한 마음을 갖고 이미 유쾌해진 것처럼 행동하고 말하는 것이다.”

이 세상의 모든 사람은 행복을 추구한다. 그런데 이 행복을 구하는 아주 확실한 방법이 한 가지 있다. 그것은 당신의 생각을 조절하는 것이다. 행복은 외부 조건에 달려 있는 것이 아니라 자기 마음가짐에 달려 있기 때문이다.

당신이 행복한가 불행한가는 당신의 재산이나 지위나 거주지나 직업에 따라 정해지는 것이 아니다. 그것은 당신이 생각하기 나름이다. 예를 들어 동일한 장소에서 동일한 일을 하는 두 사람이 있다고 가정하자. 두 사람의 재산과 지위가 거의 비슷한데 한 사람은 행복을 느끼고 한 사람은 불행을 느끼는 경우가 흔히 있다. 왜 그럴까? 마음가짐이 다르기 때문이다. 열대지방의 뜨거운 열기 속에서 원시적인 도구로 열심히 땅을 일구는 가난한 농부들도 뉴욕이나 시카고, 혹은 로스앤젤레스에 있는 냉방시설이 잘된 사무실에서 일하는 사람들과 마찬가지로 행복할 수 있다.

"세상에는 좋고 나쁜 것이 없다. 다만 생각이 그렇게 만들 뿐이다"라고 셰익스피어는 말했다.

에이브러햄 링컨은 언젠가 "대부분의 사람들은 자기가 결심한 만큼 행복해진다"라고 말한 적이 있다. 그의 말이 옳다. 나는 뉴욕에 있는 롱아일랜드 역의 계단을 오르면서, 그 말이 사실임을 입증하는 광경을 목격했다. 바로 내 앞으로 몸이 불편한 3, 40명의 아이들이 지팡이나 목발을 짚으며 계단을 오르려고 애를 쓰고 있었다. 그중 한 소년은 누군가에게 업혀 있었다. 쾌활하게 웃으며 이야기 나누는 그들의 모습에 괴로움이나 비관 따윈 없었다. 나에게는 무척 의외여서, 소년들을 인솔하고 있던 사람에게 다가가 말을 걸었다. 그랬더니 그 인솔자는 "아, 네. 처음에는 저 아이들도 일생을 장애인으로 보내야 한다는 사실에 충격을 받았습니다. 하지만 충격을 극복하고 난 뒤로는 자기 운명을 받아들이고 정상인보다 더 쾌활하게 살아가더군요"라고 말했다.

나는 그 소년들에게 마음속으로 경의를 표했다. 그 아이들은 나에게 절대 잊을 수 없는 큰 가르침을 주었다.

회사의 격리된 사무실 안에서 홀로 일한다는 것은 외로운 일이기도 하고, 다른 직원들과 사귈 기회를 앗아가는 일이기도 하다. 멕시코의 과달라하라에 사는 마리아 곤잘레스는 바로 그런 일을 하고 있었다. 그녀는 같은 회사 동료들의 잡담 소리와 웃음소리가 들려올 때마다 그들이 함께 나눌 수 있는 동료애를 부러워했다. 첫 출근을 하고 나서 몇 주일 동안 그녀는 복도에서 그들 옆을 지나갈 때마다 어색한 나머지 고개를 다른 쪽으로 돌리곤 했다.

몇 주일이 지난 뒤, 그녀는 자신에게 '마리아, 다른 사람들이 너에게 다가와 주기만을 바라서는 안 돼. 네가 먼저 그들에게 다가가 인사하렴' 하고 말했다. 어느 날 그녀는 정수기 앞에서 마주친 사람에게 "안녕하세요?"라며 환한 웃음을 보냈다. 효과는 바로 나타났다. 그녀가 웃을 때마다 답례로 웃음과 인사가 그녀에게 돌아왔다. 복도도 더 밝아진 것처럼 느껴졌고 하는 일에 더 많은 애착이 생겼다. 동료들과의 관계가 넓어졌고 몇몇 사람들과는 우정으로까지 발전했으며, 그녀의 삶과 일이 더욱 즐겁고 재미있게 변했다.

여기서 엘버트 허바드로부터 지혜로운 충고를 들어 보자. 그러나 이 충고는 실제로 활용하지 않으면 아무 소용 없다는 것을 꼭 기억하라.

집밖에 나가면 턱을 안으로 당기고 머리를 꼿꼿이 세운 다음 숨을 크게 들이마셔라. 햇살을 들이마시는 것이다. 친구를 미소로 맞고, 정성을 다하여 악수를 나누어라. 오해 받을까 두려워 말고, 적 때문에 동요하지 말라. 하고 싶은 것이 무엇인지 마음속에 확실히 심어 두어라. 그러고 나서 한눈 팔지 말고 목표를 향해 곧장 전진하라. 당신이 하고 싶은 위대하고 찬란한 일에 대해 늘 생각하라. 그러면 시간이 지나면서 어느 순간 원하는 것을 이루는 데에 필요한 기회가 어느새 당신 손안에 있음을 발견할 것이다. 이는 마치 산호충이 흐르는 조류에서 양분을 얻는 것과 같다. 마음속에 당신이 되고 싶어 하는, 유능하고 성실하고 쓸모 있는 사람을 그려 보라. 그러면 시간이 흐름에 따라 바로 그런 인물이 될 수 있을 것이다.

생각이란 아주 중요한 것이다. 올바른 정신 자세를 갖도록 하라. 용기, 정직 그리고 명랑한 정신 자세를 가져라. 올바른 정신 자세는 창조력을 동반한다. 모든 것은 소망으로부터 비롯되며 진지한 소원은 반드시 이루어진다. 우리는 우리가 마음먹은 그대로 된다. 턱을 안으로 잡아당기고 고개를 꼿꼿이 세워라. 우리 인간은 미완성의 신들이다.

옛 중국인들은 지혜롭게 처세하며 살았다. 그리고 그들은 우리에게 뜻 깊은 금언을 남겼다.

"웃지 않는 사람은 장사를 못한다."

당신의 미소는 호의를 전달하는 심부름꾼이다. 당신의 호의는 이들의 인생을 빛나게 해준다. 당신의 미소는 인상을 찌푸리며 외면하는 얼굴들만 보아 온 사람들에게, 마치 구름 사이로 비치는 햇살과도 같은 것이다. 특히 상사나 고객, 선생님이나 부모님 그리고 아이들에게 시달림을 당하고 있는 사람들에게 있어서 미소란 이 세상에는 슬픔과 괴로움만 있는 것이 아니라 기쁨도 있다는 사실을 깨닫게 해 준다.

몇 년 전 뉴욕에 있는 어느 백화점이 크리스마스 쇼핑으로 붐비는 동안 판매원들이 고생하는 것을 깨닫고 다음과 같은 소박한 철학이 담긴 광고를 냈다.

크리스마스에 보내는 미소의 가치

미소는 아무런 대가 없이도 많은 것을 이루어 냅니다.

미소는 아무리 주어도 줄지 않으며 받는 사람을 풍요롭게 해 줍니다.

미소는 순간적으로 일어나지만, 미소에 대한 기억은 때때로 영원히 지속됩니다.

아무리 부자여도 미소 없이 살아갈 수 있는 사람은 없고, 아무리 가난해도 미소가 있으면 행복하게 살아갈 수 있습니다.

미소는 가정의 행복을 만들어 내며 사업에서는 호의를 베풀게 하고, 우정의 표시로 나타나기도 합니다.

미소는 지친 사람에게는 안식이며 절망에 빠진 사람에게는 햇빛이고, 슬픈 사람에게는 태양이며, 또한 고민하는 사람에게는 최고의 해독제이기도 합니다.

그러나 미소는 살 수도 없고 구걸할 수도 없으며, 빌리거나 훔칠 수도 없습니다. 왜냐하면 미소는 아무 조건 없이 줄 때 비로소 가치가 있기 때문입니다.

그러므로 크리스마스 쇼핑의 막바지 혼잡 때문에 지쳐 더는 미소를 못 보내드리는 저희 판매원이 있다면, 그들에게 당신의 미소를 보내 주시기를 부탁드립니다. 왜냐하면 너무나 많은 미소를 준 나머지 더 줄 수 있는 미소가 없는 이들이야말로 누구보다도 미소를 필요로 하기 때문입니다.

사람들 이름을 잘 기억하라
세상에서 자기 이름처럼 아름답게 들리는 소리는 없다

1898년 뉴욕의 록랜드 지역에서 불행한 일이 일어났다. 한 어린이가 죽어 마을 사람들은 장례식에 참석할 준비를 하고 있었다. 짐 팔리는 마구간에서 말을 끌어내고 있었다. 땅 위에는 눈이 쌓여 있었으며, 날씨는 매우 차고 매서웠다. 그런 날씨 탓에 말은 요 며칠 동안 마구간에 갇혀 있어서인지 매우 신경이 날카로워져 있었다. 짐 팔리가 물통 곁으로 끌고 가려고 하자 말이 갑자기 난폭해지더니 뒷발을 높이 치켜 올려 그를 걷어차 죽이고 말았다. 그래서 스토니 포인트 마을에서는 장례를 두 차례 치르게 되었다.

짐 팔리는 미망인과 아들 셋 그리고 약간의 보험금을 남기고 죽었다.

이때 큰 아들 짐은 겨우 열 살 난 소년이었다. 그는 벽돌 공장에서 모래를 부어 벽돌을 만들어 햇볕에 말리는 일을 시작했다. 소년은 교육을 전혀 받지 못했다. 그러나 이 소년은 천성적으로 쾌활했고 사람들의 호감을 사는 재능이 있어서 마침내 정계에 입문했다. 세월이 지나자 그는 사람들의 이름을 외우는 데 신비한 능력을 발휘했다.

고등학교 문 앞에도 가 본 적이 없었지만 그는 마흔여섯 살이 되기 전에 네 개의 대학에서 학위를 받았고, 민주당 전국 위원회의 의장이 되었으며 마침내 미합중국 체신부 장관이 되었다.

언젠가 나는 그와 인터뷰하는 자리에서 그의 성공 비결을 물었다. 그러자 그는 "열심히 일하는 것이지요" 답했다.

내가 "농담이시지요?" 말하자 그는 도리어 나에게 물었다.

"당신은 나의 성공 비결이 무엇이라고 생각하십니까?"

"의장님은 1만 명이나 되는 사람들 이름과 얼굴을 기억할 수 있는 분이라고 알고 있습니다."

나는 이렇게 대답했다. 그러자 그는 내 말을 바로 정정했다.

"아니 틀렸소. 5만 명이오."

이것을 꼭 명심하기 바란다. 팔리는 이런 능력으로 프랭클린 D. 루스벨트 대통령 선거운동을 성공적으로 이끌어 루스벨트가 영광스러운 백악관의 주인이 되게 하는 데 크게 기여했다.

팔리는 석고 외판원으로 여기저기 방문했던 시절과 스토니 포인트 마을에서 가게를 하던 때에 사람들의 이름을 기억하는 방법을 고안해 냈다고 한다. 처음에는 무척 간단한 것이었다. 그는 새로운 사람을 만날 때마다 그 사람의 성과 이름, 가족, 직업 그리고 정치적인 견해 등을 물어보았다. 팔리는 이것들을 모두 마음속에 그림을 그리듯 새겨 두었다가, 다음에 그를 만날 때는 비록 1년이 지난 뒤라 하더라도 그와 악수하면서 가족들의 안부를 묻거나 뒤뜰에 핀 꽃에 대해 물었다. 그의 지지자가 늘어난 것은 당연한 일이었다.

루스벨트가 대통령 선거유세를 시작하기 몇 달 전부터 짐 팔리는 서부 및 서북부 지역의 사람들에게 하루에 수백 통씩 편지를 보냈다.

그리고 19일 동안 그는 기차를 타고 스무 개 주를 방문했다. 이륜마차, 기차, 자동차, 그리고 배를 타고 1만 2천 마일이나 여행한 것이다.

한 마을에 도착하면 바로 마을 사람들과 식사나 차를 같이하며 흉금을 털어놓고 거리낌없는 대화를 나누었으며, 그 일이 끝나면 또 다른 마을로 떠났다.

동부에 돌아온 즉시 팔리는 방문했던 각 마을의 대표자에게, 회합에 모였던 사람들의 명부를 만들어 보내 달라고 편지를 보냈다. 이 최종 목록에는 수만 명의 이름이 적혀 있었는데, 그 사람들 하나하나는 모두 민주당 전국 위원장 짐 팔리로부터 다정다감한 인사를 받는 기쁨을 맛보았다. 이 편지에는 친애하는 '빌'이나 친애하는 '조'로 시작되었고 항상 편지 끝에는 '짐(제임스의 애칭)'이라는 서명이 있었다.

짐 팔리는, 사람이란 남의 이름에는 무관심해도 자기 이름에는 지대한 관심을 갖고 있다는 사실을 어렸을 때부터 깨달았다.

사람들의 이름을 기억하고 자주 불러라. 그러면 사람들은 매우 기뻐하며 당신에게 많은 찬사를 보낼 것이다. 어설픈 배려나 도움보다는 이것이 더 효과적이다. 그러나 이름을 잊어버리거나 잘못 쓰면 곤란에 빠지게 된다.

나는 언젠가 파리에서 대중 연설법 강좌를 개최한 일이 있었다. 그때 그곳에 사는 미국인들에게 안내장을 보냈다. 그런데 영어를 모르는 프랑스인 타자수가 그들의 이름을 잘못 치는 실수를 범했다. 파리 주재 미국 은행의 한 지점장은 나에게 항의 편지까지 보내왔다.

이름을 기억한다는 것은 쉬운 일이 아니다. 특히 발음하기 어려운 이름일수록 그렇다. 이런 경우 사람들은 그 이름을 애써 기억하기 보다, 그 이름을 잊어 버리거나 손쉬운 별명을 부르는 것이 보통이다. 시드 레비에게는 '니코데무스 파파둘로스'라는 이름을 가진 고객이 있었다. 대부분의 사람들은 그를 '닉'이라고 불렀다. 그러나 레비는 달랐다.

"나는 그를 찾아가기 전에 몇 번이고 그의 이름을 정확히 발음하며 외웠습니다. 내가 '안녕하십니까, 니코데무스 파파둘로스?' 하고 인사를 하자 그는 굉장히 놀란 표정을 지었습니다. 몇 분 동안 그는 말을 잇지 못하더군요. 잠시 후 그는 눈물을 흘리면서 '레비, 나는 15년 동안이나 이곳에 살았지만 정확히 내 이름을 불러 주는 사람은 단 한 사람도 없었소'라고 말하더군요."

앤드류 카네기의 성공 비결은 무엇이었을까?

카네기는 강철왕이라고 불렸다. 그러나 그 자신은 강철 제조에 관해서 아는 바가 거의 없었다. 카네기는 자기보다 강철 제조에 대해 훨씬 잘 아는 수백 명의 사람들을 거느렸을 뿐이다.

카네기는 사람을 다루는 법을 알았기 때문에 큰돈을 벌었다. 어릴 적부터 그는 조직을 운영하는 능력과 리더십에 있어서 천재성을 발휘했다. 열 살 때부터 그는 사람들이 자기 이름에 놀랄 만큼 관심을 갖고 있음을 발견하고는 이를 이용하여 다른 사람들의 협조를 구했던 것이다.

실례를 들어 보자. 스코틀랜드에서 보낸 어린 시절 카네기는 토끼 한 마리를 잡았다. 그런데 그 토끼는 새끼를 배고 있었다. 얼마 지나지 않아 많은 새끼를 낳았는데 그들에게 먹일 먹이가 부족했다. 이때 멋진 생각이 떠올랐다. 카네기는 동네 아이들에게 토끼에게 줄 토끼풀과 민들레를 가져다주면 토끼들에게 그 아이들 이름을 붙여 주겠다고 말했다.

이 계획은 마법 같은 효과가 있었으며 카네기는 그것을 한 번도 잊은 적이 없었다.

수년이 지나 카네기는 사업에서도 이런 심리를 이용하여 막대한 돈을 벌었다. 그 예를 들어 보면, 카네기는 J. 에드가 톰슨이 사장으로 있는 펜실베이니아 철도회사에 강철 레일을 팔려고 했다. 그래서 앤드류 카네기는 피츠버그에 거대한 제강소를 건립하여 그 이름을 '에드가 톰슨 제강소'라고 붙였다.

여기서 수수께끼 하나, 펜실베이니아 철도회사가 어디에서 레일을 구입했을까? 풀 수 있는지 한번 생각해 보라. 답은 당신의 상상에 맡기겠다.

카네기와 조지 풀먼이 침대차 사업으로 서로 경쟁을 벌일 때 이 강철왕은 토끼에 얽힌 교훈을 다시 떠올렸다.

카네기가 경영하던 센트럴 철도회사와 풀먼의 회사가 서로 사업상의 경쟁을 하고 있었다. 두 회사 모두 유니온 퍼시픽 철도회사에 침대차를 팔기 위해 경쟁적으로 입찰 가격을 깎아내렸다. 그러다가 둘 다 이익을 볼 수 없는 상황에 이르렀다. 카네기와 풀먼은 유니온 퍼시픽 이사회와의 면담을 위해 뉴욕에 갔다. 어느 날 저녁 성 니콜라스 호텔에서 풀먼을 만난 카네기는 "안녕하십니까? 풀먼 씨! 우리 둘 이제 바보짓은 그만하는 게 어떨까요?" 하고 말했다.

"무슨 말씀이십니까?" 풀먼이 물었다.

그러자 카네기는 속으로 생각하고 있던 일, 즉 양사를 합병하자는 계획을 털어놓았다. 카네기는 서로 등돌리지 말고 함께 협조함으로써 얻을 수 있는 상호간의 이익에 대해 뜨겁게 말했다.

풀먼은 주의 깊게 귀를 기울였으나 반신반의하는 눈치였다. 드디어 그는 "새 회사의 이름은 뭐라고 부를 건가요?" 하고 물었으며 카네기는 즉시 이렇게 대답했다. "아, 네. 물론 '풀먼 팰리스 차량회사'죠."

그러자 풀먼의 얼굴이 확 밝아졌다. 그는 "제 방으로 가서 좀 더 이야기합시다"라고 했다. 결국 이 대화로 새로운 산업의 역사가 이루어진 셈이다.

친구들과 사업 동료들의 이름을 기억하고 존중해 주는 일이야말로 카네기가 성공한 한 가지 비결이었다. 카네기는 자기 공장에서 일하는 인부들의 이름만 들어도 그들의 얼굴을 똑똑히 기억해내는 것을 자랑으로 여겼고, 그가 책임자로 있던 공장이 한 번도 파업한 적이 없었던 점을 자랑했다.

텍사스주 상공회의소 회장인 벤톤 러브는 기업이 점점 커 나갈수록 회사의 분위기는 냉랭해진다고 말했다.

"기업에 훈훈한 기운을 불어넣어 주기 위한 한 가지 방법은 사람들의 이름을 잘 기억하는 것이다. 이름을 기억하는 데 서툴다고 말하는 경영자는 사업에서 가장 중요한 부분을 모르는 것이며, 언제 큰 손해를 입을지 모르는 사람이다."

캘리포니아에 사는 카렌 키어슈는 TWA항공사의 스튜어디스다. 그녀는 승객들의 이름을 가능한 한 많이 외워 손님들의 시중을 들 때마다 이름을 사용하기로 했다. 이렇게 하자 항공사에 그녀에 대한 찬사가 쏟아졌다. 어느 승객은 '나는 오랫동안 TWA는 타지 않았는데 이제부터는 이 비행기만 탈 예정입니다. 귀 항공사는 승객을 무척 존중하는 회사입니다. 나는 이 점을 높이 사고 있습니다'라고 편지를 보내왔다.

사람들은 자기 이름을 자랑스럽게 여기기 때문에 어떠한 대가를 치르더라도 그 이름을 영원히 남기고 싶어한다. 심지어는 당대 최고의 흥행가이자 서커스의 창시자였던 P. T. 바넘도 자기 이름을 이어줄 아들이 없어 실망한 나머지, 손자 C. H. 실리에게 '바넘 실리'로 개명해 준다면 2만 5천 달러를 주겠다는 제의를 했다.

오랜 옛날부터 귀족이나 명사들은, 화가와 음악가 그리고 작가들이 자신에게 봉헌할 작품을 만들 수 있게 물심양면으로 지원해 주었다. 도서관과 박물관에 있는 가장 값비싼 소장품들은 자기 이름이 인류의 기억에서 언젠가는 사라질 것이라는 생각을 참을 수 없는 사람들이 기증한 것이다. 뉴욕시립도서관에 있는 애스터 컬렉션이나 레넉스 컬렉션이 좋은 예다. 메트로

폴리탄 박물관에는 벤자민 알트만과 J. P. 모건의 기증품들이 기념 보존되어 있다. 그리고 거의 모든 교회마다 헌금을 낸 사람들의 이름을 새긴 스테인드글라스가 붙어 있다. 각 대학 건물들도 많은 돈을 기증한 사람들의 이름을 따서 짓는다.

대부분의 사람들은 이름을 외우는 데 필요한 시간과 노력을 바치지 않기 때문에 사람들의 이름을 잘 기억하지 못한다. 그리고 항상 자신들은 너무 바쁜 몸이라는 변명만 늘어놓는다.

그러나 이들은 아마 프랭클린 D. 루스벨트 대통령보다 더 바쁘지는 않을 것이다. 루스벨트는 우연히 만난 기계들의 이름까지 전부 기억하고 있었다.

예를 들어 보기로 하자. 루스벨트 대통령은 다리가 불구였으므로 보통차는 운전할 수가 없었다. 이 때문에 크라이슬러 자동차 회사에서는 대통령을 위해 특수차를 생산했다. W. F. 챔벌레인과 기계공 한 명이 이 차를 백악관으로 배달했다. 이 일에 관해 챔벌레인 씨가 나에게 써 보낸 편지를 여기에 소개한다.

"저는 루스벨트 대통령께 여러 가지 특수한 장치가 설치된 자동차를 운전하는 방법을 가르쳐 드렸고, 그분은 저에게 사람 다루는 방법을 가르쳐 주셨습니다.

제가 백악관으로 그분을 찾아갔을 때 대통령께서는 매우 유쾌하게 맞아 주셨습니다. 제 이름을 불러 저를 편안하게 해 주셨고, 제 설명에 진지하게 귀 기울이시는 모습에 특히 깊은 인상을 받았습니다. 그 자동차는 전부 손으로 조작할 수 있도록 고안된 것이었습니다. 차를 구경하러 사람들이 모여들자 대통령께서는 '아주 멋지군. 그저 버튼만 누르면 움직이니 손쉽게 운전할 수가 있겠어. 정말 굉장해. 어떻게 만들었는지 궁금하네, 한번 속을 들어내 어떻게 움직이는지 봤으면 좋겠어' 하고 말씀하셨습니다.

루스벨트 대통령의 친구와 동료들이 자동차를 칭찬하자, 그들이 있는 데서 대통령께서는 이렇게 말씀하셨습니다.

'챔벌레인 씨, 이 차를 개발하느라 당신이 애쓴 시간과 노력에 감사드리고 싶군요. 대단히 훌륭합니다.'

대통령은 난방기와 특별히 제조된 백미러, 시계, 조명등, 실내장식, 운전자 석 위치 그리고 트렁크에 있던 대통령의 이름 첫 글자를 새긴 옷가방 등을 칭찬하셨습니다. 다시 말해 그분은 제가 상당히 신경을 쓴 세세한 부분까 지도 놓치지 않았던 것입니다. 대통령은 이런 여러 가지에 대해 루스벨트 여 사 퍼킨스 양, 노동부 장관 그리고 비서에게도 말을 했습니다. 심지어 수위 에게도 '이봐 조지, 이 가방을 좀 특별히 잘 부탁하네' 하고 말씀하셨습니다.

운전 교육이 끝나자 대통령은 '챔벌레인 씨, 내가 연방준비 은행 사람들 을 30분이나 기다리게 했군요. 그곳에 가 봐야 할 것 같소' 하고 말씀하셨습 니다.

저는 그때 기계공과 같이 갔는데 그를 대통령께 소개했습니다. 이 기계공 은 계속 입을 다물고 있었습니다. 대통령께서는 그의 이름을 딱 한 번 들은 셈이지요. 그는 수줍음을 많이 타는 사람이었기 때문에 말없이 뒤뜰에 서 있었는데, 우리가 떠나기 전에 루스벨트 대통령은 그를 찾더니 이름을 부르 면서 따뜻하게 악수하고는 와 주어서 고맙다는 인사를 했습니다. 그 인사는 형식적인 것이 아닌 진심에서 우러나오는 것이었습니다.

뉴욕으로 돌아온 며칠 후, 저는 루스벨트 대통령의 친필 사인이 든 사진 과 저의 도움에 다시 한번 감사하다는 조그만 쪽지를 받았습니다. 대통령이 이런 사소한 일까지 일일이 챙긴다는 것이 저에게는 무척 신기했습니다."

프랭클린 루스벨트 대통령은 다른 사람의 호의를 누릴 수 있는 가장 간 단하고 분명하면서도 중요한 방법이, 그들의 이름을 기억하여 그들이 존중 받는 기분을 느끼도록 하는 것이라는 사실을 알고 있었다. 그렇다면 과연 우리 중에 그렇게 하는 사람이 얼마나 되는가? 우리는 낯선 사람과 인사를 나눈 다음 2~3분 동안 그들과 잡담하다가 서로 헤어질 때, 그 사람의 이름 조차 기억하지 못하는 경우가 많다.

정치가가 배워야 할 첫번째 교훈은 바로 이것이다. 유권자의 이름을 기억 하는 것이 바로 정치가의 수완이다. 이름을 잊는다는 것은 곧 그가 잊혀진 다는 것을 의미한다.

이름을 기억하는 능력은 정치에서뿐만 아니라 기업 활동과 사회적인 관계에서도 중요하다.

프랑스의 황제이며 나폴레옹의 조카였던 나폴레옹 3세는 모든 국사를 자신이 친히 살피느라 바쁜데도 만나는 사람들의 이름을 모두 기억하고 있음을 자랑했다.

그의 비결은 무엇이었을까? 간단하다. 만약 이름을 분명히 듣지 못했으면 "미안하네, 이름을 잘 못들었네"라고 말한다. 그리고 특이한 이름의 경우엔 "어떻게 쓰나?" 하고 묻곤 했다.

대화를 하는 동안 그는 일부러 몇 번이고 이름을 말해 자기 마음속에 그 이름과 그 사람의 특징, 표정 그리고 전체적인 모습을 연관시키려고 노력했다.

만일 그 사람이 중요한 인물이라면 나폴레옹은 더 많은 노력을 했다. 그는 혼자 있을 때 그 이름을 종이에 써서 신경을 집중시켜 마음에 단단히 새겨 놓은 후, 그 종이를 찢어 버렸다. 이렇게 해서 그는 귀를 통해서 뿐만 아니라 눈을 통해서도 그 이름에 대한 인상을 간직했던 것이다.

이런 모든 일에는 시간이 걸리지만 "좋은 습관은 약간의 희생을 지불함으로써 만들어진다"라고 에머슨은 말했다.

이름을 기억하고 사용하는 일은 대통령과 기업 경영자들만의 중요한 특권이 아니다. 우리 모두에게 필요한 것이다.

사람의 이름을 외워라. 이름은 그 사람이 가장 좋아하고 소중히 여기는 단어다. 그 점을 잊지 말라.

사람들 이야기를 잘 들어 준다
경청하라. 그 사람이 자기 이야기를 꺼내게 하라

얼마 전 나는 브릿지 파티(카드놀이 한 종류)에 초대받았다. 나는 브릿지를 할 줄 모르는데 마침 나처럼 게임을 할 줄 모르는 한 부인이 있었다. 그 부인은 내가 라디오에 출연하여 유명해진 로웰 토머스의 전 매니저였다는 것을 알고 있었다. 그때 나는 그의 여행기 준비를 도와주기 위해 그와 유럽 곳곳을 여행했다. 그녀는 이렇게 말했다.

"어머 그러세요, 카네기 씨? 당신이 방문한 멋진 곳과 아름다운 경치에 대해 듣고 싶군요."

우리 두 사람이 소파에 앉자 그녀는 자신과 남편이 아프리카 여행에서 최근에 돌아왔다고 말했다.

"아프리카요!" 하고 나는 큰 소리로 말했다.

"좋군요! 저는 항상 아프리카 여행을 꿈꾸고 있습니다. 그런데 아프리카에 간 것은 언젠가 알제리에서 24시간 머문 것이 전부랍니다. 진짜로 맹수들이 우글거리는 곳에 가 보셨어요? 그랬군요. 정말 값진 경험을 하셨군요. 부럽습니다. 저에게 아프리카 이야기를 들려주시겠습니까?"

부인의 이야기는 45분이나 계속되었다. 그녀는 내가 가 본 고장들과 경치에 대해서는 두 번 다시 묻지 않았다. 나의 여행에 관한 이야기 따위는 아무래도 좋았던 것이다. 이 부인에게 필요한 것은 자신에게 관심을 가져 주는 한 사람의 청중이었다. 자기 이야기를 누군가에게 들려주면서 만족감을 느끼고 싶었던 것이다.

이 부인이 과연 비정상일까? 아니다. 대부분의 사람들이 이 부인과 비슷한 행동을 한다.

또 한 가지 예를 들어 보겠다. 나는 뉴욕의 한 출판업자 J. W. 그린버그가 주최한 만찬회에서 저명한 식물학자를 만났다. 식물학자와 만난 것이 생전 처음이라서 나는 그에게 흠뻑 빠져 버렸다. 식물학자가 진기한 식물과 새로운 식물 품종을 개발하기 위한 실험과 실내 정원, 감자의 놀라운 비밀 등에 대해 이야기하는 동안 나는 넋을 잃고 듣고 있었다. 그 당시 나는 실내 정원을 갖고 있었는데, 식물학자의 이야기를 듣는 동안 내가 궁금하게 여기고 있던 문제들이 전부 풀렸다.

앞서 이야기했지만 우리는 만찬회에 초대받은 손님이었다. 다른 손님이 10여 명 더 있었지만 나는 모든 사교계의 규칙을 어기고 다른 손님들을 무시한 채 몇 시간 동안 그 식물학자하고만 이야기를 나누었다.

밤이 깊어지자 나는 손님들과 인사를 하고 그곳을 떠났다. 그때 그 식물학자는 주최자와 함께 이야기를 하면서 나에 대해 많은 칭찬을 했다. 그는 나를 흥미로운 인물이라고 말하면서 이것저것 나에 대해 언급하고는 "가장 재미있는 이야기꾼"이라며 말을 맺었다.

가장 재미있는 이야기꾼이라고? 그럴 리가 없다. 나는 거의 아무 말도 하지 않았다. 화제를 바꾸지 않고는 말을 하고 싶어도 뭐라고 할 말이 없었던 것이다. 왜냐하면 나는 식물학에 관해서 알고 있는 것이 없었기 때문이다. 나는 이 한 가지만 했다. 그의 이야기를 진지하게 들어준 것이다. 진심으로 흥미를 느꼈기 때문에 관심을 갖고 들었던 것이며 식물학자는 그것을 알고 있었다. 그래서 그는 기뻐하며 나를 칭찬한 것이다. 이와 같이 진심으로 경청하는 태도는 우리가 다른 사람에게 보낼 수 있는 최고의 찬사 가운데 하나이다.

잭 우드포드는 《사랑의 이방인》에서 이렇게 쓰고 있다.

"칭찬에 꿈쩍도 안하는 사람이라도, 자기 이야기를 열중해서 들어 주는 이에게 저항할 수 있는 사람은 없다."

나는 식물학자의 이야기에 정신을 빼앗김과 동시에 그에게 아낌없는 찬사를 보낸 셈이다.

나는 식물학자에게 대단히 재미있었고 배운 바가 많았다고 말했다. 나도 그처럼 많은 지식을 갖고 싶다고 말했으며, 그와 함께 벌판을 거닐고 싶다고도 이야기했다. 나는 그를 다시 한번 만나고 싶다고 했다. 물론 이 모든 말은 내 가슴속에서 우러나온 것이었다. 이처럼 나는 진심 어린 찬사를 몇 마디 했을 뿐이다.

실제로 나는 잠자코 듣기만 하면서 그에게 많은 이야기를 하도록 했을 뿐이다. 그런데도 그는 나를 말재주가 좋은 사람이라고 생각했던 것이다.

사업상의 면담을 성공적으로 이끄는 비결은 무엇일까? 찰스 W. 엘리어트 박사는 "사업상의 상담을 성공으로 이끄는 비결 따위는 존재하지 않는다. 다만 집중하여 상대의 이야기에 귀를 기울이는 것이 매우 중요하다. 어떠한 찬사도 이만한 효과는 없다"라고 말했다.

엘리어트 박사는 다른 사람의 이야기를 듣는 데 명수였다. 미국 최초의 위대한 작가 중 한 사람인 헨리 제임스는 이렇게 회상했다.

"엘리어트 박사의 경청하는 태도는 단순한 침묵이 아닌 활동의 일종이었습니다. 그는 허리를 똑바로 펴고 꼿꼿이 앉아 양손을 무릎 위에 포개 잡고, 깍지를 낀 엄지손가락을 천천히 또는 빠르게 돌리면서 말하는 사람을 바라봅니다. 그 모습은 마치 귀뿐 아니라 눈으로 이야기를 듣는 것처럼 보였습니다. 그분은 마음으로 상대방의 이야기를 들었으며 한마디 한마디를 깊이 음미했습니다. 그래서 대화가 끝날 때쯤이면 그분에게 이야기하고 싶은 말을 모두 다 했다는 만족감이 들게 됩니다."

너무나 자연스럽고 당연한 말 아닌가? 그것을 깨닫기 위해 하버드 대학에서 4년이나 공부할 필요는 없다. 그런데도 비싼 돈을 들여 점포를 빌려 요령있게 구입한 물건으로 진열장을 멋지게 장식하고 광고에 수만 달러를 소비하는 백화점 주인이, 듣는 재능이라고는 손톱만큼도 없는 점원을 고용하는 경우가 많다. 즉 남의 이야기를 가로막고 고객과 싸움을 벌여 고객을 화나게 만들어 점포 밖으로 쫓아내는 점원을 고용하는 것이다.

시카고에 있는 한 백화점은 매년 그곳에서 수천 달러의 상품을 사 들이는 한 고객을 거의 잃을 뻔했는데, 그 이유는 한 점원이 그 고객의 이야기를 전혀 들어 주지 않았기 때문이다. 시카고에서 우리 강좌에 참석했던 헨리에타 더글라스 부인은 바겐세일 때 구입한 코트를 교환해 달라고 요구했다. 코트 안감이 터져 있었기 때문이다. 그런데 점원은 그 부인의 불평을 들으려고도 하지 않았다.

"부인께서는 이 코트를 바겐세일 때 사셨잖아요. 여기 읽어 보세요" 하고 점원은 큰소리로 말하며 벽에 붙어 있는 포스터를 가리켰다. "반품은 안 됩니다. 일단 사 간 물건은 그대로 쓰셔야 합니다. 터진 곳은 직접 수선해서 입으세요."

"하지만 이건 처음부터 불량품이었잖아요?" 하고 더글라스 부인은 불만 섞인 말을 했다.

"그래도 어쩔 수 없어요. 반품은 절대로 안 됩니다."

그녀는 앞으로 두 번 다시 이 백화점에 발을 들여놓지 않겠다고 맹세하면서 씩씩거리며 그곳을 나가려고 했다. 그때 마침 여러 해 동안 단골 거래로 알고 있던 백화점 지배인이 다가와 그녀에게 인사했다. 그녀는 곧바로 지배인에게 자초지종을 이야기했다.

지배인은 조심스럽게 그녀의 이야기를 다 듣고 나서는 코트를 살펴보고 이렇게 말했다.

"바겐세일은 계절이 지난 상품을 싸게 처분하는 것이므로 원칙적으로는 반품이 안 됩니다. 그러나 하자가 있는 상품은 예외입니다. 우리가 수리하거나 교환해 주어야 합니다.

혹시 부인이 원하시면 현찰로 돌려드리겠습니다."

사람을 대하는 태도에 있어서 이 얼마나 큰 차이인가! 만일 지배인이 그곳에 오지 않고 이야기를 듣지 못했다면 그 백화점은 단골 고객을 영원히 잃어버리고 말았을 것이다.

남의 이야기를 듣는 것은 직업 세계에서와 마찬가지로 우리의 가정 생활에서도 중요하다. 뉴욕주의 크로톤 온 허드슨에 사는 밀리 에스포시토 부인은 자녀가 이야기하기 원할 때면 반드시 귀를 기울였다. 어느 날 저녁 에스포시토 부인은 아들 로버트와 함께 부엌에 앉아 있었다. 그때 로버트가 문득 이렇게 말했다.

"엄마, 난 엄마가 나를 무척 사랑한다는 것을 알고 있어요."

그녀는 감동을 받아 이렇게 말했다.

"물론 나는 너를 무척 사랑하고 있단다. 넌 그걸 의심했었니?"

로버트는 이렇게 대답했다.

"아니, 나는 엄마가 나를 정말 사랑해 준다는 것을 알고 있어요. 왜냐하면 내가 엄마에게 말을 걸면 엄마는 무슨 일을 하다가도 손을 멈추고 내 말을 끝까지 들어 주시잖아요."

입만 열면 불평하는 사람, 심지어는 가장 신랄한 비평가까지도 인내심 있고 동정적인 태도를 지닌 경청자 앞에서는 유순해지는 법이다. 경청자는 성난 불평꾼이 코브라처럼 몸을 빳빳이 세우고 입으로 독을 내뿜는 동안 조용히 침묵을 지키는 것이다.

한 가지 예를 들어 보면, 뉴욕 전화 회사는 몇 년 전에 교환원에게 마구 욕설을 퍼붓는 굉장히 못된 고객 한 사람과 골머리를 썩이고 있었다. 그는 욕을 퍼붓고 화를 내며 전화선을 송두리째 끊어 버리겠다고 위협했다. 그리고 전화요금을 청구해도 청구서가 잘못되었다고 하면서 납부를 거절했다. 그는 신문에 투서를 했고, 공공 사업 위원회에 수없이 신고했으며 그 회사를 상대로 수차례에 걸쳐 소송을 냈다.

결국 전화 회사 직원 가운데 가장 분쟁 해결 솜씨가 뛰어난 사람이 그 고객을 면담했다. 그 직원은 잠자코 이야기를 들으면서 상대방으로 하여금 비난에 가득 찬 말들을 충분히 늘어놓게 내버려 두었다. 그리고 "예스"를 연발하면서 그의 불만에 동조를 했다.

"그는 계속해서 화를 냈고, 저는 거의 세 시간 동안 듣고만 있었습니다" 하고 그 직원은 내가 주최하는 강좌에 나와 자기 경험담을 이야기했다.

"그다음에 갈 때에도 저는 몇 시간 동안 그가 욕하는 것을 듣고만 있었습니다. 그와 네 번 면담을 했는데, 네 번째 면담이 끝날 즈음 저는 그가 만든 모임의 회원이 되었습니다. 그 모임의 이름은 '전화 가입자 보호협회'라는 것이었습니다. 지금까지도 저는 그 모임의 회원이고, 아마 제가 아는 한 그 사람을 빼놓고는 제가 전 세계에서 단 한 명의 회원일 것입니다.

면담을 하는 동안 저는 상대의 입장에 서서 그의 주장에 동조하며 잠자코 들었습니다. 그는 자기의 편을 들어주는 전화국 직원을 만난 적이 없었기 때문에 차츰 우호적인 태도를 보이기 시작했습니다. 저는 첫 번째 방문 때에도, 두 번째, 세 번째 면담 때에도 그를 만나러 간 용건을 꺼내지 않고 잠자코 그의 말을 듣기만 했습니다. 그러나 네 번째로 면담을 할 때 저는 목적을 완전히 달성했습니다. 그는 밀렸던 요금을 모두 납부하고 공공사업 위원회에 대한 소청을 자진해서 취하해 주었습니다.”

이 말썽 많은 사나이는 가혹한 착취로부터 시민의 권리를 보호하는 성스러운 십자군을 자처하고 있었던 것 같다. 그러나 실제로 그 사람이 정말 원했던 것은 자기 중요감이었다. 그는 처음에 그중요감을 욕설과 고소로 얻었지만, 전화국 직원으로부터 중요감을 얻게 되자 그의 망상이 빚어낸 불평은 씻은 듯이 사라지고 만 것이다.

데트머 모직 회사라는 오늘날 세계에서 유수한 모직 회사 중의 하나다. 회사를 창립한 지 얼마 안 되었을 무렵 창립자인 줄리언 F. 데트머의 사무실에 아침부터 한 고객이 뛰어들어 왔다.

“이 남자는 우리 회사에 약간의 부채를 지고 있었습니다” 하면서 데트머는 나에게 설명했다. “그 고객은 그런 사실을 부인하고 있었지만 우리는 그가 착각하고 있다는 것을 알고 있었지요. 그래서 우리 회사의 신용 관리부는 그에게 돈을 지불할 것을 요구했습니다. 신용 판매부에서 여러 번 독촉장을 받자 화가 머리 끝까지 난 그는 시카고까지 먼 길을 달려와 내 방으로 뛰어든 것이었습니다. 그는 그 돈을 절대로 지불할 수 없으며 다시는 데트머 모직회사와 거래를 하지 않겠다는 말을 하기 위해 그 먼 길을 달려왔던 것입니다.

저는 그가 하고 싶어 하는 말을 인내심을 갖고 끝까지 들었습니다. 몇 번 반박하려고도 했으나 현명한 일이 아닌 것 같아 꾹 참았습니다. 그래서 그가 마음껏 말하도록 내버려 두었습니다. 그가 말을 끝내고 얼마쯤 지나 상대방의 말을 들을 분위기가 되었을 때 저는 조용히 이렇게 말했습니다. ‘일부러 시카고까지 찾아와 주셔서 감사합니다. 선생님은 제게 큰 도움을 주셨습니다. 왜냐하면 만일 신용 관리부가 선생님께 괴로움을 주고 있다면 틀림 없이 다른 고객들도 그런 식으로 괴로울지 모르니까요. 그렇다면 정말 큰일 입니다. 선생님이 일부러 찾아오지 않으셨어도 제가 찾아뵈어야 했을 것입 니다.'

그는 제가 그런 말을 할 줄 꿈에도 생각하지 못했을 겁니다. 그는 갑작스 레 기운이 빠진 듯 보였습니다. 그도 그럴 수밖에요. 그는 저와 한바탕 하 기 위해 작정하고 시카고까지 왔는데, 제가 그와 다투는 대신에 감사하다는 말을 하고 있었으니 말입니다. 저는 그에게 그 돈을 장부에서 지울 테니 깨 끗이 잊어버리라고 이야기했습니다. 덧붙여서 그는 매우 꼼꼼한 사람이고, 또 우리 직원들은 수천 명의 고객을 상대하지만 그는 자기 거래분만을 취 급하고 있으니 틀릴 리가 없다고 말했습니다. 따라서 그보다는 우리가 잘못 했을 확률이 훨씬 더 크다고 했습니다.

저는 그의 심정을 충분히 이해하며 그의 입장이 되면 저라도 틀림없이 그렇게 행동했을 거로 말했습니다. 그리고 더 우리 회사와 거래하지 않겠다 는 그를 위해 몇몇 모직회사를 추천해 주었습니다.

예전에도 그가 시카고에 왔을 때 함께 식사하곤 했기 때문에 그날도 저 는 함께 점심 식사를 하자고 권했습니다. 그는 그 초대를 매우 어색해 하면 서도 받아들였습니다. 우리가 사무실에 다시 돌아왔을 때 그는 이전보다 훨 씬 많은 양의 물건을 주문했습니다. 그는 가벼운 마음으로 집으로 돌아가더 니 며칠 후 저에게 편지를 보냈습니다. 집에 가서 서류를 다시 검토해 보다 가, 깜빡 잊었던 청구서를 발견했다며 사과 편지와 함께 말썽이 된 돈을 부 친 것입니다.

그 후 그는 아들을 낳았는데 미들 네임을 데트머라 붙였으며 우리는 그 가 죽을 때까지 22년 동안 친구이자 사업 동료로 가깝게 지냈습니다."

조금 오래된 이야기를 소개하겠다. 네덜란드에서 이민 온 한 소년은 가족 의 생계를 위해 빵가게의 창문을 닦았다. 그의 가족은 너무나 가난했기 때 문에, 그밖에도 소년은 매일 바구니를 들고 나가 석탄 마차가 길바닥에 흘 리고 간 석탄 부스러기를 주우러 다니곤 했다. 이 소년의 이름은 '에드워드 보크'였다. 그는 학교를 6년도 채 못 다녔지만 미국의 저널리즘 사상 가장 성공적인 잡지의 편집인이 되었다. 에드워드 보크는 어떻게 그 일을 해낼 수 있었을까? 간단히 말하자면 보크는 이 장에서 주장하고 있는 원리들을 이용하여 성공의 발판을 마련했다.

그는 13세 때 학교를 그만두고 웨스턴 유니온 전신 회사의 사환이 되었지만 공부하려는 욕심은 한순간도 포기하지 않았다. 그래서 보크는 독학하기 시작했다.

그는 미국 유명인사 전기 전집을 사기 위해 충분한 돈이 모일 때까지 차비와 점심값을 아꼈다. 마침내 전집을 손에 넣은 보크는 그것을 모두 읽은 뒤, 기상천외한 방법을 생각해냈다. 보크는 성공한 사람들에게, 그들의 어린 시절에 대한 더 상세한 이야기를 듣고 싶다고 편지를 보냈던 것이다. 그는 뛰어난 경청자였다. 그는 유명인사들에게 그들 자신에 관해 좀더 많은 이야기를 해달라고 부탁했다. 그는 당시 대통령에 입후보하고 있던 제임스 A. 가필드 장군에게 편지를 보내 그가 어릴 때 운하에서 배를 끄는 인부로 일했다는 것이 사실이냐고 물었다. 가필드 장군은 답장을 보냈다. 그는 또 그란트 장군에게 편지를 보내 장군이 치른 유명한 전투에 관해 질문했다. 그란트 장군은 지도까지 그려 보크에게 답장을 했고, 이 열네 살 먹은 소년을 만찬에 초대하여 그 이야기를 들려주었다.

얼마 안 있어 이 웨스턴 유니온의 사환 보크 소년은 미국의 많은 유명 인사들과 서신을 주고받는 사이가 되었다. 그중에는 랄프 왈도 에머슨, 올리버 홈즈, 롱펠로우, 에이브러햄 링컨 부인, 루이자 메이 올컷 여사, 셔먼 장군, 제퍼슨 데이비스 등 쟁쟁한 이들도 많았다. 소년은 그 유명한 사람들과 서신을 교환했을 뿐만 아니라 휴가 때면 그들을 찾아 갔으며, 그때마다 극진한 손님 대접을 받았다. 이러한 경험은 무엇과도 바꿀 수 없는 자신감을 그에게 불어넣어 주었다. 유명인들은 이 소년의 꿈과 야망에 불을 붙였다. 그것은 사실 여기에 기술한 원리를 응용한 결과였다.

수백 명의 저명 인사들을 인터뷰했던 저널리스트인 아이작 F. 마커슨은 많은 사람이 상대의 이야기를 주의해서 들어 주지 않기 때문에 좋은 인상을 주는 데 실패하고 있다고 말했다.

"그들은 다음에 자신이 무엇을 이야기할 것인가에 정신이 팔려 남의 이야기는 거의 듣지 않습니다……. 높은 위치에 있는 사람들은 말을 잘하는 사람보다 남의 이야기를 잘 듣는 사람을 높이 평가합니다. 그런데 남의 이야기를 잘 듣는 능력은 다른 어떤 능력보다도 습득하기 어려운 모양입니다."

비단 높은 위치에 있는 사람들뿐만 아니라 보통 사람들 역시 자기 이야기를 잘 들어 주는 사람을 좋아한다. 리더스다이제스트 지는 언젠가 이런 글을 실었다.

"자기 이야기를 경청할 사람이 필요하다는 이유만으로 의사를 부르는 환자가 많다."

남북전쟁이 한창일 때 에이브러햄 링컨은 고향 스프링필드에 사는 옛 친구에게 편지를 보내 워싱턴으로 와 줄 것을 부탁했다. 링컨은 중요한 문제에 대해 그와 상의를 하고 싶다고 했다. 그 이웃 친구가 백악관을 방문하자, 링컨은 노예해방 선언을 발표하는 것의 타당성에 관해 몇 시간 동안 친구에게 이야기했다. 링컨은 자기 의견을 전부 말한 뒤 각종 편지들과 신문기사를 읽어 주었다. 그중에는 노예해방에 찬성하는 글은 물론 반대하는 글도 있었다. 이렇게 몇 시간 동안 쉬지 않고 떠들어 댄 링컨은, 옛 친구에게 악수를 청해 작별 인사를 하고는 한마디 의견도 물어보지 않은 채 그를 일리노이로 돌아가게 했다. 긴 시간 동안 혼자 떠들었을 뿐이다. 그런데 그렇게 함으로써 링컨은 어느 정도 마음이 편해진 것처럼 보였다.

"이야기를 마친 그의 얼굴은 훨씬 밝아져 있었습니다"라고 링컨의 옛 친구는 말했다. 링컨이 바란 건 그의 조언이 아니었다. 링컨은 자기 마음을 털어놓을 수 있는 우호적이고 동정적인 사람을 바랐던 것이다. 누구나 곤경에 빠지면 이런 사람을 원한다. 성난 고객이나, 불만을 품은 사원이나, 감정을 상한 친구들이 원하는 것은 이것뿐이다.

근대의 가장 뛰어난 경청자 중의 한 사람은 지그문트 프로이트였다. 프로이트를 만나 본 사람은 그의 경청하는 태도를 이렇게 묘사했다.

"그 모습은 너무나 인상적이어서 평생 잊지 못할 정도였습니다. 그는 다른 어떤 사람에게서도 찾아볼 수 없는 특성을 지니고 있었습니다. 그의 눈은 온화하고 다정스러웠습니다. 정신분석을 할 때의 '영혼을 꿰뚫어 보는 시선'과는 딴판이었습니다. 목소리는 낮고 친절했고, 제스처는 거의 없었습니다. 그는 내 이야기에 진심으로 귀를 기울였고 알맞은 반응을 보여 주었습니다. 어떤 사람이 당신의 말을 그렇게 들어줄 때의 기분은 아마 상상도 못하실 겁니다."

만일 남들이 당신을 싫어하고, 등 뒤에서 비웃고 경멸하게 만들고 싶다면 다음처럼 행동하면 된다. 누구의 말이든 절대로 오랫동안 듣지 말라. 그리고 쉴 새 없이 자기 자기 일을 떠들어 대라. 다른 사람이 이야기하고 있는 동안 의견이 떠오르면 그 사람의 말이 끝나기를 기다릴 필요가 없다. 남이 말을 하거나 말거나 중단시키고 자기 말을 하면 된다. 그들이 당신보다 두뇌 회전이 느린 것을 어쩌겠는가. 계속 들어 봤자 시간낭비니 사양 말고 말허리를 잘라라.

당신은 그런 사람을 알고 있는가? 불행하게도 나는 알고 있다. 그리고 더욱 놀라운 것은 그들 중의 일부는 유명인사라는 것이다.

그런 사람들은 지루하기 짝이 없다. 그들은 자기 자아에 도취되어 자기 혼자 잘났다고 생각하는 사람들이다.

자기 자신에 대해서만 이야기하는 사람은 오로지 그들 자신만을 생각하는 사람들이다. 컬럼비아 대학 총장으로 다년간 재직했던 니콜라스 버틀러 박사는 "자기 일만 생각하고 있는 사람은 교양 없는 사람이다. 아무리 교육을 받았더라도 교양 없는 사람이다"라고 했다.

그러므로 말 잘하는 사람이 되기를 원한다면 우선 주의 깊은 경청자가 되어야 할 것이다. 자신에게 흥미를 느끼게 하려면 먼저 남에 대한 흥미를 가져야 한다.

다른 사람들이 대답하기 좋아하는 질문을 던져라. 그리고 그들 자신과 그들의 업적에 관해 이야기하도록 유도하라.

당신과 이야기하고 있는 사람은 당신에 대해서 보다 몇백 배 더 그들 자기 소망과 문제에 대해 관심을 갖고 있다는 사실을 잊어선 안 된다. 어떤 사

람의 치통은 수백만 명을 굶어 죽게 만드는 중국의 기근보다 더 중요한 일
이다. 목에 돋은 종기가 아프리카의 지진을 40개쯤 합한 것보다 그에게는
더욱 심각한 문제다. 다음에 대화할 때는 이 점을 명심하도록 하라.

상대의 관심사를 파악하고 그것에 대해 말하라
그것이 그 사람 마음의 문을 여는 열쇠

시어도어 루스벨트 대통령과 만나본 사람이라면 누구나 그의 해박하고 다양한 지식에 감탄한다. 상대가 목동이든 의용 기병 대원이든 정치가든 외교관이든 루스벨트는 누구나와 이야기 나눌 수 있는 풍부한 화제를 가지고 있었다. 어떻게 그렇게 박식할 수 있었을까? 그것은 간단했다. 그는 방문객이 찾아올 때마다 전날 밤늦게까지 그들이 특별히 관심을 갖고 있는 문제에 대해 연구했던 것이다.

왜냐하면 루스벨트 대통령은 모든 지도자들이 알고 있는 바와 같이, 한 인간의 마음을 사로잡는 지름길은 그 사람이 가장 흥미를 느끼고 있는 일에 관해 이야기하는 것임을 잘 알고 있었기 때문이다.

수필가이자 예일 대학 문학과 교수인 윌리엄 라이언 펠프스는 이런 교훈을 어릴 때부터 배웠다. 그는 〈인간의 본성〉이라는 논문에서 이렇게 말했다.

"여덟 살 되던 해에 나는 스트래트포드에 살고 있는 린제이 숙모님 댁을 방문해 주말을 보내곤 했다.

어느 날 저녁, 한 중년 신사가 숙모님 댁을 방문하여 이야기를 나누다가 나에게 관심을 보였다. 그 당시 나는 보트에 관심이 많았는데 그 신사는 아주 흥미로운 태도로 보트에 관해 이야기하기 시작했다. 그 손님이 돌아간 뒤 나는 숙모님을 상대로 그를 마구 칭찬했다. 그렇게 재미있는 사람이 세상에 또 있을까? 나는 그렇게까지 보트에 흥미를 가진 사람은 처음 봤다고 말했다. 그러자 숙모님은 그 손님이 뉴욕의 변호사라고 알려 주었고, 보트에 관해서는 전혀 관심도 없는 사람이라고 말해 주었다. '그럼 왜 줄곧 보트에 관해서만 이야기했을까요?'라고 내가 묻자, '그것은 그분이 신사이기 때문이란다. 그분은 네가 보트에 관심이 있다는 것을 알고 네가 좋아할 만한 이야기를 한 거야. 그분은 너와 장단을 맞춰 준 거지.'"

그리고 펠프스 교수는 "숙모님의 그 말씀을 절대 잊을 수 없었다"라고 덧붙였다.

이 장을 쓰고 있는 동안 나는 보이스카우트 단원으로 활동하고 있는 에드워드 L. 찰리프에게서 편지를 받았다.

"어느 날 저는 도움을 청해야 했습니다" 찰리프의 편지는 이렇게 시작되었다.

"대규모의 보이스카우트 잼버리가 유럽에서 열리는데, 모 대기업의 사장에게 우리 소년 단원 한 사람이 참석할 비용을 부담해 달라고 부탁하는 일이었습니다.

다행히도 그 사람을 만나러 가기 직전에 저는 그가 아끼는 보물 이야기를 들었습니다. 그것은 결제가 끝난 100만 달러짜리 수표로서, 그는 그것을 기념으로 액자에 넣어 보관하고 있다는 것이었습니다.

그래서 저는 그의 사무실에 들어가자마자 그에게 그 수표를 보여 달라고 부탁했습니다. 100만 달러짜리 수표라니! 저는 100만 달러짜리 수표를 끊을 수 있는 재력가를 만나리라고는 지금까지 생각도 하지 못했으며, 이 놀라운 경험을 우리 소년 단원들에게 이야기해 주고 싶다고 말했습니다. 그러자 그는 기꺼이 그 수표를 제게 보여 주었고, 저는 감개무량한 얼굴로 그것을 들여다보면서 어떻게 그런 거액의 수표를 끊게 되었는지 그때의 상황을 이야기해 줄 수 있겠느냐고 물었습니다."

당신도 알다시피, 찰리프는 보이스카우트나 유럽에서 열리는 잼버리에 대해 한마디도 하지 않고 면담을 시작했다. 찰리프는 상대가 좋아하는 화제를 먼저 끄집어냈다. 그 결과는 다음과 같다.

"이야기가 끝나자 그 사장은 이렇게 말했습니다. '그런데 저를 찾아오신 용건은 무엇입니까?' 그때서야 저는 용건을 이야기했습니다."

'정말 놀랍게도' 찰리프는 계속 말했다.

"사장은 제 부탁을 즉각 들어 주었을 뿐만 아니라 더 많은 것을 베풀어 주었습니다. 저는 대표로 소년 단원 한 명을 유럽으로 보내 줄 경비를 부탁했는데 사장은 다섯 명의 소년 단원과 제 경비까지 내주었고, 제게 1천 달러짜리 현금수표를 주며 유럽에 7주 동안 머무르라고 했습니다. 또한 사장은 자기 회사의 유럽 지점장에게 소개장을 써서 우리을 돌봐주도록 했습니다. 게다가 파리에 도착한 우리를 직접 맞이해서 파리 구경까지 시켜 주었습니다. 그때 이후 사장은 집안이 넉넉치 못한 몇몇 소년 단원들에게 도움을 주었고 지금까지도 소년단의 활동을 도와주고 있습니다.

그러나 만일 제가 그 사장의 관심사가 무엇인지 알지 못해서 그의 마음을 사로잡지 못했다면, 그에게 다가가는 데 열 배는 더 힘이 들었을 것입니다."

이 방법이 사업 세계에서도 쓸모가 있는 수법일까? 그 점에 대해 알아보자. 뉴욕에 있는 일류 제빵회사의 헨리 G. 두버노이는 뉴욕의 한 호텔에 빵을 납품하려고 무척 애를 쓰고 있었다. 그는 4년 동안 매주 지배인을 찾아갔으며, 그가 참석하는 친목 모임에도 얼굴을 내밀었다. 호텔에 방까지 얻어 놓고 주문을 따내기 위해 그곳에서 살다시피 한 적도 여러 번이었다. 그러나 모든 것이 실패로 돌아갔다.

"그래서 저는 인간관계에 대해 연구한 후에 전술을 바꿔보기로 결심했습니다. 그 사람이 무엇에 흥미를 갖고 있는지 찾아내기로 했습니다. 그가 무엇에 푹 빠져 있는지 조사하기 시작한 것이지요.

저는 그가 미국 호텔 협회라고 불리는 호텔 종업원들의 모임에서 활동한다는 것을 알아냈습니다. 그는 그 모임의 단순한 회원이 아니었습니다. 열정적으로 노력한 결과 그는 그 조직의 회장을 맡았을 뿐만 아니라 국제 호텔 협회의 회장까지 겸하고 있었습니다.

이 협회에 대한 그의 열정은 굉장했습니다. 협회 대회가 어디서 열리든 그는 산 넘고 물 건너서라도 반드시 참석했습니다.

이튿날 그를 만났을 때, 저는 그 협회에 관한 이야기를 꺼냈습니다. 그의 반응은 놀랄 만한 것이었습니다. 그는 눈을 빛내면서 30분 가량 협회에 관한 이야기를 끊임없이 했습니다. 그 협회는 그에게 취미일 뿐만 아니라 인생의 원동력이라는 것을 뚜렷이 알 수 있었습니다. 사무실을 나서기 전에 그는 저에게 회원으로 가입하라고 권했습니다.

한편 저는 빵에 대해서는 한마디도 하지 않았습니다. 그러나 며칠 후 그 호텔의 사무장이 제게 전화를 걸어 견본과 가격표를 갖고 빨리 오라고 했습니다.

사무장은 저를 보더니 '도대체 지배인을 어떻게 구워삶은 거요? 당신한 테 완전히 반했더군요' 하고 인사를 하더군요.

생각해 보십시오! 저는 거래를 트려고 4년 동안 그 사람을 쫓아다니며 졸랐습니다. 그런데 만일 제가 그 사람의 관심사나 그가 좋아하는 화제를 알아내지 못했다면, 저는 아직까지도 그를 헛되이 쫓아다니고 있었을 겁니다."

메릴랜드주 해거스 타운의 에드워드 E. 해리만은 병역을 마친 뒤, 아름다운 컴벌랜드 지방으로 이사하여 자리를 잡았다. 불행하게도 당시 그 지역에서는 일자리를 구하기가 무척 어려웠다. 조사를 해보니 그 지역의 많은 기업체들은 가난뱅이에서 갑부가 된 R. J. 펑크하우저라는 괴팍한 실업가의 소유이거나 영향권에 있었다. 그가 가난한 집안 출신이라는 사실이 해리만의 흥미를 끌었으나, 그 괴팍한 실업가는 직업을 구하려고 부탁하는 사람들을 무척 꺼려한다는 소문이었다. 해리만은 다음과 같이 썼다.

"저는 많은 사람의 이야기를 들어본 뒤, 그를 만나 보고 그의 최대의 관심사가 권력과 돈이라는 것을 알아냈습니다. 또 그는 저와 같은 구직자들을 떨쳐내기 위해 헌신적이고도 완고한 비서를 채용하고 있었지요. 그래서 저는 우선 그 비서의 관심과 목적을 연구한 다음, 예고도 없이 그녀의 사무실로 찾아갔습니다. 여비서는 자그마치 15년 동안이나 펑크하우저의 비서로 일하고 있었습니다. 제가 펑크하우저 씨에게 경제적, 정치적으로 성공을 가져다 줄 수 있는 제안을 갖고 있다고 말하자 여비서는 굉장히 큰 관심을 보였습니다. 저는 또 그녀의 헌신이 펑크하우저의 성공에 얼마나 큰 기여를 했는지를 이야기하며 그녀늘 칭찬했습니다. 이런 대화가 오고 가자, 여비서는 펑크하우저를 만나게 해주었습니다.

저는 그에게 일자리를 달라는 부탁을 절대로 하지 않겠다고 다짐하며 크고 으리으리한 사무실로 들어갔습니다. 펑크하우저는 호화롭고 커다란 책상 너머에 앉아 있었는데 저에게 큰 소리로 이렇게 말했습니다.

'그래, 무슨 일인가? 젊은이!' 그래서 저는 '펑크하우저 씨, 저는 당신을 위해 큰돈을 벌어 들일 수가 있습니다'라고 대답했습니다. 그러자 그는 자리에서 벌떡 일어나더니 제게 커다란 의자 중 하나에 앉으라는 손짓을 했습니다.

저는 몇 가지 아이디어를 열거하고 그러한 아이디어를 실천하는 데 필요한 저의 자질과 그러한 것들이 그의 개인적이고 사업적인 성공에 얼마만큼 기여할 수 있는지를 설명했습니다.

그러자 그는 그 자리에서 즉시 저를 채용했습니다. 그 뒤 20년 동안 저는 그 기업의 중심 인물이 되었고, 결국 우리 두 사람 모두 성공을 거두었습니다.”

다른 사람의 관심사를 화제로 삼는 것은 양 쪽 모두에게 이익을 준다. 종업원간 의사소통 분야의 개척자 하워드 Z. 허지그는 항상 이러한 원칙을 따르고 있다. 그것에서 어떤 이익을 얻느냐고 물었을 때 그는 이렇게 대답했다.

“상대에 따라 다릅니다. 하지만 누구와 대화하든 내 인생이 보다 풍요로워집니다. 그것이 가장 큰 성과지요.”

진심으로 칭찬한다
그가 중요한 인물임을 느끼게 하라

나는 뉴욕 8번가에 있는 우체국에서 등기우편을 부치기 위해 줄을 서서 기다리고 있었다. 우체국 직원은 날마다 반복되는 우편물의 계량, 우표와 거스름돈의 계산, 수령증의 발부 같은 기계적인 일에 싫증을 느끼고 있는 듯 잔뜩 찌푸린 얼굴이었다. 그래서 나는 이렇게 결심했다.

'저 직원이 나를 좋아하게 만들어야지. 그러려면 내가 아니라 저 사람을 칭찬하는 이야기를 해야 할 텐데.'

그래서 나는 나 자신에게 물었다.

'내가 진심으로 저 사람을 칭찬하려면 어떤 점을 부각시켜야 될까?'

그것은 대답하기 곤란한 질문이다. 특히 상대가 처음 만난 사람일 때는 더욱 그렇다. 그러나 이번 경우에는 아주 쉽게 해결되었다. 나는 즉시 그가 자랑스러워할 만한 점을 찾았던 것이다.

그래서 나는 그 직원이 내 우편물을 계량하고 있는 동안 감탄하며 말했다.

"저도 당신과 같은 머리카락을 갖고 싶군요."

그러자 그 직원은 놀라서 나를 쳐다보았는데, 그의 얼굴에는 미소가 담겨져 있었다. "글쎄요, 예전보다는 색이 많이 바랬어요" 하고 그는 겸손하게 말했다. 예전에는 얼마나 더 아름다웠는지 모르겠지만 아직도 참 매력적이라고 말해 주자, 그는 무척이나 기뻐했다. 우리는 즐거운 대화를 잠시 나누었다. 그 직원이 나에게 마지막으로 한 말은 "많은 분들이 제 머리칼을 칭찬해 줍니다"라는 것이었다.

나는 그 직원이 기분이 좋아서 그날 점심은 나가 사먹었으리라 생각한다.

또 그는 저녁에 집으로 돌아가 아내에게 그날 낮에 있었던 일을 이야기했을 것이다. 그리고 거울을 들여다 보며 이렇게 말했을지도 모른다. "정말 아름다운 머리카락이야!"

언젠가 내가 공식 석상에서 이 이야기를 했더니 한 사람이 나중에 이렇게 물었다.

"당신은 그에게서 무엇을 얻고 싶었습니까?"

내가 무엇을 얻고 싶었냐고? 대답할 가치도 없는 질문이다. 만약 우리가 남을 기쁘게 하거나 정직한 칭찬을 한 뒤 반드시 보수를 바란다면 우리는 당연히 불행해질 것이다.

아, 하긴 그렇다. 나는 그에게서 무엇인가 얻어 내기를 원했고 실제로 더 할 수 없이 소중한 것을 손에 넣었다. 답을 받지 않고 그 사람에게 무언가 좋은 일을 했다는 상쾌한 기분을. 이 느낌은 그 일이 지나간 뒤 오랫동안 기억 속에 남아 있을 것이다.

인간의 행동에는 대단히 중요한 법칙이 한 가지 있다. 이 법칙을 따르면 인간관계에 관한 거의 모든 문제를 피할 수 있다. 실제로 이 법칙을 잘 따르면 많은 친구를 얻고 언제나 행복할 수 있다. 그러나 이 법칙을 어기는 순간, 우리는 끝없는 문제에 부딪치게 된다. 이 법칙은 다음과 같다.

"항상 다른 사람으로 하여금 자신이 중요하다는 느낌을 갖도록 하라."

앞에서 말한 바와 같이 존 듀이는, 중요한 존재가 되려는 소망은 인간의 가장 뿌리 깊은 욕구라고 했다. 그리고 윌리엄 제임스 교수는 이렇게 말했다.

"인간 본성의 가장 끈질긴 욕망은 인정받고자 하는 욕구다."

이미 지적한 바와 같이 이것이야말로 인간과 동물을 구별하는 욕구인 것이다. 인간의 문명이 발달한 것도 바로 이러한 욕구 덕분이다.

철학자들은 수천 년에 걸쳐 인간관계의 법칙을 연구해 왔는데, 그 가운데서 한 가지 중요한 교훈을 발견했다. 그것은 전혀 새로운 것이 없는, 인류의 역사만큼이나 오래된 것이다. 3천 년 전 페르시아에서 조로아스터는 그것을 그의 추종자들에게 가르쳤고, 그의 추종자들은 배화교도에게 가르쳤다. 그리고 2천400년 전 중국에서 공자는 그것을 강의했다.

도교의 시조인 노자는 《도덕경》을 써서 이것을 제자들에게 가르쳤다. 그리스도 탄생 500년 전에 석가모니는 갠지스강 기슭에서 이것을 설교했다. 그보다 1천 년 전 힌두교의 성서에서도 이것을 가르쳤다.

예수는 2천 년 전에 유대의 바위산 위에서 이것을 가르쳤다. 예수는 이것을 한마디로 요약했다. 그것은 이 세상에서 가장 중요한 법칙으로 꼽을 수 있다.

"남에게 대접받고자 하면 남을 대접하라."

사람은 주위 사람들의 칭찬을 바라며 자기 진정한 가치를 인정받고 싶어한다. 작지만 소중한 자기 자기 세계에서 중요한 존재이고자 한다. 사람들은 경박한 아첨은 듣기 싫어하지만 진심에서 우러나오는 칭찬은 간절히 바란다.

사람들은 친구나 동료들이 찰스 슈왑의 말처럼 '진심으로 동의해 주고 아낌없이 칭찬해 주기'를 바라고 있다. 우리 모두가 그것을 원한다.

이 황금률에 따라, 남에게 대접받고자 하는 그대로 남에게 베풀어라.

어떻게, 언제 그리고 어디서? 물론 언제 어디서나 그렇게 해야 한다.

위스콘신주 오클레어에 사는 데이비드 G. 스미스는 한 자선 음악회에서 주최자의 의뢰로 스낵 코너를 맡은 일이 있었다. 그때 일어났던 난처한 상황을 어떻게 해결했는가에 대해 우리 강좌에서 발표했다.

"음악회가 열리는 공원에 갔더니, 판매대 옆에 나이 지긋한 부인 두 사람이 서 있었습니다. 두 사람은 표정이 밝지 못했습니다. 분명히 두 사람은 자기들이 각자 그곳의 책임을 맡을 것으로 생각했던 것이었습니다. 어떻게 해야 할지 고민하고 있는데, 주최측 간부 한 분이 나타나 제게 금고를 주면서 오늘밤의 일을 맡아 줘서 고맙다고 말했습니다. 그는 두 여성, 즉 로즈와 제인이 저를 보조할 거로 말한 뒤 돌아가 버렸습니다.

무거운 침묵이 흘렀습니다. 그 금고가 책임자의 상징임을 깨달은 저는 그것을 로즈에게 맡기면서, 저는 돈 계산에 서툴러 실수할지도 모르니 금고를 맡아 주면 고맙겠다고 말했습니다. 그리고 제인에게는 서비스를 맡은 10대

소녀 두 명에게 소다수 제조기 작동법을 가르쳐 주고 서비스 전체를 감독하도록 부탁했습니다.

그래서 그날 저녁은 무척 즐겁게 보냈습니다. 로즈는 신이 나서 돈 계산을 했고, 제인은 소녀들을 감독했으며 저는 느긋하게 음악회를 즐겼습니다.”

이렇게 칭찬의 철학을 적용하기 위해 프랑스 대사나 위원장이 될 때까지 기다릴 필요는 없다. 우리는 거의 매일 이러한 철학으로 기적을 만들어 낼 수 있다.

예를 들어 식당에서 홍차를 주문했는데 종업원이 커피를 가져왔다면 이렇게 말하면 되는 것이다.

“수고를 끼쳐 미안하지만 전 커피보다 홍차를 좋아하는데요.”

그러면 기꺼이 커피를 바꿔 줄 것이다. 왜냐하면 우리가 종업원을 존중해 주었기 때문이다.

“수고를 끼쳐 죄송하지만……”, “죄송하지만, 이것을 좀……”, “감사합니다”와 같은, 특별하지 않으면서도 친절한 감사의 말은 단조로운 일상생활의 톱니바퀴에 신선한 기름을 쳐준다. 그리고 이러한 태도는 훌륭한 교육을 받았음을 나타내는 증명이기도 하다.

또 다른 예를 들어 보겠다. 홀 케인은 20세기 초 《크리스천》, 《맨섬의 재판관》, 《맨섬 사람》 등의 베스트셀러를 쓴 작가로 수백만 명의 사람들이 그의 소설을 애독했다. 그는 대장장이의 아들로 태어나 평생 8년간의 교육밖에 받지 못했다. 하지만 사망할 당시 그는 그 시대에 가장 부유한 작가였다.

홀 케인이 작가가 된 경위는 다음과 같다. 그는 소네트(14행시)와 발라드를 무척 좋아했는데, 특히 영국의 시인 단테 가브리엘 로제티의 시를 좋아했다. 그는 로제티의 예술적 업적을 찬양하는 글을 썼고 그 사본을 로제티에게 보냈다.

로제티는 매우 기뻐했다. 그는 아마 “나의 능력을 이처럼 높이 평가하는 이 젊은이는 틀림없이 뛰어난 인물일 거야”라고 혼자 중얼거렸을 것이다. 그래서 로제티는 이 대장장이의 아들을 런던으로 불러 자기 비서로 채용했다.

이것이 홀 케인의 인생에 전환점이 되었다. 새로운 일자리에서 일하며 당시의 유명 문인들과 만날 수 있었고, 그들의 충고와 격려에 힘입어 작가로서의 길을 걷게 되었다.

맨 섬에 있는 홀 케인의 집인 그리바 캐슬은 전 세계로부터 관광객들이 몰려오는 메카가 되었다. 그는 수백만 달러의 유산을 남겼다. 만약 홀 케인이 유명한 시인을 찬양하는 글을 쓰지 않았더라면 어떻게 되었을까? 그는 작가가 되지 못하고, 이름도 없는 가난뱅이로 일생을 마쳤을지도 모른다.

진심에서 우러나오는 칭찬은 이와 같이 헤아릴 수 없는 큰 힘을 가지고 있다.

로제티는 자신을 중요한 인물이라고 생각하고 있었다. 그것은 당연한 일이었다. 국적이나 연령 등을 불문하고, 거의 모든 사람은 자기 자신을 매우 중요한 존재로 여기고 있다.

따라서 사람들의 인생은 누군가가 그를 중요한 존재라고 느끼게만 해 준다면 달라질 수도 있다. 캘리포니아에서 우리 강좌를 맡고 있는 로널드 J. 롤랜드는 미술 공예 교사이기도 한데, 그의 초보 공예 반에 다니는 크리스라는 학생에 관해 우리에게 편지를 보내왔다.

초급반에 있는 크리스는 대단히 조용하고 내성적이며 자신감이 없어서 거의 눈에 띄지 않는 학생이었습니다. 저는 이 반 외에도 고급반을 가르치고 있었는데, 그곳은 초급반에서 뛰어난 재능을 인정받은 학생들이 모여 있는 곳으로 모두가 들어가기를 원하는 곳이었습니다.

수요일 실습 시간에 크리스는 부지런히 자기 책상에서 작업을 하고 있었습니다. 저는 그의 가슴 깊숙한 곳에서 활활 타오르는 불길을 느낄 수 있었습니다. 감동한 저는 그에게 고급반에서 배우고 싶으냐고 물어보았습니다. 그때 저는 열네 살짜리 수줍은 소년의 얼굴에 나타난 그 감정을 표현할 길이 없습니다. 그는 터져나오려는 눈물을 애써 참으며 이렇게 말했습니다.

"제가 고급반에서요? 롤랜드 선생님, 제가 그렇게 잘할 수 있을까요?"

"그렇고 말고, 크리스. 너에겐 뛰어난 재능이 있어."

저는 더 말을 할 수가 없었습니다. 제 눈에도 눈물이 넘쳤기 때문입니다.

그날 교실을 걸어 나가는 크리스의 키가 2인치는 더 커 보였습니다.

크리스는 저를 반짝이는 눈으로 쳐다보면서 자신감 넘치는 목소리로 "고맙습니다, 롤랜드 선생님!" 하고 말했습니다.

그는 제게 영원히 잊지 못할 교훈을 주었습니다. 자신이 중요한 존재라는 것을 느끼고 싶어 하는 우리의 강렬한 욕구에 관한 교훈이었습니다. 이러한 교훈을 잊지 않기 위해서 '나는 중요한 존재다'라고 쓴 표어를 만들었습니다.

저는 이 표어를 모든 학생이 볼 수 있도록 교실 앞쪽에 붙여 놓았습니다. 저는 그것을 볼 때마다 제가 가르치는 학생 하나하나가 모두 똑같이 중요한 존재라는 사실을 떠올리곤 합니다.

거의 모든 사람은 자기 자신이 타인보다 뛰어난 점이 있다고 생각한다. 따라서 상대의 마음을 확실하게 사로잡는 방법은 당신이 그들의 중요성을 솔직하게 인정하고, 그 사실을 상대에게 은연중에 알려 주는 것이다.

에머슨의 말을 기억해 주기 바란다.

"내가 만나는 모든 사람은 어떤 점에서는 나보다 낫다. 그 점을 나는 그들에게서 배워야 한다."

그런데 불행하게도 남에게 자랑할 만한 장점을 전혀 갖추지 못한 사람들은 종종 역겨울 정도로 요란한 자기 선전으로 자신을 눈가림하려고 든다. 셰익스피어가 표현한 것처럼 "오만불손한 인간이여, 하잘것없는 얄팍한 농간을 부려 천사를 울리려고 하는구나."

칭찬의 원리를 응용해 성공을 거둔 사람을 셋 소개하겠다. 그들은 내 강좌의 수강자다. 우선 코네티컷에 사는 한 변호사의 경우를 들어 본다(친척에게 실례가 되기 때문에 그 변호사의 이름을 R씨라고 하겠다).

나의 강좌에 등록하고 난 R씨는 바로 친척들을 방문하기 위해 아내와 함께 롱아일랜드로 차를 몰고 갔다. 아내는 남편에게 고령의 숙모를 돌봐달라고 한 다음 혼자서 다른 젊은 친척을 방문하기 위해 나갔다. R씨는 칭찬의 원리를 적용한 예를 얼마 뒤 우리 강좌에서 보고해야 했기 때문에, 숙모를 상대로 한번 그것을 실행해 봐야겠다고 생각했다. 그래서 그는 솔직하게 칭찬할 것이 없는지 집 안을 살펴보았다.

"이 집은 1890년 무렵 지어졌지요?"

"그렇지. 이 집은 바로 그 해에 지었다네."

"이 집을 보니 제 고향집이 떠오르는군요. 정말 아름답습니다. 넓고 튼튼하게 지었고요. 요즘은 이런 집은 볼 수가 없어요."

"자네 말이 맞아." 숙모는 기쁜 듯 동의했다. "요즘 젊은 사람들은 아름다운 집에는 관심이 없지. 좁다란 아파트에서 전자 제품에 둘러싸여 살고, 늘 자동차를 타고 돌아다니기를 즐길 뿐이야. 하지만 나에게는 이 집이야말로 꿈의 집이라네."

숙모의 목소리는 그리운 추억에 젖어 약간 떨리기까지 했다.

"이 집은 사랑으로 지어진 집이라네. 남편과 내가 몇 년 동안이나 꿈꿔 왔던 집이었지. 건축가의 도움 없이 설계에서 완성까지 모두 우리 힘으로 해냈다네."

숙모는 그에게 집 안을 보여 주었고, 그는 숙모가 여행 중에 여기저기서 사들여 소중하게 간직해 온 아름다운 물건들, 즉 스코틀랜드산 페이즐리 숄, 오래된 영국제 찻잔 세트, 웨지우드의 도자기, 프랑스풍 침대와 의자, 이탈리아 그림, 한때 프랑스의 고성에 걸려 있던 실크 커튼 등에 대해 진심으로 찬사를 보냈다.

집 안 구석구석을 차근차근 보여 주고 난 숙모는 R씨를 차고로 안내했다. 그곳에는 새것과 다름없는 패커드 자동차 한 대가 서 있었다.

"남편이 세상을 떠나기 전에 나를 위해 저 자동차를 사 주었다네." 숙모는 부드러운 목소리로 말했다.

"남편이 죽은 다음에는 한 번도 타지 않았지……. 자네는 좋은 물건의 가치를 잘 알고 있는 것 같군. 그래서 난 이 차를 자네에게 주고 싶어."

"숙모님, 그건 안 됩니다." 그는 사양했다.

"물론 숙모님 호의는 감사하지만 저는 받을 수 없습니다. 저는 숙모님과 핏줄이 닿은 친척도 아닙니다. 제게는 얼마 전 새로 산 차가 있습니다. 그리고 숙모님 친척 가운데도 패커트 차를 갖고 싶어 하는 사람이 많이 있을 거예요."

"친척들 말인가!" 숙모는 소리쳤다.

"물론 내가 죽으면 저 자동차를 가져가려고 줄을 설 친척들이야 많지. 그러나 어림도 없는 이야기야. 그들에게 이 차를 주진 않을 거야."

"친척에게 물려주고 싶지 않으시면 중고 자동차업자에게 파실 수도 있을 텐데요?" 그가 말했다.

"이 자동차를 팔라고!" 숙모는 비명을 질렀다.

"내가 이 자동차를 팔 것 같은가? 얼굴도 모르는 낯선 사람이 이 자동차를 몰고 길거리를 왔다갔다 하는 모습을 내가 제정신으로 볼 수 있겠나? 저 차는 남편이 나를 위해 사 준 차란 말이야. 팔 생각은 꿈에도 없다네. 나는 꼭 자네에게 이 차를 주겠네. 자네는 진실로 아름다운 물건의 가치를 아는 사람이니까 말일세."

R씨는 받지 않으려고 끝까지 사양했으나 숙모의 감정을 상하게 하면서까지 더 버틸 수는 없었다.

넓은 집에 홀로 남겨져 페이즐리 숄과 프랑스 골동품과 자기 추억 속에 파묻혀 살고 있던 숙모는 칭찬에 굶주려 있었다.

숙모도 한때는 젊고 아름다웠으며 남성들의 구애도 많이 받았다. 또 사랑이 가득 담긴 집을 짓고, 유럽 여러 곳으로부터 가구들을 사 모아 집을 아름답게 꾸미기도 했다.

그러나 나이가 들자 세상과 떨어진 고독 속에 살고 있는 숙모는 사소한 따뜻함과 진정으로 마음에서 우러나는 조그만 칭찬을 갈구하고 있었던 것이다. 그러나 누구 한 사람도 그것을 주지 않았다. 그래서 그녀는 R씨의 칭찬을 듣고 사막에 솟은 한줄기 샘물을 발견한 것처럼 크게 감동했다. 이때 숙모의 감사하는 마음은 자신이 아끼는 패커트 차를 선물로 주지 않고서는 도저히 표현할 수 없을 정도였던 것이다.

또 다른 경우를 예로 들어 보겠다. 뉴욕주에 있는 루이스 앤드 발렌타인 조경 회사의 지배인 도널드 M. 맥마흔은 다음과 같은 경험담을 말해 주었다.

"친구를 사귀고 사람들에게 영향을 주는 방법에 관한 강좌에 참석한 직후 저는 어느 유명한 법률가 저택에서 조경 공사를 하고 있었습니다. 집주인이 나와서 저에게 어디에 철쭉과 진달래를 심을지 몇 가지 지시했습니다.

저는 집주인에게 말했습니다. '판사님, 아주 좋은 취미를 가지고 계시는군요. 판사님의 멋진 개들을 보고 저는 감탄했습니다. 매디슨 스퀘어 가든에서 매년 열리는 개 콘테스트에서 많은 상을 타셨다면서요?'

이 몇 마디의 칭찬은 참으로 놀라운 효과를 가져왔습니다.

'그래요. 개들 때문에 무척 즐거운 일이 많았지요. 개 사육장에 한번 가 보겠소?'

집주인은 거의 한 시간에 걸쳐 개를 보여 주고, 그들이 받아 온 상패를 보여 주었습니다. 심지어는 개의 족보까지 보여 주며 우수한 개의 혈통에 관해서 설명했습니다.

마지막으로 판사는 저를 돌아보며 물었습니다.

'어린 자녀가 있소?'

'네, 아들이 하나 있습니다.'

'그렇다면 강아지는 좋아하는가?'

'네, 무척 좋아합니다.'

'좋소. 내가 한 마리 주리다.'

판사는 저에게 강아지를 키우는 방법에 대해 설명하던 중 잠시 말을 멈추었습니다.

'잊어버리기 쉬우니 내가 종이에 적어 주겠소.'

판사는 집에 들어가 강아지의 족보와 먹이를 주는 방법 등을 타이핑해 가지고 나왔습니다. 그는 저에게 수천 달러나 하는 강아지와 한 시간 반이라는 귀중한 시간을 주었는데 그것이 모두 그의 취미에 대한 저의 진솔한 칭찬 때문이었습니다."

코닥 필름으로 유명한 조지 이스트만은 활동사진에 꼭 필요한 투명 필름을 발명하여 수억 달러의 재산을 모았고, 지구상에서 가장 유명한 실업가 중 한 사람이 되었다. 그러나 이런 굉장한 성공을 거둔 사람조차도 우리처럼 약간의 칭찬을 간절히 바라고 있었다.

그 이야기를 여기에 소개해 본다. 이스트만이 로체스터에 이스트만 음악 학교와 킬번 홀을 짓고 있을 때, 당시 뉴욕의 고급 의자 회사 사장이던 제임스 아담슨은 이 건물에 필요한 의자를 납품하는 주문을 따내고 싶었다.

우선 건축가에게 전화를 한 아담슨은 건축가를 통해 로체스터에서 이스트만과 만날 약속을 잡았다.

아담슨이 도착하자 건축가가 이렇게 말했다.

"당신, 이 주문을 따내고 싶지요? 하지만 만일 당신이 조지 이스트만의 시간을 5분 이상 빼앗는다면 계약은 물 건너갔다고 봐야 합니다. 그분은 완고한 원칙주의자이며 항상 바쁜 사람입니다. 그러니 요점만 빨리 설명하고 나오는 것이 상책입니다."

아담슨은 그 말대로 하기로 마음먹었다.

그가 이스트만의 방으로 들어갔을 때 이스트만은 책상 위에 산더미처럼 쌓아 놓은 서류를 보고 있었다. 잠시 후 그는 고개를 들어 보고는 안경을 벗더니 건축가와 아담슨에게로 걸어오며 말했다.

"안녕하십니까? 어떤 일로 오셨습니까?"

건축가는 아담슨을 소개했고, 지체 없이 아담슨은 이렇게 말했다.

"회장님을 기다리고 있는 동안 저는 회장님 사무실을 둘러보면서 감탄했습니다. 이런 방에서 일할 수 있으면 얼마나 좋을까 하는 생각이 절로 나는군요. 저도 실내장식 가구 사업을 하고 있지만 이렇게 훌륭한 사무실은 생전 처음입니다."

그러자 조지 이스트만은 이렇게 말했다.

"당신이 내가 거의 잊고 있던 것을 상기시켜 주는군. 정말 아름다운 사무실이지요? 처음에 이곳을 지었을 때는 나도 무척 좋아했소. 하지만 요즘엔 워낙 일에 쫓기다 보니 어떤 때는 몇 주일이고 방 안을 둘러볼 틈이 없단 말이오."

아담슨은 방 한쪽 구석으로 걸어가 손으로 벽의 판자를 문질러 보았다.

"이건 영국산 떡갈나무 아닙니까? 이태리산 떡갈나무와는 약간 결이 다르지요."

"그렇지." 이스트만이 대답했다.

"영국에서 수입해 온 판자지. 목재 전문가인 친구가 나를 위해 골라준 거요."

그리고 이스트만은 그에게 방 안 구석구석을 보여 주면서 방의 균형, 색채, 목각 장식 그리고 자기 아이디어가 반영된 부분들을 설명해 주었다.

방 안을 둘러보며 목제품을 감상하다 두 사람은 창문 앞에서 잠시 걸음을 멈추었다. 이스트만은 조용하고 부드러운 목소리로 자신이 추진하고 있는 사회 사업을 위한 갖가지 시설—로체스터 대학교, 종합병원, 아동병원, 양로원—등에 대해 설명하기 시작했다.

아담슨은 인간의 고통을 덜어 주기 위해 큰 돈을 쓰고 있는 이스트만의 이상주의적인 태도에 진심으로 경의를 표했다. 그러자 이스트만은 유리 상자를 열고 그가 최초로 손에 넣었다는 카메라를 꺼냈다. 그것은 어떤 영국인으로부터 사들인 발명품이었다.

아담슨은 이스트만에게 사업을 하면서 겪었던 난관들에 대해 자세히 질문했다. 이스트만은 가난했던 어린 시절을 회상하면서, 그가 하루 50센트를 받으며 보험 회사의 직원으로 근무하는 동안 홀어머니가 어떻게 하숙집을 꾸려 나갔는지 등에 이야기했다. 가난에 대한 공포감이 그를 밤낮으로 괴롭혔다. 이스트만은 이 지겨운 가난 때문에 고생하는 어머니를 편안히 해 드리려고 돈을 벌기로 결심했다.

아담슨은 이스트만이 사진 건판을 가지고 실험하던 이야기를 하는 동안 더 많은 질문을 던져 대답을 이끌어 냈고, 그의 이야기를 열심히 귀담아 들었다. 이스트만은 낮에는 사무실에서 일하고 때로는 밤새 실험을 하며 화학약품이 작용할 동안 잠깐씩 눈을 붙였고, 어떤 때는 72시간 동안 옷도 못 갈아입을 정도로 일에 정력을 쏟았다.

제임스 아담슨은 이스트만을 10시 15분에 만났는데, 5분 이상 지체해서는 안 된다는 경고를 받았음에도 불구하고 한 시간이 지나고 두 시간이 지나도 그들의 이야기는 끝나지 않았다.

마지막으로 이스트만은 아담슨을 돌아보며 말했다.

"지난번에 일본에 갔을 때 의자를 몇 개 사 가지고 와서 집 앞마당에 놓아 두었소. 그런데 햇빛 때문에 페인트가 벗겨지지 뭐요. 그래서 페인트를 사다가 내 손으로 칠했지요. 내 페인트 솜씨를 보시지 않겠소? 우리 집에 가서 점심을 함께하면서 보여 드리지요."

점심 식사를 한 뒤, 이스트만은 자신이 일본에서 사 온 의자를 보여 주었다. 그것은 몇 달러밖에 안 되는 물건이었다. 도저히 억만장자에게는 안 어울리는 의자였지만 그는 자신이 직접 페인트칠을 했다는 이유로 자랑스럽게 생각하고 있었다.

이 공사에 필요한 의자 대금은 9만 달러에 달했다. 누가 그 주문을 따냈을까? 제임스 아담슨일까? 아니면 다른 경쟁자일까? 결과는 불 보듯 뻔했다.

이 일이 있고 난 뒤부터 이스트만이 죽을 때까지 두 사람은 가까운 친구로 지냈다.

프랑스 루앙의 한 레스토랑 주인인 클로드 마레는 이 원리를 이용하여 중요한 직원을 잃지 않을 수 있었다. 그 여직원은 5년 동안 그곳에서 일하고 있었으며 마레와 21명의 종업원 사이를 밀접하게 연결시켜 주고 있었다. 마레는 등기우편으로 그녀의 사직서를 받고 충격을 받았다.

마레는 이렇게 말했다.

"나는 매우 놀라고 한편으로는 굉장히 실망했습니다. 나는 그녀에게 섭섭하게 대한 일이 없었고, 그녀가 요구하는 일은 거의 모두 들어 줬기 때문입니다. 어쩌면 나는 그녀를 종업원으로서가 아니라 친구로 생각했기 때문에 그녀에게 지나치게 기댔는지도 모릅니다. 다른 종업원보다 그녀에게 더 많은 것을 요구했는지도 모르지요.

하지만 나는 납득할 만한 설명 없이는 사표를 받아들일 수 없었지요. 그래서 그녀를 불러 이렇게 말했습니다.

'폴레트, 내가 당신의 사표를 받을 수 없다는 것을 이해하시겠습니까? 당신은 나와 이 레스토랑을 위해서 없어서는 안 될 사람이오. 당신은 이 레스토랑이 성공하기 위해 정말로 필요한 사람입니다.'

나는 모든 종업원들 앞에서 반복하여 이런 이야기를 했고, 그녀를 우리 집으로 초대해 가족이 있는 곳에서 그녀에 대한 나의 신뢰감을 털어놓았습니다.

폴레트는 사표를 철회했습니다. 나는 예전보다 더 그녀에게 전적인 신뢰를 보내고 있으며 그녀도 내 기대만큼 열심히 일해 줍니다. 기회 있을 때마다 그녀가 한 행동에 대해 칭찬을 아끼지 않으며, 그녀가 나와 레스토랑을 위해 얼마나 중요한 존재인가를 자주 일깨워 줍니다."

다음은 대영제국의 재상을 지낸 위대한 정치가 디즈레일리의 말이다.

"사람들에게 그들 자신에 관한 이야기를 하라. 그러면 그들은 몇 시간이고 귀를 기울일 것이다."

3

사람을 설득하는 12가지 방법

논쟁을 피하라
격한 논쟁 뒤 남는 것은, 상처 입은 자존심과 깨진 신뢰뿐이다

제1차 세계대전 직후의 어느 날 밤 나는 런던에서 매우 귀중한 교훈을 배웠다. 그 당시 나는 로스 스미스 경의 매니저였다. 로스 경은 전쟁 중에 팔레스타인 지방에서 용맹을 떨친 유능한 호주인 조종사로, 전쟁이 끝나자마자 지구의 절반을 30일 만에 비행하여 전 세계를 깜짝 놀라게 한 인물이다. 그때까지만 해도 이러한 모험이 시도된 적은 한번도 없었으므로 대단한 반향을 불러일으켰다. 호주 정부는 로스 경에게 5만 달러의 상금을 하사했고, 영국 왕실에서는 그에게 기사 작위를 수여했다. 그는 한동안 대영제국에서 가장 빈번하게 사람들의 입에 오르내리는 사람이 되었다.

어느 날 저녁, 나는 로스 경을 위해 벌어진 연회에 참석했다. 식사 도중에 내 곁에 앉아 있던 사람이 '인간이 아무리 일을 벌여 놓아도 최종적인 결정을 내리는 것은 신이다'라는 말을 인용해 가면서 익살스럽게 이야기를 했다.

그 인용문이 성경에 있는 문구라고 재담꾼은 말했지만 실은 그게 아니었다. 나는 그 인용문을 잘 알고 있었기 때문에 거기에 대해서는 조금도 의심의 여지가 없었다. 그래서 나는 자기 중요감을 충족시키고 잘난 체하기 위해 그의 잘못을 지적했다. 하지만 그도 자기 주장을 굽히지 않았다. "뭐라고요? 셰익스피어 작품에 나오는 말이라고요? 그럴 리가 없소! 말도 안 되는 소리요! 그 말은 성경에 나온단 말이오" 하고 그는 서슬 퍼렇게 주장했다.

그 이야기꾼은 내 오른쪽에 앉아 있었고, 왼쪽에는 나의 오랜 친구인 프랭크 가몬드가 앉아 있었다. 그는 오랜 세월 셰익스피어를 연구해 왔기 때문에 우리는 그의 의견을 듣기로 하였다. 그는 가만히 듣고 있더니 식탁 아래로 내 다리를 툭 치면서 "이봐, 데일, 자네가 틀렸네. 저분의 말씀이 옳아.

그건 성경에 나오는 말일세"라고 말했다.

그날 밤 집으로 돌아오면서 나는 그 친구에게 반문했다. "프랭크, 자네는 그 인용문이 셰익스피어에 나오는 말임을 정말 모르는가?"

"물론 알고 있네" 그가 대답했다.

《햄릿》 5막 2장이지. 하지만 데일, 우리는 그 즐거운 모임의 손님이었잖아. 자네는 왜 그 사람이 틀렸다는 것을 증명하려 했지? 그렇게 하면 그가 자네를 좋아하겠나? 왜 그 사람 체면을 세워 주지 않나? 그는 자네 의견을 묻지 않았네. 원하지도 않았단 말일세. 그런데 왜 그 사람과 일부러 논쟁을 하려 하는가? 사회 생활을 하려면 항상 원만하게 처신해야 하네."

그 친구는 나에게 평생 잊을 수 없는 교훈을 가르쳐 주었다. 나는 그 재담꾼을 곤경에 빠뜨렸을 뿐만 아니라 친구까지 당황스럽게 만들었던 것이다. 내가 따지고 들지 않았더라면 서로 마음 상하는 일은 없었을 것이다. 논쟁하는 습관을 갖고 있던 나에게 그 일은 정말 중요한 교훈이었다.

어린 시절 나는 형과 다양한 주제로 토론을 벌였다. 대학에서는 논리학과 변론을 공부했고 토론회에도 참여했다. 후일 나는 뉴욕에서 토론법과 논쟁법을 가르쳤으며, 좀 부끄러운 이야기지만 언젠가 이에 관한 저서를 쓸 계획도 세웠다. 그래서 그 후부터는 수많은 토론을 경청하고 참여하기도 하면서 토론 결과를 주의 깊게 살펴보았다.

이런 경험을 바탕으로, 나는 논쟁에서 이기는 최선의 방법은 이 세상에서 오직 단 하나라는 결론을 내렸다. 바로 토론을 피하는 것이다. 방울뱀이나 지진을 피하는 것처럼 토론을 피하라.

십중팔구 논쟁은 참여자들이 자기 의견이 절대적으로 옳다는 생각을 더 굳게 다지는 것으로 끝나는 법이다.

당신은 논쟁에서 이길 수 없다. 왜냐하면 논쟁에 지면 지는 것이고, 이긴다고 해도 지는 것이기 때문이다. 왜 그럴까? 당신이 논쟁 상대를 철저히 때려눕혔다고 하자. 그래서 어쨌다는 것인가? 당신 기분이야 후련하겠지만 상대는 어떻게 되겠는가? 당신은 그에게 열등감을 느끼게 했고, 그의 자존심을 구겨 버렸다. 그는 당신의 승리에 분통을 터뜨릴 것이다.

논쟁에서 진 사람은

그래도 자기 의견을 굳게 지킨다.

몇 년 전에 패트릭 J. 오헤어가 우리 강좌에 참여했다. 오헤어는 많이 배우진 못했지만 논쟁을 매우 좋아했다. 한때는 운전기사를 한 적이 있었고, 지금은 트럭을 팔고 있으나 별 재미를 못 보자 나를 찾아온 것이다. 몇 가지 질문을 해 보니 그는 거래하려는 사람들과 끊임없이 싸우고 대립하는 사람이라는 사실을 알 수 있었다. 트럭을 사러 온 손님이 트럭에 대해 한 가지 트집이라도 잡으려면 그는 몹시 화를 내면서 그 손님의 멱살을 잡는 것이었다. 그는 논쟁을 벌여서라도 이겨야 직성이 풀렸다. 그는 나중에야 말했다. "저는 가끔 '저런 녀석은 본때를 보여 주어야지!' 하고 말하면서 상대의 사무실로 쳐들어가곤 했죠. 물론 본때를 보여 주었습니다. 그러나 물건을 팔지는 못했습니다."

내가 가장 먼저 해결할 문제는 패트릭 오헤어에게 말하는 법을 가르치는 것이 아니었다. 그에게 말을 삼가고 언쟁을 피하도록 훈련시키는 일이 더욱 시급했다.

곧 그는 뉴욕의 화이트 모터 사에 입사하여 가장 우수한 세일즈맨이 되었다. 어떻게 그렇게 되었을까?

여기에 그가 직접 한 말을 옮겨 보기로 한다.

"요즘에는 고객이 '뭐요? 화이트 트럭이라고요? 필요 없소. 거저 주어도 나는 싫소. 나는 ○○사의 트럭을 사겠소' 하고 말하더라도, 저는 '○○사의 트럭도 훌륭합니다. ○○사의 트럭을 구입하신다면 올바른 결정을 하신 겁니다. ○○사의 트럭은 훌륭한 회사에서 만들고 훌륭한 사람들이 판매를 하고 있으니까요'라고 말합니다.

그러면 그 고객은 아무 말도 못합니다. 논쟁할 여지가 없게 되는 것이죠. 그가 ○○사의 트럭이 최고라고 말하고, 또 제가 그 말에 동조를 해 주면 그는 거기서 말을 중단할 수밖에 없습니다. 제가 자기 말에 맞장구를 치는데 온종일 '○○사의 트럭이 최고야' 하는 소리를 계속할 수는 없으니까요.

그러면 ○○사의 트럭에 대한 이야기는 그만두게 되고, 그다음부터 화이트 회사의 트럭이 가진 장점에 관해 말하기 시작합니다.

예전의 저라면 그 고객이 처음 했던 것 같은 말에 화를 벌컥 냈겠지요. 하지만 제가 ○○사의 트럭을 깎아내릴수록 고객은 ○○사의 트럭을 감싸고돌면서 더욱더 좋아할 겁니다. 이제 돌이켜 생각해 보면, 제가 전에 어떻게 물건을 팔 수 있었는지 저로서도 무척 궁금합니다. 저는 제 인생의 수년 동안을 싸우고 논쟁하는 일에 허비했습니다. 이제는 입을 다물고 지냅니다. 그러니까 오히려 일이 잘 되더군요.”

벤자민 프랭클린은 이렇게 말했다.

“만일 당신이 사람들에게 따지고 상처를 주며 반박한다면 가끔은 승리할 수도 있다. 하지만 그것은 공허한 승리에 불과하다. 왜냐하면 당신은 절대 상대의 호의를 얻어 내지 못할 것이기 때문이다.”

자, 스스로 생각해 보라. 이론적이고 화려한 승리를 원하는가? 아니면 다른 사람의 호의를 얻겠는가? 양쪽 모두를 가지기는 어렵다. 〈보스톤의 트랜스크립트〉는 언젠가 다음과 같은 의미심장한 풍자시를 실은 적이 있다.

여기 윌리엄 제이가 영원히 잠들다
백번 옳은 길만을 걸어 온 끝에 잠들다
옳지 못한 길을 걸어 온 자들과 똑같이 잠들다

소득세 상담원인 프레드릭 S. 파슨즈는 정부의 세무조사원과 1시간 동안 논쟁을 하고 있었다. 9천 달러의 돈이 걸려 있는 일이었다. 파슨즈는 그 9천 달러가 사실상 부실채권으로 회수가 불가능하기 때문에 세금을 매겨서는 안 된다고 주장했다. 세무조사원은 고집했다. “부실채권이라니 무슨 소리요. 세금을 내야 합니다.”

파슨즈는 우리 강좌에 나와 그 이야기를 들려주었다.

"그 조사원은 냉정하고 거만한 데다가 고집불통이어서, 아무리 이유를 설명하고 사실을 들이대도 소용없었습니다. 논쟁이 길어질수록 그는 점점 더 고집불통이 되었습니다. 그래서 저는 논쟁을 피하고 화제를 바꾸어 그를 칭찬하기로 마음먹었습니다.

저는 이렇게 말했습니다.

'당신은 정말 대단한 일을 하고 계시는군요. 이 문제는 당신이 내려야 할 정말 중요하고도 어려운 결정에 비하면 매우 사소한 것이라는 생각이 듭니다. 저 자신도 조세에 관해서 공부를 조금 해보았지만 책을 통해서 얻은 얕은 지식에 불과합니다. 당신은 생생한 현장에서 더욱 깊이 있는 지식을 얻고 있으니 참 부러운 일입니다. 저는 가끔 당신과 같은 직업을 가졌더라면 얼마나 좋았을까 하고 생각하기도 합니다. 많은 것을 배울 수 있을 테니까요.'

제가 한 말은 모두 진심이었습니다.

그러자 그 조사원은 의자에서 몸을 바로 세우더니 자기가 적발했던 교묘한 탈세 사건을 들려주는 등 자신이 하는 일에 대해 한참 동안 나에게 이야기해 주더군요. 그러더니 음성이 점점 다정해지면서 곧 자기 아이들 이야기도 들려주더군요. 그리고 조사원은 떠나면서 내 문제를 좀 더 고려해 본 뒤 며칠 내로 결정해서 알려 주겠노라고 말했습니다.

사흘 뒤 조사원은 제 사무실로 전화해서 그 세금 건을 그대로 두기로 했다고 알려 주더군요."

이 세무조사원은 인간이면 누구에게서나 공통적으로 볼 수 있는 약점을 보여 주었다. 조사원은 자신이 중요한 인간이라는 것을 느끼고 싶어 했다.

그래서 파슨즈와 논쟁을 할 때는 자기의 권위를 큰소리로 주장함으로써 그의 중요감을 성취했던 것이다. 그러나 일단 상대가 그의 중요성을 인정하면서 논쟁이 끝나자, 그는 만족감을 얻고 친절한 인간으로 변했다.

부처가 "미움은 절대 미움으로 없어지는 것이 아니라 사랑으로 없어진다"라고 말한 것처럼, 오해도 절대 논쟁으로 없어지는 것이 아니라 재치나 수완, 화해 그리고 다른 사람의 입장을 이해하고 공감하려는 마음에 의해서 없어진다.

링컨은 동료들과 격렬한 논쟁을 일삼던 어느 젊은 장교를 몹시 꾸짖은 적이 있었다.

"스스로 최선을 다하려는 사람은 사사로운 논쟁 따위에 시간을 허비하지 않는 걸세. 그런 사람은 성격을 망치거나 자제력을 상실할 수밖에 없네. 자기에게 정당성이 별로 없을 때는 아무리 중대한 일이라도 상대방에게 양보해야 하네. 정당성이 있는 경우라도 사소한 일이라면 양보하게. 개와 싸움을 하다가 물리는 것보다는 개를 피하는 편이 더 낫지 않겠나. 설령 그 개를 죽인다 해도 물린 상처가 아물지는 않을 테니까 말일세."

〈비츠 앤드 피시즈〉지는 한 기사에서, 의견의 차이가 있을 때 논쟁을 피하는 방법에 대해 다음과 같은 몇 가지를 들고 있다.

의견이 서로 다르다는 사실을 기꺼이 환영하라. '두 사람의 의견이 항상 일치한다면 둘 중 한 사람은 필요 없는 인물이다'라는 표어를 기억하라. 한 번도 생각해 본 적이 없는 문제를 누군가가 지적해 주었을 때는 그에게 감사하라. 아마 그로 인해 당신은 심각한 실수를 저지르기 전에 자신을 바로잡을 수 있는 기회를 갖게 되었을지도 모른다.

맨 처음에 고개를 드는 방어 본능에 휩쓸리지 말라. 불쾌한 상황에서 우리가 가장 먼저 자연스럽게 취하는 반응은 자신을 변호하려는 태도이다. 이것을 조심하라. 냉정을 유지하면서 당신의 첫 반응을 조심해야 한다. 당신 내부의 악마가 천사를 제치고 앞으로 나올지도 모르기 때문이다.

화내지 말라. 무엇에 화내는지를 보면 그 사람의 인격을 파악할 수 있다는 것을 기억하라.

먼저 귀를 기울여라. 상대가 말할 기회를 주어라. 상대가 그 말을 끝낼 수 있도록 하라. 방해하거나 변명하거나 논쟁하지 말라. 이런 일은 장 애물만 생겨나게 할 뿐이다. 이해의 다리를 만들도록 노력하라. 오해라 는 더 높은 장벽을 만들지 말라.

의견의 일치를 이루는 부분을 찾아라.   상대의 말을 다 들어 본 다음 그 사람에게 동의할 수 있는 부분들을 생각하라.

실수를 솔직히 인정하고 시인할 수 있는 부분을 찾도록 하라.   실수에 대해 서 사과하라. 그러면 상대는 마음을 누그러뜨리고 논쟁의 칼끝을 뒤로 물릴 것이다.

상대의 생각을 다시 한번 심사숙고하여 신중히 검토하겠다는 약속을 하 라.   그리고 정말로 그렇게 하라. 상대가 옳을지도 모른다. 이 단계에서 성급하게 행동하여 상대가 당신에게 "말하려고 했는데 당신이 듣지 않 으려고 했잖소?"라고 말하는 상황에 처하느니, 차라리 처음부터 그들 의 생각을 고려해 보는 편이 훨씬 낫다.

상대가 관심을 가져주는 데 대해 진심으로 감사하라.   당신에게 반대하기 위해 시간을 낼 수 있는 사람이라면 당신의 관심 분야에 관심이 있는 사람이다. 그들을 당신의 조력자라고 생각하라. 그러면 당신은 적을 친 구로 바꿀 수 있다.

문제를 철저하게 생각할 시간을 갖기 위해 당신의 행동을 뒤로 미뤄라.   그 날 늦게라도 아니면 그다음날 다시 만나자고 제안하라. 다시 만나서 차 분하게 모든 사실을 다시 검토하자고 제안하는 것이다. 그 준비 과정으 로 자신에게 다음과 같은 질문을 해 보라.

상대가 옳은 것은 아닐까? 부분적이라도 옳지 않은가? 그들이 취하는 입장이나 주장에 정당성이나 장점이 있는가? 내 행동이 문제 해결에 도움이 될까? 아니면 분노를 다소 해소하는 데 그칠 뿐일까? 내가 취한 태도로 인해서 상대와 더 멀어질까, 아니면 더 가까워질까? 내 반론에 보통 사람들은 수긍해 줄까? 나는 이길까, 아니면 질 것인가? 이기게 된다면 어떤 대가를 치르게 될까? 내가 잠자코 있으면 서로 간의 의견 대립이 사라질까? 이런 어려운 상황이 나에게 어떤 기회가 될 수 있을까?

오페라 가수인 얀 피어스는 50년의 결혼 생활에 대해 이렇게 말했다.
"아내와 나는 오래전에 조약을 하나 맺었습니다. 그리고 상대에게 아무리 화가 나도 이 조약을 지켜 왔습니다. 한 사람이 화내기 시작하면 다른 사람은 무조건 잠자코 듣기로 하는 일 말입니다. 왜냐하면 두 사람 모두 고함을 지르게 되면 대화는 없어지고 아무 의미 없는 소음만 오가게 되니까요."

실수를 지적하지 말라
'네가 틀렸다는 말' 절대 해서는 안 된다.
그것은 적을 만드는 확실한 방법일 뿐이다

시어도어 루스벨트는 대통령 재임시, 자기 생각 중에 75%가 옳다면 그것은 자신이 바라는 최고의 기대치라고 고백했다.

20세기의 가장 뛰어난 인물 중 한 사람이 이런 바람을 갖고 있었다면 당신과 나는 어떤가? 자신이 생각하는 바가 55%까지 옳다고 자신하는 사람은 월스트리트에서 하루에 100만 달러를 벌 수 있을 것이다. 이 55%에 이르는 확신도 갖지 못하면서 당신은 무엇 때문에 다른 사람이 틀렸다고 말하는가?

우리는 말을 하지 않더라도 표정, 억양이나 제스처를 통해서도 확실하게 다른 사람의 생각이 틀렸다고 몰아붙일 수 있다. 애초에 당신은 왜 남의 잘못을 지적하는가? 그들에게 틀렸다고 말한다면 그들이 과연 당신에게 동의하겠는가? 천만의 말씀이다. 왜냐하면 당신은 그들의 지성, 판단, 자만심, 그리고 자존심 모두를 직접적으로 건드렸기 때문이다. 그렇게 되면 그들도 당신에게 반격을 가할 것이다. 그들에게 자신들의 생각을 바꾸려는 마음 따위는 손톱만큼도 없다. 칸트나 플라톤의 논리를 모두 동원해서 설명해도 상대는 자기의 의견을 바꾸지 않는다.

왜냐하면 당신이 이미 그들의 감정을 상하게 만들었기 때문이다. 이렇게 되면 이론 따위는 아무 쓸모없다. 절대로 "내가 당신에게 그 이유를 설명해 주겠소"라는 말로 시작하면 안 된다. 이것은 좋지 않은 설득 방법이다.

이 말은 마치 "내가 당신보다 더 똑똑하니 내 이야기를 들어 보고 당신 마음을 바꾸시오" 하고 말하는 것과 같다.

그것은 일종의 도전인 셈이다. 상대의 반발심만 불러일으켜 듣는 사람으로 하여금 당신이 말도 꺼내기 전에 싸우고 싶도록 만드는 것이다.

더할 수 없이 부드러운 분위기 속에서라도 상대의 마음을 바꾸는 것은 무척이나 어려운 일이다. 그런데 왜 일을 더 어렵게 만드는가? 무엇 때문에 자신에게 불리하도록 만드는가? 만약 상대를 설득할 필요가 있다면 전혀 눈치 채지 못하게 하라. 아주 재치있고 교묘하게.

알렉산더 포프는 이런 사실을 다음과 같이 간단명료하게 표현했다.

"사람을 가르칠 때는 가르치지 않는 것처럼 하면서 가르치고, 상대가 모르는 점을 지적할 때에는 그가 처음부터 몰랐던 것이 아니라 잠시 잊어버렸던 것인 양 취급하라."

300여 년 전에 갈릴레오는 다음과 같이 말했다.

"우리는 남을 가르칠 수는 없다. 단지 그가 스스로 깨닫도록 도와줄 수 있을 뿐이다."

체스터필드 경은 아들에게 이렇게 말했다.

"될 수 있으면 다른 사람보다 현명해지도록 해라. 그러나 그것을 남들에게 알려서는 안 된다."

소크라테스는 제자들에게 반복해서 이렇게 말했다.

"내가 아는 것은 오직 한 가지, 나는 아무것도 모른다는 사실이다."

어쨌든 나는 소크라테스보다 내가 낫다고 생각하지 않기 때문에, 다른 이들에게 그들의 생각이 틀렸다는 말을 하지 않는다. 이 방침은 나에게 큰 도움이 되었다.

어떤 사람의 생각이 잘못되었다 싶을 때, 또 상대가 실제로 틀린 말을 하더라도 이렇게 말하는 것이 좋다.

"글쎄요, 제 생각은 그렇지 않지만 제가 틀렸을지도 모르겠군요. 저는 종종 그러니까요. 만약 제 생각이 틀렸다면 바로 고치겠습니다. 이 문제를 다시 한번 검토해 보겠습니다."

"제가 틀렸을지도 모릅니다. 종종 그러니까요. 이 문제를 다시 한번 검토해 보겠습니다"라는 말 속에는 마력이 있다. 이 세상의 어느 누구도 이 말에 반대하고 나서지는 않을 것이다.

우리 강좌에 참여한 사람들 중에 고객을 관리하는데 이 방법을 쓴 사람이 있었다. 몬태나의 빌링스에서 자동차 영업담당을 하고 있는 헤롤드 랜케였다. 그는 자동차 영업을 하면서 압박감을 너무 많이 받아, 고객들의 불만사항을 처리할 때 종종 사무적이고도 신경질적인 태도를 취한다고 했다. 때에 따라서는 급한 성격 탓에 마찰을 일으켜 고객을 잃고 일할 맛도 잃어버리곤 했다.

랜케는 강좌에서 이렇게 말했다.

"이런 일이 제게 아무런 득이 안 된다는 점을 깨닫고 방법을 바꿔 보았습니다. '부끄럽지만 저희 대리점에서 실수한 적이 몇 번 있습니다. 이번에도 그런 것 같네요. 저희가 선생님께 범한 실수를 말씀해 주시겠습니까?'

이런 방법을 쓰면 고객의 마음이 꽤 진정되고, 일단 감정이 누그러지게 되면 문제 해결을 보다 객관적으로 할 수 있는 법입니다. 실제로 몇몇 고객은 저의 친절한 대응에 고맙다는 인사를 한 적도 있습니다. 그들 중 두 사람은 친구에게 새 차를 구입하도록 권유하여 데려오기도 했습니다. 경쟁이 매우 치열한 이 시장에서 우리에겐 이런 고객이 더욱 필요합니다. 고객들의 의견을 존중해 주고 그들을 정중하게 대하면 경쟁에서 이기는 데 큰 도움이 된다고 저는 믿고 있습니다."

자기 생각이 틀릴지도 모른다고 인정하면 곤란한 상황을 확실하게 피할 수 있다. 또한 이런 일은 모든 논쟁을 멈추게 하며, 상대로 하여금 공정하고 진솔하며 너그러운 마음을 갖도록 만들 것이다. 어쩌면 상대는 자기 생각이 틀렸을지도 모른다고 인정하고 조금쯤 반성할 지도 모른다.

상대의 생각이 틀렸다는 것을 확실하게 알고 있다 하더라도 그에게 노골적으로 지적해 보았자 무슨 소용이 있겠는가? 예를 들어 보기로 하자. 뉴욕에 사는 젊은 변호사 S씨는 언젠가 연방 대법원에서 중요한 사건을 두고 논쟁을 벌인 적이 있었다. 이 사건에는 상당한 액수에 달하는 돈과 중요한 법률 문제가 걸려 있었다. 논쟁이 진행되던 중 대법원 판사 한 사람이 그에게 "해사법의 법정 기한이 6년이지 않소" 하고 물었다.

S씨는 가만히 서서 잠시 그 판사를 노려보다가 퉁명스러운 말투로 물었다. "판사님, 해사법에는 법정 기한이란 것이 없습니다."

"갑자기 법정 안이 쥐 죽은 듯 조용해졌습니다." 그는 우리 강좌에 나와서 자기 경험담을 들려주었다.

"온 법정이 싸늘해졌습니다. 제 말이 옳고 그 판사의 말은 틀렸습니다. 그래서 판사의 잘못을 지적한 것뿐이죠. 그랬더니 판사의 태도가 부드러워졌냐고요? 그렇지 않더군요. 저는 지금도 그 당시의 법에 대한 제 견해가 옳았다고 믿습니다. 그 어느 때보다 변론도 더 잘했다고 생각합니다. 그럼에도 불구하고 저는 그 판사를 설득하지 못했습니다. 저는 대단히 학식 있고 저명한 판사에게 그의 말이 틀렸다고 지적하여 자존심을 건드리는 실수를 저질렀던 것입니다."

논리적인 사람은 거의 없다. 우리 대부분은 편견을 갖고 있거나 생각이 한쪽으로 기울어 있게 마련이다. 그리고 질투, 선입관, 부러움, 의심, 두려움과 자만심 등으로 우리의 판단은 흐려져 있다. 아울러 대부분의 시민들은 자기들이 믿고 있는 종교나 머리 모양, 또는 공산주의나 좋아하는 영화 배우에 대한 생각을 바꾸고 싶어 하지 않는다. 그러므로 사람들에게 그들의 생각이 틀린 것이라고 말하고 싶으면 매일 아침마다 식사하기 전에 다음 글을 읽어 주기 바란다. 이 글은 제임스 하비 로빈슨 교수의 명저 《정신의 발달 과정》의 한 귀절이다.

우리는 아무런 저항감이나 별다른 감정 없이 생각을 바꾸는 경우가 자주 있다. 그러나 만일 누군가 우리 생각이 잘못되었다고 지적하기라도 하면 흥분을 참지 못하며 고집을 부린다. 우리는 믿음을 쌓아가는 데 있어서는 놀라울 만큼 경솔하지만, 누군가가 우리의 믿음을 빼앗아 가려고 할 때에는 그 믿음에 쓸데없이 집착하게 된다. 우리에게 정말로 소중한 것은 그 믿음 자체가 아니라 위협 당하고 있는 우리의 자존심이다.

'나의'라는 말은 한 인간의 삶에서 가장 중요한 말이며, 따라서 이를 잘 생각해 보는 것이야말로 지혜로움의 시작이다. '나의' 식사, '나의' 개, '나의' 집, '나의' 아버지, '나의' 조국, '나의' 하나님 등……. 여기서 '나의'란 말은 똑같은 힘을 가지고 있다.

우리는 자기 것이라면 시계든 자동차든 혹은 천문, 지리, 역사, 의학 지식이든 소중히 여긴다. 그리고 남들이 그것을 헐뜯기만 하면 불같이 화를 낸다. 우리는 진실이라고 습관적으로 생각해 온 것들을 언제까지나 믿고 싶어 한다. 그 신념을 뒤흔들려는 것이 나타나면 분개한다. 그리고 무슨 구실을 붙여서라도 그 믿음을 지키려고 한다. 결국 대부분의 논쟁은 우리가 이미 굳게 믿고 있는 것들을 두둔하고 보호하기 위하여 그 논거를 찾으려는 노력인 것이다.

심리학자인 칼 로저스는 《인간이 되는 길》이란 저서에서 이렇게 말했다.

나는 나 자신이 다른 사람을 이해하도록 허락하는 것이 매우 귀중한 가치가 있다는 사실을 발견했다. 이렇게 말하면 당신은 이상하게 여길지도 모른다. 다른 사람을 이해하기 위해서 자신을 허락하는 일이 과연 필요할까? 나는 그렇다고 생각한다. 우리가 다른 사람들이 하는 말을 듣고 나서 가장 먼저 취하는 반응은, 그것을 이해하려고 하지 않고 대신 평가나 혹은 판단을 내리려고 하는 것이다. 누군가 자기의 기분이나 태도, 혹은 신념을 나타낼 때 우리는 대개 즉시 '옳다', '어리석다', '비정상적이야', '이치에 맞지 않아', '틀렸어', '좋지 않군' 하고 평가를 내려 버리

는 경향이 있다. 상대의 말이 그에게 어떤 의미를 갖는지 정확하게 이해
하려는 노력을 거의 안 한다.

언젠가 나는 실내 장식가를 불러 집에 커튼을 달았다. 그런데 청구서를
받아 보고 나는 놀라움을 금치 못했다.

며칠 뒤, 친구가 우리 집에 와서 그 커튼을 보았다. 가격을 말해 주자 그
녀는 의기양양한 목소리로 외쳤다.

"그렇게 비싸게 샀어? 바가지 썼네."

사실 그녀의 말대로였다. 하지만 자기의 어리석음을 들춰내는 말을 듣기
좋아할 사람은 거의 없다. 나도 사람이기 때문에 나 자신을 변호하려고 애
를 썼다. 나는 싼 게 비지떡이고 싸구려 가격을 주고는 품질과 예술적 감각
을 살릴 수 없다는 등 이런저런 소리를 늘어놓았다. 그런데 그다음날, 다른
친구가 우리 집에 와서 그 커튼을 보고는 흥분하면서 찬사를 늘어놓는 것
이었다. 그러더니 자기도 집에 이 커튼이 달려 있으면 무척 좋겠다는 말을
했다. 이때 내가 보인 반응은 전날과는 전혀 달랐다.

"응, 실은 나도 이것을 사기 위해 좀 무리했어. 아무래도 너무 비싸. 괜한
것을 산 것 같아."

우리는 자기 생각이 잘못되었을 때 스스로 그것을 인정할 수 있다. 그리
고 만일 누군가 부드럽고 재치있는 태도로 우리 잘못을 지적한다면 그것을
받아들일 수 있으며, 심지어는 솔직하고 너그러운 자신을 자랑스럽게 여길
수도 있다. 그러나 누군가 우리에게 불쾌한 사실을 무례하게 들이대며 공격
한다면 우리는 그렇게 할 수 없다.

호레이스 그릴리는 남북전쟁 당시 미국에서 가장 유명한 편집자였다. 그
는 링컨의 정책에 매우 강하게 반대했다. 그는 따지고 조롱하고 비난을 퍼
부으면 링컨의 생각이 달라질 것으로 믿었다. 그릴리는 하루도 빠짐 없이
대통령을 심하게 비난했다. 실제로 그는 링컨이 부스에게 저격당하던 날 밤
에도, 링컨 대통령에 대해 비신사적이고도 가혹하며 빈정대는 기사를 썼다.
그러나 이런 혹독한 일을 당한 결과 링컨 대통령이 달라졌던가?

천만의 말씀이다. 비웃음과 비난은 그 누구의 마음도 바꿀 수 없다. 자기 자신과 사람들을 잘 다루는 방법과 인격을 닦고 기르는 훌륭한 비결을 알고 싶은가? 그렇다면 그 어떤 글보다도 매혹적인 삶의 이야기로 가득 찬, 미국 문학의 고전으로 손꼽히는 벤자민 프랭클린의 자서전을 읽어 보라. 프랭클린은 따지기 좋아하는 못된 버릇을 자신이 어떻게 극복하여 미국 역사상 가장 유능하고 온화하며 사교에 능한 사람이 될 수 있었는지를 말해 주고 있다.

벤자민 프랭클린이 실수를 잘 저지르던 청년 시절의 어느 날, 퀘이커 교도인 옛 친구가 프랭클린과 단둘이 있을 때 다음과 같은 엄한 말을 했다.

벤자민, 자넨 큰 문제가 있어. 자네의 생각과 의견이 다른 사람들에게 심한 모욕을 준단 말이야. 자네의 말은 너무 공격적이어서 자넬 아무도 좋아하지 않아. 자네 친구들은 자네가 없는 자리가 훨씬 더 화기애애하고 재미있다더군. 자네가 너무 유식한 척해서 아무도 자네와는 대화할 수가 없다네. 사실 대화를 해 봤자 기분만 나빠지니까 아무도 자네하고 말하려고 하지 않네. 그러니 자네는 지금 알고 있는 얄팍한 지식 외에 더는 아무것도 얻을 수 없을 걸세.

벤자민 프랭클린의 훌륭한 점의 하나가 바로 이런 종류의 호된 지적을 받아들이는 태도이다. 그는 이 말이 사실이라고 깨달을 만큼 그릇이 크고 지혜로웠으며, 어쩌면 이로 인해 인생이 실패하고 사회적으로 따돌림당할지도 모른다고 생각했다. 그래서 그는 다른 길로 향했다. 거만하고도 독선적인 태도를 당장 바꾸기로 결심했다.

벤자민 프랭클린의 말을 직접 들어 보기로 하자.

"나는 남의 의견을 대놓고 반대하거나 또 나의 의견을 단정적으로 말하지 않기로 했습니다. 나아가 '확실히'나 '의심할 나위 없이' 같은 단정적인 표현을 쓰지 않기로 했습니다. 대신에 '~라고 생각합니다'나 '~라고 여겨집니다' 혹은 '~인 것 같습니다' 아니면 '현재로서는 이렇게 생각합니다' 같은 말을 하기로 했습니다. 나는 누군가 잘못된 주장을 하더라도 무례하게 그것을 지적하지 않았습니다. 그리고 그의 제안이 터무니없다는 것을 그 자리에서 당장 밝히는 일도 삼갔습니다. 그 대신 나는 그의 생각이 어떤 경우에는 옳을지도 모르지만, 현재 상황과는 조금 어울리지 않는 것 같다고 대답했습니다. 얼마 지나지 않아 나는 이 같은 태도 변화가 많은 이익을 가져온다는 것을 깨달았습니다.

우선 사람과의 대화가 더욱 즐거워졌습니다. 내 의견을 내놓을 때 조심스럽게 꺼내니 상대도 더욱 적극적인 반응을 보였으며 비난도 적어졌습니다. 내가 틀렸다는 말을 들어도 예전처럼 감정이 격해지지 않고, 상대의 잘못도 보다 쉽게 바로잡을 수 있게 되었습니다.

처음에는 성격을 죽여 가면서 취했던 이런 태도도 곧 익숙해지더군요. 나는 50년 가까이 독선적인 말을 거의 하지 않았습니다. 이런 습관을 들인 덕분에, 나는 새로운 제도나 개정안을 제시할 때 모두의 찬성을 얻을 수 있었고 아울러 위원회의 일원으로서 많은 영향을 끼칠 수 있었다고 생각합니다. 더 나아가 나는 지독히도 말솜씨가 서툴러 연설이 유창하지 않을 뿐 아니라 언어 사용도 부적절한 경우가 많은데도 불구하고, 내 의견을 대부분 잘 전달할 수 있었습니다."

벤자민 프랭클린의 이런 방법을 비즈니스에서는 어떻게 적용할 수 있을까? 여기에 두 가지 예가 있다.

노스캐롤라이나주의 킹스 마운틴에 사는 캐더린 A. 올레드는 한 방직공장의 기술 주임이었다. 그녀는 우리 강좌에 참여하여 자기 고민거리를 훈련 받기 전과 후에 각각 어떻게 처리했는지 이야기했다.

"저의 일은 기능공들이 더 많은 실을 생산하여 수입을 많이 올릴 수 있도록 장려 제도와 작업 목표를 연구하고 관리·운용하는 것입니다. 두세 종류의 생사(生絲)를 생산할 때까지만 하더라도 우리의 기존 시스템은 잘 운영되었지만, 최근 들어 20가지 생사를 만들어 낼 정도로 사업이 확장되면서 문제가 생기기 시작했습니다. 현재의 시스템으로는 기능공들에게 적절한 대우를 해줄 수 없고, 더욱이 의욕을 불러일으키기 위한 장려금을 줄 수도 없는 형편이었습니다. 그래서 기능공들이 특정 시간 내에 생산하는 생사의 등급에 따라 대우받을 수 있도록 저는 새로운 시스템 연구에 들어갔습니다. 이 연구가 진행되고 있을 즈음 새로운 시스템이야말로 적절한 조치라는 점을 경영진에게 증명하기 위해 간부회의에 참석했습니다. 저는 간부들에게 그들의 잘못을 지적하고 공평하지 못했던 부분을 이야기했으며, 제가 그들에게 필요한 모든 해결책을 갖고 있다는 점을 강조했습니다. 결과는 물론 형편없는 실패였죠. 저는 새로운 시스템에 관한 제 입장만을 옹호하는데 정신이 팔려, 간부들이 자기들의 문제점을 스스로 인정할 수 있는 기회를 주지 않았고, 그 때문에 결국 그 시스템 건은 무효화되었습니다.

이 강좌에 여러 번 참석해 본 뒤, 저는 저의 실수를 깨달았습니다.

그래서 한 번 더 회의를 소집하여, 이번에는 간부들이 생각하는 문제점이 무엇인지 말해 달라고 요청했습니다. 각각의 의견을 토론한 다음 그들에게 최선의 방법이 무엇이라고 생각하냐고 물어보았습니다.

어느 정도 시간이 지나자 저도 조심스럽게 몇 가지 제안을 하면서 회의를 제게 유리한 방향으로 천천히 이끌었습니다. 그러고는 회의가 끝날 무렵이 되어 제가 연구한 시스템을 소개하자 간부들은 열렬히 환영했습니다.

이제 저는 다른 사람에게 바로 당신이 틀렸다고 그 자리에서 말해 보아야 아무런 득이 되지 않으며, 오히려 반감을 살 뿐이라는 사실을 굳게 확신하고 있습니다. 남을 정면으로 비판하면 그 사람의 자존심에 상처를 주고 어떤 토론에서든지 환영받지 못하게 될 뿐입니다.”

다른 예를 한 가지 더 들어 보자. 지금 소개하려는 것은 수많은 사람의 전형적인 경험담 중에서 골라낸 것임을 기억하라.

R.V. 크롤리는 뉴욕에 있는 한 목재소의 세일즈맨이었다. 여러 해 동안 그는 고집불통의 목재 검사관들과 논쟁을 벌였다. 그는 그들의 생각이 틀렸다고 지적해서 종종 그들의 콧대를 꺾었다. 그러나 아무 소득이 없었다. 크롤리는 말했다. “이 검사관들이야말로 야구 심판 같은 사람들이기 때문이죠. 일단 결정을 내리면 절대 바꾸는 법이 없답니다.”

그는 자기 회사가 이런 논쟁으로 인해 수천 달러의 손해를 보고 있음을 알았다. 그래서 논쟁 따위는 멈추고, 내 강의를 들으며 새로운 방법을 쓰기로 결심했다. 그 결과는 어떻게 되었을까? 여기에 크롤리가 강좌에 나와 들려준 이야기를 소개하기로 하겠다.

"어느 날 아침, 공장 관계자가 흥분한 목소리로 사무실에 전화를 걸었습니다. 우리가 그의 공장에 실어 보낸 화물차 한 대 분의 목재가 모두 만족스럽지 않다는 것이었습니다. 그 때문에 그 회사 측에서는 목재를 부리는 작업을 중단했다며 우리에게 즉시 도로 거두어 가라고 요구하더군요. 정말 황당한 일이었습니다. 적재된 목재를 4분의 1쯤 하역했을 때, 그 회사의 검사관이 목재의 55% 가량이 불합격품이라는 말을 했던 모양입니다. 그래서 그들은 인수 받기를 거절했던 것입니다.

저는 당장 그곳으로 달려가면서 이 상황을 잘 해결할 수 있는 최선책이 무엇인지 생각해 보았습니다. 여느 때 같았으면 합격 기준을 그들에게 제시하면서 목재 전문가로서의 내 경험과 지식을 총동원해서, 그 목재가 합격품이며 그쪽 검사관이 실수했다는 것을 믿게 하려 들었을 겁니다. 그러나 저는 이 강좌에서 훈련받은 원칙을 적용해 보기로 했습니다.

제가 현장에 도착해 보니, 그 회사 사람들과 검사관이 이미 모두 저와 논쟁을 벌일 태세를 갖추고 있더군요. 저는 그들과 함께 목재를 실은 화물차로 걸어가, 제가 확인해 볼 수 있도록 작업을 계속할 것을 요청했습니다. 그러고는 평소처럼 불합격품과 합격품을 가려 주도록 검사관에게 부탁했습니다.

잠시 동안 선별 과정을 주시한 결과 저는 그 검사관의 검사 기준이 너무 까다로울 뿐더러 법규들을 잘못 알고 있다는 것을 눈치 챘습니다. 문제의 목재는 백송으로 만든 것인데, 제가 보기에 그 검사관은 단단한 재목에 대해서는 전문가지만 백송에 대해선 잘 모르고 경험도 많지 않은 것 같았습니다. 백송이라면 저를 따라 올 사람이 없었지만, 그렇다고 해서 그의 검사 기준에 반대하고 나서지는 않았습니다. 저는 한동안 말없이 감독관을 지켜보다가 이윽고 우리 목재가 만족스럽지 못한 이유를 조금씩 물어보았습니다. 그러면서도 그 검사관의 생각이 틀렸다는 내색은 단 한 번도 내비치지 않았습니다. 그리고 그런 질문을 하는 이유가 앞으로 그들에게 제대로 목재를 공급하기 위한 것임을 강조했습니다.

이렇게 아주 차분하게 협조적으로 질문하고 그들의 처사를 가만히 지켜보기만 하니, 그의 마음이 부드럽게 누그러 들면서 우리 사이에 맴돌던 긴장감이 눈 녹듯이 사라져 버리더군요. 가끔씩 신중하게 던진 제 말 몇 마디가 검사관에게 다시 생각할 기회를 준 것입니다. 그는 퇴짜 놓은 불합격품 목재가 어쩌면 심사기준에 맞을지도 모르고, 주문한 목재보다 훨씬 높은 등급의 심사기준을 적용하고 있을지도 모른다고 생각하기 시작했습니다. 물론 이것은 제가 의도한 현상이지만 검사관이 눈치채지 못하도록 신중을 기하기로 했습니다.

그러자 검사관의 태도가 점점 달라지더니, 결국은 백송을 검사한 경험이 없다는 사실을 인정하면서 오히려 그 나무에 관해 여러 가지 질문을 하더군요. 저는 그 목재가 명시된 합격 기준품이 될 수 있는 이유를 그에게 설명하고 싶었지만 꾹 참고, 그의 마음에 들지 않다면 인수를 하지 않아도 좋다는 말을 강조했습니다. 드디어 검사관은 매번 퇴짜를 놓을 때마다 죄책감을 느끼는 지경에 이르렀습니다. 그는 자기 잘못을 인정하면서 심사 기준을 제대로 명시하지 않았던 실수가 자기측에 있다고 말했습니다.

결국 제가 그곳을 떠난 뒤 검사관은 다시 그 목재를 전부 검사한 다음 전체 물량을 인수했고, 우리는 대금 전액을 수표로 결재 받았습니다.

이 한 가지 예를 보더라도, 상대에게 그가 틀렸다는 말을 삼가는 지혜를 발휘하면 상당한 금액을 벌어들일 뿐만 아니라 가치를 따질 수 없는 좋은 관계를 맺을 수 있음을 알 수 있습니다.”

마틴 루터 킹 목사는 어느 날 한 질문을 받았다. 평화주의자인 그가 어떻게 해서 당시 미국에서 흑인으로서는 제일 높은 계급장을 달고 있던 미공군의 다니엘 제임스 장군을 숭배하게 되었느냐는 것이었다. 그때 킹 박사는 이렇게 대답했다. “나는 사람들을 판단할 때 내 기준이 아닌 그들의 기준으로 판단합니다.”

로버트 리 장군은 언젠가 남부동맹의 의장인 제퍼슨 데이비스를 만났다.

그는 자기 지휘하에 있는 어느 장교에 대해 매우 진지한 어조로 칭찬을 했다. 그 자리에 참석했던 한 장교는 깜짝 놀라 물었다.

"장군님, 장군께서 그렇게 입이 마르도록 칭찬하신 사람은 기회가 있을 때마다 장군님을 중상모략하는 자라는 것을 모르십니까?"

"알고 있네. 하지만 의장께서는 그 장교에 대한 내 의견을 물었던 걸세. 나에 대한 그 장교의 태도를 물은 것은 아니라네."

나는 여기서 새로운 비결을 소개하려는 것이 아니다. 2천 년 전 예수는 "속히 너희 적과 화해하라'고 가르쳤다. 예수가 탄생하기 2천200년 전에 이집트의 악토이 대왕은 아들에게 다음과 같은 지혜로운 충고를 했다.

"사람을 설득하려면 외교적이어야 한다."

고객이나 배우자, 또는 적들과 논쟁을 하지 말라. 그들의 생각이 틀렸다는 말을 하지 말고 그들의 화를 돋우지 말라. 외교적 수단을 사용하라.

잘못은 솔직히 인정하라
만약 내가 틀렸다면 즉각 분명하게 사과한다

우리 집에서 멀지 않은 곳에 원시림이 넓게 펼쳐져 있다. 봄이 되면 산딸기가 올망졸망 흰 꽃을 피우고, 다람쥐가 보금자리를 만들어 새끼를 기르고 잡초들이 말의 키만큼 무성해진다. 이 자연 그대로의 수풀 지대는 '숲의 공원'이라고 불렸다. 겉으로 보기에는 콜럼버스가 신대륙을 발견한 당시와 별로 다를 바 없는 것 같았다. 나는 보스턴 불독인 '렉스'를 데리고 자주 이 공원을 산책했다. 렉스는 사람을 잘 따르고 물지 않는 개였다. 게다가 그곳은 인적이 거의 없었으므로, 나는 렉스에게 개목걸이를 씌우거나 줄로 묶지 않고 데리고 다녔다.

어느 날 우리는 공원에서 말을 탄 경찰관을 만나게 되었는데, 마침 그는 자기 권위를 과시하고 싶어 좀이 쑤셨던 모양이다.

"공원에서 개를 묶지 않고 풀어 놓다니, 어쩌자는 겁니까?" 경찰관은 나를 나무랐다.

"위법 행위라는 걸 모르십니까?"

나는 부드럽게 대답했다.

"물론 알고 있습니다만 우리 개는 아무런 피해도 주지 않을 거라 생각했습니다."

"그렇게 생각했다고요? 법은 당신 생각과는 달라요. 저 개는 다람쥐를 죽이거나 아이를 물지도 모릅니다. 이번 한 번은 봐 주겠지만, 만약 저 개가 또다시 개목걸이나 줄 없이 돌아다니면 그때는 재판소까지 끌고 갈 겁니다."

나는 그렇게 하겠다고 순순히 약속했다. 그리고 몇 번은 약속대로 했다. 그러나 렉스와 나는 개목걸이 따위는 좋아하지 않았다. 그래서 적발될 것을 각오하고 한번 법을 어겨보기로 했다.

며칠 동안은 아무 일도 없었다. 그러나 우리는 뜻하지 않은 장애에 부딪히게 되었다.

어느 날 오후, 렉스와 나는 언덕배기까지 달리기를 했다. 그런데 그곳에 적갈색 말을 탄 그 경찰관이 느닷없이 나타났다. 렉스는 내 앞에서 그 경찰관을 향해 곧장 달려가고 있었다. 나는 꼼짝없이 걸리고 만 꼴이었다.

나는 깨끗이 체념하고는, 경찰관이 입을 열기 전에 선수를 쳤다.

"저를 현행범으로 체포하셨군요. 제가 법을 어겼습니다. 알리바이도 변명거리도 아예 없습니다. 지난주에 또 다시 개한테 개목걸이를 채우지 않고 데리고 다니면 벌금을 물리겠다고 경고를 하셨지요."

"글쎄요, 저런 조그만 개라면 어느 누구라도 아무도 없을 때밖에서 달리도록 놔두고 싶어할 것 같군요." 경찰관은 부드럽게 대답했다.

나는 경찰관에게 말했다. "분명 그런 마음이 생기지만 위법 행위는 위법 행위지요."

"그렇지만 뭐, 이렇게 작은 개는 누구에게도 해를 주지 않을 겁니다." 경찰관은 오히려 나를 두둔했다.

"자, 선생은 이 문제를 너무 심각하게 생각하시는 것 같군요. 이렇게 하면 어떻겠습니까. 제 눈에 띄지 않는 언덕 저편까지 개를 데리고 가서 마음껏 달리게 하세요. 그런 뒤 우리 모두 이 일을 깨끗이 잊어버립시다."

경찰관도 인간이기 때문에 자기 중요감을 느끼고 싶어 했다. 내가 죄를 인정했을 때 그의 자부심을 만족시키는 유일한 방법은 나를 용서하고 자기 넓고 큰 도량을 보이는 것이다.

만약 그때 내가 변명하면서 경찰관과 논쟁이라도 벌였다면 어떻게 되었을까?

나는 경찰관과 논쟁을 벌이는 대신, 그의 말이 전적으로 옳다고 인정했다. 나는 즉시 솔직하게 성의를 다해 잘못을 인정했다. 그 순간 내가 경찰관의 입장에 서고 그가 나의 입장에 서게 되었다. 서로가 상대의 입장에서 말한 결과 이 문제는 원만하게 매듭지어졌다. 처음에는 법 운운하며 다그치던

이 경찰관이 일주일 뒤에 나에게 보여 준 친절한 태도에 누구나 놀라지 않을 수 없을 것이다.

잘못한 일이 있으면 내가 먼저 스스로를 비난하는 편이 낫지 않을까? 다른 사람으로부터 비난을 듣느니 내면의 자기비판 소리에 귀를 기울이는 편이 낫지 않을까?

자기에게 잘못이 있다면 상대가 할 말을 먼저 해 버리는 것이다. 그렇게 하면 상대는 할 말이 없어진다. 십중팔구 상대는 관대해지고 이쪽의 잘못을 용서하는 태도로 나올 것이다. 나와 렉스를 용서한 경찰관처럼.

상업 미술가인 페르디난드 E. 워렌은 성미가 급하고 까다로운 고객에게 이 방법을 사용해 호의를 얻어 냈다.

"광고용이나 인쇄용 그림을 제작할 때는 아주 정밀하고 정확하게 만드는 것이 중요합니다." 워렌은 자기 이야기를 들려주었다.

"어느 미술 편집자들은 자기들이 위탁한 일을 즉시 해 달라고 요구하죠. 이런 경우 사소한 실수가 일어나게 마련입니다. 제가 잘 아는 미술감독 한 사람이 특히 그러한데, 그는 항상 사소한 실수에도 꼬투리를 잡는 사람입니다. 가끔 그의 사무실에 들르면 늘 불쾌한 기분이 드는데, 그것은 그의 비난 때문이 아니라 그의 공격 방법 때문이었습니다. 최근에 저는 급한 일거리를 끝내서 이 미술감독에게 납품했는데 얼마 뒤 전화가 오더군요. 당장 자기 사무실로 오라는 것이었습니다. 그곳에 도착하자 그는 일이 잘못되었다고 혹평을 쏟아 내더군요. 그는 신랄한 어조로 고소하다는 듯이 비난하고는, 왜 이 따위로 일했냐면서 열을 냈습니다. 저는 그동안 공부한 자기비판을 활용할 기회가 왔다고 직감했습니다. 그래서 저는 이렇게 말했습니다. '아무개 씨, 당신의 말이 사실이라면 제 잘못이니 실수에 대한 변명은 하지 않겠습니다. 당신에게 그만큼 오랫동안 신세졌으면 이제는 제법 잘할 때도 되었는데 아직도 이 모양이니 저 자신이 참으로 부끄럽습니다.'

그러자 그는 저를 곧바로 옹호하기 시작했습니다. '그야 당신 말이 옳지만 그다지 큰 실수는 아닙니다. 다만…….'

저는 그의 말문을 막았습니다 '크든 작든 실수는 실수입니다. 실수엔 결

과적으로 희생이 따르는 법이고 사람을 짜증 나게 하죠.'

그가 뭐라고 말을 하려 했지만 저는 가로막았습니다. 정말 유쾌한 경험을 했죠. 난생 처음으로 저는 스스로를 꾸짖고 있었는데도 굉장히 신이 났습니다.

'제가 좀 더 주의를 기울였어야 했는데…… 정말 미안합니다.' 저는 계속 말을 이어갔습니다. '저에게 일거리를 많이 주셨으니 당연히 그만큼 일을 잘해드려야겠지요. 그러니 이 그림은 다시 그려 드리겠습니다.'

'아니오! 괜찮아요!' 그가 항의하듯이 말하더군요. '그런 수고까지 할 필요는 없소.' 그는 제 일을 칭찬하더니, 약간 수정만 하면 되고 이런 사소한 일로 회사가 손해날 일도 없으며 단지 세부적인 부분에 대한 실수이므로 걱정하지 말라고 저를 안심시켜 주더군요.

저 자신에 대해서 열심히 비판함으로써 그 사람과 싸울 일이 모두 사라져 버렸던 것입니다. 그는 결국 저와 함께 점심 식사를 한 뒤, 헤어지기 전에 급여를 두둑이 챙겨 주고 다른 일거리까지 주었습니다."

자기 실수를 인정할 수 있는 용기는 일종의 만족감을 낳는다. 그것은 죄악감과 자기 방어로 인한 긴장감을 사라지게 할 뿐만 아니라 실수로 생긴 문제를 해결하는 데 도움이 된다.

뉴멕시코의 알버커키에 사는 브루스 하비는 병가 중에 있는 한 고용인에게 실수로 봉급을 지급한 적이 있었다. 뒤늦게 잘못을 안 그는 바로잡기 위해 그 고용인에게 더 지불한 액수만큼 다음 봉급에서 삭감할 것이라고 설명했다. 그러자 그 고용인은 그렇게 되면 생활이 무척 어려워지므로 일정 기간 동안 그 돈을 갚아 나갈 수 있도록 해 달라고 사정했다.

그렇게 하려면 윗사람의 허가를 받아야 된다. 하비는 강좌에 나와 다음과 같이 말했다.

"이 일로 사장님이 크게 화를 내시리라는 것은 분명했습니다. 어떻게 해야 이 상황을 잘 처리할 수 있을까 궁리하던 끝에 저는 일이 제 잘못임을 깨닫고 사장님께 가서 그것을 인정하기로 했습니다.

사장님에게 가서 잘못했다고 말씀드리고 자초지종을 설명했습니다. 그런데 사장님께서는 화를 내면서 인사과의 실수라고 하더군요. 그러나 저는 제 잘못이라고 다시 한번 더 말씀드렸습니다. 사장님은 다시 화를 내더니 경리부의 부주의 때문이라고 하더군요. 저는 다시 한번 더 제 잘못이라고 설명했습니다. 그러자 사장님은 사무실의 다른 두 사람을 비난했습니다. 그럴 때마다 저는 제 잘못이었다고 계속 강조했습니다. 이윽고 사장님은 저를 보더니 말씀하시더군요. '알겠네, 자네 잘못일세. 그러니 문제나 해결하게.' 실수는 바로잡았고 아무도 곤경에 빠지지 않았습니다. 이처럼 자기비판을 통해 어려운 상황을 해결할 수 있었습니다. 또 핑계나 찾으려 들지 않는 용기가 저한데 있음을 알고 무척 기뻤습니다. 사장님도 예전보다 더욱 저를 신임해 주셨습니다."

어떤 바보라도 실수에 대해 핑계를 댈 수 있다. 사실 바보들은 대개 그렇게 한다. 그러나 자기 잘못을 시인하면 주위의 평가가 높아지고 스스로도 무언가 고결한 느낌을 갖게 된다.

남군 총사령관 로버트 E. 리 장군에 대한 역사적 기록 중에서 가장 빛나는 미담 하나를 들어 보자. 피케트 장군의 게티스버그 진격 작전 실패의 책임을 혼자서 진 이야기이다.

피케트의 진격은 분명히 서양 전쟁사에서도 가장 빛나고도 멋진 공격이었다. 조지 E. 피케트 장군은 멋진 사람이었다. 피케트 장군은 거의 어깨까지 닿는 긴 적갈색 머리를 하고 있었고, 이탈리아 전선에서의 나폴레옹처럼 전쟁터에서도 거의 매일 열렬한 연애편지를 썼다. 비극적인 7월 오후, 장군이 모자를 비스듬히 쓰고 의기양양한 모습으로 유니온 라인을 향해 말을 타고 출발할 때 충직한 부하들은 크게 소리를 지르며 환호성을 올렸다. 그들은 줄을 지어 가며 환성을 질렀다. 군기는 펄럭이고 총검은 태양 아래 빛을 반짝였다. 그것은 장엄하고 위풍당당한 광경이었다. 심지어는 적진 곳곳에서도 감탄사가 터져 나올 정도였다.

피케트 장군의 군대는 과수원과 옥수수밭을 지나 목장과 계곡을 통과하며 진격했다. 적의 대포가 그들의 대열을 향해 무차별 공격을 가했지만, 행렬은 멈추지 않았다.

그런데, 세메터리 리지의 돌담 뒤편에 잠복해 있던 북군의 보병부대가 갑자기 뛰쳐나와 피케트의 진격 부대를 향해 일제사격을 가했다. 언덕은 화염으로 뒤덮여 아수라장이 되었고 마치 화산이 폭발하는 것 같았다. 얼마 뒤 피케트 휘하의 지휘관들은 한 명을 제외하고는 모두 쓰러졌고 부하 5천 명 중 5분의 4가량이 전사했다.

루이스 A. 어미스테드 대장이 살아남은 병사를 이끌고 최후의 돌격을 감행했다. 돌담을 뛰어넘어 총검 끝에 모자를 꽂아 흔들면서 "돌격하라, 돌격하라" 소리 높여 외쳤다.

그리하여 돌담을 뛰어넘어 적중에 뛰어든 남군은 악전고투 끝에 드디어 남군 군기를 세메터리 리지에 꽂았다.

그 깃발이 그곳에 꽂혀 있던 순간은 아주 잠깐이었다.

그러나 그 순간이야말로 남부 동맹으로서는 최고 절정의 시간이었다.

피케트의 돌격 작전은 화려하고 장렬했지만 종말을 알리는 시작에 불과했다. 리 장군은 실패했고 더이상 북군을 무찌를 수 없었으며 자신도 이를 잘 알고 있었다.

남군의 운명은 결정되었다.

리 장군은 너무나 큰 슬픔과 충격으로 망연자실했다. 그는 남부동맹 의장인 제퍼슨 데이비스에게 사의를 표명하고, 대신 그 자리에 '젊고 유능한 인물'을 임명해 줄 것을 요청했다. 만일 리 장군이 피케트 진격이 그토록 비참한 실패로 끝난 탓을 다른 사람에게 돌리려고 했다면 그럴듯한 구실을 만들 수도 있었다.

사실 그의 실패는 몇몇 부대 지휘관들의 탓이었다. 그들이 리 장군의 명령을 제대로 따르지 않아 작전이 실패한 것이다. 게다가 보병을 지원할 기병대가 적시에 도착하지 않았던 탓도 있다. 어쨌든 그 진격이 실패로 끝난 이유는 몇 개라도 들 수 있었다.

그러나 그는 고결한 사람이었으므로 다른 사람을 탓하지 않았다.

피케트의 패잔병들이 남부동맹으로 귀대할 때, 리 장군은 몸소 나가 깊이 고개를 숙이며 그들을 맞아 주었다. "이 모든 것은 내 잘못이오. 전투에

패한 책임은 내가 지겠소."

　이런 말을 할 수 있는 용기와 인격을 갖춘 장군은 역사상 그리 많지 않다.

　엘버트 허바드는 미국 전역을 열광하게 만든 가장 독창적인 작가 중의 한 사람이었다. 그의 신랄한 문체는 때로는 격렬한 비난을 받기도 했다. 그러나 사람을 다루는 기술이 매우 탁월했던 그는 적마저 친구로 만들 줄 알았다.

　허바드의 어떤 글이 마음에 들지 않았던 한 독자가 그를 비난하는 편지를 보냈다. 이 편지를 받은 그는 다음과 같이 답장을 보냈다.

　그 대목에 관해 곰곰이 생각해 보니 저 자신도 완벽하게 만족스럽지는 못하더군요. 어제 쓴 글이라 해도 오늘 다시 읽어 보면 마음에 안드는 곳이 눈에 띕니다. 이 부분에 대해 당신의 의견을 알게 되어 저는 정말 기뻤습니다. 다음에 이 근처에 오실 일이 있다면 한번 방문해 주시길 바랍니다. 이 점에 대해 함께 철저하게 검토해 보고 싶습니다. 우리의 의견 일치를 다시 한번 축하하는 바입니다.

엘버트 허바드 드림

　이렇게 대답하는 사람에게 무슨 말을 할 수 있겠는가? 우리의 생각이 옳을 때는 그 생각을 부드럽고 재치 있는 방법으로 사람들에게 전하고, 우리 생각이 잘못되었을 때는—자신에게 솔직해진다면 이런 일이 놀랄 만큼 자주 있다는 것을 알게 된다— 그 실수를 빨리 솔직하게 인정하도록 하자. 이 방법은 효과가 뛰어날 뿐만 아니라 자신을 방어하려고 애쓰는 것보다 훨씬 재미있다.

　다음 속담을 명심하라.

　"지는 게 이기는 거다. 때로는 순순히 물러나라."

흥분을 가라앉히려면 우호적 대화로 시작하라
따스한 해가 차가운 바람보다 더 빨리 외투를 벗게 한다

화가 났을 때 상대에게 하고 싶은 말을 몇 마디 퍼붓고 나면 속이 후련해 진다. 그러나 상대는 어떨까? 그 사람도 과연 당신처럼 속이 후련할까? 당신의 그 도전적인 말투와 적의에 찬 태도가 그를 당신 뜻대로 움직이게 할 수 있을까?

우드로 윌슨은 이렇게 말했다. "만일 당신이 두 주먹을 불끈 쥐고 나에게 대든다면 나도 당연히 두 주먹을 움켜쥐고 맞설 것이다. 그러나 당신이 나에게 다가와 '우리 앉아서 같이 이야기해 봅시다. 만일 우리가 서로 다른 견해를 갖고 있다면 그 이유와 문제점을 알아봅시다' 하고 말한다면 우리는 서로의 의견 차이가 그다지 크지 않으며, 오히려 같은 점이 많다는 것을 금방 알게 될 것이다. 우리에게 서로 잘 지내기 위한 인내심과 솔직함과 의욕만 있다면 우리는 함께 잘 해낼 수 있을 것이다."

존 D. 록펠러 2세는 우드로 윌슨이 한 말의 참뜻을 누구보다도 깊이 깨달은 사람이다. 1915년 당시 록펠러는 콜로라도주에서 그 누구보다도 가장 많은 미움을 받은 사람이었다. 미국 산업 역사상 가장 끔찍한 파업 사태가 2년 동안 콜로라도주를 휩쓸었다. 성난 광부들이 콜로라도 석유와 강철 회사에서 임금 인상을 요구했다. 그 회사는 록펠러의 소유였다. 회사 기물이 파괴되고 군대까지 동원되었다. 결국 이 사건은 유혈 사태로 번져, 파업하던 사람들이 총에 맞아 쓰러졌다.

하늘을 찌를 듯이 서로를 증오하던 바로 그때, 록펠러는 어떻게든 상대를 설득하려 했고 그는 결국 성공했다. 어떻게 성공했는가? 그 이야기는 다음과 같다.

뜻이 맞는 사람들을 포섭하는 데 몇 주일을 보낸 록펠러는 파업 광부 대표들을 불러 모아 연설을 했다. 이 연설은 처음부터 끝까지 대단한 걸작이었다. 그 결과는 놀라웠다. 진실한 말 한 마디 한 마디가 광부들의 마음을 찔러, 록펠러를 집어삼킬 듯 소용돌이치던 증오의 파도를 가라앉혔다. 또한 그의 추종 세력도 생겨났다. 이 연설에서 록펠러는 매우 우호적인 태도로 사실을 말했다. 연설을 들은 파업 광부들은 자신들이 그토록 주장하던 임금 인상에 대해서는 단 한마디 말도 하지 않은 채 일터로 되돌아갔다.

이 유명한 연설의 서두는 다음과 같이 시작된다. 얼마 만큼 우정이 넘치는지 잘 음미해 보자. 명심할 것은 록펠러는 불과 며칠 전만 해도 분노에 사로잡혀 그의 목을 나무에 매달고 싶어 하던 사람들의 앞에서 연설했다는 점이다. 그럼에도 불구하고 그의 태도는 자선단체 앞에서 연설할 때보다 더 온화하고 다정했다. 그의 연설은 "저는 이 자리에 선 것을 자랑스럽게 여기며", "여러분의 가정을 방문하여 많은 가족을 만나 보았고", "우리가 여기서 만난 것은 낯선 사람들로서가 아닌 친구로서이며", "공동의 이익", "제가 여기에 있게 된 것도 다 여러분의 덕택"이라는 등의 구절로 가득 차 있었다.

"오늘은 제 생애에 있어서 특별한 날입니다." 록펠러는 연설을 시작했다. "이 훌륭한 회사의 임직원과 근로자들의 대표를 만나는 영광은 오늘이 처음입니다. 전 이 자리에 서 있는 것이 무척 자랑스러우며, 오늘의 만남을 영원히 기억할 것입니다. 만일 우리가 2주일 전에 이렇게 모였더라면 저는 여러분 중 몇 사람의 얼굴만 알아보는 낯선 사람으로 여기 이 자리에 섰을 것입니다. 저는 지난주 내내 남부 탄광촌을 모두 방문하여 그 자리에 없던 몇몇 사람을 제외하고는 거의 모든 근로자 대표들과 이야기를 나눴고, 여러분의 가정을 방문하여 많은 가족들도 만나 보았습니다. 덕분에 오늘 여기서 우리는 서로 낯선 사람들이 아닌 친구로서 만나게 된 것입니다. 또한 저는 이 우호정신을 바탕으로, 여러분과 더불어 우리의 공동 이익에 대해 의논하는 기회를 갖게 된 것을 기쁘게 생각합니다.

이 자리는 회사 간부와 근로자 대표의 모임입니다. 그런데 간부도 아니고 직원 대표도 아닌 제가 여기에 서 있는 것은 오로지 여러분의 호의 덕분입니다. 불행하게도 저는 여러분 중 어느 한편에도 끼지 못하지만 어떻게 보면 저는 여러분 모두와 매우 깊은 관계를 맺고 있다고 생각합니다. 그것은 제가 주주와 이사회의 대표이기 때문입니다.”

이것이야말로 적을 친구로 만드는 경이로운 방법의 가장 훌륭한 본보기가 아닐까?

록펠러가 다른 방법을 택했다면 어땠을까? 광부들에게 넌지시 그들이 잘못했다고 말했다거나, 그가 모든 사실과 이론을 동원하여 논리적으로 광부들의 잘못을 입증했다고 생각해 보자. 과연 어떤 일이 일어났을까? 아마 불난 집에 부채질한 결과가 나왔으리라. 광부들의 분노는 더 커졌을 것이고 더 많은 증오와 폭동이 일어났을 것이다.

어떤 사람의 마음이 당신에 대한 반발과 증오로 가득 차 있을 때는 이 세상의 어떤 논리로도 그의 마음을 당신의 뜻대로 움직일 수 없다. 아이들을 꾸짖는 부모나 권력을 휘두르며 윽박지르는 직장 상사와 남편, 그리고 잔소리를 많이 하는 아내들은 사람들이 자기 생각을 바꾸기 좋아하지 않는다는 사실을 알아야 한다. 사람들을 윽박지른다고 해서 그들의 의견이 당신이나 나의 것과 똑같아지지는 않는다. 그러나 우리가 진심으로 친절하고 다정하게 대하면 그들의 생각이 바뀔 확률이 높다.

링컨은 100여 년 전에 이런 말을 했다.

“한 통의 쓸개즙보다 한 방울의 꿀이 더 많은 파리를 잡을 수 있다”는 말은 만고의 진리이다. 그러므로 인간관계에 있어서도 누군가를 자기편으로 만들고 싶으면, 우선 그 사람에게 당신이 그의 진정한 친구임을 확실히 가르쳐 주도록 하라. 이것이야말로 사람의 마음을 사로잡는 한 방울의 꿀이며 상대의 마음을 움직이는 최선의 방법이다.

파업한 근로자들에게는 우호적으로 대하는 것이 좋다는 사실을 사업가들은 알고 있다. 화이트 모터사의 2천500명 근로자들이 임금 인상과 단일 노동조합을 요구하며 파업을 일으켰을 때, 사장 로버트 블랙은 화를 내지 않았다. 근로자들을 비난하거나 협박하지 않았고, 공산주의자들이라고 매도하지도 않았다. 도리어 그는 파업 근로자들을 칭찬했다.

사장은 클리블랜드 신문에 '평화롭게 파업하는 노동자들'을 칭찬하는 광고를 게재했다. 파업 근로자들이 할 일이 없어 빈둥거리고 있자, 블랙 사장은 야구 방망이와 글러브를 여러 벌 구입해 주면서 공터에서 야구를 하도록 권유했다. 야구보다 볼링을 좋아하는 사람들에게는 볼링장을 내주었다.

그가 이렇게 호의를 베풀자 놀라운 일이 일어났다. 즉, 상대편에서도 우호적으로 행동하기 시작한 것이었다. 파업 근로자들은 빗자루, 삽, 쓰레받기를 빌려 공장 주변에 흩어진 성냥개비, 휴지, 담배꽁초 등을 치우기 시작했다. 임금 인상과 노조 안정을 외치며 파업 중인 근로자들이 공장 마당을 치우고 있는 광경을 상상해 보라! 훈훈한 장면이 아닌가. 그런 일은 미국의 오랜 노동운동 사상 그 유례를 찾아볼 수 없는 일이었다. 이 파업은 1주일 만에 서로 나쁜 감정이나 상처 없이 타협을 통해 좋게 끝을 맺었다.

다니엘 웹스터는 매우 당당한 풍채와 용모, 야훼와 같은 목소리를 무기로 변론을 펴는 변호사였다. 그는 대단히 유능했는데, 재판에 임할 때마다 다음과 같은 다정한 말을 자기 강력한 주장의 말머리로 삼았다.

"배심원님들께서 고려할 가치가 있다고 생각합니다." "이것은 아마도 생각할 가치가 있다고 생각합니다." "배심원 여러분들께서 놓치실 리 없는 사실들을 말씀드리겠습니다." 또는 "인간의 심성을 잘 알고 계시는 배심원 여러분께서는 이러한 사실의 중요성을 쉽게 통찰하실 겁니다."

그는 밀어붙이거나 강압적인 방법을 쓰지 않았으며, 다른 사람들에게 자기 의견을 강요하지도 않았다. 웹스터는 부드러운 말로 조용하고 다정스럽게 접근하는 방법을 사용하여 유명한 사람이 되었다.

어쩌면 당신에게는 파업 사태를 해결하거나 배심원들을 설득할 일이 절대 없을지도 모른다. 그렇지만 월세를 낮춰 달라고 부탁할 일은 생길 수도 있다. 그러한 사람에게 이 온건한 이야기 방법이 얼마나 유용한가를 생각해 보기로 하자.

기술자인 O.L. 스트러브는 월세를 깎고 싶었다. 그러나 그는 집주인이 무척 완고함을 잘 알고 있었다. 스트러브는 우리 강좌에서 이런 말을 했다.

"저는 주인에게 임대 계약이 끝나는 대로 즉시 집을 비우겠다고 편지를 보냈습니다. 사실 저는 이사하고 싶지 않았습니다. 월세를 조금이라도 내려준다면 그냥 살고 싶었습니다. 그러나 상황은 비관적이었고 다른 사람들도 월세를 깎아 보려고 애를 썼지만 아무도 성공하지 못했습니다. 사람들은 모두 집주인이 세상에 둘도 없을 만큼 까다로운 사람이라고 저한테 말하더군요. 그러나 저는 스스로 다짐했습니다.

'나는 사람 다루는 방법을 강좌에서 배우고 있지 않은가? 일단 내가 배운 방법을 사용해보자!' 제 편지를 받은 집주인이 비서와 함께 즉시 저를 만나러 왔더군요. 저는 그들을 다정하게 반기면서 좋은 인상을 주려고 애를 썼습니다. 월세가 비싸다는 이야기는 꺼내지도 않았습니다. 저는 이 아파트가 얼마나 좋은지 이야기하면서 진심으로 칭찬했습니다. 저는 건물을 관리하는 방법에 대해 찬사를 늘어놓으면서, 1년 정도 더 살고 싶지만 그럴 형편이 못 된다고 말했습니다.

집주인은 저처럼 호의를 가진 세입자를 만난 적이 없었나 봅니다. 제게 무슨 말을 해야 할지 무척 난감해하더군요. 그러면서 집주인은 자기 골칫거리를 저한테 털어놓기 시작했습니다. 불만투성이인 입주자들 중에 어떤 사람은 편지를 열네 통이나 보내왔는데 아주 모욕적인 편지도 있었다더군요. 어떤 사람은 위층의 남자가 코 고는 것을 막아주지 않으면 임대 계약을 취소하겠다고 엄포를 놓더라는 것이었습니다. 그러더니 '당신처럼 만족해 하는 입주자를 보니 더할 나위 없이 흐뭇합니다' 하고 집주인은 말하면서, 부탁하지도 않았는데 월세를 내려주겠다는 것이었습니다.

저는 제가 감당할 수 있는 액수를 이야기하며 더 깎아달라고 했지요. 그러자 집주인은 두말 않고 받아들였습니다.

게다가 자리를 뜰 때 저를 보면서 '실내장식을 바꿔 드리고 싶은데, 어떤 식으로 해 드릴까요?' 하고 묻는 것이었습니다.

만일 제가 다른 입주자들과 똑같은 방법으로 월세를 깎으려 했다면 저역시 분명 실패했을 겁니다. 따뜻한 태도로 상대에게 감사하는 마음을 드러냈기 때문에 성공할 수 있었습니다.”

펜실베이니아주 피츠버그에 살고 있는 던 우드코크는 전기 회사의 부서 책임자였다. 어느 날 전봇대 위에 있는 어떤 기기를 수리해 달라는 주문이 들어왔다. 이런 작업은 종전까지 다른 부서에서 해 왔는데 최근에 그의 부서가 맡게 되었다. 그의 부하 직원들도 훈련을 하긴 했지만 실제로 이 일에 대한 주문을 받기는 처음이어서, 그들이 과연 이것을 해낼 수 있을까 하는데 회사 전체의 관심이 집중되었다. 우드코크와 간부 몇 사람과 몇몇 부서원들이 그 작업을 지켜보기 위해 현장에 나갔다. 승용차며 트럭들도 많이 있었는데, 많은 사람이 전봇대 위에 매달려 작업하고 있는 두 사람을 지켜보고 있었다.

주변을 돌아보던 우드코크는 어떤 사람이 카메라를 들고 차에서 내리는 것을 보았다. 그 사람은 그 광경을 찍기 시작했다. 전기 회사를 비롯한 공익 사업 관련 회사 사람들은 유난히 여론에 민감할 수밖에 없었다. 우드코크도 그 카메라맨에게 그 광경이 어떻게 비칠지 걱정이 되었다. 이 광경은 절대 유쾌한 모습이 아니었던 것이다. 즉 두 사람이 해도 될 일에 열댓 명이나 되는 사람들이 둘러서 있는 모습이 보기 좋을 리 없었다. 그는 카메라맨에게 다가갔다.

“우리 일에 관심이 있으신가 보군요?”

“네, 제 어머니께서 더 많은 관심을 가지실 겁니다. 어머니는 귀사에 주식을 투자하셨는데 아마 이 광경을 보시면 눈이 번쩍 뜨이실 테니까요. 어머니는 투자를 잘못했다는 것을 깨닫겠지요. 전 어머니에게 몇 년을 두고 당신네 회사에서는 일을 쓸데없이 복잡하게 처리한다고 말씀드려 왔는데, 이제 그 증거가 생긴 셈입니다. 신문사도 이런 사진을 크게 환영할 겁니다.”

“하긴 그렇기도 하겠군요. 나라도 당신의 입장이라면 똑같은 행동을 했을 테니까요. 하지만 이번에는 경우가 조금 다릅니다…….”

그러면서 던 우드코크는 어떻게 해서 자기 부서가 이 일을 처음으로 맡게 되었으며, 또 경영진이나 말단 사원이나 할 것 없이 모두 이 일에 관심을 갖게 되었는지 차분히 설명했다. 그리고 이런 일은 보통 때 같으면 두 사람이 충분히 감당할 수 있다는 점을 그에게 주지시켰다. 그 광경을 찍던 사람은 카메라를 치우고 그와 악수하면서, 상황을 자세히 설명해 준 것에 감사했다. 우드코크는 친절하고 성실한 태도로 곤혹스러운 상황을 모면하게 되었다.

우리 강좌에 나왔던 또 다른 사람으로 뉴햄프셔주 리틀톤에 사는 제럴드 H. 윈이 있다. 그는 우호적인 방법을 통해 한 손해 배상 문제를 대단히 만족스럽게 해결했던 경험담을 들려주었다.

"이른 봄날, 겨우내 꽁꽁 얼어붙은 땅이 채 녹기도 전 폭우가 쏟아지는 바람에, 여느 때 같으면 배수구나 도랑으로 흘러들었을 물이 제가 막 지어 놓은 집터로 흘러들어 왔습니다.

물이 제대로 빠져나가지 못해 집의 토대에 수압이 가중되었습니다. 물은 시멘트로 된 지하실 바닥으로 스며들었고, 그 결과 바닥이 갈라지면서 지하실은 물로 가득 찼습니다. 이로 인해 벽난로와 온수기가 망가져 수리비가 2천 달러 이상 나왔는데 이런 손해에 대비한 보험도 들어 놓지 않았습니다.

하지만 저는, 이런 일이 생기지 않도록 하는 배수관이 애초부터 집 근처에 설비되어 있지 않았다는 것을 곧 알아냈습니다. 그래서 저는 그 땅의 소유자와 만날 약속을 하고 그의 사무실로 25마일을 달려갔습니다. 차 안에서 이 상황을 조심스럽게 검토하면서 이 강좌에서 배웠던 원칙들을 되새기며 화를 내 봐야 아무런 이득이 없다고 생각했습니다. 그곳에 도착하자 저는 마음을 차분히 가라앉히고, 지주가 최근에 서인도 제도에서 보낸 휴가에 대해 얘기하기 시작했습니다. 그리고 잠시 뒤 알맞은 때에, 저는 물 때문에 빚어진 '대수롭지 않은 손해'에 대해서 말했습니다. 그러자 지주는 그 문제를 해결하는 데 함께하겠다고 약속해 주었습니다.

며칠 뒤 지주는 저에게 전화를 걸어, 그 복구공사를 자기가 해 주겠으며 앞으로 그런 일이 재발하지 않도록 배수관을 설비해 주겠다고 했습니다.

이번 일은 물론 지주의 잘못이긴 했지만, 만일 제가 우호적인 방법을 쓰지 않았더라면 그에게 손해 배상을 청구하는 데 훨씬 큰 어려움이 뒤따랐을 것입니다."

내가 어릴 적 미주리주 서북부의 한 시골 학교까지 나무숲 사이를 맨발로 통학하던 어느 날, 해님과 바람에 대한 동화를 읽은 적이 있다.

해님과 바람은 누가 더 힘이 센지 서로 말다툼을 벌였다. 바람이 말했다. "내가 더 힘이 세다는 것을 보여 줄 테야. 저 밑에 외투를 입은 노인이 있지? 내가 너보다 빨리 저 노인의 옷을 벗길 수 있어."

그래서 해님은 구름 뒤에 숨었고, 바람은 거의 폭풍이 될 지경까지 불어 댔지만 바람이 세면 셀수록 노인은 옷깃을 더 꼭 여몄다.

마침내 바람이 포기하자 해님이 구름 뒤편에서 나와 노인에게 다정한 미소를 보냈다. 그러자 노인은 금방 땀을 닦으면서 외투를 벗었다.

그때 해님은 바람에게 말했다. "따뜻함과 다정함이 강압보다 항상 더 힘이 세다."

꿀 한 방울이 쓸개즙 한 통보다 더 많은 파리를 잡는다는 사실을 터득한 사람들은, 온화하고 우호적인 것이 훨씬 더 효과적인 방법이라는 것을 매일 몸으로 보여 준다.

메릴랜드주 루터빌에 사는 F. 게일 코너는 구입한 지 겨우 4개월 된 자기 승용차가 세 번이나 고장 났을 때, 보증수리를 받으러 가서, 이 방법을 증명해 보였다. 게일은 우리 강좌에 나와 이런 말을 했다.

"조목조목 따지거나 서비스 담당 책임자에게 소리를 버럭 질러 봤자 문제 해결에 별 도움이 안 된다는 것은 자명한 일입니다.

저는 차를 샀던 대리점의 전시실에 가서 대리점 사장을 만나고 싶다고 했습니다. 잠시 뒤에 저는 그의 사무실로 안내되었습니다. 저는 제 소개를 한 뒤 그의 대리점에서 자동차를 구입했던 친구들의 권유로 그곳에서 차를 구입했다는 말을 했습니다. 친구들이 이 대리점 가격이 아주 저렴할 뿐 아니라 서비스도 단연 뛰어나다고 칭찬하더라고 말했지요. 사장은 제 말을 듣고 만족스러운 미소를 짓더군요. 이윽고 저는 그 대리점의 서비스 담당부에서 제가 당한 일을 이야기했습니다. 그러고 나서 '사장님의 훌륭한 명성에 흠이 될 상황에 대해 사전에 알고 싶어 하실 것 같아 이야기 드립니다' 하고 덧붙였습니다. 그러자 사장은 이런 문제를 알려 줘서 고맙다며 제 문제를 해결해 줄 것을 약속했습니다. 사장은 문제 해결에 발 벗고 나섰을 뿐만 아니라, 제 차를 수리할 동안 타고 다니라며 다른 차를 빌려주기도 했습니다."

이솝은 크로이소스 궁에 살던 그리스의 노예였는데, 기원전 600년경에 불멸의 명작 《이솝 우화》를 썼다. 인간의 본성에 대한 이솝의 진리는 2천 600년 전의 아테네에서와 마찬가지로 오늘날 보스턴이나 버밍햄에서도 여전히 진리로 남아 있다. 해님은 바람보다 빨리 당신의 옷을 벗길 수 있다. 또한 친절한 태도와 우호적인 방법은 이 세상의 온갖 공갈과 비난보다 더 쉽게 사람들의 마음을 바꾸어 놓는다.
링컨이 한 말을 명심하라.
"한 방울의 꿀이 한 통의 쓸개즙보다 더 많은 파리를 잡는다."

"네"라는 대답을 유도하는 소크라테스
그 사람이 예라고 대답할 말부터 시작하라

사람들과 이야기할 때 서로의 의견이 다른 문제에 대해 먼저 논의하지 말라. 의견이 같은 것에 대해서 말을 시작하고 계속 그것을 강조하라. 가능하다면 나와 상대가 같은 목적을 가지고 있으며, 단지 다른 점이 있다면 그것은 목적이 아니라 방법이라는 점을 계속 강조하라.

상대로 하여금 처음부터 "네, 네" 말하게 하고 "아니오"라는 말을 가능한 한 하지 않도록 해야 한다.

오버스트리트 교수에 의하면 "아니오"라는 반응은 가장 극복하기 어려운 장애 요인이다. 일단 "아니오" 하고 말해 버리면 자존심 때문에 그 말을 바꿀 수 없게 된다. 나중에 가서 "아니오"라고 대답한 것이 현명하지 못했다는 생각이 들지도 모른다. 하지만 잘못이라는 것을 알면서도 자존심을 지키려 하는 게 사람이다. 일단 한마디 하고 나면 자기가 한 말을 고집해야겠다는 생각을 갖게 된다.

그러므로 긍정적인 방향으로 말을 시작하는 것은 무엇보다도 중요하다. 노련한 연사는 처음부터 상대에게서 "네"라는 반응을 여러 번 이끌어 낸다. 청중의 심리 상태를 긍정적인 방향으로 유도하는 것이다.

그것은 마치 당구공의 움직임과도 같다. 당구공을 어느 한 방향으로 쳐 보라. 구르는 공의 방향을 바꾸려면 많은 힘이 필요하고 반대 방향으로 보내는 데는 훨씬 더 큰 힘이 필요하다.

여기에서의 심리적 움직임은 아주 분명하다. 진심으로 하는 "아니오"라는 말에는 그 말 자체보다 훨씬 더 많은 행위를 품고 있다. 인체의 모든 기관, 즉 분비샘, 신경, 근육 등이 모두 한데 어우러져 거부 상태를 빚어낸다. 그리고 뒤로 물러서는 등 눈에 띄는 반응을 보이기도 한다. 이는 대개 미미한 정도지만 때로는 눈에 띌 정도로 심한 육체적 거부 현상이 일어난다. 즉 신경과 근육의 전 조직이 거부의 태도를 취하는 것이다. 이와는 반대로 "네, 그래요" 하고 말할 때는 그와 같은 위축 현상이 일어나지 않는다. 이때 신체 기관은 긍정적이고 수용적이며 개방적인 상태가 된다. 그러므로 처음부터 "네, 그래요" 하는 대답을 많이 유도해 낼수록 상대가 내 뜻을 받아들일 가능성도 높아지게 된다.

이 "네, 네" 반응을 이끌어 내는 것은 아주 간단한 기법이다. 그럼에도 불구하고 사람들은 이 간단한 기법을 얼마나 소홀히 하는가? 마치 사람들은 처음부터 상대를 부정하는 것이 자기 중요감을 느끼는 첩경이라고 생각하는 것 같다.

학생은 두말할 것도 없고 고객이나 어린이, 자기 남편이나 아내로 하여금 "아니오"라고 말하게 해 보라. 이 거센 부정을 긍정으로 바꾸려면 천사와 같은 지혜와 인내가 필요할 것이다.

뉴욕시에 있는 그리니치 은행의 제임스 에버슨은 이러한 "네, 네" 기법을 사용하여, 하마터면 놓칠 뻔했던 고객 한 사람을 붙잡을 수 있었다.

에버슨의 이야기는 다음과 같다.

"어떤 사람이 구좌를 개설하려고 왔기에 늘 사용하는 양식을 주면서 적으라고 했습니다. 그런데 그는 몇 가지 내용은 흔쾌히 썼지만 몇 가지에 대해서는 쓰지 않겠다고 했습니다. 인간관계를 공부하기 전 같았으면 저는 아마 그 사람에게 원칙을 앞세웠을 겁니다. 양식에 따라 제대로 써 주지 않으면 구좌 개설을 거절할 수밖에 없다고 말했겠지요. 부끄럽게도 이전에는 그렇게 했습니다. 그렇게 잘라 말하면 두말할 것도 없이 기분이야 괜찮죠. 은행의 규칙을 등에 업고 내가 상대보다 더 우위라고 뻐기는 셈이니까요. 그러나 그런 태도는 우리 은행의 고객이 되려고 온 손님에게는 불쾌감을 주었을 겁니다. 고객의 자기 중요감을 무시하는 행위지요.

그날은 상식을 동원해 보기로 마음먹었습니다. 은행이 원하는 바가 아닌, 고객이 원하는 것에 대해 말하기로 말입니다. 무엇보다도 저는 고객이 처음부터 '네, 네'라는 대답을 하도록 대화를 이끌었습니다. 우선 그 사람 말에 동의했습니다. 그가 기재하기를 거부하는 사항은 은행에서 꼭 필요한 것은 아니라고 말해 주었습니다.

그런 다음 이렇게 말했습니다. '하지만, 만일 손님께서 이 구좌를 갖고 계신 채 사망하시기라도 한다면 법정상속인에게 이 구좌를 이체시켜 드려야 하지 않겠습니까?'

그러자 그 사람은 '네 그래요' 하고 말하더군요.

계속해서 저는 '고객님 사망 시에 상속받을 사람의 성함을 알려 주시는 게 좋지 않겠습니까? 그러면 고객님의 희망사항이 빠르고 정확하게 시행될 테니까요' 하고 말했고 그는 다시 '네'라고 했습니다.

그 사람은 이런 정보를 요구하는 이유가 은행의 편의보다는 자기 이익을 위하는 데 있음을 알게 되자 그때부터 태도가 누그러졌습니다. 그는 은행을 나서기 전에 자신에 관한 모든 사실을 들려주었으며, 제 권유에 따라 어머니를 수혜자로 지정하는 신탁 구좌를 개설하고 어머니에 관한 질문에도 기꺼이 응답해 주었습니다.

이 일을 통해서 제가 발견한 것은, 처음부터 그 사람이 '네, 네' 하고 대답하도록 했더니 그는 문제가 된 부분은 잊어버린 채 저의 제안에 모두 기꺼이 응했다는 사실입니다."

웨스팅하우스의 판매 책임자인 조셉 앨리슨은 이런 이야기를 들려주었다.

"제가 담당한 구역에는 꼭 우리 회사 고객으로 만들고픈 인물이 있었습니다. 그러나 저의 선임자는 10년 동안이나 그 사람을 쫓아다녔지만 단 한 상품도 팔지 못했습니다. 제가 그 구역을 맡은 뒤 저도 3년 동안 그를 찾아갔지만 한 건도 주문받지 못했습니다. 13년 동안 방문을 거듭한 끝에 우리는 마침내 그 사람에게 모터를 몇 대 팔았습니다. 이 모터의 성능이 입증된다면 앞으로 수백 대의 주문을 더 따낼 수 있을 것이라 기대했지요.

저는 모든 일이 잘 풀려 나갈 것이라 확신하며, 3주일 뒤 자신만만하게 그에게 연락을 했습니다. 그런데 수석 엔지니어가 받더니, '앨리슨, 당신네 회사 모터는 더 안 사겠소' 하고 충격적인 말을 하는 것이었습니다. 저는 깜짝 놀라며 '도대체 왜죠?' 하고 물었습니다.

그는 '당신에게서 구입한 모터들은 너무 뜨거워 손을 댈 수가 없어요' 하고 대답하는 것이었습니다. 전 이 상황에서 논쟁해 봐야 아무 소용이 없다는 것을 오랜 경험으로 알고 있었습니다. 그래서 '네, 네' 대답을 유도해 내기로 했습니다.

'네. 스미스 씨, 저도 100% 동감입니다. 우리 모터가 쉽게 과열된다면 그런 모터를 구입하시면 안 되겠죠. 전국 전기 제조업 협회에서 정한 표준치 이상으로 가열되는 모터는 구입하면 안 됩니다. 그렇지 않습니까?' 하고 물었습니다. 그 엔지니어는 맞다고 대답했습니다. 최초의 '네'를 얻어낸 것입니다.

'협회의 규격으로는 모터 온도가 실내 온도보다 화씨 72도까지 높아지는 것은 잘 아시지요?'

'네.' 그가 대답했습니다. '당신 말이 맞습니다. 그런데 당신네 모터는 그보다 훨씬 더 뜨겁단 말이오.'

저는 논쟁을 하지 않고 물었습니다. '공장 실내 온도는 몇 도나 됩니까?'

'아마 화씨 75도쯤 될 겁니다.'

'공장 실내 온도가 화씨 75도에 72도를 더하면 화씨 147도가 되겠군요. 화씨 147도인 물에 손을 담그면 당연히 손을 데지 않겠습니다.' 그러자 엔지니어는 또 다시 '네' 하고 대답했습니다.

'그렇다면 그 모터에 손을 대지 않는 것이 좋지 않겠습니까?' 제가 제안을 했습니다.

'당신 말이 맞는 것 같소.' 엔지니어도 동의를 했습니다. 잠시 이런저런 이야기를 나누고 났을 때, 그는 비서를 부르더니 약 3만 5천 달러어치 상품을 주문했습니다.

말다툼을 해보았자 소용없습니다. 상대의 관점에 서서 사태를 파악하여 그 사람으로 하여금 '네, 그래요' 하고 말하게 하는 일이 훨씬 이롭고 재미있습니다. 그것을 깨달을 때까지, 저는 수없이 많은 시간과 비용을 허비했습니다.”

캘리포니아주 오클랜드에 있는 우리 강좌의 스폰서인 에디 스노는 자기가 어느 가게의 단골이 된 사연을 들려주었다. 가게 주인은 바로 "네, 네" 전법으로 그의 마음을 사로잡은 것이었다.

에디는 활사냥에 흥미를 가져 활 가게에서 장비를 구입하는 데에 상당한 돈을 들였다. 어느 날 동생이 모처럼 집에 놀러 오자 그는 동생을 위해 가게에서 활을 빌리려고 했다. 그런데 처음 전화한 가게 점원은 자기네 가게에서는 활을 빌려주지 않는다고 말했다. 그래서 에디는 다른 활 가게에 전화를 걸었다.

"목소리가 아주 상냥한 사람이 전화를 받더군요. 활을 대여하느냐고 문의하자 그가 보인 반응은 그전 가게와는 아주 달랐습니다. 그는 정말 유감이지만 형편상 활을 대여해 주지 않고 있다고 말했습니다.

그러고 나서 저에게 전에 대여해 간 적이 있는지 물었습니다. '네, 하지만 몇 년 전이었죠' 하고 대답했습니다. 그러자 그는 아마 그때 25달러 내지는 30달러를 지불했을 거로 말하더군요. 저는 '네' 하고 대답했죠. 그러자 그는 돈을 아끼고 싶지 않으냐고 묻더군요. 두말할 필요도 없이 저는 '네' 하고 대답했습니다. 그는 모든 필요한 장치가 전부 갖추어진 34달러 95센트짜리 활이 있다는 이야기를 하더군요. 대여하는 값에 고작 4달러 95센트만 보태면 완전한 한 세트를 살 수가 있다는 얘기였습니다. 그는 이러한 이유 때문에 더 대여를 안 한다고 설명해 주더군요. 그 말이 일리가 있다고 생각했느냐고요? 물론입니다.

저는 즉시 '네, 그래요' 하는 반응을 보였고, 그 가게로 가서 활 세트를 구입했을 뿐만 아니라 몇 가지를 더 구입하고, 그 뒤부터는 그 가게의 단골이 되었습니다."

인류의 사고방식을 송두리째 바꾸어 놓은 아테네의 철인 소크라테스는 사람들을 설득하는 데에 달인이었다. 그 기술은 고금을 통틀어 가장 훌륭하다 할 만하다.

소크라테스의 방법은 무엇일까? 그가 사람들의 생각이 틀렸다고 지적했던가? 천만의 말씀이다. 소크라테스는 절대 그렇게 하지 않았다. 그러기에는 그는 너무나도 노련한 사람이었다. 오늘날 '소크라테스 문답법'이라고 불리는 그의 방법은 "네, 네" 반응을 유도해 내는 데 그 바탕을 두고 있다. 소크라테스는 우선 자기와 의견을 달리하는 사람들조차 동의할 수밖에 없는 질문들을 했다. 그러고는 상대의 동의를 하나씩 천천히 구해 나갔다. 그는 상대가 불과 몇 분 전만 해도 기를 쓰고 반대했을 어떤 결론을, 상대가 미처 깨닫기도 전에 스스로 받아들일 때까지 계속 질문했다.

그러므로 이 다음에 상대의 잘못을 지적하고 싶을 때는 소크라테스를 기억하고, "네, 네" 반응을 이끌어 낼 수 있는 부드러운 질문을 하자. 중국에 이런 옛말이 있다.

"부드러움이 강함을 이긴다(柔能制剛)."

중국 5천 년의 역사가 빚어 낸 명언이다. 이 말을 기억하라.

마음껏 말하게 하라
사람들의 자랑을 즐겁게 들어주자

상대를 설득하려고 자기만 장황하게 떠드는 사람이 많다. 상대가 이야기 하도록 만들어라. 그들의 일이나 문제점에 대해서는 그들이 가장 잘 안다. 그러니 질문을 해야 한다. 그들에게 몇 마디라도 건네도록 하라. 그들과 의견이 다를 때는 중간에 반박을 하고 싶은 유혹이 생길 것이다. 그러나 꾹 참아라. 지금 말해 봤자 소용없다. 그들은 할 말이 많기 때문에 당신의 의견에 관심을 두지 않는다. 그러므로 마음을 활짝 열고 끈기 있게 다른 사람의 말을 성실히 들어라. 그리고 그들이 생각을 충분히 말할 수 있도록 격려해 주어라.

이런 방법이 과연 비즈니스에 도움이 될까? 한번 살펴보자. 여기에 어쩔 수 없이 그렇게 할 수밖에 없었던 한 판매 책임자의 이야기를 소개해 본다.

미국 최대 자동차 회사가 차 시트용 직물을 1년 치 주문하기 위해 협상을 벌이고 있었다. 세 군데의 이름 있는 회사들이 견본을 제출했다. 이 직물들이 자동차 회사 중역의 심사를 거치면, 각 공장 대표가 계약을 위한 최종 설명을 하기 위해 지정한 날에 회사에 나오도록 되어 있었다.

그중 한 공장의 대표로 나온 R씨는 그때 심한 후두염을 앓고 있었다. 우리 강좌에 나온 그는 이렇게 말했다.

"제가 이야기할 차례가 되었지만 목소리가 나오지 않더군요. 한마디도 할 수가 없었습니다. 회의가 열리는 방으로 안내된 저는 직물담당 엔지니어, 구매담당 에이전트, 영업부장, 그리고 그 회사의 사장과 얼굴을 마주 보고 서게 되었습니다. 저는 똑바로 선 채 말을 해 보려고 무척 애를 썼으나 소용없었습니다.

저는 종이에 '여러분, 전 후두염을 앓고 있어 목소리를 낼 수가 없습니다'
라고 써서 그들에게 보여 주었습니다.

그러자 그 회사 사장이 '제가 대신 말해 드리지요' 하더니 제가 가져간 샘
플을 꺼내 보이면서 그것의 장점을 설명했습니다. 그러자 각 전문가들이 그
제품의 장점에 대해 열띤 토론을 벌이더군요. 그리고 그 사장님은 토론에서
저의 역할을 대신 해 주었습니다. 제가 한 일이라곤 미소를 짓거나 고개를
끄덕이면서 제스처를 몇 가지 취한 것밖에 없었습니다.

이 재미난 토론으로 인해 저는 계약을 체결할 수 있었습니다. 50만 야드
이상의 직물을 총액으로 약 160만 달러나 팔게 되었으며, 지금까지 제가 받
은 주문 중에 가장 큰 것이었습니다.

목소리가 쉬지 않았더라면 아마 그 계약은 놓쳤을 겁니다. 왜냐하면 그동
안 저는 물건 파는 방법을 전적으로 잘못 알고 있었기 때문입니다. 다른 사
람으로 하여금 말을 하도록 하면 때로는 큰 이득이 돌아온다는 사실을 우
연히 발견한 셈입니다."

내 말을 줄이고 다른 사람이 마음껏 말하도록 하는 일은 사업뿐만 아니
라 가정생활에도 도움을 준다.

바바라 윌슨 부인과 그녀의 딸 로리는 최근 들어 사이가 나빠졌다. 어릴
때는 조용하고 싹싹하던 로리는 점점 더 사람들에게 비협조적이며 도전적
인 10대로 변했다. 윌슨 부인은 아이에게 훈계도 해보고 야단치고 벌을 주
기도 했으나 소용이 없었다. 윌슨 부인은 강좌에 나와 다음과 같이 이야기
를 들려주었다.

"어느 날 나는 포기하고 말았습니다. 로리는 제 말을 듣지도 않고 제가 시
킨 집안일도 하지 않은 채, 친구를 만나러 나가 버렸습니다. 그 애가 돌아왔
을 때, 저는 전에 수천 번이나 했던 것처럼 야단을 치려 했지만 그럴 기운조
차 없었습니다. 그저 그 애를 물끄러미 쳐다보면서 슬프게 말했습니다. '로
리야, 도대체 너 왜 그러니?'

그러자 딸은 제 기분을 알아차리고는 조용한 목소리로 묻더군요. '정말
알고 싶으세요?' 제가 고개를 끄덕이자 로리는 잠시 망설이다가 곧 속마음

을 다 털어놓았습니다. 저는 그전에는 그 애의 말에 한 번도 귀를 기울이지 않았습니다. 항상 이거 해라 저거 해라 하면서 잔소리만 늘어놓았죠. 그 애가 자기의 생각, 감정을 말하려고 하면 저는 그 애의 말을 가로막고 더 많은 잔소리를 퍼부었습니다. 로리에게 필요한 것은 잔소리 많은 엄마가 아니라, 사춘기를 겪으며 맞닥뜨리는 혼란스러운 일에 대해 의논할 수 있고 무슨 일이든 허물없이 털어 놓을 수 있는 친구였습니다. 로리의 말을 들으면서 비로소 그 사실을 알았지요. 그동안 그 애의 말에 귀를 기울였어야 할 때조차도 제 말만 늘어놓았던 것입니다. 저는 아이의 말을 들어 준 적이 없었습니다.

그때부터 저는 딸아이가 하고 싶은 말이 있으면 다 하도록 해 주었습니다. 그 애도 자기 마음속에 있던 말을 숨김 없이 들려주었고, 우리 모녀 사이는 아주 좋아졌습니다. 그 애는 다시 솔직하고 착한 아이가 되었습니다.”

뉴욕 어느 신문의 경제란에 비범한 능력과 경험을 갖춘 사람을 구한다는 광고가 크게 실렸다. 찰스 T. 큐벨리스는 그 광고를 보고 그 회사에 지원서를 냈다. 며칠 뒤 그곳에서 면접을 보자는 연락이 오자, 큐벨리스는 가기 전에 월스트리트에 가서 그 회사의 창립자에 대해 가능한 한 많은 조사를 했다. 면접을 치를 때 그는 이렇게 말했다.

“귀사와 같이 훌륭한 역사를 가진 회사를 알게 되어 영광입니다. 사장님께서는 28년 전에 책상 한 개와 속기사 한 명으로 이 사업을 시작하셨다고 들었습니다. 사실입니까?”

성공한 사람들은 거의 모두가 초창기에 겪었던 어려움을 돌이켜 보기를 좋아한다. 이 창업주도 예외가 아니었다. 그는 단돈 450달러와 독창적인 아이디어 하나만 가지고 어떻게 사업을 시작하게 되었는지 오랫동안 이야기했다. 일요일, 공휴일도 없이 하루에 열두 시간 내지 열여섯 시간 동안 일하면서 온갖 고난을 어떻게 이기고, 결국 현재 위치에 오른 그에게 오늘날 월스트리트의 저명인사들이 얼마나 자문을 구하러 오는지 자세히 들려주었다.

그는 그러한 내력을 무척 자랑스러워했다. 그에게는 그럴 권리가 있었고, 굉장히 흐뭇한 미소를 띠며 이야기를 하고 있있다. 그러고 나더니 큐벨리스의 경력을 간단히 묻고는, 부사장 한 사람을 불러 말했다. "이분이 바로 우리가 원하는 사람인 것 같소."

큐벨리스는 장차 자기 고용주가 될 사람의 업적을 알기 위해 노력했던 것이다. 그는 상대와 자기 문제에 대해 관심을 보였다. 상대로 하여금 대부분의 말을 하게 함으로써 그 사람에게서 호감을 샀던 것이다.

캘리포니아주 새크라맨토에 거주하는 로이 브래들리가 겪은 일은 이와는 정반대다. 로이는 자기 회사 영업직을 원하는 사람의 말을 그는 잠자코 들어 주었다.

"우리 회사는 규모가 작은 중개인 회사여서 병원비 지원이나 의료보험 그리고 연금 등의 혜택이 없었습니다. 책임자는 각각 독자적으로 대리점을 운영합니다. 규모가 큰 경쟁 회사와는 달리 구인광고조차 제대로 낼 수 없는 형편이었습니다.

리처드 프라이어는 우리가 원하던 사람이었습니다. 그는 훌륭한 경험을 갖고 있었습니다. 하지만 제 직원이 가장 먼저 그를 면담하면서, 이 직업의 모든 부정적인 사실을 말해 주었습니다. 프라이어가 제 사무실에 들어왔을 때 그의 얼굴에는 약간 실망하는 기색이 엿보였습니다. 저는 우리 회사에서 일함으로써 얻게 되는 이점을 그에게 말해 주었는데, 그중 하나는 각 사원이 독자적인 영업을 하기 때문에 사실상 각자가 사장이나 마찬가지라는 내용이었습니다.

이러한 이점에 대해 말하는 동안, 그는 제 사무실에 처음 들어왔을 때 갖고 있던 부정적인 생각을 차츰 떨쳐 버리더군요. 이윽고 그도 입을 열었습니다. 그는 나에게 말한다기보다는 스스로 말하면서 생각을 가다듬는 것 같았어요. 때때로 그의 생각에 덧붙여 몇 마디 해 주고 싶은 마음도 들었지만 꾹 참았습니다. 면담이 끝날 즈음에 그는 스스로를 설득했는지 우리 회사에서 일하고 싶은 확신을 가진 것 같았습니다.

저는 프라이어가 하고 싶은 말을 다 하도록 가만히 듣고만 있었습니다. 덕분에 프라이어는 마음속으로 입사할 것인지 그만둘 것인지, 냉정하게 생각할 수 있었던 것 같습니다. 결국 그는 긍정적인 결론을 내렸습니다. 우리는 그를 채용했고 그는 우리 회사에서 뛰어난 인물이 되었습니다.”

심지어 친구들까지도 우리가 하는 자랑에 귀를 기울이기보다는 자신들이 해낸 일을 이야기하고 싶어 하는 법이다.

프랑스의 철학자 라 로슈푸코는 “만일 당신이 적을 원한다면 친구를 능가하라. 그러나 친구를 원한다면, 그가 당신을 능가할 수 있도록 해 주어라”고 말했다.

이 말이 왜 옳을까? 친구가 우리를 능가할 때 그들은 자기 중요감을 느끼지만 우리가 그들을 능가하면 그들은—혹은 그중 적어도 몇 명은—열등감과 질투심을 느끼기 때문이다.

헨리에타는 뉴욕시의 미드타운 직업 소개소에서 가장 인기 있는 카운슬러다. 그러나 처음부터 그런 것은 아니었다. 헨리에타가 직업 소개소에서 일하게 된 처음 몇 달 동안 그녀에게는 친구가 한 사람도 없었다. 왜일까? 그녀는 자기가 한 소개, 새로운 고객과의 거래, 성취한 일에 대해 매일같이 자랑을 하고 다녔기 때문이다.

“저는 일을 잘했으며 그것이 무척 자랑스러웠습니다.” 헨리에타는 우리 강좌에서 이렇게 말했다.

“그러나 동료들은 저와 함께 기뻐하기는커녕 저를 꺼리는 것 같더군요. 저는 그들에게 사랑받기를 원했고 진심으로 친구가 되고 싶었습니다. 강좌에서 몇몇 제안을 배우고 나서, 전 저에 대한 이야기를 그만하고 대신 동료들의 이야기를 귀담아들었죠. 그들에게도 자랑할 게 많이 있었고, 제 자랑을 듣는 것보다 자기들이 이룬 성과에 대해 이야기하는 것을 더 좋아하더군요. 이제는 이야기를 나눌 때, 그들에게 즐거웠던 일을 이야기해 달라고 부탁하고 그들이 원할 때에만 제 이야기를 들려줍니다.”

상대가 내 생각을 중시하게 하려면
아이디어를 그가 생각해낸 것으로 느끼게 하라

타인에 의해 강요된 의견보다 스스로 생각해 낸 의견을 우리는 더 신뢰한다. 그렇다면 자기 의견을 다른 사람에게 강요하는 것은 어리석은 일이 아닐까? 제안을 해서 상대가 스스로 생각하고 결론을 내리게 하는 것이 더 현명한 방법 아닐까?

필라델피아에 사는 아돌프 셀츠는 한 자동차 전시실의 영업부장으로, 우리 강좌에 참여한 적이 있다. 그런데 그에게는 고민이 있었다. 부진한 판매 실적 때문에 부하 직원들의 사기가 떨어진 것이다. 그는 세일즈맨들에게 의욕을 되찾게 해 줄 필요성을 깨달았다. 그는 회의를 소집하여, 자기에게 원하는 것을 정확하게 말해 달라고 요청하고 그들의 말을 칠판에 적었다. 그러고 나서 그는 말했다. "여러분이 원하는 것을 제가 해 드리겠습니다. 대신 저도 여러분께 원하는 것이 있습니다. 제 희망을 이루기 위해 여러분에게 필요한 자세가 무엇인지 말해 주기 바랍니다."

대답은 바로 쏟아졌다. 충성, 정직, 솔선수범, 낙관주의, 팀워크 그리고 하루 8시간 열성적으로 근무하는 것 등이었다. 회의는 그들에게 새로운 용기와 의욕을 주었다. 어떤 세일즈맨은 하루에 14시간 동안 근무하겠노라고 자청했다. 이 일이 있은 뒤 그는 영업 실적이 현저하게 늘어났다고 말했다.

"그들은 저와 일종의 도의적인 거래를 한 셈이죠. 제가 약속한 것을 실천했으므로 그들도 결심한 것을 지키려고 했습니다. 그들의 희망 사항과 의견을 들어 준 것은 그들에게 필요한 주사를 한 대 놓은 것과 같았습니다."

억지로 뭔가를 산다거나, 무슨 일을 하라고 명령받는 느낌을 좋아하는 사람은 아무도 없다.

우리는 자기 뜻에 따라 물건을 사거나 자기 생각에 따라 행동한다고 느끼기를 더 좋아한다. 우리는 우리의 희망, 욕구, 생각에 관해 누가 물어 주기를 바란다.

유진 웨슨은 이 진리를 터득하기 전에 수천 달러를 손해 본 경험이 있다. 그는 스타일리스트와 직물업자들을 위한 스튜디오 디자인을 팔았다. 웨슨은 뉴욕의 어느 유명한 스타일리스트를 3년 동안 1주일에 한 번씩 꼬박꼬박 방문했다.

"그는 내 방문을 거절하지는 않았습니다. 그러나 한 번도 디자인을 사 준 적이 없었습니다. 제가 그려간 스케치를 볼 때마다 늘 '안 되겠네, 웨슨. 오늘도 안 되겠는 걸' 하는 것이었습니다."

150번이나 헛걸음한 끝에 웨슨은 자기 생각이 틀에 박혀 있음에 틀림없다는 생각을 했다. 그래서 그는, 일주일에 한 번 저녁 시간을 이용해, 사람을 움직이는 방법을 가르치는 강연회에 참석했다. 그리고 새로운 아이디어를 개발하고 새로운 의욕을 되찾았다.

그는 새로운 방법을 한번 시도해 보기로 하고, 미완성인 스케치 몇 점을 가지고 고객을 찾아갔다.

"저에게 호의를 좀 베풀어 주시겠습니까? 여기 미완성 스케치 몇 점이 있습니다. 이것을 당신이 원하는 대로 완성할 수 있는 방법을 말씀해 주시겠습니까?"

그러자 그 고객은 잠시 동안 말없이 스케치를 바라보았다. 드디어 고객은 입을 열었다. "며칠간 나한테 맡겨 놓게, 웨슨. 그리고 나중에 나를 다시 찾아오게나."

사흘 뒤, 다시 방문한 웨슨은 고객의 의견을 듣고 스튜디오로 다시 돌아왔다. 그러고는 그 아이디어에 따라 스케치를 완성했다. 결과는 어땠을까? 두말할 것 없이 모두 팔 수 있었다.

이후에도 그 고객은 다른 스케치 몇 점을 웨슨에게 주문했는데 이것 역시 고객의 아이디어가 반영된 작품이었다. 웨슨은 이렇게 말했다.

"몇 년 동안 그에게 한 점도 팔지 못한 이유를 겨우 알게 되었습니다. 그

도 마음에 들어할 것이라고 내 마음대로 생각한 스케치를 무작정 사라고
만 권했던 것입니다. 이제는 방법을 완전히 바꾸어 그에게 아이디어를 부탁
하고 있지요. 현재 그는 자신이 디자인을 창조한다고 느끼고 있을 것입니다.
저는 그에게 팔지 않습니다. 그가 살 뿐입니다.”

시어도어 루스벨트는 뉴욕 주지사로 재임하던 시절에 뛰어난 재주를 보
여 준 바 있다. 그는 정치계의 유력자들과 원만한 관계를 유지하면서도 그
들이 몹시 싫어하는 개혁을 멋지게 단행했다.

그 방법을 잠깐 살펴보자.

루스벨트는 중요한 자리가 날 때마다 정치계 유력자들에게 후보를 추천
해 달라고 부탁했다. 이에 대해 그는 이렇게 말했다.

“유력자들이 가장 먼저 추천하는 인물은 대개 형편없다. 그들이 뒤를 봐
줘야만 하는 인물을 추천할 뿐, 정말로 좋은 인재를 추천하는 것이 아니기
때문이다. 그래서 나는 ‘이 사람을 그 자리에 앉히면 시민들이 불만을 느낄
겁니다’라고 말한다.

유력자들이 두 번째로 추천하는 인물도 별 볼일이 없다. 어차피 그들이
속한 당의 그저 그런 인물에 불과하니까. 나는 그들에게 ‘시민들이 좀 더 박
수치며 환영할 만한 적임자를 찾아 주십시오’ 하고 부탁한다.

세 번째 인물은 합격에 가깝지만 1%가 부족하다. 나는 유력자들의 협력
에 감사하면서 그들에게 한 번만 더 심사숙고해 주십사 부탁한다. 그렇게
뽑힌 네 번째 인물이야말로 내 이상에 들어맞는다. 나는 유력자들에게 크
게 감사하며 그 후보를 그 자리에 임명한다. 즉 유력자들의 체면을 철저히
세워 주는 것이다. 그러고는 마지막에 ‘여러분을 위해 이 사람을 임명했습
니다. 그러니 다음에는 여러분께서 저를 위해 힘써 주시기를 바랍니다’라고
덧붙인다.”

실제로 유력자들은 루스벨트를 위해 힘써 주었다. 그래서 그들은 루스벨
트의 혁신적인 법 개정을 지지했던 것이다.

어떤 문제에 대해 상대와 상담한 뒤 그의 의견을 최대한 반영하는 것, 그
것이 루스벨트의 방식이었다. 그리고 그 결과가 전적으로 상대의 아이디어

덕분인 양 포장하여 그의 협력을 얻는 것이다.

다른 사람에게 그 아이디어가 자기 것이라고 느끼게 하는 일은 비즈니스와 정치뿐만 아니라 가정생활에서도 도움이 된다. 오클라호마의 툴사에 살고 있는 폴 M. 데이비스는 우리 강좌에 나와 어떻게 그가 이 방법을 사용했는가에 대해 들려주었다.

"저희 가족의 이번 여행은 지금까지의 휴가 중에서 재미있었습니다. 저는 게티스버그의 남북전쟁 격전지, 필라델피아의 독립기념관, 우리나라 수도 같은 동부 지역 사적지를 방문해 보기를 오랫동안 꿈꾸어 왔죠. 포지 계곡, 제임스타운 그리고 윌리엄스버그의 식민지 촌락들을 가장 가 보고 싶었습니다. 그런데 3월에 아내 낸시가 멋진 여름 휴가 계획이 떠올랐다면서, 뉴멕시코, 애리조나, 캘리포니아와 네바다 등 서부 지역의 여러 주들을 여행하자는 것이었습니다. 아내는 몇 년 동안 이 여행을 원했죠. 하지만 한 번에 두 지역을 여행할 수는 없지 않겠습니까.

저는 딸아이 앤이 중학교에서 미국 역사공부를 하면서, 미국이 발전하게 된 여러 사건에 흥미를 가진 걸 알고 있었죠. 그래서 아이에게 다음번 방학 때에는 학교에서 배운 곳에 가 보고 싶지 않으냐고 물었습니다. 그러자 앤은 그러고 싶다고 대답하더군요.

이틀 뒤 저녁 식사 때, 아내는 우리 모두 찬성한다면 여름 휴가를 동부 지역에서 보내자고 했습니다. 딸아이에게 좋은 공부가 될 것이고, 우리 모두에게도 신나는 일이 될 거라는 것이었습니다. 모두 찬성했죠."

어느 엑스선 장비 제조업자는 이 같은 심리를 이용하여 브루클린에서 가장 큰 병원에 회사 장비를 팔았다. 이 병원은 미국에서 가장 훌륭한 엑스선과를 운영하기 위해 시설을 늘리던 중이었다.

엑스선과의 책임자인 L박사는 자기네 회사에서 만든 장비에 대한 칭찬만 늘어놓는 세일즈맨들에게 기가 질렸다. 그런데 그들 중 매우 현명한 제조업자가 있었다. 그는 인간의 본성을 다루는 일에 다른 사람보다 훨씬 뛰어났다. 그는 다음과 같은 편지를 보냈다.

우리 회사에서는 최근에 새로운 엑스선 장비를 제작 완료했습니다. 마침 첫 제품이 제 사무실에 막 도착했습니다. 그러나 이것에 만족하지 않고 좀 더 개량해서 더 좋은 제품으로 만들기를 원합니다. 박사님께서 한번 살펴봐 주시고 어떻게 하면 좀 더 전문적인 제품으로 만들 수 있는지 고견을 주시면 다시없는 영광이겠습니다. 시간만 정해 주시면 박사님을 모실 차를 언제든지 보내 드리겠습니다.

L박사는 강좌에 나와서 그때의 일을 이야기했다.

"저는 이 편지를 받고 깜짝 놀랐습니다. 놀랍기도 하고 기분도 좋았습니다. 엑스선 장비 제조업자가 저한테 충고를 부탁한 것은 그때가 처음이었으니까요. 제가 중요한 사람이 된 기분이었습니다. ㄱ 주에는 약속이 꽉 차 있었지만 그 장비를 살펴보기 위해 저녁 약속을 취소했습니다. 장비를 이리저리 살펴볼수록 제 마음에 쏙 들더군요.

저에게 그 물건을 억지로 팔려고 한 사람은 아무도 없었습니다. 어디까지나 제 판단으로 좋다고 생각한 것이지요. 그 장비를 구입하는 것이 병원을 위하는 일이라는 생각이 들더군요. 저는 흠잡을 곳 없는 그 장비가 무척 마음에 들어 그 자리에서 사겠다고 했습니다."

에드워드 M. 하우스 대령은 우드로 윌슨 대통령의 재임 동안 국내 및 국제 문제에 막대한 영향력을 행사했다. 윌슨은 다른 각료들보다 하우스 대령에게 더 많은 자문을 구하고 있었다.

하우스는 어떤 방법으로 대통령에게 영향을 미쳤을까? 다행히 그는 아더 스미스에게 그 방법을 숨김없이 이야기했고, 스미스는 〈세터데이 이브닝 포스트〉에 그 이야기를 썼다.

하우스는 이렇게 말했다. "대통령을 보좌하게 되면서, 저는 어떤 아이디어를 대통령에게 전달할 수 있는 가장 좋은 방법은 대통령의 마음속에 그것을 자연스럽게 심어 주어 그가 관심을 갖게 만드는 것임을 깨달았습니다. 즉 대통령이 스스로 생각하도록 해 드려야 한다는 것이지요. 처음에 저는 이러한 방법을 우연히 알게 되었습니다. 백악관으로 찾아간 저는 대통령께서 반대하는 어느 정책에 대해 건의 드렸습니다.

그런데 며칠 뒤 만찬회에서, 대통령께서 제가 건의한 제안을 마치 자신이 한 것처럼 자랑스럽게 말씀하시는 모습을 보고 저는 깜짝 놀랐습니다.”

하우스가 대통령의 말을 가로막으며, “그것은 대통령의 생각이 아니고 제 생각이었습니다” 하고 말했을까? 그렇지 않았다. 하우스는 영리한 사람이었다. 자기 명성보다는 실리를 선택했다. 그는 윌슨으로 하여금 마치 그것이 자기 아이디어라는 느낌이 들도록 해 주었다. 하우스는 이런 방법을 취함으로써 대통령으로부터 신뢰를 얻게 되었던 것이다.

우리가 만나는 사람들 모두가 우드로 윌슨 대통령과 같다는 것을 명심하고 하우스 대령의 기법을 한번 사용해 보자.

캐나다 뉴브런즈윅 지방의 경치가 아름다운 구역에 사는 한 사람은 이 기법을 사용하여 나를 단골로 만들었다. 몇 년 전 나는 뉴브런즈윅에서 낚시나 하면서 카누를 타 볼 계획을 세우고 있었다. 그래서 관광부에 안내 요청 편지를 보냈다. 이때 내 이름과 주소가 곧바로 우편 목록 명단에 들어간 게 분명했다. 여러 캠프와 안내원들이 보낸 편지와 책자 그리고 추천장들이 주체할 수 없을 정도로 많이 왔기 때문이다. 내가 어느 것을 골라야 할지 몰라 당황하고 있을 때, 마침 어느 현명한 캠프장 주인의 연락이 왔다. 그는 자기 캠프에서 묵어간 뉴욕 사람들의 이름과 전화번호를 나에게 알려 주고는, 그들에게 전화를 걸어 본 다음 제공받고 싶은 편의를 고객 스스로 선택하라고 권해 온 것이다.

그 명단에 내가 아는 사람이 있는 것을 보고 나는 깜짝 놀랐다. 나는 그에게 전화를 걸어 캠프에서 어떻게 보냈는가 알아본 뒤 내가 도착할 날짜를 알리는 전보를 캠프로 쳤다.

다른 사람들은 어떤 서비스를 하겠다는 등 나에게 자기네 상품을 팔려고만 했지만, 그중 한 사람은 내가 직접 선택하도록 만들었던 것이다. 이 방법이 효과를 거둔 셈이다.

2천500여 년 전에 중국의 현인 노자는 이 책을 읽은 독자들이 오늘날 꼭 명심해야 할 이야기를 해 주었다.

"강과 바다가 온갖 시냇물의 왕이 될 수 있는 것은 자기를 잘 낮추기 때문이다. 그러므로 능히 온갖 시냇물의 왕이 될 수 있는 것이다.

그러하므로 백성의 위에 서려고 하는 이는 반드시 말로써 자기를 낮추고, 백성의 앞에 서려는 자는 반드시 그 몸을 뒤로 할 것이다.

그러하므로 현자는 위에 처해 있어도 아랫 백성이 무겁다 아니하고, 앞에 처해 있어도 뒷 백성이 해롭다 아니한다."

《도덕경》 제66장

상대의 입장이 되어 보라
그 사람 관점에서 생각한다

다른 사람의 생각이 잘못되었다 할지라도 그들은 그렇게 생각하지 않는다. 그들을 절대 비난하지 말라. 비난은 바보라도 할 수 있다. 그들을 이해하려 노력하라. 현명하고 인내심 강한 특별한 사람들만이 그런 노력을 하는 법이다.

그 사람이 그렇게 생각하고 행동하는 데에는 나름대로 이유가 있다. 그 이유를 먼저 알아보라. 그러면 그의 행동, 어쩌면 더 나아가 그의 성격까지도 이해할 수 있는 열쇠를 얻게 될 것이다.

항상 상대의 입장에 서서 생각해 보라. 스스로 '내가 만일 그런 처지였다면 어떻게 느끼고 행동했을까?' 하고 묻는다면 시간도 아끼고 화도 내지 않게 된다. '원인에 관심을 가지면 결과에도 동정심을 갖게 되는 법'이기 때문이다. 그렇게 되면 인간관계 기술을 더욱 갈고닦을 수 있다.

《황금같이 귀한 사람을 만드는 법》이란 책에서 저자 케네스 M. 구드는 다음과 같이 말했다.

"잠시 동안 가만히 앉아서, 자기 문제를 대할 때 갖는 강렬한 관심과 다른 사람들에게 갖는 미미한 관심을 서로 비교해 보십시오. 그리고 이 세상의 모든 사람도 나와 똑같이 생각한다는 점을 깨닫기 바랍니다. 그러면 온갖 분야에 두루 적용되는 원칙을 파악할 수 있습니다. 다른 사람의 처지가 되어 그를 이해하려는 마음가짐이 있어야 인간관계에서 성공할 수 있다는 사실을 깨닫게 될 것입니다."

뉴욕 헴프스테드에 거주하는 샘 더글러스는 아내에게 불만이 있었다. 이사 온 지 4년 전보다 잔디밭이 더 나아진 것이 없음에도 불구하고, 아내가 잡초를 뽑고 비료를 주고 일주일에 두 번씩 풀을 깎으면서 잔디밭에 너무 오랫동안 매달려 일하기 때문이었다. 더글러스는 아내에게 때때로 불평를 하곤 했다. 그럴 때마다 그의 아내는 몹시 속상해 했고 분위기가 엉망이 되었다.

더글러스는 우리 강좌를 들은 뒤, 자신이 여러 해 동안 얼마나 바보 같은 짓을 했는가 깨닫게 되었다. 아내가 그 일을 얼마나 좋아했고 그런 그녀를 남편인 자기가 칭찬해 주었으면 얼마나 좋아했을지 미처 생각해 보지 못했던 것이다.

저녁 식사를 끝낸 어느 날, 아내는 함께 잡초를 뽑지 않겠느냐고 그에게 말했다. 처음에는 망설였으나, 좋은 생각이라고 여기고 아내를 따라 잡초 뽑는 일을 거들었다. 아내는 눈에 보일 정도로 기뻐했고 둘은 함께 일하면서 유쾌한 대화를 나누었다.

그 뒤에도 때때로 그는 아내를 도와 정원 손질을 했다. 멋진 잔디밭을 보고 아내를 칭찬했으며, 흙이 마치 시멘트 같은데도 잔디 손질이 멋있게 잘 됐다고 찬사를 아끼지 않았다. 이처럼 그가 아내의 입장을 이해하려고 했기 때문에—잡초 뽑기처럼 사소한 일이긴 하지만—두 사람 모두 보다 행복한 삶을 누리게 되었다.

제럴드 S. 니렌버그 박사는 그의 저서 《사람을 사귀는 비결》에서 이렇게 말했다.

"대화를 하면서 다른 사람의 생각이나 감정을 내 것인 양 존중할 때 대화의 물꼬가 트인다. 대화를 시작할 때 따뜻한 태도로 먼저 목적이나 방향을 제시하고, 그의 처지를 고려해 말을 조절하면서 상대의 의견을 너그러이 수용한다면 그도 우리의 생각을 받아들이게 된다."

나는 우리 집 근처 공원에서 산책을 하거나 자전거 타기를 좋아하는데 그곳의 떡갈나무를 사랑하다 못해 숭배하고 있는데, 어린 떡갈나무가 가끔 불에 타 죽은 모습을 보면 몹시 슬펐다. 이 불은 조심성 없는 애연가들 때문에 일어나는 것이 아니라, 대개 자연을 맛본답시고 소시지나 계란을 나무 밑에서 구워 먹는 젊은이들 때문에 일어났다. 어떤 때는 소방차가 달려올 정도로 큰 불이 날 때도 있었다.

산불을 내는 사람은 벌금형이나 감옥에 간다는 경고판이 공원 한구석에 있었지만, 인적이 드문 곳에 세워져 있어서 보는 사람이 거의 없었다. 기마 경관이 공원을 담당했지만 임무를 성실히 수행하지 않아 매년 산불 발생 횟수는 늘어만 갔다. 언젠가는 경관에게 산불이 급속도로 퍼지고 있으니 소방서에 연락하라고 말했는데, 그는 자기 관할 구역이 아니니 상관할 바 아니라며 시큰둥하게 대답하는 게 아닌가! 나는 기가 막혀서 그 뒤부터는 나 스스로 그 공원을 보호하기로 결심했다. 그런데 부끄럽게도 처음엔 나 역시 다른 사람의 입장에서 생각해 보려고 하지 않았던 것 같다. 모닥불이라도 발견하면 정의감에 불탄 나머지 그만 잘못되게 행동했던 것이다. 나는 곧바로 아이들에게 달려가 감옥에 집어넣겠다고 경고하면서, 불 끄라고 사뭇 권위적인 말투로 명령했다. 아이들이 그렇게 하지 않으면 체포하겠다는 위협도 서슴지 않았다. 그들을 이해하려고 하지도 않고 그저 내 감정만 드러냈던 것이다.

그 결과는 어떻게 되었을까? 아이들은 내 말에 따르기는 했지만 못마땅한 얼굴로 원망하는 기색을 나타냈다. 내가 사라지고 나면 그 애들은 또다시 불을 피워 이번에는 공원 전체를 태워 버리고 싶다고 생각했을지도 모른다.

세월이 흘러 인간관계에 대한 몇 가지 지식과 방법을 습득하여, 나는 다른 사람의 입장에서 사물을 바라볼 수 있게 되었다. 이제는 아이들을 윽박지르보다, 불가로 다가가 이 같이 말한다.

"재미있니? 얘들아. 저녁식사로 뭘 만들 거냐?…… 나도 어렸을 때는 불 피우는 것을 무척 좋아했지. 지금도 그렇단다. 하지만 공원에서 불장난하는 것은 매우 위험한 일이야. 너희들이야 마지막 불씨까지 잘 끄고 가겠지만, 어떤 아이들은 조심성이 없더구나. 그런 아이들은 너희가 불 피우는 것을 보고 자기들도 따라 해 본 다음에 집에 돌아갈 때는 불을 제대로 끄지 않아서 나무를 다 태우지. 조심하지 않으면 나무가 하나도 남지 않고 모조리 타버릴 거야. 불을 피우다 잘못되면 감옥에 갈 수도 있단다. 하지만 너희들의 즐거운 시간을 망치고 싶지는 않구나. 너희가 즐겁게 노는 모습을 보고 싶다. 그러니 우선은 불가의 나뭇잎들을 멀리 치워 놓으렴. 그리고 집에 돌아가기 전에 불 피운 곳을 흙으로 덮어 주기 바란다. 그리고 다음번에 또 재미있게 놀고 싶으면 저기 언덕 위 모래땅에다 불을 피우면 어떻겠니? 저기는 나무가 없어 괜찮거든. 불 날 염려도 없고…… 고맙다, 얘들아. 재미있게 놀아라."

이렇게 말하면 얼마나 달라질까! 아이들이 내 말에 순순히 따르고 싶어질 것이다. 강요가 없으니 불만도 없다. 그 애들의 체면도 서게 된다. 그들의 입장에서 상황을 고려해서 대처했기 때문에, 그 애들이나 나나 모두 기분 좋은 결과를 얻을 수 있을 것이다.

다른 사람의 눈을 통해 사물을 보는 일은 개인적인 문제로 지쳐 있을 때 긴장을 풀게 해 주기도 한다. 오스트레일리아의 뉴사우스 웨일스에 사는 엘리자베스 노바크 부인은 자동차 할부금을 6주일이나 늦게 냈다. 그녀는 다음과 같이 말했다.

"어느 금요일에 저는 제 구좌를 담당하던 남자로부터 불쾌한 전화를 받았어요. 월요일 아침까지 122달러를 내지 않으면 조치를 취하겠다는 것이었어요. 그러나 주말이라 그 돈을 마련할 길이 없었습니다. 월요일 아침에 다시 그의 전화를 받았을 때 저는 최악의 상황을 예상했습니다. 화를 내는 대신 저는 그의 입장에 서서 상황을 바라보았습니다. 그에게 불편을 끼치게 되어 미안하다고 진심으로 사과했죠. 지불금을 늦게 낸 적이 전에도 몇 번이나 있었으니까 나야말로 성가신 고객이 분명할 것이라는 말도 했습니다. 그러자 갑자기 그가 부드러운 목소리로, 전혀 성가신 고객이 아니라며 저를 안심시켜 주더군요. 가끔 고객들이 얼마나 무례하며 거짓말을 밥먹듯 하고, 어떤 때에는 자기를 죽어라 피한다는 등 몇 가지 실례를 들어 가며 계속 이야기를 하더군요. 저는 잠자코 듣기만 하면서 그로 하여금 자기 애로 사항을 다 말하도록 했습니다. 그러자 이야기를 마친 그는 내쪽에서 아무런 제의도 하지 않았는데 지불금을 천천히 내도 된다고 말해 주었습니다. 그 달 말일까지 20달러만 내고 나머지는 언제라도 여유 있을 때 지불하면 된다고 말하는 것이었습니다.”

　남에게 무슨 부탁을 할 때는 그 전에, 잠시 동안 눈을 감고 그의 처지가 되어 사물을 바라보는 노력을 해 보는 것이 어떨까? 스스로 “어떡해야 그가 이 일을 기꺼이 하고 싶어할까?” 하고 물어보라. 이렇게 하면 시간은 걸리겠지만, 적을 만들지 않고 마찰과 갈등을 줄이면서 보다 나은 결실을 맺게 해 줄 것이다.

　하버드 대학의 도넘 교수는 말했다.

　“나는 면담할 때 내가 어떤 말을 할 것인지, 또 그에 대해 상대가 어떤 관심이나 동기를 갖고 어떤 대답을 할 것인지를 머릿속에 확실히 그리기 전까지는 문밖에서 두 시간이고 세 시간이고 서성댄다.”

　이 책을 다 읽고 난 뒤 다른 사람의 입장에 서서 항상 생각하고 다른 사람의 관점에서 사물을 보는 법을 배운다면, 이 책은 당신 생애에 획기적인 전환점을 마련해 줄 것이다.

남을 동정하라
상대의 생각과 욕구에 공감한다

논쟁이나 적대적인 감정을 없애고 선의를 불러일으켜 상대로 하여금 내 말을 주의 깊게 듣게 하고 싶지 않은가? 좋다. 여기에 마법의 주문을 소개하겠다.

"그렇게 생각하시는 것이 지당합니다. 제가 당신이었더라도 역시 그렇게 생각했을 테니까요."

아무리 고약한 사람이라도 이렇게 대답하면 점잖아지지 않을 수 없다. 왜냐하면 이 말에는 100%의 성의가 담겨 있기 때문이다. 당신이 상대의 입장에서 같은 생각으로 한 말이니까.

알 카포네를 예로 들어 보겠다. 당신이 그와 같은 신체와 성질, 그리고 정신을 이어받았다고 가정하자. 그의 환경과 경험도 모두 겪었다고 치자. 그러면 당신은 그와 똑같은 사람이 될 것이다. 알 카포네라는 사람을 만든 것은 바로 그런 요소들이기 때문이다.

당신이 방울뱀이 아닌 까닭은 무엇인가? 답은 간단하다. 당신 부모님이 방울뱀이 아니기 때문이다.

오직 당신이 잘나서 오늘날의 당신이 된 것이 아니다. 당신에게 화를 내는 고집불통이고 비이성적인 사람들 또한 그렇게 된 데는 충분한 이유가 있다는 것을 명심하라. 불쌍한 영혼을 가엾게 여겨라. 동정하고 이해하라. 자기 자신에게 "하나님의 은총으로 말미암아 내가 있나니. 그 은총이 없었으면 나 또한 이 사람과 똑같아졌겠지" 하고 말하라. 이 세상 사람들 중 4분의 3은 동정에 굶주려 있다. 그들에게 동정심을 보이면 그들은 당신을 좋아할 것이다.

언젠가 나는 《작은 아씨들》의 저자인 루이자 메이 올컷의 이야기를 방송한 적이 있다. 나는 그녀가 매사추세츠주의 콩코드에 살면서 불멸의 저서들을 집필한 것을 알고 있었다. 그런데 어찌된 영문인지 나는 뉴햄프셔주의 콩코드에 있는 그녀의 집을 방문했다고 잘못 이야기하고 말았다. 게다가 뉴햄프셔라고 한 번만 말했으면 용서를 구할 수도 있었을 텐데 두 번씩이나 말해 버린 것이다. 곧바로 날카로운 비난을 담은 편지, 전보, 신랄한 메시지들이 쇄도했다. 많은 사람이 화를 냈는데, 몇몇 사람은 모욕적인 말도 서슴지 않았다.

메사추세츠주의 콩코드에서 자라 지금은 필라델피아에 거주한다는 어느 중년 부인의 분노는 특히 대단했다. 루이자 메이 올컷 여사를 뉴기니의 식인종이라고 했어도 그 부인을 그토록 화나게 하지는 못했을 것이다. 그 편지를 읽으면서 '하나님, 이런 여자와 결혼하지 않게 해 주신 것을 정말 감사드립니다' 하고 기도할 정도였다.

나는 단지 지명을 잘못 말하는 작은 실수를 범했지만 그녀는 상식과 예의 면에서 더 큰 실수를 저질렀다. 나는 당장 그녀에게 편지를 보내 그 사실을 말해 주고 싶었다.

당장 팔을 걷어붙이고 속이 후련하도록 그녀에게 따지고 싶었지만 그렇게 하지 않았다. 그러한 짓은 바보라도 할 수 있는 것이다. 실제로 바보들은 대개 그렇게 한다. 나는 바보가 되고 싶지 않아, 그녀의 적의를 호의로 바꾸기로 결심했다. 이것은 모험이자 일종의 게임이었다. 나는 나 자신에게 말했다.

"내가 그녀였더라도 그렇게 했을 거야."

그래서 그녀를 이해하기로 했고, 그 뒤 필라델피아에 갔을 때 나는 그 부인에게 전화를 걸었다. 대화 내용은 다음과 같다.

　　나 : 부인, 일전에 편지를 주셔서 감사합니다. 전화로나마 감사 인사 드립니다.

　부인 : (예리하면서도 교양 있고 예의 바른 목소리로) 실례지만 누구시죠?

나 : 제 이름은 데일 카네기라고 합니다. 몇 주일 전에 제가 한 루이자 올컷 여사에 관한 방송을 들으셨더군요. 그때 저는 그녀가 뉴햄프셔의 콩코드에 살았다고 말하는 큰 실수를 하고 말았습니다. 바보 같은 실수였죠. 그래서 사과드리고 싶습니다. 시간을 내어 편지를 보내 주셔서 정말로 감사했습니다.

부인 : 그런 편지를 보내서 죄송합니다. 카네기 씨, 제가 흥분했습니다.

나 : 아닙니다. 그렇지 않습니다! 사과할 사람은 부인이 아니라 저입니다. 어린 학생들도 그런 실수는 안 했을 거예요. 그 방송이 나간 다음 일요일 방송을 통해 사과드렸지만, 부인께 개인적으로 다시 사과드리고 싶습니다.

부인 : 저는 사실 메사추세츠주의 콩코드에서 태어났지요. 저의 집안은 200년 동안 메사추세츠 지방의 명문가였습니다. 그래서 저는 고향을 무척 자랑스럽게 여기고 있어요. 올컷 여사가 뉴햄프셔의 콩코드에서 살았다는 방송을 듣고 무척 기분이 나빴습니다. 하지만 그렇다고 그런 편지를 보내다니 정말로 부끄럽습니다.

나 : 아니, 제가 더 부끄럽습니다. 저의 실수는 메사추세츠주의 명예에 흠집을 내지는 않았지만 제 마음을 아프게 하더군요. 일부러 시간을 내 제 실수를 지적해 주셔서 감사합니다. 그러니 다음에 혹시 제가 또 실수를 하면 다시 편지를 써서 지적해 주십시오.

부인 : 그런 무례한 편지를 이렇게 받아들여 주시니 정말 감사합니다. 선생님은 정말 멋진 분이시군요. 선생님에 대해서 더 많이 알고 싶어요.

이렇게 내가 사과를 하고 그 부인의 입장을 이해하고 동정했기 때문에, 부인도 사과를 하고 나를 동정해 주었다. 나는 감정을 억제함으로써 만족감을 얻었다. 분풀이로 그 부인에게 고래고래 소리치는 것보다, 감정을 자제하고 상대를 이해함으로써 오히려 나를 좋아하게 만들어 더 큰 보람을 얻은 것이다.

백악관의 대통령은 거의 매일 골치 아픈 인간관계에 직면하게 된다. 태프트 대통령도 예외는 아니었다. 그는 악감정을 누그러뜨리는 데에는 동정이 최고라는 것을 그는 경험으로 알고 있었다. 그의 저서 《봉사의 윤리》에서 태프트 대통령은 야심에 찬 어느 어머니의 분노를 어떻게 가라앉혔는지 실화를 소개하고 있다.

"정치적 영향력을 가진 남편을 둔 워싱턴에 사는 한 부인이, 자기 아들을 어느 보직에 임명해 달라면서 6주 동안이나 간청을 했다. 그 부인은 상하 양원들의 도움까지 얻어 그 일을 계속했다.

그러나 그 자리에는 전문적인 인재가 필요했으므로, 나는 국장의 추천을 받아 다른 사람을 임명했다. 그러자 그 부인으로부터 편지가 왔다. 내가 마음만 먹으면 자기를 기쁘게 할 수 있었을 텐데 그것을 거절한 무례한 사람이라는 내용이었다. 부인은 특히 내가 관심을 갖고 있던 어느 법안을, 자신이 주의회 의원들을 설득해 통과시켜 주었는데 이것이 자기에 대한 보답이냐고 불평했다.

그런 편지를 받으면 누구나 상대의 무례함을 응징하고 싶어 바로 반박 편지를 쓰게 된다. 그러나 현명한 이라면 그것을 즉시 부치지는 않는다. 책상 서랍에 집어넣고 자물쇠를 잠가 둔 뒤 2, 3일 지나서 냉정하게 다시 읽어 본다면 분명히 그 편지를 부치지 않을 것이다. 나도 바로 이런 방법을 사용했다. 부인이 실망하셨다니 안타깝지만 아쉽게도 대통령 본인에게는 선택권이 없고, 그 자리에는 전문적인 자질을 갖춘 인물이 필요하므로 국장의 추천을 받아야만 했다는 점 등을 가능한 한 정중하게 써서 부인에게 보냈다. 그녀의 아들이 원하는 자리를 얻게 되기를 나도 희망한다고 썼다. 부인은 이 편지를 받자 마음이 누그러졌는지, 그런 편지를 보내서 미안하다는 글을 나에게 보내왔다.

그러나 내가 제출한 그 임명건은 즉시 확정되지 않았다. 얼마 뒤 그 부인의 남편으로부터 편지 한 통을 받게 되었다. 남편의 필적은 부인의 필적과 꼭 닮아 있었다. 그 편지에는 부인이 이 일로 실망한 나머지 신경쇠약에 걸려 자리에 눕게 되었으며, 아주 심각한 위암 증세를 보이고 있다고 써 있었다. 그러면서 나보고 그 임명건을 철회하고 자기 아들을 대신 임명하여 부인의 건강을 되찾게 해 주지 않겠느냐고 했다. 나는 이번에는 그녀의 남편에게 편지를 했다. 그 진단이 오진이기를 바라고 그녀의 중병으로 인한 슬픔을 그와 같이 나누고는 있지만, 이미 제출한 임명건을 거둘 수 없다고 설명했다.

내가 임명한 사람은 곧 확정되었고, 그 편지를 받은 이틀 뒤 우리는 백악관에서 음악회를 열었다. 우리 부부에게 가장 먼저 인사를 건넨 사람은 바로 이들 부부였다. 부인이 최근에 무척 심하게 앓고 있다고 했는데도 말이다."

제이 맹검은 오클라호마의 툴사에 있는 한 승강기 정비 공장의 사원이었다. 그 회사는 툴사의 어느 유명한 호텔과 정비 계약을 맺었다. 그 호텔의 지배인은 손님에게 불편을 주지 않기 위해 에스컬레이터 운행 중지 시간을 2시간 이내로 해 달라고 말했다. 하지만 수리하는 데는 적어도 8시간이 필요했다. 그리고 그의 회사에도 호텔 측의 편의에 따라 수리해 줄 일류 수리공이 항상 대기하고 있지는 않았다.

제이 맹검은 일류 수리공에게 그 일을 맡길 계획을 세운 다음 호텔 지배인에게 전화를 걸어, 정비 시간에 대해 그와 옥신각신 논쟁하는 대신 이렇게 말했다.

"릭, 호텔이 매우 바빠 에스컬레이터 수리를 최단 시간 내에 끝내고 싶어 하는 것을 잘 알고 있네. 자네의 염려를 이해하고 편의를 도모해 주기 위해 최선을 다하고 싶어. 하지만 우리가 점검해서 지금 완전무결하게 수리하지 않으면 앞으로 에스컬레이터가 더 자주 고장나게 되고, 그때는 훨씬 오랫동안 운행을 중지하게 될 걸세. 자네도 며칠씩이나 손님들에게 불편을 주고 싶지는 않겠지?"

그러자 지배인은 차라리 8시간 동안 운행을 중지하는 게 며칠 동안 중지하는 것보다는 낫다고 동의했다. 손님들을 편안하게 해 주려는 지배인의 욕구를 이해하고 동정함으로써 제이 맹검은 그 지배인이 적대감을 품지 않고 스스로 맹검의 말에 동의하도록 했던 것이다.

조이스 노리스 부인은 미주리주의 세인트루이스에서 피아노를 가르치고 있다. 그녀는 피아노 선생들이 10대 소녀를 가르칠 때 늘 마주치는, 손톱을 깎는 문제를 어떻게 해결했는지 말해 주었다.

"바베트의 긴 손톱은 피아노를 치는 데 방해가 되었지요. 하지만 피아노 레슨을 시작하기 전에 그 애와 가졌던 면담에서 저는 손톱에 대해서는 아무 말도 하지 않았습니다. 레슨을 시작하지 않을까 봐 그랬기도 했고, 또 그녀가 정성껏 가꾼 자랑스러운 손톱을 억지로 깎게 하고 싶지도 않았으니까요.

첫 레슨이 끝난 뒤, 저는 기회를 보아 바베트에게 말했습니다.

'바베트, 너는 손도 예쁘고 손톱도 아름답구나. 그런데 피아노를 지금보다 더 잘 치고 싶다면 손톱을 조금 깎지 않겠니? 더 빠르고 쉽게 피아노를 칠 수 있는 자신을 보면 아마 깜짝 놀랄 거야. 한번 생각해 보렴.'

그러나 바베트의 표정을 보니 그다지 내키지 않는 듯했습니다. 그 애 엄마한테도 이렇게 말하면서 손톱이 정말 예쁘다는 말도 했습니다. 그 애 엄마도 역시 거부 반응을 보였습니다. 바베트의 아름다운 손톱은 엄마의 자랑거리이기도 했으니까요.

그다음 주에 바베트가 두 번째 레슨을 받으러 왔을 때 놀랍게도 그 애는 손톱을 깎고 왔습니다. 그런 굉장한 일을 한 그녀에게 저는 칭찬을 아끼지 않았습니다. 그리고 바베트가 그렇게 하도록 권한 그 애 어머니한테도 고맙다고 했죠. 그러자 그 애 어머니는, '어머, 저는 한 게 없어요. 바베트 혼자 결정한 걸요. 그 애가 다른 사람의 말을 듣고 손톱을 깎은 일은 아마 이번이 처음일거예요' 하고 대답했습니다."

노리스 부인이 바베트에게 겁을 줬던가? 손톱이 긴 학생은 가르치지 않겠다고 말했던가? 아니다. 노리스 부인은 바베트의 손톱이 아주 예쁘고 그것을 자른다는 것은 쉽지 않으리라는 것을 인정했다. 그리고 바베트의 엄청난 희생을 진심으로 동정했다. 그 마음이 바베트에게 전해진 것이다. 노리스 부인의 말에는 "그래, 참으로 힘든 일이야. 예쁜 손톱을 깎는 건 쉽지 않겠지. 하지만 손톱을 깎으면 피아노를 더 잘 칠 수 있어"라는 뜻이 포함되어 있었다.

솔 휴로크는 아마 미국에서 으뜸가는 프로듀서였을 것이다. 거의 반세기에 걸쳐 휴로크는 살리아핀, 이사도라 던컨, 파블로바와 같은 세계적으로 저명한 예술가들과 일했다. 개성이 강한 스타들과 만나면서 가장 먼저 휴로크가 터득한 교훈은, 그들의 개성을 이해하고 동정심을 보여 주는 일이었다.

3년 동안 솔 휴로크는 표트르 살리아핀—메트로폴리탄 오페라 극장에서 가장 수준 높은 관람객들을 사로잡은 위대한 베이스 가수—의 매니저를 맡았다. 그러나 그는 항상 문제를 일으키는 인물이었다. 그는 마치 철없는 말썽꾸러기처럼 행동했다.

일화를 소개해 보기로 하겠다. 노래를 부르기로 예정된 날 정오 무렵에 살리아핀은 솔 휴로크에게 전화를 걸었다. "솔, 몸이 좋지 않아. 목구멍이 마치 덜 구워진 햄버거 같아. 오늘밤에는 노래를 할 수 없겠는 걸."

휴로크가 그렇다고 무대로 끌어내려고 다그쳤을까? 천만의 말씀이다. 매니저가 예술가를 그런 식으로 대해서는 안 된다는 것을 잘 알고 있었다. 그래서 살리아핀이 묵고 있던 호텔로 달려가 그를 진심으로 동정했다.

"이 불쌍한 친구, 딱하구먼. 노래를 못해도 어쩔 수 없지. 당장 약속을 취소하겠네. 자네는 몇천 달러 손해를 보겠지만 무대에서 실패해 자네 명성에 금이 가는 것보다는 낫지."

그러면 살리아핀은 한숨을 쉬며 말한다. "나중에 다시 오는 게 좋겠네. 5시쯤 와서 내 상태를 봐 주게."

5시가 되면 휴로크는 다시 호텔로 가 동정심을 표한다. 다시 약속을 취소하자고 주장을 하면 살리아핀은 또 한숨을 쉬면서 말한다. "글쎄, 나중에 다시 와 주게. 그때쯤 되면 낫겠지."

개막 직전인 7시 30분이 되면 이 위대한 가수는 결국 노래 부르기를 승낙하면서, 휴로크에게 메트로폴리탄 무대에 올라가 살리아핀이 지독한 감기에 걸려 목소리 상태가 좋지 않다고 관객들에게 말해 주도록 양해를 구했다. 휴로크는 그것이 이 가수를 무대에 서게 하는 유일한 방법임을 알고 있었기 때문에 그렇게 한다고 했다.

아더 I. 게이츠 박사는 그의 저서 《교육 심리학》에서 이렇게 말했다.

"인간은 모두 동정을 갈망한다. 어린이는 자기의 상처를 누구에게나 보여 주고 싶어 하며, 심지어 동정을 많이 받고 싶은 나머지 일부러 상처를 만들기도 한다. 이와 마찬가지로 어른들도 상처를 보여 주고 싶어 하며, 자기가 겪은 사고나 질병, 특히 외과수술 같은 것은 하나하나 다 이야기하려고 한다. 불행에 대한 '자기 연민'은 모든 인간이 느끼는 감정이다."

고상한 마음에 호소하라
진심으로 신뢰를 받으면 그 신뢰를 저버리지 못한다

나는 유명한 도적 제시 제임스가 활동하던 미주리주의 변두리에서 자랐는데, 한번은 커니 지방에 있는 제임스 농장을 찾아간 적이 있었다.

그 당시에는 제시 제임스의 아들이 그곳에 살고 있었다. 그 아들의 아내는 제시가 어떻게 기차를 강탈하고 은행을 털었으며, 이웃 농부에게 빚을 갚도록 돈을 나누어 준 일 등을 자세히 이야기해 주었다.

제시 제임스는 아마 더치 슐츠나 '쌍권총' 크로울리, 알카포네 그리고 여러 조직 범죄단의 '대부'처럼 스스로를 이상주의자라고 생각했을지도 모른다. 결국 사람은 누구나 자신을 훌륭한 인물이라고 믿고 싶어 하는 법이다. 스스로를 이기적이고 형편없다고 평가하는 사람은 거의 없다.

J. 피어폰트 모건은 인간의 심리를 분석한 글에서, 인간이 어떤 행위를 하는 데에는 두 가지 이유가 있다고 했다. 하나는 아름답게 포장된 이유이고 또 하나는 진짜 이유이다. 행위를 하는 사람은 그 진짜 이유를 알고 있으므로 당신이 그 점을 강조할 필요는 없다. 우리는 사실 마음속으로는 모두 이상주의자이므로 그럴듯해 보이는 이유를 좋아한다. 상대의 생각을 바꾸기 위해서는 이런 고상한 동기에 호소하는 것이 효과적이다.

사업에 적용할 방법으로는 너무 이상적이지 않을까? 한번 살펴보기로 하자. 해밀턴 J. 파렐은 펜실베이니아주 글레놀덴에서 아파트를 경영하고 있다.

불만투성이인 어떤 사람이 파렐의 집에 세 들어 살고 있었다. 어느날 그는 이사를 가겠다고 으름장을 놓았다. 계약 기간이 아직 4개월이나 남았는데도 그는 계약 기간을 어긴 채 당장 집을 비우겠다는 통지를 보내왔다.

"그 가족은 겨우내 우리 집에서 살았습니다. 겨울은 일 년 중 사글세가 가장 비쌀 때라서 새 세입자를 구하기가 무척 어렵습니다. 임대 수입이 끊어진다고 생각하니 저는 벌컥 화가 났습니다. 예전 같았으면 당장 세 든 사람을 찾아가 계약서를 다시 읽어 보라고 다그쳤을 것입니다. 이사 간다 하더라도 계약에 따라 나머지 임대료를 당장 지불해야 하며, 안 그러면 법에 따라 조치를 취하겠다고 다그쳤을 것입니다.

그러나 분통을 터뜨리며 소동을 일으키는 대신 다른 방법을 강구하기로 하고 이렇게 말했습니다.

'아무개 씨. 말씀은 잘 알겠습니다만, 저로서는 아무래도 당신이 이사하리라고는 생각지 않습니다. 저는 오랫동안 임대 사업을 하다 보니 제법 사람 보는 눈이 생겼습니다. 당신을 처음 만났을 때 약속을 지키는 사람이라는 것을 한눈에 알았습니다.

며칠 이사를 미루고 조금만 더 생각해 주시겠습니까? 다음달 초까지 이사 가겠다고 말씀해 주시면 그렇게 하겠습니다. 이사하실 수 있도록 처리해 드리고 제 판단이 잘못된 것이었음을 인정하겠습니다. 그렇지만 지금도 저는 당신이 약속을 지킬 분이라고 굳게 믿고 있습니다. 하지만 우리는 결국 인간이니까. 처음부터 제가 잘못 보았을 수도 있겠지요.'

그다음 달에 이 신사 분은 스스로 저를 찾아와 임대료를 지불했습니다. 부부가 이 문제를 놓고 상의한 끝에 그대로 살기로 결정했다더군요. 그들은 임대 기간을 채우는 것만이 명예를 지키는 유일한 길이라는 결론을 내렸던 것입니다."

노스크리프 경은 공개하고 싶지 않은 자기의 사진이 신문에 난 것을 발견하고 편집장에게 편지를 썼다.

그가 "내 마음에 들지 않으니 그 사진을 신문에 올리지 마시오"라고 썼을까? 아니다. 노스크리프 경은 보다 차원 높은 동기에 호소했다. 누구나 마음에 품고 있는 어머니에 대한 존경과 애정에 호소해서 "제 사진을 신문에 실지 말아 주십시오. 어머니께서 대단히 싫어하시니까요"라고 쓴 것이다.

존 D. 록펠러 2세도 자녀들의 사진이 신문에 실리는 것을 막기 위해 아름답고 고상한 동기에 호소했다. 그는 "그 애들 사진이 실리기를 원치 않습니다"라고 말하지 않고, 아이들에게 상처 주고 싶지 않은 보편적 심정에 호소했다.

"여러분들에게 자녀가 있어 잘 아시겠습니다만, 자녀의 얼굴이 너무 알려지면 아이들 신상에 좋지 않을 것 같습니다."

메인주 출신의 가난한 소년이었던 사이러스 H. K. 커티스는 〈세터데이 이브닝 포스트〉와 〈레이디즈 홈 저널〉의 발행주로서 뒷날 백만장자가 되었지만, 사업 초기에는 기고가들에게 다른 잡지사들만큼 원고료를 지불할 수가 없었다. 일류 작가들 글을 청탁할 형편은 더더욱 안되었다. 때문에 커티스는 작가들의 고상한 마음에 호소했다. 예를 들면 당시 한창 명성을 날리던 《작은 아씨들》의 작가 루이자 메이 올컷 여사에게 원고를 청탁할 때, 그녀에게 고료를 지불하는 대신 그녀가 지지하는 자선단체 앞으로 수표를 발행하겠다고 제의함으로써 승낙을 받아 냈다.

어떤 독자들은 이렇게 말할지도 모른다. "그런 일은 노스크리프 경이나 록펠러, 또는 감상적인 소설가한테만 해당되는 거요. 골치 아픈 상대에게 돈을 받아 낼 때 쓸 수 있는 방법이 아니지 않소!"

그들 말이 옳을지도 모른다. 위 방법이 모든 경우, 그리고 모든 사람에게 다 통하리라는 법은 없다. 만일 당신이 지금 사용하고 있는 방법의 결과에 만족한다면 이런 방법을 사용할 필요는 없다. 그러나 만족하지 못한다면 한번 이것을 시험해 보는 것이 어떻겠는가?

다음 이야기는 제임스 L. 토머스라는 사람이 나의 강좌에서 발표한 흥미로운 체험담이다.

어느 자동차 회사의 고객 여섯 명이 서비스 대금을 지불하지 않겠다고 했다. 청구 금액을 한 푼도 못 내겠다는 사람은 아무도 없었으나 각자 항목 일부가 잘못 계산됐다고 주장했다. 회사 측에서는 고객들이 서비스 받은 항목마다 모두 서명했기 때문에 문제가 없다고 생각했고, 또 그렇게 말했다. 이것이 첫 번째 실수였다.

신용관리부 직원들은 돈을 받아내려고 다음과 같이 행동했는데, 과연 성공했을까?

1. 각 고객을 방문해, 납부 기한이 지난 대금을 받으려 한다고 퉁명스럽
   게 말했다.
2. 회사 측이 틀림없이 옳으며 따라서 고객이 틀렸다는 점을 못 박았다.
3. 자동차에 대해서는 회사 측이 고객보다 훨씬 잘 알고 있으므로 논쟁
   의 여지가 없다고 설명했다.
4. 그 결과 그들은 격렬한 논쟁을 하게 되었다.

이런 식으로 고객을 설득해 대금을 지불하게 할 수 있겠는가? 신용관리
부 책임자가 법적인 조치를 취하려 할 즈음 지점장이 이 일을 알게 되었다.
　지점장이 조사한 결과 문제의 고객들은 평소에는 아무 문제 없이 제때
대금을 지불해 온 사람들이라는 것을 알게 되었다. 어디엔가 잘못이 있었던
것이다. 수금 방법에 근본적인 착오가 있었다. 지점장은 제임스 토머스를 불
러 이 문제를 해결하도록 지시했다.
　토머스가 취한 방법은 다음과 같았다.

1. 납부 기한이 지난 대금을 받기 위해 고객을 한 사람씩 찾아갔습니다.
   우리로서는 틀림없다고 확신하는 대금이었죠. 그러나 그 점에 대해서
   는 한마디도 하지 않았습니다. 오직 이제까지의 서비스 상태를 점검하
   고자 방문한 것이라고 말했습니다.
2. 고객의 말을 듣기 전까지는 말씀드릴 의견이 없다는 점을 분명히 했고,
   회사 측에도 잘못이 있을지 모른다고 말했습니다.
3. 나는 오직 고객의 차에만 관심이 있으며, 또한 고객의 차에 대해서는
   고객이 권위자라고 말했습니다.
4. 나는 고객이 말할 기회를 주고, 고객이 기대하는 대로 이해와 동정의
   태도로 그의 말에 귀를 기울였습니다.
5. 드디어 고객의 기분이 차분히 가라앉았을 때 자초지종을 말했습니다.
   그리고 고객의 고상한 마음에 호소했습니다. "저희가 부족한 탓으로
   불편을 끼쳐 죄송합니다. 직원이 무례하게 행동하여 마음 상하게 한 일

거듭 진심으로 사과드립니다. 이런 일이 두 번 다시 일어나지 않도록 하겠습니다. 회사를 대표해서 깊이 사과드립니다. 선생님의 말씀을 들으면서 저는 공정하고도 관대한 선생님의 마음씨에 큰 감동을 받았습니다. 선생님의 그런 인품을 믿고 부탁을 드리겠습니다. 이 일은 선생님밖에 못합니다. 선생님이 가장 잘 알고 있는 일입니다. 여기 청구서가 있습니다. 저희 회사의 사장이라고 생각하시고 청구 금액을 정정해 주시기 바랍니다. 무슨 결정이든 선생님께 모두 맡기겠습니다.”

이 방법은 멋지게 성공했다. 잘못 청구된 금액은 못 지불하겠다고 끝까지 버틴 사람은 딱 한 명이었다. 나머지 다섯 명은 청구 금액 전부를 흔쾌히 지불했다. 그런데 더 재미있는 점은, 그로부터 2년 뒤에 고객 여섯 명 모두가 그 회사의 새 자동차를 구입한 것이다.

토머스 씨는 이렇게 말한다.

“고객에 대한 정보가 불분명할 때는, 그가 성실하고 정직하고 진실된 사람이라고 생각하는 것이 좋은 방법이라는 사실을 저는 경험으로 알게 되었습니다. 다시 말하면 인간은 누구나 정직하고 자기 의무를 이행한다고 믿는 것입니다. 그렇지 않은 사람은 비교적 적습니다. 남을 속이는 사람이라도 상대로부터 진심으로 신뢰 받고 정직하고 공정한 인물로 대우받으면 여간해선 부정한 짓은 할 수 없게 됩니다.”

쇼맨십을 발휘하라
생생하고 흥미진진 극적인 연출을 한다

여러 해 전, 〈필라델피아 이브닝 불레틴〉은 악의에 찬 소문으로 시달리고 있었다. 악성 루머가 유포된 것이다. 기사가 아주 적고 대부분 광고뿐인 이 신문은 독자들이 보지 않으므로 광고를 내도 효과가 적다는 소문이었다. 비상 대책을 세우지 않으면 안 되었다. 그래서 그 신문사는 이러한 방법을 취했다.

불레틴지는 평상시 하루 분의 지면에서 기사를 전부 뽑은 뒤 그것을 분류하여 한 권의 책으로 발행했다. 그 책의 이름은 《하루》라고 지었다. 307쪽이나 되는 이 책은 어림잡아 2달러의 가치는 있었다. 그런데 불레틴 지는 이것을 단돈 2센트에 판매했다.

이 책은 불레틴지에 재미있는 읽을거리가 많이 게재되어 있다는 사실을 극적으로 알렸다. 단순하게 숫자나 대담 기사를 싣는 것보다 더욱더 생생하고 재미있고 강하게 사실을 전달할 수 있었던 것이다.

오늘날은 연출의 시대다. 단순히 사실을 말하는 것만으로는 충분하지 않다. 좀더 생생하고 흥미롭고 극적인 방법으로 사실을 전달해야 한다. 당신은 쇼맨십을 발휘해야만 된다. 영화에서도 텔레비전에서도 그렇게 하고 있다. 그러므로 다른 이들의 관심을 끌고 싶다면 쇼맨십을 발휘하라.

쇼윈도 진열 전문가들은 극적인 효과의 힘을 알고 있다. 예를 들어 보기로 하자. 새로운 쥐약을 개발한 업체에서 대리점에 살아 있는 쥐 두 마리를 이용한 새로운 진열을 선보였다. 그 주 매상고가 평상시보다 다섯 배나 많았다고 한다.

텔레비전 상업 광고를 보면 상품을 판매하는 데 극적인 기법을 사용한 예를 얼마든지 찾아볼 수 있다. 하루 저녁 텔레비전 앞에 앉아 광고 제작자들이 어떻게 연출을 하는지 분석해 보라. 그러면 모 회사의 제산제가 어떻게 해서 시험관에 들어 있는 산성의 색깔을 경쟁사와는 비교가 되지 않을 정도로 바꾸는지, 그리고 다른 제품을 썼을 때는 누렇게 되는 셔츠가 어떤 브랜드의 비누나 세제로 깨끗하게 빨아지는지 알게 될 것이다. 또 어느 회사의 자동차가 급한 커브길에서 말로만 듣던 것보다도 더 뛰어난 성능으로 달리는 모습도 보게 될 것이다. 상품을 사용하면서 행복해 하는 사람의 얼굴도 볼 수 있다. 이런 광고들은 시청자에게 그 상품의 장점을 매우 극적으로 보여 줌으로써 사람들이 그 상품을 사게 만든다.

비즈니스나 인생에서도 극적인 연출을 얼마든지 쓸 수 있다. 이것은 손쉬운 일이다. 짐 예맨스는 버지니아주 리치몬드에 있는 금전등록기 제조회사의 영업담당이다. 그는 쇼맨십을 발휘해서 실적을 올리게 된 경험을 들려주었다.

"지난 주에 어느 가게에 들렀더니 계산대 위에 있는 금전등록기가 너무 구식이었습니다. 나는 주인에게 가서 말했죠. '손님이 한 사람씩 다녀갈 때마다 사장님은 말 그대로 돈을 버리고 계시는 셈입니다.' 그 말과 함께 동전 한 웅큼을 땅바닥에 던져 버렸습니다. 그러자 주인은 제 말에 솔깃해 하더군요. 몇 마디 말로도 그의 관심을 끌 수는 있었겠지만, 바닥에 떨어지는 동전 소리를 듣고 그 가게 주인은 더 큰 관심을 갖게 된 것입니다. 그래서 낡은 금전등록기들을 모두 새것으로 교체해 달라는 주문을 받아 낼 수 있었습니다."

가정생활도 이와 마찬가지다. 옛날 사람들은 애인에게 구혼할 때 단지 사랑한다는 말만 했을까? 천만의 말씀이다. 무릎을 꿇고 청혼함으로써 그 사랑을 진지하게 전했다. 이것도 극적 연출의 일종이다. 이제는 무릎을 꿇고 청혼하지는 않지만, 남자들 중에는 청혼하기 전에 낭만적인 분위기를 만드는 사람들이 아직도 많이 있다.

어린이에게도 마찬가지다. 앨라배마주 버밍햄에 거주하는 B. 팬트 2세는 다섯 살짜리 아들과 세 살짜리 딸아이에게 장난감을 정리하게 만들려고

'기차놀이'라는 게임을 생각해냈다. 아들 조이를 세발자전거의 기관사로 임명하고 딸 자넷에게 수레차를 담당하게 했다. 놀이가 끝난 저녁이면 딸아이는 자기 수레에다 '석탄'을 모두 싣고 그 차를 '기차'에 연결한다. 오빠는 그 기차를 운전하여 차고로 돌아간다. 이런 방법을 사용했더니 방이 깨끗이 정돈되었다. 훈계하거나 나무라거나 꾸짖지 않아도 됐던 것이다.

인디애나주의 미샤와카에 사는 캐더린 울프는 직장 문제로 사장과 의논하기로 마음먹었다. 월요일 아침 사장과 약속을 하려 했으나 사장이 몹시 바빠 만날 틈이 없었다. 비서는 사장의 스케줄이 꽉 짜여 있지만 주말에 약속을 잡아 보겠노라고 했다. 그녀는 그때 있었던 일을 이렇게 말했다.

"1주일이 다 지나가도록 비서한테서 연락이 오지 않았습니다. 비서에게 어떻게 된 거냐고 물을 때마다 사장의 일정이 꽉 잡혀 있다는 이유만 대더군요. 금요일 아침이 되어도 분명한 연락이 없었습니다. 저는 이번 주 안에 꼭 사장을 만나 제 문제를 상의 드리고 싶었으므로 열심히 연구를 해 보았습니다.

그래서 이렇게 했습니다. 사장에게 공식적인 편지를 한 통 써서, 일주일 내내 많이 바쁘신 것은 잘 알고는 있지만 사장님과 중요한 문제를 꼭 상의하고 싶다고 전했습니다. 편지 속에 기입 용지와 제 이름 앞으로 된 봉투를 넣은 뒤, 저한테 다시 부쳐 주십사 부탁을 드렸습니다. 기입 용지는 이렇게 작성했습니다.

울프 씨, ○요일 ○시(오전, 오후)에 당신을 만날 수 있습니다. 당신과 ○분간 이야기할 수 있습니다.

저는 이 편지를 오전 11시에 사장의 우편함에 넣고, 오후 2시에 제 우편함을 열어 보았습니다. 제 앞으로 쓴 봉투가 있더군요. 사장이 직접 답장을 쓴 것으로 그날 오후에 10분 동안 나를 만나 주겠다는 내용이었습니다. 저는 사장을 만나 한 시간 넘게 이야기를 나누면서 제 문제를 매듭지었습니다.

만일 제가 정말로 사장을 만나고 싶어 한다는 사실을 극적인 방법으로 표현하지 않았더라면, 아마 지금까지도 마냥 기다리고만 있어야 했을 것입니다."

제임스 B. 보인톤은 많은 분량의 시장조사 보고서를 제출해야 했다. 어느 콜드크림 제조 회사가 신제품을 개발했는데, 그 가격을 정하기 위해 소비 시장의 자료가 필요하다며 보인톤에게 조사를 맡긴 것이다. 조사를 마친 보인톤은 의뢰인에게 결과를 보고하러 갔다. 그런데 그가 만나야 될 사람은 광고계에서도 굉장한 거물이며 만만찮은 사람이었다. 그들의 첫 만남은 실패로 끝났다.

"처음 그를 찾아갔을 때, 조사 방법에 대한 시시콜콜한 이야기로 흘러 화제가 옆길로 새는 느낌이었고 서로 논쟁만 벌였죠. 그는 제 말이 틀렸다고 했고 저는 옳다는 걸 증명해 보이려고 애를 썼습니다. 결국 제 주장을 관철하기는 했지만 시간이 다 되어 면담 시간이 끝났고, 저는 아무런 결과도 얻지 못했습니다.

두 번째 만났을 때는 숫자나 자료 작성표 따위로는 다투지 않았습니다. 대신 조사한 사실을 극적으로 표현했습니다.

사무실로 들어갔을 때 그는 전화를 받느라 저를 쳐다보지도 않았습니다. 그가 통화를 하는 동안, 저는 가방을 열고 가져온 콜드크림 32개—경쟁사에서 만든 제품—를 책상 위에 쏟아 놓았습니다. 그가 알 만한 제품은 모두 쓸어왔지요.

각 용기마다 조사 결과를 조목조목 기입한 꼬리표를 붙여 놓았습니다. 그 꼬리표에는 각 제품의 판매 현황이 간략하고도 보기 쉽게 적혀 있었습니다.

그래서 어떻게 되었는지 아십니까?

효과는 굉장했습니다. 전처럼 논쟁할 필요가 없었습니다. 그는 용기를 하나씩 손에 들고는 꼬리표의 글을 읽어 보더군요. 그때부터 서로 우호적인 말이 오가면서, 그는 간단한 추가 질문을 했습니다. 상당히 관심을 가진 눈치였습니다. 원래는 저를 10분만 만나기로 했는데, 10분, 20분, 40분이 흐르고 거의 한 시간이 다 될 때까지 우리의 이야기는 멈추지 않았습니다.

　내가 그에게 제출한 조사 내용은 처음이나 두 번째나 똑같았습니다. 다만 이번에는 극적인 연출을 써서 쇼맨십을 발휘한 덕분에 전혀 다른 결과가 나온 것입니다."

경쟁심을 자극하라
인재를 끌어당기는 결정적 요소는 도전의식을 불러일으키는 것

찰스 슈왑이 담당하고 있는 공장 가운데 실적이 제자리걸음인 공장이 있었다. 슈왑은 공장장을 불러 물어보았다.

"공장장님은 상당히 수완이 있고 유능한데, 의외로 실적이 저조하군요. 어찌된 일이오?"

공장장이 대답했다.

"직원들이 일하려고 하지 않아요. 저도 모르겠습니다. 어르고 달래고 치켜세우고 심지어 해고하겠다고 위협도 해 보았지만 별 소용이 없었습니다. 도대체가 직원들이 일하려고 하지 않아요."

이때가 마침 주간 근무조와 야간 근무조 교대 시간이었다. 슈왑은 분필 한 개를 달라고 하더니 가까이 있는 종업원에게 물었다.

"오늘 용해 작업을 몇 번이나 했소?"

"여섯 번입니다."

슈왑은 아무 말도 하지 않은 채 바닥에 '6'이라는 숫자를 크게 쓴 다음 나가 버렸다.

야간 근무조가 들어와서 '6'이라는 글씨를 보더니 무슨 뜻이냐고 물었다. 낮에 근무했던 사람이 대답했다.

"오늘 사장님이 오셔서, 용해 작업을 몇 번 했느냐고 물으셨네. 여섯 번 했다고 말씀드렸더니 저렇게 써 놓으시더군."

다음날 아침 다시 공장에 온 슈왑은, 야간 근무조가 '6'을 지워 버리고 그 자리에 큰 글씨로 '7'이라고 써 놓은 것을 보았다.

이날 주간 근무조가 작업 보고를 하러 들어섰을 때 바닥의 '7'이라는 글씨를 보게 되었다. 아니, 야간 근무조가 주간 근무조보다 일을 더 많이 했단 말인가? 주간 근무조는 야간 근무조에게 뭔가 보여 주겠다고 열심히 일했다. 그리고 그날 작업이 끝난 뒤에 '10'이라고 적어 놓고 퇴근했다.

항상 생산량이 뒤져 있던 이 공장은 얼마 안 가 다른 공장보다 더 많은 상품을 생산해 냈다.

어떤 방법으로 그렇게 했을까? 찰스 슈왑의 말을 그대로 옮겨 보겠다.

"그것은 경쟁심을 자극하는 방법입니다. 돈벌이에 급급한 경쟁이 아니라 남보다 뛰어나려는 욕구에 호소하는 방법입니다."

남보다 뛰어나려는 욕구! 도전! 지고 싶지 않다면 노력하라! 이것이 발전하고자 하는 소망을 가진 사람들에게 호소할 수 있는 절대적인 방법인 것이다.

시어도어 루스벨트에게 이러한 도전 정신이 없었더라면 그는 미합중국의 대통령이 되지 못했을 것이다. 쿠바에서 막 귀국한 루스벨트는 뉴욕주의 지사로 선출되었다. 그러나 반대파에서 루스벨트는 법적으로 주의 거주민으로서 자격이 없으므로 당선은 무효라고 들고 일어났다. 겁이 난 루스벨트는 사퇴할 결심을 했다. 그러자 당시 뉴욕 출신의 상원의원이던 토머스 클리어 플래트가 루스벨트에게 호통을 쳤다. 그는 시어도어 루스벨트에게 떨리는 목소리로 이렇게 말했다.

"산후안 언덕의 영웅이 갑자기 겁쟁이가 되었단 말인가?"

루스벨트는 두 발을 힘차게 딛고 서서 싸울 결심을 했다. 그 뒷일은 역사가 보여 준 그대로이다. 루스벨트를 자극한 이 한마디는 그의 생애를 바꿔 놓았을 뿐 아니라 미합중국의 역사에도 크나큰 영향을 끼쳤다.

고대 그리스에서 왕의 호위병들의 신조는 '모든 인간에게 두려움이 있다 해도 용감한 자는 이를 떨쳐 버리고 전진하여, 설령 죽더라도 최후에는 승리를 거두게 되느니라'였다. 이렇게 두려움을 극복하는 순간만큼 인간이 고무되는 때가 달리 있겠는가?

알 스미스는 뉴욕의 주지사로 재직하던 시절 어려운 문제에 부딪친 적이 있었다. 당시 악명 높던 싱싱 교도소에는 교도소장이 없었다. 감옥에서는 여러 가지 추문이 난무했다. 싱싱 교도소를 관리할 강력한 강철 같은 사람이 필요했다. 그렇지만 누구를 임명할 것인가? 스미스는 뉴 햄프턴에 사는 루이스 E. 로즈에게 사람을 보냈다.

"자네에게 싱싱 교도소를 맡기려 하는데, 어떤가?" 주지사는 로즈 앞에서 쾌활하게 물었다.

"그곳에는 경험자가 필요하다네."

그러자 로즈는 소스라치게 놀랐다. 싱싱 교도소의 악명을 알고 있었기 때문이다. 또한 그곳은 변덕스러운 정치기류에 따라 임명되고 파면되는 그런 자리였다. 교도소장도 수없이 바뀌었고 그중에는 겨우 석 달 만에 옷을 벗은 사람도 있었다. 쉽게 결정할 일이 아니었다. 과연 모험할 가치가 있을까?

로즈가 망설이는 것을 본 주지사는 의자 뒤로 몸을 기대면서 웃었다. "여보게, 자네가 겁먹는다고 책망할 생각은 없네. 위험한 곳이니까. 그런 곳에는 정말 유능한 사람만 갈 수 있지." 스미스 주지사의 이 말이 로즈에게 도전 정신을 심어 주었다.

그는 '유능한 사람을 필요로 하는 직업을 가져 보는 것'도 좋겠다고 생각했다. 그리하여 그곳으로 간 로즈는 결국 당대의 가장 유명한 교도소장이 되었다. 그가 쓴 책《싱싱 교도소의 2만 년》은 수십만 부나 팔렸다. 감옥 생활에 대해 그가 한 방송 내용과 책 속 이야기가 영화로 만들어졌다. 그가 죄수들을 '인간적으로 대한 것'이 교도소에 기적적인 개혁을 불러일으켰다.

파이어스톤 타이어 및 고무제조 회사의 설립자인 하비 S. 파이어스톤은 이렇게 말했다. "월급만으로 사람이 모이고 인재가 확보되는 것이 아니다. 일 자체가 그렇게 한다."

가장 위대한 행동과학자의 한 사람인 프레드릭 허즈버그도 같은 의견을 내놓았다. 허즈버그는 공장 근로자에서 최고 경영자에 이르기까지 여러 사람들의 근무 태도에 대해 깊이 연구했다. 당신은 허즈버그가 발견한 동기유발의 가장 큰 요인이 무엇이라고 생각하는가? 일할 의욕을 가장 자극하는 요소가 무엇일까? 돈? 양호한 근무 조건? 보너스? 그 어느 것도 아니었다. 사람들에게 동기를 유발하는 가장 주된 요인은 '일' 그 자체였다.

일이 신나고 재미있으면 그 일을 기꺼이 하고 더 잘해 보려는 의욕도 생기게 된다. 성공한 사람들은 일을 게임처럼 즐긴다. 그들은 게임을 좋아한다. 게임이란 곧 자기 표현의 기회이다. 게임에 이겨서 자기의 값어치를 증명하고 싶은 것이다. 육상 경기나 돼지묶기 대회, 파이먹기 대회가 열리는 것도 이런 이유 때문이다. 다른 사람들을 이기고자 하는 욕구, 자기 중요감을 얻고 싶은 욕구가 사람을 움직이는 것이다.

4

사람 성격을 바꾸는 9가지 방법

칭찬부터 하라
잘못을 지적하려면 감사말부터 시작한다

내 친구는 언젠가 캘빈 쿨리지 대통령의 초대를 받아 주말을 백악관에서 보냈다. 그는 대통령 집무실로 들어가려다 대통령이 비서에게 이렇게 말하는 광경을 보았다.

"오늘 입은 옷은 아주 예쁜데! 당신은 참으로 매력적인 여성이오."

평소에 말수가 적은 대통령이 남을 이렇게 칭찬하는 것은 매우 드문 일이었다. 생각지 못한 칭찬을 들은 여비서는 몹시 당황해 얼굴을 붉혔다. 그러자 대통령은 "그렇게 굳어질 것 없네. 기분이 좋아지라고 한 말이니까…… 아 참, 이제부터는 문서에 구두점을 찍을 때 좀 더 주의를 기울여주게나."

쿨리지 대통령의 방법이 좀 노골적이긴 해도, 인간의 심리에 대한 그의 이해는 훌륭한 것이었다. 우리는 칭찬 받은 뒤라면 약간의 잔소리를 들어도 그다지 마음 상하지 않기 때문이다.

이발사는 손님에게 면도를 하기 전에 얼굴에 비누칠을 해서 면도칼의 충격을 줄인다. 매킨리는 1896년 대통령 선거에 출마하면서 이 방법을 사용했다. 그 당시 유력한 공화당 간부였던 어떤 사람이 선거 연설문을 써 왔다. 그 사람은 자기 글이 키케로와 패트릭 헨리, 그리고 다니엘 웹스터 같은 명연설가가 쓴 글을 합친 것보다 더욱 훌륭한 연설문이라고 믿고 있었다. 자기 도취에 빠져 있던 그 사나이는 매킨리를 만나자, 자신이 쓴 불멸의 연설문을 자랑하려는 듯 큰 소리로 읽어 주었다. 그러나 그 연설문은 몇 군데 쓸 만한 곳이 있기는 했지만 대체로 별 볼일 없었고, 잘못하다가는 비난을 불러일으킬 여지도 있었다. 그러나 매킨리는 그 간부의 자존심을 상하게 하고 싶지 않았다. 또한 그 사람의 불타오르는 열정에 찬물을 끼얹고 싶지도 않았다. 그가 얼마나 멋지게 그 난관을 뚫고 나갔는지 살펴보기로 하자.

"참으로 훌륭한 글이군!" 매킨리가 말했다.

"누구도 이보다 훌륭한 연설문을 쓸 수는 없을 거야. 이 연설문을 적당한 때에 사용하면 100% 효과가 나타날 걸세. 그러나 이번 상황에 쓰기엔 조금 적당하지 않다는 생각이 들기도 하네. 자네의 관점에서 본다면 이보다 더 훌륭한 것은 없겠지만 나는 당의 관점에서 문제를 생각해 보지 않을 수 없네. 그래서 말인데, 당의 노선에 맞게 다시 한번 써 주지 않겠나? 완성되면 나에게 사본을 보내 주게나."

그는 매킨리의 말대로 했다. 매킨리는 그가 다시 연설문을 쓸 수 있도록 도와주었고, 그는 선거운동 기간 중에 매킨리 측의 유능한 연사로 활약했다.

다음은 에이브러햄 링컨이 쓴 편지 가운데 두 번째로 유명한 편지이다. (가장 유명한 것은 빅스비 부인에게 보낸 것으로, 그녀가 전쟁터에서 잃은 다섯 명의 아들에 대한 조의를 나타낸 편지이다.)

링컨 대통령은 불과 5분 만에 이 편지를 썼지만, 1926년의 공개 입찰에서 이 편지는 1만 2천 달러에 팔렸다. 그 금액은 50년 동안 그가 애써 벌어 저금한 돈보다 더 많은 액수였다. 그 편지는 남북전쟁에서 북군이 가장 고전하던 1863년 4월 26일 조셉 후커 장군에게 보낸 것이다. 18개월 동안 북군의 장군들은 계속 패배의 쓴잔을 마시고 있었다. 수많은 사람이 죽어 갔으며 온 국민은 절망의 늪에 빠져 있었다. 수천 명의 병사들이 탈영했으며, 심지어 공화당 상원의원조차 링컨을 퇴진시키려 했다.

"우리는 지금 파멸 직전에 놓여 있소." 링컨은 말했다. "하나님조차 우리를 버리신 것 같소. 희망의 빛이라고는 어디서도 찾아볼 수 없다오."

이 편지는 이토록 절망과 혼란으로 가득 찬 시기에 쓰였다. 내가 여기서 이 편지를 인용하는 이유는, 국가의 운명이 장군 한 사람의 행동에 달려 있는 위험한 시기에 링컨 대통령이 고집 센 장군의 마음을 어떻게 돌려놓았는지 보여 주기 위해서이다.

이 편지는 아마 링컨이 대통령이 되고 난 뒤에 쓴 것 가운데 가장 통렬한 편지일 것이다. 그러나 링컨이 후커 장군의 치명적인 실패를 탓하기 전에 그를 칭찬하고 있음을 주목해야 할 것이다.

그렇다. 장군의 전략들은 하나같이 실패하여 북군에 큰 피해를 가져왔지만 링컨은 그것을 노골적으로 지적하지 않았다. 링컨은 온건했고 외교적이었다. 그는 이렇게 쓰고 있다.

"내가 귀관에게 만족을 느끼지 못하고 있는 일들이 몇 가지 있습니다."

이 얼마나 재치 있고 외교적인가!

다음은 후커 장군에게 보낸 편지다.

나는 귀관을 포토맥 전선의 지휘관으로 임명했습니다. 물론 나는 확신을 가지고 그런 결정을 내렸습니다만, 귀관에게 만족을 느끼지 못하고 있는 몇 가지 일들이 있다는 것을 생각해 주었으면 합니다. 나는 귀관이 용기와 지략을 갖춘 군인이라고 믿고 있고, 물론 나는 그러한 군인을 좋아합니다. 귀관은 또 정치와 귀관의 임무를 혼동하지 않으리라고 믿고 있습니다. 그 점에서 귀관은 정당합니다. 귀관은 스스로 굳건한 자신을 갖고 있습니다. 그것은 반드시 있어야 할 요소는 아니지만 소중한 것입니다.

귀관은 야심에 찬 의욕을 갖고 있습니다. 그런 의욕은 도가 지나치지 않다면 매우 바람직합니다. 그러나 번사이드 장군의 휘하에 있는 동안 귀관은 지나친 야심에 사로잡혀 명령에 따르지 않음으로써, 국가와 명예로운 상관에게 중대한 과실을 범했습니다. 믿을 만한 소식통을 통해, 귀관이 최근 군대와 정부에는 독재자가 필요하다고 주장하신다는 이야기를 들었습니다. 나는 귀관이 그런 주장을 했기 때문에 군 지휘를 맡긴 게 아닙니다. 그런 주장을 했음에도 불구하고 지휘를 맡긴 것입니다. 성공을 거둔 장군들만이 독재자로서 추대될 수 있는 것입니다. 지금 내가 귀관에게 바라는 것은 군사적 성공이며, 전쟁의 승리를 위해 독재 정치의 위험도 무릅쓸 생각입니다.

정부는 최대한의 능력을 기울여 귀하를 지원할 것입니다. 정부는 그러한 노력을 비단 귀하뿐만 아니라 모든 지휘관에게 똑같이 기울여 왔고, 또 앞으로도 그러할 것입니다. 귀관의 경솔한 언동 때문에 군대 내에서 상관을 비판하는 풍조가 일어나 그 화살이 귀관에게 되돌아가는 것이 아닌가 걱정이 됩니다만, 나는 될 수 있는 한 귀관을 도와 그 같은 사태 발생을 막으려고 합니다.

그러한 풍조가 나타난다면 나폴레옹이 다시 살아난다 하더라도 강력한 군대를 만들지는 못할 것입니다. 그러니 경솔한 언동은 삼가주십시오. 경거망동은 삼가고 전력투구하여 우리에게 승리를 안겨 주기를 부탁하는 바입니다.

우리는 캘빈 쿨리지도 아니고 매킨리도 링컨도 아니다. 우리는 이러한 철학이 일상적인 비즈니스 거래에서 사용 가능한지 알고 싶을 뿐이다. 정말로 가능한 것일까? 그 문제를 살펴보기로 하자. 필라델피아에 있는 와크 건축회사 직원인 W. P. 고우의 예를 들어 보겠다.

와크 건축회사는 필라델피아에서 대규모의 사무실 빌딩 신축공사를 부탁 받아 정해진 날짜까지 공사를 완성하기로 되어 있었다. 모든 공사는 예정대로 순조롭게 진행되어 거의 완성 단계에 들어갔다. 그때 건물의 외장 공사에 사용할 청동장식 세공을 맡은 하청업자가 예정된 납품 기일을 지킬 수 없다고 갑작스레 통고해 왔다. 다른 주문이 많이 밀려 어쩔 수 없다는 것이었다. 큰일이었다. 빌딩 전체의 공사가 중단될 판이었다. 막대한 벌과금은 어떻게 할 것이며, 엄청난 손해는 어떻게 감수하지. 그것도 단 한 사람 때문에!

장거리 전화를 걸어 격한 언쟁을 벌였지만 소용없었다. 그때 고우가 청동 호랑이를 잡기 위해 호랑이 굴인 뉴욕으로 파견되었다.

고우는 자기소개를 마친 뒤 하청회사 사장에게 물었다.

"사장님 이름은 브루클린에 단 하나뿐이라는 사실을 알고 계십니까?"

사장은 놀라서 되물었다.

"아니오. 전혀 몰랐는데요?"

"오늘 아침 기차에서 내려 사장님 주소를 알기 위해 전화번호부를 들춰 보았더니, 사장님과 같은 이름을 가진 사람은 브루클린에 한 사람도 없더군요."

"저는 전혀 몰랐습니다." 그는 신기한 듯이 말했다. 그러고는 흥미를 느낀 듯 책상에 놓인 전화번호부를 뒤적였다.

"하긴, 제 이름은 약간 희귀한 이름이니까요." 사장은 자랑스러운 듯 말했다.

"우리 집안은 약 200년 전에 네덜란드에서 이민을 와 뉴욕에 정착했지요."

그는 몇 분 동안 자기네 가족과 조상들에 관해 이야기를 들려주었다. 하청회사 사장이 이야기를 끝냈을 때, 고우는 자신이 방문했던 다른 공장들보다 그의 공장이 얼마나 크고 훌륭한지 칭찬했다.

"제가 본 청동 공장 중에서 가장 깨끗하고 정돈이 잘된 곳입니다."

"나는 이 사업에 평생을 바쳤으며 이 공장은 저의 가장 큰 자랑거리입니다. 공장 안을 둘러보시겠습니까?"

공장을 견학하는 동안 고우는 공정이 능률적이라고 칭찬을 하고, 경쟁 업체들과 비교해서 무엇이 어떻게 뛰어난가를 그에게 이야기했다. 고우가 처음 보는 몇 가지 기계에 대해서 질문하자 하청업자는 자신이 그 기계들을 발명했노라고 힘주어 말했다. 그는 고우 앞에서 그 기계들을 직접 조작해 보이면서 기계의 우수성에 대해 설명해 주었다. 그리고 사장은 점심 식사를 함께 하자고 굳이 고집했다. 그때까지도 고우는 진짜 방문 목적에 관해서는 한마디도 꺼내지 않았다. 점심 식사가 끝나자 사장은 이렇게 말했다.

"그럼 일에 관해 이야기를 해 볼까요? 물론 저도 당신이 이곳에 온 이유는 잘 알고 있습니다. 우리의 회합이 이렇게 즐거울 줄은 몰랐습니다. 당신은 그냥 필라델피아로 돌아가셔도 좋습니다. 다른 주문을 뒤로 미뤄서라도 당신네 물건만은 기일 내에 꼭 완성해 보내 드릴 것을 약속드리겠습니다."

고우는 요구조차 하지 않고도 자신이 원하는 것을 얻을 수 있었다. 물건은 제 날짜 안에 도착했으며, 건물은 계약서 명시된 기간 내에 완성되었다. 그가 보통 사람들처럼 강압적인 태도를 취했다면 과연 이러한 결과가 생겼을까?

도로시 러블류스키는 뉴저지주의 포트 몬마우스에 있는 연방 신용조합 지점장이다. 그녀는 우리 강좌에서 어떻게 한 종업원의 생산성을 높일 수 있었는지에 대해 보고했다.

"우리는 최근에 한 젊은 여성을 견습 출납원으로 채용했습니다. 고객을 대하는 그녀의 태도는 흠 잡을 곳이 없었습니다. 그녀는 개인 구좌를 다루는 데도 정확했고 능률적이었습니다. 문제는 마감 시간이 되어 최종 계산을 할 때입니다.

출납계장이 나에게 와서 그녀를 당장 해고하자고 강력하게 주장했습니다. 그녀의 최종 계산이 너무나 느려 전체적인 일이 지체된다는 것이었습니다. 참다못해 몇 번을 되풀이해서 가르쳐 주었는데도 전혀 나아지지 않는다는 것이었지요.

다음날 저는 그녀가 정확하고 신속하게 고객들과 개인 구좌를 처리하는 것을 지켜보고 있었습니다. 고객들에게도 더할 수 없이 친절했습니다.

그녀가 마감 계산에 왜 그토록 서툰가를 알아내는 데는 그다지 오랜 시간이 걸리지 않았습니다. 사무실 문을 닫은 뒤, 제가 그녀에게 이야기하기 위해 다가가자 그녀는 몹시 당황하며 어찌할 줄 몰랐습니다. 저는 고객을 대하는 태도가 너무나 친절하고 사교적이어서 보기 좋으며, 일할 때도 정확하고 빨라서 좋다고 칭찬해 주었습니다. 그다음에는 입금과 출금을 맞출 때 우리 회사에서 사용하고 있는 방법에 대해 상세히 가르쳐 주었습니다. 그녀는 일단 제가 자신을 신뢰하고 있다는 것을 깨닫자 긴장이 풀렸는지 저의 지시를 쉽게 이해하더군요. 그녀는 그 방법을 곧 터득했습니다. 그 뒤 그녀는 아무런 문제없이 일을 잘하고 있습니다."

칭찬부터 하는 것은 치과의사가 마취제를 써서 마취를 한 뒤 이를 뽑는 것과 같다. 환자는 이를 뽑히지만 마취제가 아픔을 억제해 주므로 고통을 못 느끼는 것이다. 우리는 그런 방법으로 사람을 다루어야 한다.

간접적으로 주의를 주어라
자기 잘못을 간접으로 알아차리게 한다

찰스 슈왑은 어느 날 정오 그가 경영하는 제철공장을 돌아보고 있었다. 그의 눈에 종업원 몇 명이 담배를 피우고 있는 모습이 들어왔다. 그들의 머리 바로 위에는 '금연'이라는 팻말이 붙어 있었다. 슈왑이 팻말을 손으로 가리키며 "당신들은 글씨도 못 읽나?" 하고 말했을까? 천만에, 그는 그럴 사람이 아니다. 그는 그들에게 다가가 담배를 한 개비씩 나누어 주고 "여보게들,밖에 나가 피워 주면 참 고맙겠네" 하고 말했다. 그들이 규칙을 어긴 것을 알면서도 그 점에 대해 일언반구도 없이 오히려 조그만 선물까지 해서 그들의 체면을 세워 준 것이다. 이런 슈왑을 종업원들은 존경하지 않을 수 없다.

존 워너메이커도 똑같은 방법을 사용했다. 그는 매일 필라델피아에 있는 자기 가게를 둘러보곤 했다.

그러던 어느 날 손님이 혼자 카운터에서 기다리고 있는 것을 보게 되었다. 아무도 그 여자 손님을 거들떠보지 않았다. 점원들은 무엇을 하고 있었을까? 그들은 카운터 맨 구석에서 잡담을 꽃피우고 있었다. 워너메이커는 아무 말도 하지 않고 카운터 뒤쪽으로 살그머니 들어가 주문을 직접 받았다. 그러고 나서 점원에게 물건을 포장하라고 건네주고는 나가 버렸다.

공직자들은 그 지역 주민들을 제대로 만나 주지 않는다는 이유로 가끔 비난의 대상이 된다. 그들이 바쁜 탓도 물론 있지만, 때로는 그들이 많은 방문객에게 시달리지 않도록 심하게 막아서는 비서들에게 잘못이 있는 경우도 있다. 플로리다의 올랜도시에서 여러 해 동안 시장을 지낸 카알 랭코드는 사람들이 자신을 만나 볼 수 있도록 하라고 직원들에게 자주 말했다. 그러나 시장이 '개방주의' 정책을 펴고 있다고 주장했는데도 지역 주민들이 그를 찾아가면 비서관들과 사무관들이 그들을 막았다.

마침내 랭코드 시장은 해결책을 찾았다. 그는 백번 말하는 대신 자기 사무실 문을 없애 버렸다. 그러자 비로소 아랫사람들도 시장의 심중을 헤아리게 되었으며, 사무실 문이 상징적인 의미로 제거된 바로 그날부터 참된 개방정책이 실시 되었다.

남을 비판할 때에는 한 단어에 주의하라. 딱 한 단어 때문에 당신은 성공할 수도, 실패할 수도 있다.

많은 사람이 비판을 시작할 때 처음에는 솔직한 칭찬을 하다 '그러나'라는 단어와 함께 비난하는 말로 끝을 맺는다. 예를 들면 아이의 산만한 학습 태도를 고칠 때 우리는 이렇게 말한다.

"자니야, 이번 학기에 성적이 올랐더구나. 네가 정말 자랑스럽다. 그러나 산수를 조금만 더 열심히 하면 성적이 더 좋아질 거야."

이런 경우 자니는 '그러나'라는 소리를 듣기 전까지는 자신감을 얻을지도 모른다. 하지만 '그러나'를 듣고 나서는 칭찬의 순수성에 의문을 갖게 될 것이다. 그에게는 그러한 칭찬의 말이 나쁜 성적을 꾸짖기 위해 지어낸 궁여지책의 서론처럼 보일지도 모른다. 부모에 대한 신뢰를 잃은 자니는 그 말에 귀 기울이지 않을 것이다. 결국 자니의 학습 태도를 고쳐 보겠다는 꿈은 물거품이 된다.

이런 경우 '그러나'를 '그리고'로 바꾸어 말한다면 이 문제는 쉽게 해결될 수 있다.

"자니야, 이번 학기에 성적이 올랐더구나. 네가 정말 자랑스럽다. 그리고 다음 학기에도 열심히 노력한다면 산수 성적도 올라갈 것으로 믿는다."

이번에는 나쁜 성적을 지적하지 않았기 때문에 자니는 칭찬을 제대로 받아들일 것이다. 우리가 앞으로 바라는 자니의 행동도 간접적으로 암시해 주었기 때문에 아마도 기대에 어긋나지 않도록 그는 노력할 것이다.

실수를 간접적으로 암시하는 방법은 직접적인 비난을 몹시 싫어하는 예민한 사람들에게 놀라운 효과가 있다. 로드아일랜드의 마지 제이콥 부인은 집을 증축할 당시 인부들이 하루 일을 끝낸 뒤 주변 정리를 깨끗이 하게 된 일에 대해 우리 강좌에 나와서 들려주었다.

공사를 시작하고부터 처음 며칠 동안, 제이콥 부인이 직장에서 돌아오면 늘 앞뜰에 나뭇조각들이 널려져 있었다. 훌륭한 솜씨를 가진 일꾼들이었기 때문에 화를 내고 싶지 않았다. 그래서 그들이 집으로 돌아간 뒤 그녀는 아이들과 함께 나뭇조각들을 주워 한쪽에 깨끗이 쌓아 놓았다. 그다음날 아침 제이콥 부인은 십장을 한쪽으로 불러 말했다. "지난밤에 앞뜰을 깨끗이 치워 주셨더군요. 정말 기뻐요. 대단히 깨끗해서 이웃에게도 폐가 안 되었어요." 그날 이후부터 인부들은 일과가 끝난 뒤 남은 나뭇조각들을 주워 한쪽에 쌓아 놓았다. 그리고 그 십장도 하루 일이 끝난 뒤에는 반드시 앞뜰이 깨끗한지 조사했다.

1887년 3월 8일, 뛰어난 설교로 유명하던 헨리 워드 비처가 사망했다. 그다음 월요일 아침 라이먼 애보트에게, 비처 대신 교회에서 설교해 달라는 부탁이 왔다. 잘하려는 나머지 그는 지나치게 소심해져, 보기에 답답할 정도로 설교 원고를 쓰고 지우고 다시 쓰는 일을 되풀이했다. 그러고 나서 아내에게 글을 읽어 주었다. 글로 쓴 연설문이 대개 그렇듯 그 글도 형편없었다. 아내가 사려 깊지 못한 여자였다면 이렇게 말했을 것이다.

"여보, 정말 형편없군요. 이건 안 되겠어요. 사람들이 전부 잠들어버릴 거예요. 백과사전을 읽는 것 같아요. 몇 년 동안 설교를 했는데 당신은 아직도 멀었군요. 아이고, 제발 사람이 말하는 것처럼 자연스럽게 할 수는 없어요? 이런 것을 읽었다가는 망신만 당할 거예요."

사실 그의 아내는 이렇게 말할 수 있었다. 하지만 그 결과는 짐작하고도 남는다. 그의 아내도 이 점을 잘 알고 있었다. 그래서 남편의 글이 〈노스 아메리칸 리뷰〉에 실릴 만한 좋은 논문이라는 말만 했다. 다시 말해 칭찬을 하면서도, 한편으로는 남편의 글이 논문이라면 몰라도 설교로는 적당하지 않다는 사실을 은근히 내비쳤던 것이다. 라이먼 애보트는 그 뜻을 이해하여, 열심히 준비했던 원고를 찢어 버리고 메모 한 장 없이 설교를 했다.

다른 사람의 실수를 바로잡아 주고 싶다면 잘못을 간접적으로 지적하라.

자기 실수를 먼저 이야기하라
기쁜 마음으로 잘못을 고치게 하려면 먼저 내 실수를 말해 준다

조카인 조세핀 카네기가 뉴욕에 와 내 비서가 되었다. 그녀는 열아홉 살로 3년 전에 고등학교를 졸업했지만 직장 경험은 거의 없었다. 뒷날 조세핀은 수에즈 서부 지역에서 가장 유능한 비서가 되었지만 처음에는 너무 미숙했다. 어느 날 조세핀을 불러 야단치려는 순간 나는 자신에게 이렇게 타일러 보았다.

'데일 카네기, 잠시만 기다려 보라고! 자네 나이는 그녀보다 두 배나 많지 않은가? 일한 경험도 그녀의 몇만 배나 된다고. 어떻게 어린 그녀에게 자네 수준의 생각, 판단, 창의력 등을 기대할 수 있단 말인가? 그러니 이봐 데일, 잠시만 참게. 자네는 열아홉 살 때 무엇을 하고 있었지? 자네가 저지른 우둔하기 짝이 없는 실수들이 기억나지 않는가?'

나는 그 문제를 놓고 솔직하고 공평하게 심사숙고한 뒤, 조세핀이 내가 열아홉 살 때보다는 더 낫다는 결론이 내렸다. 비교 대상이 나여서야 칭찬할 거리가 못되지만.

그 뒤부터 그녀의 실수를 지적하고 싶을 때 나는 이렇게 말했다.

"조세핀, 실수를 했구나. 하지만 내가 저질렀던 실수에 비하면 아무것도 아니란다. 판단력이란 타고나는 것이 아니라 경험을 통해 기르는 것이지. 네 나이 때의 나보다는 그래도 네가 낫구나. 멍청하고 어리석은 일을 잔뜩 했던 내가 너를 나무랄 생각은 없단다. 하지만 네가 이렇게 해 본다면 더 좋지 않겠니?"

야단을 치고 주의를 주는 쪽이 먼저, 자기 또한 완벽한 사람이 아니라는 점을 겸손하게 인정하면서 실수를 지적해 주면 듣는 사람도 심한 불쾌감은 느끼지 않을 것이다.

캐나다 매니토바의 브랜든에 살고 있는 엔지니어인 E. G. 딜리스톤은 새로 들어온 비서 때문에 골치를 썩고 있었다. 편지를 써서 비서에게 타이핑하게 하면 쪽당 두세 군데는 오타가 났기 때문이다. 딜리스톤은 이 문제를 어떻게 해결했는지 말해 주었다.

"다른 엔지니어들처럼 저도 영어를 잘하지 못했고 철자도 정확하지 못했지요. 그래서 몇 년 동안 저는 자주 틀리는 철자만 모아 놓은 조그만 단어장을 갖고 다녔습니다. 비서에게 오자를 지적해 준다 하더라도 그녀의 버릇을 고치기는 어려울 듯 해서, 다른 방법을 생각해냈습니다. 다음번 편지에도 오자가 찍힌 것을 보고, 저는 그녀와 마주앉아 이렇게 말했습니다.

'이 단어 철자가 틀린 것 같은데, 나도 항상 틀리던 단어야. 그래서 이 단어장을 마련했지. (단어장을 찾아 펴 보이면서) 맞아. 여기 있군. 편지를 보고 상대를 평가하는 사람들은 오자를 보면 우리의 직업의식이 투철하지 못한 사람이라 여기겠지. 그래서 나는 철자에 대해서 무척 신경을 쓰는 거야.'

그녀가 내 방식대로 따라 했는지는 모르지만 그 뒤부터는 오자가 눈에 띄게 줄더군요."

기품이 넘치는 베른하트 폰 뷜로도 이미 1909년에 왜 이런 일이 절대적으로 필요한지에 마지막에 대해 배웠다. 당시 폰 뷜로는 독일 제국 수상으로 국왕 빌헬름 2세를 모셨다. 거만하고 안하무인격인 독일의 마지막 황제, 살쾡이보다 더 날쌘 육군과 해군을 육성하고 있다고 자랑하던 바로 그 빌헬름 2세다.

어느 날 놀랄 만한 일이 벌어졌다. 빌헬름 2세가 도저히 믿을 수 없는 폭언을 한 것이다. 황제가 대중 앞에서 한 어리석고 자기중심적이며 앞뒤가 맞지 않는 발표를 하여 사태를 결정적으로 악화시켰다. 그것도 영국을 공식 방문한 자리에서였으며, 그 발표를 〈데일리 텔레그래프〉에 게재해도 좋다고 윤허까지 내렸던 것이다. 황제는 자기가 영국인들에게 호감을 갖고 있는 유일한 독일 사람이라고 선언했는가 하면, 일본의 위협에 대처하기 위해 대규모 해군을 편성했다든가, 영국이 러시아와 프랑스의 공격을 받지 않고 평화롭게 지낼 수 있는 것은 다 자기 덕분이라느니, 영국의 로버트 경으로 하여금 남아프리카의 보어족을 무찌르게 한 일이 사실은 자기 정복 계획이었다는 등등의 발언을 했다.

황제의 폭언에 대륙 전체가 마치 벌집을 쑤셔 놓은 것처럼 흥분들을 하여 떠들어댔다. 영국은 격분했고 독일 정치가들은 망연자실했다. 이 소란에 황제는 크게 당황하여, 제국의 수상이던 폰 뷜로에게 책임을 떠넘겨 버렸다. 황제는 폰 뷜로가, 이 모든 것이 자기 책임이며 자신이 국왕에게 터무니없는 사실을 이야기하도록 조언했노라고 발표하기를 원했던 것이다.

이때 폰 뷜로는 이렇게 항의했다.

"폐하! 아마 독일이나 영국의 그 누구도 감히 제가 폐하께 그런 발언을 하도록 조언할 수 있으리라고는 생각지 않을 것입니다."

폰 뷜로는 그렇게 대답하다가 아차 싶었다. 자신이 엄청난 실수를 저질렀음을 깨달은 것이다. 황제는 벌컥 화를 냈다.

"경으로서는 도저히 저지를 수 없는 실수를 내가 저질렀다는 건가! 나를 바보라고 생각하는군!"

폰 뷜로는 황제를 비난하기에 앞서 칭찬했어야만 했음을 깨달았다. 그러나 때는 이미 늦었으므로 그는 차선책을 택했다. 비난 뒤에 칭찬을 늘어놓았던 것이다. 이 방법은 기적을 이루어 냈다.

폰 뷜로는 황송스러운 듯 대답했다.

"그럴 리가 있겠습니까? 현명하신 폐하를 어떻게 제가 감히 따라갈 수 있겠습니까? 육해군에 대한 지식은 두말할 것 없고 무엇보다도 자연과학에 있어서 더욱 그렇습니다. 저는 폐하께서 우량계나 무선전신, 또는 뢴트겐선에 대해 설명하시는 것을 들을 때마다 감탄을 금치 못했습니다. 저는 자연과학 분야에 대해서는 부끄러울 정도로 아는 것이 없습니다. 자연현상의 단순한 이치조차도 저로서는 도저히 설명할 수 없습니다. 그저 역사 및 정치학에 대한 지식을 조금 갖고 있으며 특히 외교 분야에 약간의 지식을 갖고 있을 뿐입니다."

황제는 환하게 미소를 지었다. 폰 뷜로는 황제를 극구 칭찬하면서 자신을 낮추었던 것이다. 그러자 황제는 그 어떤 일도 다 용서할 수 있었다. 황제는 들떠서 이렇게 소리쳤다. "그래서 자네와 나는 하늘이 맺어준 친구라고 내가 말하지 않았는가? 우리 모두 서로를 힘껏 돕도록 하세!"

황제는 폰 뷜로의 손을 잡고 몇 번이고 악수를 나누었다. 황제는 너무 흥분한 나머지 주먹을 불끈 쥐고는 외쳤다. "만일 폰 뷜로를 욕하는 자가 있으면 코를 한 방 멋지게 갈겨 주겠노라."

다행히도 폰 뷜로는 때맞춰 화를 모면했지만, 빈틈없는 외교관인 그조차 이런 실수를 범했던 것이다. 다시 말해 폰 뷜로는 황제를 바보 취급하는 이야기가 아닌, 자기 부족한 점과 빌헬름 황제의 뛰어난 점에 대한 이야기로 시작했어야 했다.

자신을 낮추고 상대를 칭찬해 주는 몇 마디 말이, 자존심을 다친 거만한 황제를 다정한 사람으로 순식간에 바꾼 위 예를 기억하라. 그리고 겸손과 칭찬이 우리 생활에 어떤 결과를 가져올지 다시 한번 상상해 보라. 이를 적절히 사용한다면 인간관계에서 정말로 기적을 만들어 낼 수 있을 것이다.

자기 실수를 인정하면 비록 그 실수를 바로잡지 않더라도 다른 사람의 행동을 바꿀 수 있다. 메릴랜드의 티모니움에 살고 있는 클레런스 제르허센은 열다섯 살짜리 아들이 담배를 피운다는 사실을 알았을 때 이 방법을 썼다.

제르허센은 이렇게 말했다.

"물론 저는 데이비드가 담배를 끊기를 바랐습니다. 하지만 엄마인 제가 담배를 피우고 있었습니다. 말하자면 제가 그 애에게 나쁜 본보기를 보인 셈이죠. 저는 아들에게, 내가 그 애 나이 또래에 담배를 피우기 시작했던 일과 니코틴 때문에 나빠진 건강, 그리고 이제는 담배를 도저히 끊지 못하게 되었다는 것을 설명해 주었습니다. 흡연 때문에 폐가 나빠져서 툭하면 기침으로 고생하는 것을 너도 잘 알지 않으냐고, 그래서 몇 년 전까지만 해도 네가 나에게 담배를 끊으라고 하지 않았느냐고도 이야기했지요. 저는 그 애에게 담배를 끊으라고 설교하거나, 흡연의 위험성에 대해 협박이나 경고 따위는 하지 않았습니다. 그저 내가 담배의 유혹에 빠져서 얼마나 큰 고통을 겪고 있는지, 자기 실수에 대해 설명한 것뿐이었습니다.

그는 잠시 생각하더니, 고등학교를 졸업할 때까지는 담배를 피우지 않겠다고 했습니다. 고등학교를 졸업한 뒤에도 데이비드는 더 담배를 피우지 않았고 담배를 피울 생각조차 하지 않았습니다.

그 대화 이후 저 자신도 담배를 끊기로 결심했고, 가족의 도움을 받아 결국 담배를 끊는 데 성공했습니다."

명령하지 말라

자발적으로 움직이게 하려면 먼저 질문을 던진다

언젠가 나는 미국 전기작가 협회장인 아이다 타벨 여사와 저녁 식사를 같이 했다. 내가 이 책을 집필하는 중이라고 말한 것을 계기로, 우리는 인간관계의 여러 가지 주제에 대해 활발하게 의견을 교환했다.

그녀는 오웬 D. 영의 전기를 쓸 당시, 3년간 영과 같은 사무실에서 근무했던 사람과 인터뷰를 했다고 한다. 그의 말에 의하면 영은 누구에게도 직접적으로 명령하지 않았다고 했다. 명령이 아니라 제안을 했다는 것이다. 영은 절대 "이렇게 하시오. 저렇게 하시오" 또는는 "이렇게 하지 마시오. 저렇게 하지 마시오"라는 식으로 말하지 않았다. 그 대신 이렇게 말하곤 했다. "이렇게 생각해 볼 수도 있지 않을까요?" 또는 "그렇게 하면 될까요?" 편지를 구술한 뒤에도 종종 "이 점에 대해서 어떻게 생각하십니까?" 하고 의견을 묻곤 했다. 직원이 만든 공문을 보고 나서는 "이렇게 고치면 더 좋을 것 같은데" 하고 말하곤 했다. 그는 언제나 사람들이 스스로 일할 수 있도록 했다. 직원들에게 일을 하라고 시킨 적이 절대 없었다. 스스로 실수를 통해 배우도록 했다.

이러한 방법은 사람들로 하여금 잘못을 쉽게 바로잡을 수 있게 해 준다. 상대의 자존심을 세워 주고 자기 중요성을 느끼게 해 주며 반감 대신 호의를 불러일으킨다. 함부로 내리는 명령을 받을 때 생겨난 불쾌감은 굉장히 오래 지속된다. 분명히 나쁜 상태를 바로잡기 위해 내린 명령일지라도 말이다.

댄 산타렐리는 펜실베이니아주 와이오밍에 있는 한 실업학교 교사이다. 그는 교내 매점 입구에 한 학생이 불법 주차를 해 놔서 매점 진입로를 막아 버렸던 일에 대해 이야기한 적이 있었다. 다른 교사 한 명이 교실로 박차고 들어와서는 거만한 목소리로 소리쳤다. "진입로를 막고 있는 차 주인이 누구야?" 그 차의 주인인 학생이 대답하자, 그 선생은 소리를 왝 지르며 다그쳤다.

"차를 당장 치워! 지금 당장! 안 치우면 차에 체인을 감아 강제로 끌어낼 테니까."

물론 그때 잘못을 저지른 사람은 그 학생이었다. 그곳에 차를 세워 두면 안 되었던 것이다. 그러나 그날 이후 그 선생이 하는 일에 그 학생뿐만 아니라 그 반의 모든 학생들이 반발해서, 그 선생은 모든 일을 제대로 할 수 없었다.

그 선생은 그 상황을 다른 방식으로 대처할 수는 없었을까? 만일 그가 다정하게 "진입로에 서 있는 저 차가 누구 것이지?" 하고 물으면서 다른 사람들이 드나들 수 있도록 차를 옮겨 주면 좋겠다고 말했으면 그 학생은 기꺼이 그렇게 했을 것이고, 그 학생이나 급우들도 반감을 품지는 않았을 것이다.

질문은 명령을 보다 부드럽게 만들어 줄 뿐 아니라 사람들의 창의력을 자극하기도 한다. 사람들은 명령을 내리는 과정에 자신들이 참여하게 되면 그 명령을 순순히 받아들이는 경향이 있다.

남아프리카 요하네스버그의 이안 맥도널드는 정밀기기 부품을 전문으로 생산하는 조그만 공장의 공장장이었다. 하루는 무척 많은 수량을 주문받았는데, 하지만 아무리 궁리해 보아도 납품 기한을 맞출 수 없을 것 같았다. 공장의 작업 계획이나 얼마 남지 않은 납품 날짜를 감안해 볼 때, 주문을 받아들이는 것은 도저히 불가능했다. 그래서 그는 직공들을 독촉하여 주문량을 빨리 생산하게 하는 대신 직공들을 모두 한곳에 모아 그들에게 상황을 설명해 주었다. 그러고는 제 날짜에 주문량을 생산할 수만 있다면 회사와 본인들에게 얼마나 큰 이득이 되는지도 말해 주었다.

그러고 나서 질문을 시작했다.

"우리가 이 주문량을 처리할 방법은 없을까요?"

"이 주문을 받아들여서 해내려면 어떤 생산 방식이 필요하겠습니까?"

"작업 시간이나 인원 배치를 조정할 방법은 없을까요?"

직공들은 여러 아이디어를 내놓았고 그 주문을 받아들이라고 했다. 그들은 '할 수 있다'는 각오로 그 문제에 달려들었다. 결국 주문량을 제 날짜에 납품해 낼 수 있었다.

먼저 상대의 체면을 세워 주어라
자존심에 상처를 주는 일은 범죄다

몇 년 전에 제너럴일렉트릭 사는 찰스 스타인메츠를 부서장 자리에서 물러나게 해야 하는 상황에 부닥치게 되었다. 스타인메츠는 전기에 관해서는 천재였으나 기획 부서장으로는 알맞지 않은 인물이었다. 그러나 회사는 그의 감정을 상하게 하고 싶지 않았다.

그는 회사에 반드시 필요한 존재였으며 무척 예민한 사람이었으므로, 회사에서는 그에게 새로운 직책을 주었다. 맡은 일은 똑같았지만 회사의 고문 엔지니어라는 새로운 직책을 부여하고, 그가 맡았던 부서장 자리는 다른 사람에게 맡겼다. 스타인메츠는 전혀 기분 상하지 않고 그 직책을 받아들였다.

제너럴일렉트릭 사의 간부들 역시 기분이 좋았다. 회사로서는 성미가 괴팍하여 까다로운 인물의 인사 문제를 그 사람의 체면을 세워 줌으로써 말썽 없이 처리한 셈이었다.

사람의 체면을 세워 주는 일! 이것이야말로 더할 나위 없이 중요한 일이다. 그런데 이것의 중요성을 깨달은 사람이 우리 가운데 과연 몇 명이나 있을까? 우리는 상대의 자존심이 입는 상처 따위는 아랑곳없이 다른 사람들의 감정을 짓밟고 자기 주장만 내세우며, 남들 앞에서 어린이나 고용인들을 꾸짖고 윽박지르며 비난한다.

그런 어리석은 짓은 그만두라. 그보다는 잠깐 동안의 생각이나 사려 깊은 한두 마디의 말, 또는 상대에 대한 진실된 이해가 문제 해결에 훨씬 효과적이다.

앞으로 종업원을 해고하거나 꾸짖어야 할 달갑지 않은 상황이 오면 이 말을 떠올리자. 종업원을 해고하는 것은 괴로운 일이다. 하물며 해고당하는 사람은 말할 것도 없다. 공인회계사인 마셜 A. 그랜저는 나에게 보낸 편지에서 이런 말을 했다.

"우리가 하는 비즈니스는 일정한 시기를 타는 일이 많습니다. 예를 들어 한창 바쁜 소득세 신고 기간이 지나면 많은 사람을 해고해야 합니다.

이 계통의 직업을 가진 사람들은 누구나 입을 모아 말합니다. 해고하기를 좋아하지 않는다고 그래서 될 수 있으면 그 일을 빨리 마무리 짓는 습관이 생기게 되었죠. 대개는 시작하는 말이 이렇습니다.

'여기 앉으시죠, 스미스 씨. 이젠 세금 철도 끝났고 당신이 해야 할 일도 더 없는 것 같습니다. 하기야 들어오실 때부터 바쁜 한철 동안만 일하기로 약속하셨죠?'

이런 말을 들으면 이 사람들은 실망과 함께 '버림받은 느낌'을 갖게 됩니다. 그들은 대부분 평생을 회계 분야에 종사한 사람들입니다. 그런 자신을 그토록 쉽게 해고하는 회계 법인에 대해 특별한 애정을 가질 리가 없지요.

최근에 저는 임시직 직원들을 좀더 지혜롭고 사려 깊은 방법으로 해고하기로 마음먹었습니다. 그래서 한 사람씩 불러들일 때마다 우선 그 사람이 그동안 한 일에 대해 곰곰이 생각해 봅니다. 그러고는 이렇게 말문을 엽니다.

'스미스 씨, 일을 참 잘해 주셨습니다. 당신이 지난번 맡았던 뉴욕 출장 일은 꽤 어려운 일이었습니다. 그런데도 그처럼 훌륭하게 일을 처리해 주셔서 우리 회사에서는 당신을 무척 자랑스럽게 여기고 있습니다. 워낙 능력이 뛰어난 분이니 어디에서 일하시든지 잘 해내시리라 믿습니다. 우리 회사는 당신의 능력을 믿습니다. 당신을 늘 성원하고 있다는 점을 잊지 마시기 바랍니다.'

효과가 어떠했느냐고요? 사람들은 해고당한 뒤에도 밝은 얼굴로 떠나가게 되었습니다. 버림받은 느낌이 들지 않았던 것입니다. 그들은 만일 우리가 시킬 만한 일거리만 있었더라면 해고하지 않았을 것이라는 점을 잘 알고 있습니다. 그러므로 우리가 그들을 필요로 할 때는 기꺼이 우리를 다시 찾아올 것입니다.”

　우리 강좌에서 다른 사람을 비난할 경우의 부정적인 효과와, 체면을 세워줄 경우의 긍정적인 효과에 대해 수강생 두 사람이 토론을 벌인 적이 있었다. 펜실베이니아의 해리스버그에 사는 프래드 클라크는 자기네 회사에서 일어난 일을 들려주었다.

　“회사의 생산부서 회의에서 부사장이 어느 생산 감독관에게 생산 공정에 대해 아주 날카로운 질문을 던졌습니다. 부사장은 큰 소리로 윽박지르며 그 감독관의 잘못을 끄집어내려 했습니다. 감독관은 동료들 앞에서 무안을 당하기 싫어서 대답을 얼버무렸습니다. 그 때문에 부사장은 화가 나게 되었고, 그 감독관을 거짓말쟁이로 몰아세웠습니다.

　그 회의가 열리기 이전에는 존재했을지도 모르는 두 사람 사이의 모든 신뢰감은 그 짧은 순간 모조리 깨져 버렸습니다. 전에는 일을 잘 해내던 감독관은 그 이후로 회사에서 쓸모없는 사람이 되어 버렸습니다. 몇 달 뒤 감독관은 회사를 그만두고 다른 경쟁사로 자리를 옮겼는데, 제가 듣기로는 그곳에서 아주 유능한 감독관으로 인정받고 있다고 합니다.”

　또 다른 수강생인 안나 마조네는 자기 직장에서 그와 비슷한 일이 있었지만 문제에 대한 접근 방식의 차이에 따라 그 결과가 엄청나게 달라진 경우를 이야기했다. 마조네는 식품 포장회사의 마케팅 전문가였는데, 어느 신상품을 테스트 마케팅하는 중대한 임무가 그녀에게 처음으로 주어졌다. 마조네 양은 우리 강좌에서 다음과 같이 말했다.

　“실험 결과가 나왔을 때 저는 어찌할 바를 몰랐어요. 저는 기획 단계에서 중대한 실수를 범했고, 그 실험 전체를 다시 해야만 했습니다. 엎친 데 덮친 격으로 제가 이 프로젝트에 대해 보고하게 되어 있는 회의가 열리기 전까지도 저는 상사와 이 문제를 협의할 시간조차 없었습니다.

　보고를 하라는 말을 들었을 때 저는 두려움으로 몸이 떨렸습니다. 눈물이 쏟아지려 했지만, 회의에 참석한 남자들에게 여자란 너무 감정적이라 관리직에는 부적합하다는 말을 들어서는 안된다고 마음을 굳게 먹었죠.

　저는 보고를 간단히 끝낸 뒤, 실수를 범했기 때문에 다음번 회의 때까지 다시 연구하겠노라고 말했습니다. 상사가 불같이 화를 낼 것으로 예상하면서 자리에 앉았습니다.

그러나 상사는 화를 내기는커녕 제가 한 일에 대해서 고맙다고 하더니, 새로운 프로젝트를 맡을 때 실수는 있을 수 있는 법이라면서 다시 하는 연구는 정확히 될 것이고 회사에도 도움이 될 것으로 확신한다고 덧붙였습니다.

상사는 동료들이 보는 앞에서, 저를 믿고 있으며 제가 최선을 다했음을 알고 있고, 실패의 원인은 능력 부족이 아니라 경험 부족이라고 확신시켜 주었습니다.

회의장을 나오면서 저는 자신감을 느꼈습니다. 다시는 그 상사를 실망시키지 않으리라 굳게 다짐했죠.”

설령 우리가 옳고 상대편이 분명히 잘못했다 하더라도, 그 사람의 체면을 잃게 하면 곧 자존심에 상처를 주게 된다. 프랑스의 전설적인 비행사이자 작가인 생텍쥐페리는 이런 글을 쓴 적이 있다.

“어느 누구에게 그 자신을 과소평가하도록 만드는 말이나 행동을 할 권리가 나에게는 없다. 중요한 것은 내가 그 사람을 어떻게 생각하느냐가 아니라 그가 그 자신을 어떻게 생각하느냐이다. 사람의 존엄성에 상처를 주는 것이야말로 크나큰 죄악이다.”

진정한 지도자는 다음의 원칙을 언제나 지켜 나아갈 것이다.

사소한 일도 아낌없이 칭찬하라
그것은 잠재력을 꽃피우는 따스한 햇볕

피트 발로라는 서커스 단장은 나의 오랜 친구이다. 그는 동물들을 데리고 전국 곳곳을 돌아다녔다. 나는 피트가 새로 들여온 개에게 재주를 가르치는 모습에 흥미를 느꼈다. 어떤 개가 조금이라도 잘하면 피트는 그 개를 쓰다듬고 칭찬해 주면서 고기를 던져 주고 치켜세워 주었다.

이 방법은 새로운 것이 아니다. 동물 조련사들은 오랫동안 이 방법을 사용해 왔다.

그렇다면 동물을 훈련시킬 때 사용하는 상식을 사람에게는 왜 사용하지 않는 것일까? 회초리 대신 고기를, 비난 대신 칭찬을 왜 하지 않는가? 조그만 진전이라도 보이면 한껏 칭찬을 해 주자. 그것은 상대의 의욕을 불러일으켜 더욱 그를 발전시킨다.

심리학자인 제스 레어는 자기 저서에서 이렇게 말하고 있다.

"칭찬은 인간의 정신에 비치는 따뜻한 햇빛과도 같아서 우리는 칭찬 없이는 자랄 수도 꽃을 피울 수도 없다. 그런데도 우리는 다른 사람들에게 걸핏하면 비난이란 찬바람을 퍼붓기 일쑤고, 웬일인지 우리와 함께 살아가는 사람들에게 칭찬이라는 따뜻한 햇빛을 주는 데 인색하다."

지나온 삶을 돌이켜보니, 몇 마디 칭찬이 나의 인생을 완전히 바꾸어 놓았음을 새삼 알 수 있었다. 당신의 인생에는 이런 일이 없었는가? 역사는 칭찬으로 인해 일어난 수많은 마법같은 일들로 가득 차 있다.

예를 들어 보자. 오래전에 열 살짜리 소년이 나폴리의 어느 공장에서 일하고 있었다. 그 아이는 가수가 되는 것이 꿈이었지만 첫 번째 선생님이 그의 기를 꺾어 놓았다.

"너는 노래에 재능이 없어. 가창력이 형편없다고. 네 목소리는 마치 문틈으로 새어 나오는 바람 소리 같아."

그러나 가난한 농촌 아낙네에 지나지 않았던 소년의 어머니는 아이의 어깨를 감싸며 칭찬해 주었다. 어머니는 아들이 멋진 가수가 될 거라 믿고 있으며, 실제로 노래 솜씨가 많이 좋아졌다고 늘 소년을 격려했다. 어머니는 아들이 음악 수업을 받을 수 있도록 땀 흘려 일해서 돈을 저축했다. 이러한 어머니의 칭찬과 격려가 이 소년의 생애를 바꾸어 놓았다. 소년의 이름은 엔리코 카루소로서 그는 당대의 가장 훌륭하고 유명한 성악가가 되었다.

19세기 초 런던의 한 젊은이는 작가가 되기를 열망했다. 그러나 모든 조건이 그에게 불리했다. 학교도 4년 이상을 다녀 본 적이 없었고, 아버지는 빚을 갚지 못해 감옥에 가야 했으며, 극심한 가난으로 늘 주린 배를 고통스럽게 움켜쥐어야 했다. 이 젊은이는 쥐가 득실거리는 창고에서 구두약 용기에 상표를 붙이는 일자리를 구하게 되었고, 밤에는 런던 빈민가를 떠돌아다니는 부랑아 두 명과 함께 음침한 다락방에서 잠을 잤다.

이 젊은이는 자기 글재주에 너무 자신이 없었기 때문에, 다른 사람의 웃음거리가 되지 않으려고 한밤중에 몰래 밖으로 나가 자신이 쓴 첫 원고를 잡지사에 보냈다. 계속해 원고를 보냈으나 모두 거절 당했다. 그러나 마침내 그에게도 기쁜 날이 찾아왔다. 그의 작품 하나가 채택된 것이었다. 원고료는 한 푼도 못 받았지만 편집자에게는 칭찬을 받았다. 젊은이는 재능을 인정받은 것이다. 그는 너무나 감격한 나머지 두 뺨 위로 눈물을 흘리며 거리를 돌아다녔다.

한 편의 글이 출판되면서 이 젊은이가 받은 칭찬과 인정은 그의 삶 전체를 바꾸어 놓았다. 만일 그러한 격려가 없었더라면 이 젊은이는 평생을 쥐가 들끓는 공장에서 보냈을지도 모른다. 그의 이름은 바로 찰스 디킨스였다.

런던의 또 다른 소년은 천 가게 점원으로 생계를 꾸려 나갔다. 그는 새벽 5시에 일어나 가게를 청소하고, 하루에 14시간을 노예처럼 일해야만 했다. 하루하루가 힘들고 고단했던 그는 그 일에 진절머리가 났다. 2년이 지난 어느 날 아침, 그는 더 참지 못하고 일어나자마자 식사도 하지 않은 채 가게를 나섰다. 그리고 가정부로 일하고 있는 어머니와 의논하려고 15마일을 씩씩거리며 걸었다.

그는 어머니께 심정을 털어놓으며 미칠 것 같은 마음에 눈물을 흘렸다. 그리고 그는 가게에 더 있느니 차라리 죽어 버리겠다고 다짐했다. 그러고 나서 옛 교장 선생님한테, 자신은 너무나 상심하여 더 살고 싶지 않다는 비관적인 편지를 보냈다. 이를 받아 본 교장 선생님은 그를 칭찬하더니, 자네는 똑똑하므로 중노동보다는 지적인 일을 하는 것이 마땅하다면서 그에게 교사 자리를 제의했다.

그 칭찬은 소년의 앞날을 바꾸어 놓았을뿐 아니라 영문학사에 지대한 공헌을 했다. 왜냐하면 그 소년은 수없이 많은 베스트셀러 작품들을 발표하며 펜 하나로 백만장자가 되었기 때문이다. 당신도 아마 그의 명성을 익히 들어 보았을 것이다. 그의 이름은 다름아닌 H. G. 웰스이다.

비난 대신 칭찬을 해 주는 것은 B. F. 스키너의 기본 교육 개념이다. 위대한 심리학자인 스키너는 동물과 인간의 실험을 통해, 비난을 줄이고 칭찬을 극대화할 때 사람들의 좋은 습관은 정착되고 나쁜 습관은 사라진다는 점을 입증하고 있다.

노스캐롤라이나의 로키 마운트에 살고 있는 존 링겔스포는 자녀들에게 이 방법을 사용했다. 대부분의 가정이 그렇듯 링겔스포 집안의 부모와 자식의 대화는 주로 잔소리로 이어졌다. 그러나 부모가 잔소리를 할 때마다 자식들은 행동을 고치기는커녕 더 안 좋은 행동을 했다.

링겔스포는 이 상황을 타개하기 위해서 우리 강좌에서 배운 몇 가지 원칙을 사용하기로 마음먹었다.

"우리는 아이들의 잘못에 대해 잔소리를 하는 대신, 칭찬을 해 보기로 결심했습니다. 눈에 띄는 것이라곤 아이들의 단점뿐이었으니 쉽지가 않더군요. 칭찬거리를 찾기가 어려웠습니다. 그래도 힘들게나마 몇 가지 칭찬거리를 찾아냈습니다. 그러자 하루 이틀 지나고 나면서 아이들의 가장 못된 버릇들이 차츰 없어지더군요. 그 뒤에는 다른 결점들도 사라지기 시작했습니다. 아이들은 칭찬을 받는 것을 굉장히 좋아했습니다. 심지어는 좋은 일을 하려고 애쓰기까지 하는 것이었습니다.

이 놀라운 상황이 도무지 믿어지지 않았습니다. 물론 아이들의 그런 노력이 오랫동안 계속되지는 않았지만 상황은 그 이전보다 훨씬 나아졌습니다. 칭찬거리를 억지로 찾을 필요도 없어졌지요. 나쁜 짓보다는 착한 일을 훨씬 더 많이 하니까요.”

직장에서도 마찬가지다. 캘리포니아주 우드랜드 힐즈에 거주하는 키드 로퍼는 이 원리를 회사에 적용했다. 로퍼는 자기 인쇄소에서 품질이 아주 뛰어난 제작물을 보게 되었다. 이 제작물을 찍어낸 인쇄공은 회사 일에 잘 적응하지 못해 애먹던 어느 신입 사원이었다. 그런데 주임은 그의 불성실한 작업 태도가 마음에 안들어 해고할 생각을 하고 있었다.

이런 사실을 안 로퍼는 직접 인쇄소로 가서 그 젊은이와 이야기를 나누었다. 로퍼는 그 젊은이의 제작물이 매우 마음에 들며, 최근에 인쇄소에서 제작된 것들 중에서 가장 뛰어난 작품이라고 알려 주었다. 그러고는 그 제작물이 정확히 어떤 점에서 다른 것보다 뛰어난지 알려 주고 그가 자랑스럽다는 말을 덧붙였다.

그 젊은 인쇄공은 이 일로 인해 회사에 대한 태도를 바꾸었을까? 물론 그렇다. 며칠이 지나자 그는 완전히 180도로 변해 있었다. 이 신입 사원은 몇몇 동료들에게 사장과의 대화를 이야기해 주면서, 이 회사에는 훌륭한 것을 알아보고 인정해 주는 사람이 있더라고 말했다. 그리고 그날부터 이 신입 사원은 충성스럽고 헌신적인 사원이 되었다.

로퍼가 한 일은 그저 젊은 인쇄공을 “자네, 참 잘했네” 하며 칭찬한 것뿐만이 아니었다. 그는 제작물의 어디가 뛰어난 지 구체적으로 지적해 주었다. 일반적인 찬사를 늘어놓기보다는 구체적인 업적을 들었기 때문에 그의 칭찬에는 깊이가 있었다. 그래서 듣는 사람의 마음을 크게 움직일 수 있었던 것이다.

사람은 누구나 칭찬 받기를 좋아한다. 그러나 그 칭찬도 구체적일 때 진정으로 가슴에 와 닿는 법이며, 상대의 환심을 사려는 얄팍한 칭찬은 별 의미가 없다.

명심하라. 우리는 모두 칭찬과 인정받기를 갈망하고 있으며, 그것을 위해서라면 거의 무슨 일이든 한다. 그러나 입에 발린 칭찬은 아무도 바라지 않는다.

다시 말하지만 이 책에서 가르치는 원칙은 진실한 마음에서 우러나와 실천할 때 비로소 효과가 있다. 나는 잔꾀에 대해서 이야기하고 있는 것이 아니다. 인생을 살아가는 새로운 방법에 대해 말하고 있는 것이다.

사람들은 바뀔 수 있다. 우리가 만나는 사람들로 하여금 그들에게 숨겨진 보물을 깨닫게 할 수만 있다면, 우리는 그 사람들을 바꾸는 것 이상의 일을 해낼 수 있다. 문자 그대로 그들을 다시 태어나게 할 수 있는 것이다.

과장이라고? 그렇다면 미국이 배출해 낸 가장 뛰어난 심리학자이자 철학자인 윌리엄 제임스의 말을 들어 보기로 하자.

"우리의 가능성에 비하면 우리는 반만 깨어 있다. 나머지 절반은 잠들어 있는 것이다. 우리는 육체적·정신적 능력의 일부만을 사용하고 있을 뿐이다. 넓은 의미로 이 말을 해석하면 인간은 자기 능력 한계에 훨씬 못 미치는 삶을 살고 있다. 인간은 무한한 능력을 소유하고 있지만 습관적으로 이 능력을 사용하지 못하고 있다."

그렇다. 이 책을 읽고 있는 당신에게도 습관적으로 사용하지 못하고 있는 여러 가지 능력이 있다. 싹을 틔우지 못한 능력이 잠들어 있는 것이다. 이런 능력은 비난 속에서는 시들지만 격려 가운데서는 찬란히 꽃을 피우는 법이다.

최선을 다하게 하려면
상대가 좋은 평판을 얻게 돕고 격려하라

일을 잘하던 사람이 갑자기 일을 형편없이 하기 시작하면 당신은 어떻게 하겠는가? 당신은 그 사람을 해고할 수 있지만 그것으로 문제가 해결되는 것은 아니다. 야단을 칠 수도 있지만 그러면 반감만 불러일으킨다.

인디애나주 로웰에 있는 대규모의 트럭 판매점 서비스 부장인 헨리 헨키는 데리고 있던 기술자의 일처리가 늘 만족스럽지 못했다. 그러나 헨키는 그에게 고함을 지르거나 윽박지르는 대신 사무실로 불러 마음을 터놓고 대화를 나누었다.

"여보게 빌, 자넨 훌륭한 기술자야. 경험도 풍부하지. 자네는 이 일을 오랫동안 훌륭하게 해 왔지 않은가? 사실 자네가 한 일에 대해 고객들이 얼마나 칭찬을 많이 하는지 아나? 그런데 최근 들어서는 자네가 일하는 데 시간도 걸리고, 하는 일도 예전 같지가 않은 듯하네. 자네가 예전에 그토록 뛰어난 기술자였기 때문에 더더욱 자네의 지금 모습에 만족하지 못한다는 것을 알아주기 바라네. 우리 서로 협력해서 문제를 풀어 보세."

빌은 자기 일솜씨가 그렇게 떨어지고 있는지 몰랐다면서, 능력이 쇠퇴한 것은 절대 아니므로 앞으로 더 잘해 보겠다고 약속했다.

빌이 과연 더 잘했을까? 물론이다. 그는 다시 빠르고 뛰어난 기술자가 되었다. 헨키가 그 기술자의 높은 평판을 알려 주었기 때문에, 그는 그토록 대단했던 자신을 목표로 노력한 것이다.

새뮤얼 보크레인이 볼드윈 기관차 공장의 사장으로 있을 때 이런 말을 한 적이 있다.

"남의 좋은 점을 찾아내서 존중하라. 그러면 대개 그 사람을 뜻대로 이끌어 갈 수 있다."

쉽게 말해, 만일 어떤 사람의 특정한 일면을 개선하고자 한다면 바로 그 특정한 일면을 내세워 그 사람을 칭찬하라는 것이다.

셰익스피어는 이렇게 말했다.

"덕이 없어도 있는 듯 행세하라."

그러므로 다른 사람들을 개선하고 싶다면 그가 그 장점을 이미 지닌 것처럼 대우하라. 그들을 높이 평가해 주어라. 그러면 그들은 당신을 실망시키지 않으려고 모든 노력을 다할 것이다.

조르제트 르블랑은 그녀의 저서《마테를링크와 함께한 내 생애의 선물》중에서 벨기에 출신의 어느 볼품 없는 신데렐라에 대해 이렇게 쓰고 있다.

"우리 집 근처 호텔에서 일하는 심부름꾼 소녀가 식사를 배달해 왔다. 그 아이의 별명은 '접시닦이 마리'였는데, 그것은 그 소녀가 호텔에 왔을 때 주방 설거지부터 시작했기 때문이다. 소녀는 사팔뜨기에다 밭장다리였으며 피부도 거친 촌스러운 아이였다.

하루는 그 아이가 붉게 부어오른 손에 마카로니 접시를 들고 있을 때, 나는 그녀에게 이렇게 말했다.

'마리야, 넌 네가 지니고 있는 보배로운 것들을 잘 모르고 있구나.'

일부러 자기 감정을 숨기며 살아왔던 마리는 잠시 아무 말 없이 서 있었다. 그러더니 그 애는 식탁 위에 접시를 놓고 나서는 한숨을 쉬며 천진스럽게 이렇게 말했다.

'부인, 부인의 그 말씀이 아니었더라면 저는 그것을 정말 몰랐을 거예요.'

그 아이는 내 말을 의심하지 않았다. 부엌으로 돌아가서는 내가 한 말을 몇 번이고 되뇌었을 것이다. 그 모습이 너무나 진지해서 아무도 그녀를 감히 비웃지 못했다. 그날 이후부터 나를 비롯한 주위 사람들은 그 소녀를 배려해 주었다. 무엇보다도 신비한 변화는 바로 마리 자신에게 일어났다. 자신이 숨겨진 보물이라고 믿게 되자, 그 아이는 얼굴과 몸을 정성들여 가꾸기 시작했다. 그에 따라 소녀 특유의 젊음이 피어나고 그 못생긴 얼굴도 눈에 띄게 밝고 예뻐졌다.

두 달 뒤 마리는 주방장의 조카와 결혼했다. 그녀는 결혼식에서 이런 말을 했다. '저도 이제는 숙녀가 될 거예요.' 그리고 나에게 감사하다고 말했다."

작은 칭찬 한마디가 그 소녀의 인생을 전부 바꾸어 놓았던 것이다.

조르제트 르블랑 부인은 '접시닦이 마리'에게 기대를 걸었다. 부인은 그녀에게 좋은 평가를 내렸고, 이것이 소녀를 변화시킨 것이다.

플로리다주의 데이토너 비치에 있는 한 식품회사 판매 책임자인 빌 파커는 자기 회사에서 개발한 신상품을 팔 생각에 신이 나 있었지만, 어느 큰 식료품 가게에서 그 상품을 취급하지 않겠다고 하자 속이 상했다. 빌은 곰곰이 생각한 끝에 그날 저녁 집으로 돌아가는 길에 그 가게에 들러 한번 더 그 이유를 알아보기로 했다.

"오늘 아침에 여기를 다녀간 뒤 저는 지배인님께 우리의 새로운 상품에 대해서 충분히 설명하지 못했다는 것을 알게 되었습니다. 빠뜨렸던 점을 이야기할 수 있게 시간을 내 주시면 고맙겠습니다. 지배인님께서는 다른 사람의 말을 기꺼이 경청할 뿐만 아니라 근거가 뚜렷하면 의견을 바꾸실 만큼 큰 인물이라는 점을 저는 늘 존경해 왔습니다."

지배인은 대화를 거절했을까? 상대가 자기를 높게 평가하는데 거절할 수 있었겠는가.

아일랜드의 더블린에 사는 치과의사 마틴 피츠휴 박사는 어느 날 아침, 한 환자가 입을 헹굴 때 사용하는 컵받침이 더럽다고 지적하자 충격을 받았다. 물론 환자는 종이컵의 물을 마시므로 컵받침이 좀 지저분해도 큰 문제는 없지만, 그래도 불결한 기구를 그냥 방치한 것은 실수였다.

환자가 돌아간 뒤, 그는 사무실로 들어가 1주일에 한 번씩 사무실에 청소하러 오는 브리지트 아주머니에게 편지를 썼다.

브리지트 아주머니께.

제가 아주머니를 직접 만나는 기회가 자주 없어서, 아주머니께서 제 사무실 청소를 말끔히 해 주신 데 대해 편지로나마 감사 드리고자 합니다. 그런데 1주일에 한 번씩 두 시간은 청소하기에 너무 짧은 시간이지 않습니까? 가끔 더 해야 할 일이 있을 때는 30분 정도 초과 근무를 하셔서 컵받침을 닦는다거나 하는 일을 하셔도 좋습니다. 물론 그런 초과 근무에 대해서는 수당을 드리겠습니다.

피츠휴 박사는 아래의 이야기를 들려주었다.

"다음날 아침, 사무실에 나와 보니 내 책상이 마치 거울처럼 반짝거렸습니다. 의자도 마찬가지여서 하마터면 의자에서 미끄러질 뻔했습니다.

진료실에 들어가 보니 지금까지 본 적이 없는 깨끗하고 반짝반짝 윤이 나는 컵받침이 나를 반기더군요. 나는 그동안의 노고에 단지 감사 드렸을 뿐인데, 이 작은 선심 때문에 그 아주머니는 이제까지 했던 것보다 더 많은 정성을 쏟았던 것입니다. 그녀가 이 일을 하는 데 얼마나 더 시간이 걸렸느냐고요? 전혀 더 걸리지 않았습니다."

이런 속담이 있다.

"개를 죽이고 싶다면 미친개라고 불러라." 나쁜 꼬리표가 붙으면 어떤 일이 일어나는지 가르쳐 주는 속담이다. 그럼 반대로 좋은 이름을 붙여 주면 어떤 일이 벌어지는지 한번 보기 바란다!

뉴욕시 브루클린에서 4학년 담임을 맡고 있는 루스 홉킨스는 새 학기 첫날 학급 명단을 훑어보았다. 명단을 보는 순간 새 학기를 시작하는 기쁨과 흥분은 걱정으로 변했다. 학교에서 가장 말썽꾸러기로 소문난 토미가 자기 반이 되었기 때문이다. 토미가 3학년일 때, 담임 선생님은 동료 교사와 교장 선생님은 물론 자기 이야기를 들어 줄 만한 모든 사람에게 토미에 대한 불평을 늘어놓았다. 토미는 단순한 말썽꾸러기 수준을 넘어선 지 오래였다. 학급의 규율을 무시하는 것은 물론이고, 다른 사내아이들에게 싸움을 걸고 여자 아이들을 골탕 먹이는가 하면 선생님의 이야기도 무시하는 등, 하는 짓이 점점 더 난폭해져 갔다. 그런 토미에게도 의외의 장점이 있었다. 그것은 사물을 잘 기억하고 학교 수업을 쉽게 이해하는 능력이다.

홉킨스 선생은 즉시 '토미 문제'를 다루기로 결심했다. 반 학생들과 처음

인사하는 자리에서 홉킨스 선생은 모든 학생들에게 한마디씩 칭찬을 해 주었다. "로즈야, 입고 있는 옷이 참 예쁘구나." "알리샤, 넌 그림을 잘 그린다면서?" 토미의 차례가 되었을 때 홉킨스 선생은 토미의 눈을 똑바로 보면서 이렇게 말했다.

"토미야, 내가 듣기로 너는 타고난 리더라더구나. 올해 우리 학교 4학년 학급 중에서 우리 반을 최고로 만드는 데 네가 열심히 도와줄 거로 나는 믿는다."

홉킨스 선생님은 처음 며칠 동안 토미가 하는 일마다 칭찬해 주고, 참으로 훌륭한 학생이라고 치켜세우기도 했다. 그렇게 높이 평가해 주자, 비록 아홉 살짜리 어린아이긴 했지만 토미는 선생님을 실망시킬 수 없었다. 토미는 선생님의 기대에 보답하기 위해 노력했고 실제로 그 일을 해내고 만다.

격려하라! 격려하라! 격려하라!
약점 따위를 쉽게 극복할 수 있다고 조언하라

내 친구 가운데 40대 독신 남성이 있다. 그가 약혼을 하게 되었다는데 약혼녀가 그에게 그 나이에 댄스 교습을 받으라 한다는 것이다.

"물론 나도 댄스 교습을 받을 필요가 있다는 것쯤은 알고 있었네. 그런데 나는 지금도 20년 전 처음 춤 배울 때의 수준이거든. 내가 처음 찾아간 교사의 말로는 내 춤은 엉망이라는 거야. 그러면서 과거에 배운 것은 모두 잊어버리고 새로 시작해야 한다더군. 그 말에 나는 의욕을 잃고 말았지. 배울 생각이 싹 가셔서 그 선생을 찾아가는 것을 포기했다네.

그다음 선생은 거짓말을 했는지는 모르지만 기분은 좋았네. 그녀는 부드러운 태도로, 내 춤은 좀 구식이기는 하지만 기초만은 괜찮다고 말해 주더군. 그리고 몇 가지 새로운 스텝을 배우는 데 아무 문제가 없을 거로 말해 주었어. 첫 번째 선생은 나의 잘못된 점을 강조해서 의욕을 꺾어 버렸지만, 두 번째 선생은 첫 번째 선생과는 정반대의 태도를 보여 주었던 것일세. 그녀는 내가 잘하는 것은 늘 칭찬해 주고 잘못된 점은 손톱만하게 줄여 주었거든. '선생님은 박자 감각이 뛰어나시군요. 타고난 댄서십니다' 칭찬까지 하는거야. 물론 나는 옛날이나 지금이나 계속 4류 댄서밖에 못 된다는 것을 잘 알고 있지. 하지만 한편으로는 그녀의 말이 맞을지도 모른다고 믿고 싶지 뭔가. 물론 그녀는 수강료를 지불하는 나를 위해 빈말로 칭찬한 건지도 모르지만, 뭐 그런 거 까지 생각할 필요가 있나?

어쨌든 내가 타고난 리듬감을 갖고 있다고 그녀가 말해 주지 않았더라면 나는 춤을 배우러 못했을 걸세. 그 말 한마디가 내 용기를 북돋아 주었네. 나에게 희망과 용기를 주고 더 잘하고 싶은 마음을 주었어."

당신의 자녀나 배우자나 종업원에게 그들이 어떤 일에 무능하다거나, 재능이 없다거나, 하는 일이 모두 잘못되어 있다고 말해 보라. 그 순간 당신은 잘해 보려는 마음의 싹을 모조리 잘라 버리는 셈이다. 하지만 그 반대 방법을 사용해 보라. 격려를 아끼지 않고, 그에게 쉽게 해낼 수 있는 일이라고 믿게 하고, 상대의 능력을 이쪽이 믿고 있다는 것을 알려 준다. 그러면 그 사람은 자기 우수성을 보여 주기 위해 의욕을 갖고 성공할 때까지 꾸준히 그 일을 더 잘하려 애써 나갈 것이다.

인간관계에 있어서 뛰어난 재능을 지닌 로웰 토머스는 이런 방법을 사용했다. 그는 사람들에게 자신감을 불어넣어 주고 용기와 신념을 갖도록 계속 격려했다.

예를 들어 나는 토머스 부부와 주말을 함께 지낸 적이 있는데, 토요일 저녁 활활 타오르는 벽난로 앞에서 브리지 게임을 하지 않겠느냐는 권유를 받았다. 브리지 게임이라고? 절대 안 되지! 브리지는 나에게는 영원한 수수께끼 같은 것이었다. 암, 절대 안 되고 말고.

"데일! 브리지 게임은 아주 쉬운 거야. 따로 비결이 있는 것도 아니야. 그저 기억력과 판단력만 있으면 돼. 자네는 기억력에 대해 글도 많이 썼지 않나. 자네에게 썩 어울리는 게임이지."

얼마 뒤 나는 태어나서 처음으로 브리지 게임을 하게 되었다. 순전히 나한데 가장 잘 어울린다는 말에 마음이 움직인 나머지 게임이 아주 쉽게 느껴졌기 때문이었다.

브리지 게임이라면 일라이 컬버트슨이란 사람이 생각난다. 브리지 게임에 관한 그의 책은 10여 개 국어로 번역되었고, 100만 부 이상 팔려 나갔다. 그런데 그는 한 젊은 여성이 그에게 브리지 게임에 뛰어난 재능이 있다고 확신시켜 주지 않았더라면, 그것을 직업으로 삼지는 못했을 것이라고 나에게 말한 적이 있다.

1922년 미국에 처음 왔을 때 컬버트슨은 철학과 사회학을 가르치는 직장을 구하려고 노력했으나 수포로 돌아갔다. 할 수 없이 석탄 장사를 해 보았지만 실패하고 만다.

다음에는 커피 장사를 했는데 그 또한 실패로 끝났다. 그는 몇 번 브리지 게임을 했지만, 당시에는 그가 그 분야의 최고 전문가가 되리라고는 꿈에서조차 상상하지 못했다. 그는 카드 게임을 할 줄 몰랐다. 게다가 질문도 많고 카드가 끝난 다음에는 번거로울 정도로 게임의 과정을 자세히 검토하곤 했기 때문에, 아무도 그와 게임을 하려고 들지 않았다.

그 뒤 일라이는 아름다운 브리지 게임 교사인 조세핀 딜론을 만나 사랑에 빠져 그녀와 결혼했다. 그녀는 일라이가 얼마나 세밀하게 자기 카드를 분석하는지 주목하고, 그에게 브리지 게임에 뛰어난 소질이 숨어 있다는 것을 말해 주었다. 컬버트슨은 아내의 그러한 격려가 자기를 브리지 게임의 권위자로 키우는데 일조했다고 말한다.

오하이오주의 신시내티에서 우리 강좌 강사로 있는 클레런스 M. 존스는, 결점은 얼마든지 고칠 수 있는 것이라고 격려함으로써 아들의 인생을 완전히 바꿔 놓은 경험을 들려주었다.

"1970년 당시 15세이던 데이비드는 저와 함께 신시내티로 왔습니다. 아이는 어린 나이에도 불구하고 수많은 어려운 일을 겪었습니다. 1958년에 아이는 자동차 사고를 당해 머리를 수술하고, 그 상처의 흉터가 이마에 크게 남아 버렸습니다. 1960년에 아이 엄마와 저는 이혼했고, 데이비드는 엄마를 따라 텍사스주 댈러스로 갔습니다. 15세가 될 때까지 아이는 댈러스의 교육 제도에 따라 정박아를 위한 특수 학급에서 학교 생활을 보내야 했습니다. 아마 머리의 상처를 본 학교 측이 아이의 뇌가 정상적이지 않을 것이라 생각했나 봅니다. 데이비드는 또래 아이들보다 2년 아래 학급에 속해 있어서 15세인데도 7학년밖에 안 되었습니다. 사실 데이비드는 곱셈도 못했고 손가락으로 덧셈을 해야 했고, 글자를 잘 읽지도 못했습니다.

하지만 데이비드에게 한 가지 장점은 있었습니다. 라디오와 텔레비전 만지는 일을 좋아한다는 거였죠. 아이는 텔레비전 기술자가 되기를 원했습니다. 저는 따뜻하게 격려하면서 기술자가 되려면 수학을 배워야 한다고 말해 주었습니다. 저는 아이가 수학에 익숙해지도록 돕기로 했습니다. 우리는 곱하기, 나누기, 더하기, 빼기의 4개의 암기 카드를 구입했습니다.

아들과 나는 매일 밤 수북이 쌓여 있는 카드의 정답을 맞히는 연습을 했습니다. 데이비드가 답을 못 맞히면 아이들에게 답을 알려 주고 못 맞힌 카드를 따로 쌓아 놓았다가 못 맞힌 카드가 다 없어질 때까지 놀이를 했습니다. 아이가 한 카드 한 카드 답을 맞힐 때마다 저는 열렬하게 칭찬해 주었고, 틀렸던 카드를 다시 맞힐 때는 더 격려를 해주었습니다.

매일 밤 카드가 다 없어질 때까지 했습니다. 저는 아이들에게 8분 이내에 틀리지 않고 모든 카드를 다 맞히면 아이들의 승리로 보고, 이 연습을 끝내겠다고 약속했습니다. 이러한 목표가 데이비드에게는 불가능한 것처럼 보였습니다.

처음에는 52분이 걸렸고, 두 번째에는 48분, 45, 44, 41…… 마침내는 40분 이내로 줄었습니다.

우리는 시간이 줄어들 때마다 축하를 했습니다. 아내도 불러, 우리 부부는 아이를 포옹하고 춤을 추었습니다. 한 달 뒤 아이는 8분 안에 모든 카드의 정답을 다 맞혔습니다. 아이들은 조그만 진전이 있을 때마다 한 번 더 하겠다고 요청을 했습니다. 아이들은 차츰차츰 배우는 것이 쉽고 재미있다는 사실을 알게 되었습니다.

자연스럽게 데이비드의 수학 점수는 놀라울 정도로 높아졌습니다. 곱셈을 익히면 수학이 얼마나 쉬웠는지는 여러분도 알고 있을 겁니다. 데이비드는 수학에서 B학점을 받자 스스로도 깜짝 놀랐습니다. 다른 과목에서도 믿을 수 없을 정도로 빠른 변화가 일어났습니다. 독서 능력도 급속히 향상되었고 미술 재능도 두드러지게 나타나기 시작했습니다.

학년이 끝나갈 무렵, 과학 교사가 데이비드에게 과학 전시회에 작품을 출품해 보라고 권했습니다. 데이비드는 지레의 원리를 보여 주는 매우 복잡한 일련의 장치들을 만들기로 결정했습니다. 그것은 도면을 그리고 모형을 만드는 재능뿐 아니라 응용수학 지식도 필요한 작업이었습니다. 데이비드의 작품은 교내 전시회에서 1등상을 차지했고, 신시내티 전체의 과학 전시회에서도 3등상을 획득했습니다.

데이비드는 드디어 해낸 것입니다. 다른 아이들보다 2학년이나 뒤떨어지고 뇌에 손상을 입었다고 지적장애아 학급에 보내졌던 아이가, 친구들로부터 '프랑켄슈타인'이라고 놀림을 받던 그 아이가, 정상적인 아이들을 제치고 상을 받은 것입니다.

　데이비드는 자기가 배울 수 있고 어떤 일들을 성취할 수 있다는 사실을 깨닫고 자신감을 얻었습니다. 그 결과는 어떻게 되었느냐고요? 8학년 2학기부터 고등학교를 마칠 때까지 데이비드는 한 번도 우등생 대열에서 빠지지 않았습니다. 고등학교 때 데이비드는 전국 우등생 협회 회원으로 선출되었습니다. 배움이 쉽고 즐겁다는 것을 알게 되자 그 아이의 인생은 확실하게 변한 것입니다."

기꺼이 협력하게 만들어라

그것을 받아들일 때 상대가 얻게 될 이익을 알려준다
훌륭한 지도자는 사람의 행동이나 태도를 변화시킬 때
자기 이익보다 먼저 그 사람의 이익을 생각한다

1915년, 미국은 곤란한 입장에 놓여 있었다. 유럽에서 제1차 세계대전이 한창이었기 때문이다. 평화의 날은 과연 다시 찾아올까? 그 대답을 알고 있는 사람은 아무도 없었다. 우드로 윌슨 대통령은 평화를 위해 노력하기로 결심하고, 유럽의 지도자들과 협의하기 위해 평화 사절을 파견하기로 했다.

열정적인 평화주의자인 국무장관 윌리엄 제닝스 브라이언은 그 임무를 굉장히 맡고 싶어 했다. 브라이언 국무장관은 인류의 평화에 기여하고 자기 이름을 영원히 역사에 남길 기회라고 생각했다. 그러나 윌슨 대통령은 국무장관의 절친한 친구이자 국무성 고문인 에드워드 M. 하우스 대령을 그 자리에 임명했다. 따라서 브라이언 국무장관에게 감정을 상하지 않게 하면서 그 반갑지 않은 소식을 전하는 쓰라린 임무가 하우스 대령에게 주어졌다.

하우스 대령은 일기에 이렇게 기록하고 있다. "브라이언은 내가 대통령의 평화 특사로 유럽에 가게 되었다는 이야기를 들었을 때 몹시 실망하는 눈치였다." "그는 자신이 사절로 갈 생각이었다고 말했다. 나는 대통령이 이번 일을 공적으로 추진하는 게 현명하지 못하다는 생각을 갖고 있다고 대답했다. 국무장관이 가면 많은 사람의 주목을 끌게 되어 결국 일이……."

당신은 이 말이 암시하는 것을 알 수 있을 것이다. 하우스 대령은 브라이언 국무장관에게, 이번 일을 맡기에 당신은 지나치게 중요인물이라고 넌지시 말하고 있는 것이다. 따라서 브라이언 국무장관은 만족했다. 현명하고 경험 많은 하우스 대령은 상대로 하여금 이쪽의 제안에 '기꺼이 협력하게 만들라'는 인간관계의 중요한 법칙을 지킨 것이다.

우드로 윌슨 대통령은 윌리엄 깁스 맥아두를 각료로 맞이할 때도 이 방법을 썼다. 중요 직책에 임명할 때 상대의 중요성을 배가시키는 방법을 썼던 것이다. 당시의 상황을 맥아두로부터 직접 들어 보자.

"윌슨 대통령은, 지금 내각을 조직하고 있는데 내가 재무장관 자리를 맡아 준다면 더할 나위 없이 기쁘겠다고 말했다. 그는 그 말을 아주 호감이 가도록 표현했다. 나로서는 이 명예로운 자리를 맡는 것만으로도 사실 감사할 처지인데, 내가 도리어 그에게 은혜를 베푸는 느낌이 들게 했다."

그러나 불행하게도 윌슨 대통령이 항상 그런 방법을 쓴 것은 아니었다. 그가 이 방법을 늘 썼더라면 역사는 크게 달라졌을지도 모른다. 예를 들어 윌슨 대통령은 국제연맹 가입 문제로 상원과 공화당에 커다란 반발을 불러 일으켰다. 그는 인간관계를 무시하고 행동했다. 따라서 그는 결과적으로 자기 정치 생명을 망치고 건강을 해쳤으며 자기 수명을 단축시키고, 끝내는 미국의 국제연맹 가입을 실패로 만들어 세계의 역사를 뒤바꿔 놓았던 것이다.

정치가와 외교관만이 '상대로 하여금 당신이 원하는 일을 기꺼이 하도록 만드는' 이러한 원칙을 사용하는 것은 아니다. 인디애나주의 포트웨인에 사는 데일 O. 페리어는 그가 어떻게 자녀로 하여금 자진해서 일하게 만들었는지 들려주었다.

"제프가 해야 할 일 가운데 하나는, 배나무 밑에 떨어진 배를 주워 모으는 일이었습니다. 미리 주워 두면 나중에 풀깎기를 할 때 하나하나 줍는 수고를 덜 수 있으니까요. 그런데 제프는 그 일을 달가워하지 않았기 때문에, 전혀 일을 하지 않거나 대충 했습니다. 나는 제프를 꾸짖기보다 다른 방법을 쓰기로 하고, 어느 날 제프에게 말했습니다.

'제프야, 나와 거래를 하자꾸나. 네가 배를 한 바구니 주워 올 때마다 1달러를 주겠다. 그러나 네가 일을 끝낸 다음에 한 개라도 흘린 것이 보이면 너한테서 1달러를 벌금으로 받겠다. 내 제안이 어떠냐?'

기대했던 대로 제프는 배를 모두 주워 왔습니다. 바구니를 채우기 위해 나무에 매달린 배까지 따 올 기세로 배 모으기에 의욕을 불태우더군요."

중요한 사람들로부터 오는 많은 강연 의뢰를 자주 거절하는 사람을 나는 알고 있다. 그런데 그의 거절 방법이 하도 현명해서 거절당한 측에서도 그런 대로 만족하고 있다.

그는 어떻게 거절한 것일까? 그는 자신이 지나치게 바쁘다든가, 어쨌다든가 하는 변명을 늘어놓지 않는다. 그는 강연 의뢰는 감사하지만 그것을 받아들이지 못해 유감스럽다고 말하고, 자기를 대신할 다른 강연자를 추천한다. 바꿔 말하면 그는 상대가 실망할 시간적 여유를 주지 않는 것이다. 상대의 생각을 강연 의뢰를 받아 줄 수 있는 다른 강연자 쪽으로 돌려 버리는 셈이다.

독일에서 우리 강좌에 참석한 군터 슈미트는 그가 운영하고 있는 대형 마트에서 일하는 한 여종업원 이야기를 했다. 그 종업원은 진열장 위의 상품들에 가격표를 붙이는 일을 게을리해서 혼란을 불러일으켰고 손님들의 불평을 샀다. 몇 번에 걸쳐 주의를 주고 훈계를 해도 별 효과가 없었다. 마침내 슈미트는 그녀를 사무실로 불러 이 점포의 '가격표 부착 감독주임'으로 임명한다고 말하고, 그녀가 모든 상품의 가격표가 제대로 붙어 있는지를 감독하는 책임을 맡게 되었다고 발표했다. 이렇게 새로운 책임과 새로운 직함을 주자 그녀의 태도는 완전히 바뀌었다. 그 뒤로 그녀는 자기 의무를 만족스러울 정도로 잘 해냈다.

눈 가리고 아웅 하는 것처럼 보이는가? 물론 이 방법은 시시한 사탕발림에 불과할지도 모른다. 그러나 나폴레옹이 '레종 도뇌르' 훈장을 1천500개나 뿌리고, 장군 가운데서 18명을 '대원수'에 임명해, 자기 군대를 '대육군'이라 부른 것도 실은 애들 눈속임이나 다름없었다. 역전의 용사들을 '장난감'으로 속였다는 비난을 받게 되자 나폴레옹은 태연히 이렇게 대답했다.

"사람은 장난감에 의해 움직인다."

직함이나 권위를 부여하는 방법을 나폴레옹은 아주 유용하게 사용했다. 이 방법은 우리도 얼마든지 쓸 수 있다.

예를 들어, 뉴욕주 스카스데일에 사는 내 친구 젠트 부인은 아이들이 잔디밭 위를 뛰어다니며 놀아서 잔디가 망가지는 것이 고민거리였다. 젠트 부인은 화도 내보고 달래도 보았지만 모두 헛일이었다. 그래서 그녀는 개구쟁이들 가운데 가장 말썽꾸러기인 소년에게 직함을 주고 권위 의식을 심어 주기로 마음먹었다. 부인은 그 소년에게 '탐정'이라는 직함을 붙여 주고 잔디밭을 망치는 아이들을 단속하는 책임을 맡겼다. 그 방법이 그녀의 두통거리를 해결해 주었다. 그 소년 '탐정'이 뒤뜰에 불을 피워 놓고 밤늦게까지 침입자를 감시해 주었기 때문이다.

훌륭한 지도자로서 사람의 행동이나 태도를 바꾸고 싶다면 다음과 같은 지침을 항상 마음속에 간직하기를 바란다.

1. 성실해야 한다. 자신이 할 수 없는 일은 어떤 경우라도 약속하지 말라. 내 이익은 잊어버리고, 상대의 이익에 집중하라.

2. 내가 상대에게 기대하는 바가 무엇인지 정확하게 알고 있어야 한다.

3. 그의 처지가 되어 본다. 상대가 무엇을 진심으로 원하고 있는지 자신에게 물어보라.

4. 내가 제의하는 일을 함으로써 그 사람에게 어떤 이익이 돌아가는가를 생각하라.

5. 상대가 원하는 이익을 줘라.

6. 부탁을 할 때는 그 일을 하면 그 사람에게 이익이 돌아간다는 사실을 상대가 깨닫도록 하라.

이러한 방법을 사용하면 다른 사람들로부터 항상 우호적인 반응을 얻을 수 있을까? 물론 그럴 리는 없다. 그러나 많은 사람의 경험에 비추어 볼 때, 이 방법을 사용하지 않는 것보다는 사용하는 편이 다른 사람의 태도를 바꾸는 데 도움이 된다. 그리고 이 방법으로 10%라도 성공을 거둔다면, 당신은 현재보다 지도자로서 10% 더 유능해지는 셈이다. 그것이야말로 당신이 이 방법을 통해 얻는 '이익'이 아닌가.

오정환
만주건국대학을 거쳐 미국 인디아나대학 수학.
동아일보 외신부장·동화통신 편집국장
인간개발연구소 소장 역임.
옮긴책 서로이언《인간희극》마크 트웨인《톰소여의 모험》
《허클베리핀의 모험》버튼《아라비안나이트》등이 있다.

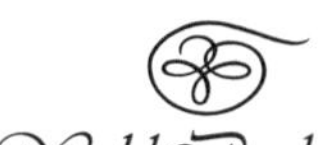

World Book 49
Dale Carnegie
HOW TO STOP WORRYING AND START LIVING
HOW TO WIN FRIENDS AND INFLUENCE PEOPLE
세상에서 가장 행복한
카네기 인생철학
데일 카네기 지음/오정환 옮김

1판 1쇄 발행/1988. 8. 8
2판 1쇄 발행/2007. 12. 25
2판 3쇄 발행/2022. 7. 1
발행인 고윤주
발행처 동서문화사
창업 1956. 12. 12. 등록 16–3799
서울 중구 마른내로 144(쌍림동)
☎ 546–0331~2 Fax. 545–0331
www.dongsuhbook.com

＊

사업자등록번호 211–87–75330
ISBN 978–89–497–0445–6 04080
ISBN 978–89–497–0382–4 (세트)